项目资助

本书得到北京教育科学研究院院级重大项目"推进大中小幼一体化德育研究"的资助

北京大中小幼一体化德育发展研究蓝皮书（2021）

冯洪荣 / 主编

中国社会科学出版社

图书在版编目（CIP）数据

北京大中小幼一体化德育发展研究蓝皮书. 2021 / 冯洪荣主编. —北京：中国社会科学出版社，2022.11
ISBN 978 – 7 – 5227 – 1023 – 5

Ⅰ.①北… Ⅱ.①冯… Ⅲ.①德育工作—研究报告—北京—2021 Ⅳ.①G41

中国版本图书馆 CIP 数据核字（2022）第 214211 号

出 版 人	赵剑英
责任编辑	周晓慧
责任校对	刘　念
责任印制	戴　宽

出　　版	中国社会科学出版社
社　　址	北京鼓楼西大街甲 158 号
邮　　编	100720
网　　址	http://www.csspw.cn
发 行 部	010 – 84083685
门 市 部	010 – 84029450
经　　销	新华书店及其他书店
印　　刷	北京君升印刷有限公司
装　　订	廊坊市广阳区广增装订厂
版　　次	2022 年 11 月第 1 版
印　　次	2022 年 11 月第 1 次印刷
开　　本	710×1000　1/16
印　　张	33.25
插　　页	2
字　　数	565 千字
定　　价	179.00 元

凡购买中国社会科学出版社图书，如有质量问题请与本社营销中心联系调换
电话：010 – 84083683
版权所有　侵权必究

编委会

编委会主任 方中雄

编委会副主任 冯洪荣 刘占军 张 熙
　　　　　　　　钟祖荣

编委会委员（以姓氏笔画为序）

王 磊　　王永哲　　史 枫　　吉 利
孙 颖　　苏 婧　　刘丽霞　　杨振军
杨德军　　张 毅　　张婷婷　　赵福江
鱼 霞　　姜丽萍　　贾美华　　郭秀晶
唐 亮　　谢春风

主　编 冯洪荣
副主编 谢春风　刘 韬　冷雪玲

编者说明

经 2021 年北京教育科学研究院第 15 次院党委会审议批准，院级重大课题项目"推进大中小幼一体化德育研究"方案顺利实施。

项目负责人：党委副书记、副院长冯洪荣，项目牵头实施部门：德育研究中心，参与部门：相关职能处室和全体业务部门，研究周期：2021 年至 2024 年。

《北京大中小幼一体化德育发展研究蓝皮书》即为这一院级重大课题项目成果。

目　录

第一编　一体化德育综合研究

总报告　系统推进大中小幼一体化德育研究创新发展 ………… 冯洪荣　3

第二编　理想信念教育研究

教师视域下大中小学思政课一体化教学衔接机制建设的实证
　　分析 ……………………………………………………… 谢春风　61
大中小学思政课一体化建设成效分析及提升策略研究
　　——基于北京市大中小学学生的 11268 份问卷调研结果 …… 殷蕾　74
夯实思政课教师教学基本功　落实立德树人根本任务
　　——全国中小学思政课教师教学基本功展示交流活动的
　　思考 …………………………………………………………… 金利　88
中小学思政课一体化实践探索 ………………………………… 顾瑾玉　121
落实精神　搭建阶梯　开创一体化建设新局面
　　——全国大中小学思政课一体化建设举措介绍 ………… 沈培　127
"十四五"时期首都教育全面落实立德树人根本任务
　　………………………………………………… 刘继青　李璐　宋晓欣　133

第三编　社会主义核心价值观教育研究

新时代构建学校德育工作体系的思考与建议
　　——基于对北京市"一校一案"落实《中小学德育工作指南》
　　典型案例的分析 ………………………… 龚杰克　赵福江　李月　159
协同教育组织在家校社协同教育中的角色与作用分析
　　——基于协同学理论 ………………………………… 赵澜波　173
学校文化与社会主义核心价值观具体化问题分析 ………… 秦廷国　187
中小学校外培训机构德育工作现状调查报告 ……………… 刘韬　195
家校社协同育人视角下"双减"政策的成效、问题以及建议
　　——基于家长、学校、培训机构三类群体调查数据的
　　分析 ………………………………………………… 冯丽娜　207
建言议事：培养学生大格局广视野的实践探索 …… 张毅　李海英　220
北京市中小学文化育人实际效果的实证研究 ……………… 冷雪玲　231
社会主义核心价值观引领下的南沟德育一体化提升
　　——德育目标和内容体系建构 ……………………… 秦廷国　245

第四编　中华优秀传统文化教育、生态文明教育研究

系统开展儿童青少年生命哲学教育的实践研究和启示 …… 谢春风　255
整体论视域下生态文明教育一体化的理论框架与实现路径
　　……… 王巧玲　张婧　马莉　张沁　沈欣忆　徐新容　赵志磊　262
打造优质课堂　培育名师团队　建设一体化德育体系
　　——北京市中小学毒品预防教育的一体化德育建设理论与实践
　　………………………………………… 马莉　王巧玲　徐新容　278

第五编　心理健康教育研究

中小学心理教师职业认同现状及影响因素 ……………… 白玉萍　291
影响高中生涯指导的家校协同因素分析：现状、问题与
　　启示 …………………………………………………… 朱凌云　304
"互联网＋"背景下家校协同开展小学生性健康教育的现状与对策
　　建议
　　——基于两万多名家长的调查 ……………………… 张文静　318

第六编　师德与教师育德能力研究

改革开放以来中国中小学师德规范文本的变迁与前瞻
　　——基于对师德规范文本质性内容的分析 ………… 陈黎明　337
北京市优秀班主任培养体系建设
　　——以北京市中小学"紫禁杯"优秀班主任
　　　　为例 ………………………………………… 刘京翠　赵福江　349
整体提升中小学班主任专业素养的实践探索
　　——2021年全国中小学班主任基本功展示交流活动情况
　　　　报告 ………………………………………… 龚杰克　赵福江　358
家校沟通中的教师心智模式
　　——一项探索性案例研究 …………………………… 王富伟　387
全员导师背景下教师开展学生发展个别指导的能力特征及培养建议
　　——基于139份学生发展指导的优秀辅导个案分析
　　　…………………………………………………… 杨德军　王红丽　405
一体化德育视角下促进中小学教师价值观改变
　　——以教师在叙事探究中双环学习的发生为例 …… 任敬华　418

北京市中小学班主任教师"双减"背景下工作的自我认知与挑战
——以石景山中小学班级教师为例 ………………… 马金鹤 426

第七编　早期教育、高等教育、职业教育、特殊教育研究

增强幼儿园德育实效性的思考与建议 ………………… 刘丽　苏婧 457
北京高校师生关系建设的基本经验与建议
　　……………… 杨振军　王怀宇　刘娟　韩亚菲　杨楠　王铭 471
中等职业学校思想政治课议题式教学实践研究 ……………… 刘海霞 483
北京市特殊教育学校德育发展现状及改进策略
　研究 ……………………………………… 陆莎　孙颖　史亚楠 496

附录　一体化德育研究大事记 ……………………………………… 509

后　记 ……………………………………………………………… 521

第一编

一体化德育综合研究

总报告　系统推进大中小幼一体化德育研究创新发展

冯洪荣[*]

一　一体化德育研究是贯彻落实立德树人根本任务的必然要求

"为谁培养人、培养什么人、怎样培养人"是教育的根本问题。党和国家历来高度重视这一根本问题，高度重视立德树人工作，旨在培养德、智、体、美、劳全面发展的社会主义事业建设者和接班人。

立德树人是中国共产党在长期的教育实践中探索并确立的优良教育传统，我党从不同的历史背景和现实要求出发，结合新的时代特征不断完善党的教育方针和育人思想，既发展创新了马克思主义教育思想，又为立德树人思想的丰富发展、深化完善奠定了坚实基础。

（一）以德修身、崇德尚贤
————立德树人的文化探源

回溯上下五千年的中华优秀传统文化，立德树人一直是中华传统教育思想的目标和追求。中华民族古之圣贤们一直倡导和践行立德树人理念，这既是由教育的客观现实要求所决定的，也是社会历史不断向前发展的必然选择。

---

[*] 冯洪荣　北京教育科学研究院副书记、副院长。
院重大课题"推进大中小幼一体化德育研究"项目学术秘书、德育研究中心助理研究员冷雪玲为本研究报告的形成作出积极贡献。

据考证,"立德"一词最早出自于《左传·襄公二十四年》。"穆叔曰:'以豹所闻,此之谓世禄,非不朽也。鲁有先大夫曰臧文仲,既没,其言立,其是之谓乎!豹闻之,"太上有立德,其次有立功,其次有立言",虽久不废,此之谓不朽。若夫保姓受氏,以守宗祊,世不绝祀,无国无之,禄之大者,不可谓不朽。'"从这里不难看出,古人认为,只有立德(树立德行)、立言(立下功劳)、立功(留下学说)这三件事才能被称为"死而不朽"。在"立德、立功、立言"中,"立德"居于首位,是"立功"和"立言"的基础和前提。

"树人"一词则可以追溯到《管子·权修》中。"一年之计,莫如树谷;十年之计,莫如树木;终身之计,莫如树人。"这就是我们如今所说的"十年树木,百年树人"的传统文化来源。这段话体现出管仲的终身教育理念,揭示了人才培养的重要性和长期性。

《礼记·大学》指出:"古之欲明明德于天下者,先治其国;欲治其国者,先齐其家;欲齐其家者,先修其身;欲修其身者,先正其心;欲正其心者,先诚其意;欲诚其意者,先致其知,致知在格物。物格而后知至,知至而后意诚,意诚而后心正,心正而后身修,身修而后家齐,家齐而后国治,国治而后天下平。"也就是说,儒家将培养高尚品德放在第一位,认为"修身"是"齐家""治国"和"平天下"的基础,是成为"君子"的必要条件。这里的"修身"指的就是个人的品德修养和锤炼,每个人都要注重德性的养成,严格要求自己,努力成为"君子""贤者""仁人"甚至"圣人"那样的模范。

孔子提出"君子怀德",认为一个人如果要想成为君子,就必须首先具备高尚的道德情操和道德品质。孔子认为,"德"是"立人"和"完人"的前提,"德"是教化的根本,"德"是教育的根基。作为中国第一位提出道德教育重要性的教育家,孔子全面阐述了"德"对于个人成长的重要意义。

除了儒家教育思想外,墨家"兴天下之利、除天下之害"的"兼爱"思想,道家"道法自然""上善若水"的"无为"思想,法家"为公去私"的"法治"思想等都为立德树人重要思想的形成提供了丰富的传统文化资源和启示。中华五千年灿烂文明中所蕴含的以德修身、以德治国、注重行为习惯的培养等优秀道德教育理念和道德教育实践与我们现在所倡导和践行的立德树人重要思想具有高度的契合性和一致性。立德树人重要思想既是对中华优秀传统文化有效吸收和借鉴的结果，也是依据时代发展特点对中华优秀传统文化进行创新性发展和创造性转化的产物，更是赋予中华优秀传统文化新的时代内涵的典范。

（二）育人为本、德育为先
——立德树人的历史探索

回顾中国共产党的百年成长史与发展史，立德树人思想始终反映在党的教育方针中，落实在教育实践中。在党的教育事业起步、发展、完善、升华的过程中，立德树人教育观日益丰富、系统。

毛泽东同志提出："我们的教育方针，应该使受教育者在德育、智育、体育几方面都得到发展，成为有社会主义觉悟的有文化的劳动者。"① 这是立德树人教育思想的开创。1949年9月通过的《中国人民政治协商会议沟通纲领》指出，中华人民共和国的文化教育为新民主主义的，即民族的、科学的、大众的教育。人民政府的文化教育工作，应以提高人民文化水平、培养国家建设人才，肃清封建的、买办的、法西斯主义的思想，发展为人民服务的思想为主要任务。提倡将爱祖国、爱人民、爱劳动、爱科学、爱护公共财物作为中华人民共和国全体国民的公德。②

邓小平同志提出："教育要面向现代化，面向世界，面向未来。"③ 这一重要论断成为这一时期立德树人的根本指导方针，育人的时空观大大拓展。1980年5月26日，邓小平给《中国少年报》和《辅导员》杂志的题词中写道："希望全国的小朋友，立志做有理想、有道德、有知识、有体力的人，立志为人民作贡献，为祖国作贡献，为人类作贡献。"④ "四有"新人的提出，是在培养有社会主义觉悟的劳动者之后，对于所树之人德性的进一步深化和概括。

江泽民同志提出"我们必须全面贯彻党的教育方针，坚持教育为社会主义现代化建设服务、为人民服务，坚持教育与社会实践相结合""不能

---

① 《毛泽东文集》（第7卷），人民出版社1999年版，第226页。
② 《中国共产党教育方针百年历史研究》，教育科学出版社、中共党史出版社2021年版，第121、122页。
③ 《邓小平文选》（第3卷），人民出版社1993年版，第35页。
④ 《邓小平年谱（一九七五——一九九七）》（上卷），中央文献出版社2004年版，第639页。

整天把青少年禁锢在书本上和屋子里,要让他们参加一些社会实践"①,进一步丰富了立德树人思想的内容和实践策略。1994年,《中共中央关于进一步加强和改进学校德育工作的若干意见》强调,要"努力培养有理想、有道德、有文化、有纪律的献身于中国特色社会主义事业的建设者和接班人"②。

胡锦涛同志提出:"办好高校,首先要解决好培养什么人、如何培养人这个根本问题。全国高校都要始终不渝地全面贯彻党的教育方针,坚持学校教育、育人为本,德智体美、德育为先,充分发挥大学生思想政治教育主阵地、主课堂、主渠道的作用,全方位推进大学生思想政治教育,多方面促进大学生全面发展。"③ "要坚持育人为本、德育为先,把立德树人作为教育的根本任务,努力培养德智体美全面发展的社会主义建设者和接班人。"④ 立德树人思想被明确提出和强调。

(三)立德树人、一脉相承
——立德树人的发展创新

2012年,党的十八大报告指出:"全面贯彻党的教育方针,坚持教育为社会主义现代化建设服务、为人民服务,把立德树人作为教育的根本任务,培养德智体美全面发展的社会主义建设者和接班人。"⑤

党的十八大以来,以习近平同志为主要代表的中国共产党人,创立了习近平新时代中国特色社会主义思想,开创了中国特色社会主义新时代,主要任务就是让中国人民强起来,朝着民族复兴的伟大目标继续前进。在这一时期,针对党和国家发展所面临的新情况和新问题,党中央首次提出"把立德树人作为教育的根本任务",鲜明地回答了教育要如何培养人以及

---

① 《江泽民文选》(第2卷),人民出版社2006年版,第332、589页。
② 《中国共产党教育方针百年历史研究》,教育科学出版社、中共党史出版社2021年版,第368页。
③ 《胡锦涛在全国加强和改进大学生思想政治教育工作会议上发表重要讲话强调 进一步加强和改进大学生思想政治教育工作 大力培养造就社会主义事业建设者和接班人》,《光明日报》2005年1月19日第1版。
④ 《坚持把教育摆在优先发展战略地位 努力办好让人民群众满意的教育》,《光明日报》2006年8月31日第1版。
⑤ 《胡锦涛在中国共产党第十八次全国代表大会上的报告》,http://www.gov.cn/ldhd/2012-11/17/content_2268826.htm。

培养什么样的人的问题。

2013年11月，党的十八届三中全会审议通过《中共中央关于全面深化改革若干重大问题的决定》。该决定在其"深化教育领域综合改革"部分明确指出："全面贯彻党的教育方针，坚持立德树人，加强社会主义核心价值体系教育，完善中华优秀传统文化教育，形成爱学习、爱劳动、爱祖国活动的有效形式和长效机制，增强学生社会责任感、创新精神、实践能力。"① 这是继党的十八大提出"把立德树人作为教育的根本任务"后再次突出强调立德树人的根本要求，从党和国家战略的高度将"立德树人"写入党的决定之中。

2015年，党的十八届五中全会审议通过《中共中央关于制定国民经济和社会发展第十三个五年规划的建议》，强调要"全面贯彻党的教育方针，落实立德树人根本任务，加强社会主义核心价值观教育，培养德智体美全面发展的社会主义建设者和接班人"②。

2016年9月9日，习近平总书记在北京市八一学校与师生代表座谈时强调："基础教育是立德树人的事业，要旗帜鲜明加强思想政治教育、品德教育，加强社会主义核心价值观教育，引导学生自尊自信自立自强。"③ 这是习近平总书记站在实现"两个一百年"奋斗目标和中华民族伟大复兴中国梦的高度，明确提出基础教育是立德树人的事业，是全社会的事业。

2017年5月23日，中央全面深化改革领导小组第三十五次会议指出：

> 深化教育体制机制改革，要全面贯彻党的教育方针，坚持社会主义办学方向，全面落实立德树人根本任务，构建以社会主义核心价值观为引领的大中小幼一体化德育体系，注重培养学生终身学习发展、创新性思维、适应时代要求的关键能力，统筹推进育人方式、办学模式、管理体制、保障机制改革，使各级各类教育更加符合教育规律、

---

① 《中共中央关于全面深化改革若干重大问题的决定》，http://www.gov.cn/jrzg/2013-11/15/content_2528179.htm。

② 《中共中央关于制定国民经济和社会发展第十三个五年规划的建议》，http://cpc.people.com.cn/n/2015/1104/c64387-27773659.html。

③ 《习近平在北京市八一学校考察时强调 全面贯彻落实党的教育方针 努力把我国基础教育越办越好》，http://www.gov.cn/xinwen/2016-09/09/content_5107047.htm。

更加符合人才成长规律，更能促进人的全面发展，着力培养德智体美全面发展的社会主义事业建设者和接班人。①

这里将"构建以社会主义核心价值观为引领的大中小幼一体化德育体系"作为"全面落实立德树人根本任务"的具体抓手，强调以一体化的思维来落实立德树人的根本任务。

2017年9月24日，中共中央办公厅、国务院办公厅印发《关于深化教育体制机制改革的意见》。该意见指出："要健全立德树人系统化落实机制。强调要构建以社会主义核心价值观为引领的大中小幼一体化德育体系。针对不同年龄段学生，科学定位德育目标，合理设计德育内容、途径、方法，使德育层层深入、有机衔接，推进社会主义核心价值观内化于心、外化于行。"②该意见明确提出"健全立德树人系统化落实机制"，再次强调要"构建以社会主义核心价值观为引领的大中小幼一体化德育体系"。

为贯彻落实党中央和国务院立德树人的根本要求，教育部于2014年3月印发《教育部关于全面深化课程改革 落实立德树人根本任务的意见》，强调"立德树人是发展中国特色社会主义教育事业的核心所在，是培养德智体美全面发展的社会主义建设者和接班人的本质要求"。这是教育部全面贯彻落实党的十八大和十八届三中全会关于立德树人根本要求的政策体现，是在教育实践领域对于立德树人根本任务的有效推进。

这一根本要求是从素质教育之首为德育，"育人为本、德育为先"发展而来的，最终立德树人成为教育的根本任务，并强调将"构建以社会主义核心价值观为引领的大中小幼一体化德育体系"作为落实立德树人的根本任务。这一思想的提出与发展，是科学发展观"以人为本"思想在新时代的具体体现，是党的全面教育方针的又一次重大发展，既体现了党对于教育本质的准确理解和把握，也彰显出对于人才培养目标和规律的诠释和解答。

---

① 习近平：《认真谋划深入抓好各项改革试点 积极推广成功经验带动面上改革》，https://news.12371.cn/2017/05/23/ARTI1495545472143692.shtm.

② 《中共中央办公厅 国务院办公厅印发〈关于深化教育体制机制改革的意见〉》，http://www.moe.gov.cn/jyb_xwfb/s6052/moe_838/201709/t20170925_315201.html.

（四）立德树人、德育为先
——立德树人的全面推进

党的十九大以来，习近平总书记围绕坚持立德树人这一教育的根本任务，作出了一系重要论述和指示，全面推动立德树人根本任务的贯彻落实。

2017年11月，党的十九大报告指出："全面贯彻党的教育方针，落实立德树人根本任务，发展素质教育，推进教育公平，培养德智体美全面发展的社会主义建设者和接班人"① 这是继党的十八大提出"把立德树人作为教育的根本任务"之后再次强调"立德树人"的重要性，明确了进一步培养社会主义建设者和接班人的教育指向。

2018年2月23日，中共中央办公厅、国务院办公厅印发《加快推进教育现代化实施方案（2018—2022年）》，明确提出推进教育现代化的十项重点任务。第一项重点任务就是：

> 实施新时代立德树人工程。全面推动习近平新时代中国特色社会主义思想进教材进课堂进头脑，把习近平新时代中国特色社会主义思想贯穿课程教材建设全过程，把教材体系、教学体系有效转化为学生的知识体系、价值体系。增强中小学德育针对性实效性，从中小学生身心特点和思想实际出发改进德育方式方法，注重循序渐进、因材施教、潜移默化，开展喜闻乐见、入脑入心的德育活动。提升高等学校思想政治工作质量。将思想政治工作体系贯穿于学科体系、教学体系、教材体系、管理体系当中，深入构建一体化育人体系。大力加强体育美育劳动教育。加强劳动和实践育人，构建学科教学和校园文化相融合、家庭和社会相衔接的综合劳动、实践育人机制。②

该实施方案将"实施新时代立德树人工程"作为推进教育现代化十项

---

① 习近平：《决胜全面建成小康社会 夺取新时代中国特色社会主义伟大胜利——在中国共产党第十九次全国代表大会上的报告》，人民出版社2017年版，第45页。
② 《中共中央办公厅、国务院办公厅印发〈加快推进教育现代化实施方案（2018—2022年）〉》，http://www.moe.gov.cn/jyb_xwfb/s6052/moe_838/201902/t20190223_370859.html。

重点任务之首,指出要"深入构建一体化育人体系",为新时代教育现代化建设指明了方向。

2018年9月10日,全国教育大会在北京召开。在会上,习近平总书记强调:"坚持把立德树人作为根本任务""把立德树人融入思想道德教育、文化知识教育、社会实践教育各环节,贯穿基础教育、职业教育、高等教育各领域,学科体系、教学体系、教材体系、管理体系要围绕这个目标来设计,教师要围绕这个目标来教,学生要围绕这个目标来学。凡是不利于实现这个目标的做法都要坚决改过来。""要深化教育体制改革,健全立德树人落实机制,扭转不科学的教育评价导向。"[①] 这是习总书记从多个维度对立德树人的重要意义、具体方法和价值导向作出的深入阐释,明确强调立德树人要融入各个环节,贯穿各个领域,要作为衡量学校办学的标尺,要成为教育评价的导向。

2019年3月18日,习总书记主持召开学校思想政治理论课教师座谈会并发表重要讲话。习总书记强调:

> 新时代贯彻党的教育方针,要坚持马克思主义指导地位,贯彻新时代中国特色社会主义思想,坚持社会主义办学方向,落实立德树人的根本任务,坚持教育为人民服务、为中国共产党治国理政服务、为巩固和发展中国特色社会主义制度服务、为改革开放和社会主义现代化建设服务,扎根中国大地办教育,同生产劳动和社会实践相结合,加快推进教育现代化、建设教育强国、办好人民满意的教育,努力培养担当民族复兴大任的时代新人,培养德智体美劳全面发展的社会主义建设者和接班人。

> 在大中小学循序渐进、螺旋上升地开设思想政治理论课非常必要,是培养一代又一代社会主义建设者和接班人的重要保障。

> 思想政治理论课是落实立德树人根本任务的关键课程。青少年阶段是人生的"拔节孕穗期",最需要精心引导和栽培。我们办中国特色社会主义教育,就是要理直气壮开好思政课,用新时代中国特色社

[①] 《习近平在全国教育大会上强调:坚持中国特色社会主义教育发展道路培养德智体美劳全面发展的社会主义建设者和接班人》,http://edu.people.com.cn/n1/2018/0911/c1053-30286253.html。

会主义思想铸魂育人，引导学生增强中国特色社会主义道路自信、理论自信、制度自信、文化自信，厚植爱国主义情怀，把爱国情、强国志、报国行自觉融入坚持和发展中国特色社会主义事业、建设社会主义现代化强国、实现中华民族伟大复兴的奋斗之中。①

在此次座谈会上习总书记在再次强调"落实立德树人的根本任务"基础上，突显了思想政治理论课在落实立德树人根本任务中的关键作用，指出在大中小学要"循序渐进、螺旋上升"地开设思想政治理论课，要"理直气壮开好思政课"。

2019年8月14日，中共中央办公厅、国务院办公厅印发《关于深化新时代学校思想政治理论课改革创新的若干意见》。该意见明确指出：

> 教育是国之大计、党之大计，承担着立德树人的根本任务。思政课是落实立德树人根本任务的关键课程，发挥着不可替代的作用。党的十八大以来，以习近平同志为核心的党中央高度重视思政课建设，作出一系列重大决策部署，各地区各部门和各级各类学校采取有力措施认真贯彻落实，思政课建设取得显著成效。同时也要看到，面对新形势新任务新挑战，有的地方和学校对思政课重要性认识还不够到位，课堂教学效果还需提升，教材内容不够鲜活，教师选配和培养工作存在短板，体制机制有待完善，评价和支持体系有待健全，大中小学思政课一体化建设需要深化，民办学校、中外合作办学思政课建设相对薄弱，各类课程同思政课建设的协同效应有待增强，学校、家庭、社会协同推动思政课建设的合力没有完全形成，全党全社会关心支持思政课建设的氛围不够浓厚。
>
> 在大中小学循序渐进、螺旋上升地开设思政课，引导学生立德成人、立志成才，树立正确世界观、人生观、价值观，坚定对马克思主义的信仰，坚定对社会主义和共产主义的信念，增强中国特色社会主义道路自信、理论自信、制度自信、文化自信，厚植爱国主义情怀，把爱国情、强国志、报国行自觉融入坚持和发展中国特色社会主义事

---

① 《习近平主持召开学校思想政治理论课教师座谈会》，http://www.gov.cn/xinwen/2019-03/18/content_5374831.htm。

业、建设社会主义现代化强国、实现中华民族伟大复兴的奋斗之中。大学阶段重在增强使命担当，引导学生矢志不渝听党话跟党走，争做社会主义合格建设者和可靠接班人。高中阶段重在提升政治素养，引导学生衷心拥护党的领导和中国社会主义制度，形成做社会主义建设者和接班人的政治认同。初中阶段重在打牢思想基础，引导学生把党、祖国、人民装在心中，强化做社会主义建设者和接班人的思想意识。小学阶段重在启蒙道德情感，引导学生形成爱党、爱国、爱社会主义、爱人民、爱集体的情感，具有做社会主义建设者和接班人的美好愿望。①

该意见再次强调立德树人的根本任务及思政课的重要作用，明确指出了思政课一体化建设中所存在的短板和问题，从"完善思政课课程教材体系""建设一支政治强、情怀深、思维新、视野广、自律严、人格正的思政课教师队伍""不断增强思政课的思想性、理论性和亲和力、针对性""加强党对思政课建设的领导"几个方面提出了深化新时代学校思想政治理论课改革创新的工作要求。

2022年4月25日，在五四青年节即将到来之际，习近平总书记到中国人民大学考察调研，强调指出"'为谁培养人、培养什么人、怎样培养人'始终是教育的根本问题。要坚持党的领导，坚持马克思主义指导地位，坚持为党和人民事业服务，落实立德树人根本任务，传承红色基因，扎根中国大地办大学，走出一条建设中国特色、世界一流大学的新路"②。这是习总书记对于立德树人这一教育根本任务的再次强调，为新时代德育工作指明了前进的方向。

（五）构建一体化德育体系是新时代落实立德树人根本任务的创新和特色

在中国特色社会主义新时代，立德树人教育思想和一体化德育体系建

---

① 《中共中央办公厅 国务院办公厅印发〈关于深化新时代学校思想政治理论课改革创新的若干意见〉》，http://www.gov.cn/zhengce/2019-08/14/content_5421252.htm。
② 《习近平在中国人民大学考察时强调 坚持党的领导传承红色基因扎根中国大地走出一条建设中国特色世界一流大学新路》，《人民日报》2022年4月26日第1版。

设策略在以下几个方面得到进一步加强。

1. 坚持党的领导

习近平总书记指出:"中国特色社会主义最本质的特征是中国共产党领导,中国特色社会主义制度的最大优势是中国共产党领导,党是最高政治领导力量。"① 教育事业作为中国特色社会主义的重要组成部分,作为培养担当民族复兴大任的时代新人的关键环节,必须也必然要坚持党的领导,以确保社会主义办学方向和培养方向。习近平总书记在全国教育大会上强调:"加强党对教育工作的全面领导,是办好教育的根本保证。"② 立德树人作为新时代中国特色教育事业的根本任务,理所应当坚持和加强党的领导,将党的领导贯穿于立德树人全过程。

将党的领导贯穿于立德树人全过程,要以马克思主义的基本观点、思想、方法指导立德树人相关工作,用发展的眼光看待马克思主义对于立德树人伟大工程的指导作用。

将党的领导贯穿于立德树人全过程,要坚决贯彻落实党的教育方针,毫不动摇地坚持和维护党的核心领导地位,坚持社会主义办学方向和育人方向,将党的教育目标和教育要求全面体现到立德树人各项工作中。

2. 突出理想信念教育

理想信念是人的精神追求和精神财富,是支撑人们追求伟大理想、战胜各种困难的动力。习总书记指出:"理想指引人生方向,信念决定事业成败。没有理想信念,就会导致精神上'缺钙'。"③ 习总书记历来高度重视理想信念教育工作,在多次讲话中反复强调要把理想信念作为立德树人的灵魂。

思政课作为理想信念教育的根本途径,一直是习总书记的重要关切。习总书记在学校思政课教师座谈会上强调:"思政理论课是落实立德树人根本任务的关键课程。思政课作用不可替代。"④ 这一论述阐明了新时代思政课的地位和作用,明确了思政课在理想信念教育和立德树人中的关键作用。

---

① 《习近平谈治国理政》(第3卷),外文出版社2020年版,第94页。
② 《坚持中国特色社会主义教育发展道路》,《人民日报》2018年9月13日第10版。
③ 习近平:《在同各界优秀青年代表座谈时的讲话》,《光明日报》2013年5月5日第2版。
④ 《习近平谈治国理政》(第3卷),第329页。

2021年3月6日，习近平总书记在看望参加全国政协会议的医药卫生界教育界委员时指出："思政课不仅应该在课堂上讲，也应该在社会生活中来讲。""'大思政课'我们要善用之，一定要跟现实结合起来。上思政课不能拿着文件宣读，没有生命、干巴巴的。"① 这一重要论述是中国抗击新冠肺炎疫情的伟大实践对于思政课和理想信念教育提出的新要求，是新时代理想信念教育的主要着力点。

2022年4月，习近平在考察中国人民大学时指出：

> 思想政治理论课能否在立德树人中发挥应有作用，关键看重视不重视、适应不适应、做得好不好。思政课的本质是讲道理，要注重方式方法，把道理讲深、讲透、讲活，老师要用心教，学生要用心悟，达到沟通心灵、启智润心、激扬斗志。青少年思想政治教育是一个接续的过程，要针对青少年成长的不同阶段，有针对性地开展思想政治教育。②

习总书记还鼓励各地高校要积极开展与中小学思政课共建活动，共同推动大中小学思政课一体化建设。习总书记再次强调了思政课在立德树人中的重要作用，对青少年思想政治教育及大中小学思政课一体化建设提出了要求，寄予了期望。

3. 重在构建一体化德育体系

2010年，《国家中长期教育改革和发展规划纲要（2010—2020年）》指出要"构建大中小学有效衔接的德育体系，创新德育形式，丰富德育内容，不断提高德育工作的吸引力和感染力，增强德育工作的针对性和实效性。""树立系统培养观念，推进小学、中学、大学有机衔接。"③ 这是以教育改革和发展规划纲要的方式强调要"构建大中小学有效衔接的德育体系"，指明了一体化德育体系发展的方向和要求。

---

① 《"'大思政课'我们要善用之"》（微镜头·习近平总书记两会"下团组"·两会现场观察），《人民日报》2021年3月7日第1版。

② 《习近平在中国人民大学考察时强调 坚持党的领导传承红色基因扎根中国大地走出一条建设中国特色世界一流大学新路》，《人民日报》2022年4月26日第1版。

③ 《国家中长期教育改革和发展规划纲要（2010—2020年）》，http://www.moe.gov.cn/srcsite/A01/s7048/201007/t20100729_171904.html。

2017年9月24日，中共中央办公厅、国务院办公厅印发《关于深化教育体制机制改革的意见》，明确提出要"构建以社会主义核心价值观为引领的大中小幼一体化德育体系"①，第一次将学前教育纳入德育体系之中，是德育体系建设过程中的一大进步。

2019年8月14日，中共中央办公厅、国务院办公厅印发《关于深化新时代学校思想政治理论课改革创新的若干意见》，对统筹大中小学思政课一体化建设作出了精密的部署，彰显出德育工作与时俱进的鲜明特点。思政课一体化建设成为大中小幼一体化德育体系建设的重点。

为落实中共中央、国务院构建一体化德育体系的相关要求，教育部先后制定《关于整体规划大中小学德育体系的意见》《教育部关于全面深化课程改革 落实立德树人根本任务的意见》，从教育政策的视角提出了构建一体化德育体系的相关要求和实施策略。

2005年，教育部颁布《关于整体规划大中小学德育体系的意见》，将"使大中小学德育纵向衔接、横向贯通、螺旋上升，不断提高针对性实效性和吸引力感染力，更好地促进青少年学生健康成长"②作为整体规划大中小学德育体系的总体要求，第一次系统论述了大中小学德育一体化相关内容。

2014年3月，《教育部关于全面深化课程改革 落实立德树人根本任务的意见》强调，"坚持系统设计，整体规划育人各个环节的改革，整合利用各种资源，统筹协调各方力量，实现全科育人、全程育人、全员育人"。"基本建成高校、中小学各学段上下贯通、有机衔接、相互协调、科学合理的课程教材体系；基本确立教育教学主要环节相互配套、协调一致的人才培养体制；基本形成多方参与、齐心协力、互相配合的育人工作格局。"③该意见围绕立德树人根本任务，统一规划德育体系，是对大中小学德育一体化内容的丰富与发展。

教育的本质就是培养人。习近平总书记指出，我们要"坚持把服务中华民族伟大复兴作为教育的重要使命"。在如今世界百年未有之大变局及

---

① 《中共中央办公厅 国务院办公厅印发〈关于深化教育体制机制改革的意见〉》，http://www.moe.gov.cn/jyb_xwfb/s6052/moe_838/201709/t20170925_315201.html。

② 《教育部关于整体规划大中小学德育体系的意见》，http://www.moe.gov.cn/s78/A12/s7060/201007/t20100719_179051.html。

③ 《教育部关于全面深化课程改革 落实立德树人根本任务的意见》，http://www.moe.gov.cn/srcsite/A26/jcj_kcjcgh/201404/t20140408_167226.html。

"两个一百年"的历史交汇期,为谁培养人、培养什么人和怎样培养人则是"事关党和国家前途命运的重大战略任务"。培养中国特色社会主义合格的建设者和可靠接班人,要将一体化思维落实到立德树人的各项工作中,通过构建以社会主义核心价值观为引领的大中小幼一体化德育体系来定位育人目标、完善育人内容、改进育人方法、丰富育人途径,实现全员、全程、全方位育人,建立互为补充、互相渗透的立德树人协同机制,将立德树人根本任务落到实处。

4. 切实加强教师队伍建设和师德建设

教师是立德树人的关键力量,正所谓"立德先立师之德,树人先育育人者"。习近平总书记在阐述立德树人这一教育的根本任务时,一直高度关注师德师风建设。习总书记不仅多次到大中小学看望教师,还通过给教师们写信、探望自己的老师等方式表达对教育工作和教师作用的重视,围绕教师队伍建设进行多次专题论述。

在2014年教师节,习总书记在与北师大师生座谈时指出:"好老师没有统一的模式,可以各有千秋、各显身手,但有一些共同的、必不可少的特质。做好老师,要有理想信念,要有道德情操,要有扎实学识,要有仁爱之心。"[①]"四有好老师"的论述既是对教师道德修养提出的明确要求,也是对所有教育工作者的号召和期盼,成为新时代教师队伍建设的指导原则和行动指南。

在2016年教师节前夕,习近平总书记在自己的母校——八一学校看望师生时指出:"教育决定着人类的今天,也决定着人类的未来。……广大教师要做学生锤炼品格的引路人,做学生学习知识的引路人,做学生创新思维的引路人,做学生奉献祖国的引路人。"[②] 总书记关于"四个引路人"的重要论述突出强调了教师对学生的引导作用,明确了教师在立德树人中的关键地位,再次强调师德是教师的根本。

2016年12月,习近平总书记在全国高校思政工作会议上指出,"要加强师德师风建设,坚持教书和育人相统一,坚持言传和身教相统一,坚持潜心问道和关注社会相统一,坚持学术自由和学术规范相统一,引导广大

---

① 习近平:《做党和人民满意的好老师》,《人民日报》2014年9月10日第2版。
② 《习近平在北京市八一学校考察时强调 全面贯彻落实党的教育方针 努力把我国基础教育办越办越好》,http://www.gov.cn/xinwen/2016-09/09/content_5107047.htm。

教师以德立身、以德立学、以德施教"①，进一步明确了师德师风建设的根本原则和基本遵循。同时，习总书记还提出，"教师不能只做传授书本知识的教书匠，而要成为塑造学生品格、品行、品味的'大先生'"②，明确指出了新时代教师的角色定位和根本任务。

2019年3月18日，习总书记在学校思想政治理论课教师座谈会上强调广大思政课教师"政治要强、情怀要深、思维要新、视野要广、自律要严、人格要正"③。这不仅是对思政课教师提出的六项要求，而且是对全体教师提出的新要求和新希望。

2021年3月6日，习近平总书记在看望参加政协会议的医药卫生界教育界委员时指出：

> 教师是教育工作的中坚力量。有高质量的教师，才会有高质量的教育。做好老师，就要执着于教书育人，有热爱教育的定力、淡泊名利的坚守，就要有理想信念、有道德情操、有扎实学识、有仁爱之心。广大思想政治理论课教师，政治要强、情怀要深、思维要新、视野要广、自律要严、人格要正。要把师德师风建设摆在首要位置，引导广大教师继承发扬老一辈教育工作者"捧着一颗心来，不带半根草去"的精神，以赤诚之心、奉献之心、仁爱之心投身教育事业。④

这是习总书记再次强调要把师德建设摆在教师队伍建设工作的首要位置，进一步突显了师德的重要地位和作用。

2022年4月25日，习近平总书记在中国人民大学考察时指出：

> 好的学校特色各不相同，但有一个共同特点，都有一支优秀教师队伍。对教师来说，想把学生培养成什么样的人，自己首先就应该成为什么样的人。培养社会主义建设者和接班人，迫切需要我们的教师

---

① 《把思想政治工作贯穿教育教学全过程》，《人民日报》2016年12月9日第10版。
② 《把思想政治工作贯穿教育教学全过程》，《人民日报》2016年12月9日第10版。
③ 习近平：《用新时代中国特色社会主义思想铸魂育人 贯彻党的教育方针落实立德树人根本任务》，《人民日报》2019年3月19日第1版。
④ 《习近平看望参加政协会议的医药卫生界教育界委员》，http://cpc.people.com.cn/n1/2021/0306/c64094-32044476.html。

既精通专业知识、做好"经师",又涵养德行、成为"人师",努力做精于"传道授业解惑"的"经师"和"人师"的统一者。教育是一门"仁而爱人"的事业,有爱才有责任。广大教师要严爱相济、润己泽人,以人格魅力呵护学生心灵,以学术造诣开启学生智慧,把自己的温暖和情感倾注到每一个学生身上,让每一个学生都健康成长,让每一个孩子都有人生出彩的机会。老师应该有言为士则、行为世范的自觉,不断提高自身道德修养,以模范行为影响和带动学生,做学生为学、为事、为人的大先生,成为被社会尊重的楷模,成为世人效法的榜样。[①]

这既是习总书记对高校教师的期望,更是对全体教育工作者的要求和期待。

从以上分析中不难看出,坚持党的领导、进行理想信念教育、加强教师队伍建设和师德建设,是构建大中小幼一体化德育体系的重要方面和内容,可以通过构建一体化德育体系和进行一体化德育研究来实现。在世界百年未有之大变局加速演进的新时代,在将立德树人作为教育根本任务的前提下,德育工作和德育研究势必要有新的创新点和生长点,以更好地适应新的时代对教育发展提出的新要求。因此,构建以社会主义核心价值观为引领的大中小幼一体化德育体系,既是落实立德树人根本任务的切实路径和必然选择,也是破解当前德育工作中所面临的主要问题的着眼点和切入点,更是新时代德育工作的创新性发展和突出特色。

二 一体化德育研究是夯实德育理论、指导德育实践的切实需要

落实立德树人根本任务是一项复杂的系统工程,需要全局性的设计和推进。"德"是立德树人的根基,是育人的前提和基础。人的发展具有阶段性、连续性、全面性,德育研究和德育工作都要遵循人的发展和成长规律,树立系统化思维,实现不同主体、不同领域的有效协同与合作,构建一体化德育体系。

[①] 《习近平在中国人民大学考察时强调 坚持党的领导传承红色基因扎根中国大地走出一条建设中国特色世界一流大学新路》,《人民日报》2022年4月26日第1版。

近年来，大中小幼一体化德育体系建设（以下简称"一体化德育"）正在成为新时代中国德育发展的战略问题，成为德育政策、德育研究和德育实践的主要关切，成为构建立德树人系统化落实机制的关键所在，成为新时代德育工作的建设思路和基本方向。

（一）《中小学德育工作指南》的"一二三四五六"

2017年8月，为深入贯彻落实习近平总书记系列重要讲话精神，落实立德树人根本任务，不断增强中小学德育工作的时代性、科学性和实效性，教育部印发《中小学德育工作指南》（以下简称《指南》），成为新时代指导中小学德育工作的规范性文件。《指南》以"一二三四五六"的形式，系统构建了中小学一体化德育体系。

1. 构建德育工作的"一个体系"

《指南》强调，要"着力构建方向正确、内容完善、学段衔接、载体丰富、常态开展的德育工作体系，大力促进德育工作专业化、规范化、实效化，努力形成全员育人、全程育人、全方位育人的德育工作格局"[①]。"一个体系"是《指南》对中小学德育工作目标的系统概括，凸显出中小学德育工作一体化的思路和特点。

2. 坚持德育工作的"两个结合"

《指南》认为，中小学德育工作要"坚持教育与生产劳动、社会实践相结合，坚持学校教育与家庭教育、社会教育相结合"[②]。这是《指南》从中小学德育工作的实际情况出发，强调"两个结合"，以统筹协调各种教育资源，形成德育工作的合力。

3. 抓住德育工作的"三个要点"

《指南》紧密围绕中小学生成长发展规律，提出"以培养学生良好思想品德和健全人格为根本，以促进学生形成良好行为习惯为重点，以落实《中小学生守则（2015年修订）》为抓手"[③]，紧紧抓住了德育工作的"三

[①]《教育部关于印发〈中小学德育工作指南〉的通知》，http://www.moe.gov.cn/srcsite/A06/s3325/201709/t20170904_313128.html。

[②]《教育部关于印发〈中小学德育工作指南〉的通知》，http://www.moe.gov.cn/srcsite/A06/s3325/201709/t20170904_313128.html。

[③]《教育部关于印发〈中小学德育工作指南〉的通知》，http://www.moe.gov.cn/srcsite/A06/s3325/201709/t20170904_313128.html。

个要点",为中小学德育工作实践提供了方向性指导。

4. 梳理德育目标的"四个维度"

《指南》在明确中小学德育工作总体目标的基础上,按照小学低年级、小学高年级、初中学段和高中学段四个维度系统梳理了德育工作目标(见表1),体现了不同学段德育目标的循序渐进、螺旋上升。

表1　　　　《中小学德育工作指南》对学段德育目标的梳理

学段	德育目标
小学低年级	教育和引导学生热爱中国共产党、热爱祖国、热爱人民,爱亲敬长、爱集体、爱家乡,初步了解生活中的自然、社会常识和有关祖国的知识,保护环境,爱惜资源,养成基本的文明行为习惯,形成自信向上、诚实勇敢、有责任心等良好品质
小学高年级	教育和引导学生热爱中国共产党、热爱祖国、热爱人民,了解家乡发展变化和国家历史常识,了解中华优秀传统文化和党的光荣革命传统,理解日常生活的道德规范和文明礼貌,初步形成规则意识和民主法治观念,养成良好生活和行为习惯,具备保护生态环境的意识,形成诚实守信、友爱宽容、自尊自律、乐观向上等良好品质
初中	教育和引导学生热爱中国共产党、热爱祖国、热爱人民,认同中华文化,继承革命传统,弘扬民族精神,理解基本的社会规范和道德规范,树立规则意识、法治观念,培养公民意识,掌握促进身心健康发展的途径和方法,养成热爱劳动、自主自立、意志坚强的生活态度,形成尊重他人、乐于助人、善于合作、勇于创新等良好品质
高中	教育和引导学生热爱中国共产党、热爱祖国、热爱人民,拥护中国特色社会主义道路,弘扬民族精神,增强民族自尊心、自信心和自豪感,增强公民意识、社会责任感和民主法治观念,学习运用马克思主义基本观点和方法观察问题、分析问题和解决问题,具备正确选择人生发展道路的相关知识,具备自主、自立、自强的态度和能力,初步形成正确的世界观、人生观和价值观

5. 明确德育工作的"五个内容"

《指南》将理想信念教育、社会主义核心价值观教育、中华优秀传统文化教育、生态文明教育、心理健康教育作为中小学德育的主要内容。这五项内容既与德育目标高度契合,又系统呈现出时代特点对中小学德育工作的新要求,指明了中小学德育工作的关键和重点。

6. 概括德育工作的"六个途径"

《指南》将新时代中小学德育工作途径概括为课程育人、文化育人、活动育人、实践育人、管理育人、协同育人,将德育目标和内容有效体现在中小学各项具体工作中,从而为德育目标的系统实现、德育内容的全面落实提供了具体的操作路径。

（二）《北京市大中小幼一体化德育体系建设指导纲要》的弧光效应

2021年7月，中共北京市委教育工作委员会、北京市教育委员会印发《北京市大中小幼一体化德育体系建设指导纲要》（以下简称《指导纲要》）。《指导纲要》是全国省级教育部门第一份关于大中小幼一体化德育体系建设的文件，涉及一体化德育目标、内容、方法、资源、队伍、评价、协同机制、研究等方面，具有很强的导向性、系统性、操作性，旨在全面提升育人系统的高度自主和自觉特征，减少育人的内耗和对冲，使育人的弧光效应更加明显。北京教育科学研究院德育研究中心以及由北京教育科学研究院率先发起成立的北京市学校德育研究会，在研制《指导纲要》中发挥了重要作用。

1. 建立一体化德育格局

《指导纲要》着眼于"努力实现大中小幼德育工作循序渐进、螺旋上升、层层深入、有机衔接"，以"完善纵向衔接、横向协同的工作机制，建立德育要素融通一体、学段衔接一体、各方协同一体的德育工作新格局"为目标，围绕大中小幼一体化德育体系构建和机制建设，引领首都德育工作的新方向、新思路和新亮点。

2. 明确一体化德育目标

《指导纲要》在将"整体性德育目标要求贯穿大中小幼各学段，落实立德树人根本任务"的前提下，准确把握不同学段的目标差异，尊重不同学段学生思想认知的特点和规律，从幼儿园、小学、初中、高中、大学五个阶段分别界定了学段性德育目标（见表2），体现了目标的普遍性与特殊性的统一。

表2 《北京市大中小幼一体化德育体系建设指导纲要》
对各学段德育目标的梳理

学段	德育目标
幼儿园	重在感性认知，培育真善美天性，建立初步社会认知，培养良好生活习惯
小学	重在启蒙道德情感，引导学生形成爱党、爱国、爱社会主义、爱人民、爱集体的情感，具有做社会主义建设者和接班人的思想意识

续表

学段	德育目标
初中	重在引导学生把党、祖国、人民装在心中，强化做社会主义建设者和接班人的政治认同
高中	重在引导学生衷心拥护党的领导和中国特色社会主义制度，形成做社会主义建设者和接班人的责任担当
大学	重在引导学生矢志不渝听党话跟党走，争做社会主义合格建设者和可靠接班人

《指导纲要》还特别注意到各阶段目标的衔接和呼应，特别提出"各学段都应关注相邻学段的德育目标设计，在起始年级和毕业年级加强与相邻学段德育目标衔接，帮助学生适应下一学段的学习生活"，科学设计了幼儿园大班、小学高年级、初中高年级、高中毕业班和大学低年级的德育目标衔接问题（见表3）。

表3 《北京市大中小幼一体化德育体系建设指导纲要》对学段德育目标的衔接

学段	德育目标
幼儿园大班	组织儿童了解小学生活，把爱国情感、理想信念、道德认知、良好习惯如春风化雨般播入孩子的心田
小学高年级	引导学生逐步形成相对理性的情感认知，打牢理想信念和思想品德基础
初中高年级	充分利用"初升高"人生选择的契机，强化理想信念
高中毕业班	加强生涯规划教育，帮助学生确立未来目标
大学低年级	利用从学校管理向大学生自我管理过渡期，帮助学生筑牢信仰之基，明确奋斗方向

3. 规划一体化德育内容

《指导纲要》从全面推动大中小学思政课一体化建设、着力加强高校课程思政和中小学学科德育、系统开展一体化主题教育活动三个方面科学规划了一体化德育内容。

在"全面推动大中小学思政课一体化建设"方面，强调"根据学生成长规律，结合不同年龄段学生认知特点，建立纵向各学段层层递进、横向各课程相互配合、必修课选修课相互协调的思政课体系，实现课程目标、课程设置的有效贯通",提出"小学阶段思政课重在培养学生的道德启蒙,初中阶段思政课重在培养学生的道德认知,高中阶段思政课重在提升学生的政治认同,大学阶段思政课重在增强学生的使命担当",以实现不同学段思政课之间的主线贯通与循序渐进。

在"着力加强高校课程思政和中小学学科德育"方面,强调树立"守好一段渠、种好责任田"的意识,努力推动各类课程与思政课程同向同行,实现课程间的有效协同与高效配合,从而将德育贯穿于教育教学全过程和学生学习生活各个方面。

在"系统开展一体化主题教育活动"方面,强调继续深化"三同四起来"的工作模式,聚焦党和国家重大主题,遵循"知—情—意—行"教育规律,组织北京市大中小学生和幼儿园孩子围绕同一主题"学起来""唱起来""讲起来""做起来",以推动思政小课堂与社会大课堂同频共振。

4. 优化一体化德育方法

《指导纲要》在遵循不同学段学生的身心发展特点和认知规律的基础上,分学段设计了各有侧重的德育方法(见表4),有效推动德育目标的实现和德育内容的具体落实。

表4　《北京市大中小幼一体化德育体系建设指导纲要》
对各学段德育方法的优化

学段	德育目标
幼儿园	重在开展活动性学习,注重示范引导方法,融入课程和每日常规活动场景,打好思想品德的底子
小学	重在开展启蒙性学习,运用榜样示范、环境熏陶、表扬惩戒、说服教育等方法,让小学生潜移默化地记住要求、心有榜样、从小做起、接受帮助
初中	重在开展体验性学习,综合开设道德与法治课程,整体构建德育活动课程,全面渗透课程核心素养
高中	重在开展常识性学习,整合构建以思想政治课程为主体、各学科课程相互渗透、实践课程为补充的高中广域德育课程体系
大学	重在开展理论性和探究性学习,把思想政治教育贯穿人才培养全过程

5. 整合一体化德育资源

《指导纲要》提出要"统筹建设校内外一体化德育资源体系",充分利用北京市特有的教育资源和教育场地，通过实践教学、实地参观等方式有效拓展学校德育资源；有效利用校园公众号等现代教育载体和媒介，通过打造导向正确、内容生动、形式多样的网络文化产品等方式构建立体式的一体化德育资源。

6. 配齐一体化德育队伍

《指导纲要》特别重视一体化德育队伍建设，提出要"加强思政课教师、辅导员、班主任、心理教师等德育骨干队伍建设"，针对高校、中小学和幼儿园的德育队伍建设提出了明确而具体的要求。同时注重德育队伍的丰富和拓展，从构建校内外协同的大德育体系角度"鼓励聘请校外专家学者、模范榜样、社区工作者参与学校德育工作"。

《指导纲要》强调要"构建德育队伍一体化贯通研训机制，建立一批大中小幼一体化德育示范性培训基地，开展大中小幼德育骨干教师一体化培训"，从教师培训的角度打通了学段的分割和限制，通过"建立一体化思政课教师研修共同体，实施思政课教师一体化研修计划，完善大中小学思政课教师一体化备课机制"等方式提升一体化德育专职队伍的素质和能力。

7. 完善一体化德育评价

教育评价是教育工作的风向标和指示器，德育评价是德育工作历来的难点和短板。《指导纲要》从"提升德育评价的科学性"着手，从评价主体、评价方式、评价手段等方面提出了完善一体化德育评价的思路和做法。《指导纲要》还注重不同学段学生的评价方式和评价过程的差异，认为"小学和初中学生评价要发挥学生自我评价的参与作用，加大过程性与可视性成果评价权重。高中学生评价要充分结合学生自我成长记录和生涯规划报告等可视方式，提升学生自我评价导向意识，将评价结果纳入综合素质档案。大学生综合素质评价纳入学生毕业综合评价成绩"。

8. 强化一体化德育协同

《指导纲要》围绕学生发展的整体性与连续性，注重一体化德育体系的横向协同与延伸，提出"推动学校教育、家庭教育、社会教育的有机结合，形成一体化育人共同体，构建各学段衔接、社会与家庭协同的新时代一体化德育新格局"。围绕助力学生成长和发展，有效统筹各类教育主体，实现教育力量的合作与优化，促进学生全面发展与健康成长。

（三）一体化德育研究旨在实现德育诸要素的协同与统一

德育是一项系统工程，由诸多要素和环节组成，缺一不可。德育一体化研究"致力于构建整体的、系统的、衔接的德育体系，促进德育的理念、目标、课程、方法等方面的一体化建构，革除德育体系的碎片化、割裂化、分散化的弊病，从而实现培养全面发展的人的使命"[①]。理论研究者对于德育一体化的内涵进行了广泛而深入的研究，取得了比较丰硕的研究成果。

韩春红、沈晔认为："大中小学德育一体化指大中小学不同学段思想道德教育纵向衔接、横向贯通，使得立德树人能贯穿于各学段的一致性连贯体系。"[②] 李健提出德育一体化是指"把德育对象、德育机构作为一个整体，依据德育规律所进行的大中小幼一体化德育实践系统"[③]。庄瑜认为，大中小学德育一体化主要体现在学校德育与课程德育一体化、学校德育与学校教育一体化及教育系统内外一体化方面。[④] 冯建军指出："德育的整体性和进阶性是德育一体化的两个基本维度。前者使德育保持横向贯通，后者使德育保持纵向衔接。因此，德育一体化建设就是要构筑一个德育各要素横向贯通的整体和纵向衔接的序列，促进人的思想道德循序渐进地发展，实现德育目标，造就德智体美劳全面发展的社会主义建设者和接班人。"[⑤] 班建武提出德育一体化要构建纵向（不同学段）贯通、横向（不同德育主体和资源）整合的立德树人体系。[⑥] 谢春风认为："一体化德育内涵是指大中小幼各个学段围绕一个共同育人目标同向而行，协同发力，形成一个结构合理、体系完整、内容丰富、动态优化的内在性育人系统。"[⑦]

[①] 叶飞、檀传宝：《德育一体化建设的理念基础与实践路径》，《教育研究》2020年第7期。
[②] 韩春红、沈晔：《推进大中小学德育一体化的现实困境及机制建设探究》，《中国电化教育》2021年第2期。
[③] 李健：《构建新时代中国特色大中小幼一体化德育体系的四个维度》，《深圳大学学报》（人文社会科学版）2018年第1期。
[④] 庄瑜：《上海红色文化融入大中小德育一体化的价值及路径研究》，《上海教育科研》2020年第3期。
[⑤] 冯建军：《德育一体化建设的理据、内涵与维度》，《中国德育》2021年第23期。
[⑥] 班建武：《三问"德育一体化"》，《教育家》2020年第9期。
[⑦] 谢春风：《强化弧光效应：北京市一体化德育体系的构建与应用》，《中国德育》2021年第23期。

从现有的研究成果中不难看出，学者们都比较认同从纵向和横向两个维度理解一体化德育。谢春风指出："在内容上要突出学段纵向衔接，上下学段的育人衔接点是关键和难点；在教育方法途径和课程资源支持方面要突出横向协同，育人策略要强调全员全过程全方位。"① 冯建军认为："在年龄特征之维上，德育一体化就是要遵循不同年龄阶段人的身心发展特点和道德认知规律，科学定位德育目标，合理设计德育内容、途径、方法，形成一个循序渐进、层层深入、有机衔接的德育体系。""各学段要由浅入深、由简到繁地组织德育内容，使大中小学德育内容实现贯通。""德育一体化要基于课程、基于学校，但又要超越课程、超越学校，把学校小课堂与社会大课堂结合起来，构建'大思政课''大德育'。"② 叶飞、檀传宝强调指出："从德育工作的纵向角度而言，德育工作需要不断加强各个学段之间的系统性，建构各个学段之间的理念、目标、内容等的有机衔接，并以递进上升的方式来促进学生的品德发展，从而实现德育的目标与使命。""从德育工作的横向角度而言，德育工作的本质要求是展开多渠道的协同育人，德育工作不仅是学校、课堂的工作，同时还与家庭、社会有着紧密的联系。德育要想达到效果，就必须从横向上实现"家—校—社"一体化建设。"③ 班建武指出："从纵向的角度看，德育一体化指的是不同学段的德育要能够在目标、内容、方式方法等层面真正实现纵向衔接，以确保德育在时间维度的连续性和螺旋式上升。""从横向的角度看，德育一体化要解决的就是不同德育主体、德育资源间的协同推进问题，重点是在立德树人教育根本任务的引领下，确保各种教育力量价值导向的一致性。从宏观的角度看，横向角度的德育一体化就是要确保学校德育与家庭、社会德育能够真正建立起'三位一体'的立体化育人格局。而从微观的角度看，横向角度的德育一体化则主要聚焦于学校内部不同德育形态之间的有机整合。"④

综上所述，一体化德育研究主要从纵、横两个维度探讨德育目标、德育内容、德育途径、德育方法、德育管理、德育评价等整合统一问题，旨在从

---

① 谢春风：《理解和把握大中小幼一体化德育体系建设的时代特征》，《北京教育（普教）》2020年第12期。
② 冯建军：《德育一体化建设的理据、内涵与维度》，《中国德育》2021年第23期。
③ 叶飞、檀传宝：《德育一体化建设的理念基础与实践路径》，《教育研究》2020年第7期。
④ 班建武：《三问"德育一体化"》，《教育家》2020年第9期。

学段、空间、内容、途径等方面解决德育的协同与统一问题。最终"在立德树人视域下，学段之间，学校家庭社会之间，内容、途径、方法之间相结合，形成育人共同体和大德育体系，发挥出系统协同、整体优化的效应"①。

三 一体化德育研究是北京教育科学研究院凸显教育智库地位、引领教育研究方向的现实举措

北京教育科学研究院作为北京市高水平教育智库，在德育研究领域具有良好的研究基础。在全员育人、全程育人、全方位育人、一体化育人日益成为中国教育发展的主流态势和政策要求的背景下，北京教育科学研究院整体谋划、科学布局，以一体化思维引领北京教育科学研究院德育研究，有效推动多部门的协同联动，以一体化德育研究引领新时代教育研究的方向。

（一）立足优势，聚焦问题，构建一体化德育研究新样态

2004年，为落实北京市政府教育折子工程，经北京市编办批准，北京教育科学研究院成立德育研究中心。作为院专职研究机构，德育研究中心系统开展德育理论、政策、实践相关研究。目前，北京教育科学研究院已逐渐形成了学段齐全、基础良好、布局严整、内容丰富、影响力彰显的大德育研究氛围，在德育政策、价值观教育、学科德育、课程德育、师德建设、幼儿德育、中小学德育、职业中专德育、大学思政、特殊学校德育、生态文明、学生综合素质评价、学校发展指导、心理健康教育、协同育人、网络德育等领域均取得系列成果。2018年11月，响应北京市委教育工委、北京市教委号召，北京教育科学研究院发起成立以一体化德育研究为主旨的北京市学校德育研究会，秘书处挂靠在德育研究中心，促进了一体化德育研究的发展。

但是，与新时代新阶段新发展理念的新要求相比，北京教育科学研究院在一定程度上还存在着缺乏一体化德育研究发展的顶层设计、德育研究资源分散、合力攻关不足、工作整体化推进不力、研究成果协同化集成相

---

① 谢春风：《理解和把握大中小幼一体化德育体系建设的时代特征》，《北京教育（普教）》2020年第12期。

对滞后、科研资源整体优化效益待强化等情况，北京教育科学研究院德育研究一盘棋格局尚未形成。

正是在这一背景下，北京教育科学研究院依托新时代党和国家德育政策引领和信息技术优势，采用智能化、数据化、科学化的方式，将一体化理念贯穿于德育研究之中，启动院级重大课题项目——"推进大中小幼一体化德育研究"，旨在通过课题研究的方式推动多部门横向与纵向、内部与外部的协同与联动，以推动高效能德育研究、管理和决策，构建形成一体化德育研究新样态和新格局。

（二）部门聚合，资源整合，融合一体化德育研究新资源

"推进大中小幼一体化德育研究"课题以习近平新时代中国特色社会主义思想和党的十九大精神为指导，准备在3—5年内，立足一体化德育研究目标、思路、内容、方法、成果的网络化管理和评价创新，逐步构建立德树人系统化落实的研究机制，优化德育研究资源配置，发挥德育研究一盘棋作用，提升综合研究效益，致力于一体化德育研究可持续发展，服务"具有首都特点、中国特色和国际影响的高水平新型教育智库"建设工程，为党育人，为国育才，扎实落实以社会主义核心价值观为引领的立德树人根本任务。

"推进大中小幼一体化德育研究"课题牢牢把握德育研究的正确政治方向，以大中小学思政课一体化研究作为大中小幼一体化德育体系建设研究的价值主轴，加强社会主义核心价值观教育研究，培养德智体美劳全面发展的社会主义建设者和接班人。

通过加强研究平台基础建设，进行德育研究力量的聚合。着力于纵横贯通的各部门德育研究业务集合能力与信息聚合能力建设，形成德育研究"一盘棋"共识，布局一体化德育研究建设架构，启动一体化德育研究系统化进程。

将自主建设与协同建设相结合，进行可持续的德育专职研究力量与多部门、多领域兼职德育研究资源的一体化整合。德育研究中心作为专职德育研究机构，作为课题秘书处和牵头执行部门，承担着北京教育科学研究院一体化德育研究的主要任务。各相关部门作为院一体化德育研究的重要参与力量，在立足本部门、本领域研究的前提和基础上，充分利用已有的研究优势和研究特长，从不同视角开展一体化德育研究（见表5）。归根结底，北京教育科学研究院一体化德育研究就是要着力突破部门边界，形成通过多种途径和方法推进大中小幼一体化德育研究，形成研究者的自由组合研究范式，充分发挥北京教育科学研究院的整体科研优势和特长。

表5 2021年度北京教育科学研究院一体化德育研究任务分工

任务类别	任务名称	任务序号	任务内容	负责领导或部门
一 制度建设	探索一体化德育研究协同机制	1	《一体化德育研究蓝皮书》（2021年度）	冯洪荣副书记、副院长（编辑：德育研究中心）
二 课题研究	以一体化德育为目标，整合与推进现有课题研究优势	1	"十四五"时期首都全面落实立德树人根本任务研究	教育发展中心
		2	学科德育政策与实践研究 思政课一体化研究 思政课骨干教师队伍建设研究 高中思政学科教师教学基本功展示 中小学思政课教学示范基地建设	基础教育教学研究中心
		3	中小学师德问题研究：政策、现状、对策、评价	教师中心
		4	中小学生发展指导课程教材建设研究	课程中心
		5	学生发展指导研究政策建议	基础教育科学研究所
		6	中职思政课程核心议题提炼及典型课例开发	职业教育研究所
		7	生态文明教育理论与实践研究	终身可持续研究所
		8	基于幼儿年龄特点的幼儿园德育创新研究	早期教育研究所
		9	特殊教育学校学生德育发展研究	特殊教育研究所
		10	学生社会责任感培育的实践研究——北京市"雏鹰建言""雏鹰议事"的探索	教育创新中心
		11	中小学班主任队伍建设研究	班主任研究中心
		12	高校师生关系研究	高教所

续表

任务类别	任务名称	任务序号	任务内容	负责领导或部门
二 课题研究	以一体化德育为目标，整合与推进现有课题研究优势	13	社会主义核心价值观教育研究 学校一体化德育研究 心理健康教育一体化研究 家校社协同共育研究 教师育德能力提升策略及方法论实践研究	德育研究中心
	启动年度一体化德育课题研究	14	院一体化德育研究工作方案及2021年度课题、分工方案 2021年度总课题：一体化德育研究协同机制的探索	德育研究中心
三 平台建设	开发建设一体化德育科研协同平台	1	一体化德育科研协同平台建设方案设计	行政后勤处（信息中心）
		2	一体化德育科研协同平台建设实施与应用	行政后勤处（信息中心）

（三）创新机制，完善保障，力争一体化德育研究新突破

1. 领导管理机制

建立由北京教育科学研究院党委副书记、副院长冯洪荣任组长、各相关业务部门主要负责人为成员的北京教育科学研究院一体化德育研究工作领导小组，在德育研究中心下设办公室，办公室主任由德育研究中心主任兼任。同时，加强德育研究中心一体化德育研究力量建设。

定期举行专题会议（每学期两次），统一思想，凝聚共识，整体谋划，从一体化德育研究目标、发展思路、政策、机制、成果评价及人力、经费、绩效管理等角度协同推进北京教育科学研究院立德树人系统化研究机制建设。

2. 学术发展机制

建立以一体化德育战略研究为主轴、自主研究与协同研究并进的学术发展机制。

战略研究：设立北京教育科学研究院一体化德育研究发展重大课题，由党委副书记、副院长冯洪荣任组长，相关部门参与，实现美美与共的德育研究态势。

自主研究：各业务部门依托各自研究基础、业务特点和发展需求，在一体化德育研究视阈下，开展立德树人系统化落实机制建设的自主研究，形成一体化德育研究各美其美的效益，防止出现简单重复、对冲和割裂现象。

协同研究：根据北京教育科学研究院德育研究一盘棋精神，设立若干个德育研究年度重点课题，由有关研究部门牵头，各相关部门人员协同参与，重点突破，实现美人之美的整体效益。

3. 信息管理平台建设机制

北京教育科学研究院信息建设职能部门负责一体化德育研究信息管理平台的基础建设、管理和维护，使其具有发展性、互通性、分享性、保密性、自主分析性功能。

相关职能部门负责一体化德育研究平台内容的建设、发展和完善，借助外脑，基于大数据进行深度分析，形成一体化德育专题研究成果。

突出一体化德育研究发展管理系统的整体优化特色，依托北京教育科学研究院德育研究成果，以提升一体化德育研究融合能力为着力点形成有限开放、体系化、可拓展的一体化德育研究工作管理机制与数据应用服务机制。

充实信息系统和管理平台内容，着力突破一体化德育研究管理系统的智能检索与知识图谱技术，深化平台资源整合能力的建设，完善业务集合与信息聚合能力，提升信息数据在提高德育研究质量、管理和决策水平上的应用服务能力。

4. 研究效果评价机制

科研管理部门会同信息、人事等部门，对一体化德育研究成果进行效果评估，并将其逐步纳入绩效考评中，提出发展意见，供北京教育科学研究院党政领导决策参考，服务于一体化德育研究进程。

四 立德树人是教育科研工作者的共同任务和教育使命

党的十八大特别是十九大以来，党和国家在教育目标和发展战略上的一系列重大决策和举措，为北京教育科学研究院推进大中小幼一体化德育研究工作提供了新的历史机遇，也提出了新的时代要求。北京教育科学研究院全体人员围绕立德树人这一根本任务，聚焦大中小幼一体化研究视角，切实开展形式多样的教育科学研究工作，从多种角度切入，扎实推进一体化德育研究。

（一）以习近平新时代中国特色社会主义思想为指导

党的十九大把习近平新时代中国特色社会主义思想确立为中国共产党必须长期坚持的指导思想并写入党章，第十三届全国人大一次会议把这一思想载入宪法，实现了党和国家指导思想的与时俱进。习近平新时代中国特色社会主义思想，是新时代中国共产党的思想旗帜，是国家政治生活和社会生活的根本指针，是当代中国马克思主义、21世纪马克思主义，为实现中华民族伟大复兴提供了行动指南，为推动构建人类命运共同体贡献了智慧方案。

教育是国之大计、党之大计。"为谁培养人、培养什么人、怎样培养人"是教育的根本问题，事关中国特色社会主义事业兴旺发达、后继有人，事关党和国家长治久安。教育的根本任务是落实立德树人根本任务，建立以社会主义核心价值观为引领的大中小幼一体化德育体系是新时代全面贯彻立德树人根本任务的核心和关键。构建立德树人系统化落实机制、推进大中小幼一体化德育研究，必须坚持以习近平新时代中国特色社会主义思想为指导，从而推动中国教育改革创新发展和培养能担当民族复兴大任的时代新人。通过一体化德育研究促进儿童青少年健康成长，将习近平新时代中国特色社会主义思想有效贯穿于教育教学全过程和各环节，引导广大儿童和青少年树立马克思主义信仰，坚定中国特色社会主义道路自信、理论自信、制度自信、文化自信，立志听党话、跟党走，形成正确的世界观、人生观、价值观。

北京教育科学研究院在坚持以习近平新时代中国特色社会主义思想指导北京教育科学研究院一体化德育研究的前提下，注重通过一体化德育研究实践积极贯彻落实习近平新时代中国特色社会主义思想。北京教育科学研究院基础教育教学研究中心贾美华主任带领研究团队深度参与《习近平新时代中国特色社会主义思想学生读本》的编写工作，用实际行动见证了新时代推进用习近平新时代中国特色社会主义思想铸魂育人的标志性成果的诞生与完善，用自己的努力和行动有效推动了大中小学思政课一体化建设的又一次历史性跨越。

在参与《习近平新时代中国特色社会主义思想学生读本》编写的基础上，北京教育科学研究院基础教育教学研究中心于2020年4月1日和2021年12月16日分别举办《习近平新时代中国特色社会主义思想学生读本》北京市同课异构教学研讨会和座谈会，通过分享优秀教学课例、指导教师实践等方式推动《习近平新时代中国特色社会主义思想学生读本》在教学中的应用与实践。研讨活动不仅面向北京市教师，还通过线上直播形式与天津、河北教师分享，满足更多地区教师的需求，实现地区间的资源共享，共同推动对该读本的研究与实践。基础教育教学研究教研中心在前期承担《习近平新时代中国特色社会主义思想学生读本》编写、试教、全国培训、录制全国示范课等任务的基础上，继续和区校合作，创新教研方式，开展丰富的活动，通过多层次培训，切实推动《习近平新时代中国特色社会主义思想学生读本》的教与学工作，努力培养德智体美劳全面发展的社会主义建设者和接班人，推进教育强国建设，办好人民满意的教育。

（二）以思政课一体化研究与建设为引领

2019年3月18日以来，全国掀起了推进新时代大中小学思政课一体化建设的实践热潮。国家层面纲举目张，连续出台加强大中小学思政课一体化建设的政策文件，包括中共中央办公厅、国务院办公厅印发的《关于深化新时代学校思想政治理论课改革创新的若干意见》，中央宣传部、教育部制定的《新时代学校思想政治理论课改革创新实施方案》，大中小学思政课一体化建设的整体框架日益明晰。

在此过程中，北京教育科学研究院在北京市教育市工委、市教委领导的支持下，不断强化政治意识，坚持以首善标准深化大中小学思政课一体化建设理论、实践研究和政策咨询研究。发起成立北京市学校德育研究会，北京教育科学研究院德育研究中心承担该会秘书处职责，参与研制《北京市大中小幼一体化德育体系建设指导纲要》，这是全国省级教育部门第一份关于大中小幼一体化德育体系建设的文件。新成立的北京市大中小学思政课一体化建设专家组中有北京教育科学研究院5名专家，单位专家比最高。2021年，北京教育科学研究院院党委会批准实施"推进大中小幼一体化德育研究"重大项目，以思政课一体化建设为引领，切实开展思政课一体化的相关研究。

1. 立德树人是根本

思政课并不只是一门课程，它是整个教育体系的课程支柱，是立德树人的关键，是我们为谁培养人、培养什么人和怎样培养人的核心。如果思政课相关问题解决不好，为谁培养人、培养什么人和怎样培养人的问题就不能有效解决，立德树人的系统化落实机制就不能有效贯彻，立德树人培养体系就不能真正形成。

无论是大学思政课还是中小学思政课，无论是狭义的思政课（仅仅指专门的思政课）还是广义的思政课（指所有与思想政治教育相关的学科及学科思政），课程的目的都是育人，关键问题都是为谁育人、育什么样的人及怎么育人。所以在思政课一体化建设实践过程中，永远都要牢记立德树人这个根本目标，明确立德树人是思政课一体化要解决的根本问题。

2019 年 4 月 19 日，在清华大学建校 110 周年校庆日即将来临之际，中共中央总书记、国家主席、中央军委主席习近平到清华大学考察。习总书记在考察时强调："中国社会主义教育就是要培养德智体美劳全面发展的社会主义建设者和接班人。"[①] 习总书记在很多场合都讲过这个问题，在前几年也不断强调这个问题，表明了党中央对于这一问题的高度重视。世界上很多国家都确定了自己的教育培养目标，虽然表述各有特点，但只有中国明确指出我们的培养目标就是"培养德智体美劳全面发展的社会主义建设者和接班人"。习总书记在全国教育大会上指出，培养合格公民当然是我们的基本要求，但我们国家是社会主义国家，是中国特色社会主义国家，是一个有历史使命的国家，只培养合格公民是不够的，这只是基础性的，我们的使命是培养社会主义事业的建设者和接班人。与合格公民相比，建设者和接班人的要求更高。如今一直强调要立德树人，那么要立什么德、树什么人呢？这个落脚点就是社会主义建设者和接班人，而不是更低的目标。合格公民只是一个基本目标，并不是中国教育的最终目标。正如习总书记在全国教育大会上所强调的那样：

> 培养什么人，是教育的首要问题。中国是中国共产党领导的社会主义国家，这就决定了我们的教育必须把培养社会主义建设者和接班

[①] 《习近平在清华大学考察时强调　坚持中国特色世界一流大学建设目标方向　为服务国家富强民族复兴人民幸福贡献力量》，《人民日报》2021 年 4 月 20 日第 1 版。

人作为根本任务，培养一代又一代拥护中国共产党领导和中国社会主义制度、立志为中国特色社会主义奋斗终生的有用人才。这是教育工作的根本任务，也是教育现代化的方向目标。①

因此，在思政课一体化的研究和实践中，务必突出和明确立德树人的根本任务，围绕立德树人和中国教育培养目标，推进思政课一体化的研究及实践，以确保思政课一体化的目标和方向。

2. 一体化思维是灵魂

无论是思政课还是德育，各学段都有各自的目标，目标之间衔接性不够、针对性不强，甚至出现知行不一、行为倒置的问题。这种情况致使思政课的效果及德育培养目标没有达到预期的效果。究其原因，就是一体化思维不足、整体化设计不够。因此，推进思政课一体化建设，必须以一体化思维为统领，从大中小学一体化的角度进行整体设计、整体建构和整体实施。这既是习总书记对思政课建设的明确要求，也符合德育建构的基本目标。

在进行思政课一体化研究和探索的过程中，要抓住"一体化"这个核心词，明确这个"体"是什么？"体"是"一体化"的关键，"一"和"化"都要围绕"体"来进行。从教育培养目标上看，这个"体"就是社会主义建设者和接班人；从课程体系上看，这个"体"就是政治认同，就是要确立"四个自信"，强化"四个意识"。如果"体"抓不住，"一"就会被整散和跑偏。因此，在进行思政课一体化研究的过程中，必然要进行整体设计，目前国家对于统编教材已经进行了学段间的统编统审统筹，突出了一体化的思维方式和工作方式。

怎样解决"一体化"的问题？由于"一体化"是一个统一体，而不是同一体，是由不同的阶段、不同的内容所形成的辩证统一的整体。绝对不能用同一来替代统一，认为统一就是同一。如果只追求同一，大学、中学、小学完全一致，就会造成研究和工作的僵化。因此，循序渐进、螺旋上升才是解决思政课一体化的根本思路，也是当前教育实践要解决的主要

---

① 《习近平在全国教育大会上强调：坚持中国特色社会主义教育发展道路 培养德智体美劳全面发展的社会主义建设者和接班人》，http://edu.people.com.cn/n1/2018/0911/c1053-30286253.html。

问题。从理论上看，循序渐进、螺旋上升非常好理解，但在课堂实践层面依然存在一些问题。在进行思政课一体化的整体性研究和操作过程中，在进行大中小学跨学段研究和实践的时候，一定要解决好循序渐进和螺旋上升这个主要问题。从目前的教学实践情况来看，更应关注循序渐进的问题，螺旋上升问题尚没有得到根本解决。换句话说，教育目标还没有固化，学生在价值认知、价值观培养方面，仍然在一个平面上循序渐进，没有形成递进关系的螺旋上升，还没有达成预期的政治核心素养。

要进一步抓住思政课一体化建设这个关键问题，就要在系统性、整体性、协调性上下功夫，正确理解思政课一体化的要义，例如，什么是一体化？怎么做才能实现一体化？一体化的目标是什么？效果如何评价？等等。所以，要把习近平总书记关于思政课一体化建设系列讲话精神吃透，用科学理论武装头脑，深化理论思考，以实现纲举目张的效果。

3. 学思结合是重点

对于思政课一体化来说，一定要做到学思结合、有学有思。我们常说知行合一，在"思"和"行"的中间还要有"思"有"悟"，"知"和"行"的桥梁和中介就是"思"，没有思考，就不可能做到真正的知行合一。"思"既是中国启蒙教育的典型特点，也是政治启蒙教育的典型特征，在思政课一体化建设中必不可少。

学、思、悟，在学生不同的成长阶段有着不同的表现形态。比如在小学和初中阶段，情感启蒙和政治素养启蒙很重要。在这个阶段可能并不需要讲太多的东西和道理，关键在于引导学的情感和方向，使学生具备基本的行为规范准则和基本的情感政治认可。到了高中阶段，虽然结构性知识的比重逐渐加大，情感熏陶和共情依然是重点。到了大学阶段，学生的理性思维不断发展，身心基本成熟，这时就要以理服人。如果在大学阶段对理讲得不到位，就会影响学生的政治认同和政治情感；如果把道理说清楚、讲明白，理中必生情，而且在道理中生出的、学生自己感悟到的情感会更加坚定，最终会形成信念和信仰。

因此，在推进思政课一体化的过程中，重点要把学生的"思"和"悟"解决好，教育引导学生学会理性思维和辩证思维，学会比较、分析和鉴别。在新冠肺炎疫情暴发以来，中国以人民为中心的执政理念和抗疫举措给广大青少年上了一堂生动的思政课，使他们能够从对比和分析中增加国家自信和民族自信，这就是"思"和"悟"的结果，是对大思政课善用之的生动诠释。

在学、思、悟的基础上，还要注意知行合一。思政课教育效果的评价标准在于是否能够有效解决行动和实践的问题。如果脱离对实践问题的解决，思政课就背离了存在的意义和价值。因此，在学思结合的前提下，知行合一是目的，也是思政课要解决的重点问题。只有注重学思结合、知行合一，思政课才能在大中小学成为"金课"，成为落实立德树人根本任务的核心和重点。

4. 教师问题是关键

习总书记在学校思想政治理论课教师座谈会上特别强调了教师在思政课上的关键作用，指出思政课教师"要给学生心灵埋下真善美的种子，引导学生扣好人生第一粒扣子"[①]。与其他学科教师相比，对思政课教师的要求会更高，这是由思政课的学科特点所决定的。在思政课一体化研究与实践中，一体化的核心在于循序渐进、螺旋上升，这也恰恰是当前思政课一体化的难点所在。

在其他学科特别是理科学科中，循序渐进、螺旋上升这一问题已经基本得到解决，从整体上形成了具有层次性和逻辑性、相对完整的学科体系、教学体系、实践体系和认知体系。例如，关于数学的教学，小学、初中、高中、大学的内容安排已经达成共识，因为数学学科的逻辑性很强，如果没有小学阶段的知识基础就不可能进行初中阶段数学知识的学习，缺乏初中阶段的学习过程就不可能进行高中阶段的进一步学习，没有小学、初中、高中的学习作为准备，就不可能进行大学阶段高等数学的学习。

思政课属于人文社会学科，更要注重本身知识体系的循序渐进、螺旋上升和内在联系。在国家通盘考虑大中小学德育课程和教材的内容及其呈现方式的前提下，教师就成为能否落实思政课一体化的关键因素。思政课教师要按照习总书记提出的"政治要强、情怀要深、思维要新、视野要广、自律要严、人格要正"的标准来严格要求自己，信仰坚定地学习和实践马克思主义，把对国家的爱，对教育的爱和对学生的爱融为一体，让思政课充满情感和温度。在思政课授课实践中秉承一体化思维和格局，注重思政课本身的纵向贯穿、循序渐进及思政课与其他各类课程的横向配合，

---

① 习近平：《思政课是落实立德树人根本任务的关键课程》，http://www.qstheory.cn/dukan/qs/2020-08/31/c_1126430247.htm。

不断钻研思政课的术、学、道，不断拓展自己的教学深度，不断改进自身的教学方式和教学方法，通过自己的努力和实践共同形成具有中国特色的思政课学科体系、教学体系、实践体系、认知体系和话语体系，用实践创新出真知，推动思政课一体化的发展和进步。

5. 课题研究是切入

思政课一体化既是教育教学实践中的热点和难点问题，也是当前教育科学研究的主要关切点和切入点。在统筹推进思政课一体化建设的过程中，要坚持问题导向和目标导向相结合，坚持守正与创新有机统一，通过课题研究的方式解决思政课一体化过程中的不足和问题，把课题研究作为深化大中小学思政课一体化建设的专业抓手，以不断夯实思政课一体化的理论基础和专业建设，以理论和实践相结合的方式构建起具有中国特色的思政课一体化学科体系、学术体系、话语体系。

目前，北京市教育科学规划办公室、北京市学校德育研究会已经把思政课一体化及大中小幼一体化德育体系建设研究作为课题立项的重要领域。很多学校的校长、书记亲自申请并主持思政课一体化和德育一体化重点研究课题，一些区域开始着手进行不同学段学校之间的协同研究和联盟，共同致力于思政课一体化的研究和实践。

与其他教育问题一样，实践出真知、研究出效果。基于问题研究的思政课一体化教学才会更加富有理性、更加具有教育效果，善于研究和思考的大思政课才会更加具有教育智慧。

6. 实践指向是根基

在课题研究的基础上，还要不断夯实思政课一体化建设的实践根基，以强化区域特色，形成具有首都特色的思政课一体化育人模式和育人体系。思政课一体化建设的活力在实践，力量在实践，智慧也在实践。教育科研机构、高校都要共同支持学校净心育人，不断积累思政课优秀课例，互相学习交流分享。

把优秀课例的评选和展示作为抓手，为大中小学教师提供展示的平台和机会，创新条件使大中小学教师互相观摩、共同研究思政课，将教师培养和思政课一体化建设结合起来，建立健全大中小学不同学段思政课教师一体化备课和相互交流研修的机制。探索大中小学思政课教师一体化备课的示范性机制，使不同学段的思政课教师能够一起学习、共同研讨、互相启迪，采取有效措施切实推动各级各类学校实行思政课教师集体备课制度，使思政课教师在共同研讨和交流中全面提升大中小学教师一体化教研水平和教学水平，增强思政课的实效性和感染力。

引导思政课教师进行教育叙事研究和教育故事分享，有效利用北京市学校德育研究会"讲述我（我们）的育人故事"这一成熟平台，为思政课教师提供分享教育故事、阐释教育理念、交流教育方法的舞台。以"活的思政课"建设为红线强化区域育人特色和实践效果，形成思政课一体化实践成果和实践经验。

（三）以教育部《中小学德育工作指南》为研究主轴

《中小学德育工作指南》将理想信念教育、社会主义核心价值观教育、中华优秀传统文化教育、生态文明教育、心理健康教育作为中小学德育工作的主要内容，这也是北京教育科学研究院进行大中小幼一体化德育研究（特别是中小学领域德育研究）的主要关注点。2021年度，共有20篇文章围绕以上五方面内容展开研究，成果斐然（见图1）。

1. 理想信念教育

在理想信念教育方面，共形成6篇文章，分别围绕思政课一体化、思政课教师教学基本功展示交流、首都教育全面落实立德树人根本任务情况展开研究。

《教师视域下大中小学思政课一体化教学衔接机制建设的实证分析》认为：虽然中国大中小学思政课一体化建设呈现出积极的发展态势、思政课正在成为"显课"，但思政课一体化建设亦有不少问题，学段教学衔接机制是软肋，初中学段思政课教学更待加强。针对调研中所发现的问题，该文提出改进思政课一体化教学衔接机制的建议，包括大中小学思政课一体化教学衔接机制建设需要有持续的行政推动和政策保障，需要切实发挥思想政治教育的生命线作用，帮助所有思政课教师在立德树人中"唱主角"；构建大中小学思政课一体化教学衔接实践落实机制，实现"上接、下连、互通"；鼓励大中小学思政课教师共同分享育人故事和案例，在情感和价值认同上实现衔接；搭建大中小学思政课教师一体化教学线上、线下资源供给交互机制和资源库，服务思政课教学衔接，使教师成为思政课教学研究"红色主线"和"智慧蓝海"的创造者、分享者和享用者，成为"大思政课善用之"的真正主人！该文通过实证研究的方式聚焦大中小学思政课一体化教学衔接机制建设研究，为探索思政课一体化建设提出了建议和参考。

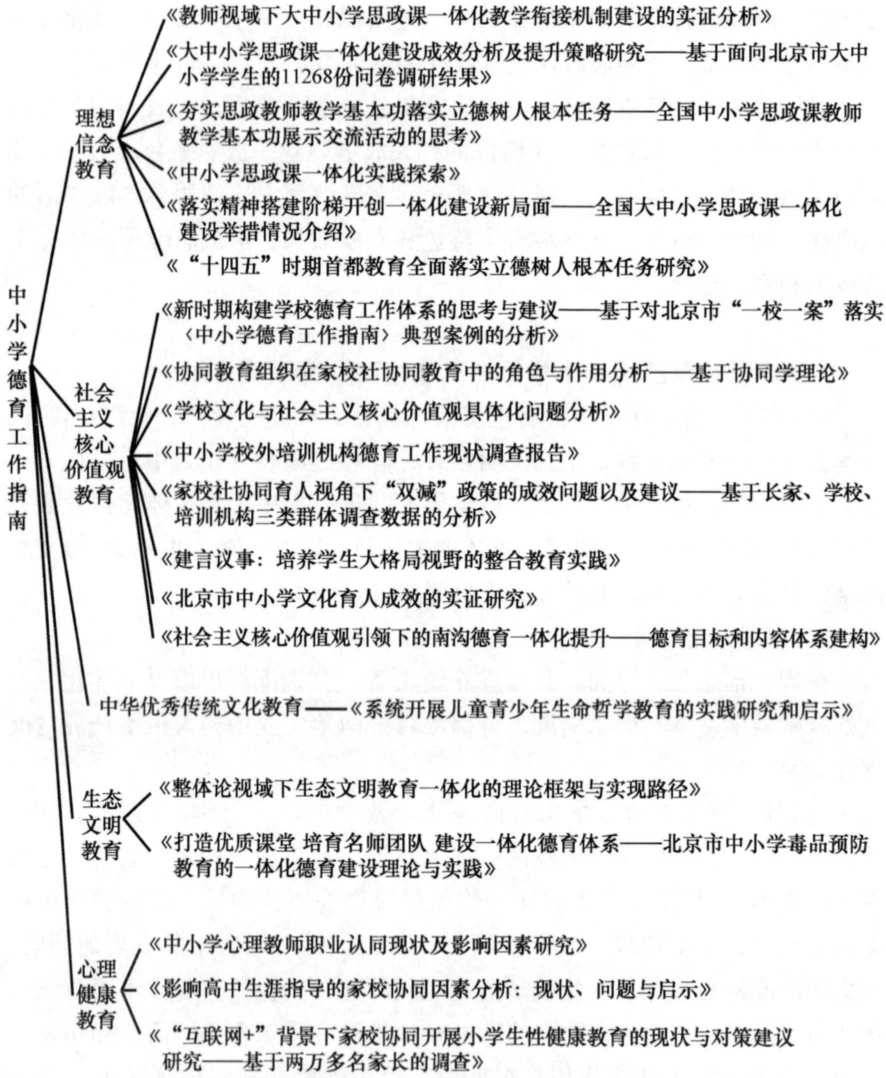

```
                                    ┌ 《教师视域下大中小学思政课一体化教学衔接机制建设的实证分析》
                                    │ 《大中小学思政课一体化建设成效分析及提升策略研究——基于面向北京市大中
                                    │   小学生的11268份问卷调研结果》
                              理想  │ 《夯实思政教师教学基本功落实立德树人根本任务——全国中小学思政课教师
                              信念 ─┤   教学基本功展示交流活动的思考》
                              教育  │ 《中小学思政课一体化实践探索》
                                    │ 《落实精神搭建阶梯开创一体化建设新局面——全国大中小学思政课一体化
                                    │   建设举措情况介绍》
                                    └ 《"十四五"时期首都教育全面落实立德树人根本任务研究》

                                    ┌ 《新时期构建学校德育工作体系的思考与建议——基于对北京市"一校一案"落实
                                    │   〈中小学德育工作指南〉典型案例的分析》
                                    │ 《协同教育组织在家校社协同教育中的角色与作用分析——基于协同学理论》
                              社会  │ 《学校文化与社会主义核心价值观具体化问题分析》
  中小学     中小学          主义  │ 《中小学校外培训机构德育工作现状调查报告》
  德育       德育工作 ─────── 核心 ─┤ 《家校社协同育人视角下"双减"政策的成效问题以及建议——基于长家、学校、
  工作       指南            价值观 │   培训机构三类群体调查数据的分析》
                              教育  │ 《建言议事：培养学生大格局视野的整合教育实践》
                                    │ 《北京市中小学文化育人成效的实证研究》
                                    └ 《社会主义核心价值观引领下的南沟德育一体化提升——德育目标和内容体系建构》

                              中华优秀传统文化教育 ── 《系统开展儿童青少年生命哲学教育的实践研究和启示》

                              生态  ┌ 《整体论视域下生态文明教育一体化的理论框架与实现路径》
                              文明 ─┤ 《打造优质课堂 培育名师团队 建设一体化德育体系——北京市中小学毒品预防
                              教育  └   教育的一体化德育建设理论与实践》

                              心理  ┌ 《中小学心理教师职业认同现状及影响因素研究》
                              健康 ─┤ 《影响高中生涯指导的家校协同因素分析：现状、问题与启示》
                              教育  │ 《"互联网+"背景下家校协同开展小学生性健康教育的现状与对策建议
                                    └   研究——基于两万多名家长的调查》
```

图1　2021年度围绕中小学德育的相关研究成果

　　《大中小学思政课一体化建设成效分析及提升策略研究——基于面向北京市大中小学生的11268份问卷调研结果》立足学生主体视角，基于对北京市大中小学生的11268份问卷的数据分析，力图对当前思政课一体化建设所取得的初步成效和面临的问题进行客观呈现和深入剖析，并提出思政课一体化建设的有效策略，以期敦促思政课一体化建设的各个主

体，摒弃以往各学段和各主体泾渭分明的发展思路，围绕学生不同学段的成长规律和学习需求，打破不同学段的壁垒、加强相互衔接的系统调整，从而构建内部纵向协同、内外部横向协作的思政课有机融合系统，助力大中小学思政课建设内涵式发展。该文对调查问卷数据进行了有效分析，力图打破学段分割、实现不同学段的有机合作，以期真正实现思政课一体化的目的和初衷。

《夯实思政教师教学基本功落实立德树人根本任务——全国中小学思政课教师教学基本功展示交流活动的思考》基于全国中小学思政课教师教学基本功展示交流活动调研情况进行分析，认为课堂教学能力、学科的专业知识和技能、学科课程标准和统编教材、教学设计能力、教师职业道德修养是思政课教师教学基本功十分重要的五项内容；学科发展中所涉及的前沿知识、依据课标分析和解读教材的能力、有效设问的能力、设计与指导学生活动的能力、依据教学内容和学生实际选择恰当教学方式的能力是思政课教师亟须提升的主要方面；到外校或外省学习考察交流、专题课例研究及展示、专家讲座、参加各级各类教学评比、听课评课是思政课教师认为十分有效的培训方式。该文从全国中小学思政课教师教学基本功展示交流活动的相关情况入手，为探索如何有效提高思政课教师的教学基本功提供了方向。

《中小学思政课一体化实践探索》和《落实精神搭建阶梯开创一体化建设新局面——全国大中小学思政课一体化建设举措情况介绍》两篇文章着眼于思政课一体化建设的实践探索和现实需要，进行了有关思政课一体化的实践研究。从打造区域研究共同体、强化专业引领、注重学段衔接、将《习近平新时代中国特色社会主义思想学生读本》与思政课教学相结合四个方面总结了思政课一体化建设的北京经验；概述了教育部、北京、天津、浙江等省市建设大中小学思政课一体化的举措和经验，认为目前在全国范围内贯穿大中小学思政教育、循序渐进、螺旋上升的阶梯逐步建立并日益完善。

《"十四五"时期首都教育全面落实立德树人根本任务研究》立足于宏观政策研究和梳理，对全面落实立德树人根本任务这一重大问题进行了论证和阐释。该文系统研究了国家立德树人工作的总体部署情况，从政策引领、牢固确立立德树人工作核心地位，路径清晰、丰富立德树人工作目标、内容与方法，要素整合、统筹校内外资源一体化和师资配齐配优，强化保障、发挥评价、治理、研究的综合支撑效用四个方面概括了首都推进立德树人工作的基本经验，认为中国发达地区落实立德树人的创新举措主要体现在文本结构上凸显立德树人的统领地位、文本内容上呈现共性经验与地方特色、构建机制上坚持贯通协同与整体观念三个方面，从把握好"分层分段"学习规律、完善各学段标准系统，把握好"五育并举"内外整合、优化多平台育人系统，把握好"三全育人"纵横衔接、构建多要素协同系统，把握好"督评奖惩"动力机制、健全多渠道调节系统方面提出了"十四五"时期北京落实立德树人工作的政策建议。

2. 社会主义核心价值观教育

有8篇研究文章从一体化德育的视角探索了中小学进行社会主义价值观教育的相关问题。

《新时期构建学校德育工作体系的思考与建议——基于对北京市"一校一案"落实〈中小学德育工作指南〉典型案例的分析》认为，中小学校在"一校一案"落实《中小学德育工作指南》时要统筹考虑新时代德育工作新要求、德育内容新变化和社会发展所带来的新问题，从办学历史和现状、办学理念、德育目标、德育内容、德育实施途径和德育工作支持保障六方面制定学校德育工作方案，构建起方向正确、内容完善、学段衔接、载体丰富、常态开展的德育工作体系。为广大中小学树立一体化思维、在《中小学德育工作指南》指导下构建具有学校特色的德育工作体系指明了方向。

《协同教育组织在家校社协同教育中的角色与作用分析——基于协同学理论》在对协同学基本理论进行概述的基础上，论述了协同学理论视角下的协同教育组织角色，阐述了协同学理论视角下的协同教育组织的作用，认为以家长教师协会为平台的协同教育组织在家校社协同教育中发挥了重要的作用。该文着眼于通过学校、家庭和社会的协调与合作，围绕立德树人的根本任务，提升教育的整体质量，最终实现每个儿童生命的健康成长和发展，从横向协同与协作的视角阐明了社会主义核心价值观教育的有效着眼点与着力点。

《学校文化与社会主义核心价值观具体化问题分析》认为，中小学社会主义核心价值观教育的实效性，只有在学校文化中把社会主义核心价值观具体化才能实现，只有将社会主义核心价值观具体化、校本化才能为广大学生所接受。传统文化教育是社会主义核心价值观具体化之源，通过对流行文化的批判,该文指出,社会主义核心价值观具体化之路就是校园文化建设。该文着眼于学校文化建设视角,提出并分析了社会主义核心价值观具体化问题,为中小学在社会主义核心价值观指导下推进学校文化建设提供了参考。

《中小学校外培训机构德育工作现状调查报告》立足于对全国特别是北京地区的校外教育培训机构的德育工作现状开展的问卷调查,研究了校外培训机构德育工作的现状和问题。该文认为,中小学校外培训机构亟待加强德育工作、中小学校外培训机构的育人能力亟待提升、中小学校外培训机构应加强从业者的师德建设、中小学校外培训机构应配备专门人员落实德育工作、中小学校外培训机构应定期接受政府部门德育工作督导、中小学校外培训机构的德育内容要聚焦"健康身心""责任担当""家国情怀""道德情操"和"实践探究"等主题、中小学校外培训机构要进一步强化与家庭、学校的协同育人工作。从加强对中小学校外培训机构德育工作的组织与管理、为校外培训机构开展德育工作提供政策依据和专业指导,加强中小学校外培训机构从业人员师德、师风建设和职业道德建设以推动校外培训机构建立高质量的德育工作专业队伍,加强中小学校外培训机构德育科学研究、探索中小学校外培训机构德育工作规律,加强中小学校外培训机构德育工作的宣传引导、为校外培训机构开展德育工作营造良好的社会环境和舆论氛围四个方面提出了加强中小学校外培训机构德育工作的政策建议。

《家校社协同育人视角下"双减"政策的成效、问题以及建议——基于家长、学校、培训机构三类群体调查数据的分析》采用抽样调查对北京市7个区的家长、教师、培训机构三类群体就家校社协同育人视角下"双减"政策的成效进行调研。调查发现,在"双减"后,三类群体育人目标一致;超七成家庭亲子关系融洽,半数家长认可课后服务质量;校外补习的压力得到一定缓解,家长焦虑情绪得到有效改善;有九成培训机构认为,与学校教育协助关系良好,有半数培训机构认为与家庭育人协作良好。然而也发现了一些问题:超过八成的家长和培训机构从业人员认为自身育人能力需要进一步提升;近八成教师认为"双减"之后教学负担加重;八成家长认为家校协作良好,而教师仅五成持此看法,二者比例存在显著差异。从准确定位家校社协同育人功能、明晰三方责任边界、进一步完善协同育人机制,加强家长责任意识、优化家庭教育资源、多措并举提升家庭育人能力，增进教师职业认同感、激发其工作积极性、有效提升教师专业能力，加强对培训机构的审批与管理力度，建立社会评价机制，管、办、评互促几个方面提出了政策建议。

《建言议事：培养学生大格局视野的整合教育实践》介绍了北京市广泛整合社会资源，创新探索出建言议事这一培养学生大格局视野的整合教育实践活动。建言议事的主要成果在于：建立了培养学生大格局视野的目标体系，确立了建言议事中整合教育实践的基本原则，构建了学生建言议事的培养机制，搭建了支持学生问题解决的协商议事平台。该文的创新之处体现在围绕大格局视野的培养开展整合教育，基于学生发现的真实问题培养学生的大格局视野，整合政协等政府资源培养学生大格局视野三个方面。建言议事是北京市特有的培养学生大格局视野的整合教育实践模式，创新了社会主义核心价值观教育的方法和形式，成为教育系统育人模式改革的一个重要示范。

《北京市中小学文化育人成效的实证研究》从对北京市文明校园创建成效的调查研究入手，认为文明校园"六好"标准基本落实，教师、学生、家长对创建工作评价较高且收获颇多。通过分析"文明校园"创建工作中所存在的问题，提出增强北京市中小学文化育人实际效果的对策：调动全体教师的参与热情，形成全员育人的工作格局；尊重学生实际体验，提高主题教育活动和实践活动的针对性和实效性；加大宣传推广力度及家校社协同程度，营造良好的社会氛围；根据实际情况适时完善评价标准和进行检查督导，推动创建工作的科学推进；加强对创建工作育人功能的学术研究，尝试构建实践育人新模式。该文立足文明校园创建与成效，从全员育人、学段分析的角度体现了德育一体化研究的思路，对于社会主义核心价值观教育在中小学落小、落细、落实的问题进行了探讨。

《社会主义核心价值观引领下的南沟德育一体化提升——德育目标和内容体系建构》从德育目标梳理和德育内容体系建构的角度总结了南沟特色的中小学德育目标体系，即小学养成道德习惯、初中培养道德情感、高中注重道德能力。从理想信念教育、社会主义核心价值观教育、中华优秀传统文化教育、生态文明教育和心理健康教育五个维度梳理了南沟特色的中小学德育内容体系。认为需要进一步研究的问题包括：区域德育目标和内容在联盟学校的落实方式需要进一步探讨、南沟中小学德育目标和内容的有效衔接机制需要进一步深化、南沟中小学德育目标和内容体系的科学性评估制度有待建立。

3. 中华优秀传统文化教育

《系统开展儿童青少年生命哲学教育的实践研究和启示》认为，基于文化自信，构建学校、家庭、社会育人共同体，系统开展儿童青少年生命哲学教育，是新时代立德树人的重要命题。通过近九年来的实践探索发现，在中华优秀传统文化，特别是中医文化指导下进行饮食、起居、网络应用、情志、运动和学习一体化德育实践，能够有效调动儿童青少年身心健康潜能和生命自觉意识，让儿童青少年从身体和精神上强起来，逐步进入生命的自觉状态。该文立足于对儿童青少年开展生命哲学教育，将中华优秀传统文化教育系统地融入儿童青少年的日常生活，通过生命哲学教育帮助儿童青少年在身体和精神上强起来，从而培养社会主义建设者和接班人。

4. 生态文明教育

《整体论视域下生态文明教育一体化的理论框架与实现路径》认为，习近平新时代中国特色社会主义生态文明思想引领下的生态文明教育是实现中国 2050 美丽中国愿景、促进联合国可持续发展目标实现的重要奠基工程。以中国传统生态哲学和习近平新时代中国特色社会主义生态文明思想为理论基础，构建生态文明教育一体化的理论框架，厘定了生态文明素养关键指标与水平梯度，从实证研究上探索了区域"全系统"推进模式、绿色学校推进模式、乡村振兴服务模式等。该文着眼于生态文明教育一体化的整体构建，论述了生态文明教育一体化的推进模式，对生态文明教育一体化的成效进行了全面分析，从整体论的视角系统阐释了生态文明教育一体化理论与实践的相关问题。

《打造优质课堂　培育名师团队　建设一体化德育体系——北京市中小学毒品预防教育的一体化德育建设理论与实践》从一体化德育建设中树立毒品预防教育的首善性、示范性和引领性出发，对北京市禁毒教育现状进行了全面调研与分析，提出构建新型毒品预防教育的模式和方法，从一体化德育体系建设的角度阐释了毒品预防教育的相关问题。

5. 心理健康教育

《中小学心理教师职业认同现状及影响因素研究》采用问卷法对北京市 1445 名中小学心理教师进行了调查。结果表明：（1）中小学心理教师的职业认同总体水平较高。（2）中小学心理教师的性别、年龄、学历、专业、职称、教龄、专兼职、学校性质、学校位置等因素对中小学心理教师的职业认同有显著影响。该文认为，中小学心理教师作为学校心理健康教育工作的具体实施者，其相关职业问题应当引起关注和重视。中小学心理教师的职业认同是一个持续发展的过程，可以通过一系列举措提高中小学心理教师的职业认同。该文探讨了中小学心理教师职业认同的现状及其影响因素，为在中小学有效开展心理健康教育提供了思路和方法。

《影响高中生涯指导的家校协同因素分析：现状、问题与启示》通过开放式问卷调查、焦点小组访谈及个体访谈的方式广泛收集数据，了解班主任教师、家长以及学生在生涯指导过程中的情况、困惑、需求及感受等，采用质性研究的范式对多种数据进行了分析和梳理。研究表明，差异化期望、多样化途径、互补性资源、分工式角色和决策依据是影响家校协同开展高中生涯指导的几个重要因素。该文提出了四点启示与建议：一是关注高中生的自主性在家校协同中的关键作用；二是家校之间需要加强关于学生发展性的沟通；三是合理看待赋分政策，避免极端的投机主义倾向；四是设计好面向家长的生涯指导培训，以规避家庭文化资本不足所带来的风险。该文从家校协同的视角探讨影响高中生涯指导的相关因素，是在个体生涯发展领域开展的关于家校影响的整合性研究。

《"互联网+"背景下家校协同开展小学生性健康教育的现状与对策建议研究——基于两万多名家长的调查》在京津冀三地18所小学21402名家长网络调查数据的基础上，探索家长性健康教育家校协同的意识和需求。结果发现，家长教育态度积极，几乎100%的家长都认为儿童性教育十分重要；但家长性教育知识水平有限，教育实践行为很少，仅有不足三分之一的家长可以自然地开展性教育，且男孩家长显著少于女孩家长。家长学校与家庭性教育内容需求强，非常关注预防儿童性侵犯知识和技能教育；家长教育需求年级差异显著，一、二年级和五年级需求强烈。京津冀家长性教育意识和需求地区差异显著，北京家长态度、知识和教育实践得分最高，但教育需求也最为强烈。"互联网+"背景下家校协同需要关注男孩家长、地区差异和年级特点。该文基于大数据支撑的调查研究，探讨了小学性教育相关问题，为在中小学有效开展和实施性教育提供了数据支撑。

（四）以全领域教育研究为着眼点和切入点

立德树人是北京教育科学研究院教科研工作者的初心，除中小学研究领域外，教师教育、早期教育、高等教育、职业教育、特殊教育等研究领域和研究部门结合自己的研究专长和研究对象开展一体化德育研究，取得了可喜的研究成果（见图2）。

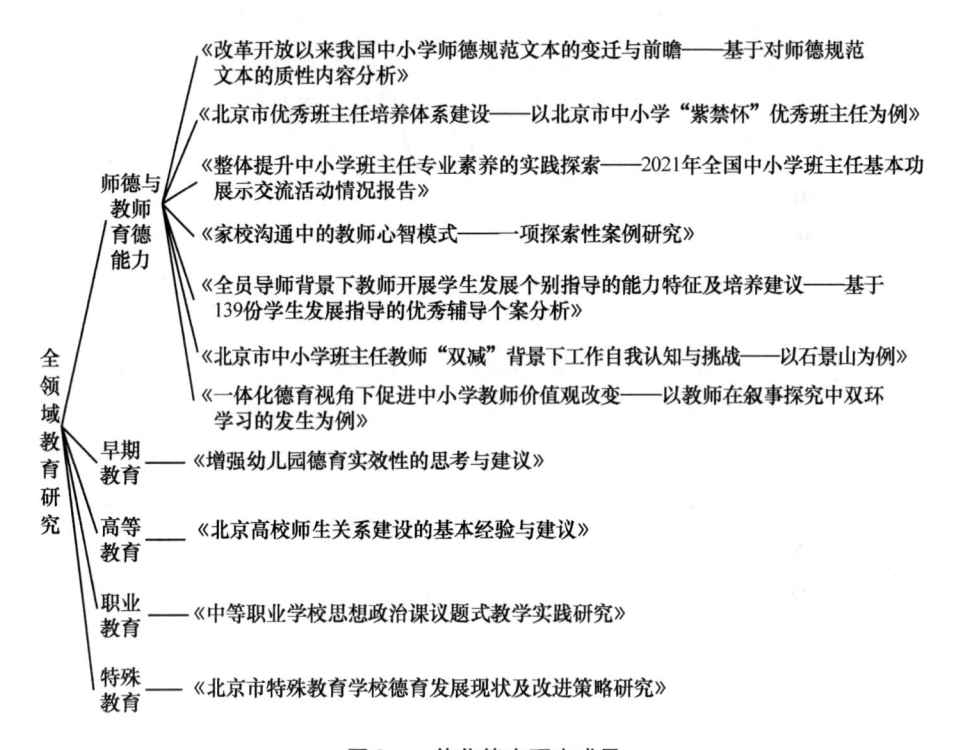

```
                    ┌─《改革开放以来我国中小学师德规范文本的变迁与前瞻——基于对师德规范
                    │   文本的质性内容分析》
                    ├─《北京市优秀班主任培养体系建设——以北京市中小学"紫禁怀"优秀班主任为例》
          师德与    ├─《整体提升中小学班主任专业素养的实践探索——2021年全国中小学班主任基本功
          教师      │   展示交流活动情况报告》
          育德      ├─《家校沟通中的教师心智模式——一项探索性案例研究》
          能力      ├─《全员导师背景下教师开展学生发展个别指导的能力特征及培养建议——基于
全                  │   139份学生发展指导的优秀辅导个案分析》
领                  ├─《北京市中小学班主任教师"双减"背景下工作自我认知与挑战——以石景山为例》
域                  └─《一体化德育视角下促进中小学教师价值观改变——以教师在叙事探究中双环
教                      学习的发生为例》
育        早期
研        教育 ──《增强幼儿园德育实效性的思考与建议》
究
          高等
          教育 ──《北京高校师生关系建设的基本经验与建议》

          职业
          教育 ──《中等职业学校思想政治课议题式教学实践研究》

          特殊
          教育 ──《北京市特殊教育学校德育发展现状及改进策略研究》
```

图2　一体化德育研究成果

1．师德与教师育德能力

共有7篇成果围绕师德建设与教师育德能力开展了相关研究，其中既有质性研究和案例研究，也有量化研究和实践研究，这些文章都从不同角度和侧面对师德建设与教师育德能力开展了系统而深入的研究。

《改革开放以来我国中小学师德规范文本的变迁与前瞻——基于对师德规范文本的质性内容分析》认为，教师与学生的伦理关系是中国师德规范的主体内容；专业维度的伦理要求具有一定的操作性；不同时期的师德规范在教师个人品质与国家两个维度具有极高的共识度；同事与家长两个维度的规范内容少且抽象。同时，现行的《中小学教师违反职业道德行为处理办法》与《教育部师德十条禁令》以负向禁止及惩戒的方式呈现了违反师德要求的处理办法，明确教师"不可以做什么"，建立起违规惩处和责任追究机制。该文认为，新时代应在发扬中国师德规范政策优势的基础上，以专业化视角搭建师德规范框架；重塑价值与规范兼备的规范内容；统整政策文本，完善师德规范功能，以进一步提高师德规范的专业性、完整性与操作性。该文基于质性内容分析法，对改革开放以来国家层面颁布的五项中小学师德规范文本内容进行重组、归纳，将其按照与教师专业伦理相关的六个维度进行分类编码并以此为分析框架，统计出不同时期中国师德规范在不同维度中的条目数，以及在同一维度中不同时期师德规范条目的重复率，以更加直观的方式考察中国师德规范政策文本的变迁，对改革开放以来中国中小学师德规范文本进行了系统梳理与分析，是研究新时代师德建设政策文本的依据。

《北京市优秀班主任培养体系建设——以北京市中小学"紫禁杯"优秀班主任为例》以北京市中小学"紫禁杯"优秀班主任为样本，通过理论研究、访谈、梳理叙事文本材料发现，优秀班主任的成长要经过适应期、探索成长期、成熟期、持续发展期几个阶段；在成长期，优秀班主任群体既具备该阶段特有的关键素养，同时其理性反思能力、整体规划能力、研究学习能力方面的素养也有待提高。基于此，优秀班主任的培养需着眼于两个定位：一是提升者，进一步提升班主任个人素养；二是引领者，辐射引领更多的班主任，释放资源效应。优秀班主任作为班主任群体中的佼佼者，对于未来教育改革成功、落实立德树人、提高教育质量具有至关重要的作用。该文将研究核心聚焦于优秀班主任培养体系建设上，对于提高班主任实际工作能力和水平、提升育德意识和能力具有深远的理论和现实价值。

《整体提升中小学班主任专业素养的实践探索——2021年全国中小学班主任基本功展示交流活动情况报告》对北京教育科学研究院承办的2021年全国中小学班主任基本功展示交流活动进行系统梳理，从研究基础、活动设计、参展教师情况分析和反思等方面，总结班主任基本功实践经验，为今后开展北京市、全国班主任基本功展示交流活动奠定了坚实基础。该文从2021年全国中小学班主任基本功展示交流活动切入，立足中小学班主任专业素养的提升和改进，认为中小学班主任是学校落实立德树人根本任务、细化德育工作的骨干力量，班主任工作是学校教育中极其重要的育人工作，是抓好中小学德育工作的重要载体，开展班主任群体基本功培训与展示是推动中小学班主任队伍专业化建设，提升中小学班主任的专业知识、育人能力和带班水平的重要方式。

《家校沟通中的教师心智模式——一项探索性案例研究》以为什么教师具有良好沟通意愿却难以得到实现为研究起点，借助瓦次拉维克的沟通原理和案例研究路径，发现教师如果注重沟通中的关系层面，且能使沟通模式和沟通层次匹配得当，将会达成良好的家校沟通；如果能在对称型关系和互补型关系之间实现轮替，将会维持沟通的平衡。但需要指出的是，沟通改善并不是一个能力提升的问题，而是涉及心智模式的识别和改变，这就需要教师的自主探究，需要给予教师充分的"信任"。该文以案例研究的方式探讨了家校沟通中教师心智模式识别和改变的问题，从全新的视角探讨了教师家校沟通问题。

《全员导师背景下教师开展学生发展个别指导的能力特征及培养建议——基于139份学生发展指导的优秀辅导个案分析》采用内容研究法，对139份教师优秀辅导个案进行分析。围绕基本信息、教师指导信念、指导关系建立、指导方法四个维度、13个要点进行编码分析。在78.4%的辅导个案中教师表达了积极的教育信念与教育情怀，在67.4%的案例中教师表达了自己积极的学生观，80.6%的案例报告了教师如何构建信赖和支持性的关系。教师给予学生的指导和帮助是全方位的，比如，教师倾听（66.9%）学生内心的苦恼，帮助学生纾解情绪（59.7%）；教师结合问题情境帮助学生调整认知（62.6%）。再如，教师会采用同伴支持（23.7%）、集体的力量（31.7%）、内在优势的挖掘与提供机会（40.3%）等方式帮助学生获得积极环境和外部支持。经过总结归纳，该文提出了教师开展学生发展的个别指导能力标准包括"信念、方法、行动"三个方面，建议通过构建全员导师的指导机制、开展职后培训、提供规范性科学性的资源等途径提升教师个别指导能力。该文认为，对学生进行个别指导的能力是教师应具备的基本能力，围绕教师开展学生发展个别指导的能力特征进行了分析研究，为全员导师背景下教师个别指导能力和育德能力的提升和改进提供了方向和参考。

《北京市中小学班主任教师"双减"背景下工作自我认知与挑战——以石景山为例》针对中小学班主任教师的工作在"双减"政策前后所发生的主要变化，经过对石景山区中小学班主任进行专题调研后发现："双减"对班主任教师最大的挑战在于工作时间长，强度高，身体疲劳，教师工作满意度降低，对职业未来前景的预期降低；"双减"造成班主任工作中的事务性工作、非教育教学工作猛增，行政指令过多，严重压缩了教师用于教学和教学研究的时间和精力；"双减"后，班主任与学生、家长沟通的复杂性和多样性提高，班主任急需更多的社会性沟通技能的支持和提升；不同群体关于"双减"工作的影响有不同感知；需要特别支持那些学历低、任职年限低、技术职称低的班主任群体。应该从加强政策突破、建立社会支持体系、构建班主任教师重点人群支持机制三个方面改进班主任过于疲惫的自我认知。

《一体化德育视角下促进中小学教师价值观改变——以教师在叙事探究中双环学习的发生为例》认为，中小学一线教师在教育实践中时常会遇到令人头疼的问题，问题解决的目标取向使教师期待模式化的"套路"能够实用且有效地发挥作用。然而，教育实践的复杂性和教育对象的多元化，致使确定的流程化"套路"鲜少产生效果。该文采用叙事探究的研究方法，力争在教师对其实践性知识不断的建构和再建构中，促使教师形成反思性思维，自我觉察与审视。在反思自己的过程中，教师跳出仅改变行动策略的单环学习的思维"套路"，实现价值观转变的双环学习，从而使个人信奉理论和使用理论真正达到统一。

2. 早期教育

《增强幼儿园德育实效性的思考与建议》针对缺乏对幼儿年龄特点和德育规律的关注及德育的实效性不强的实际问题，从幼儿园德育的任务、幼儿园德育和社会领域教育的区别与联系两个方面对幼儿园德育基本问题进行深入思考，认为应该从注重活动内容的直观性、形象性、经验性，注重活动过程的体验性，注重一日生活中的渗透性、随机性、个别性三个方面提升幼儿园德育的实效性。该文从幼儿身心发展特点和认知规律出发，通过案例的方式探讨了增强幼儿园德育实效性的方向与方法，为有效开展大中小幼一体化德育研究奠定了基础。

3. 高等教育

《北京高校师生关系建设的基本经验与建议》在实地调研的基础上，概括了北京高校师生关系的总体状况，提出了当前师生关系中存在的问题，并对问题产生的原因进行分析，从全面提高认识、抓住关键环节、依靠核心力量、加强基础建设、建章立制五个方面提供了解决问题的思路和建议。该文从构建与新时代相适应的"积极向上、教学相长、健康和谐"

的高校新型师生关系出发，通过调查研究全面准确认识当前北京高校师生关系发展的新趋势和新特点，提出要按照"源头管理、分类管理、科学管理、从严管理，综合施策"的思路完善北京市高校师生关系治理体系的建设。

4. 职业教育

《中等职业学校思想政治课议题式教学实践研究》从《中等职业学校思想政治课程标准》、思想政治课应基于学科核心素养的目标要求、围绕议题设计活动进行教学、促进学生学习方式的转变出发，认为自议题式教学提出以来，思想政治课教师开展了大量的教学实践探索，但作为一种新的教学方式，教师在议题式教学的实践应用中遇到了一些问题与挑战，比如议题的思辨性与探究性不强，学习活动效度不高，学生参与活动的愿望不强等，其主要原因在于教师对议题的内涵理解不够准确，基于议题的学习活动设计能力有待加强及学生还不适应新的学习形式的要求等。该文基于课堂教学观察、问卷调查与教师访谈等定量与定性相结合的方式，围绕中等职业学校思想政治课议题式教学的实践应用，认为思想政治课程议题式教学的有效实施需要教师更新教学理念，在教学内容与社会实际问题之间建立联系，设计具有开放性、思辨性的议题以及结合学生认知水平与专业特点构建序列化、结构化活动。

5. 特殊教育

《北京市特殊教育学校德育发展现状及改进策略研究》以北京市特殊教育学校为例，在制度建设、课程建设、教师队伍建设及德育活动等方面梳理与分析了主要做法、所存在的问题，聚焦保障特殊教育学校德育持续健康发展，在加强德育一体化设计、尊重差异、因材施教等方面提出具体建议。特殊教育是教育系统的重要组成部分，办好特殊教育，是推进教育高质量发展不可或缺的重要内容。该文围绕特殊教育学校德育发展现状与改进策略，从特殊教育的角度深入研究了德育相关问题，为有效推进一体化德育研究与实践拓展了研究领域和研究空间。

（五）以协同创新、机制建设为创新点

一体化思维是德育研究的新视角和着重点，是党中央从全局高度推进立德树人根本任务的重要决策。北京教育科学研究院方中雄院长指出，立德树人是全院的共同任务，要树立德育研究全院一盘棋思维。2021年度，

经院党委会研究确定，北京教育科学研究院全面启动推进大中小幼一体化德育发展研究重点课题，以协同创新、机制建设为着力点，开拓教育科研新局面。

一年来，在北京市教育工委和教委的领导下，在方中雄院长的关心与支持下，北京教育科学研究院各有关部门在结合各自实际和专业任务的基础上，为协同推进北京教育科学研究院一体化德育研究而不懈努力。德育作为北京教育科学研究院的重点研究领域和重大研究课题，各相关部门在思想上重视，在行动上推进，从一体化和协同视角有效推进德育研究，已取得阶段性研究成果，非常难得。

目前，北京教育科学研究院推进大中小幼一体化德育发展研究工作，已经形成党委会研究确定、院领导牵头负责（冯洪荣副书记、副院长）、主责业务部门（德育研究中心）组织实施、相关业务部门参与配合的运行机制。德育研究中心作为牵头业务部门，负责项目方案的制定、任务安排以及项目的组织实施和项目总报告的撰写，以及项目的各种日常工作。其他相关管理和业务部门作为参与部门，按要求落实本部门所承担的工作和科研任务，及时参加项目组织的各项会议、活动，按时提交相关研究成果。科研处与人事处、财务处一起，制定院级重大课题项目的管理办法，进一步明确重大课题项目的组织形式和运行机制，确定协同工作机制和项目成果的认定，促进项目成果的共享共用。财务处加强对院级重大课题项目的经费支持保障，制定院级重大项目的经费管理办法。行政后勤处（信息中心）则加强科研信息化平台建设，推进信息化支持保障力度。

经过一年多的探索和实践，北京教育科学研究院推进大中小幼一体化德育研究形成五个工作机制：

一是课题研究机制，本课题按照从总课题设计到子课题研究、从综合研究到专题研究的课题研究机制持续推进。

二是定期调度机制，原则上每月进行一次工作调度，各相关部门在调度会上定期分享交流工作和研究进展及阶段性成果。

三是协同平台机制，尽快完成院德育一体化科研协同平台开发建设工作，使相关职能部门能够基于大数据进行深度研究与分析。

四是德育论坛机制，围绕各重点研究专题举办德育一体化研究论坛，宣传、推广德育一体化研究成果，提供德育一体化研究的特色展示平台。

五是综合保障机制，作为院级重大课题项目，一体化德育研究要为参与部门和人员提供经费、激励、考核等综合保障。

北京教育科学研究院旨在通过大中小幼一体化德育研究等院级重大课题项目的有序推进，逐步在研究力量和资源上实现整合、聚合和融合，充分发挥出院整体研究优势和研究专长，以全院一盘棋思维为引领，早设计、早布局，努力形成一批有影响的学术研究成果。

（六）以一体化德育研究系统化成果综合展示北京教育科学研究院研究品牌和学术特色

北京教育科学研究院作为全国规模最大的教育科学研究单位，业务研究范围在纵向上涉及学前教育、义务教育、高中教育、职业与成人教育、高等教育等各级各类教育，在横向上涉及教育规划、教育政策、学校与教师发展、课程、教材、教学、评价、德智体美等方面。与同类机构相比，北京教育科学研究院的业务覆盖面最广，与北京市、区教育行政部门的联系最紧密，与基层学校的联系最广泛。其主要职责是进行教育科学应用、基础理论、教育发展战略、教育教学方面的研究，为提高教学质量、教育管理和决策水平服务。

《北京大中小幼一体化德育发展研究蓝皮书（2021年度）》（以下简称《蓝皮书》）是一年来北京教育科学研究院立德树人研究成果的结晶和展现，是全院突出一体化德育研究发展管理系统的整体优化特色、固化总体框架、进行可持续德育研究力量一体化融合的产物。德育研究中心作为北京教育科学研究院的德育专业机构，不断强化大局意识和团队协作精神，尽职尽责，勇于开拓，积极发挥了项目牵头机构的龙头作用，在课题研究设计、组织实施、成果生成、应用推广方面取得显著成绩。北京教育科学研究院各有关行政处室和研究部门，积极树立立德树人、"研究一盘棋"思想，强化系统化研究思维，在北京教育科学研究院一体化德育重大课题框架下，结合部门研究实际开展各具特色的育人研究，初步形成"各美其美、美美与共"的一体化德育研究新局面。《蓝皮书》依托北京教育科学研究院德育研究成果，以提升一体化德育研究融合能力为着力点，围绕立德树人重大问题开展协同研究，体现了北京教育科学研究院的学术优势，展现了北京教育科学研究院的学术品牌，凸显了北京教育科学研究院的学术水平。

《蓝皮书》是北京教育科学研究院对全国特别是北京市德育一体化研

究和实践工作作出的开创性贡献,是北京教育科学研究院落实立德树人根本任务、探索立德树人系统化落实机制的有效尝试和探索。《蓝皮书》既是北京教育科学研究院协同、协作、创新的结果,也是北京教育科学研究院内外优势互补、有效补充的产物,凝练了教育科研单位、行政主管部门、大中小学校及幼儿园为推进德育一体化而进行的实践和工作,是一部具有一定突破和影响力的一体化德育研究成果,为未来深入推进大中小幼一体化德育研究提供了可借鉴、可参考、可推广、可学习的经验。

特别是北京市委教育工委、市教委各位领导,北京教育科学研究院方中雄院长、北京市学校德育研究会关国珍会长等领导在一体化德育理论、政策、实践方面的积极推动,为北京教育科学研究院一体化德育发展研究提供了很好的专业支撑。在此向他们深表感谢!

2022 年,一体化德育研究面临着新的机遇和挑战。北京教育科学研究院一体化德育研究将按照北京教育科学研究院院党委批准的研究方案和工作计划,与时俱进,统筹推进,继承创新,继续构建立德树人系统化落实机制的研究方略和实现路径,以实际行动贯彻落实中国共产党第二十次全国代表大会精神。

参考文献

《"'大思政课'我们要善用之"(微镜头·习近平总书记两会"下团组"·两会现场观察)》,《人民日报》2021 年 3 月 7 日第 1 版。

《把思想政治工作贯穿教育教学全过程》,《人民日报》2016 年 12 月 9 日第 10 版。

《邓小平文选》(第 3 卷),人民出版社 1993 年版。

《国家中长期教育改革和发展规划纲要(2010—2020 年)》,http://www.moe.gov.cn/srcsite/A01/s7048/201007/t20100729_171904.html。

《胡锦涛在庆祝清华大学建校 100 周年大会上的讲话》,http://www.gov.cn/ldhd/2011-04/24/content_1851436.htm。

《胡锦涛在全国加强和改进大学生思想政治教育工作会议上发表重要讲话强调 进一步加强和改进大学生思想政治教育工作 大力培养造就社会主义事业建设者和接班人》,《光明日报》2005 年 1 月 19 日第 1 版。

《胡锦涛在中国共产党第十八次全国代表大会上的报告》,http://www.gov.cn/ldhd/2012-11/17/content_2268826.htm。

《坚持把教育摆在优先发展战略地位　努力办好让人民群众满意的教育》，《光明日报》2006年8月31日第1版。

《坚持中国特色社会主义教育发展道路》，《人民日报》2018年9月13日第10版。

《教育部关于全面深化课程改革　落实立德树人根本任务的意见》，http://www.moe.gov.cn/srcsite/A26/jcj_kcjcgh/201404/t20140408_167226.html。

《教育部关于印发〈中小学德育工作指南〉的通知》，http://www.moe.gov.cn/srcsite/A06/s3325/201709/t20170904_313128.html。

《教育部关于整体规划大中小学德育体系的意见》，http://www.moe.gov.cn/s78/A12/s7060/201007/t20100719_179051.html。

《毛泽东文集》（第7卷），人民出版社1999年版。

《全国教育工作会议在京举行》，《光明日报》2010年7月15日第1版。

《习近平看望参加政协会议的医药卫生界教育界委员》，http://cpc.people.com.cn/n1/2021/0306/c64094-32044476.html。

《习近平谈治国理政》（第3卷），外文出版社2020年版。

《习近平在北京市八一学校考察时强调　全面贯彻落实党的教育方针　努力把中国基础教育越办越好》，http://www.gov.cn/xinwen/2016-09/09/content_5107047.htm。

《习近平在清华大学考察时强调　坚持中国特色世界一流大学建设目标方向　为服务国家富强民族复兴人民幸福贡献力量》，《人民日报》2021年4月20日第1版。

《习近平在全国教育大会上强调：坚持中国特色社会主义教育发展道路　培养德智体美劳全面发展的社会主义建设者和接班人》，http://edu.people.com.cn/n1/2018/0911/c1053-30286253.html。

《习近平在中国人民大学考察时强调　坚持党的领导传承红色基因扎根中国大地走出一条建设中国特色世界一流大学新路》，《人民日报》2022年4月26日第1版。

《习近平主持召开学校思想政治理论课教师座谈会》，http://www.gov.cn/xinwen/2019-03/18/content_5374831.htm。

《中共中央办公厅、国务院办公厅印发〈加快推进教育现代化实施方案（2018—2022年）〉》，http://www.moe.gov.cn/jyb_xwfb/s6052/moe_838/201902/t20190223_370859.html。

《中共中央办公厅　国务院办公厅印发〈关于深化教育体制机制改革的意见〉》，http://www.moe.gov.cn/jyb_xwfb/s6052/moe_838/2017_09/t20170925_315201.html。

《中共中央办公厅　国务院办公厅印发〈关于深化新时代学校思想政治理论课改革创新的若干意见〉》，http://www.gov.cn/zhengce/2019-08/14/content_5421252.htm。

《中共中央关于全面深化改革若干重大问题的决定》，http://www.gov.cn/jrzg/2013-11/15/content_2528179.htm。

《中共中央关于制定国民经济和社会发展第十三个五年规划的建议》，http://cpc.people.com.cn/n/2015/1104/c64387-27773659.html。

班建武：《三问"德育一体化"》，《教育家》2020年第9期。

陈华文：《立德树人维度下的大学生社会主义核心价值观教育研究》，博士学位论文，中国地质大学（武汉），2016年。

冯建军：《"德育一体化"议》，《北京教育（普教版）》2021年第7期。

冯建军：《德育一体化建设的理据、内涵与维度》，《中国德育》2021年第23期。

韩春红、沈晔：《推进大中小学德育一体化的现实困境及机制建设探究》，《中国电化教育》2021年第2期。

韩震：《推进大中小学德育一体化进程的理念与思路》，《中国高等教育》2020年第17期。

韩震：《推进德育一体化的时代背景、内涵要求与实践进路》，《思想政治课教学》2021年第3期。

韩震、何志攀：《大中小学德育一体化思路下的思政课建设——访北京师范大学韩震教授》，《高校马克思主义理论研究》2021年第1期。

李健：《构建新时代中国特色大中小幼一体化德育体系的四个维度》，《深圳大学学报》（人文社会科学版）2018年第1期。

李力：《新时代高校立德树人协同策略研究》，博士学位论文，东北师范大学，2019年。

习近平：《决胜全面建成小康社会　夺取新时代中国特色社会主义伟大胜利——在中国共产党第十九次全国代表大会上的报告》，人民出版社2017年版。

习近平：《认真谋划深入抓好各项改革试点　积极推广成功经验带动面上改

革》，https://news.12371.cn/2017/05/23/ARTI1495545472143692.shtm。

习近平：《思政课是落实立德树人根本任务的关键课程》，http://www.qstheory.cn/dukan/qs/2020-08/31/c_1126430247.htm。

习近平：《用新时代中国特色社会主义思想铸魂育人 贯彻党的教育方针落实立德树人根本任务》，《人民日报》2019年3月19日第1版。

习近平：《在同各界优秀青年代表座谈时的讲话》，《光明日报》2013年5月5日第2版。

习近平：《做党和人民满意的好老师》，《人民日报》2014年9月10日第2版。

谢春风：《理解和把握大中小幼一体化德育体系建设的时代特征》，《北京教育（普教）》2020年第12期。

谢春风：《强化弧光效应：北京市一体化德育体系的构建与应用》，《中国德育》2021年第23期。

延雨霞：《习近平关于"立德树人"思想政治教育重要论述研究》，硕士学位论文，西安科技大学，2020年。

叶飞、檀传宝：《德育一体化建设的理念基础与实践路径》，《教育研究》2020年第7期。

叶雷：《大中小学德育衔接问题研究》，硕士学位论文，华中师范大学，2005年。

赵杰：《习近平"立德树人"教育观研究》，博士学位论文，新疆师范大学，2021年。

庄瑜：《上海红色文化融入大中小德育一体化的价值及路径研究》，《上海教育科研》2020年第3期。

第二编

理想信念教育研究

第二章

中国音乐的起源

教师视域下大中小学思政课一体化教学衔接机制建设的实证分析[*]

谢春风[**]

一 背景与问题

习近平总书记强调，广大教师要努力成为"四有好老师"，做好"四个引路人"，立志成为"大先生"。习近平总书记还强调，思想政治理论课是立德树人的关键课程，"大思政课"我们要善用之。积极落实总书记的上述要求，是教师们落实好以社会主义核心价值观为引领的立德树人根本任务的必然要求。

教师立场是育人工作的基本立场。教师历来是人类"灵魂工程师"，是落实立德树人根本任务的骨干力量，而大中小学思政课教师是落实立德树人课程的关键力量。只有尊重和帮助思政课教师，倾听他们的教学意见，了解他们合理的教学诉求，理解其育人艰辛，提升师德素养，破解实践难题，我们才能善用"大思政课"，切实推进立德树人工程。

---

[*] 本文系中共北京市委教育工作委员会2021年度委托研究任务"北京市大中小学思政课一体化建设工作现状调查"的后续成果。本文作者为该委托任务的主要组织实施者之一。

真诚感谢中央美术学院党委书记高洪、北京市学校德育研究会会长关国珍、中国教育科学研究院研究员孟万金，中共北京市委教育工作委员会宣传教育处处长寇红江、北京市怀柔区教委主任徐志芳，北京市海淀区教委宣传科科长章军、北京教育科学研究院德育研究中心副研究员秦廷国、副研究员沈培、助理研究员王琪等老师的支持。

特别感谢北京教育科学研究院高等教育研究所助理研究员纪效珲博士、德育研究中心助理研究员殷蕾博士的大力支持！

[**] 谢春风　北京教育科学研究院德育研究中心主任、研究员、教育学博士，北京市学校德育研究会副会长兼秘书长。

大中小学思政课一体化建设发展的"牛鼻子"是学段衔接,"大思政课善用之"的"有力杠杆"和"关键支架"是教学衔接机制。只有把割裂的学段教学内容按照儿童青少年身心成长需求变化特点和学科发展逻辑统筹起来,层层递进,有机衔接,互相支撑,系统优化,才能产生立德树人的巨大效能,而解决好这个问题的关键主要在于教师特别是思政课教师。

当前,大中小学思政课一体化建设态势如何?一体化教学衔接效果如何?思政课教师有何意见和建议?为研究以上问题,2021 年 10—11 月,由中共北京市委教育工委委托,北京市学校德育研究会、北京教育科学研究院德育研究中心联合开展了中国大中小思政课一体化建设发展实证研究。本文基于此次思政课教师调查样本和部分学生调查样本数据,聚焦教学衔接机制问题进行分析,力图求得关于"大思政课善用之"的一孔之解。

二 内容与主旨

本次调查围绕中国特别是首都大中小学思政课一体化建设现状而展开,着眼思政课一体化建设创新实践和学段衔接效果。本次调查针对 2019 年 3 月 18 日全国大中小学思政课座谈会以来思政课一体化建设新变化,围绕一体化建设问题,如思政课教师队伍建设、学段衔接机制、课程一体化、教学衔接、育人效果等方面,进行定性定量研究分析,目的在于服务教育行政决策和学校思政课教学实践,以切实提升思政课一体化教学衔接效能和立德树人水平。

三 过程与特点

调查过程力求规范、严谨。本次调查得到北京市教育行政、专业机构和大中小学的有力支持,公信力强。基于新冠肺炎疫情的防控需要,调查采取问卷星网络方式,进行重点抽样,主要对象是北京市大中小学思政课教师,参与调查的教师均匿名。在问卷发放前,对被调查学校和教师说明意图,学校和教师未因意图揣测问题而影响调查的有效性。

调查问卷信度和效度较好。问卷分小学、中学(包括初中学段、普通中学和职业中学)、大学(包括公立和民办高校)三个类别,经专家指导、小组讨论及预调查,经多次修改,问卷内容效度和结构效度较高。从分层方式和对象选择、题目数量、题目与主题切合度、问卷回收来看,问卷信度较高。

研究数据系统化强。本次调查实现了对大中小学(包括民办学校)思政课教师的全学段覆盖。北京市17个区86个大中小幼一体化德育研究基地校,如清华大学、中国人民大学、北京师范大学、北京市第四中学、北京市商业学校、北京小学等,海淀区教委和怀柔区教委,参与了本次调查。访谈专家、书记、校长、教师、教研员20余人。收回教师调查问卷317份,其中小学79份,初中25份,高中35份,中职115份,高校63份,均为有效问卷。同时,还针对学生群体进行了调查,收回小学生问卷4800份,初中生问卷1582份,高中生(含中职学生)问卷3141份,大学生问卷1745份,均为有效问卷。

调查数据具有较好的代表性。本次调查学生样本比较大,教师样本虽有限,却是对北京市大中小思政课一体化建设骨干校(所有北京市一体化德育研究基地校和部分其他学校)的教学骨干(思政课教师、道德法治课教师)进行的一次重点抽样调查,数据完整,具有较强的共性和个性,可谓小切口、大视野,参考性强,已服务于首都大中小学思政课一体化建设政策完善和教学实践发展,为"大思政课"教学衔接机制建设注入了智慧活水。

四 结果与分析

(一)大中小学思政课一体化建设取得积极进展,学科价值认同度增强

1. 思政课一体化建设的认知度

经调查发现,各学段教师对大中小学思政课一体化建设具有较好的了解和认知,主体意识增强,但初中学段教师认知度相对弱化。

各学段思政课教师对大中小学思政课一体化建设的了解情况如图1所示。其中,各学段思政课教师普遍认为自己比较了解思政课一体化建设。小学、中职教师表示"很了解"思政课一体化建设的百分比相对较高,为36.71%、30.43%,高中和大学教师则认为自己"比较了解"思政课一体

化建设的比例相对较高，为57.14%、60.32%。经综合分析发现，初中学段教师对思政课一体化建设表示"很了解"和"比较了解"的比例之和为60%，相对较低，而中职学段相对最高，达81.73%。

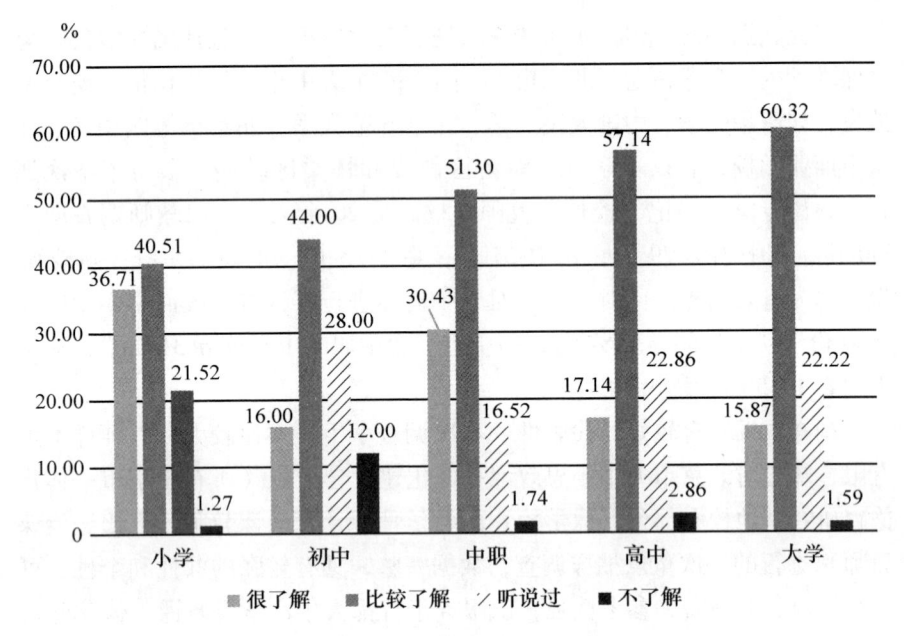

图1　各学段思政课教师对一体化建设了解情况

2. 思政课教师的跨学段教学交流

经调查发现，相邻学段思政课教师的教学交流呈现出日益加强的良好态势，教学在往深里走、心里走，但初中与小学的教学衔接交流相对弱化。

思政课一体化教学的难点在学段教学如何衔接，螺旋上升，循序渐进方面。思政课教师与各相邻学段的教师深入交流情况如图2所示。其中，小学、初中和中职思政课教师与前、后学段思政课教师进行深入交流的比例较高。此外，初中和中职思政课教师没有与相邻学段的思政课教师进行深入交流的比例较高；高中教师与初中学段以及大学学段思政课教师都有交流。衔接情况是：各学段普遍存在教师主动与后一学段进行教学衔接的意识，高中学段教师主动和初中学段教师衔接交流得相对最好，其比例为42.86%，初中和高中学段教学交流相对最好，比例为24%。而小学的前、后学段交流得最好，达53.16%。

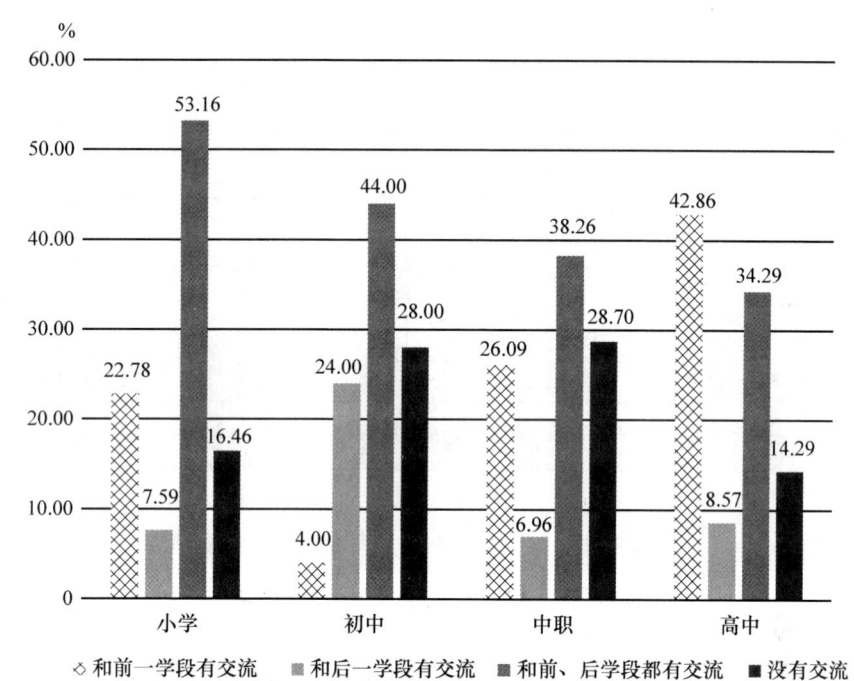

图2 与相邻学段的思政课教师交流情况

3. 思政课一体化的课程衔接度

经调查发现，各学段教师对思政课课程衔接、一体化开发程度持比较积极的态度，中职教师的认可度相对最高，大学教师的认可度相对最低。

如图3所示，小学、初中和高校思政课教师普遍认为，当前思政课教材的内容衔接和一体化开发程度"基本到位"；中职和高中思政课教师普遍认为"比较到位"，肯定的程度存在学段差异。数据表明，有17.39%的中职教师认为思政课教材实现了无缝衔接，而大学教师对此的认同度为零，不认同度达31.75%。这说明，大学思政课教材和中小学教材的知识衔接问题比较明显。高中教师对思政课教材一体化建设及课程衔接的不认同度也达到22.86%。

4. 思政课教学的学段衔接重视程度

经调查发现，大中小学思政课教师日益重视教学前后知识的有机衔接，小学相对最重视，但大学相对最不重视。

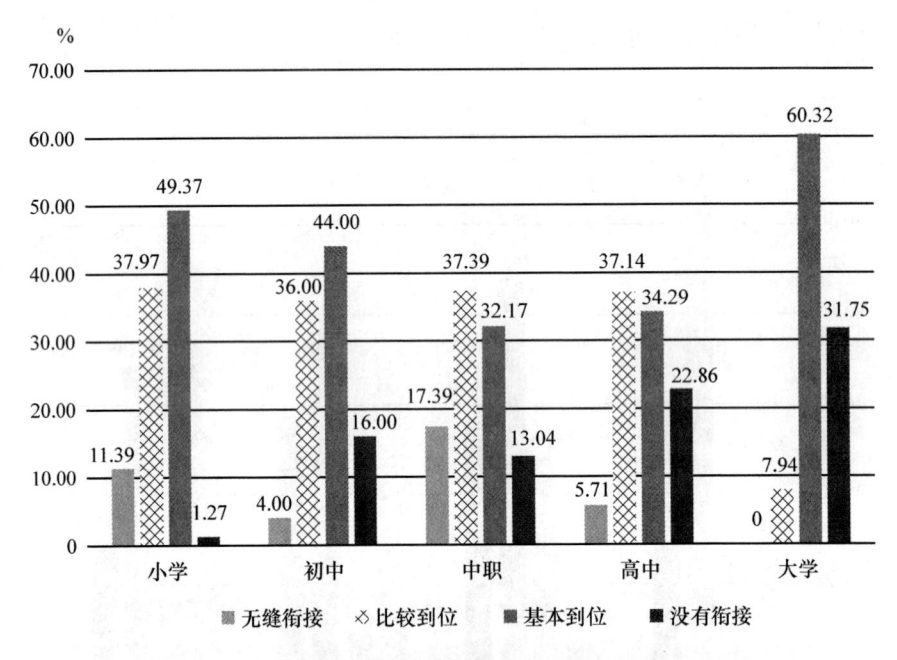

图 3 思政课课程衔接和一体化开发情况

学生是教学的晴雨表。本次调查还通过学生数据来折射教师对思政课一体化教学的重视程度。如图 4 所示，小学、初中和高中学生认为思政课教师"很重视"前后知识衔接的比例相对最高，大学生认为思政课教师"重视"前后知识衔接的百分比最高，但认为"不重视"和"很不重视"的比例也达到 20.75%，超过了小学、初中和高中学段的总和。整体来看，各学段学生普遍认可本学段思政课教师重视前后知识的衔接，大学思政课教学衔接的提升空间最大，难度也最大。

5. 思政课教学方式的学生选择倾向

经调查发现，各学段学生更喜欢思政课教师组织开展社会实践活动教学和小组合作学习教学，小学生的期盼度相对较高。

思政课教学要促进、服务学生的身心健康发展和价值观启蒙，而研究学生的认同度和接受程度，是改进思政课教学的基础。通过调研"学生喜欢思政课的教学方式"发现，小学、初中学生最喜欢的教学方式为"实践活动体验"，其比例为 83.58%、69.47%，而高中学生最喜欢的教学方式为"问答或对话"。整体来看，小学、初中学生喜欢的教学方式主要有

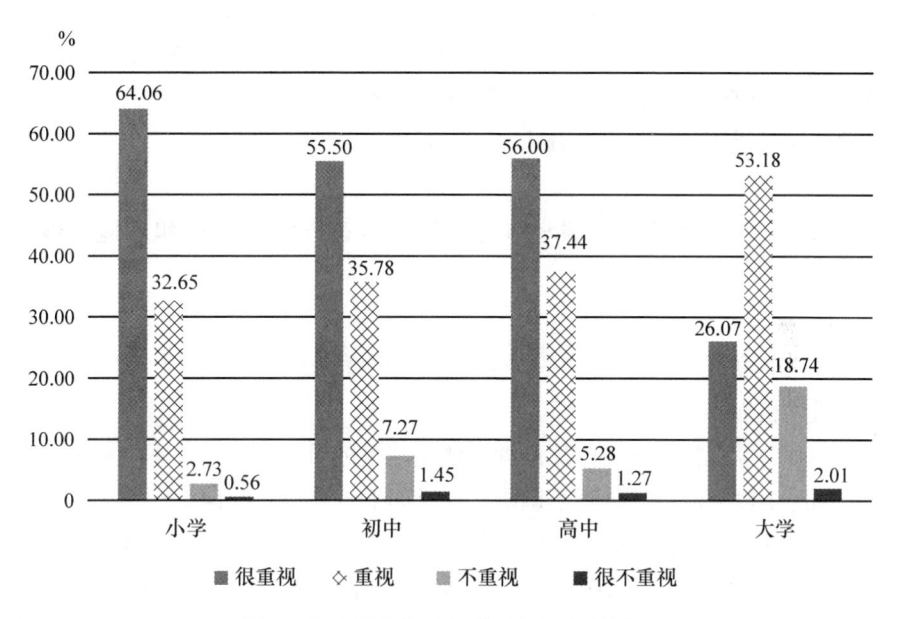

图4 思政课教师重视前后知识衔接情况

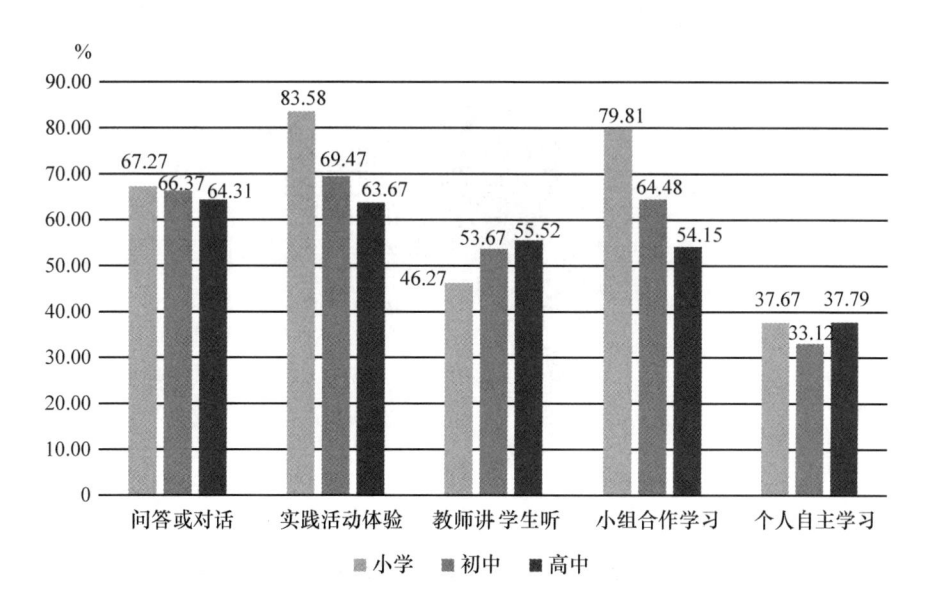

图5 学生喜欢的思政课教师的教学方式

"实践活动体验""小组合作学习"和"问答或对话"。高中学生喜欢的教学方式主要有"问答或对话""实践活动体验",其比例分别是64.31%、63.67%。调查还发现,个人自主学习的思政课教学方式相对不被认同,初中学生相对最不认同,认同度只有33.12%。

(二)大中小学思政课一体化建设还存在一定的困难和问题,亟待破解

1. 激励机制问题

经调查发现,大中小学思政课教师跨学段教学交流机会依然相对缺乏,激励机制不足。

教师跨学段衔接交流是思政课一体化建设的重点和难点。本文对大中小学教师跨学段交流情况进行了调研,结果如下:高校思政课教师与中小学思政课教师深入交流情况有一定的改善,但还不充分、不均衡(具体情况如图6所示)。其中,仅有20.63%的教师表示有到中小学听过思政课;有42.86%的教师表示没有到中小学听过思政课;有20.63%的教师表示和中小学思政课教师有交流;有15.87%的教师则表示与中小学思政课教师没有交流。

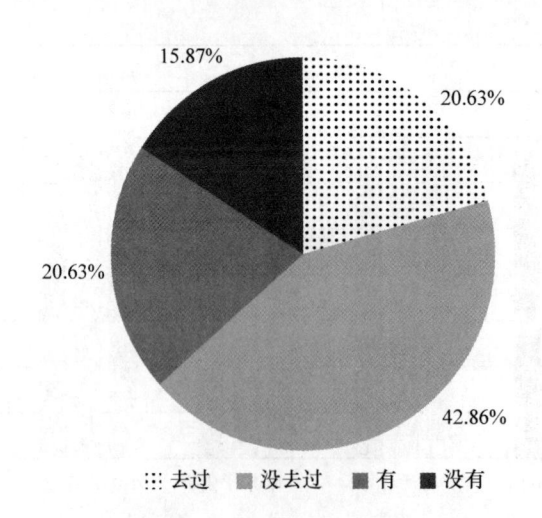

图6 大学思政课教师与中小学思政课教师跨学段交流情况

2. 一体化教学衔接交流的制约因素

经调查发现,"跨学段学习交流的平台较少""本学段教学科研任务

重"成为影响大中小学思政课教师跨学段交流的主要因素。

如图7所示,影响各学段思政课教师跨学段交流的主要因素是"跨学段学习交流的平台较少"和"本学段教学科研任务重"。此外,影响小学、初中、中职和高中思政课教师参与跨学段交流的第三大影响因素是"缺乏具体指导",而影响高校教师参与跨学段交流的第三大影响因素是"不在考核评价范围之内"。跨学段专业交流少,导致思政课教师对其他学段的教学内容不熟悉,认识不全面。调查和访谈显示,大部分思政课教师对自己学段教材内容和教学目标十分熟悉。虽然大部分教师认为有必要了解其他学段教材内容,但是在实际工作中,多数教师对其他学段教材内容不太熟悉。初、高中学段思政课内容不尽相同,教师教学策略、研究倾向也就有所差别。初中思政课注重对学生情感态度的培养,关注学生成长需要,教学内容较少,学生负担较小。但高中阶段思政课教学内容突然增加,需要背诵相关知识点,往往把握不好二者之间的衔接关系,导致学生学习出现问题,不利于思政课教学的顺利开展。

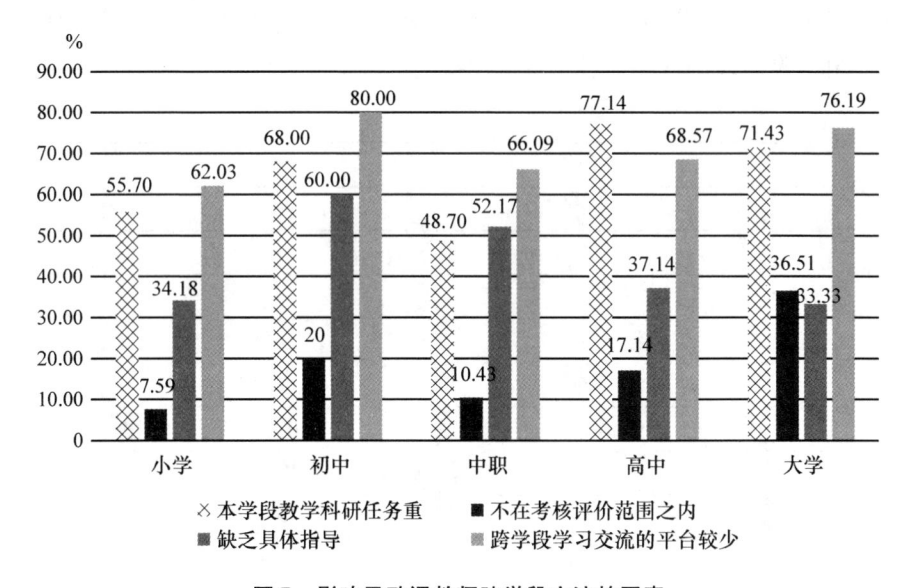

图7 影响思政课教师跨学段交流的因素

3. 教学衔接诉求

经调查发现,给大中小学思政课教师提供一体化教学资源支持,完善管理机制和政策保障，是思政课教师的共同诉求，初中和大学教师的诉求相对强烈。

高校思政课一体化建设态势良好，初步形成思政"金课"等示范课和案例，但由于缺乏大中小思政课一体化资源共享机制，高校优质课程资源下沉渠道不畅，高校马克思主义学院的学科辐射带动作用未得到充分发挥，中小学思政课教师专业成长机会少，资源相对缺乏。另外，教学内容衔接性不强制约了思政课教学的深度与广度。以传统文化主题为例。小学一—五年级的课程，从春节、中秋节等传统节日讲起，到民族、传统艺术、家风和爱国，有一定的衔接和渐进趋向。初中阶段九年级上学期的教学主题"延续文化血脉"，分为中华文化根和美德万年长两个科目。高中必修4，高二第一学期第七课"继承发展中华传统文化"，分为中华文化特点、中华传统美德，连续性明显。但在教学中，各学段教师对这一知识的教学缺少贯通意识，不能站在全局的高度实施有针对性的教学，导致出现断断续续、蜻蜓点水、不深不透的状态。学生要么觉得烦，要么就是不解渴。这是因为教师们的教学实践缺少跨学段衔接的专业支撑。教师特别是初中和大学阶段的教师对教学资源支持的诉求十分强烈。

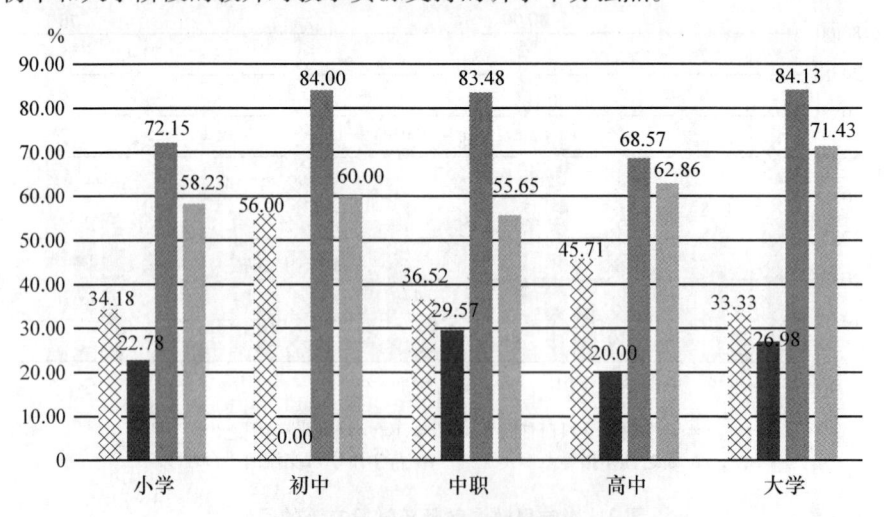

图8 影响思政课一体化建设的主要原因

4. 内在激发和外部优化

经调查发现，制约思政课教师组织学生开展社会实践活动教学的主要原因是教学内驱力不足、外部资源供给不足，高中阶段的资源欠缺度相对最高。

内因是根本，外因是条件和契机。数据表明，有82.86的高中教师、77.22的小学教师认为，自己的时间和精力不足，制约了社会实践活动教学的开展。尽管学生热衷于"实践活动体验"，但部分教师对组织社会实践活动持有明显的畏难情绪。通过调研小学、初中、中职和高中思政课教师组织社会实践活动困难的原因后发现，"教师时间精力不允许"和"社会资源不足"，是各学段思政课教师组织社会实践活动困难的主要原因。新冠肺炎疫情的持续，也加剧了上述问题的发生。总之，教师教学自主权和育人选择空间还相对不足，高质量地开展思政课育人的综合能力有待增强。

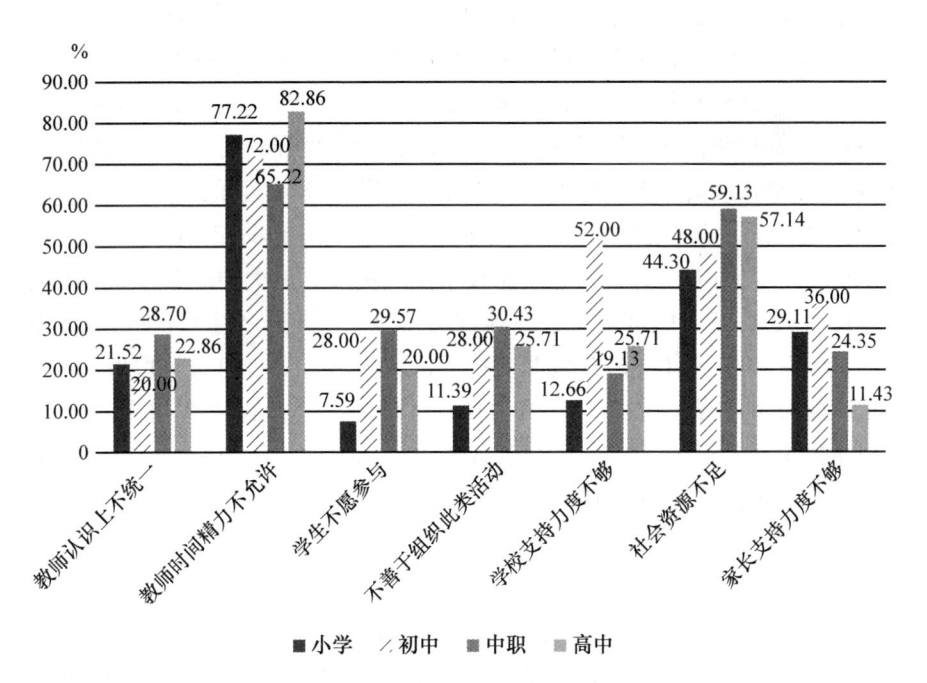

图9 思政课教师组织社会实践活动困难的原因

五　结论与启示

（一）主要结论

1. 大中小学思政课一体化建设整体上呈现出积极发展的态势，思政课正在成为"显课"。中国大中小学思政课教学环境不断优化，思政课的价值认同度和学科地位得到显著强化，各学段思政课教师教学衔接意识普遍增强，"大思政课善用之"正在成为各学段教师，特别是思政课教师的主动教学选择，广大学生对思政课教师的认同度和期盼度也同步提升，思政课（包括小学、初中的道德法治课）作为立德树人关键课程的"显课"地位正在彰显，从边缘学科向主流学科逐步回归。

2. 大中小学思政课一体化建设依然任重道远，而学段教学衔接机制建设是软肋，初中学段思政课教学亟待加强。大中小学思政课一体化建设渠道尚不畅通，中学和小学、大学思政课交流沟通欠缺有力的组织保障、制度保障和评价体系保障。思政课教材内容的学段区分度明显不足，缺乏循序渐进、螺旋上升的专业设计和教学内容、学生生活转化，政策语言味道偏浓。思政课教学还显沉闷、单调，内容抽象性强，对大道理的照本宣科多，理论联系实际少，师生互动交流少，贴近学生实际、社会实际的机会少，难以产生思想共鸣，教学效果不理想。初中学段正值学生青春期，心理冲突多，中考压力大，思政课教学挑战更多。但大中小学思政课教师共同参加专业培训机会较少，思政课教师缺少齐聚一堂的跨学段交流研讨，教师们关于一体化教学资源支持的诉求强烈。只有打破学段壁垒，开阔思政课教师视野，传好教学接力棒，才能改善思政课立德树人的效果。以上问题的有效解决，需要国家和各省市推动大中小学思政课一体化建设政策和管理机制的真正突破。

（二）主要启示

第一，一体化、衔接、协同：大中小学思政课一体化教学衔接机制建设需要持续的行政推动和政策保障。加强大中小学思政课一体化教学衔接机制建设规划，发挥教育组织优势和管理优势，建设思政课一体化教学推进机制，聚焦学段衔接，强化思政课教师队伍协同建设，使中小学思政课教师和高校思政课教师获得同等专业地位和经济待遇，帮助所有思政课教师在立德树人中"唱主角",善用"大思政课",切实发挥出思想政治教育工作的生命线作用。

第二,上接、下连、互通:构建大中小学思政课一体化教学衔接实践落实机制。善于发挥高校业务引领作用,鼓励和支持大学马克思主义学院、政法学院、教师教育学院统筹规划专业课程,针对中小学思政课教师教学需要,组织硕士生、博士生和大学辅导员下沉学校思政课课堂,担任助教和教师,形成政策支持机制。增加不同学段、不同类型学校思政课教师分享经验和观摩交流机会,促进中小学思政课教师到大学研修和提升,相互学习和了解,建立思政课教育实践研究共同体。

第三,动起来、活起来、美起来:鼓励大中小学思政课教师共同分享育人故事和案例,在情感和价值认同上实现衔接,使思政课一体化教学充满生机。思政课一体化教学衔接的最高境界是价值认同和情感互动,是道德教育上的同频共振。自2019年以来,北京市已经开展三次大中小幼同台教师讲述育人故事活动,市区校实现了立德树人的三级联动,一体化育人态势良好。要进一步激发大中小学思政课教师讲好育人故事,展示优秀案例,使教学以真理的大美唤醒学生,入情入理,情理交融,共情同心,涵养、激活思政课教师专业研修的内驱力、育人激情和美丽心灵。

第四,红色主线、智慧蓝海:积极搭建大中小学思政课教师一体化教学线上、线下资源供给交互机制和资源库,积极服务思政课教师教学衔接,打造思政课教学价值高地和智慧宝库。2020年6月,北京市海淀区在大中小学思政课教师同备一节课上进行积极探索,率先成立思政课一体化教研组,思政课教学研究资源供给不断丰富。应进一步支持大中小学思政课教师同备"一堂课"机制建设,增进教师对彼此学段内容的了解和理解,明确备课衔接点、进度、程度,解决教学各自为战、简单重复、空白模糊、囫囵吞枣、片面灌输等问题,建立思政课一体化教学资源研究数据库,使广大教师成为思政课教学研究"红色主线"和"智慧蓝海"的创造者、分享者和享用者,成为"大思政课善用之"的真正主人!

大中小学思政课一体化建设成效分析及提升策略研究
——基于北京市大中小学学生的 11268 份问卷调研结果

殷蕾[*]

思政课是落实立德树人根本任务的关键课程,是培养堪当民族复兴重任的时代新人的重要阵地。根据大中小学不同学段学生的发展特点和培养目标,统筹推进思政课一体化建设是推动新时代学校思政课内涵式发展的必要之策。党的十八大以来,以习近平同志为核心的党中央高度重视思政课一体化建设。2019 年 3 月 18 日,习近平总书记在学校思想政治理论课教师座谈会上指出:"在大中小学循序渐进、螺旋上升地开设思想政治理论课非常必要,是培养一代又一代社会主义建设者和接班人的重要保障。"习总书记强调:"要坚持主导性和主体性相统一,思政课教学离不开教师的主导,同时要加大对学生的认知规律和接受特点的研究,发挥学生主体性作用。"习近平总书记的重要讲话将党中央对思政课一体化建设的重视提升到前所未有的高度,同时也对在思政课教育活动中学生主体性作用的发挥给予了高度关注。在思政课一体化建设中强调学生主体性,既是从应然的意义上对教育活动主体性问题做出的理性思考与价值判断,又是从实然的意义上对探索如何调动学生的能动性、自主性和创造性提出的明确要求。

自学校思政课教师座谈会召开以来,全国各级教育部门陆续出台多项思政课改革创新举措,各级各类学校积极服务于一体化建设新格局,从一体化教师队伍建设、课程体系建设、集体备课和教学研讨机制建设、一体

---

[*] 殷蕾 北京教育科学研究院德育研究中心研究人员。

化教学资源建设等方面,对循序渐进、螺旋上升地开设好各学段思政课进行了积极有效的实践探索。为客观真实地反映北京市大中小学思政课一体化建设的成效,本文立足学生主体视角,面向北京市大中小学学生展开问卷调查,力图在学生本位基础上剖析当前思政课一体化建设所取得的初步成效和所面临的问题,以期为后续开展一体化建设的研究与实践提供参考。

一 调研设计与实施

(一)调研工具与内容

问卷的受访群体涵盖小学、初中、高中、中职和大学各个不同学段的学生。问卷设计分为两个部分。第一部分是受访者的基本信息,包括受访者的区域、学校、年级、性别;第二部分是大中小学思政课一体化现状调研的主要内容,从对本学段思政课的认可度、对思政课一体化建设的了解情况、各学段教学内容的关联度和教师对于学段衔接的重视程度等维度进行了调研。

对初步设计的问卷采用专家意见法进行了检验,通过邀请高校马克思主义学院专家、教育行政部门管理者、教科研单位教研员和德育研究专家、思政课一线教师共计10人进行深度专家意见征询,并根据专家建议对问题表述进行了梳理和简化,得出最终可供分学段开展调研的系列"大中小学思政课一体化建设调查问卷(学生版)"。由于大中小学学生心智发展的成熟度和对思想道德等问题的认识程度不一致,尤其是中小学学生和大学生相比在认知水平、对问题的理解与辨别能力方面差异较大,因此针对大中小学学生的调查问卷在问题内容和题型设计上有一定的区别,相对来说,考察大学生的问卷内容更多,涉及的情境最复杂,问题也更深入,考察中学生的问卷内容较多,涉及的情境较复杂,问题也较深入,而考察小学生的问卷内容相对较少,问题较直接、简明。

(二)抽样范围与描述性统计

本次问卷调查按照分层抽样的原则和方法,分别向北京市16个区中的101所大中小学学生发放问卷,中小学确保涵盖城区、近郊区、远郊区不同学段、不同类别和水平的学校,大学确保涵盖理工类、人文社科类、艺术类和医学类等不同类型的高校。鉴于低年龄段学生对于道德与法治课和学段衔接的理解尚浅，抽样的年级范围确定为小学四年级至大学四年级。

调查问卷通过问卷星发放，学生匿名填写调查内容。大中小学思政课一体化建设问卷调查于2021年11月16日—2021年11月23日完成。在调查问卷开始前，先向学生阐明本次问卷调查工作的目的和意义，让学生充分理解调研工作的科研用途，防止学生揣测调查题目的意图，进而影响调查的有效性。

1. 学段分布情况

截至11月23日，共计收回调查问卷11268份，有效问卷11268份。其中，收回小学生问卷4800份，有效问卷4800份；收回初中生问卷1582份，有效问卷1582份；收回高中（含中职）生问卷3141份，有效问卷3141份；收回大学（含高职）生问卷1745份，有效问卷1745份。

表1　　　　　　　　　　学段分布情况

学段	频率	百分比（%）
小学生	4800	42.60
初中生	1582	14.04
高中生	3141	27.88
大学生	1745	15.48
合计	11268	100

2. 性别分布情况

参与本次学生问卷调查的性别分布如表2所示。其中，男生共5268名，占调查总数的46.75%；女生共6000名，占调查总数的53.25%。

表2　　　　　　　　　　性别分布情况

性别	频率	百分比（单位:%）
男	5268	46.75
女	6000	53.25
合计	11268	100

二 思政课一体化建设成效初显

基于对思政课一体化内容和实践情况的分析,本文从大中小学学生对思政课的认可度、对思政课一体化建设的了解情况、各学段思政课教学内容关联度和教师对于学段衔接的重视程度等维度分析思政课一体化建设所取得的成效。经综合分析数据发现,在对思政课的认可度方面,大中小学学生普遍认识到学习思政课的重要性,思政课在大中小学各学段学生心目中的认同感和获得感较高;在对思政课一体化建设的认知方面,学生已经有了基本了解;在思政课相邻学段的衔接方面,教学内容关联度和教师重视程度都有较高的占比。

(一)学生普遍认可思政课在自身成长中的重要意义和指导作用

1. 思政课在学生心目中的重要性较高

小学、中学和大学学生认为思政课的重要性如图1所示。小学、中学和大学学生认为思政课"非常必要"的占比较高,小学占比为83.65%,依次高于中学的74.27%和大学的67.56%;其次为"较为必要"。可见,

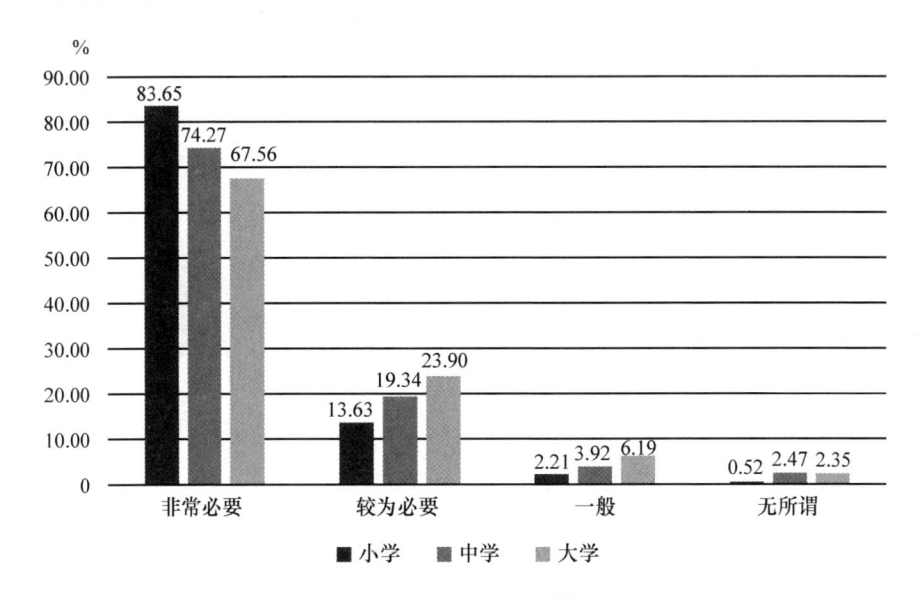

图1 思政课的重要性

随着新时代党和国家对思政课的重视程度不断提高，小学、中学和大学学生对于思政课重要性的认识日益攀升，且学段越低的学生对于思政课的认可度越高，小学生认为道德与法治"非常必要"和"较为必要"的比例高达97.28%，说明学生已经能够普遍理解学习思政课的重要意义。

2. 大中小学生喜欢思政课的原因存在年龄阶段差异，但思政课在世界观、人生观和价值观方面的指导作用得到普遍认同

小学、初中和高中学生喜欢思政课的原因如图2所示。小学、初中阶段学生认为"这门课能让我理性思考一些社会现象，并运用思政学科的思维去认识和解释这些社会问题"是主要原因，其次为"觉得思政课本身很有知识性和趣味性"；高中学生则认为"觉得思政课本身很有知识性和趣味性"是主要原因，其次为"这门课能让我理性思考一些社会现象，并运用思政学科的思维去认识和解释这些社会问题"。总的来说，各学段学生普遍认为"这门课能让我理性思考一些社会现象，并运用思政学科的思维去认识和解释这些社会问题"和"觉得思政课本身很有知识性和趣味性"是其喜欢思政课的主要原因。从学生们喜欢思政课的原因中可以窥见新时代青少年对于价值选择的理性思维，学生们能够将思政课上所学的知识加以学以致用，将学科思维与方法与真实社会产生联系，去认识和解释社会问题。尽管一部分学生选择了应试因素，但该因素在所有选项中占比均不到五成，显然应试已不是学生学习思政课的主要原因。

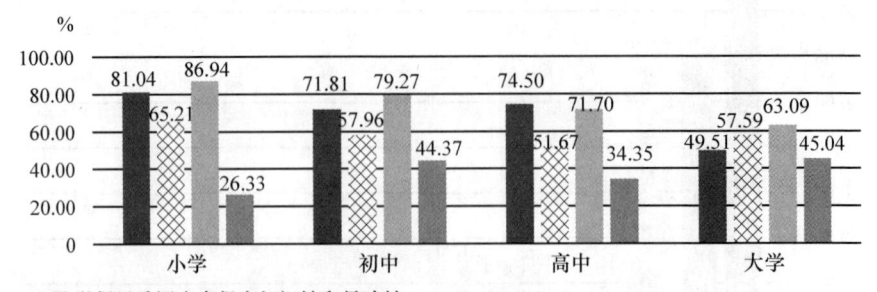

学段	觉得思政课本身很有知识性和趣味性	喜欢这门课的老师和教学方法	这门课能让我理性思考一些社会现象，并运用思政学科的思维去认识和解释这些社会问题	学习思政课与考试有关
小学	81.04	65.21	86.94	26.33
初中	71.81	57.96	79.27	44.37
高中	74.50	51.67	71.70	34.35
大学	49.51	57.59	63.09	45.04

图2 学生喜欢思政课的原因

（二）六成以上学生认为其思政课课堂参与度较高

各学段学生对于思政课课堂参与度（听讲、思考、讨论、发言等）进行了自我评价，认为自身课堂参与度"很高"或"较高"的学生占比均在六成以上。小学学生的课堂参与度在各学段思政课中最高，选择"很高"与"较高"参与人数占调查学生总数的86.23%，初中学生选择参与度"很高"与"较高"的占比为80.22%，高中学生选择参与度"很高"与"较高"的占比为77.55%，大学生选择参与度"很高"与"较高"的占比为69.29%。可见，义务教育阶段学生表现最为活跃，能够高度参与课堂教学活动的人数占八成以上，高中阶段学生相对活跃，参与度"较高"以上的人数占比达七成以上，大学生因年龄特征、教授内容和授课方式等不同，自我评价参与度较高的人数占比近七成。

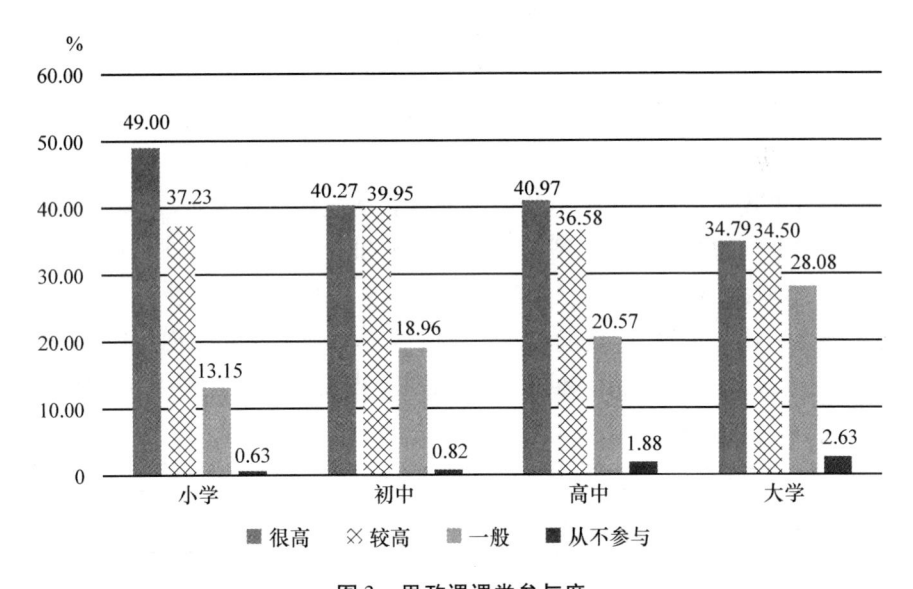

图3 思政课课堂参与度

（三）学生认为思政课对提升自身素养很有帮助

经过思政课学习，小学、初中和高中学生认为自身素养明显提升的情况如图4所示。小学学生认为明显提升的素养主要是"法治意识""社会责任感"和"集体意识"；初中学生认为明显提升的素养主要是"法治意识""社会责任感"和"政治认同"；高中学生认为明显提升的素养主要是"政治认同""法治意识"和"社会责任感"。可见，各学段学生普遍认可其经过思政课学习后，"法治意识"和"社会责任感"得到明显提升。

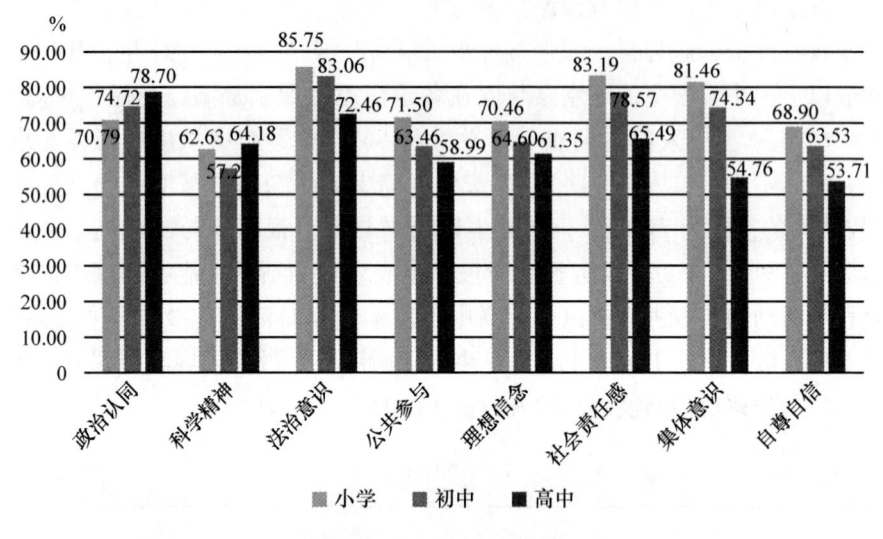

图4 学生素养提升情况

经过思政课学习，大学生认为自身收获情况如图5所示。其中，"能够应用辩证唯物主义和历史唯物主义的思想和方法去分析国情世情，增强了自身的使命感和责任感""学习领会习近平新时代中国特色社会主义思想，强化'四个意识'，坚定'四个自信'""增强了对党的创新理论的政治认同、思想认同、理论认同、情感认同"占比较高，分别为84.81%、

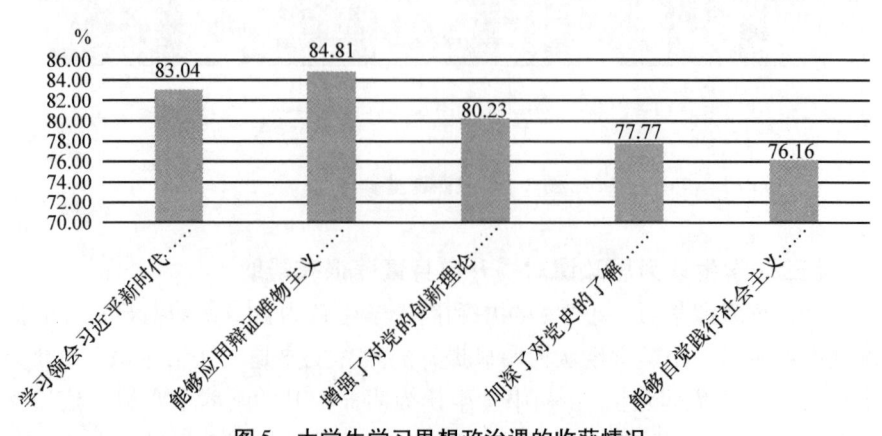

图5 大学生学习思想政治课的收获情况

83.04%和80.23%；其次是"加深了对党史的了解，更加热爱中国共产党""能够自觉践行社会主义核心价值观，尊重和维护宪法法律权威，识大局、尊法治、修美德"，占比分别为77.77%和76.16%。

（四）学段衔接日益成为学生和教师关注的重要内容

1. 各学段学生对大中小学思政课一体化建设的了解程度和关注程度有所提升

如图6所示，小学和高中学生认为他们对思政课一体化建设"十分了解"的占比最高，初中和高校学生则认为他们对思政课一体化建设"比较了解"的占比最高。整体来看，各学段学生普遍较好地了解了思政课一体化建设。

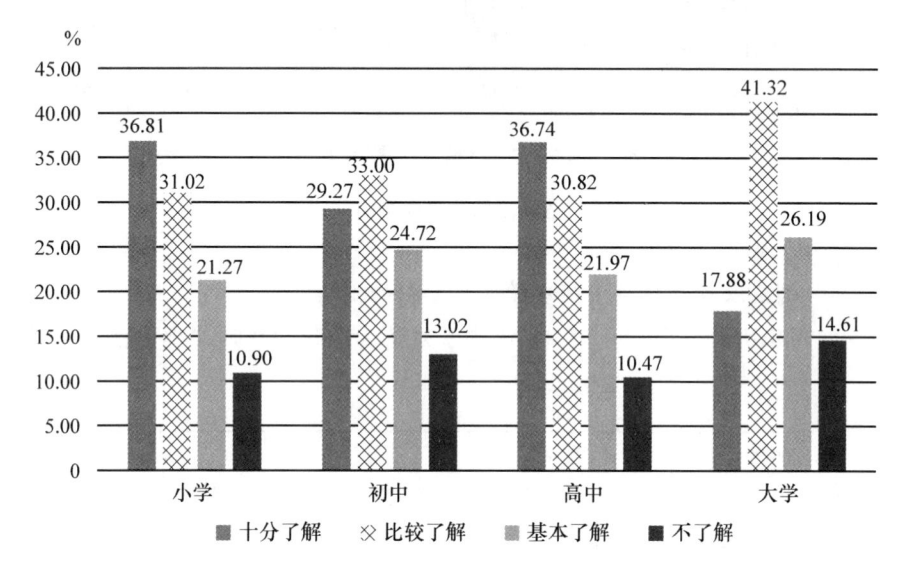

	小学	初中	高中	大学
十分了解	36.81	29.27	36.74	17.88
比较了解	31.02	33.00	30.82	41.32
基本了解	21.27	24.72	21.97	26.19
不了解	10.90	13.02	10.47	14.61

图6 思政课一体化建设了解情况

2. 初中、高中和大学思政课之间的学段关联度提高

整体来看，初中、高中和大学学生普遍认为本学段思政课所学内容与前一学段思政课内容存在着较强的关联性。高中学生认为，高中阶段思政课内容与初中阶段思政课内容存在着"非常强的关联性"，持此观点的学生占比为56%，认为有"较强的关联性"的学生占比为37.44%；初中学生认为初中思政课内容与小学思政课内容"有非常强的关联性"和"有较强的关联性"的占比均较高，分别为32.49%和41.72%；大学学生认为，

大学思政课内容与高中思政课内容"有较强的关联性"的人数最多,占比为54.56%,另有29.91%的学生认为"有非常强的关联性"(见图7)。

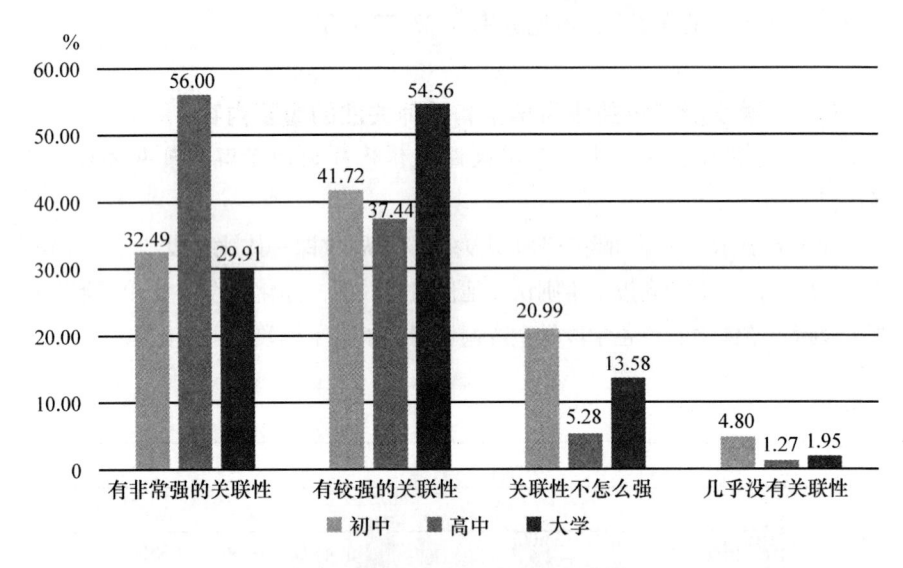

图7 各学段思政课内容的关联性

3. 思政课教师日益重视教学前后知识的衔接

如图8所示,小学、初中和高中学生认为思政课教师"很重视"前后

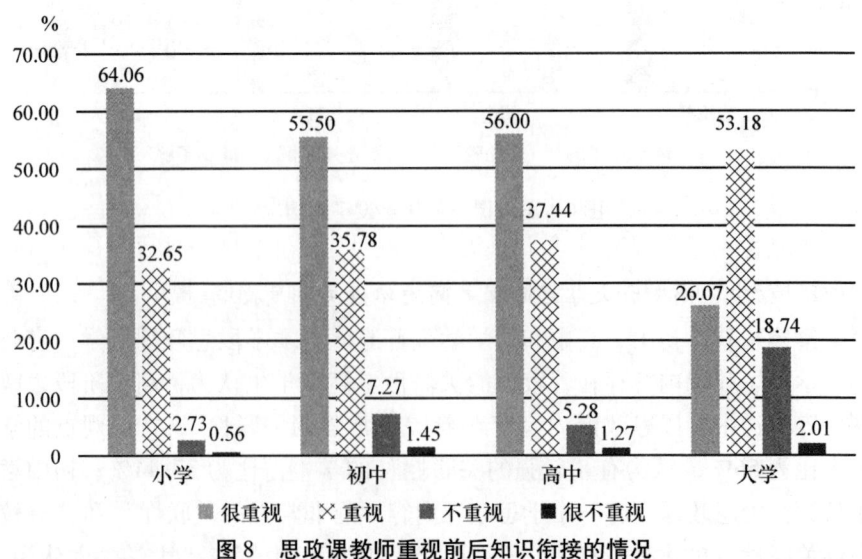

图8 思政课教师重视前后知识衔接的情况

知识衔接的占比最高,高校学生认为思政课教师"重视"前后知识衔接的占比最高。整体来看,各学段学生普遍认可本学段思政课教师重视前后知识的衔接。

三 学生视角下思政课一体化建设面临的问题分析

(一)部分大学生学习思政课的动力不足

各学段学生虽普遍认可思政课的重要地位,但从结果来看差异也较明显,大中小学不同学段的学生对于思政课的认可度由低学段到高学段逐渐递减,在各学段中大学生的认可度相对其他学段要低,认为思政课"一般重要"或"不太重要"的学生占比为8.54%。从课堂参与度来看,大学学生在思政课课堂上的参与度低于中小学生,大学生选择"一般"或"从不参与"的学生占比为30.72%。

大学生思政课的学习积极性和课堂参与度较低,究其原因,一是教材的学术性较高中学段明显增强,有50.60%的学生认为教材"学术性强",因此较难激发学生自主学习的兴趣;二是大学教师与中小学教师教学方法的差异较大,有88.08%的学生认为"讲授法"是大学教师授课的主要方式;三是应试取向导致的学习积极性不高,有45.04%的学生认为"学习思想政治课与考试有关"。

(二)部分学段课程内容之间存在衔接断层

课程内容与前一学段的关联性不强,这一问题在初中和大学生中反映得较为明显。有25.79%的初中生认为初中与小学课程内容"关联性不怎么强"或"几乎没有关联性",有15.53%的大学生认为大学与高中课程内容"关联性不怎么强"或"几乎没有关联性"。在思政课教师重视前后知识衔接情况的调研中,初中和大学学生认为教师"不重视"或"很不重视"知识衔接的占比也在各学段中居高,初中生占比为8.72%,大学生占比为20.75%。

造成这一现象的原因一方面是部分教师尚未认识到思政课一体化建设的重要性,另一方面是在实际教学中,各学段教师对于本学段教材内容把握较深,但缺乏与相邻学段进行教学研讨、备课交流的机会,在授课过程中对相邻学段教学内容和新入学学生学情把握不足,成为学段衔接不畅的主要因素。在调研"大学生对思政课教学的改进建议"一项中,学生也给予了反馈,有29.17%的学生认为应该"重视和高中思政课的衔接过渡";有27.45%的学生认为应该"围绕大学生的思想实际备课讲课"。

(三)各学段教学方法的适切性和连续性有待改进

在各学段学生喜欢的思政课教学方式调研中,小学、初中学生喜欢的教学方式主要有"实践活动体验""小组合作学习"和"问答或对话";高中学生喜欢的教学方式主要有"问答或对话""实践活动体验"和"教师讲学生听";大学生最喜欢"案例教学"和"实践活动体验"。可见,各学段学生由于所处发展阶段不同,对于思政课教学方式的需求也不同,但现有各学段教学方式仍以传统讲授式为主,并未针对不同年龄段学生的认知规律和发展特点采取差异化教学方式,各学段教学方法的适切性和学段间的连续性不足,这种以教师为中心备课、授课的方式,忽略了学生作为学习者的主体地位,缺乏对不同学段学生认知规律、学习需求的研究,使得学生缺乏主动思考和探究的空间,不利于教学效果的提升。

(四)思政课课程资源纵向共享和横向协同渠道不畅

一方面,大中小学各学段间的教学资源相对封闭,资源纵向共享的机制与路径缺乏,成为制约思政课一体化发展的掣肘。大中小学不同学段之间的资源交流与分享不畅,大学与中小学间的资源壁垒尤为明显,大学是思政教育的理论研究和创新实践高地,大学开发的优质教学资源和创新实践教学空间能够为中小学生思政课学习和实践活动提供更加丰富、深刻的学习体验,增强不同学段思政课学习的实效性。

另一方面,尽管各级各类部门加大对思政课社会资源的建设和开发力度,力图为思政课课堂学习提供更多的社会资源,但社会资源供给渠道单一且共育协同力度不够,是阻碍思政课小课堂同社会大课堂有机结合的主要因素。此次调研发现,在思想政治课学习过程中,大中小学学生参与的主要实践活动位列前三的均为观影观展、社会调查和演讲比赛或辩论赛,其他活动如参与模拟教学和与社区、企业互动等较少。现有的社会实践活动场所仍局限于传统的电影院、展览馆等,学生能够进入、各类机构、企业等真实社会情境中体验学习的机会较少,且教师多以能够直接触及的社会资源为出发点设计和开展活动,实践活动内容与课堂教学目标难以精准配备，导致实践活动流于形式、为活动而活动现象普遍存在，实践活动未能够真正服务于思政课教学本身。

四 大中小学思政课一体化建设的提升策略

（一）坚持学生本位的一体化建设思路

思政课一体化建设的最终目标是培养堪当民族复兴大任的社会主义事业建设者和接班人，因此在循序渐进、螺旋上升的思政课一体化建设过程中，需注重"以学生为中心"进行备课、教学及评价，充分了解本学段学生的认知规律和发展特点，在尊重学生不同阶段发展需求与期待的基础上，通过理论学习与实践体验相结合的方式激发其主动学习的动力。思政课学段衔接的本质是为实现价值观教育的贯通服务，因此各学段教师在新生授课前需及时了解学生在前一学段的认知水平和思想道德发展处于什么样的水平和阶段，为本学段的知识传授和品德提升提供参考依据。同时，教师还要了解学生在下一学段的成长情况和教学目标，以此作为对本学段教学育人成果的评价反馈，实现前后学段之间的彼此配合和整体推进。

（二）注重教学方法的适切性和连续性

不同成长阶段的学生对于教学方式的需求和接受程度存在一定的差异性，教师需注重教学方法的适切性和连续性，增强思政课的教学亲和力和学生获得感，根据不同学段课程培养目标和学生学情精心设计、组织教学，为学生搭建思政课学习的脚手架。使学生作为自主性学习主体的课堂地位充分发挥出来，尊重学生的成长规律和特点，引导和启发学生探究问题，激发学生追求真理的积极性和主动性。重视因材施教，在不同学段依据学生不同特点灵活地采取契合学生需求的教学路径和方法，在实践和思考、辨析与评价中形成科学观点，提升思政课学科素养。

（三）探索一体化教研和科研纵向协同机制

各级教育主管部门牵头统筹组织、大中小学学校密切配合，从一体化教研和科研两方面发力，构建一体化教科研纵向协同机制。推动大中小各学段思政课教师成立不同层级的教研和科研共同体，定期组织思政课教师深入不同学段课堂相互研讨学习，探讨交流思政课一体化教学规律，为大中小学思政课一体化的有效衔接提供教学和科研保障。教研部门主导构建分课程、跨课程、跨学段的大中小学联合集体备课机制，每学期定期开展集体备课，做好教材内容向教学内容的转化。围绕重大历史主题、时事政治热点等，不定期组织分专题、跨学段集体备课，提升思政课质量的统一性和内容的时效性。科研部门以各级课题研究为抓手，以思政课一体化建设中所面临的主要问题为研究对象，组织成立以大中小学教师为主力的课题组，通过科研引领助推一体化建设落地。

（四）构建思政小课堂与社会大课堂有机结合的横向合作机制

在思政课教学内容层面，课堂教学与社会实践活动需要以一体化思想为指导进行大单元大主题的教学设计，即形成涵盖教学目标、实施步骤、教学评价等具有统整作用的教学设计，使社会实践活动成为服务于课堂教学、课程目标落地的有机组成部分。同时横向拓宽社会资源合作渠道，除传统的博物馆、爱国主义教学基地外，还可将为国家和民族事业发展作出重要贡献的社会机构和相关企业作为思政课教学实践基地，让学生能够在真正意义上走进社会实践大课堂。

大中小学思政课一体化建设是一项涉及各级教育管理部门、教科研机构、大中小学、教师和学生、社会资源单位等多个主体的系统工程，具有整体性、复杂性、层次性的典型特点。本文希望通过以学生视角的数据调研分析结果，敦促思政课一体化建设的各个主体，摒弃以往各学段和各主体截然分开、泾渭分明的发展思路，围绕学生不同学段的成长规律、学习需求与期待，站在全局视角进行不同学段打破壁垒、加强相互衔接的系统调整，从而构建内部纵向协同、内外部横向协作的思政课有机融合系统，助力大中小学思政课建设的内涵式发展。

参考文献

陈始发、朱格锋：《论习近平立德树人重要论述的逻辑理路》，《现代教育管理》2021年第5期。

高德胜、钟飞燕：《论马克思主义思想政治教育的时代使命》，《东北师大学报》（哲学社会科学版）2020年第2期。

姜显臣、范雨婷：《新时代大中小学思政课一体化建设的整体架构与实践路径》，《现代教育管理》2021年第9期。

刘欣：《新时代大中小学思政课一体化建设探究》，《教学与管理》2021 年第 11 期。

王宏舟：《论新时代大中小学思想政治理论课一体化体制机制建设》，《思想理论教育》2021 年第 11 期。

翁铁慧：《大中小学课程德育一体化建设的整体架构与实践路径研究》，《上海师范大学学报》（哲学社会科学版）2018 年第 5 期。

习近平：《思政课是落实立德树人根本任务的关键课程》，《新长征（党建版）》2021 年第 3 期。

夯实思政课教师教学基本功 落实立德树人根本任务
——全国中小学思政课教师教学基本功展示交流活动的思考

金利[*]

为学习贯彻习近平总书记"七一"重要讲话精神，落实中共中央办公厅、国务院办公厅《关于深化新时代学校思想政治理论课改革创新的若干意见》，中宣部、教育部《新时代学校思想政治理论课改革创新实施方案》等文件要求，落实立德树人根本任务，展示新时代中小学思政课教师队伍的综合素质、专业水平和育人能力，教育部基础教育司于2021年在全国开展了中小学思政课教师教学基本功展示交流活动。北京教育科学研究院作为承办单位，专门成立"全国中小学思政课教师教学基本功展示交流活动领导小组"，全面策划、全程组织、有序推进了本项工作。

一 全国中小学思政课教师教学基本功展示交流活动开展的基本情况

2021年全国中小学思政课教师教学基本功展示交流活动，共有来自全国各省、自治区、直辖市和新疆生产建设兵团的231名中小学思政课教师参与，依据教育部基础教育司《关于开展2021年全国中小学班主任基本功和思政课教师教学基本功展示交流活动的通知》的要求，参与教师提交了包括整体教学设计、课堂教学实录与说课、时政述评三类共计924件作品。

---

[*] 金利　北京教育科学研究院基础教育教学研究中心研究人员。

（一）展示交流活动的目的

本次活动以贯彻课程标准和统编教材为导向，以夯实中小学思政课教师教学基本功为抓手，推动岗位练兵，引领全国中小学思政课教师专业成长，推进中小学思政课课堂教学改革创新，充分发挥思政课课程铸魂育人功能。

按照"展训结合、关注过程、突出培训"的思路，引导广大中小学思政课教师遵循"政治强、情怀深、思维新、视野广、自律严、人格正"的要求，在课程改革实践中研究新课程、探索新模式，推动新时代中小学思政课改革创新；夯实教学基本功，提高思政课教师素养，为优秀教师搭建成长平台，发挥榜样示范作用；深化对课堂教学各关键环节的研究，推出一批具有典型示范意义和不同教学风格的教学课例，指导教师学习落实统编教材，积累了丰富的教与学资源，承担起落实立德树人关键课程的作用。

（二）展示交流活动的内容

教师教学基本功是教师履行教育教学职责，胜任自身承担的教育教学工作，完成教书育人任务所必需的专业知识和专业技能。2021年全国中小学思政课教师教学基本功展示交流活动包括教学设计、课堂实录与说课展示、时政述评三部分内容，全面展示思政课教师思想政治素质、学科专业素养、教育教学能力，深化中小学思政课教学改革，创新思政课教与学方式，推进统编教材的落实。

教学设计，突出强调单元整体教学设计；教堂实录和说课展示，突出教师对教材编写立意的理解与分析、教学目标的制定、教学重难点分析、教学思路设计与教学过程说明、资源选择与运用说明等；时政述评，是思政课教师有学科特色的教学基本功之一，有利于增强思政课教师善用社会大课堂的意识，提高时事教育的能力和水平。

（三）展示交流活动的实施

依据教育部基础教育司关于展示交流活动的工作方案，全国中小学思政课教师教学基本功展示交流活动领导小组精心谋划、认真研究、分步推进工作。2021年5月在全国工作研讨会解读方案的基础上进一步修订完善活动方案；2021年7月正式发布工作方案，并筹建省级对接工作平台；2021年7—10月通过工作平台指导各省依据方案要求开展省级遴选、推荐和资料上传工作；2021年11—12月聘请全国专家组建评审团队，开展线上评审工作；2021年12月完成典型经验和案例的复审和推荐工作。2022年1月公示期后正式公布典型经验与案例。

（四）展示交流活动的评审

为科学、公正、高效地开展全国中小学思政课教师教学基本功展示交流活动，依据教育部基础教育司对评审工作的要求，北京教育科学研究院聘请了来自国家教学指导委员会、北京师范大学、华中师范大学、华南师范大学、首都师范大学等高校，中国教育科学院等科研院所，全国部分省级教研员等专家组成的20人评委组，开展了为期20天的线上评审。

思政课教师教学基本功分为单元整体教学设计、课堂实录与说课展示、时政述评三个板块，单元整体教学设计重在展示教师开展教学设计的能力，以教学设计文本为评价内容，突出对单元的整体思考、课时设计的全面清晰与可操作性。课堂实录与说课重在展示教师的课堂教学实施、研究与交流能力，以课堂教学实录和说课视频为评价内容，突出课堂教学过程的流畅与教育教学的实效，对教学设计意图的合理阐释。时政述评重在展示教师开展时政教育的能力，以微课教学视频为评价内容，突出时事内容分析的科学准确、教学过程的清晰和教学实效性。

经过专家评审，全国中小学思政课教师教学基本功展示交流活动领导小组复核，共评选出200个典型案例，其中重点推荐了单元整体教学设计30件、课堂实录与说课展示30节、时政述评30讲，并在国家中小学网络云平台和国家教育资源公共服务平台上展示交流。

二 基于全国中小学思政课教师教学基本功展示交流活动调研情况的分析

为全面了解中小学思政课教师教学基本功的现状，借助全国中小学思政课教师教学基本功展示交流活动的契机，北京教育科学研究院作为本次活动的承办方通过问卷调查的方式对参与本次展示与交流活动的教师进行了调研，以期了解教师对参与基本功展示交流活动的实际感受，发现和总结本次中小学思政课教师教学基本功展示交流活动在方案设计、活动实施中的问题与经验，并为提高中小学思政课教师教学基本功提供有益借鉴和指导建议。

本次调查共计发放问卷212份，回收有效问卷212份。从问卷回收情况来看，回收率达100%，此次调查有效。基于SPSS对问卷结果进行信度和效度的检验分析，结果显示：克隆巴赫系数为0.817，信度系数大于0.7，表明信度良好，问卷调查结果可信度高；KMO值为0.741，大于0.5，且Bartlett检验结果P值为0.01，小于0.05，表明问卷设计结构合理，且调查对象理解了问卷的设计意图及调研目的（见图1、图2）。基于以上数据分析，此次问卷调查结果真实有效，可进行数据统计与分析。

可靠性统计量

Cronbach's Alpha
.817

图1 信度检测

KMO和Bartlett的检测

取样足够度的KMO度量	0.741
Bartlett的球形度检验 Sig.	0.01

图2 效度检测

（一）参与本次活动教师的基本情况

本次调研全面、准确地了解了参与活动的教师对基本功的认识及需求情况。数据统计结果如图3所示。

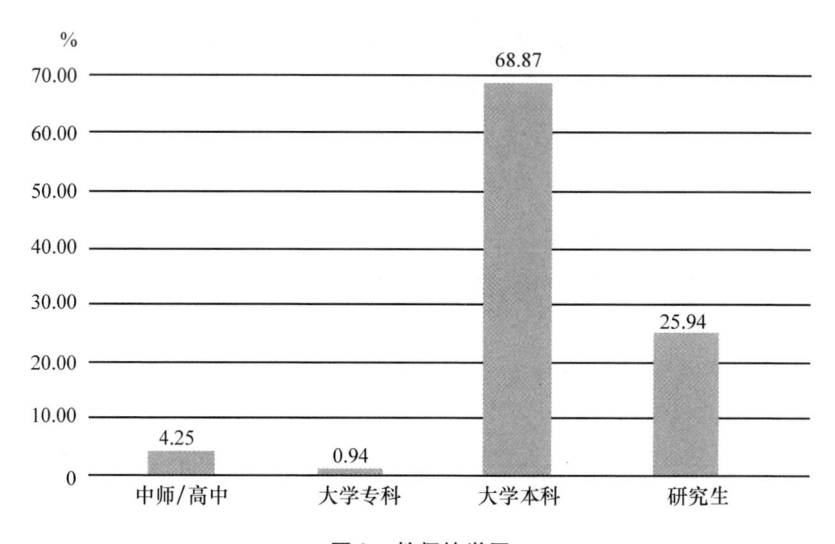

图3 教师的学历

中师/高中：4.25
大学专科：0.94
大学本科：68.87
研究生：25.94

基于以上数据统计，从地区信息来看，参与本次活动的教师所在学校分布在东部、中部、西部三个地区，分布范围涉及全国各个地区，地域分布广泛。从学历信息来看，参与本次活动的教师学历主要集中在大学本科

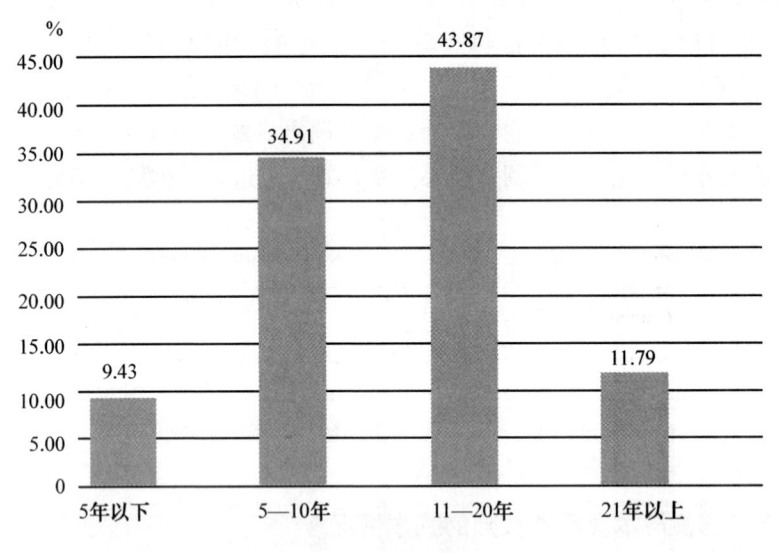

图 4　教师的教龄

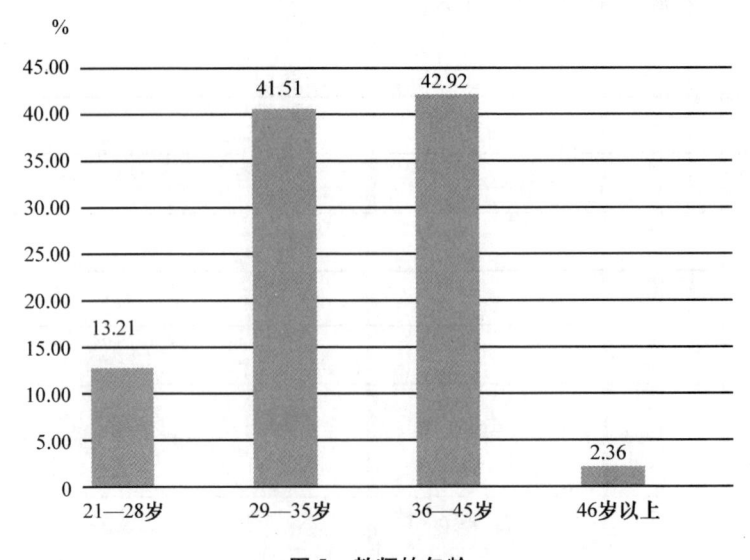

图 5　教师的年龄

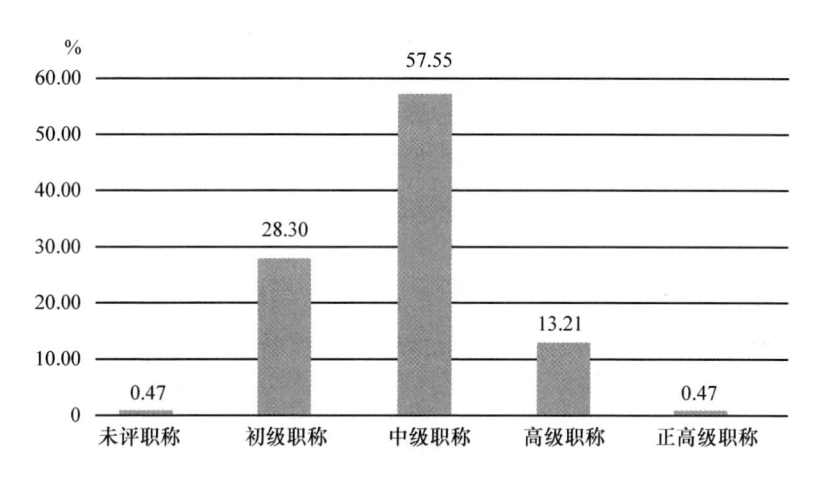

图6 教师的职称

及以上，占比高达94.81%；从教龄来看，参与本次活动的教师教龄在11年以上的占比最高，为55.66%，有着相对丰富的教学经验和高水平的专业技能；从年龄来看，参与本次活动的教师主要集中在29—45岁，其占比高达84.43%；从职称信息来看，参与本次活动的教师以中级职称占比最高，为57.55%。

针对思政课教师队伍的专业程度，本次调研对教师的专业、所学专业与任教科目的一致性等信息进行了统计。统计结果显示，在参与本次活动的教师中，有89.62%的教师所学专业与现任教思政课学科是一致的，主要集中在思政教育、哲学类、法律学类、政治学类、经济学类等专业；有10.38%的教师所学专业与现任教思政课学科存在不一致的情况，涉及管理学、数学与应用数学、汉语言文学、英语教育、音乐学、应用心理学、人力资源管理、通信工程等专业。

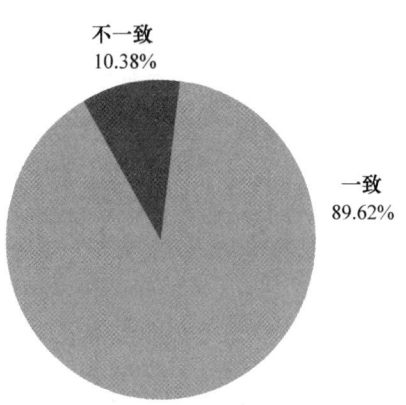

图7 所学专业与现任教学科一致与否情况

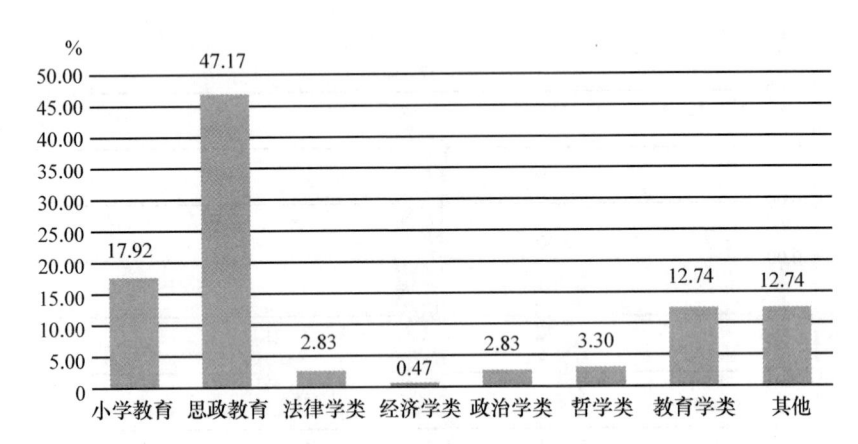

图 8 教师所学专业情况

（二）教师对教学基本功的认识及自我评价

为了解教师对教学基本功的认识，本次问卷设计了不同的量表，围绕对基本功内容的认识和对基本功现状的自我评价两方面对参与本次活动的教师进行调研。

1. 对教学基本功内容的认识

基于 SPSS 对"题 9——关于下面是教学基本功相关内容，您认为重要的程度"的相关数据进行了统计分析，对"不重要""比较不重要""一般""比较重要""重要"五个等级分别赋分 1、2、3、4、5，之后进行描述性统计分析，结果如表 1 所示。

表 1 "关于教学基本功相关内容，您认为重要的程度"的描述性分析

变量名	样本量	最大值	最小值	平均值	标准差	中位数	方差	变异系数（CV）
具备教师职业道德修养	5	4	4.967	0.179	5	0.032	0.036	
了解相关教育法律、法规和政策	5	4	4.91	0.286	5	0.082	0.058	
具备一定的人文素养	5	4	4.929	0.257	5	0.066	0.052	
掌握学科课程标准和统编教材	5	4	4.981	0.136	5	0.019	0.027	
具备学科的专业知识和技能	5	4	4.986	0.118	5	0.014	0.024	
掌握教育、教学理论和研究方法	5	4	4.953	0.234	5	0.055	0.047	

续表

变量名	样本量	最大值	最小值	平均值	标准差	中位数	方差	变异系数（CV）
具备教学评价、案例评析能力	5	4	4.934	0.301	5	0.09	0.061	
掌握现代教育信息技术	5	4	4.84	0.38	5	0.145	0.079	
具备教学设计能力	5	4	4.981	0.136	5	0.019	0.027	
具备课堂教学能力	5	4	4.991	0.097	5	0.009	0.019	

数据显示，教师对问卷所涉及的10项教学基本功内容认识的平均值均超过4.8，平均值越高，表明教师对该项内容重要性的认可度越高，反映了该项内容在教师基本功中的重要程度也越高。变异系数（CR）均低于0.15，没有极端值或异常值出现，表明教师的认可程度存在很高的一致性。基于此，依据平均值的高低，将所列思政课教师应具备的十项基本功，按其重要程度进行排序，结果如下：具备课堂教学能力，具备学科的专业知识和技能，掌握学科课程标准和统编教材，具备教学设计能力，具备教师职业道德修养，掌握教育、教学理论和研究方法，具备教学评价、案例评析能力，具备一定的人文素养，了解相关教育法律、法规和政策，掌握现代教育信息技术。

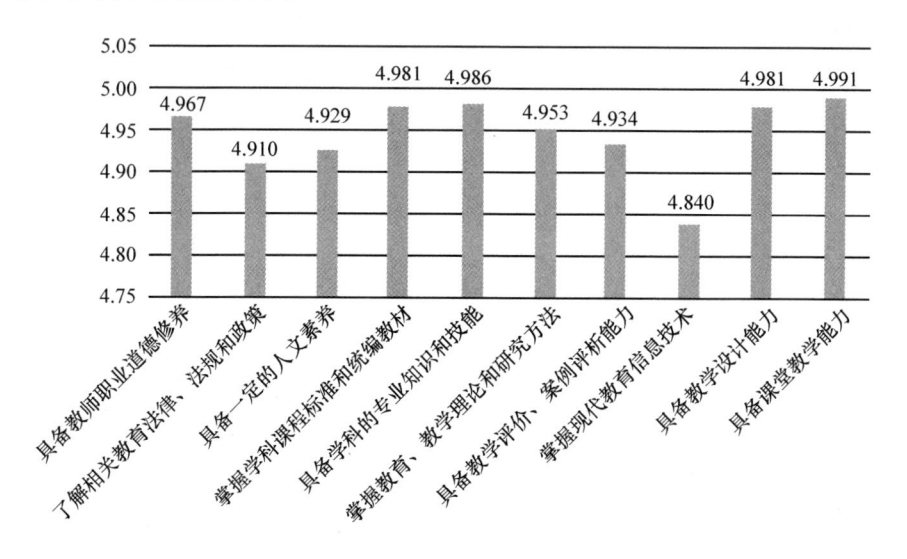

图9 教学基本功内容重要程度的平均值对比

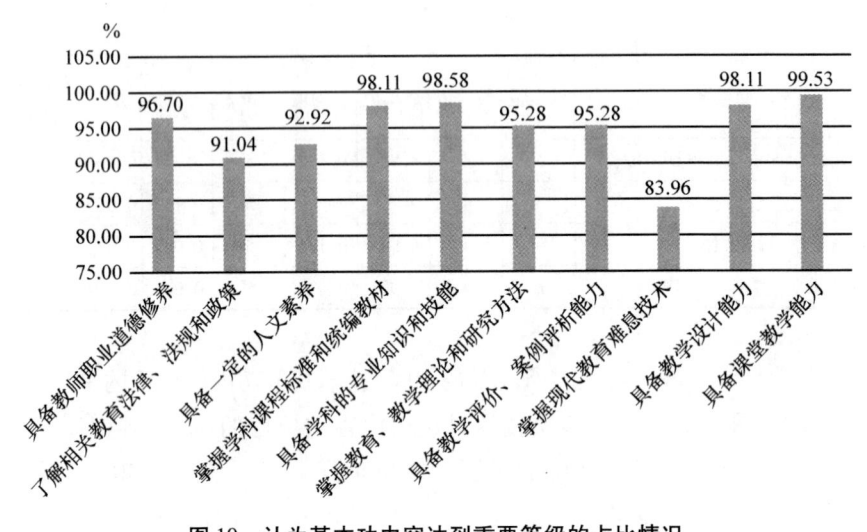

图 10 认为基本功内容达到重要等级的占比情况

通过数据分析，参与本次活动的教师对所列的十项教学基本功的内容，认为其重要程度达到"重要"等级的有九项（除掌握现代教育信息技术外），且占比均高于90%，占比较高的前四项是：具备课堂教学能力（占比为99.53%）、具备学科的专业知识和技能（占比为98.58%）、掌握学科课程标准和统编教材（占比为98.11%）、具备教学设计能力（占比为98.11%）。由此可见，课堂是一线思政课教师的主战场，教师只有掌握并持续提升课堂教学相关的基本功，才能用专业的知识、有效的设计，讲好思政课的内容。

2. 对教学基本功现状的自我评价

基于SPSS对"题10——您对自己教学基本功现状的评价"的相关数据进行了统计分析，将很低、较低、中等、较高、很高五个等级分别赋分1、2、3、4、5，之后进行描述性统计分析，结果见表2所示。

表2 "题10——您对自己教学基本功现状的评价"的描述性分析

变量名	样本量	最大值	最小值	平均值	标准差	中位数	方差	变量系数
思政课涉及的心理学、法学、中国特色社会主义理论等专业知识的水平	212	5	2	3.533	0.634	3	0.402	0.179

续表

变量名	样本量	最大值	最小值	平均值	标准差	中位数	方差	变量系数
运用马克思主义的基本观点与方法分析和解决问题的水平	212	5	1	3.651	0.748	4	0.56	0.205
理解我国经济、政治、文化、社会和生态文明建设相关政策的水平	212	5	2	3.722	0.684	4	0.467	0.184
把握思政课教学特点和基本规律的水平	212	5	2	3.925	0.691	4	0.478	0.176
分析学情，因材施教的水平	212	5	2	4.047	0.659	4	0.434	0.163
运用多样化评价方式的水平	212	5	2	3.91	0.739	4	0.546	0.189
教学资源开发与运用的水平	212	5	2	4.009	0.715	4	0.512	0.178
创设教学情境的水平	212	5	2	4.142	0.681	4	0.463	0.164
设计学生活动的水平	212	5	2	4.028	0.715	4	0.511	0.177
反思教学与改进教学的水平	212	5	2	3.958	0.684	4	0.467	0.173

数据显示，教师对问卷所涉及的10项教师基本功现状的自我评价，平均值处于3.5—4.2这一区间，除"思政课涉及的心理学、法学、中国特色社会主义理论等专业知识的水平"一项外，其他9项的中位数均为4，由此可见，从整体上讲，教师对教学基本功现状的自我评价处于较高水平，但各项的变异系数（CR）均高于0.15，个别教师的评价或教师对个别教学基本功选项的自我评价存在异常值。其中，"运用马克思主义的基本观点与方法分析和解决问题的水平"这一选项的变异系数（CR）为0.205，"思政课涉及的心理学、法学、中国特色社会主义理论等专业知识的水平"这一选项的中位数为3，以上两项内容需要重点关注。

依据平均值排序，平均值大于4的四项分别为："创设教学情境的水平"（平均值为4.142）、"分析学情，因材施教的水平"（平均值为4.047）、"设计学生活动的水平"（平均值为4.028）、"教学资源开发与运

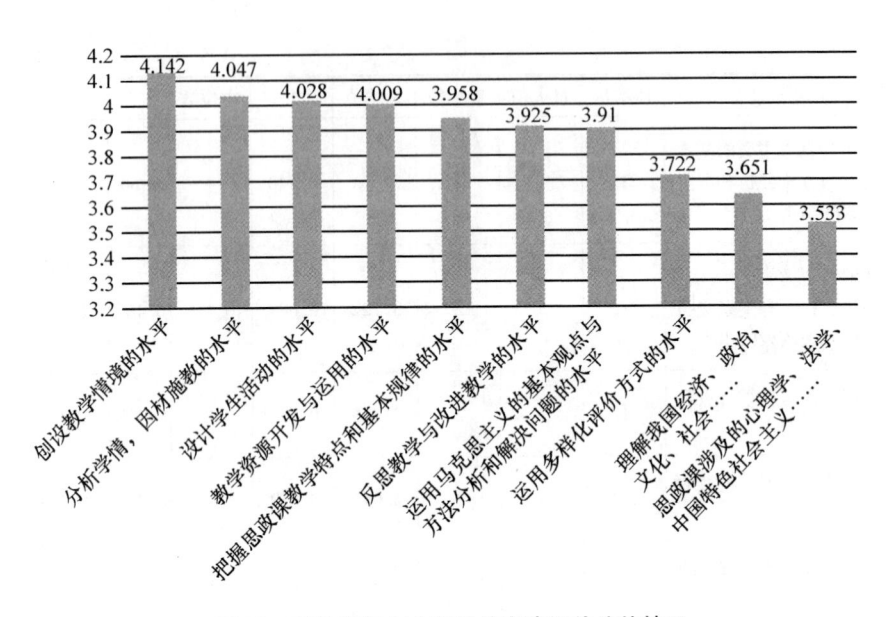

图 11　对教学基本功现状的自我评价均值情况

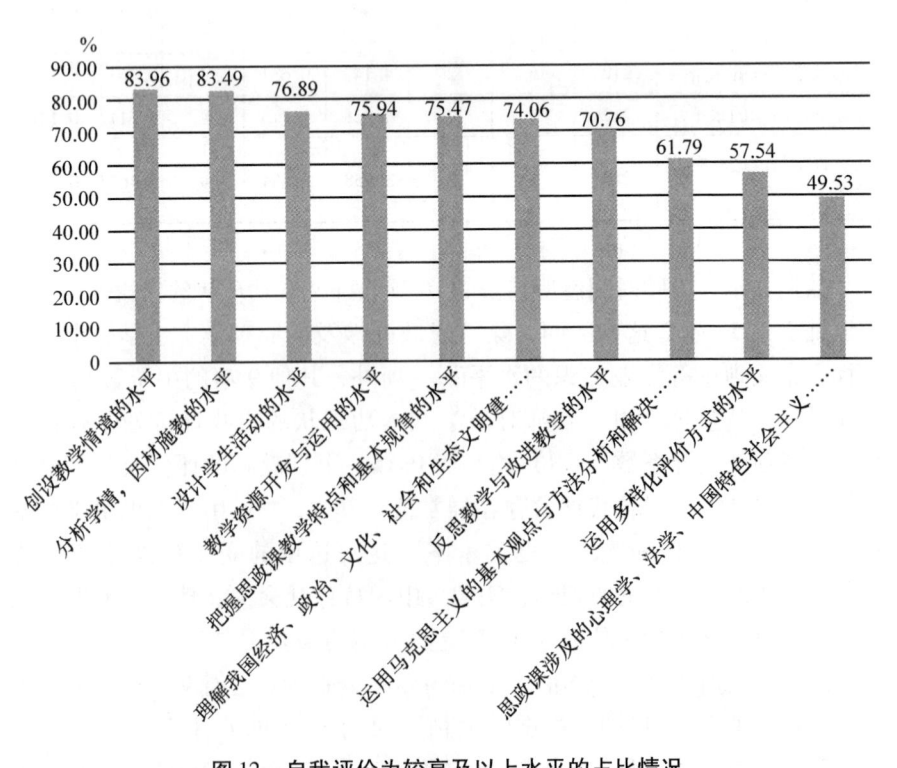

图 12　自我评价为较高及以上水平的占比情况

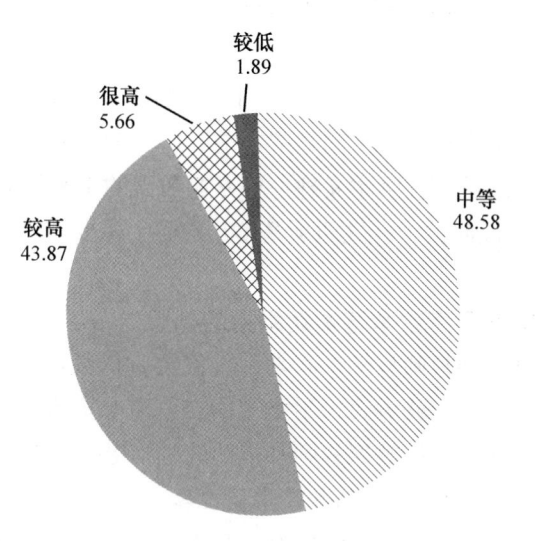

图13 "思政课涉及的心理学、法学、中国特色社会主义理论等专业知识的水平"自评比例（%）

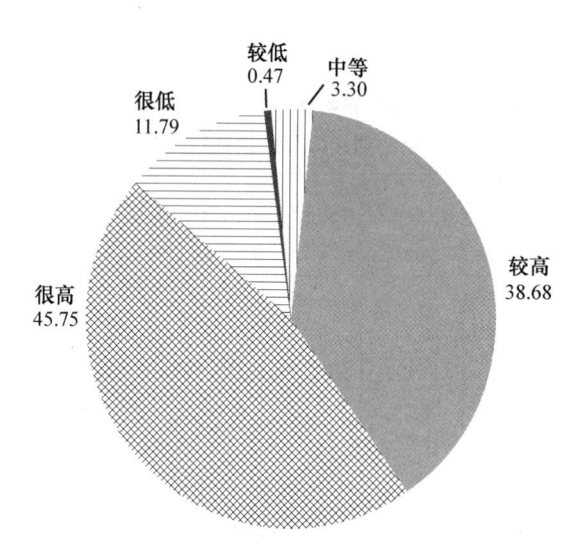

- 较低 1.89
- 很高 5.66
- 较高 43.87
- 中等 48.58

图14 "运用马克思主义的基本观点与方法分析和解决问题的水平"自评比例（%）

- 较低 0.47
- 中等 3.30
- 很低 11.79
- 很高 45.75
- 较高 38.68

用的水平"（平均值为 4.009）。依据自我评价在较高及以上水平的占比情况统计，"创设教学情境的水平"（83.96%）、"分析学情，因材施教的水平"（83.49%）的占比在 80% 以上，而"运用马克思主义的基本观点与方法分析和解决学生现实生活问题的水平"（57.54%）、"思政课涉及的心理学、法学、中国特色社会主义理论等专业知识的水平"（49.53%）的占比均低于 60%，说明教师在这两项基本功内容上需要重点突破和提升。

（三）教师对提高教学基本功举措的认识

为了提升思政课教师教学基本功，本次调查借助不同量表，围绕提高教学基本功的培训、研修方式、举措等内容，对参与本次活动的教师进行了需求调研，以使提高思政课教师基本功的举措更具针对性和高效性。

1. 关于提高教学基本功的相关培训内容

基于 SPSS 对"题 11——提高教学基本功的相关培训内容，您认为自己的需求是"进行了统计分析，将"不需要""不太需要""一般""比较需要""非常需要"分别赋分 1、2、3、4、5，进行描述性统计分析，结果如表 3 所示。

表 3　"题 11——关于"提高教学基本功的相关培训内容，您认为自己的需求是"的描述性分析

变量名	样本量	最大值	最小值	平均值	标准差	中位数	方差	峰度	偏度	变异系数（CV）
中国特色社会主义理论、道德教育、法治教育、心理健康教育、政治、经济、文化、哲学及时事政策教育等内容	212	5	3	4.651	0.551	5	0.304	0.753	-1.306	0.119
学科发展中涉及的前沿知识	212	5	3	4.797	0.437	5	0.191	3.183	-1.992	0.091
教学所需要的人文素养、科学素养、艺术素养等内容	212	5	3	4.698	0.5	5	0.25	0.698	-1.322	0.106

续表

变量名	样本量	最大值	最小值	平均值	标准差	中位数	方差	峰度	偏度	变异系数（CV）
思政课课程论、教学论、学习心理学等内容	212	5	2	4.627	0.598	5	0.358	1.871	-1.508	0.129
依据课程标准，分析与解读教材的能力	212	5	2	4.764	0.507	5	0.257	5.818	-2.31	0.106
依据教学实际开展学情分析的能力	212	5	2	4.693	0.596	5	0.356	3.178	-1.935	0.127
选择与运用教学资源的能力	212	5	2	4.689	0.606	5	0.367	3.029	-1.92	0.129
依据教学内容和学生实际选择恰当教学方式的能力	212	5	2	4.722	0.562	5	0.316	4.07	-2.074	0.119
设计与指导学生活动的能力	212	5	2	4.726	0.543	5	0.294	4.254	-2.056	0.115
有效设问的能力	212	5	2	4.750	0.575	5	0.331	6.267	-2.502	0.121
提炼生成教学观点的能力	212	5	2	4.689	0.59	5	0.348	3.09	-1.887	0.126

数据显示，教师对所列出的 11 项提高教学基本功的相关培训内容的需要程度平均值均高于 4.6，表明教师对相关培训内容有高需求，且较为迫切。变异系数（CR）值均低于 0.15，没有异常值或极端值出现，表明教师对相关培训内容的需要程度有较高的一致性。

依据提高教学基本功的培训内容需求的平均值情况，将 11 项培训内容按照需求程度从高到低做出排序："学科发展中涉及的前沿知识"（均值为 4.797）、"依据课程标准分析与解读教材的能力"（均值为 4.764）、"有效设问的能力"（均值为 4.75）、"设计与指导学生活动的能力"（均值为 4.726）、"依据教学内容和学生实际选择恰当教学方式的能力"（均值为

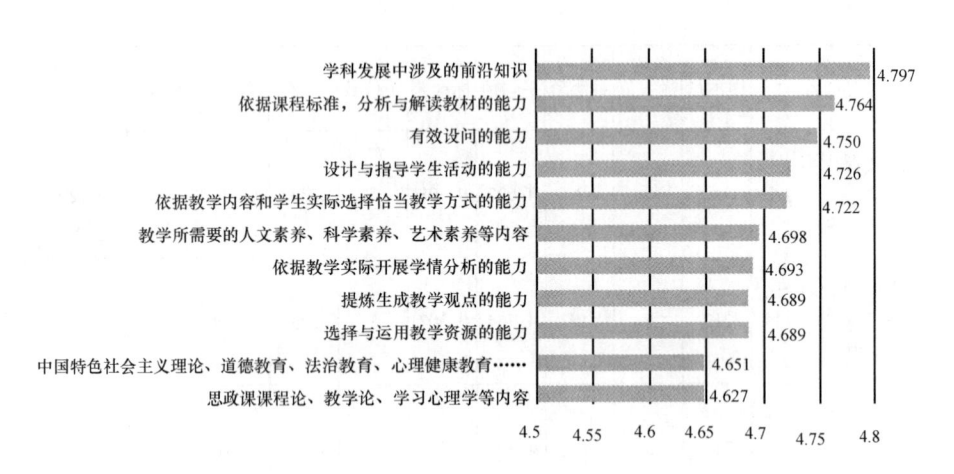

图 15 关于提高教学基本功培训内容的需求平均值情况

学科发展中涉及的前沿知识	4.797
依据课程标准，分析与解读教材的能力	4.764
有效设问的能力	4.750
设计与指导学生活动的能力	4.726
依据教学内容和学生实际选择恰当教学方式的能力	4.722
教学所需要的人文素养、科学素养、艺术素养等内容	4.698
依据教学实际开展学情分析的能力	4.693
提炼生成教学观点的能力	4.689
选择与运用教学资源的能力	4.689
中国特色社会主义理论、道德教育、法治教育、心理健康教育……	4.651
思政课课程论、教学论、学习心理学等内容	4.627

4.722）、"教学所需要的人文素养、科学素养、艺术素养等内容"（均值为4.698）、"依据教学实际开展学情分析的能力"（均值为4.693）、"提炼生成教学观点的能力"（均值为4.689）、"选择与运用教学资源的能力"（均值为4.689）、"中国特色社会主义理论、道德教育、法治教育、心理健康教育、政治、经济、文化、哲学及时事政策教育等内容"（均值为4.651）、"思政课课程论、教学论、学习心理学等内容"（均值为4.627）。

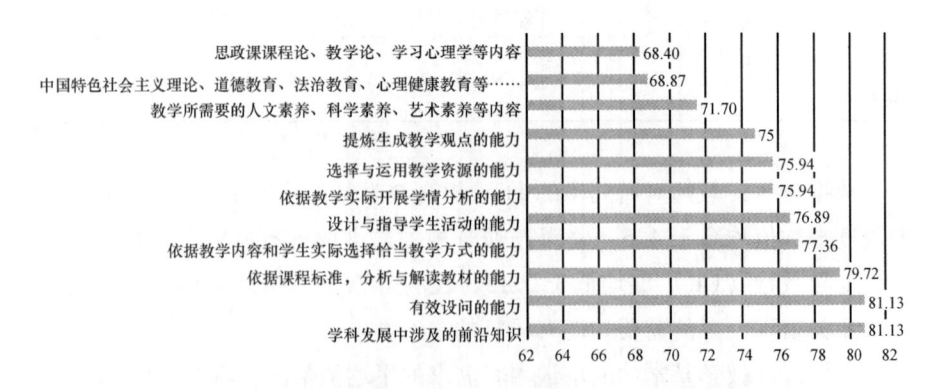

图 16 对于培训内容的需求程度为"非常需要"的占比情况（%）

内容	占比
思政课课程论、教学论、学习心理学等内容	68.40
中国特色社会主义理论、道德教育、法治教育、心理健康教育等……	68.87
教学所需要的人文素养、科学素养、艺术素养等内容	71.70
提炼生成教学观点的能力	75
选择与运用教学资源的能力	75.94
依据教学实际开展学情分析的能力	75.94
设计与指导学生活动的能力	76.89
依据教学内容和学生实际选择恰当教学方式的能力	77.36
依据课程标准，分析与解读教材的能力	79.72
有效设问的能力	81.13
学科发展中涉及的前沿知识	81.13

根据教师对培训内容的需求程度，对需求程度为"非常需要"的相关数据进行了占比情况统计。数据显示，教师对"有效设问的能力""学科

发展中涉及的前沿知识"的需求十分迫切，占比均高于80%；而对与学科相关的理论知识的需求程度，如"思政课课程论、教学论、学习心理学内容"，"中国特色社会主义理论、道德教育、法治教育、心理健康教育、政治、经济、文化、哲学及时事政策教育等内容"的需求程度相对较低，认为"非常需要"的占比情况均低于70%。因此，在提高教师教学基本功的内容选择上，可以侧重教学相关能力方面进行专题式培训。

2. 关于提高教学基本功的研修方式

基于 SPSS 对"题12——提高教学基本功的研修方式，您认为自己的需求是"进行了统计分析，将"不需要""不太需要""一般""比较需要""非常需要"分别赋分1、2、3、4、5，进行描述性统计分析，结果如表4所示。

表4　　关于"提高教学基本功的研修方式，您认为自己的需求是"的描述性分析

变量名	样本量	最大值	最小值	平均值	标准差	中位数	方差	变异系数（CV）
到外校或外省学习考察交流	212	5	3	4.792	0.451	5	0.203	0.094
专题课例研究及展示	212	5	1	4.745	0.525	5	0.276	0.111
专家讲座	212	5	2	4.684	0.567	5	0.321	0.121
参加各级、各类教学评比，如论文、教学设计、说课、现场课等	212	5	2	4.632	0.573	5	0.328	0.124
听课评课	212	5	2	4.623	0.607	5	0.369	0.131
自主学习	212	5	2	4.608	0.655	5	0.429	0.142
教育教学课题	212	5	1	4.571	0.709	5	0.502	0.155
参观与学科有关的博物馆、工厂、社区等资源单位	212	5	3	4.561	0.601	5	0.361	0.132
集体备课	212	5	3	4.491	0.699	5	0.488	0.156
习题及试卷研制	212	5	2	4.368	0.758	5	0.575	0.174

数据显示，教师对所列出的 10 项与提高教学基本功相关的研修方式的需要程度平均值均高于 4.3，表明教师对相关培训内容有较高的需要。"教育教学课题""集体备课""习题及试卷研制"3 项研修方式的变异系数（CR）值均高于 0.15，说明对这 3 项研修方式的需求情况有异常值出现，表明教师对此 3 项研修方式的需求程度存在不一致的情况。其他 7 项研修方式的变异系数（CR）值均低于 0.15，表明教师对此 7 项研修方式的需求程度存在较高的一致性。

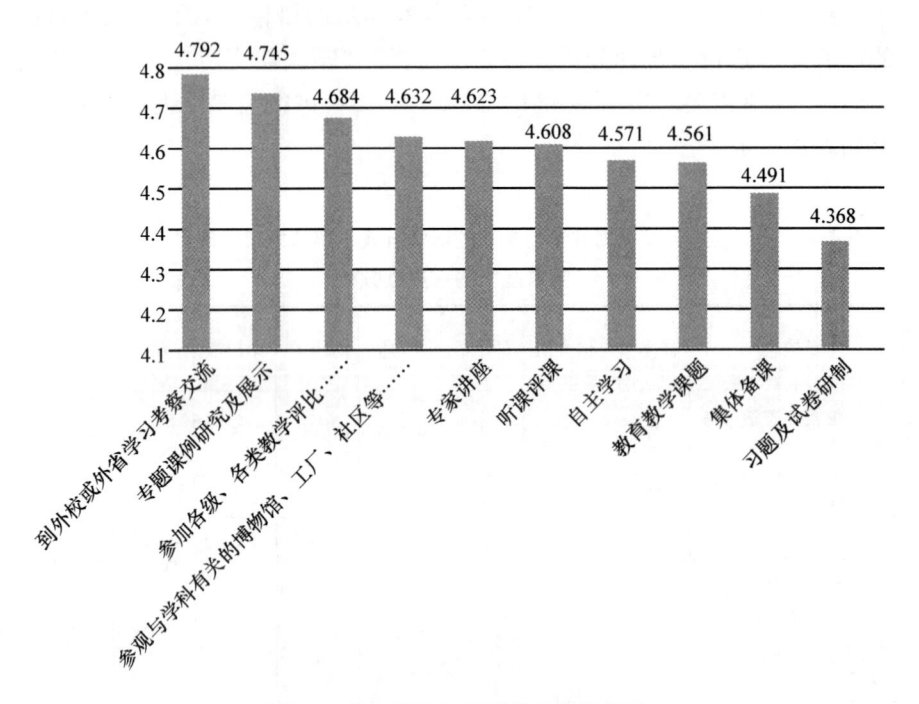

图 17 关于研修方式需求的均值情况

依据关于研修方式需求的均值情况，根据教师的需求程度从高到低进行排序，依次是："到外校或外省学习考察交流"（均值为 4.792）、"专题课例研究及展示"（均值为 4.745）、"专家讲座"（均值为 4.684）、"参加各级各类教学评比，如论文、教学设计、说课、现场课等"（均值为 4.632）、"听课评课"（均值为 4.623）、"自主学习"（均值为 4.608）、"教育教学课题"（均值为 4.571）、"参观与学科有关的博物馆、工厂、社区等资源单位"（均值为 4.561）、"集体备课"（均值为 4.491）、"习题及

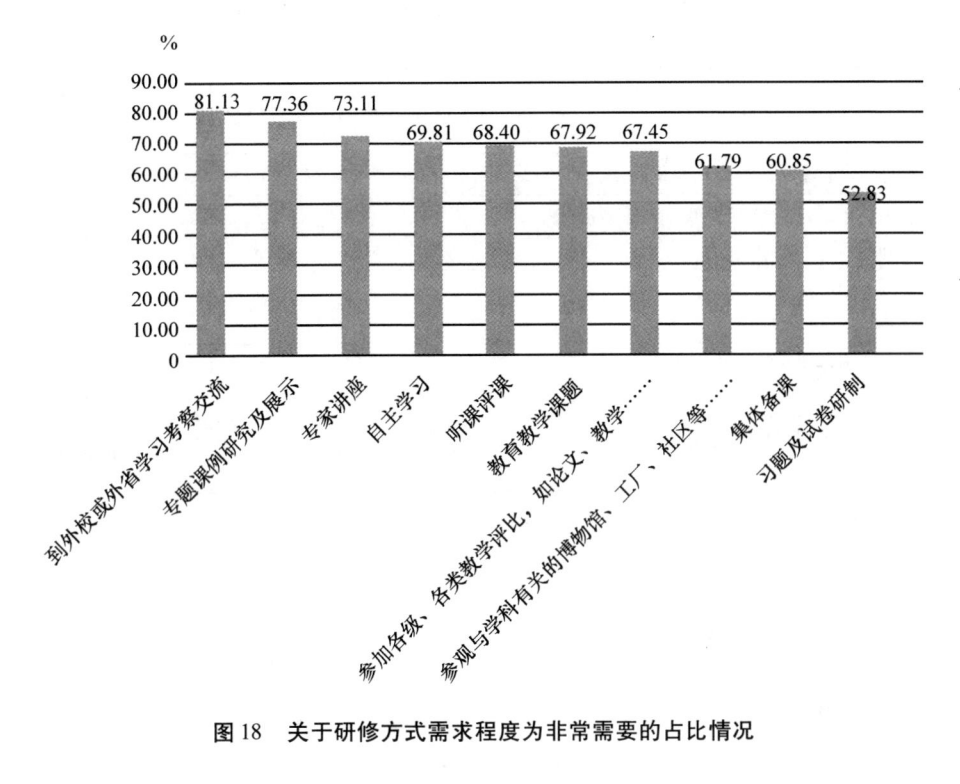

图18 关于研修方式需求程度为非常需要的占比情况

试卷研制"（均值为4.368）。

根据教师对研修方式的需求程度，对研修方式的需求程度为"非常需要"的相关数据进行了占比情况统计。数据显示，教师对"到外校或外省学习考察交流"研修方式的需求最为迫切，占比高于80%；而对于"习题及试卷研制"的需求程度较低，认为"非常需要"的占比情况低于60%。因此，在提高教师教学基本功的研修方式选择上，可以依据教师的意愿取向多选择"到外校或外省学习考察交流""专题课例研究及展示""专家讲座等研修方式"。

3. 关于提高教学基本功的各方举措

基于SPSS对"题13——提高教学基本功的各方应采取的举措，您认为采取举措的需求是"进行了统计分析，将"不需要""不太需要""一般""比较需要""非常需要"分别赋分1、2、3、4、5，进行描述性统计分析，结果如表5所示。

表5 关于"提高教学基本功的各方应采取的举措,您认为采取举措的需求是"的描述性分析

变量名	样本量	最大值	最小值	平均值	标准差	中位数	变异系数(CV)
教师应注重平时的教学资源积累	212	5	4	4.873	0.334	5	0.069
教师应主动反思教学,提升工作的热情和动力	212	5	4	4.854	0.354	5	0.073
教师应提升对思政课程的认同感与责任感	212	5	3	4.840	0.405	5	0.084
教师应加强与课程相关的专业知识学习	212	5	3	4.778	0.428	5	0.103
教研与培训部门应提供优秀教学设计与案例资源	212	5	2	4.759	0.49	5	0.103
教育行政部门应出台教师专业成长的激励政策	212	5	3	4.731	0.495	5	0.105
教师应提高自己参加教研活动的主动性和质量	212	5	3	4.731	0.495	5	0.105
学校应提供培训机会	212	5	3	4.726	0.525	5	0.111
教研与培训部门应改善培训的内容,使其符合教师的需求	212	5	3	4.717	0.511	5	0.108
教研与培训部门应提高培训的实效性	212	5	2	4.708	0.541	5	0.115
教研与培训部门应改善培训的方式,调动教师的积极性	212	5	2	4.703	0.543	5	0.116
教研与培训部门应开展优秀教学设计和课例的评比与交流活动	212	5	3	4.627	0.582	5	0.126
学校应提供学习资料	212	5	1	4.533	0.67	5	0.148
教师应积极承担各级研究课工作	212	5	2	4.524	0.691	5	0.153
学校应减轻教师工作量	212	5	2	4.519	0.656	5	0.145
教研与培训部门应指导教师开展集体备课	212	5	2	4.514	0.705	5	0.156
教研与培训部门应开展听课、评课活动	212	5	2	4.514	0.692	5	0.153
教育行政部门应改善学校硬件设施	212	5	2	4.358	0.769	5	0.176
教育行政部门应加强监督检查	212	5	1	4.052	0.955	4	0.236

数据显示，教师对所列出的19项提高教学基本功的各方举措的需要程度存在着明显差异，对于"教育行政部门应改善学校硬件设施"、"教育行政部门应加强监督检查"两项举措的需求均值低于4.5，表明对这两项举措的需求程度相对较低；而对于其他17项举措的需求均值均高于4.5，表明对这17项举措的需求程度相对较高，其中对于"教师应注重平时的教学资源积累""教师应主动反思教学，提升工作的热情和动力""教师应提升对思政课程的认同感与责任感"3项的均值都高于4.8，表明对此3项举措的需求认同度较高，需求更为迫切。从变异系数（CR）值来看，"教师应积极承担各级研究课工作""教研与培训部门应开展听课、评课活动""教育行政部门应改善学校硬件设施""教育行政部门应加强监督检查"4项举措的CR值均高于0.15，表明存在异常值或极端值，教师对这4项举措的认同度存在一定的差异。其他15项举措的CR值均低于0.15，表明教师对此15项举措的需求程度较为一致。

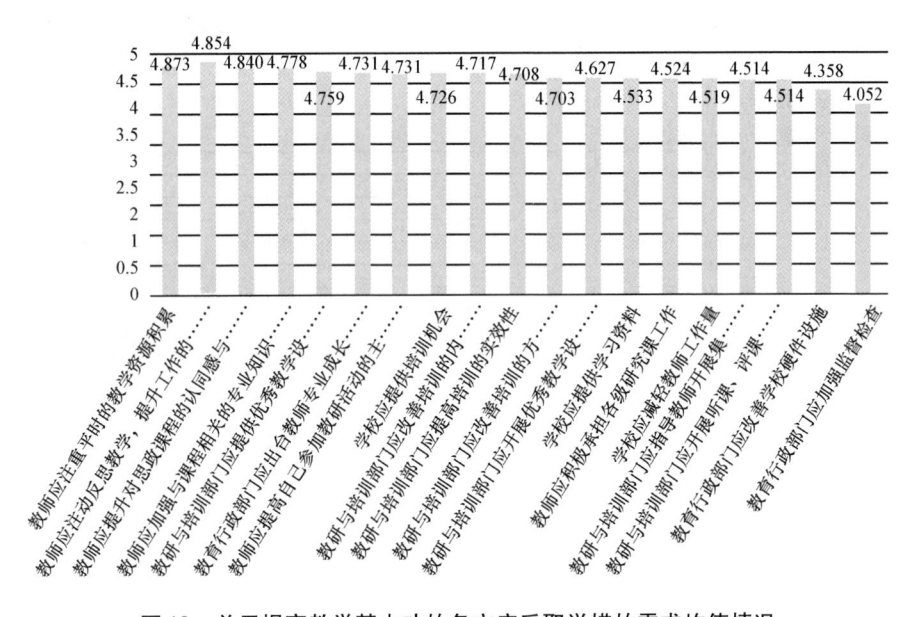

图19 关于提高教学基本功的各方应采取举措的需求均值情况

根据教师对提高教学基本功的各方应采取举措的需求程度的均值情况，对需求程度从高到低作出排序："教师应注重平时的教学资源积累"（均值为4.873）、"教师应主动反思教学，提升工作的热情和动力"（均值为4.854)、"教师应提升对思政课程的认同感与责任感"（均值为4.84)、"教师应加强与课程相关的专业知识学习"（均值为4.778)、"教研与培训部门应提供优秀教学设计与案例资源"（均值为4.759)、"教研与培训部门应出台教师专业成长的激励政策"（均值为4.731)、"教师应提高自己参加教研活动的主动性和质量"（均值为731)、"学校应提供培训机会"（均值为4.726)、"教研与培训部门应改善培训的内容，使其符合教师的需求"（均值为4.717)、"教研与培训部门应提高培训的实效性"（均值为4.708)、"教研与培训部门应改善培训的方式，调动教师的积极性"（均值为4.703)、"教研与培训部门应开展优秀教学设计和课例的评比与交流活动"（均值为4.627)、"学校应提供学习资料"（均值为4.533)、"教师应积极承担各级研究课工作"（均值为4.524)、"学校应减轻教师工作量"（均值为4.519)、"教研与培训部门应指导教师开展集体备课"（均值为4.514)、"教研与培训部门应开展听课、评课活动"（均值为4.514)、"教育行政部门应改善学校硬件设施"（均值为4.358)、"教育行政部门应加强监督检查"（均值为4.052)。

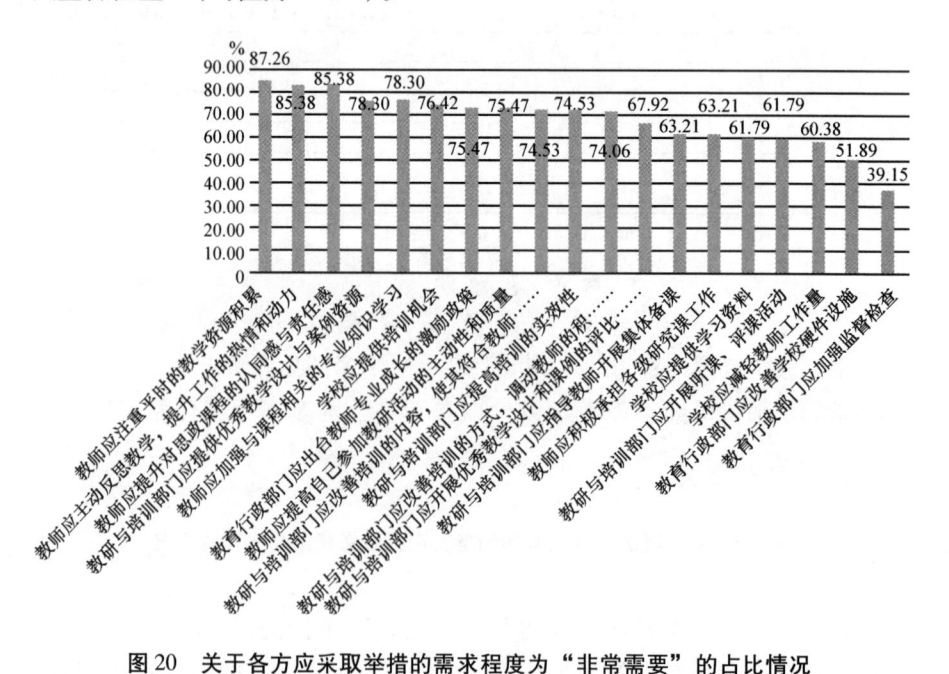

图20 关于各方应采取举措的需求程度为"非常需要"的占比情况

对各方举措的需求程度为"非常需要"的相关数据进行了占比情况统计。数据显示,教师对"教师应注重平时的教学资源积累""教师应主动反思教学,提升工作的热情和动力""教师应提升对思政课的认同感与责任感"这3项举措认为"非常重要"的占比均高于80%;而对于"教育行政部门应改善学校硬件设施""教育行政部门应加强监督检查"这两项举措认为"非常重要"的占比均低于60%。由此可见,提高教师基本功的能力和水平,需要教师、教研与培训部门、学校、教育行政部门等多方共同努力,多种举措相互配合,形成合力,促进教师基本功能力和水平的提升。其中,最为重要的还是教师自我的成长和发展,教师要在教学实践中不断激发内在动力,通过自我学习和锤炼教学基本功,充分利用学校、教研与培训部门、教研行政部门创设的各种平台和机会,在汲取更多营养的同时实现教学基本功能力和水平的突破和飞跃。

(四)参与展示的教师对本次活动的评价及建议

1. 对本次教学基本功展示与交流活动的评价

为了解教师对本次活动的评价,调查问卷设计了题14——"请结合您的准备情况,对活动方案要求的单元整体教学设计、课堂实录与说课、时政述评三部分内容作出评价"。教师在这一题项上达成如下共识:

第一,关于单元整体教学设计。单元整体教学设计不同于以往单课时教学设计的呈现方式,为教师提供了一种新的设计思路,有助于教师从整体上把握单元主题,明确教材编写意图,提高自己的单元整体设计意识。在"双减"背景下,多方面考察了思政课教师把握思政课教学特点和基本规律的水平,分析学情因材施教的水平,创设教学情境和设计学生活动的水平,教学资源开发与运用的水平以及运用多样化评价方式、反思与改进教学的水平。单元整体教学设计以单元整合为基本框架体系,以研读课标、分析教材、分析学情为教学理论依据,先了解模块大主题下学习的增长点,继而拆分从单元到单课,从单课到课时的教学设计撰写,这是一个链条式的课程实施体系,使得思政课在国家课程标准的指引下,用一种新的视角、新的理解方式去探索和尝试。单元整体教学设计需要做好对教材知识的综合梳理并进行思维可视化呈现,在此基础上做好从单元目标到课时目标再到探究目标的分解与递进。这就要求教师吃透课标,咀嚼教材,立足学情,创设情境,设计问题链,用好学生课堂生成智慧,为进一步探究提供经验基础。这样的设计理念和实施,有利于提高教师对单元整体的理解和把握,利用学科核心大概念有效架构整个单元,单元设计以发展学生核心素养和立德树人为理念,对内容进行准确分析,把握单元的整体性,把握整体与局部的关系,思路清晰,呈现出阶梯性且上升科学合理。本次活动中的单元整体教学设计的要求翔实、明确,从核心素养、单元统整多方面引导准备,给日常教育教学工作提供了明确指引。

第二,关于课堂实录与说课。课堂实录与说课是相辅相成的,课堂实录展现的是整个课堂的情况,包括学生活动、课堂设计、教师专业素养;说课就是教师对本节课的具体把握,结合学生实际情况,处理好预设与生成的关系,围绕"立德树人"的目标要求,落实好思政课学科核心素养,更能体现出教师的整个课堂设计思路。课堂实录展开了灵活多样的师生和生生互动,注重学生体验、理论深度和情感升华,教学环节流畅,落实了教学目标。说课清晰地表达了教师的教学思想和教学观点以及教学思路,也表达了教师对课程独到的见解和设计。说课的形式展现是一种既知其然,又知其所以然的教学活动。它促使教师主动、系统、深入地学习教学理论、钻研教材,是对教育理论的丰富与补充,为上课提供了可靠的理论依据,是上课的升华。

第三,关于时政述评。时政述评要求教师紧扣时代性,突出时政性,将时政大背景与教材观点有效对接,用"述"与"评"将时政与观点完美结合,拓展运用。这是对思政课教师的时事关注度、政治敏锐度、政策解读、课程整合、文笔讲演进行的全面考查。"时政"和"述评"如同鸟之双翼,两者缺一不可。教师针对时政内容发表意见、阐述观点、表明态度,给学生以启发和教育。以时事热点为线索,教师通过介绍鲜活的事件和对事件合理的分析及有逻辑的判断,引导学生在述评过程中形成正确的价值观念,实现政治认同。时政述评的设计,有利于教师提升关注时事、解读时事的能力,有利于教师运用马克思主义的基本观点与方法分析和解决学生现实生活问题,落实立德树人的根本任务。

有个别教师表示,单元整体设计和时政述评对于自己而言属于新事物,在本次活动中是一种尝试和探索,有困惑和压力,但通过本次活动,也倒逼教师突破其舒适区,全面提升思政课教师的学科素养。

2. 关于做好思政课教师基本功工作的建议

为了解参与本次活动的教师的具体建议,问卷设计了题15——"请结合本次活动的经历，对进一步做好思政课教师教学基本功工作提出建议"，现从以下两方面进行汇总。

第一，基于本次活动的设置安排。

结合本次活动的经历，教师纷纷表示，此次活动对夯实思政课教师教学基本功具有重要意义，希望此类活动能够持续进行，加大活动力度，做好推广工作，形成学科特色，完善活动体系，为更多的思政课教师提供展示自我、锻炼提升的机会和平台。针对本次活动的前期准备、活动的形式要求、活动的后续安排等，教师提出以下具体建议：

关于前期准备工作，相关部门应提早进行布置，给参与活动的教师更为充分的准备时间，使其更好地研读教材、了解学情、设计教学；教研部门应及时组织关于活动要求的相关培训，以便教师更精准地把握活动的具体要求，使前期准备工作更为高效；全国思政课教师教学基本功的展示交流活动具有极强的示范性，应当多动员学科带头人和骨干教师，树立一批骨干教师进行引领示范，给全国各地思政课教师更多的学习机会；加强对教师的培训学习，包括教学内容、课程理念、教学设计和信息技术整合等方面的培训。

关于活动形式要求，可以采取更加丰富的形式，比如以卷面的形式，加强对教师掌握中国特色社会主义理论、法治教育、政治、经济、文化、哲学及时事政策教育等综合内容的考核；可以加入思政课教学论文评比项目，这是考察教师教学思考和教学理念的有效途径；可以适度增加"教育理念"等方面的演讲环节；适当增加课程标准的考查内容，引导教师关注课程标准，熟悉思政课教材的编排体系；加入现场问答环节，展现教师临场发挥的能力；时政述评还可以加入与学生的互动，或教师指导学生完成述评。

部分教师认为，应该提升活动的实效性，集中精力处理好课堂实录，减轻负担，让教师有充分的时间、充足的经历研究教育教学，夯实基本功；有的教师认为，作为思政课教师教学基本功的重要部分，思想引领、课堂驾驭和教学生成等能力和素养，并不能完全通过视频呈现出来，最好能开展现场比赛并通过网络信息技术组织现场直播评比。

关于活动的后续安排，本次活动提交了很多材料，应该通过交流的平台使其发挥足够的辐射带动、学习共享的功效，比如可以建立起思政课学习共同体，同时构建大中小一体化主题教学的资源共享课程资料库，供大家学习借鉴，相互成长；后续可以提供现场学习交流的机会，大家互相学习，能够得到专家的点评，在专家的引领下，有效提高教师的专业能力；可以将思政课教师教学基本功比赛常态化，并将文字版优秀成果装订成册，将视频版优秀成果上传至网络，供其他教师学习参考，以各种形式鼓励全国的思政课教师积极参与比赛，引起各中小学校的重视，扩大比赛的辐射范围；各级教研机构进一步组织好基本功交流活动，通过活动驱动教研，促进教研均衡，进一步提升各类学校思政课教师的教学基本功。

第二，基于提高教师教学基本功的举措。

对本次思政课教师教学基本功展示交流活动，教师们印象深刻，对提高教师教学基本功有了更深刻的思考。基于提高思政课教师教学基本功的渴望，教师们提出了以下建议：

从教师自身角度出发，教师们认为，作为思政课教师，一方面要积极学习先进的教育教学理念，优秀的教学设计方法，现代化的数字技术运用等，同时又要积极反思积累，在参与课堂教学设计实践与磨课的过程中，对教学设计经验、课堂把控能力、思维点拨方法、师生互动技巧、语言表达能力等进行反思总结，关注教材分析、资源选择与运用、学情分析、课堂活动设计的方法与技能，在总结中积累和提升，强化思政课教学能力。

从条件支持角度出发，教师们认为，学校要增加资金投入，选购相关的资源，为教师教学基本功的提升创设良好的资源条件；教研部门要加强教师交流和培训，拓宽学习渠道，加强前沿理论学习，如通过公共平台共享资源、网络直播学习等多种方式，定期组织深度培训和交流。各级相关部门应创设更多的学习机会，多组织实地观摩、学习、考察，使教师能够观摩更多的优秀课例，了解更多的前沿研究信息；引导教师参加教学评比赛、听课评课等活动，提高教学水平；尤其是对西部地区中小学校可以开展送课送教活动，或者采取线上共同观摩的形式，采用一带一的帮扶方式，着力培养一批优秀的思政课一线教师，提升边疆地区中小学校的教学质量。

三 对思政课教师教学基本功展示交流工作的思考与建议

（一）主要经验

第一，思政课教师教学基本功展示交流活动是促进教师成长，推动教学改革，推进思政课改革创新，提升立德树人效果的重要而有效的举措。

通过活动的组织实施、参与指导工作的教研员和教师的调研，各省都非常认可本次活动的价值，思想政治理论课作为落实立德树人根本任务的关键课程，需要一支可信、可敬、可靠，乐为、敢为、有为的教师队伍。本次全国中小学思政课教师教学基本功展示交流活动，旨在提升思政课教师思想政治素养、学科专业素养、教育教学能力。从具体设计要求来看，单元整体教学设计引领教师从整体着眼，具体由设计意图、目标、思路入手，帮助教师形成大单元整体设计理念，提升大单元、大概念的认知和教学设计能力；理念先行，行动为基，通过课堂教学实录和说课展示让我们更加理解如何将大单元整体设计落地，实现课堂教学改革创新；时政述评是实现社会主义核心价值观教育的重要手段和途径，思政课教师在挖掘时政课内容背后价值的同时将其内化转变成为学生自觉的爱国情愫和行动，展示了思政课教师关注社会、理论联系实际的能力。从这三方面全方位考察思政课教师的基本素养，可以全面测评教师教学的基本功。正如参与调研的一位教师针对"时政述评"展示所写的：

> 一位优秀的思政课教师必须有高远的理想追求和深沉的家国情怀，心里装着国家和民族，目光投向时代和社会，不断从实践和人民中汲取养分。时政述评让我有了更多的机会去探究、去思考、去呈现。有了这种站位的交流，才能更丰富思想，更好地成为学生身边有信仰、有理想、有担当、有情怀的教师。
>
> 从2021年的这个秋天起，我给自己订了一个小小的目标，每周一次时政述评，让自己走向更专业的发展，这也算是本次比赛送给我专业发展最有爱的礼物。

第二，思政课教师教学基本功展示交流活动的有序开展得益于领导重视、组织精心、开展规范，形成了一系列工作和研究机制。

各省、市、区高度重视本次活动，把其作为推进思政课教学改革的一项重要举措，依据教育部基础教育司的工作方案，结合各省、市、区的实际研制了本省、市、区实施方案，做出细致规划，完善相关举措，强化组织领导；充分发挥教研部门的作用，积极调动教师参与的积极性，在本省、市、区教师广泛参与的基础上，按照推荐标准和程序，严格把关、精心遴选。

各省、市、区依据整体方案，结合实际开展了教师教学基本功理论和实践的研究，规划了本省、市、区思政课教师教学基本功培训课程，从单元教学整体设计的重构、单课时设计的修改、时政述评主题的确定、说课稿的撰写、PPT的制作、课堂教学试教指导等方面进行了全程全方位的专项课程学习，构建了"以赛促研"的良好学术氛围和研训一体的研究模式。通过教学研究和指导，教研培训与评价，进一步提高了研修质量，提升了教师的专业水平。

在领导小组的精心筹划下，从方案研制到过程指导，从资料上传到线上评审，从经验推荐到专家复核，每一个阶段的工作任务都十分明确，组织思路清楚，评价标准统一，使得活动得以规范、有序、高效地完成。

第三，思政课教师教学基本功展示交流活动凝练出一批优质教学培训资源，为广大中小学思政课教师提供了成长的助力。

在各省、市、区精心准备、深入研究的基础上，经评审推荐的典型案例，不仅涵盖了中小学各学段，而且涉猎了教学设计、课堂思路、说课展示、时政述评等内容丰富、形式多样，可学习、可借鉴、可复制的教学经验。同时，这些典型案例被推荐展示在国家中小学网络云平台和国家教育资源公共服务平台上，将成为下一阶段学习、研究的重要范例。

（二）主要认识

通过对参与本次展示活动的全国中小学思政课教师的线上调研，结果显示，教师对教学基本功主要有以下几点共识。

第一，关于思政课教师教学基本功的内容，教师们认为重要的五项为：课堂教学能力、学科的专业知识和技能、学科课程标准和统编教材、教学设计能力、教师职业道德修养。

第二，关于思政课教师亟须提升的基本功内容，教师们认为需求较高的五项为：学科发展中涉及的前沿知识、依据课标分析和解读教材的能力、有效设问的能力、设计与指导学生活动的能力、依据教学内容和学生实际选择恰当教学方式的能力。

第三，关于思政课教学基本功培训方式，教师们认为较有效果的五项为：到外校或外省学习考察交流、专题课例研究及展示、专家讲座、参加各级各类教学评比、听课评课。

第四，关于提升教学基本功各方应采取的举措，教师们认为，一是作为教师，应注重平时的教学资源积累、主动反思教学、提高工作的热情和动力、提高对思政课程的认同感和责任感、加强与课程相关的专业知识学习、提高自己参加教研活动的主动性与质量、积极承担各级研究课工作；二是作为教研与培训部门，应提供优秀教学设计与案例资源、出台教师专业成长的激励政策、改善培训的内容使其符合教师的需求、提高培训的实效性、改善培训的方式调动老师的积极性、开展优秀教学设计和课例的评比和交流活动、指导教师开展集体备课、开展听课评课活动；三是作为学校，应提供培训机会、提供学习资料、减轻教师工作量；四是作为教育行政部门应改善学校硬件设施、加强监督检查。

（三）主要建议

第一，建议持续开展此类活动，拓宽活动的参与面，让更多的教师能在这样一个高端平台上锤炼教学基本功。

第二，建议继续深入研究思政课教师在教学方面具有学科特色的教学基本功，在开展常态基本功培训的基础上，进一步夯实具有本学科特色的教学基本功，如本次的时政述评，通过研究明确内容和展示要求及规范，为教师提供学习参考。

第三，重视优秀经验推广。进一步完善市级思政课教师教学基本功活动方案，结合各级各类教研活动宣传推广优秀资源，发现优秀教师并跟踪培养，全面提升中小学思政课教师教学基本功。

第四，建议此类活动开展的时间、安排应提前，在培训跟进、资源借鉴等方面应进一步完善；在展示环节中，应适当增加专家提问、点评等环节，这样更能发挥优势资源的辐射作用。

【附】关于中小学思政课教师教学基本功展示与交流活动实施情况的调研问卷

尊敬的老师：

您好！

为全面客观地了解中小学思政课教师教学基本功的现状，发现和总结本次全国中小学思政课教师教学基本功展示交流活动在方案设计与活动实施中的问题与经验，请您认真阅读每一道题目，找到最接近自己真实情况的答案，并做出回答。

本次问卷调查采用无记名方式，问卷中的每个问题都没有正确与错误之分，所有结果仅为研究与改进工作所用。

感谢您的支持！

全国中小学思政课教师教学基本功展示交流活动
实施小组
2021 年 11 月 10 日

1. 您所任教学校在中国的

①东部地区　　②中部地区　　③西部地区　　④东北地区

2. 您现在的学历为

①中师/高中　　②大学专科　　③大学本科　　④研究生

3. 您毕业时所学的专业

①小学教育　　②思政教育　　③法律学类　　④经济学类

⑤政治学类　　⑥哲学类　　⑦教育学类　　⑨其他____

4. 您毕业时（第一次参加工作前）所学的专业与现任教的学科

①一致　　②不一致

5. 您的年龄为

①21—28 岁　　②29—35 岁　　③36—45 岁　　④46 岁以上

6. 您的教龄为

①5 年以下　　②5—10 年　　③11—20 年　　④21 年以上

7. 您教授道德与法治/思想政治课的年限为

①5 年以下　　②5—10 年　　③11—20 年　　④21 年以上

8. 您的职称为

①未评职称　　②初级教师　　③中级教师　　④高级教师

9. 下面是教学基本功相关内容，您认为重要的程度是

	不重要	比较不重要	一般	比较重要	重要
具备教师职业道德修养	1	2	3	4	5
了解相关教育法律、法规和政策	1	2	3	4	5

续表

	不重要	比较不重要	一般	比较重要	重要
具备一定的人文素养	1	2	3	4	5
掌握学科课程标准和统编教材	1	2	3	4	5
具备学科的专业知识和技能	1	2	3	4	5
掌握教育、教学理论和研究方法	1	2	3	4	5
具备教学评价、案例评析能力	1	2	3	4	5
掌握现代教育信息技术	1	2	3	4	5
具备教学设计能力	1	2	3	4	5
具备课堂教学能力	1	2	3	4	5

10. 您对自己教学基本功现状的评价是

	很低	较低	中等	较高	很高
思政课涉及的心理学、伦理学、法学、中国特色社会主义理论等专业知识的水平	1	2	3	4	5
运用马克思主义的基本观点与方法分析和解决学生现实生活问题的水平	1	2	3	4	5
理解中国经济、政治、文化、社会和生态文明建设相关政策的水平	1	2	3	4	5
把握思政课教学特点和基本规律的水平	1	2	3	4	5
分析学情,因材施教的水平	1	2	3	4	5
运用多样化评价方式的水平	1	2	3	4	5
教学资源开发与运用的水平	1	2	3	4	5
创设教学情境的水平	1	2	3	4	5
设计学生活动的水平	1	2	3	4	5
反思教学与改进教学的水平	1	2	3	4	5

11. 下面是提高教学基本功的相关培训内容，您认为自己的需求是

	不需要	不太需要	一般	比较需要	非常需要
思政课相关的心理品质、法律、国情、道德教育及时事政策教育的内容	1	2	3	4	5
系统的道德教育、法治教育、政治、经济、文化、哲学等专业的知识	1	2	3	4	5
学科发展中涉及的前沿知识	1	2	3	4	5
教学所需要的人文素养、科学素养、艺术素养等内容	1	2	3	4	5
思政课课程论、教学论、学习心理学等内容	1	2	3	4	5
依据课程标准，分析与解读教材的能力	1	2	3	4	5
依据教学实际，开展学情分析的能力	1	2	3	4	5
选择与运用教学资源的能力	1	2	3	4	5
依据教学内容和学生实际选择恰当教学方式的能力	1	2	3	4	5
设计与指导学生活动的能力	1	2	3	4	5
有效设问的能力	1	2	3	4	5
提炼生成教学观点的能力	1	2	3	4	5

12. 下面是提高教学基本功的研修方式，您认为自己的需求是

	不需要	不太需要	一般	比较需要	非常需要
教育教学课题研究	1	2	3	4	5
专题课例研究及展示	1	2	3	4	5
习题及试卷研制	1	2	3	4	5
集体备课	1	2	3	4	5
听课评课	1	2	3	4	5
专家讲座	1	2	3	4	5
自主学习	1	2	3	4	5

续表

	不需要	不太需要	一般	比较需要	非常需要
到外校或外省学习考察交流	1	2	3	4	5
参观与学科有关的博物馆、工厂、社区等资源单位	1	2	3	4	5
参加各级、各类教学评比，如论文、教学设计、说课、现场课等	1	2	3	4	5

13. 下面是提高教学基本功各方应采取的措施，您认为采取举措的需求是

	不需要	不太需要	一般	比较需要	非常需要
教育行政部门应改善学校硬件设施	1	2	3	4	5
教育行政部门应加强监督检查	1	2	3	4	5
教育行政部门应出台教师专业成长的激励政策	1	2	3	4	5
教研与培训部门应改善培训的内容，使其符合教师的需求	1	2	3	4	5
教研与培训部门应改善培训的方式，调动教师的积极性	1	2	3	4	5
教研与培训部门应提高培训的实效性	1	2	3	4	5
教研与培训部门应指导教师开展集体备课	1	2	3	4	5
教研与培训部门应开展听课、评课活动	1	2	3	4	5
教研与培训部门应开展优秀教学设计和课例的评比与交流活动	1	2	3	4	5
教研与培训部门应提供优秀教学设计与案例资源	1	2	3	4	5
学校应减轻教师工作量	1	2	3	4	5
学校应提供学习资料	1	2	3	4	5
学校应提供培训机会	1	2	3	4	5
教师应提高自己参加教研活动的主动性和质量	1	2	3	4	5

续表

	不需要	不太需要	一般	比较需要	非常需要
教师应加强与课程相关的专业知识学习	1	2	3	4	5
教师应积极承担各级研究课工作	1	2	3	4	5
教师应注重平时的教学资源积累	1	2	3	4	5
教师应主动反思教学，提升工作的热情和动力	1	2	3	4	5
教师应提升对思政课程的认同感与责任感	1	2	3	4	5

14. 请结合您的准备情况，对活动方案要求的单元整体教学设计、课堂实录与说课、时政述评三部分内容做出评价。

15. 请结合本次活动的经历，对进一步做好思政课教师教学基本功工作提出建议。

中小学思政课一体化实践探索

顾瑾玉[*]

2019年3月，习近平总书记在全国思想政治理论课（以下简称"思政课"）座谈会上强调：要把统筹推进大中小学思政课一体化建设，作为一项重要的工程。2019年8月，中共中央办公厅、国务院办公厅印发《关于深化新时代学校思想政治理论课改革创新的若干意见》，明确提出"整体规划思政课课程目标，在大中小学循序渐进、螺旋上升地开设思政课，引导学生立德成人、立志成才"。2021年8月，北京市委教育工委、市教委印发《北京市大中小幼一体化德育体系建设指导纲要》（以下简称《指导纲要》），为北京市进一步推动一体化德育体系建设明确了方向和要求。为深入贯彻中央精神及北京市相关文件要求，积极探索大中小学思政课一体化建设工作的有效路径与育人机制，北京教育科学研究院基础教育研究中心开展了深入的研究与探索。

一 打造区域研究共同体，发挥辐射带动作用

科学、有序、规范推进大中小学思政课一体化建设需要各方面的保障和支持。区域研究共同体的成立能够有效地统筹资源，融通不同学段的教学研究，搭建相邻学段交流平台，注重辐射带动作用，促使思政课一体化深入推进。

在北京市教委的整体部署和北京教育科学研究院的支持下，北京教育科学研究院基础教育研究中心"昌平区中小学思政课一体化"教研共同体和房山思政课一体化研究中心等相继启动。依托研究共同体，汇聚高校、

---

[*] 顾瑾玉　北京教育科学研究院基础教育教学研究中心研究人员。

教研中心、一线教育工作者等不同群体的专家力量，实现对大中小学不同学段思政课的一体化指导。

也正是依托共同体的建设，项目组从顶层设计的角度，明确大中小学思政课共同的宗旨是立德树人，是培养德智体美劳全面发展的社会主义建设者和接班人。同时又考虑到不同学段的课程目标，突出正确的价值导向，强化核心素养的培育。研究共同体发挥各学段优势，研究大中小学思政课的衔接和一体化问题；结合不同学段学生的认知规律，开展大中小学思政课课例研究；紧扣不同学段学生的认知特点，探索受不同学段学生欢迎的教学方式，加强大中小学思政课一体化教学方式创新；推进各学段思政课教学资源的挖掘制作和共建共享，实现不同学段教学资源的优势互补、相互支撑。房山区教研部门对接高校，组建大中小学教师参与的思政课教学研究团队，聚焦思政课课程内容体系建设、教学方法创新、特色课程开发、教学效果评价等一体化建设的热点、难点问题实施重点攻关。发挥思政课建设强校和高水平思政课专家示范带动作用，建立大中小学教师一体化备课机制，实现纵向跨学段、横向跨学科的交流研修机制，定期举办大中小学思政课一体化专题课堂展示活动。联合推动"互联网+思政"的实施，开发大中小学一体化思政课教学线上资源，推动网络资源应用无缝对接和覆盖各类学校。昌平区教研共同体则重点聚焦中小学学段，建立一体化备课机制，梳理不同学段教材内容结构，寻找内容的衔接点，统筹资源，纵向贯通，优势互补，提升教学质量。

二 强化专业引领，创建一体化教研工作机制

思政课一体化建设，在教育教学实践中注重培养目标的一致性、主题思想的统一性和方法策略的梯度性。而如何实现真正的一体化，通过不同学段循序渐进、螺旋上升，创建一体化教研机制，无疑是推动大中小学思政课一体化研究的重要方式，可以为推进大中小学思政课一体化建设提供专业支持。通过共同备课、研讨、上课、反思等一系列方式，在教研、教学层面不断探索思政课一体化建设的路径。

2021年，北京市项目组根据不同的内容、方式，通过市区、大中小学不同层次不同学段的教研员、教师共同备课的方式，展开对思政课一体化教学策略的实践研究。在备课过程中，教师从教材内容、学生情况、教学

目标等方面做出分析，突出大中小学段的共性和特点。

正是在一体化备课过程中，教师不断刷新自己的既有认知，大学思政课资源下沉、中小学思政课资源升级，实现不同学段教学资源优势互补、相互支撑。在2021年6月举行的史家小学思政课一体化研讨活动中，不同学段教师同上"建党"内容，正是通过集体备课，中学教师认识到，原来在小学阶段就会讲中国共产党成立的思想基础；小学老师了解到，原来"红船精神"教育，也蕴含在大学阶段对中国共产党具有自我革命的鲜明品质教育中；大学教师感受到，原来大学教学所用的毛泽东和黄炎培的延安窑洞对话，在中学阶段已经是入了统编教材的重要资源了，一体化备课促进了各学段教师的有效沟通。

在一体化备课过程中，依照"思政课改革创新若干意见"对不同阶段提出的美好愿望—思想意识—政治认同—坚定信念的学习要求，教师从本学段的学情出发，研制了相互衔接且不断提升的教学目标，构建了严密而递进的教学逻辑思路。

一体化备课作为一体化教研的重要抓手，在交流与碰撞中，也使我们对大中小学思政课一体化研究达成以下共识：一是在认识层面，大中小学思政课一体化建设体现在精神内涵和价值取向上的一致；二是在实践层面，必须遵循成长规律和育人规律，优化设计、有梯度地渐进；三是在工作层面，基于大中小学一体化教研平台，完善一体化备课机制，发挥大中小学思政课培根铸魂关键课程的作用。

三 注重学段衔接，探索一体化课堂教学模式

从小学到中学再到大学，不同学段的衔接与贯通恰恰是大中小学思政课一体化研究的关键。而探索一体化课堂教学模式则是落实这一问题的主渠道。

一是要关注不同学段目标的一致性和层次性。大中小学思政课是回答培养什么人、怎样培养人、为谁培养人的关键课程。政治性原则是大中小学思政课一体化建设的根本原则，要坚持为立德树人这一根本任务服务，不同学段都是为了培养德智体美劳全面发展的社会主义建设者和接班人。同时，又要体现出不同学段的差异性和层次性，要根据不同学段不同学生的认知规律来设计不同的教学目标。《关于深化新时代学校思想政治理论课改革创新的若干意见》明确指出，小学阶段重在启蒙道德情感，初中阶

段重在打牢思想基础，高中阶段重在提升政治素养，大学阶段重在增强使命担当。因此，小学、中学、大学的思政课教学是一个从情感认同到认知认同再到价值认同、行为认同的渐进过程。

二是要关注不同学段的学情特点选择教学方式。在史家小学关于"建党"的内容中，教师经过共同备课，结合不同学段学生的认知特点、发展规律进行同一内容不同的教学设计。比如，在小学阶段，学生对许多专业词汇是第一次接触，并且对历史故事呈现出散点化的认识；中学生已从感性上升到理性认识，要注重学生以史实为基础进行分析；大学生存在个人主义倾向，因此要改变学生的思维局限性。基于此，小学阶段注重对故事、情境的体验感悟，中学阶段基于史实进行理论分析，大学阶段注重唯物史观教育，引导学生从价值认同上升到行为认同。此外，教学内容的选择和组织还要关注时代发展，拓宽教学空间。

三是在教学内容的选择和组织上，需要考虑大中小不同学段整体性和层次性的协同推进。因为不同学段有着共同的目标，即培育德智体美劳全面发展的社会主义建设者和接班人，因此选择的教学内容一定要落实立德树人的根本任务，这就需要整体性。而层次性则体现在思政课的教学内容要遵循不同学段的课程标准上。小学学段从"点"切入，让学生进行情感的启蒙；中学学段由"面"展开，帮助学生深化认知；大学学段进行"线"的梳理，用纵向线索引导学生更好地建立价值认同与行为认同。这样才能够顺利达成铸魂育人不同阶段的目标。

此外，还要把握不同学段教学资源的共享与有效利用。面对众多的资源，需要不同学段的教师进行开发、筛选、重组，需要结合学生的认知特点进行选择，还要将它们和学生的生活产生联系，提高教学的有效性，将丰富的资源更好地转化成课程中的教学活动，以便为教材服务。比如，在一体化备课中，教师发现面对同一内容，有些资源是大中小学可能都会利用的，但怎么利用，如何呈现，如何为教学目标服务则是需要根据不同学段学生的特点来把握的。

四 将《习近平新时代中国特色社会主义思想学生读本》与思政课教学相结合，开创协同育人新格局

为推动习近平新时代中国特色社会主义思想进教材、进课堂、进学

生头脑，增强学习的系统性、针对性和实效性，教育部组织编写了《习近平新时代中国特色社会主义思想学生读本》（本文简称《读本》）。2021年，基础教育研究中心联合部分区、校，举办多场《读本》系列教研活动，这是落实中央"三进"要求重大部署的重要环节，是推进立德树人、培根铸魂的重要举措，是推进大中小学思政课一体化建设的重要实践。

为进一步感悟思想伟力，形成育人合力，增强育人效力，开启铸魂育人新局面，北京教育科学研究院组织力量积极开展教学指导策略研究、教学资源建设、示范课例展示等工作，指导一线教师有效使用《读本》开展教学。从中小学课堂教学的实际出发，针对各学段学生的认知特点和水平，研制了"读本与教材的教学衔接指导意见"；组织一线优秀教师集体备课，完成了小学两册《读本》的全部课程资源录制；组织中小学教师进修、集体备课，进行每个学段8节课堂实录；举办了《读本》同课异构教学研讨会等系列教研活动；《读本》与统编思政课教材相互补充，构建起了更为坚实的新时代铸魂育人教材体系。

以史家小学、清华附小同课异构教学研讨会为例，活动采用线下线上结合的方式向北京市教育系统开放，6000多位北京市思政课教师、德育工作者等在线共同学习，由专家指导，大家共同研讨交流。教育部教材局田慧生局长给予了高度肯定，他在讲话中指出，《读本》对学校落实立德树人根本任务有很强的指导作用，北京市作为首都，又创造了一个奇迹，市级做大教研，对教学进行引导、指导，各校高度重视《读本》实践，有效落实《读本》使用，给全国做了很好的示范，真正使"习近平新时代中国特色社会主义思想"入脑入心。并表示他在参加北京的活动后，从心里对《读本》的使用放心了。同时提出希望，北京市区校应发挥更大的引领作用，引领全国将《读本》更好地落实到课堂，培养社会主义的建设者和接班人。北京教育科学研究院冯洪荣副书记、副院长在主持教学研讨会时谈到这也是两校两学科段、两场关于小学低高段读本的同课异构活动，体现了在研、探、教、学、创等层面的研究与实践。同时他也讲到，我们现在正在做的《读本》教学工作与生动实践是要凝练形成金本、金句、金课，让学生有一个金色的童年。

我们还将在前期承担《读本》编写、试教、全国培训、录制全国示范课等任务的基础上，继续和区校合作，探索思政课一体化的教研方式，开展丰富多彩的活动,通过多层次培训,加强《读本》与思政课教学的融合,发挥协同育人作用,努力培养德智体美劳全面发展的社会主义建设者和接班人,推进教育强国建设,办好人民满意的教育。

落实精神　搭建阶梯
开创一体化建设新局面
——全国大中小学思政课一体化建设举措介绍[*]

沈培[**]

2019年3月18日，习近平总书记在学校思想政治理论课教师座谈会上指出："在大中小学循序渐进、螺旋上升地开设思想政治理论课非常必要，是培养一代又一代社会主义建设者和接班人的重要保障。""要把统筹推进大中小学思政课一体化建设作为一项重要工程，推动思政课建设内涵式发展。"这一讲话体现了党和国家对于思政课一体化建设的重视。

2019年8月，中共中央办公厅、国务院办公厅印发《关于深化新时代学校思想政治理论课改革创新的若干意见》（下文简称《若干意见》），不仅体现了党和国家推进思想政治课一体化建设的坚定决心，也让大中小学思政课一体化建设的整体框架得以明晰。《若干意见》明确了思政课一体化建设的基本原则："坚持思政课在课程体系中的政治引领和价值引领作用，统筹大中小学思政课一体化建设，推动各类课程与思政课建设形成协同效应。"同时，《若干意见》也为大中小学思政课一体化建设确定了主攻方向：加强党对思政课建设的领导；完善思政课课程教材体系；建设思政课教师队伍；不断增强思政课的思想性、理论性和亲和力、针对性。

在"讲话"和《若干意见》发表、颁布后的几年中，全国上下教育部门纷纷推出多项举措贯彻落实"讲话"和《若干意见》精神，在教育实践中不断创新，形成了思政课一体化建设新局面。

教育部率先推出了多项举措：研制出台系列文件，建立指导机构，组

---

[*] 本文部分信息来源于《中国教育报》《现代教育报》、"首都教育"等教育新闻媒体网络平台。
[**] 沈培　北京教育科学研究院德育研究中心研究人员。

织编写教材，开展"四史教育""一省一策思政课"等活动，创设"周末理论大讲堂"，全面推进"三全育人"综合改革。

2019年10月，教育部等五部门印发《关于加强新时代中小学思想政治理论课教师队伍建设的意见》，该意见指出：推进大中小学思政课教师队伍专业发展一体化建设，每年遴选一批国家级示范团队，定期开展大中小学思政课一体化教学研究活动。

2020年12月15日，教育部大中小学思政课一体化建设指导委员会正式成立。教育部大中小学思政课一体化建设指导委员会（以下简称"一体化建设指导委员会"）是在教育部党组领导下，深化学校思政课改革创新的决策协调议事机构，对大中小学思政课一体化建设进行领导、指导、咨询、示范、培训、研判等。其主要任务是统筹协调教育部相关司局，指导推动各地教育部门、各学校贯彻落实党中央关于大中小学思政课一体化建设的有关决策部署，教育部关于深化学校思政课改革创新的工作要求，总结推广先进经验；审议和研究部署大中小学思政课教材建设、教学方法改革、师资队伍建设等重大事项；组织专家指导组就大中小学思政课一体化建设开展前瞻研究、评价指导、工作研讨、经验总结、问题研判等理论与实践工作。

教材建设是思政课一体化建设的核心要素。2019年秋季学期，义务教育三科统编教材实现全覆盖，普通高中三科统编教材已投入使用，"三科统编教材坚持德育为先、以德铸魂，突出爱党爱国爱社会主义教育，全面有机融入社会主义核心价值观"。对思政课教育一体化阶梯落地生根起到了重要的支撑作用。2020年，教育部组织编写了大中小学《习近平新时代中国特色社会主义思想学生读本》，从2021年秋季学期开始，全国各地中小学将使用《读本》。《读本》围绕学习习近平新时代中国特色社会主义思想这条主线，一体化设计学习目标、内在逻辑，内容安排循序渐进、螺旋上升，较好地实现了不同学段间的有机衔接。《读本》是学生学习习近平新时代中国特色社会主义思想的重要教材，是推动大中小学思政课一体化建设的重要载体。

北京市坚持以首善标准开展大中小学思政课一体化建设，实施"大中小学思政课一体化建设工程"。2018年，北京市率先行动，筹备成立了"北京市学校德育研究会"，北京市德育研究会重点围绕"一纵一横"，研究解决大中小幼一体化德育工作纵向衔接和学校、家庭、社会横向协同育人问题。北京市学校德育研究会的成立是北京市德育工作中的一件大事，意味着大中小幼一体化德育体系建设有了专门的研究力量和工作载体。北京市德育研究会的建立有力地指导和推动了北京市大中小幼"德育一体化""思政课一体化"建设。

北京市教委、教工委先后出台《北京市深化新时代学校思想政治理论课改革创新行动计划》《关于推进北京高校思政课质量保障工程的若干措施》等文件，特别是 2021 年 8 月出台《北京市大中小幼一体化德育体系建设指导纲要》。该指导纲要在时代性、规律性和可操作性上思路明、用力深、政策实。该指导纲要基于大中小幼一体化德育研究理论和实践最新成果而推出，是回应新时代党和国家育人新要求、深化立德树人系统化落实机制建设、夯实"大思政课"发展基础且善用之的有力举措。

2021 年市委教育工委、市教委在海淀区设立大中小学思政课一体化建设研究基地，是深化新时代北京市学校思政课改革创新的又一探索。下一步，市委教育工委、市教委将成立工作专门班子，制定市级指导文件，推进不同学段思政课教学有序衔接、循序渐进、螺旋上升地办好思政课教学工作。

北京市探索推出了"大中小幼各阶段教师同台讲述育人故事""大中小学思政课教师同备一堂课""百万师生同上一堂党史课"等创新举措，在全国范围内产生了积极影响。

在"三一八讲话"之后，全国各地迅速有效地推进大中小学思政课一体化建设。上海教育主管部门在顶层设计上加强大中小学思政课一体化的统筹管理，并从政策、资源等方面为思政课一体化体系的建构提供全方位的保障。同时积极搭建中小学思政课教师与高校思政课教师教研一体化互动平台，在遵循共建共享共治原则的基础上，以高校为中心，通过建立协同创新中心、理论研究中心，采用集体备课研讨制度、资源数据共享等方式，辐射各学段教学科研，建立纵向跨学段、横向跨学科的交流研修机制，深入开展相邻学段思政课教师教学交流研讨，让大中小学思想政治工作相关人员都能够参与到相应的教研活动中来，实现教研平台共建、教研问题共治、教研成果共享。高校作为教研领头羊，发挥了马克思主义学院的辐射作用，主动对接中小学思政课教师队伍建设，开发专门培训项目，并鼓励高校思政课教师走进中小学校开展教学实践。高校思政课优质资源下沉成为上海大中小学思政课一体化建设的亮点；上海高校形成了"中国系列"品牌：复旦大学的"治国理政"课，上海交通大学的"读懂中国"课，东华大学的"锦绣中国"课，华东政法大学的"法治中国"课，上海建桥学院的"奉献中国"课……上海高校开设60多门以"中国"命名的思政课选修课程，既立足学校办学特色和优势学科，又牢牢把握时代发展主题，高水平的师资力量、灵活的授课方式、切中现实的教学内容带来新颖别致的学习体验，受到学生的追捧。如今，已在上海高校全覆盖的"中国系列"课程正逐步向中小学校延伸。上海市教卫工作党委书记虞丽娟说，上海积极推进大中小幼德育一体化工作，在大中小学各学段开设"中国系列"课程，力求及时将党的创新理论以及党和国家所取得的历史性成就、发生的历史性变革、面临的历史性机遇，转化为适合各学段特点的课程体系，将爱国主义情怀厚植于学生内心。从复旦大学"治国理政"到上海大学"大国方略"，上海已形成覆盖全市所有高校的60余门"一校一特色"系列课程，并陆续以精品在线课程形式服务全国师生，甚至部分课程已向留学生开放。

上海市还以一体化的理念观照思政课教师的专业发展，并完善了大中小学思政课一体化建设的保障机制。

天津市在推进大中小学思政课一体化建设中，着力构建高质量的思政工作体系。

首先坚持一体谋划，组织管理高位推动。天津市委主要负责同志担任教育工作领导小组组长，主持召开市委常委会、领导小组会以及思政工作专题会、现场会、座谈会等研究思想政治工作，为天津市高校、各区教育部门"一把手"讲授示范思政课；多次到大中小学讲思政课、指导思政课建设。开展中小学校党组织领导下的校长负责制试点，市级层面成立学校思想政治工作委员会，对大中小学思政工作和思政课业务进行统筹管理。出台思想政治工作一体化举措15条和思政课改革举措20条，组建大中小学一体化思政课教育指导委员会，每年按照不低于1亿元标准设立思想政治工作经费，建立思政课年度考核制度，不断强化工作条件保障。

其次坚持一体推进，课程改革协同联动。成立思政课一体化联盟，分学段编写"三进"教案，推动校际跨学段签约共建，开展联合教研；建立线上集体备课平台，覆盖全市大中小学思政课教师，一年内组织市级跨学段集体备课87场。出台一体化教学评价方案和退出方案，制定23项评价指标，统一全市大中小学思政课评价标准与程序。建立思政课教师全员听课制度，通过思政云直播形式开展全覆盖听课，逐一评分、排名公开，形成万堂思政课评价大数据。将"课程思政"纳入教师基本工作量，建设"一校一品"品牌课10门、思政示范课100门、"课程思政"精品课程100门，形成覆盖大中小学的全课程支持体系。成立习近平新时代中国特色社会主义思想研究联盟，设立一体化专项课题20个，围绕"中美抗疫比较"等热点举办论坛15场，打造"三全育人"示范校10个、名班主任工作室30个，培育思想政治工作精品项目100个、爱国主义教育案例2000个。

再次坚持一体整合，育人效能全面调动。在各学段同步录制播出"大自然在说话""在红旗下成长"等开学第一课，组织全市160万名大中小学生集中收看。跨学段协同推进劳动教育，制定大中小学劳动教育举措21条，高教、职教、高中、中小学课程指南4个，面向大中小学开放实践基地，其中市级实践基地100个、区级实践基地245个、校级实践基地1934个；投入2000万元建成5个思政课实训基地和实践育人共同体，50个"手拉手"基地，推动每所高校面向中小学开放1个实验室或研究所。打造融媒体宣传矩阵，以"学习时间"电视栏目、"实践出真知"广播为基础，通过涵盖微信、微博、抖音、B站的"易彩津生"思政课平台，实现教育内容全市各类学校同步转发、联动发声。

最后坚持一体培养、队伍建设联合行动。增加高校思政课教师编制1300个，辅导员师生比达到1∶188，思政课师生比达到1∶336，推动全市56所各类高校全部达到规定配备标准。构建市、区、校三级培训体系，按照大中小学不低于生均30元标准设立培训经费。成立一体化研修中心，组织骨干培训32场，推动跨学段同学同训常态化。实施实践锻炼计划，为大中小学思政人员按1∶1提供实践岗位。单列大中小学德育职称序列，按照不低于班主任费标准设立中小学思政课岗位绩效，实现单列津贴全覆盖。

浙江省在大中小学思政课一体化建设上积极探索，打造思政课一体化建设的重要窗口，把思政课一体化建设理念融入各地教育发展规划，完善体系、搭建平台、理顺机制，推动思政课建设内涵式发展。

浙江以高校的"大手"拉住中小学的"小手"，夯实大中小学思政课一体化建设的共同基础。全省11所高校的马克思主义学院牵头，突出立德树人的同向性和同质性，注重课程目标的年段适应性和学段连续性，找准切入点和突破口，推动快速破题、协同攻关。聚焦课程体系、教材体系、教学体系、评价体系和师训体系一体化，推动建立教育共同体，整合发挥资源优势，为大中小学思政课一体化建设做出新探索，打破了思政课的校际和学段壁垒，实现了优质资源共享，激活了全链条思想政治育人的"一池春水"。

浙江将地方红色资源与教育教学活动充分融合，着力打造"新时代思政研学基地"和中小学思政课教师实践教育基地，发布"浙里红"首批十大红色教育基地，如嘉兴南湖革命纪念馆、安吉余村鲁家村"两山学院"、丽水浙西南革命根据地纪念馆等。组织百名红色讲师，提供百种红色体验，努力让"既有意义又有意思"的红色教育真正落地落实，形成生动活泼、寓教于乐的新场景新体验新模式。

浙江将思政小课堂同社会大课堂有机结合起来，以"八八战略"在浙江的生动实践为主题，开设"课说浙江"系列思政金课，组织编写《浙江精神与浙江发展》等省编教材。广泛组织开展"双百双进"和"百校联百镇"活动，100所高校结对县（市、区）、100万名大学生走进基层走进群众，覆盖全省所有高校、县（市、区）和超过82%的乡镇（街道），让广大学生亲身感受习近平新时代中国特色社会主义思想在浙江的生动实践，更加深刻地领悟其中所蕴含的真理力量和实践伟力，激发爱国情、强国志、报国行。

综上所述，目前在全国范围内贯穿大中小学思想政治教育、循序渐进、螺旋上升的阶梯已逐步建立并日益完善。

"十四五"时期首都教育全面落实
立德树人根本任务

刘继青　李璐　宋晓欣*

立德树人是中国特色社会主义教育的本质体现，是发展中国特色社会主义教育事业的核心所在。落实立德树人根本任务，是新时代贯彻党的教育方针的重要体现。党的十八大以来，习近平总书记站在国家繁荣、民族振兴、教育发展的战略高度，多次强调要坚持把立德树人作为根本任务，培养德智体美劳全面发展的社会主义建设者和接班人，并对如何落实立德树人提出了全面、深入、具体的要求。围绕落实立德树人的根本任务，党和国家出台了一系列重要的政策文件，全面推进立德树人根本任务的落实落地。

当前，首都教育已经进入向高水平教育现代化迈进的"十四五"时期，深刻认识和把握党和国家关于落实立德树人根本任务的重大决策部署，系统总结"十三五"以来首都教育系统贯彻落实立德树人根本任务的创新举措和实践经验，学习借鉴国内发达地区相关创新探索经验，对于"十四五"时期首都教育坚定不移用习近平新时代中国特色社会主义思想铸魂育人，全面落实立德树人根本任务向纵深推进，加快建设首都高质量教育体系，培养德智体美劳全面发展的社会主义建设者和接班人具有十分重要的意义。

一　国家立德树人工作的总体部署

2010年颁布的《国家中长期教育改革和发展规划纲要（2010—2020

---

* 刘继青　李璐　宋晓欣　北京教育科学研究院教育发展研究中心研究人员。

年)》明确提出坚持德育为先，立德树人，将社会主义核心价值体系融入国民教育全过程，把德育渗透于教育教学的各个环节，贯穿于学校教育、家庭教育和社会教育的各个方面，构建大中小学有效衔接的德育体系，基本形成了"三全育人"德育理念的雏形。党的十八大以来，以习近平同志为核心的党中央结合对新时代中国教育发展和改革的规律性判断，基于中国特色社会主义的理论体系，将立德树人确立为教育的根本任务。2014年，教育部出台《关于全面深化课程改革落实立德树人根本任务的意见》，提出未来要基本建成高校、中小学各学段上下贯通、有机衔接、相互协调、科学合理的课程教材体系，提出五个"统筹"（学段、学科、环节、主体、阵地）和十项重点改革领域和环节。

自"十三五"时期至今，立德树人工作被提高到前所未有的重要位置。笔者以"立德树人""德育""思想政治工作"等关键词为索引，从教育部官方网站搜索并统计了2016年至2021年12月初由中共中央、国务院、教育部及相关部委印发的与立德树人工作相关的规范性文件以及习近平总书记针对立德树人工作开展的重要讲话精神，共检索到65份文件，换言之，平均每年有10.8份文件部署了立德树人的相关工作。

（一）立德树人工作重要性日益凸显

从文件出台的时间序列来看，2016—2021年出台的立德树人相关文件数量呈现出曲折递增的趋势。2016—2018年，国家颁布的立德树人的相关政策文件呈现出倍数增长的态势，由2016年的4份上升至2017年的8份，2018年陡增至16份，2019年维持在16份的高位。一年之后，受新冠肺炎疫情的影响，2020年出台的文件数量回落至8份，2021年又攀升至13份。总体而言，国家层面立德树人文件出台的数量变化趋势呈现出曲折递增的走向，虽然近两年因受新冠肺炎疫情的影响，其数量有所波动，但前三年立德树人工作的稳步推进已奠定了较为良好的规范结构基础，其重要性与日俱增是有目共睹的事实。

（二）顶层谋划、部门协同、主管负责的制度规范机制

从政策文件的发文主体分布来看，超过半数的立德树人相关文件或重要讲话是由国家顶层宏观决策部门发布的。图2显示出在65份国家或部委层面的立德树人相关政策文件中，有33份即51%的文件是由习近平总书

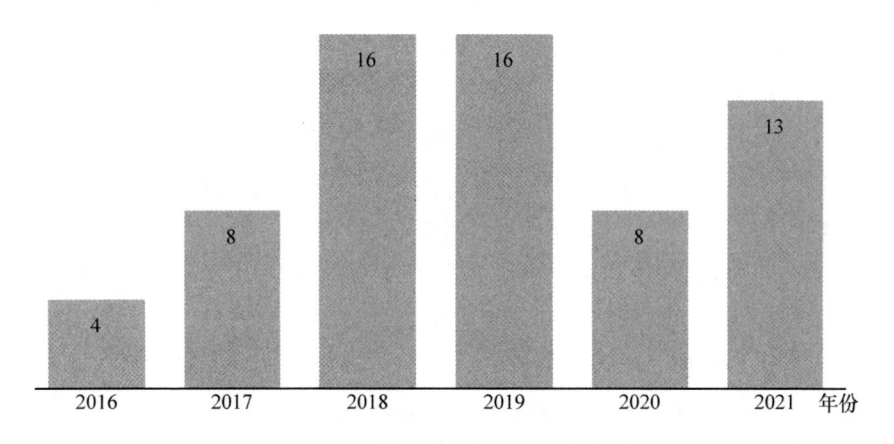

图1　2016—2021年国家层面出台的立德树人相关文件统计（份）

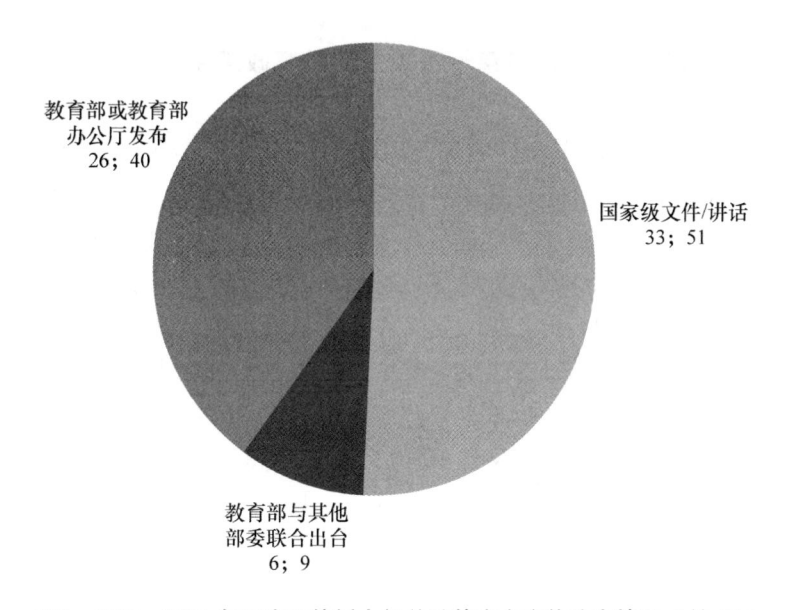

图2　2016—2021年国家立德树人相关政策出台主体分布情况（份;%）

记的讲话和中共中央、国务院、全国人大、中办、国办、中央全面深化改革领导小组等国家级领导或部门出台的，中共中央、国务院联合出台的文件为9份，中办、国办印发的文件为8份，国务院或国务院办公厅单独印发了9份文件，全国人大、中央全面深化改革领导小组分别出台了1份文件，习总书记有4次较为重要的相关讲话，国务院学位委员会与教育部联合印发了1份文件。教育部与其他部委联合印发了6份文件，占总数的9%，联合发文的合作部门主要有财政部、中央组织部、中央宣传部、中央编办、中央政法委、国家发展改革委、人力资源和社会保障部、城乡建设部、公安部、网络安全和信息化委员会办公室、文化和旅游部、市场监管总局、广电总局、全国妇联、共青团中央等，合作对象广泛，涉及人、财、物、地、安全、宣传等组织保障部门。教育部作为立德树人工作的主管部门，共出台26份相关文件，占总发文数的40%。这充分体现出立德树人工作作为教育的根本任务，事关国之大计、党之大计，事关教育事业的基本方向和性质，事关"培养什么人、为谁培养人、如何培养人"的核心问题，其基础性、决定性作用不言而喻，也反映出立德树人工作"顶层谋划、部门协同、主管负责"的制度规范机制。

（三）立德树人规定贯穿于各级各类教育政策中，并有专项规定及宏观规划作为支撑

从国家立德树人相关政策的主题来划分，主要有六种类型。（1）宏观规划文件或总书记重要讲话及中央重要会议精神；（2）教育规划类文件；（3）教育治理类文件；（4）各级各类教育规范发展的相关规范性文件；（5）重点重大改革类文件；（6）"立德树人"专项文件。前五类文件是由国家宏观管理机构出台的，第六类文件是由教育部或教育部办公厅对立德树人工作进行专门部署而产生的。其中，各级各类教育规范发展文件数量最高，为27份，占比为42%；"立德树人"专项文件共15份，占比为23%；宏观规划或讲话会议文件10份，占比为15%；重点重大改革项目、教育治理类和教育规划类文件分别为6份、4份、三份，占比分别为9%、6%和5%（见图3）。

进一步分析相关文件的规范对象可以发现，宏观规划主要涉及基本公共服务均等化、青年发展规划、公民道德建设、爱国主义教育等主题；比较重要的讲话包含党的十九大报告、全面深化改革领导小组会议讲话，以及全国教育大会、全国教育工作会议、高校思想政治工作会议、学校思想政治教师座谈会上的讲话等。在国家教育事业发展"十三五"规划、中国教育现代化2035及其实施方案（2018—2022年）三份比较重要的教育规划中均对立德树人工作提出了指导意见。对省级人民政府履行教育职责的评价、深化教育体制机制改革和教育督导体制机制改革及新时代教育评价

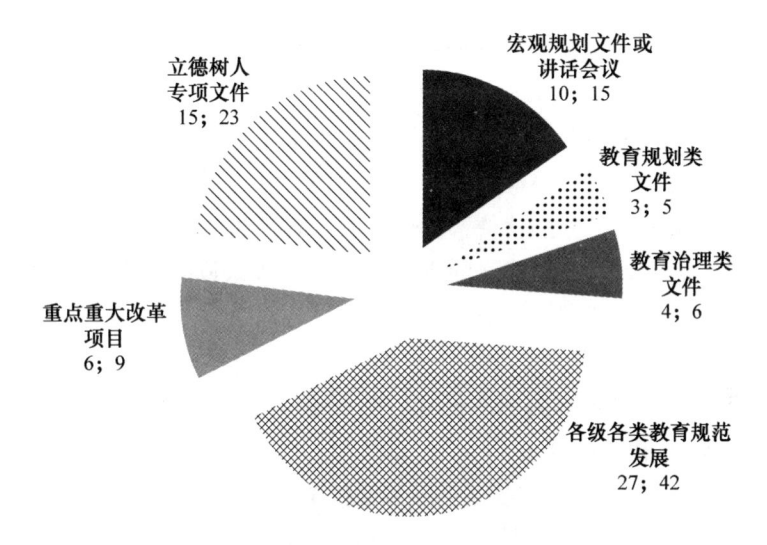

图3 2016—2021年国家层面立德树人政策文件主题类型分布（份；%）

改革总体方案，特别强调了立德树人工作在考核评价中的首要位置。各级各类教育的规范性文件有不同侧重，大中小幼阶段的教材管理均有关于立德树人的专门性规定，学前教育和民办教育强调规范发展，义务教育阶段关注优质均衡、质量监测评价和城乡一体化中的立德树人工作，高等教育和职业教育从高质量发展的角度，在"双一流"建设、研究生培养管理、本科和职业教育教学的质量等方面设计"立德树人"内容。另外《家庭教

图4 2016—2021年国家立德树人政策文件主题词云图

育促进法》也在构建家庭、学校和社会协同育人机制方面有相应安排。与此同时，一些有关社会大众广泛关注的教育热点难点问题，如中小学减负、教师师德师风问题以及校外培训机构治理等重大改革的政策文件，着重突出了落实立德树人根本任务的要求。值得注意的是，"立德树人"的专项文件数量可观，分别就德智体美劳五育各项工作的开展进行引导和规范，特别对思想政治课程建设的方式方法、经费保障、制度和智库支持等方面做了专门的部署安排（见图4）。

（四）立德树人作为根本任务，以三全育人、五育并举、要素把控和学段一体为落实机制

通过对65份国家及部委层面政策文件关于立德树人内容的梳理，采用词频统计、词云构建和单词关系图等文本统计分析方法，得出落实立德树人根本任务是教育工作的核心要求，立德树人一词出现50余次，落实和根本任务两个词均出现25次以上，立德树人作为教育工作的根本任务已成为推动教育工作和政策合法性的基本共识（见图5）。

图5 2016—2021年国家立德树人政策文件内容词云图

经过进一步编码和整合提炼，结合单词关系（见图6），归纳出国家立德树人工作的落实机制是"三全育人"（全员、全方位、全过程育人）、"五育并举"（德智体美劳全面发展）、要素把控（师德师风建设和教材课程管理）和"学段一体"（构建大中小幼一体化德育体系）。

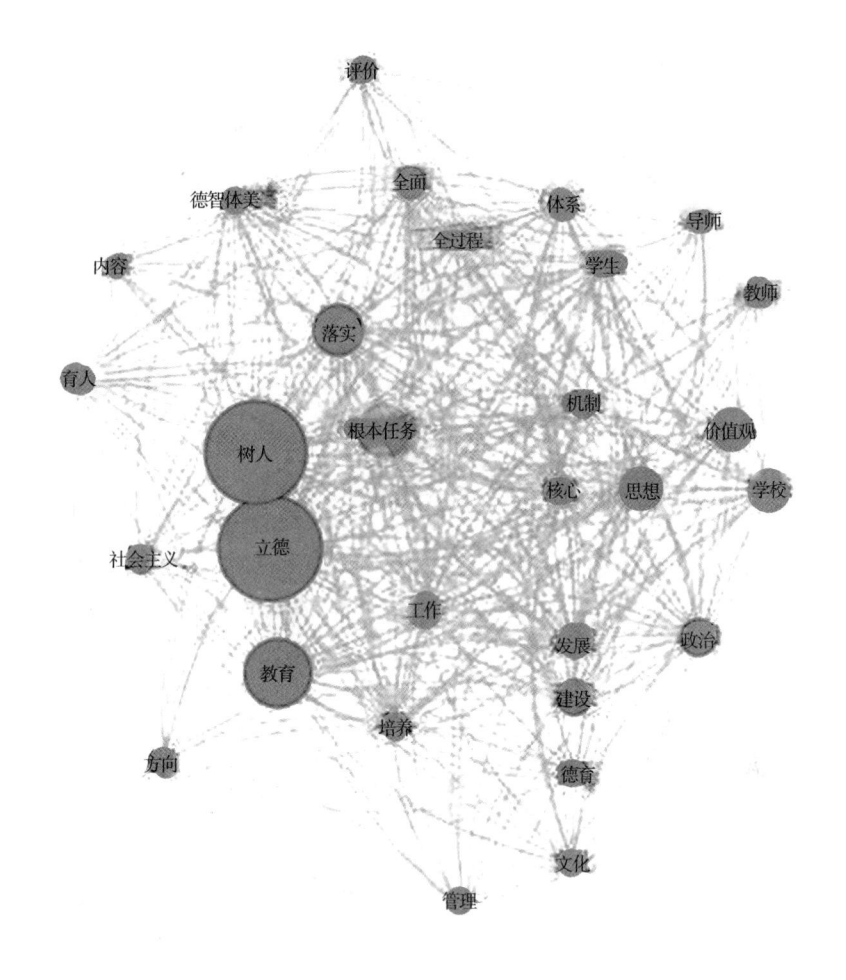

图6　2016—2021年国家立德树人政策文件内容单词关系图

二　首都推进立德树人工作的基本经验

（一）政策引领，牢固确立立德树人工作的核心地位

"十三五"时期以来，立德树人工作始终处于北京教育工作的核心位置，2017—2021年，北京市共出台23份立德树人工作相关政策文件，体现出以下三方面特点：

一是全国首善。2021年7月，北京市委教育工委、市教委印发的全国省级教育部门第一份关于大中小幼一体化德育体系建设的文件《北京市大中小幼一体化德育体系建设指导纲要》，发挥了首都立德树人工作首善性、示范性和引领性作用。

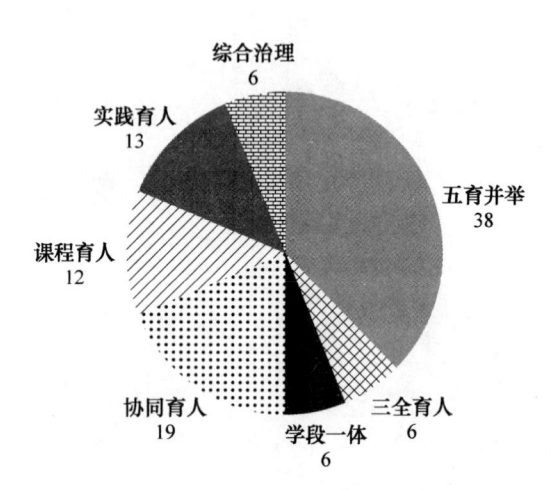

图7 2017—2021年北京市出台的立德树人相关文件统计（%）

二是规范全面。23份相关文件中有16份文件是对立德树人工作中的五育并举（6项）、三全育人（1项）、学段一体（1项）、协同育人（3项）、课程育人（2项）、实践育人（2项）、综合治理（1项）等具体工作的专门性规定，基本覆盖了"立德树人"工作的核心内容。

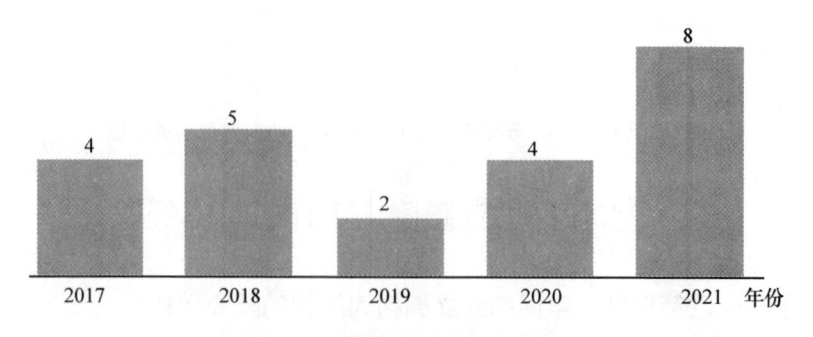

图8 2017—2021年北京立德树人专项政策文件规范对象分布（份）

三是机制健全。形成了"专班统筹、部门协作、两委主责"的工作推进机制。23份文件中有三成文件由北京市委市政府或市教育工作领导小组印发，体现出政策制定"专班统筹"的独特工作特点；与发展改革委员会、财政局、首都精神文明建设委员会和妇女联合会等教育人、财、物资源配置和社会力量协作方面的部门合作发文占比为9%，反映出"部门协作"的特点；"两委一室"出台的政策文件占比为61%，"两委主责"是首都"立德树人"工作制度规范和工作推进的核心机制。

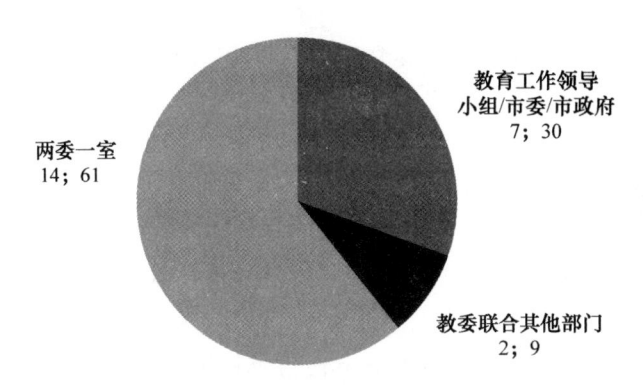

图9 2017—2021年北京立德树人相关政策出台主体分布情况（份;%）

（二）路径清晰，丰富立德树人工作目标、内容与方法

1. 目标明确，兼顾整体目标和分阶段分层次目标

整体性德育目标要求贯穿于大中小幼各学段，建立德育要素融通一体、学段衔接一体、各方协同一体的德育工作新格局，取得立德树人成效进一步提升、德育工作特色进一步彰显、育人能力进一步提高的工作效果，探索形成具有首都特色的工作经验。同时，尊重不同学段学生思想认知规律，把握各学段目标的差异性；关注相邻学段的德育目标设计，在起始年级和毕业年级加强与相邻学段德育目标的衔接。

2. 内容拓展，兼顾课程活动一体化育人和五育并举

一是全面推动大中小学思政课一体化建设，发挥思政课主渠道作用，结合不同年龄段学生的认知特点，建立纵向各学段层层递进、横向各课程相互配合、必修课选修课相互协调的思政课体系，实现课程目标、课程设置的有效贯通。着力加强高校思政课程和中小学学科德育，深入挖掘各类课程和教学方式中所蕴含的思想政治教育资源，逐步构建起全面覆盖、类型丰富、层次递进、相互支撑的思政课程体系。近年来，北京市一方面坚持以首善标准深化大中小学思政课一体化建设，实施"大中小学思政课一体化建设工程"，探索推出"大中小学思政课教师同备一堂课""百万师生同上一堂党史课"等创新举措，在全国范围内产生积极影响。另一方面系

统开展一体化主题教育活动，深化"三同四起来"工作模式，每年聚焦党和国家重大主题，紧扣"知—情—意—行"教育规律，面向全市大中小学和幼儿园开展贯穿全年的主题教育活动。

【案例】"三同四起来"模式是北京市2019年形成的思政课主题教育活动特色工作模式，"三同"，即推动思政小课堂与社会大课堂"同频共振"，促进一、二课堂和师生群体"同向同行"，引导师生坚定不移地与以习近平同志为核心的党中央"同心同路"。"四起来"，即"学起来""唱起来""讲起来""做起来"。工作模式为设计开展"学""唱""讲""做"四个版块、贯穿全年的17项活动，打通一、二课堂，联通校内校外。

二是坚持五育并举，不断加强和改进学校体育美育，广泛开展劳动教育，发展素质教育，促进学生全面发展，培养学生成为具有爱国情怀、社会责任感、创新精神和实践能力的时代新人。

3. 方法适切，兼顾横向一体和纵向联动

坚持紧扣时代特点，积极推进市区校联动、校系师联动和家校社一体；贴近学生实际，遵循不同学段学生认知规律设计德育方法，深化改革，积极探索，从而实现大中小幼德育工作循序渐进、螺旋上升、层层深入、有机衔接。

【案例】北京联合大学为"三全育人"确立了"七有"目标——学校有氛围、学院有特色、专业有特点、讲授有风格、成果有深化、课程有品牌、教师有榜样。课程门门有思政、教师人人讲育人已成为常态。专业课教师争相打磨有机融入思政元素的示范课堂，宿舍管理员、食堂服务员、图书管理员，都用行动给学生以启发。北京联合大学形成了"校系师"联动、"三全育人"U形模型。即落实立德树人根本任务，学校党委顶层设计，学院党委试点落实，基层支部推动课程思政，广大教师积极实践，专业教师课程设计，人才培养体系建设，教师育人氛围养成，最后形成大学育人文化自觉。[①]

[①] 李学伟：《践行立德树人根本任务：理论与实践》，《北京联合大学学报》（人文社会科学版）2021年第19期。

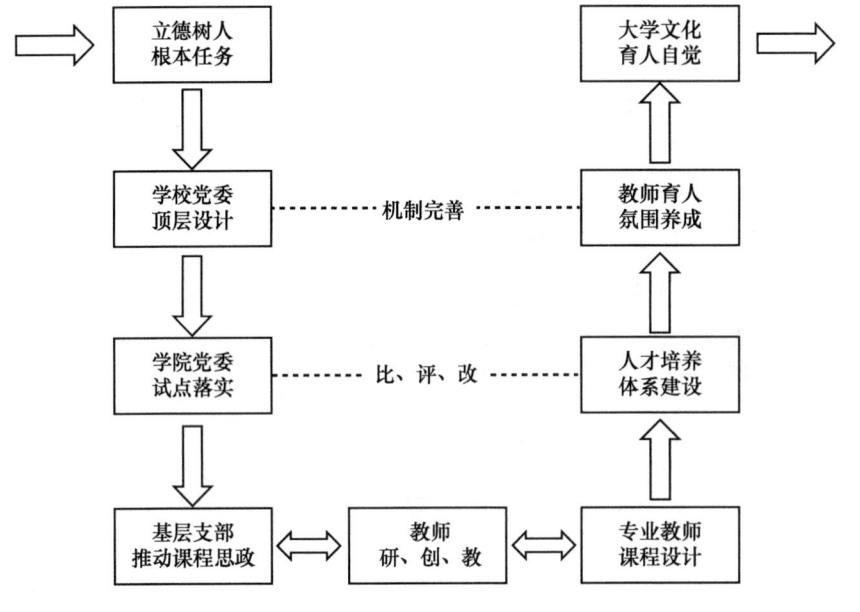

图10 北京联合大学"三全育人"U形模型

(三) 要素整合，统筹校内外资源一体化和师资配齐培优

统筹建设校内外一体化德育资源体系，开发具有北京特色的社会大课堂资源单位，用好红色资源，打造习近平新时代中国特色社会主义思想在京华大地的生动实践教学案例库。配齐建强一体化德育队伍，加强思政课教师、辅导员、班主任、心理教师等德育骨干队伍建设，开展大中小幼德育骨干教师一体化培训，完善大中小学思政课教师一体化备课机制，提升一体化德育专职队伍素质能力。

【案例】北京联合大学立德树人育人链条模型。教师的业务重点在"研"，研究课程内容、拓展课堂的知识视野、探究学科的前沿，既有科学研究，也有教学研究，体现出教师课堂知识水平；教师在课程教学上注重"创"，创新教学方法，提升课程育人艺术，把社会主义核心价值观的要求、做人做事的基本道理有机融入课堂教学中，提供正向能量，使学生收获成长；教师在教育教学方面要创造"教"的条件，营造良好的教育教学环境，利用多媒体网络技术和教学课件资源，丰富教学内容在教学链条上的吸引力，增强课程教学的感染力，提升课程质量，有效提升学生学习效能；教师在学习效果上重视"考"，创新课程考核方式，健全和完善知识、能力、素质考核并重的多元化学业考核，以教育教学成果为导向，考查学习效果，提升人才培养效果；反过来通过"评""改"来促进专业课程体系建设，"评"就是分析、评价、诊断，基于OBE的人才培养理念，通过过程性、阶段性的分析诊断，对教师教学内容、方法、成效和学生学习质量、效果等进行总结并提出诊断意见；"改"就是改进，根据评价、分析、诊断的意见，提出整改措施，完善路径，改进方法，重点提升育人育才成效。

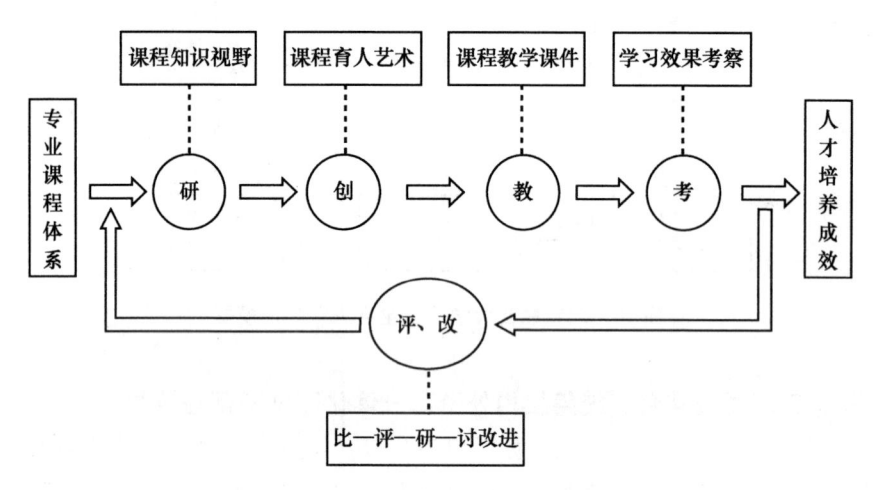

图11 北京联合大学育人链条模式

（四）强化保障，发挥评价、治理、研究的综合支撑效用

1. 以评促建，兼顾多元主体评价和过程性评价

完善一体化德育评价，充分发挥学生自主参与评价和家长评价的诊断作用，搭建可视化过程性评价载体，建立正反馈为主的一体化德育评价体系，提升德育评价的科学性。

2. 以治强效，兼顾家—校—社协同育人机制和学段衔接机制

加强一体化德育协同，推动学校教育、家庭教育、社会教育的有机结合，形成一体化育人共同体，构建各学段衔接、社会与家庭协同的新时代一体化德育新格局。

3. 以研提质，兼顾德育研究攻关和调研交流反馈

市级层面建立了北京市学校思想政治工作中心，与北京市学校德育研究会共同承担全市大中小幼一体化德育体系建设相关工作任务，构建"纵

向衔接、横向贯通、分层递进"的德育资源共享格局。设立了大中小学德育建设基地和思政课一体化建设研究基地,建立德育研究专家库,形成每年联合发布、组织、实施大中小幼一体化德育体系建设课题研究项目长效机制,制定《北京市大中小幼一体化德育体系建设研究项目指南》及其管理办法,组织力量开展集中攻关,积极推进成果转化。截至2019年11月,北京市德育基地校总数达到79所。同时,定期举办相邻学段德育干部教师交流研讨会,建立跨学段学生思想行为特点调研反馈机制。

【案例】2021年11月22日,市委教育工委、市教委在海淀区成立大中小学思政课一体化建设研究基地,海淀区成为全市首个大中小学思政课一体化建设研究基地。研究基地在总结北京市大中小学思政课改革创新经验的基础上,发挥各学段优势,研究大中小学思政课的衔接和一体化问题;结合不同学段学生的认知规律,开展大中小学思政课课例研究,将大中小学思政课教材体系转化为一体化的教学体系。同时,基地还将紧扣不同学段学生认知特点,探索受不同学段学生欢迎的教学方式,加强大中小学思政课一体化教学方式创新;推进各学段思政课教学资源的挖掘制作和共建共享,通过大学思政课资源下沉、中小学思政课资源升级,实现不同学段教学资源优势互补、相互支撑。

三 中国发达地区落实立德树人的创新举措

全国各省、市、区高度重视落实立德树人根本任务,将其纳入本地区教育发展规划予以深入贯彻实施,积累了丰富的地方经验。采用教育政策内容分析的方法(教育政策内容分析方法主要包括政策文本形式和政策内容规范两个方面),选取津、沪、鲁、江、浙、粤六省市作为中国发达地区的代表,对其"十三五"和"十四五"时期教育事业发展规划[①]进行研

---

① 我国发达地区"十三五"和"十四五"时期教育事业发展规划包括12份文件:《广东省教育发展"十三五"规划(2016—2020年)》《广东省教育发展"十四五"规划》《浙江省教育事业发展"十三五"规划》《浙江省教育事业发展"十四五"规划》《江苏省"十三五"教育发展规划》《江苏省"十四五"教育发展规划》《山东省"十三五"教育事业发展规划》《山东省"十四五"教育事业发展规划》《上海市教育改革和发展"十三五"规划》《上海市教育发展"十四五"规划》《天津市教育事业发展"十三五"规划》《天津市教育现代化"十四五"规划》。

究，总结经验做法与创新举措。

（一）文本结构上凸显立德树人的统领地位

政策文本形式分析指对地方教育事业发展规划政策文本的呈现形式和状态进行分析，通常包括政策文本的体例、结构等。

第一，政策文本中的"指导思想"一般放在最前面，它具有战略性、纲领性、引领性的作用。只有确定了正确的指导思想，政策措施、主要任务、保障机制等内容才能确定。中国发达地区均在"十三五"和"十四五"时期教育事业发展规划的"指导思想"部分明确提出："全面贯彻党的教育方针，落实立德树人根本任务，培养德智体美劳全面发展的社会主义建设者和接班人。"这是对"培养什么人、怎样培养人、为谁培养人"这一问题作出的深刻回答，同样也是地方教育事业发展始终坚持的价值观和着力实践的方法论。

第二，政策文本每一章节都由具体规划内容及专栏组成，作为政策文本的结构。在体例上用最精炼、简短的语言概述每一部分的内容，它具有总括性、根本性的特征。"十四五"时期中国发达地区除上海的政策文本表述为"坚持立德树人，促进学生全面发展"外，其余五省市均以"全面落实立德树人根本任务"作为标题，与"十三五"时期相比，"全面落实立德树人根本任务"的重要性更加凸显，"十三五"时期，仅天津将"落实立德树人根本任务"作为标题，其余五省市立德树人的字眼均位于"实施素质教育""提升学生综合素养"等内容之中。

第三，政策文本的内容有先后顺序之分，一般位置越靠前越凸显其重要性与引导性的特征。浙江、山东、江苏、广东、上海教育事业发展规划的主要任务以"全面落实立德树人根本任务"为首，天津将"全面落实立德树人根本任务"作为第二大主要任务，位于"坚持和加强党对教育工作的全面领导"之后。与"十三五"时期相比，中国越来越多的地区认识到"落实立德树人根本任务"在教育事业中的重要性，"十三五"时期中国发达地区中仅天津将"落实立德树人根本任务"位于主要任务之首。

（二）在文本内容上体现出共性经验与地方特色

政策文本内容规范指对地方教育事业发展规划的政策文本中的政策任务、政策措施等政策内容规范进行分析。

1. 共性经验：全方位部署思想政治教育工作

第一，思想政治教育与时俱进，发达地区均坚持用习近平新时代中国特色社会主义思想铸魂育人。广东、山东、江苏、上海明确要求持续推动习近平新时代中国特色社会主义思想进教材、进课堂、进头脑，把教材体系、教学体系有效转化为学生的知识体系、价值体系，具体举措包括编写中小学地方教材要有机融入习近平新时代中国特色社会主义思想，建设以习近平新时代中国特色社会主义思想课程为核心的思想政治理论课课程体系，广泛开展习近平新时代中国特色社会主义思想学习实践主题活动，培育一批优秀学生社团等。

第二，用"课程思政"与"思政课程"共同打造全课程育人格局。"思政课程"是落实立德树人根本任务的关键课程，发挥着主渠道作用，"课程思政"是思想政治教育的重要载体和呈现方式。部分发达地区将"课程思政"与"思政课程"相结合，构建起全课程育人的新格局。一方面，深化学校"思政课程"改革主要举措包括：推进建设各学段相衔接的思政课程，遴选思政课程建设示范点，建设思政课程集体备课平台，成立学校思政课程教学指导委员会等，浙江较具代表性，实施了"思政理论课改革提升工程"。另一方面，积极强化高校"课程思政"建设主要举措包括：树立省级课程思政建设示范校、遴选省级课程思政示范课堂、建设省级课程思政示范团队等，以此强化引领示范作用。

第三，完善学校思想政治工作体系的重点在于全方位。发达地区主要从理论武装、学科教学、日常教育、队伍建设、基地建设、环境创优等方面全方位完善学校思想政治工作体系。山东实施"六大行动"：思政课程体系拓展、教师培优育强、教学提质创优、教研科研助力、实践赋能增效、学院强基固本；浙江聚焦课程、教材、教学、评价和师训等方面打造思政工作体系。此外，发达地区还利用互联网技术完善学校思想政治工作体系建设，如依托学校智慧校园打造"互联网＋"思政教育平台，"天津思政云"建设等。

2. 共性经验：以五育浸润学生素养

第一，以德为先，浸润修身素养。育人为本、德育为先，发达地区均明确要扎实推进学校的德育工作，把德育工作放在教育工作的首位，实施德育综合改革。浙江、山东、广东倡导学校挖掘地方德育资源，提高德育教学的针对性与有效性，改进德育评价方式，强化各类专业课的德育责任和德育功能等。培育和践行社会主义核心价值观能够培养学生良好的思想品德，健全的人格，以及形成良好的行为习惯。广东、山东把社会主义核心价值观融入学校教育教学的全过程，以增强实效性。

第二，以智为源，浸润成才素养。尊重学生主体性，智育与德育深度融合是落实立德树人根本任务的主渠道。在发达地区只有上海在落实立德树人根本任务中明确智育内容。上海明确提出，当前智育工作的重点在于与德育深度融合，以此提升学生的学习素养。其重点工作在于保护学生的好奇心、想象力，激发学习兴趣，丰富人文底蕴，培育科学精神；推动中小学创新创造教育，开展项目化研究型学习，打造一批基础学科基地学校和项目；注重职业教育与产业需求侧的深度融合，加强技术技能训练，培育工匠精神；强化高等教育学科交叉和个性化培养，提升学生知识整合与创新能力。

第三，以体为基，浸润健康素养。体育教育是立德树人育人工程中必不可少的重要环节，将体育教育与健康教育相融合是体育教育改革的重要方向。发达地区均提出要加强体育教育，以增强体质、掌握技能、培育习惯，如推广"一校一品""一校多品"，实施"学生体质提升计划""学校体育推进工程"等。广东、浙江、山东、天津将校园足球作为体育改革的突破口，明确"发展校园足球计划""青少年校园足球推进项目"等。在健康教育方面，天津、山东将体育教育与体质健康相融合，因为体育自身的特点，它对健康教育获得实效具有不可替代性，如"学校体育固本行动""健康知识+基本运动技能+专项运动技能"体育教学模式等。在健康教育方面，学生的视力健康、心理健康、人格培养被重点关注。

第四，以美为趣，浸润尚美素养。美育是落实立德树人根本任务的重要组成部分。发达地区均整合美育资源，重塑美育价值，深化学校美育综合改革，其重点工作在于开齐开足美育课，丰富美育实践体验，提高学生审美素养。上海统筹布局学校艺术教育项目，持续推动创建"一校多品""艺术特色学校"，形成具有多品牌特色的发展格局。天津实施"学校美育提升行动"，制定实施学校美育教师配备和场地器材建设三年行动计划，编写中小学美育课程指南，开展中华优秀传统文化艺术进校园活动，组织艺术专项展示或综合性艺术展演等。

第五，以劳为乐，浸润实践素养。实践教育是落实立德树人根本任务的重要载体，劳动教育是现代实践教育的典型形式。发达地区均明确提出加强劳动教育与实践教育，充分发挥劳动教育与实践教育的德育、智育、体育、美育功能。浙江实施"中小学劳动实践教育资源建设工程"，打造中小学劳动周和大学生劳动月，设立中小学劳动教育必修课程，开发建设中小学《劳动》地方教材，建立中小学劳动清单。天津实施"新时代劳动育人工程"，统筹社会优质资源，着力打造劳动育人品牌。广东强化实践育人，坚持教育与生产劳动相结合、与社会实践相结合，构建以培养学生社会责任感、创新精神和实践能力为目标的实践育人体系等。

3. 地方特色：结合地方文化与现实

第一，结合地方传统文化，打造立德树人特色品牌。挖掘地方德育资源，促使德育更加通达、接地气、贴近生活，增强互动性，提高针对性。发达地区以山东为代表，明确要立足山东传统文化资源优势，在教育系统大力弘扬中华优秀传统文化、革命文化、社会主义先进文化；传承红色基因，弘扬沂蒙精神，实施课程深化、课程拓展、资源支撑、文化建设、社会实践、网络引领、理论研究等重点项目，构建红色文化育人体系。以课程为例。山东的德育课程内容突出齐鲁文化特色，挖掘儒家文化、泰山文化、黄河文化、海洋文化等本土文化资源，积极发挥优秀传统文化在人格教化方面的作用。部分发达地区将地方文化融进教育实践，积极利用爱国主义教育基地、革命博物馆、纪念馆、陈列馆、革命旧址等革命场馆，组织学生瞻仰参观，开展实践体验活动，从而发挥实践育人作用。

第二，结合现实中存在的问题，有针对性地开展教育活动，比如加强法治教育、国防教育、网络文明与生态文明教育等。山东、江苏、广东加强法治教育，通过加强宪法、民法典等法律的学习，增强青少年的法治意识和法治素养；完善法治副校长制度，健全青少年参与法治实践机制；建设青少年法治教育基地，提升针对性与实效性等。山东、江苏、广东加强国防教育，将国防教育内容有机融入各级各类教育课程，山东首创"学校组训+基地轮训"的训练新模式。江苏推进生态文明与网络文明教育，通过网络文明教育，提升青少年网络文明素养，以生态文明为重点实施可持续发展教育，落实中小学环境保护教育课时要求，提升青少年生态文明素养。

（三）在构建机制上坚持贯通协同与整体观念

政策落实机制指政策实施者将相关政策转化为实际效果，从而保障既定政策目标实现的活动过程。

第一，贯通大中小幼各学段，构建纵向一体化机制。纵向一体化能够破解教育目标与教育内容重复、脱节、倒置等问题。发达地区均积极构建大中小幼德育一体化机制。山东实施"德育一体化改革行动计划"，纵向统筹小学、初中、高中、大学各学段，实施德育目标、进行德育内容系统化设计，实现学段之间的有机衔接；浙江明确提出要着力打造大中小学思政一体化工作体系；天津鼓励各级各类学校跨学段共建，打造贯穿各学段各学科的资源共享平台和教学实践平台，形成大中小幼一体化的育人新格局。大中小幼纵向一体化衔接机制建设当前已经成为各学校积极探索的实践方式，九年一贯制、十二年一贯制学校，高校、与高校合作的附属学校或联盟校，集团化办学的学校或区域成为先锋代表。

第二，协同校内外一切资源，构建横向一体化机制。协同校内外一切资源能够增强立德树人的实效性。横向一体化机制有两层含义：一是各学科之间衔接，实现全科育人；二是家校社协同育人。就前者而言，山东实施的"德育一体化改革行动计划"将中小学德育课程、学科课程、传统文化课程和实践活动课程进行"四位一体"规划与设计，突出一体化要求；横向统筹各学科和校内外各项实践活动，挖掘学科和实践活动的德育因素，实现全科育人。就后者而言，浙江、山东、上海均明确提出要健全以学校为主体、家庭为基础、社会各方全面参与的育人体系：学校发挥主体作用，强化学校、家庭良性互动，协同加强中小学生作业、睡眠、手机、读物、体质等管理；家庭是第一课堂，家长是第一任老师，引导家长注重言传身教，提升家庭教育素养；营造有利于学生健康成长的社会环境，丰富校外教育资源供给。

第三，树立整体观念，打造"三全育人"新格局。"三全"指全员、全过程、全方位，"三全育人"指教育系统所有成员（包括各类教师、教育管理者、后勤人员等）、所有活动（教学、研究、评价、管理、服务）都为学生的持续发展、成才成人的全过程服务。中国发达地区根据地域资源、学校环境等已形成"三全育人"的多种方案。浙江明确提出"'三全育人'载体扩面创优工程"，以高校"十大育人"载体为基础，深入挖掘推广课程育人、文化育人、实践育人、网络育人、心理育人等方面的典型案例，共建共享"资源图谱"，形成具有浙江特色的全员、全过程、全方位育人工作体系。上海"三圈三全十育人"结合课内与课外、线上与线下、校内与校外，构筑多维并进、互补互动、综合融通的育人格局。其中，内圈聚焦第一课堂育人主渠道，落实全员育人；中圈聚焦素质教育第二课堂、网络思政第三课堂，落实全过程育人；外圈聚焦"开门办思政"，落实全方位育人，构建校内校外合力育人格局。

四 "十四五"时期北京落实立德树人工作的政策建议

北京市在"十四五"时期教育改革和发展规划的总目标中，提出未来五年首都落实"立德树人"根本任务的总体要求，即到2025年，"培养具有家国情怀、首都气派、国际视野、创新精神的高素质人才，努力让每个孩子都享有公平而有质量的教育，让每个学习者都有人生出彩的机会"，其具体目标是"德智体美劳全面发展的教育体系更加健全"，实现立德树人融入教育教学各环节，贯穿于各级各类教育领域，学生品德修养、综合素质、运动技能、审美情趣、劳动实践能力全面提升，家庭、学校、社会密切配合的育人体系更加健全。基于首都立德树人工作的深厚基础和独特模式，借鉴以津、沪、鲁、江、浙、粤六省市为代表的国内发达地区"立德树人"相关工作的共性经验和创新特征，要实现以上政策目标就需要把握好四方面的政策重点，优化四个工作系统。

（一）把握好"分层分段"学习规律，完善各学段标准系统

教育的本质是成长，衡量的标准应该是健康、科学、全面的。立德树人是一个全面概念，应以德为先、能力为重、科学成才、全面发展。不同学段的教育功能应各有侧重，有所区分。从教育与社会的关系来看，相较于职业教育和高等教育直接面向社会的育人功能，基础教育阶段应以成长功能为主，注重夯实基础，面向每个学生，助其实现成长，这一阶段学生处于身心成长发育期，未来的不确定性和可塑性很大，因此需要健康成长和全面发展，而非筛选、竞争。个体成长具有阶段性和循序性。感知、认知和形象思维、逻辑思维等的形成和发展是非线性的，存在不同的发展关键期和学习活动敏感期。要把握好"分层分段"的学习规律，研究各种能

力素质发展的关键期和敏感期分布及适宜的教养方式，完善各学段学生成长发展的标准系统，引导教育者在特定时期开展有针对性的培养，从而提升立德树人成效。

（二）把握好"五育并举"内外整合，优化多平台育人系统

从个体来看，健康成长就是德智体美劳全面发展。只有在"德"的引领下，"才"的发挥才不会偏离正确方向，即要"德才兼备"，进而全面发展，以智育武装头脑，以体育锻炼体魄，以美育丰富感知，以劳育融入生活。要牢牢抓住校内课堂教学主阵地，做精"大中小学思政课一体化建设工程"，发挥学科德育功能；激活赋能校外第二课堂，进一步完善"三同四起来"工作模式，推动第二课堂和校外实践活动与思政课建设同向同行，优化多平台育人系统，形成协同效应。在德育方面，用好中国共产党早期革命活动（北大红楼）、抗日战争（卢沟桥和宛平城）、建立新中国（香山革命根据地）等红色文化资源，深入开展理想信念教育和爱国主义教育；在智育方面，探索适应新场景的教学方式，推动线上线下混合教学，着力培养学生关键能力，增强学生认知能力和创新意识；在体育方面，进一步丰富学校体育供给，将体育与健康纳入北京市基础教育课程综合改革中统筹谋划，全力呵护学生身心健康成长；在美育方面，将音乐、美术、舞蹈、戏曲、戏剧和书法等课程以及参与学校组织的艺术实践活动情况纳入学业要求，充分利用高水平艺术院团支持学校美育发展，着力提高学生审美和人文素养，深化拓展美育实践活动；在劳动教育方面，支持中小学因地制宜利用高校、科研院所、行业企业等资源，宜工则工、宜农则农，采取多种方式开展劳动教育，形成北京市劳动教育实践基地体系，强化家庭基础作用、学校主导作用和社会支持作用，形成"三位一体"推进劳动教育。

（三）把握好"三全育人"纵横衔接，构建多要素协同系统

"三全育人"要求教育系统所有成员（包括各类教师、教育管理者、后勤人员等）、所有活动（教学、研究、评价、管理、服务）都为学生的持续发展、成才成人全过程服务；横向衔接指校内校外衔接，思想道德教育、文化知识教育和社会实践教育等各个环节的衔接，实现全方位、全科育人；纵向衔接指贯通基础教育、职业教育和高等教育等各个领域。要达成"三全育人"纵横衔接,需要构建多要素协同系统。一是构建市委统一领导、各部门主动参与、全社会关心支持、优质资源全方位供给的育人大环境。在高校构建党委全面领导、部门协调负责、教职工自觉育人、各环节全面贯通的育人小环境。大力推进全国"三全育人"综合改革试点区建设。二是德智体美劳五育所需师资(包括校长、教师和教研人员)的配置和培优供给与高素质人才培养的需求相协调、相匹配,形成灵活的学校—学区—区县—市四级师资统计调配机制,明确各种素质培养类教师的执业从业标准。三是明确政府与市场的教育责任边界,建立健全课后服务政府购买机制和成本分担机制,加强对体育、美育、劳动教育的经费投入保障,在适宜范围内发挥市场的资源配置作用。四是健全以学校为主体、家庭为基础、社会各方全面参与的家校社协同育人体系,通过家长学校、家长委员会,邀请企业、社区、社会组织代表等多种形式,丰富家长和社会参与教学和管理的渠道,深入开展家庭教育。

(四)把握好"督评奖惩"动力机制,健全多渠道调节系统

有动力才有行动。"督评奖惩"是外在动力的综合调动机制,要充分发挥"督评奖惩"的导向性作用,健全多渠道调节系统。在督导评估方面,强化其发展性功能,深化各级党委和政府履行教育职责评价、学校评价、教师评价和学生评价等关键环节,改进结果评价,强化过程评价,探索增值评价,健全综合评价;充分利用信息技术,提高教育评价的科学性、专业性、客观性;完善评价结果运用,综合发挥导向、鉴定、诊断、调控和改进作用;对人才培养质量进行定期监测,提升各级各类教育的人才培养水平。在奖惩方面,发掘"最美课堂"、榜样教师、校长、学校、区县的先进经验和案例,建立健全荣誉认定、评选和奖励机制,探索荣誉与薪资绩效或职称职级晋升评聘挂钩的机制,同时明确师德师风"负面清单",开展覆盖大、中、小、幼全学段教师的师德考核,接诉即办,依法依规查证,建设师德师风问题教师黑名单库,贯彻落实师德师风"一票否决制"。

参考文献

查颖、刘小柳:《小学段落实立德树人根本任务:问题、举措与实践经验——基于典型案例的分析》,《中国电化教育》2021年第12期。

张辉蓉、毋靖雨：《普通高中立德树人系统化落实的进展分析与机制构建——基于全国24个省（市、区）普通高中的调查研究》，《中国教育学刊》2021年第10期。

杜先颖：《内涵·价值·路径：精准思想政治教育的三维阐释》，《理论导刊》2021年第10期。

袁子桐：《新时代立德树人的科学内涵与培养路径》，《人民论坛》2021年第28期。

谢春风：《创新一体化德育政策激活教师育人新动能》，《中国高等教育》2021年第18期。

冯刚：《立德树人与时代新人培育的内在逻辑》，《四川师范大学学报》（社会科学版）2021年第5期。

袁振国：《立德树人的理论内涵与落实机制建设》，《人民教育》2021年第Z3期。

胡霞、叶克、刘方洲、杨学坤：《对"立德树人导师制"的探索与实践》，《中国农机化学报》2021年第8期。

冯刚：《中国共产党百年立德树人的实践与经验总结》，《高教论坛》2021年7期。

姚菁菁、张澍军：《论立德树人之"德"的内在规定与外在张力》，《思想教育研究》2021年第5期。

曾汉君：《论立德树人中"德"之思想内涵与实现路径》，《中学政治教学参考》2021年第16期。

李国强、严从根：《学科育德的内涵意蕴、现实样态及改进策略》，《课程·教材·教法》2021年第4期。

李学伟：《践行立德树人根本任务：理论与实践》，《北京联合大学学报》（人文社会科学版）2021年第19期。

朱光辉：《新时代大中小德育一体化的内涵、挑战与对策》，《思想政治教育研究》2020年第4期。

张启鸿、李大伟：《以协同育人理念推进思政教育》，《前线》2020年第7期。

韩宪洲：《课程思政方法论探析——以北京联合大学为例》，《北京联合大学学报》（人文社会科学版）2020年第18期。

余国志：《〈时政〉课程一体化育人模式探索——以北京中学为例》，《思想政治课教学》2019 年第 12 期。

周峰：《新时代一体化德育体系的构建》，《中学政治教学参考》2019 年第 12 期。

冯建军：《构建立德树人的系统化落实机制》，《国家教育行政学院学报》2019 年第 4 期。

戚如强：《习近平立德树人思想的理论渊源与精神实质》，《马克思主义研究》2018 年第 7 期。

李健：《构建新时代中国特色大中小幼一体化德育体系的四个维度》，《深圳大学学报》（人文社会科学版）2018 年第 35 期。

刘吉林：《健全立德树人系统化落实机制》，《人民教育》2017 年第 19 期。

孙绵涛、王刚：《地方贯彻〈教育规划纲要〉政策研究》，《教育研究》2012 年第 10 期。

吴长青、林可夫、苏强：《"五育文化"特色育人的探索实践》，《教育研究》2017 年第 3 期。

袁振国、沈伟：《立德树人的落实机制：现状、挑战与对策》，《苏州大学学报》（教育科学版）2021 年第 1 期。

韩春红、沈晔：《纵横衔接一体化是落实立德树人的重要法宝》，《人民教育》2021 年第 Z3 期。

第三编

社会主义核心价值观教育研究

新时代构建学校德育工作体系的思考与建议
——基于对北京市"一校一案"落实《中小学德育工作指南》典型案例的分析

龚杰克　赵福江　李月*

2017年8月，教育部正式印发《中小学德育工作指南》（下文简称《指南》）至今已有四年。《指南》的基本定位是指导中小学德育工作的规范性文件，是学校开展德育工作的基本遵循，是教育行政部门对中小学德育工作进行督导评价的重要依据。[①]《指南》印发后，教育部通过多种形式指导各地各校学习落实《指南》要求。2018年，教育部基础教育司印发《关于征集全国中小学德育工作典型经验的通知》（教基司函〔2018〕26号），分途径征集"一校一案"落实《中小学德育工作指南》典型案例；2019年，教育部基础教育司在工作要点中提出"深入贯彻《中小学德育工作指南》，推动'一校一案'，普遍建立完善德育工作实施方案"，并组织开展全国中小学德育骨干教师培训班；2020年，教育部基础教育司印发《关于征集"一校一案"落实〈中小学德育工作指南〉典型案例的通知》，在全国范围内征集"一校一案"落实《中小学德育工作指南》的完整案例；2021年，教育部工作要点将"指导各地'一校一案'落实《中小学德育工作指南》"[②]作为全面落实立德树人根本任务的一项重要内容。可

---

* 龚杰克　赵福江　李月　北京教育科学研究院班主任研究中心研究人员。
① 《教育部关于印发〈中小学德育工作指南〉的通知》，http://www.moe.gov.cn/srcsite/A06/s3325/201709/t20170904_313128.html。
② 《教育部2021年工作要点》，http://www.moe.gov.cn/jyb_sjzl/moe_164/202102/t20210203_512419.html。

见，《指南》是当前和今后一个时期指导中小学德育工作的基本框架。中小学校需要根据《指南》提出的各项要求，特色化、校本化地制定适用于本校的德育工作方案，并以此开展学校德育工作。

《指南》是党的十八大以来出台的一项专门针对中小学德育工作的规范性文件，具有很强的专门性、针对性和实效性。《指南》印发后，党和国家对中小学德育、思政课建设、劳动教育等提出了很多新要求，德育目标、内容、途径等相应有了一些新变化，"饭圈文化""祖安文化""佛系文化""心理危机""学生欺凌"等中小学生所面临的社会环境、网络环境、校园环境、心理环境出现了一些新问题，需要中小学校在"一校一案"落实《中小学德育工作指南》、制定学校德育工作方案时予以高度关注、统筹考虑并将其纳入学校德育工作方案中。在新时代，学校在构建德育工作方案时需要以落实党和国家对德育工作的规定、系统整合各方面对德育工作的新要求、落实立德树人根本任务为出发点，综合考虑学校办学历史、办学理念、德育目标、德育内容、德育实施途径和德育工作支持保障，并以此制定和构建方向正确、内容完善、学段衔接、载体丰富、常态开展的德育工作体系。在具体操作上，要做好以下六个方面的工作。

一 学校办学历史分析要多角度

制定学校德育工作方案，不能仅局限于学校已经开展的德育工作和德育活动上，不能将德育窄化为校内的思想道德教育，而是需要研究新时代德育工作的新要求，把脉社情、校情和学情等办学情况，反思学校德育工作开展情况，通过多角度分析，研判新时代本校德育工作的历史和现状，并以此作为开展相关工作的基础。

（一）落实新时代德育工作新要求

《指南》对中小学德育工作进行了周密部署，提出要将中小学德育工作贯穿融入学校各项日常工作中，努力形成一以贯之、久久为功的德育工作长效机制。在新时代，中小学德育工作有了更明确的方向和更高的要求。2018年9月，习近平总书记在全国教育大会上发表重要讲话，提出"要努力构建德智体美劳全面培养的教育体系，形成更高水平的人才培养体系"①，把劳动教育纳入社会主义建设者和接班人的要求之中，提出"德智体美劳"总体要求，丰富发展了党的教育方针。2019年3月，习近平总书记主持召开学校思想政治理论课教师座谈会，提出要理直气壮开好思政课，用新时代中国特色社会主义思想铸魂育人，引导学生增强中国特色社会主义道路自信、理论自信、制度自信、文化自信，厚植爱国主义情怀，把爱国情、强国志、报国行自觉融入坚持和发展中国特色社会主义事业、建设社会主义现代化强国、实现中华民族伟大复兴的奋斗之中。②

2019年8月，中共中央办公厅、国务院办公厅印发《关于深化新时代学校思想政治理论课改革创新的若干意见》，提出要整体规划思政课程目标，在大中小学循序渐进、螺旋上升地开设思政课，引导学生立德成人、立志成才，树立正确世界观、人生观、价值观，坚定对马克思主义的信仰，坚定对社会主义和共产主义的信念，增强中国特色社会主义道路自信、理论自信、制度自信、文化自信，厚植爱国主义情怀，把爱国情、强国志、报国行自觉融入坚持和发展中国特色社会主义事业、建设社会主义现代化强国、实现中华民族伟大复兴的奋斗之中。2019年11月，中共中央、国务院印发《新时代爱国主义教育实施纲要》，2020年6月，教育部印发《中小学贯彻落实〈新时代爱国主义教育实施纲要〉重点任务工作方案》，要求坚持爱国和爱党、爱社会主义高度统一，加快构建一体贯穿、循序渐进的爱国主义教育体系，用好抗疫救灾等重大事件形成的教育资源，在中小学扎实开展深入、持久、生动的爱国主义教育。2020年3月，《中共中央 国务院关于全面加强新时代大中小学劳动教育的意见》正式公布，强调劳动教育是国民教育体系的重要内容，是学生成长的必要途径，具有树德、增智、强体、育美的综合育人价值。2021年10月23日，《中华人民共和国家庭教育促进法》正式公布，提出家庭教育、学校教育、社会教育紧密结合、协调一致，中小学校、幼儿园可以采取建立家长学校等方式，针对不同年龄段未成年人的特点，定期组织公益性家庭教育指导

---

① 《习近平在全国教育大会上强调 坚持中国特色社会主义教育发展道路 培养德智体美劳全面发展的社会主义建设者和接班人》，新华社，http://www.moe.gov.cn/jyb_xwfb/s6052/moe_838/201809/t20180910_348145.html。

② 《习近平主持召开学校思想政治理论课教师座谈会》，新华社，http://www.gov.cn/xinwen/2019-03/18/content_5374831.htm。

服务和实践活动，并及时联系、督促未成年人的父母或者其他监护人参加。这些重要讲话和重要文件，是新时代指导中小学德育工作开展的新要求，中小学校应结合《指南》提出的框架和目标，将劳动教育、思政课建设、爱国主义教育等要求和举措纳入学校德育工作中，并做好校本化实施。

（二）分析办学情况

基于新时代对学校德育工作的新要求，我们可以从社情、校情、学情三个视角对学校德育工作现状进行全面分析，发现和改进德育工作中的不足。一是社情。当今社会发展突飞猛进，互联网、移动终端等信息技术高度发达，中小学生可以说是移动互联网时代的"原住民"，电脑、手机等互联网产品不再是通信、学习的辅助工具。同时，也正是由于信息化时代的到来，学生接触到的信息内容更加复杂多样，价值观冲突更加明显，"盲目追星""网络沉迷""佛系""躺平""内卷"等问题影响着学生价值观的形成。中小学校要做好社会层面的情况研判，在做好日常管理工作的同时，需要探索教育教学与"互联网+"的新融合，关注青少年亚文化对学生价值观的影响。二是校情。校情分析是学校对自身办学状况进行全方位检查、分析、审视的过程，从德育工作来看，不仅要关注学校规模、办学特色、教师状况、课程体系建设、硬件设施等方面，而且要把重点放在学校办学理念、德育目标、德育内容、德育实施途径上，研究当前学校整体发展规划中是否将德育放在首位，是否落实好立德树人根本任务。三是学情，学情分析有别于教学设计中对班级学生既有知识、能力掌握情况的分析，要站在立德树人的高度，从学校整体层面，系统梳理各年级学生基本情况和家庭情况，研究学生身心发展的规律，找到教育的突破点。同时，要提前研究学校周边适龄入学儿童、小升初学生、中考后入学学生的情况，做好学生入校后思想道德教育的准备工作，做好入学适应，使学生逐步接受、认同学校办学理念。

例如，北京市海淀区中关村第一小学建立完善了书记校长负责，以德育主任、班主任和团队干部为骨干，家委会代表、社区代表参与的学校德育工作机构，完善德育运行和管理机制，定期研究学校德育工作，分析学生情况，明确学期工作思路。又如，北京市丰台区丰台第一小学有效调整学校组织机构，设立教师发展、教学研究、学生活动、课程管理和后勤服务五个中心，采取块状线性网络管理方式开展工作。学校以党建工作为核心，以校长负责制和机构调整作为保障，以公民教育作为抓手，有的放矢，深入推进德育工作的有效落实。

（三）反思既有工作

学校德育工作方案不是凭空构建的，而是基于学校多年来德育实践总结、反思和提炼，再融入新时代德育工作新要求而形成的系统的德育工作方案。因此，对既有德育工作的反思分析就显得十分重要。比如，既有德育工作是否涵盖了《指南》提出的各项内容要求，学校开展的特色活动是否做到了注重学段衔接和知行统一、强化道德实践、情感培育和行为习惯养成，学校的师资队伍是否满足了新时代德育工作要求和思政课教学要求，等等。只有将既有的德育工作成体系、成系统地总结好，发现其中的问题，分析问题产生的原因，才能在制定学校德育工作方案时找到突破口和教育契机，指导今后学校德育工作开展。

二 办学理念有新内涵

学校办学理念是落实立德树人根本任务的重要切入点和抓手。古往今来，无论是高校还是中小学校，无论是百年老校还是新建学校，其办学模式均承载着历任校长、教师和学生对本校办学的价值追求和育人理念，体现了对学校的办学目标定位。办学理念可以说是依据落实立德树人根本任务的大方向而制定的学校发展的小方向，是基于学校特有的校情学情、基于学校的历史和现实而作出的价值选择，是立德树人价值导向在学校工作实际中的具体运用和展现。[①] 学校要对办学理念作出新时代的内涵解读，让办学理念既能承载多年来学校特色化办学的厚重历史，又能结合培养德智体美劳全面发展的社会主义建设者和接班人的党的育人方针做好新时代表达。首都师范大学附属顺义实验小学以"顺性扬长实施生长教育，唤醒内力奠基美好未来"的办学理念，抓住学生思想政治、理想信念启蒙的关键期，从"立志向·长精神·育情怀"三个角度设计课程目标，建立"三

---

① 唐汉卫：《立德树人的价值导向机制：基于办学理念的视角》，《思想理论教育》2020年第9期。

类+N"项家国情怀课程群，实现对学生精神成长负责、促进学生立志家国、情系天下，真正担当起培育中国特色社会主义事业的建设者和接班人的责任与使命。北京市延庆区第一小学已有两百余年发展史，学校以"让每一个孩子都成为国家的有用之才"为办学理念，提出"办全国闻名百年老校，育文武全才现代少年"的办学目标，在中华优秀传统文化中融入生态教育理念，使这所百年老校焕发出新的生机。

三 德育工作目标重细化

《指南》立足为学生一生的成长打好思想基础，着眼培养德智体美劳全面发展的社会主义建设者和接班人，明确了中小学德育工作的总体目标。同时，根据中小学生年龄特点、认知能力和教育教学规律，按照小学低年级、小学中高年级、初中学段、高中学段四个阶段，设计了分层次的具体德育目标，既强调德育工作的针对性，又突出德育工作的有机衔接和逐级递进。在各学段目标中，均强调了培养的责任意识、树立"四个自信"、促进全面发展的德育内容，但要达成不同学段的目标，还需要在具体内容、途径方法等方面依据学生年龄特征进行针对性的教育。中小学校要在《指南》提出的总体目标、分学段目标的基础上，基于办学理念制定学校德育工作目标，有机融入爱国主义教育、劳动教育等，并进一步细化出学段目标、年级目标，甚至是班级目标，使德育工作逻辑清晰、目标明确，让德育目标体现出年级衔接、螺旋上升，促进学生的全面发展。北京市朝阳师范学校附属小学在前期的实践与调研中发现，学校德育目标不够聚焦且有一定的随意性，结合新时代德育工作的新形势新要求以及学校工作实际，进一步明晰学校德育工作的具体思路，即以"悦文化"为引领，拓展德育途径，创新德育载体，构建"悦德育"工作体系，培育"悦少年"。学校从自身办学理念出发，基于未来社会对人才发展的需求，将学校育人目标确定为培养身心健康、乐于学习、勤于实践、享于审美的中国少年，并提出了分学段目标（见表1）。其中，"身心健康"是指具有强健体魄和坚强意志，具有优秀的心理品质和良好的品德；"乐于学习"是指以学习为乐，具体体现在学习态度、学习兴趣、学习习惯、学习方法等方面；"勤于实践"是指主动发现和提出问题，有解决问题的兴趣和热情，能大胆尝试，积极进行实践；"享于审美"是指具有艺术知识、技能与方法，具有健康的审美价值取向，具有艺术表达和创意表现的兴趣和意识等。

表1　　　　　北京市朝阳师范学校附属小学学生分学段培养目标

	1—2年级	3—4年级	5—6年级
身心健康	热爱运动，掌握适合自身的运动方法；具有安全意识和积极的心理品质，能调节和管理自己的情绪等	具有自我保护能力；掌握适合自身的运动方法和技能。有一定的自制力，自信自爱，具有抗挫折能力等	理解生命意义和人生价值；坚忍乐观，养成健康文明的行为习惯和生活方式等
乐于学习	感受到学习的快乐，上课认真听讲，大胆发言，努力按时、按要求完成作业；乐于探索求知，养成读书习惯	课前做好准备，上课认真听讲，细心观察，勇于提问，按要求独立完成作业；掌握有效的学习方法，有一定的自主阅读能力	学习目标明确，态度端正，计划性强；能够独立思考，善于提问；爱好广泛，乐于科学探索，积极发表见解
勤于实践	具有好奇心和想象力，积极进行动手实践，学做力所能及的家务劳动	具有问题意识；能独立思考、独立判断；具有一定的动手实践能力，主动学习劳动技能等	做事有计划、讲效率；具有生活自理能力。乐于承担，初步具有自主劳动的意识和能力
享于审美	初步具有发现美、欣赏美的意识和基本能力，学习艺术知识、技能与方法	表达美、体验美，理解和尊重文化艺术的多样性	创造美，追求美，具有艺术表达和创意表现的兴趣和意识，具有健康的审美价值取向；能在生活中拓展和升华美等

四　德育工作内容重全面

《指南》明确将理想信念教育、社会主义核心价值观教育、中华优秀传统文化教育、生态文明教育、心理健康教育作为中小学德育的主要内容。在新时代，围绕德育工作新要求，德育工作内容要更加全面具体，中小学校要结合地方教育教学特色和学校自身特点，细化德育工作内容，全面贯穿学校教育教学工作。

理想信念教育要坚持用习近平新时代中国特色社会主义思想教育师生，中小学校要紧密结合学生实际，推动习近平新时代中国特色社会主义思想进校园、进教材、进课堂、进活动、进家庭、进学生头脑，引导学生立德成人、立志成才，树立正确世界观、人生观、价值观。以爱国主义为核心的民族精神和以改革创新为核心的时代精神，是凝心聚力的兴国之魂、强国之魂。社会主义核心价值观教育要融入中小学校教育教学全过程，落实到中小学管理服务各环节，深入开展爱国主义教育、国情教育、国家安全教育、民族团结教育、法治教育、诚信教育、文明礼仪教育等。中华优秀传统文化是中国特色社会主义植根的文化沃土，是当代中国发展的突出优势，对祖国悠久历史、深厚文化的理解和接受，是爱国主义情感培育和发展的重要条件。开展家国情怀教育、社会关爱教育和人格修养教育，传承发展中华优秀传统文化，大力弘扬核心思想理念、中华传统美德、中华人文精神，引导学生了解中华优秀传统文化的历史渊源、发展脉络、精神内涵，树立和坚持正确的历史观、民族观、国家观、文化观，不断增强中华民族的归属感、认同感、尊严感、荣誉感。生态文明教育要将"绿水青山就是金山银山"的生态发展观融入学生价值观教育中，引导学生树立尊重自然、顺应自然、保护自然的发展理念，养成勤俭节约、低碳环保、自觉劳动的生活习惯，形成健康文明的生活方式。心理健康教育要密切结合当前中小学生中出现的新情况新问题，尤其要重视学生在考试前后、升学前后、假期前后等重点时段和发生家庭变故、学生冲突、居家学习等临时突发性事件时的心理变化，引导学生增强调控心理、自主自助、应对挫折、适应环境的能力。

北京市三帆中学确定的德育工作内容基于《指南》提出的五大德育要求，对其进行了校本化整合。学校结合办学实际和学生特点提出，从学生人格发展的角度来讲，中华传统文化教育、心理健康教育、生态文明教育为学生形成自我一致的情感和态度奠定了基础，为学生形成自我贯通的需要和能力提供了支撑，理想信念教育和社会主义核心价值观教育为学生形成自我恒定的目标和信仰提供了来源；从学生社会化的角度来讲，心理健康教育、中华优秀传统文化教育帮助学生处理与自我和他人的关系，生态文明教育帮助学生处理与自然的关系，社会主义核心价值观教育帮助学生处理与社会的关系，理想信念教育帮助学生处理与国家、与未来生活的关系；这五方面的内容也贯穿于习惯养成过程中。德育内容的落实方式具体如表2所示。

表2　北京市三帆中学德育内容落实举措

内容	落实举措
理想信念教育	◇ 道德与法治、历史、语文等学科课程，学科拓展活动、相关主题选修课 ◇ 书香校园，广播站，电视台，校刊 ◇ 升旗仪式，开学第一课，少年团校，主题团队日，毕业典礼 ◇ 参观博物馆、革命文化圣地、祖国发展成就展览，艺术节红色歌曲演唱 ◇ "博闻广记、感恩负责"良好习惯养成系列活动，"十一"假期"我为祖国献礼"系列活动，见字如面对话"时代英雄"，青春生日会，理想教育主题班会等
社会主义核心价值观教育	◇ 道德与法治、语文、综合社会实践活动等学科课程 ◇ 法治安全讲堂，安全疏散演练、自我保护教育 ◇ 良好道德习惯（尚礼遵规、正直守信、友善大爱、感恩负责）养成系列活动 ◇ 体育嘉年华、文明外出参观、值周、班级形象展示、志愿服务、学代会、离队仪式等 ◇ 诚信考试规范等校规校纪、校训、班训等
中华传统文化教育	◇ 语文、历史、音乐、美术等学科课程，传统文化相关的选修课和兴趣课，相关主题研究性学习，南山诗社等社团 ◇ 诵读诗文大赛、端午诗会、古典诗词吟诵，阅读交流活动，古典人物Cosplay，文化名人进校园等 ◇ 电视台《文化三帆》栏目，广播站《经典名篇诵读》，校刊"传统文化专栏"、学生会公众号、节气小报，书香校园等
生态文明教育	◇ 道德与法治、生物、物理、地理、化学等学科课程，劳技课程，相关选修课，相关主题研究性学习，综合社会实践活动 ◇ 劳动教育系列活动：志愿活动，学农活动，班级值日和日常维护 ◇ 良好生活习惯养成系列活动：家务劳动，光盘行动，垃圾分类，节约粮食，绿色出行 ◇ 科技节，六一野炊，初二远足等
心理健康教育	◇ 道德与法治学科课程、校本心理课程、心理类选修课、心理社团 ◇ 运作心理中心服务系统，包括心理减压放松训练系统、心理体感训练系统、心理自助服务系统等，开展心理测评、心理健康追踪、心理咨询等工作，建设学生动态心理档案 ◇ 建设心理中心服务教室，包括个体咨询室、家庭咨询室、团体咨询室、音乐放松室、情绪调节室等，向学生开放 ◇ 各班设置心理小助手 ◇ 开展心理游园会、生涯规划、生命教育主题班会、情绪调节主题班会等活动

五　德育实施途径重多元

学校德育工作开展得怎么样，在很大程度上是在考察学校德育工作实施途径是否多元、是否有新意、是否重落实。中小学校要把德育工作目标和内容通过课程、文化、活动、实践、管理、协同等途径落实到学校日常管理的各方面和各环节中，进一步突出可操作性和特色化，加强德育工作的实效性。

（一）课程育人

课程育人要体现将中小学德育内容细化落实到各学科课程的教学目标中，融入渗透到教育教学全过程中；统筹好"德育学科"和"学科德育"；用好地方和学校课程。需要特别强调的是，要进一步加强学校思政课建设，强化思政课教学，严格落实义务教育阶段"道德与法治"的课时要求和普通高中阶段"思想政治"必修和选择性必修的学分要求，落实使用统编教材规定，规范思政课教学内容，系统开展习近平新时代中国特色社会主义思想、中国梦、社会主义核心价值观等方面的教育。北京市大兴一中课程中心结合学校育人目标，深挖学校各方面资源，设计行而有效、有针对性的"和合"校本课程，初步建立起"和合"德育课程体系。其中，学校明确提出思政课是开展青少年思想政治教育的主阵地，制定了《大兴一中加强新时代青少年思想政治教育实施方案》，成立了学校青少年思想政治教育中心，研磨"有用、有趣、有效的思政课"，制定思政课教师培养计划，打造德育队伍的中坚力量。北京市海淀区中关村第三小学将德育与日常教研无缝对接，对90分钟的教研时间实现模块化、具体化、常态化管理。具体划分为：10分钟"学科德育"+10分钟讨论"课堂引导性标准"落实情况+60分钟梳理核心课程，重点分析和讲解+10分钟"班级活动、师生关系"故事分享。

（二）文化育人

文化育人要体现因地制宜开展校园文化建设，通过优化校园环境、营造文化氛围、建设网络文化等，使校园秩序良好、环境优美，校园文化积极向上、格调高雅，让校园处处成为育人场所。北京市朝阳区教育研究中心附属学校从管理、教学、育人、教师、环境、媒体六方面培育阳光智慧校园文化，学校创设"以人为本、和谐统一"的民主科学集体决策的管理文化，建构"阳光智慧"教学文化，培育"阳光智慧学子"育人文化，营造"文化涵养气质、气质促进成长"教师文化，传承"适宜学生成长"环境文化，构建"时空维度、形式多样立体"的媒体文化，多元融合形成

"育阳光智慧人"校园文化，促学生可持续发展。北京市延庆区第二小学提出"创建生命化的校园环境文化"，用学校的办学特色构建校园良好的物质文化氛围，使校园充满童趣，充满生机，充满活力。为丰富学校生态文明教育内容，学校开辟了12个微型中草药园，种植金银花、黄芩、桔梗、唐菖蒲、射干、丹参、柴胡、板蓝根、酢浆草等中草药，学生不仅亲身参与从翻地、拉沟、撒子、回填、踩压的播种历程，而且要在种子发芽过程中参与浇水、除草等养护环节；在秋天到来之际，在园丁、教师的带领下，还要参与草药的采摘、锄刨、晾晒等工作。

（三）活动育人

活动育人要展现学校精心设计、组织开展的主题明确、内容丰富、形式多样、吸引力强的活动，强调活动的整体设计和教育意义，通过节日纪念日活动、仪式教育活动、校园节（会）活动、团（队）活动等，促使学生养成良好的思想品德和行为习惯。

北京市前门小学通过"道德讲堂"话传统，"班风、家风故事"颂美德，"跳蚤市场"讲诚信，"感恩教育"寻和谐等方式，固化教育活动，培养良好品行，落实活动育人。学校每月利用升旗仪式，邀请党团员教师、家长、劳动模范、专家名人等结合重要节日、传统节日让学生简单地了解传统文化，帮助他们喜欢传统文化，激发他们对传统文化产生认同感和自豪感；每周二利用广播时间，邀请一至两名学生讲述班级、家庭故事，将学生日常生活学习中的亲情互动、友情关爱传播开来；每学期开展的"跳蚤市场"，让学生在活动中用行动践行传统文化所倡导的勤俭节约、公平交易、诚信友善、文明有礼；在每年的"感恩教育月"中，以家庭为单位开展亲子随手拍微视频活动，将孝老爱亲、诚信友善等中华民族传统美德带进家庭。

（四）实践育人

实践育人要体现与综合实践活动课的紧密结合，通过各类主题实践、研学实践、志愿服务等形式，不断增强学生的社会责任感、创新精神和实践能力；加强劳动教育，使学生树立正确的劳动观念、具有必备的劳动能力、培育积极的劳动精神、养成良好的劳动习惯和品质。北京师范大学第二附属中学长期开展各类社会实践，从场域上，社会实践分为校内实践项目（如劳动美化校园系列项目、爱校志愿行动系列项目、自主研修项目、全国中学生中华传统文化传承高端论坛活动项目等）和校外实践项目（如各类外出社会调查、文化考察和志愿服务等）；从内容侧重上，社会实践分为文化考察类实践（如每年在高一年级开展的徽文化、晋文化、河洛文化、秦汉唐文化等社会实践考察）、专题劳动实践活动（如组织全体高二学生赴劳动基地开展为期2天的多项目劳动实践学习）、志愿服务实践（如故宫、科技馆、博物馆、盲人图书馆等二十余项校外志愿服务项目）、职业体验实践（如高一、高二每学年分类分散组织学生在各行业进行的职业体验或职业访谈实践活动）和学科实践课程（如地理组每年组织的赴虎峪野外考察，语文组组织的颐和园、大观园和现代文学馆考察，历史组和英语组联合组织的英语历史剧创编与展演实践）等。

（五）管理育人

管理育人要体现学校落实《义务教育学校管理标准》的具体举措，推进学校治理现代化，提高学校管理水平，将中小学德育工作的要求贯穿于学校管理制度的每一个细节之中，尤其重视班主任在中小学德育工作方面的重要作用。北京市丰台区第二中学构建了系统化德育管理体系，包括领导体制、法规政策、规章制度、队伍建设、督导检查、考核测评等项内容。构建德育课程一体化实践研究管理体系主要包括：健全和理顺德育工作领导体系；增强教师队伍德育工作意识和德育工作能力；建立和完善规章制度；形成学校、家庭、社会德育立体网络。德育实行校长负责制，建立以学校党委主管，以学校团委、学生发展中心为龙头，团书记、德育主任、年级主任、班主任、中队辅导员、科任老师以及其他教职工共同参与管理的学校德育群体。通过构建德育管理一体化，致力构建校内外结合、多学科整合、多领域融合，面向全体、适合每名学生成长的德育实践课程已成为学校教职工的共识和行动。

（六）协同育人

协同育人要体现新时代家校协同育人要求，建立健全家长委员会，完善家校协同育人机制，引导家长注重家庭、注重家教、注重家风；构建社会共育机制，搭建社会育人平台，实现社会资源共享共建，净化学生成长环境。北京市海淀区教师进修学校附属实验学校设立"学校—年级—班级"三级家长委员会，营造和谐家校共育生态环境；根据年级的个性化需求开展家长讲座，就青春期沟通、初三高三压力缓解、升学指导、小升初衔接等话题，开展了"青春的密码""三步实现亲子有效沟通""积极情绪与幸福人生"等系列讲座，与家长分享家庭教育经验。温州大学城附属学校统整零散繁杂的家长学校资源，分门别类，形成有序的课堂资源库，形成"家学周"课程。

六 条件保障有全局观

中小学校德育工作能否开展得有成效、入人心，前文所述的目标、内容、途径是核心。当前在一些中小学校，党组织抓德育的工作制度还没有很好地形成或落地，思政课教师专职化很难得到保障，班主任的专业素养还有待提高，文化墙、校园网等校园文化建设未能与新时代要求相契合，家校共育、社会协作的协同育人机制还没有显现出成效，等等，这些现象和问题都说明学校需要站在全局角度，从组织建设、队伍建设、硬件支持等方面为德育工作提供有效的保障和支持。

在组织建设方面，中小学校要建立党组织主导、校长负责、群团组织参与、家庭社会联动的德育工作机制，学校党组织要充分发挥政治核心作用，切实加强对学校德育工作的领导。学校党组织书记和校长要亲自抓德育工作，规划、部署、推动学校德育工作落到实处。例如，北京市第一〇一中学成立了德育工作领导小组，由书记、校长担任组长，副校级领导担任副组长，成员有德育主任、年级组长、北京市"紫禁杯"优秀班主任，小组定期召开工作会议，制定并指导实施学校的德育工作方案等，为学生的发展提供指导。同时，强化干部深入年级、班级制度，各年级主管领导指导年级组制订工作计划、做好工作总结，参加年级社会实践活动、研学旅行、任课教师会、班主任会、年级主题教育活动，每周进班听一次课，切实为年级、班级做好服务。

在条件保障方面，学校要利用各种资源和方式改善学校办学条件，丰富校园文化，体现"处处是德育、处处有德育"。要强化家校社协同育人，建立满足家长和学生需求的家庭教育支持服务体系，构建和谐的家校社协同育人关系，促进家校社三位一体育人新机制的建立。同时，要将德育工作经费纳入经费年度预算中，提供德育工作必需的场所、设施等。例如，清华大学附属小学于2015年建立学生成长支持中心，以学生的发展需要为中心，提供相应的成长支持。学生成长支持中心由10名有专业背景的专职及兼职教师组成，长聘来自清华大学、北京师范大学、北京教育科学研究院的专家进行指导。用足用好专项经费，发挥最大效益，把资源放在离学生身心健康最近的地方。两个专业教室设施齐全，情绪墙、心语角、游戏屋、沙盘区、音乐放松解压椅、情绪、注意力训练管理系统、心理测评档案管理系统等，为学生发展提供有力保障。

在教师队伍建设方面，中小学校要重视德育队伍人员培养选拔，优化德育队伍结构，建立激励和保障机制。要针对班主任、思政课教师、德育干部、少先队辅导员、团干部等德育教师进行党的教育方针、德育理论学习；要对全体教职员工开展德育培训，营造全员、全方位育人氛围。例如，首都师范大学附属房山学校坚持"德育为先导，课程为载体，教学为中心"的基本思想，打破德育教学壁垒，通过主管校长德育教学一肩挑，课程教学中心与学生发展中心的人员整合，教研组与年级组共同研讨整体规划，实现教育教学一体化管理，让教学与德育有机结合、相互渗透，思想教育与课程学习交叉并有效融合，让德与学站位于全局高度，树立整体观念，紧密围绕教学这一中心，积极配合教学工作，主动服从，服务于教学工作，较好地克服了德育与教学"两张皮"现象，从而构建起全员育人、全过程育人、全方位育人的德育工作格局。

参考文献

《教育部关于印发〈中小学德育工作指南〉的通知》，http://www.moe.gov.cn/srcsite/A06/s3325/201709/t20170904_313128.html。

《教育部2021年工作要点》，http://www.moe.gov.cn/jyb_sjzl/moe_164/202102/t20210203_512419.html。

《习近平在全国教育大会上强调 坚持中国特色社会主义教育发展道路 培养德智体美劳全面发展的社会主义建设者和接班人》，新华社，http://www.moe.gov.cn/jyb_xwfb/s6052/moe_838/201809/t20180910_348145.html。

《习近平主持召开学校思想政治理论课教师座谈会》，新华社，http://www.gov.cn/xinwen/2019-03/18/content_5374831.htm。

唐汉卫：《立德树人的价值导向机制：基于办学理念的视角》，《思想理论教育》2020年第9期。

协同教育组织在家校社协同教育中的角色与作用分析
——基于协同学理论

赵澜波[*]

协同教育理论建立在协同学理论基础之上。协同学意为"协调合作之学"[①]，协调与合作可以产生协同效应，即有序。协同教育是指在家庭教育系统、学校教育系统、社会教育系统这"三大教育系统中，某一系统中那些独有的要素或者信息进入另一系统与另一系统的要素相互联系与作用，产生协同效应，影响了该系统的教育功能，这种现象称为协同教育"[②]。协同教育被视为未来教育的发展主流，因为协同教育是教育的逻辑起点。每个儿童是如何成长的？除去儿童作为生命的自然成长规律之外，儿童的成长离不开学校教育、家庭教育和社会教育三个教育子系统的相互作用。因此教育必须处理好三个教育子系统之间的关系。通过学校、家庭和社会的协调与合作，围绕"立德树人"的根本任务，提升教育的整体质量，保证每个儿童生命健康的成长。协同教育组织就是促进、实现家校社协同教育的机构和平台。协同教育组织的名称各不相同，如中国的家长委员会、中国台湾地区的家长会、中国香港地区的家长教师会、美国日本加拿大等国的家长教师协会（Parent-Teacher Association，PTA）（北京市中小学也有这类组织）、新加坡的社区与家长辅助学校咨询理事会（Community & Parent in Support of Schools，COMPASS）等。通过定位协同教育组织的角色职责、

---

[*] 赵澜波 北京教育科学研究院德育研究中心研究人员。
[①] ［德］赫尔曼·哈肯：《协同学——大自然构成的奥秘》，凌复华译，上海译文出版社 2013 年版，第 5 页。
[②] 李云林：《协同教育是未来教育的主流》，《电化教育研究》2007 年第 9 期。

发挥协同教育组织的作用是世界各国实现以儿童为中心的协同教育的经验。当前，中国的教育系统处于失衡的状态，协同教育组织建设和职责的发挥也面临着种种困难和问题。第一，儿童的真正利益得不到关切，教师和家长、学校教育和家庭教育的自我诉求不断被强化，协同教育组织成为学校的附庸。第二，协同教育组织中的家长代表不具有代表性，参与能力欠缺，缺少公信意识和服务意识。第三，协同教育组织中缺失社区（会）代表，社区教育与学校教育和家庭教育还没有形成立体的育人格局。这些困境和难题加剧了教育系统的失衡。如何破解这些难题，使中国的协同教育组织走出困境，系统科学中的协同学理论提供了理论分析框架。本文试图以协同学为理论基础，以美国、日本、新加坡、中国的台湾、香港和北京协同教育组织在家校社协同教育中的角色职责和作用为案例进行分析，以期推动中国家校社协同教育的理论发展和实践进程。

一　协同学基本理论概述

协同学是由德国的理论物理学家哈肯创立的一门综合性学科。协同学的研究对象是："其一，许多子系统（基本上属于同一类说少数不同的种类）产生宏观结构和行为的联合作用。再者，许多不同的学科在此合作，以寻求支配自组织系统的一般原理。"[①] 也就是"以探寻结构有序演化规律为出发点考察问题，从相变（平衡的或非平衡的）结构中找到界定不稳定概念的新角度。"[②] 最终使系统从无序走向有序。协同学的基本原理有：不稳定原理、序参量原理、支配原理、协同效应原理、自组织原理。协同学诞生以后，被广泛应用于经济学、生物学和教育学等领域。协同学应用于教育领域就被称为协同教育。

（一）协同学的原理之一——不稳定原理

协同学与以往的许多学科不同的地方在于，后者研究稳定性，而协同学研究不稳定性。协同学"是以探寻结构有序演化规律为出发点考察问

[①] 周云峥：《协同学——一门崭新的综合学科》，《兰州学刊》1984 年第 8 期。
[②] 骆军：《协同学理论视角下的当代大学生公民意识教育》，《江汉论坛》2010 年第 9 期。

题，从相变（平衡的或非平衡的）结构中找到界定不稳定概念的新角度"①。它认为，任何一种新结构的形成都意味着原先的状态不再能够维持，即变成不稳定的。当维持原先状态的旧结构、旧模式或者旧框架已经不利于系统更好发展时，就需要出现一种新的变革力量，把旧系统推向不稳定，这样才能建立起一个使系统持续发展的新的结构或者模式。

（二）序参量原理

协同学认为，序参量是微观子系统或诸要素集体运动的产物，是其合作效应的表征和度量。序参量的形成，不是外部增加的子系统结构，而是来源于系统内部。当外部控制参量驱使系统远离平衡时，系统内各子系统的独立行动开始关联，相互作用，由于涨落的存在，子系统关联与相互作用和环境的能量输入共同构成非线性的耦合关系，于是，协同开始在竞争与协同的矛盾中占据主要地位，子系统形成合作关系，协同行动。②

因此，"序参数是由单个部分的协作而产生。反过来，序参数又支配各个部分的行为。"③ 也就是说，它一旦产生出来，就会取得支配地位，成为系统内部的他组织者，去支配其他的子系统、模式等，从而成为一种他组织的力量，促进新的结构和模式的形成，甚至可以主宰系统演化的整个过程。

（三）支配原理

"支配原理是说序参量支配着系统的整体的自组织演化过程，又称伺服原理。在系统演化过程中的不同历史阶段，系统内不同子系统和不同的运动模式、参量或性质，对系统的影响是有差异的、不平衡的。"④ 协同学认为，在临界点上，在系统内部的各种参量中，存在着两种变量。一个是

---

① 骆军：《协同学理论视角下的当代大学生公民意识教育》，《江汉论坛》2010年第9期。
② 骆军：《协同学理论视角下的当代大学生公民意识教育》，《江汉论坛》2010年第9期。
③ ［德］赫尔曼·哈肯：《协同学——大自然构成的奥秘》，凌复华译，上海译文出版社2013年版，第8页。
④ 骆军：《协同学理论视角下的当代大学生公民意识教育》，《江汉论坛》2010年第9期。

快变量，代表稳定模，它随时间变化很快，弛豫时间很短就消退下去了。一个是慢变量，代表不稳定模，随时间变化很慢，到达新的稳定状态的弛豫时间很长。"有意义的信息、总的场景是由序参数提供的，每当系统的宏观行为改变时，序参数变得十分重要。一般来说，这些序参数是长期量，它们支配着短期量。"① 这里的长期量即为慢变量，短期量即为快变量。因此，在支配原理中，慢变量决定着系统的演化进程。

（四）协同效应原理

协同效应原理是指子系统之间由于协同作用而产生的结果。结果之一是系统形成自组织。结果之二是子系统得到发展。自组织原理是协同学的核心理论。"协同导致协同有序，导致自组织现象产生。系统内部存在着无规则的独立运动和有序的关联运动两种运动。当系统的协同效应足以束缚子系统状态时，关联运动占主导地位，系统就呈现出有序状态；当系统的协同效应不能束缚子系统状态时，系统就呈现出无序状态。"② 因此，自组织原理解释了在一定的外部物质、能量和信息输入的条件下，系统会通过大量子系统之间的协同作用而形成新的时间、空间或功能结构。

为什么笔者要用协同学理论来分析家校社协同教育组织的角色和作用呢？因为自然科学的一般规律可以解释和分析社会现象。协同学的基本理论与以协同教育组织促进家校社协同教育有很大的契合性。

二 协同学理论视角下的协同教育组织角色

（一）协同教育组织是呼吁以儿童为中心、践行协同教育的纽带，是协同教育的重要序参量

根据协同学的序参量理论，序参量一定来源于系统的内部，系统内部的各子系统一旦产生关联，并开始行动，对彼此产生作用，就会形成竞争或者合作的关系。是竞争还是合作的关系，取决于各个子系统彼此进入的

---

① ［德］赫尔曼·哈肯：《协同学——大自然构成的奥秘》，凌复华译，上海译文出版社2013年版，第10页。

② 孔繁玲、周振林：《试论协同学对系统科学的丰富和发展》，《求是学刊》1987年第4期。

能量和信息的多少。如果彼此进入的能量和信息达到平衡，协同行动才会产生。在教育这个大的系统工程中，也需要这样一个序参量，从家庭教育、学校教育和社会教育三个子系统中产生，促进彼此的协调与合作，维持整个教育系统的平衡。协同教育组织在家校社协同教育系统中担当着序参量的角色。

家校社协同教育的对象，毫无疑问指的是儿童，因此协同教育组织的终极使命就是以儿童为中心，维护儿童的利益。协同育人需要一个纽带和平台，不仅协调学校、家庭和社会三方的关系，促成它们的合作；而且更重要的是团结学校、家庭、社会中与儿童成长利益相关的人，不断呼吁和坚守儿童中心，变革学校、家庭、社会为了实现各自利益而无视儿童的教育现实，实现儿童成长利益最大化。

以世界上最早的协同教育组织——美国 PTA 为例。这个组织在 1897 年成立之初的名称为"全国母亲协会"，由两位母亲——爱丽丝·博尼（Alice McLellan Birney）和菲比·赫尔斯特（Phoebe Apperson Hearst）在华盛顿成立。当时的美国社会，男人占主导地位，妇女没有投票权，家长没有参与学校教育的意识。儿童教育问题突出，家校矛盾频发。但是社会上却没有联系母亲和儿童的纽带。在这样的社会背景下，两位母亲挺身而出，四处游说，在 1897 年 2 月 17—19 日组织了一场集会。集会得到了家长、教师、劳工，还有立法者的积极响应。在这个组织成立以后，公众参与教育的言论逐渐增多，儿童教育问题开始受到关注，政府开始出台政策解决这些问题。1907 年，这一组织正式更名为家长教师协会。经过 100 多年的发展，全美 PTA 成为美国最大的儿童保护志愿者协会，其宗旨是"为儿童代言"，组织使命是："授权给家长和社区为儿童代言，使每一个孩子的潜能变为现实。"进入 20 世纪 80 年代，PTA 加强了学校和社会的关系，校外的教育资源受到重视，参与学校的管理力度加大。尤其是进入 21 世纪以后，学校、家庭和社区三者之间的合作成为主流，美国政府为此颁布了一系列法律法规，如《美国教育改革法》《2000 年教育目标法》。这些法律法规都提到了家长要协助办教育，学校和家庭要形成教育合作伙伴关系。[①] 可见，美国 PTA 不断协调着学校、家庭、社区、政府之间的关系，为彼此的合作搭建了一个很好的平台。近 20 年来，美国已经形成了 54

---

① About PTA-Mission，https://www.pta.org/home/About-National-Parent-Teacher-Association.

个州级协会，以及26000多个地方/学校协会，每所公私立学校都有PTA的网络体系。①

很多国家和地区的协同教育组织的宗旨也都关涉维护儿童的利益，协调学校、家庭和社会之间的关系。如日本家长教师协会的宗旨是"为了孩子的幸福成长而进行志愿活动"②，其最主要的目的是"加深家庭、学校和社区之间的合作"③，其角色为"家长和教师关系的调节者；儿童教育环境的积极创建者"等。④ 成立于1997年的新加坡COMPASS由儿童成长利益相关者组成，如教育部人士、教育专业研究者、国会议员、公司董事、媒体成员、社会团体成员、中小学家长支援小组的家长代表等。2000年4月发布的《教育利益相关者》（Stakeholders in Education）指出，学校、家庭、社区要形成共同理解的合作伙伴关系，在教育中可以实现各自的角色，以帮助学生更好地学习和发挥最大的潜能。⑤

中国的香港地区在1988年印发了《略谈学校与家长的联系》《加强家庭与学校沟通》的报告，向家长和教师介绍改进家庭与学校沟通的方法。⑥ 1992年，《教育统筹委员会第五号报告书》建议成立"家庭与学校合作事宜委员会"。1993年，香港教育局成立了家庭与学校合作事宜委员会，简称"家校会"，19名来自香港学校和社会不同行业的学者、家长及学校代表人员成为委员会第一届成员。委员会下设家校活动小组、家校支援工作小组、家校资源工作小组和家校资讯工作小组。在家校会的推动下，截止到2007年，已经有17个地区成立了家长教师联会，在家校会的支持下，齐心协力推动家校合作，促进家长教育。截止到2019年，最后一个离岛区也成立了区级家长教师联会。几乎所有的中小学都成立了家长教师会，使得香港的协同教育有了良好的发展。⑦ 中国台湾地区家长会的目标是"追

---

① 赵兴民、姜志坚：《美国家长教师协会探析》，《天津市教科院学报》2012年第8期。
② 李希：《日本家长教师协会存在的功能偏差及改革举措》，《改革与开放》2017年第7期。
③ 《日本PTA全国协议会》，http://nippon-pta. or. jp/about/apleht0000000kw6. html。
④ 史景轩、王印华、陈娟：《日本家长教师协会在推动教育发展中的作用》，《中小学管理》2006年第4期。
⑤ 赵澜波：《新加坡学校、家庭、社区协同教育组织概况及启示》，《世界教育信息》2020年第1期。
⑥ 翁盛：《香港融合教育中的家校合作机制及启示》，《现代特殊教育（高教）》2016年第2期。
⑦ 《香港家长教师会手册》（内部资料）。

求子女们之最佳福祉"①。

（二）协同教育组织是促使学校教育、家庭教育、社会教育变革的一种力量

协同学的不稳定理论认为，当一个系统已经不能够更好发展时，需要一种变革的力量，把已经失衡的系统推向不稳定，在不稳定中重新建立起有序的格局和模式。协同教育面临的困境和问题需要一种变革的力量来打破旧的模式和系统，为协同教育从失衡再次走向平衡提供平台和支撑。协同教育组织作为由学校代表、家庭代表和社区代表等儿童利益相关者组成的合作型组织，可以成为这种力量，不仅可以变革学校的教育管理，还可以促进家庭教育和社会教育的变革。

协同教育组织的建立和发展可以变革学校的教育管理。现代教育主张以儿童的发展为核心，围绕立德树人的根本任务，学校应该把与儿童利益相关者纳入学校教育的制度安排中，其中首要的相关者就是家长及其所构成的社区。学校重视与家庭和社区的互动过程，强调校内和校外的协作关系，学校不再是封闭的系统而应是一个开放的组织。为了促进学校教育管理的民主和开放，让更多的儿童成长利益相关者联合起来，协同教育组织就要参与学校管理的活动和过程。

以美国PTA为例。地方和学校的PTA在辅助学校教育教学活动，为学生日常生活提供服务，如为学生提供营养膳食、辅助学校进行文化建设、抵制欺凌行为、维护校园安全环境等。在参与学校监督、决策，为学校改革发展提供建议方面，PTA有充分的知情权、监督权和参与权。在每月的例会上，PTA都会邀请校长和学生做报告，讨论学校和PTA发生的和未来相关的事宜；调查了解学校关于儿童健康、安全、教育方面的情况，并写出调查报告反馈给州和国家的PTA；学校PTA还会组织家长代表和学校委员会成员，共同参与校长和教师的聘任、学校教育教学计划和经费如何使用等方面的事务。②

---

① 姚勇文：《家长会：学校教育的合伙人——台湾中小学家长会参与学校教育的启示》，《中国德育》2019年第10期。
② 魏叶美、范国睿：《美国家长教师协会参与学校治理研究》，《全球教育展望》2016年第12期。

再以中国台湾家长会的发展为例。始于1994年的教育改革运动针对积弊已久的学校教育问题，提出四大诉求：落实小班教学小校，广设高中大学，推动教育现代化，制定教育基本法。到了1999年，"国民教育法""教育基本法"相继修订、公布，确立了家长参与校务的法定地位。家长会可以参与的学校事务有：

1. 班级学生家长会协助班级开展教育。
2. 会员代表大会研讨协助学校开展教育及提供改进建议事项。
3. 家长委员会协助学校处理重大偶发事件及有关学校教师、学生、家长之间的争议。
4. 协助办理亲子教育及亲师活动，促进家长之成长及亲师合作关系。
5. 选派家长委员1—3人列席学校校务、教务、训导、辅导等会议。家长会代表不得少于1/5。
6. 执行教育法令所明订家长会之权责。①

协同教育组织的建立和发展可以变革家庭教育。

以美国PTA为例。美国三个级别的家长教师协会的基本任务和职责中有两点是相同的，那就是帮助家长掌握养育和保护孩子的技能，鼓励家长和公众参与公立学校的教育和管理。② 国家PTA还办有自己的杂志《我们的孩子》和网站。不仅宣传PTA的理念，还呈现出丰富多彩的活动，帮助家长提高自己的育子水平。地方和学校的家长教师协会职责的表述更为具体，即让家长能够体验到家长教师协会的所有工作都是为了促进儿童和青少年的健康、安全、幸福，为了形成"更好的学校、更健康的儿童和更强大的家庭"③ 做出了很多的努力。日本国家一级PTA的基本职能和功能有这样明确的表述：开展家庭教育研究，出版家庭教育图书，收集和提供有助于青少年健康成长和增进福利的信息资料，进行宣传引导。④ 日本学校PTA在家庭教育方面的职责更为具体，如改善和发展家庭教育，帮助孩子

---

① 吴重涵、王梅雾、张俊：《国际视野与本土行动：家校合作的经验和行动指南》，江西教育出版社2012年版，第7页。所引内容经作者编辑整理。

② 陈峥、王建梁：《家校合作的纽带——美国家长教师联合会研究》，《外国中小学教育》2003年第5期。

③ 魏叶美、范国睿：《美国家长教师协会参与学校治理研究》，《全球教育展望》2016年第12期。

④ 《公益社团法人日本PTA全国协议会定款》，http://www.nippon-pta.or.jp/about/rkra7f0000000f8z-att/6d5ee3711f65eb3c38fe2a416177e48d.pdf。

学会生活。①

中国香港地区的家长教师会章程明确规定：区域内的家长教师会要推动家长教育活动，合力发展亲子教育及其他活动，以促进区内家庭的和谐关系。②

美国和日本 PTA 的积极工作，带动了更多的家长参与学校教育，提高了家长的育儿观和基本技能与方法，丰富了家庭教育职能。

协同教育组织的建立和发展可以变革社会教育。

日本 PTA 的建立和发展在变革社会教育方面独具特色。日本 PTA 在成立之初，是以"成人教育"和"社会教育"的变革为出发点的。战后日本教育的发展接受了美国的建议。1946 年，美国教育使团到日本考察日本教育制度，提交了《美国教育使节团报告书》，对 PTA 活动进行启蒙，该报告书提到：教育要提高学生的福祉，不仅仅局限在学校、家庭、邻里，社会机构也要起到一定的作用。③ 因此，日本国家一级 PTA 要开展社会教育研究，举办各种交流活动。学校一级的 PTA 要对儿童进行乡里教育，培养儿童了解、热爱本乡里，开展系列研修实践活动。④

以中国的香港地区家长教师会为例。《香港家长教师会手册》由家校会编写，对每所学校如何成立、运行、管理，家长教师会都做出了详细的指导。该手册在联系网络篇中要求家长教师会与地区联会和社区建立联系，善用社区资源，推进有意义的家校合作活动。香港东区家长教师联合会章程明确规定：区内家长教师会要关心及参与小区的发展，从而建设更好的小区环境，以利学童的成长。⑤ 香港家长教师会促使社区更好地承担起了一定的教育角色，第一，在社区内宣传及建立健康的家庭形象，邀请传媒制作提倡家校合作的节目，在社区内向家长播放。第二，在社区内给家长开办一些专门的家庭教育训练课程。这些举措使社区的教育功能得到丰富和发展。

---

① ［日］中岛宗昭著，陈建强、徐秀姿（编译）：《日本 PTA 教育支柱和活动模式》，《当代青年研究》1992 年第 5 期。

② 《香港家长教师会手册》（内部资料）。

③ 《日本 PTA 的诞生》，http://www.nippon-pta.or.jp/jigyou/ayumi/rkra7f0000000g0v-att/1-1-1.pdf。

④ ［日］中岛宗昭著，陈建强、徐秀姿（编译）：《日本 PTA 教育支柱和活动模式》，《当代青年研究》1992 年第 5 期。

⑤ 《香港家长教师会手册》（内部资料）。

（三）协同教育组织可以促进家校社协同教育的进程，是实现家校社协同育人的平台，最终形成协同教育立体格局和模式

根据协同学支配原理，序参量会支配整个系统的演化过程。在不同的历史阶段，因为各个子系统的运动模式不同，进入彼此的参量不同，对整个系统的影响也是不一样的。因此，要想形成一个新的结构和模式，就需要一个长期的过程。

通过以上对美国、日本、新加坡和中国台湾、香港地区不同名称的协同教育组织的分析可以发现，这些协同教育组织的基本职能体现在三个方面，即参与学校教育，支持家庭教育和社会教育，通过协同教育组织的具体工作，促进学校教育、家庭教育、社会教育这三个子系统之间的合作与联系，并改变和提升这三者的教育功能。在这个过程中，协同教育组织就是一种力量、一个平台，它的运行机制形成了家校社协同教育的新结构。

三 协同学理论视角下协同教育组织的作用

北京市自2005年以来开展家长教师协会的理论研究与实践工作，笔者在15年的研究历程中，以协同学为理论基础，借鉴美国、日本、新加坡、中国的台湾和香港地区协同教育组织的工作经验，在北京市一些中小学进行的研究发现，以家长教师协会为平台的协同教育组织在家校社协同教育中发挥了重要的作用。

（一）促进学校、家庭和社会之间的信息交换，协调学校、家庭和社会之间的关系，协调家长和教师的关系，实现协同

家长教师协会来自教育系统内部，其组织结构和基本职责本身就会促使学校和家庭、社会形成合作关系。

从家长教师协会的组织结构来看。北京市中小学 PTA 分为三级：校级、年级和班级，有的区县还成立了区级家长教师协会。如 Y 高中 PTA 由家长教师协会指导委员会和各级协会共同构成。指导委员会由学校领导及市、区专家任指导委员会委员，指导高中家长教师协会学校的建设与运行，在政策、经费、资源、后勤服务等方面给予协会运行充分的保障。在指导委员会的指导下，下设班级、年级、高中部三级协会，校级 PTA 有社区代表参与。

从协同教育组织的职责来看。它的基本职能是促进学校、家庭和社区的合作，培育公民。具体实现方式有：参与学校教育和管理、支持家庭教育和社会教育，沟通学校、家庭和社区。协同教育组织可以充分整合、动员社会力量，开展教育活动。如北京市D小学《家长教师协会章程》规定其"协会职责：第七条：成立家长学校。第八条：参与课程开发和社团建设。第九条：协调家校关系，听取家长的意见、要求，向学校反映家长们所关注的问题，起到桥梁纽带作用。第十条：积极策划、组织和参与学校活动。第十一条：维护学生的正当权益和学校声誉，参与社会监督和学校管理工作"。

家长教师协会在协调家长和教师的关系上，通过具体的活动来实现。北京市一位小学班主任谈到自己和家长的关系时说：

> 以前班级搞一些活动，邀请家长来参加，总是感觉在求着家长做事，有距离，好像中间隔着东西。现在和协会委员一起商量、策划活动，家长纷纷提出自己的建议，我感到与家长的距离没有了，而且有了心与心的交流。在活动的实施过程中，家长也是有话就说，为活动出谋划策，而不是以往那种"老师您说，让我们干什么就干什么"的关系。

协同教育组织为家长和教师提供了直接沟通的平台，相互的理解减少了教师对家长的指责，梳理了家长的参与需求，这些过程逐渐培养了家长正确的参与意识和参与能力，教师与家长合作的能力等。

（二）家长教师协会不断进行自身能力建设为协同教育的实现提供了一条有效路径

家长教师协会的自身能力建设有两个基本的方面。第一，参与、策划教育活动的能力。协同教育组织首先要参与学校常规的教育活动，每学期开展一次大的活动，若干小的活动，并坚持下去，增进了组织成员之间的熟悉与理解，让协会运转起来。在参与的过程中，了解活动的目的、活动流程、合作方式等。待参与能力提升之后，可以独立策划教育活动。如H学校家长教师协会在运行4年之后，独自策划、实施了高一年级职业体验课程。在准备阶段，校级协会执行委员会反复沟通职业体验的目的、意义、实施标准、安全管理等。在达成共识后，协会会长带领各班协会家长代表，撰写职业体验项目方案、编制、发放学生职业体验意向书，并回收统计分析；各班会长发动本班家长提供职业体验岗位资源，各班学生自愿报名参加职业体验岗位，班主任协助统筹协调资源与分配。以家长代表为主导，教师加以辅助推进，最终家长为年级提供了30多个职业体验岗位，完成了学生三天的职业体验生活。这个活动很好地融合了学校、家庭和社会相关机构的力量。第二，沟通协调能力。沟通协调能力一般体现在家校彼此有疑问、有问题、有矛盾的时候。家长代表要跟学校紧密联系，花一定的时间跟学校的管理者保持沟通，随时了解情况，防患于未然。各年级家长教师协会尽到上传下达、沟通反馈的职责。过滤家校矛盾，引导家长需求和舆论导向，在校内协商解决矛盾。

（三）协同教育组织可以促使教育系统发挥出整体功能，形成协同教育新格局

根据协同学的协同效应原理，如果各个子系统之间协同所产生的结果可以帮助子系统，系统就会呈现出有序状态。反之，就会产生无序。各个子系统之间协同有序，系统就会形成自组织，在一定的外部物质、能量和信息输入的条件下，系统会形成新的时间、空间或功能结构。

从家长教师协会的宗旨来看。学校 PTA 坚守儿童立场，形成"为了儿童"的共同愿景。如 B 小学家长教师协会的愿景是：尊重每一个孩子；Y 中学家长教师协会的使命是：陪伴学生成长。每所学校的家长教师协会都由家长、教师、社区代表组成。有的学校还有教育专家、法律顾问的参与。这些协同教育组织把儿童成长利益相关者团结到一个平台上，共同为儿童的发展出谋划策。

从家长教师协会履行职责来看。在参与学校教育方面，大到学校的发展规划、教育目标，小到学生校服的购买、营养餐公司的选择、学生手机管理制度的制定、班级的相关活动，都有教师、家长和社区代表一起沟通和协商。如 D 小学定期召开家长教师协会例会，在讨论"十三五"期间学校发展规划时，协会委员在如何培养发展青年教师队伍，如何改进现有的家长会模式，如何减少学生的近视发生率，如何保证学校改建期间的学生安全等问题上，为学校的发展献计献策。在支持家庭教育方面，B 学校的

PTA 有专门的家长学校指导部，定期为家长提供学校的相关活动和信息，邀请专家为家长答疑解惑。在支持社区教育方面，很多学校的 PTA 都积极与社区联系，开展社区垃圾分类活动。

从家长教师协会的工作流程和工作制度来看。北京市中小学三年级的 PTA 组织各担其责。如 H 学校班级家长教师协会的职责是：积极与班主任沟通，了解学校教育方针，制订工作计划或修正阶段性工作方向；积极落实安排家长教师协会的相关工作；正确传递学校及班级相关资讯，避免信息的断层与误解；服务好班级家长，不辜负他们的信赖。校级家长教师协会的职责是：参与学校校务会议；制订年度工作计划；年底召开年会；批准班级家长教师协会的活动；表彰优秀班级家长教师协会和优秀家长代表。校级和班级家长教师协会上下沟通与联系。在人员构成上，班级家长教师协会的会长是校级家长教师协会的理事成员；在工作流程上，班级家长教师协会的外出实践活动要报批校级家长教师协会，向校级协会上报优秀家长代表，反映家长和学生的诉求。如果遇到需要协调的事情，解决的路径是：班级解决，未果，则上报年级，再未果，则上报校级。哪一级能够解决问题，就由哪一级组织负责反馈和解释。例如，家长教师协会在学生营养餐配餐选择、学校食堂、三好生的评选、班主任的变换、校本课程的开发、校服的征订、校址变迁、合并学校等工作上发挥了重要的参与决策和协调矛盾的作用。① Y 中学高中部 PTA 已经形成了一整套工作机制：成立、选举和改选机制；培训研讨机制；活动与沟通协商机制；表彰和评价机制。

"如果在由混沌产生有序，或一种有序性逐渐转变为另一种新的有序性的场合中，这样的普遍规律起作用的话，那么，在这类过程中必然有着某种内在的自动机制。"② 学校、家庭和社会协同教育运行机制，其实就是宏观教育系统内在的自动机制，是教育的本来规律。而启动这个机制的支点，就是协同教育组织。

参考文献

《香港家长教师会手册》（内部资料）。

---

① 赵澜波：《现代学校制度视阈下的家长教师协会建设——基于组织社会学理论》，《中国德育》2019 年第 15 期。

② ［德］赫尔曼·哈肯：《协同学——大自然构成的奥秘》，凌复华译，上海译文出版社 2013 年版，第 11 页。

陈峥、王建梁：《家校合作的纽带——美国家长教师联合会研究》，《外国中小学教育》2003 年第 5 期。

魏叶美、范国睿：《美国家长教师协会参与学校治理研究》，《全球教育展望》2016 年第 12 期。

翁盛：《香港融合教育中的家校合作机制及启示》，《现代特殊教育（高教）》2016 年第 2 期。

吴重涵、王梅雾、张俊：《国际视野与本土行动：家校合作的经验和行动指南》，江西教育出版社 2012 年版。

赵澜波：《现代学校制度视阈下的家长教师协会建设——基于组织社会学理论》，《中国德育》2019 年第 15 期。

赵澜波：《新加坡学校、家庭、社区协同教育组织概况及启示》，《世界教育信息》2020 年第 1 期。

赵兴民、姜志坚：《美国家长教师协会探析》，《天津市教科院学报》2012 年第 8 期。

［日］中岛宗昭著，陈建强、徐秀姿（编译）：《日本 PTA 教育支柱和活动模式》，《当代青年研究》1992 年第 5 期。

About PTA-Mission，https：//www. pta. org/home/About-National-Parent-Teacher-Association.

《公益社团法人日本 PTA 全国协议会》，http：//www. nippon-pta. or. jp/about/rkra7f0000000f8z-att/6d5ee3711f65eb3c38fe2a416177e48d. pdf。

《日本 PTA 的诞生》，http：//www. nippon-pta. or. jp/jigyou/ayumi/rkra7f0000000g0v-att/1－1－1. pdf。

学校文化与社会主义核心价值观具体化问题分析

秦廷国[*]

习近平指出,要注意把社会主义核心价值观日常化、具体化、形象化、生活化,使每个人都能感知它、领悟它,内化为精神追求,外化为实际行动,做到明大德、守公德、严私德。中小学社会主义核心价值观教育的实效性,只有在学校文化中把社会主义核心价值观具体化才能实现。学校文化是指学校成员在特定价值观指引下,使用各种符号系统建构的生活方式。学校文化以传统文化为基础,是在批判流行文化过程中构建起来的校园文化。社会主义核心价值观对学校文化起着理论指导、引领方向和明确规范的作用,学校文化又在具体化抽象内容过程中涵养和培育社会主义核心价值观。要积极探索社会主义核心价值观具体化的途径,把社会主义核心价值观融入校园文化之中。

一 社会主义核心价值观具体化诉求

社会主义核心价值观是最基本、最普适的价值标准,经常以口号的形式出现,相对于中小学生特别是小学生而言比较抽象,只有将其具体化、校本化才能为广大学生所接受。首先,要把社会主义核心价值观的元素具体化、校本化。比如,将国家层面的价值目标落实到学校就是富强的集体、民主的选举、文明的校园、和谐的班级等,社会层面的价值取向具体到学校就是自由的思考、师生的平等、公正的评比、法制的校园等。其次,在日常教学中,可以用具体的案例作为讲解社会主义核心价值观的手

---

[*] 秦廷国 北京教育科学研究院德育研究中心研究人员。

段。比如在国庆节对学生进行爱国教育，在"五一"节利用模范人物对学生进行敬业教育，在临近考试时针对考试作弊的问题用诚信标准要求学生。最后，要引导学生把国家、社会、学校、班级、个人等价值主体统一起来。比如，爱国与爱社会、爱学校、爱班级是统一的，敬业与学业是统一的，学生把学业搞好就是敬业。总之，社会主义核心价值观的具体化、校本化，要在落细落小落实上下功夫。一是具体化、校本化必须落细。具体化就是要着眼于具体细节。古人云："天下大事，必作于细。"这是因为任何大事都是由细小的环节构成的。社会主义核心价值观是宏大的叙事，宏大的叙事如果不落实到具体的细节上，就无法贴近学生、贴近实际、贴近生活。二是具体化、校本化必须落小。要成就一件大事，就必须从小事做起。具体化就是要求从小事做起，由小及大、由近及远；就是要求从基础的、具体的方面抓起，从学生的学习和生活实际抓起。三是具体化、校本化必须落实。具体化，就是要深入学生的学习和生活实际，解决学生的实际问题。理论的彻底不仅应体现在观念的层面和价值的层面，而且应体现在实践的层面。落细、落小的目的是落实。学生不仅看教师在课堂上讲得是否在理，还要看在日常生活中能否践行。

二 社会主义核心价值观具体化之源：传统文化教育

1. 社会主义核心价值观具体化，体现在中华优秀传统文化中，就是后者蕴涵着社会主义核心价值观的丰富资源。培育和弘扬社会主义核心价值观必须立足中华优秀传统文化。牢固的核心价值观，都有其固有的根本。抛弃传统、丢掉根本，就等于割断了自己的精神命脉。博大精深的中华优秀传统文化是我们在世界文化激荡中站稳脚跟的根基。中华文化源远流长，积淀着中华民族最深层的精神追求，是中华民族独特的精神标识，为中华民族生生不息、发展壮大提供了丰厚的养分。中华传统美德是中华文化的精髓，蕴含着丰富的思想道德资源。中华传统美德是中国五千年历史流传下来的具有深远影响、可以传承发扬并不断创新发展的有益于后代的优秀道德遗产，概括而言就是中华民族优秀的道德品质、优良的民族精神、崇高的民族气节、高尚的民族情感以及良好的民族习惯。中华传统美德标志着中华民族的"形"与"魂"，是中国人民两千多年来处理人际关系、人与社会关系和人与自然关系实践的结晶。不忘本来才能开辟未来，善于继承才能更好创新。对历史文化特别是先人传承下来的价值理念和道德规范，要坚持古为今用、推陈出新，加以有鉴别地对待，予以扬弃地继承，努力用中华民族创造的一切精神财富以文化人、以文育人。要讲清楚中华优秀传统文化的历史渊源、发展脉络、基本走向，讲清楚中华文化的独特创造、价值理念、鲜明特色，增强文化自信和价值观自信。要认真汲取中华优秀传统文化的思想精华和道德精髓，大力弘扬以爱国主义为核心的民族精神和以改革创新为核心的时代精神，深入挖掘和阐发中华优秀传统文化讲仁爱、重民本、守诚信、崇正义、尚和合、求大同的时代价值，使中华优秀传统文化成为涵养社会主义核心价值观的重要源泉。要处理好继承和创造性发展的关系，重点做好创造性转化和创新性发展。

2. 社会主义核心价值观具体化，体现在中华优秀传统文化中，就是后者蕴涵着社会主义核心价值观的具体内容。从国家层面来看，中华文化历来强调"民本""天人合一""和而不同"。《尚书·五子之歌》曰："民为邦本，本固邦宁。"这就是说，百姓是国家的根本和基础，唯有百姓富足安康，国家才能和谐稳定。社会主义核心价值观倡导富强、民主，要求一切从人民群众的利益出发，关注民生，唯有人民安居乐业，国家才能富强昌盛，这是民本思想在当今时代的升华。中华文化强调"天人合一""和而不同"，反映在社会主义核心价值观中，即和谐思想的体现。"天人合一"是指人类活动应顺应自然规律，在与自然的相处中尊重自然，维护人与自然的和谐，实现人与自然的可持续发展。"和而不同"则强调在与人交往中既能保持和谐友善关系，又能坚守自己的立场，这种理念要求人们在与人相处时应求同存异，保持人与人之间自由、民主、平等的关系，实现人与人的和谐、可持续发展。从社会层面来看，中华传统文化强调"己所不欲，勿施于人"，反映了社会主义核心价值观倡导的平等思想。儒家强调"入世的自由"，释家强调"出世的自由"，道家强调"无为"的"逍遥游"，反映了社会主义核心价值观所倡导的自由思想。孔子说："大道之行也，天下为公。"这里的"公"具有公共、公义、公正、公平的政治意蕴。所谓天下为公，其主旨是指国家是公共的，是人民大众的，崇尚的是一种公众的合法生存。君主必须时刻把天下公利摆在第一位，立法定制必须体现公正，治国理政必须保证公正。这反映了社会主义核心价值观所倡导的民主、公正思想。法家主张以法治国，法要"布之于众""任法而治"，反映了社会主义核心价值观所倡导的法治思想。从公民层面来看，中华传统文化强调"天下兴亡，匹夫有责"，是说国家存亡与每个人都息息相关，要求人们以国家兴亡为己任，体现了社会主义核心价值观所倡导的爱国思想。中华民族历来有"敬业乐群""忠于职守"的传统，敬业是中国人民的传统美德。这体现了社会主义核心价值观所倡导的敬业思想。孔子说："人而无信，不知其可也。"这体现了社会主义核心价值观所倡导的诚信思想。孟子说："取诸人以为善，是与人为善者也。故君子莫大乎与人为善。"这是要求在人际交往中应待人善良、与人为善，体现了社会主义核心价值观所倡导的友善思想。

三　社会主义核心价值观具体化之鉴：流行文化批判

文化按其地位和作用来讲有主流文化和非主流文化的区分。主流文化是传统的、系统的、大众的、起主导作用的文化，非主流文化是一种相对于主流文化而言的、现代的、易于在青少年中流行的次文化或亚文化。在现代化背景下，一般意义上的非主流文化也就是流行文化。目前，侵入中小学校园的流行文化主要有：（1）流行网络文化和商业文化。流行网络文化如"网络游戏""虚拟交友""网络爱情"和"网络迷信"，有教育者称之为"社会毒文化"。网络成瘾成为青少年的致命顽疾，网络犯罪已蔓延到中小学校园里。在市场经济社会里，商业流行文化如虚假的商业广告、低俗的商业宣传正在侵入孩子们的头脑，又由他们带进学校，成了令老师和家长担忧的可怕的"病毒"。（2）流行音乐文化和影视文化。现在主流音乐逐渐衰落，非主流的流行音乐却在幼儿园、中小学兴盛起来。幼儿园小朋友和小学生喜欢唱《老鼠爱大米》等流行歌曲，初中生、高中生则流行唱《双节棍》等一些情感歌曲。各种非主流的影视作品如美国好莱坞大片、日韩情感剧等流行影视文化大量弥漫在中小学生学习、生活的场所，随时侵蚀着他们的身心。（3）流行生命文化和理想文化。许多青少年把生命绝对化、个体化，以至于少数青少年学生视生命为儿戏，经不起挫折，遭受不了困难，动不动就自虐和轻生。传统的理想教育是要孩子们从小树立崇高的理想，但由于当今社会非理性、非主流的东西太多，青少年学生变得很现实，连幼儿园里孩子的理想都变得非主流了。

流行文化具有瞬时性和短暂性，社会上流行的文化经常处于不断变换之中，流行的趋势常常是从一个极端到另一个极端。因此，流行文化总是让青少年学生处于一种悬浮状态，表现在内就是按照自我感觉做情绪化的表达，无法清晰地分辨现实，进行独立思考，表现在外便是行为的无节制和社会道德责任感与道德行为的缺失。受流行文化的影响，青少年学生在价值观取向上日益呈现出非主流化趋势，主要表现在以下几个方面：（1）在人生追求上，呈现出功利化倾向。受市场经济利益最大化规则的影响，部分青少年学生片面地认为，能不能创造价值、拥有财富，是衡量一个人是否成功的重要标志。调查表明，有54.55%的青少年把物质生活当作人生的追求。（2）在理想信念上，呈现出自由化倾向。受新自由主义思潮的影响，部分青少年学生片面地认为人生来就是自私的，个人的自由发展高于社会或者集体的发展。调查表明，有44.83%的青少年把个人自由的实现当作理想信念。（3）在生活态度上，呈现出享乐化倾向。受消费主义思潮的影响，相当多的青少年学生把消费当作自我价值的表现和生活的根本意义，他们奉行"我消费我快乐"的享乐主义，致使其生活目标物欲化、道德追求空虚化。调查表明，有43.14%的青少年在生活态度上呈现出享乐化倾向。与此同时，受流行文化的影响，不少青少年学生出现无意识化倾向，他们在纷繁多变的流行文化面前感到迷茫、困惑，丧失自我意识，片面追求感官享受。（4）在荣辱观念上，呈现出扭曲化倾向。非主流文化的蔓延正悄然消解着传统荣辱观教育中是非善恶的标准，使得一些人是非颠倒、以丑为美、不知廉耻。调查发现，有些学生对政治进步或政治荣誉表现出冷漠，持一种无所谓的态度。比如，他们对入队入团等一些传统的政治进步或荣誉看得比较淡薄，而对获奖拿奖金等实际好处则比较渴望和重视。

　　流行文化作为一种文化资源，我们要科学、理性、具体地对待之。对流行文化的影响，要辩证全面地分析，既要看到它对青少年学生的消极影响，又要看到它对文化发展的积极作用。流行文化能够流行，是因为它具有某种特别的吸引力，往往包含着符合年轻人现实需要的内在价值。因此，流行文化的变迁往往能够从积极意义上推进社会道德价值趋向的发展。对于流行文化的积极方面我们要发扬光大，对于其消极影响我们要努力加以消除或缓解。（1）用科学疏导和合理治理的方式对待流行文化。流行文化的产生有其深刻的社会人文根源，强制的堵截和扼杀只能适得其反，只有科学疏导和合理治理，才能实现预期的目标。加强社会主义先进文化建设，强化文化管理和文化治理，把持正确的方向和方针，一手抓建设，一手抓管理和治理。正视和理顺流行文化和主流文化的关系，发挥好主流文化的引导作用，梳理好流行文化产生和传播后的发展方向，使整个学校的文化建设真正形成主流引领、包容多样而又合理管控的生动局面。（2）解放思想，创新途径，变革学校德育方式。长期以来，中小学德育的实效性不尽如人意，其根本原因是拘泥于一种模式：德育内容高、大、空，且从小学到中学甚至到大学重复多遍，令人生厌；"以政治为本"而忽视"以人为本"，"从主义出发"而忽视"从实际出发"，脱离现实生活，脱离学生需求。在市场经济条件下，各种思潮相互激荡，多元价值侵入学生头脑，学校德育究竟能否起到引领和主导作用呢？要解决这个问题，就必须解放思想，一切从学生需求出发，"以生为本"，真正解决学生的实际问题。（3）整合流行文化，建设校园和谐文化。流行文化在社会上和校园里流行并不可怕，问题是怎样对待它。放任自由不可取，扫荡出门不可能；让主流文化与流行文化平起平坐不行，把流行文化当作主流文化的陪衬也不行。合理的策略应是整合创新。既然我们这个社会不可能只有单纯的主流文化，学校也不可能只允许主流文化存在，那么我们就要以开阔的胸怀、理性的眼光和智慧的手法去接纳、吸收、消化流行文化。对于青少年学生来说，在当前主流文化尚缺乏丰富性和强势性的时候，如果强行将流行文化拒之于校园之外，他们就会"饥不择食"，乃至"欲罢不能"；相反，如果有选择地让一些有品味的、不损害青少年身心健康的流行文化"随行就市"，学生就会有更多的文化选择空间，使他们在选择中识别、批判和斗争，最后达到消化吸收的目的。学校要在对流行文化进行分析、判断并取舍的基础上，认真进行文化的整合，研究各种文化的关系状态与关系性质，列出流行文化的谱系，进行科学的分析，该剔除的剔除，该融入的融入，以综合对多样，以主流对非主流，创造出适合学生发展需要的和谐的校园文化。

四 社会主义核心价值观具体化之路：校园文化建设

（一）校园文化活动的创建

要围绕社会主义核心价值观内容，精心设计和组织内容丰富、形式多样、学生喜爱的文化活动：充分利用重大节日、纪念日等有特殊意义的日子，开展相关的主题教育活动；加强校园人文环境建设，努力做到校园内一草一木、一物一景都熏陶人；重视校园网络文化建设，开发优质校园网络资源，运用班级QQ群、文明博客、家校互联平台等，弘扬主旋律、传播正能量；建立健全学校管理制度，发挥制度文化的育人功能，在学习、生活中培养学生优良品质、形成良好习惯。要结合校园文化和班级文化建设，增强课堂教学的主体穿透力和感染力。北京市几乎每所中小学校都在发展过程中形成了特色鲜明的组织文化，校园文化和班级文化建设颇具成效，要积极发挥这些文化建设的优秀成果，抓住其与社会主义核心价值观的结合点，以社会主义核心价值观引领组织文化建设，将组织文化建设作为培育社会主义核心价值观的重要途径。比如，有的学校定期举办文化节，文化活动既特色鲜明又丰富多彩，要努力挖掘其中有利于社会和谐、时代进步、健康文明的内容，使其转化为课堂教学资源，阐释其中与社会主义核心价值观相融相通之处，从而更好地引领学生认同、践行社会主义核心价值观。同时，在课堂教学过程中要充分发挥学生干部和先进分子的带头作用，以更高的标准来要求他们，从而影响带动更多的学生，形成一种激发正能量的良好氛围。

（二）校园文化环境的营造

优良的校园文化环境有利于学生价值观的涵养和价值共识的形成。要将社会主义核心价值观融入校园文化环境中，通过优良的校园文化环境，让学生深刻感悟核心价值观，逐渐凝聚价值共识。校园文化环境包括校园文化场所及其所体现的文化氛围等。校园文化场所一般是指教室、办公室、实验室、图书室等，还包括在室外进行的各种教育活动。这些文化场所为教育活动提供了必要的空间和条件，而场所的布置、环境和氛围也会对社会主义核心价值观的传递和构建起到辅助作用。将社会主义核心价值观融入校园文化场所中，就是利用文化场所的空间环境和既有条件，通过不同方式对学生进行潜移默化的教育和引导，使文化场所成为社会主义核心价值观教育的隐性课堂。要加强校园文化场所的环境建设和学习氛围的营造，可以在文化场所的墙壁或者设施上张贴海报、标语或者漫画等，通过优良的文化环境与和谐的教育氛围，向学生渗透社会主义核心价值观的具体内容，使学生耳濡目染，逐渐凝聚价值共识。要建构立体教育网络，在校园文化场所内安装网络电视、电子宣传栏等新媒体设备，创新宣传教育的方式和内容，调动学生学习的积极性和热情，增强社会主义核心价值观的吸引力和感染力，促进学生树立正确的世界观、人生观和价值观。

参考文献

成中英：《中国文化的现代化与世界化》，中国和平出版社 1988 年版。

黄楠森：《有中国特色社会主义文化研究》，山东人民出版社 1999 年版。

江畅等：《中国主流价值文化及其构建研究》，人民出版社 2013 年版。

刘明君：《多元文化冲突与主流意识形态建构》，中国社会科学出版社 2008 年版。

毛振军、李松雷：《论中国传统文化中的自由内涵》，《中共济南市委党校学报》2008 年第 1 期。

宋乃庆：《社会主义核心价值观与中华优秀传统文化》，《光明日报》2014 年 10 月 7 日第 6 版。

王苫：《时代特征对青少年主流意识形态认同的挑战》，《中国青年研究》2009 年第 3 期。

衣俊卿：《文化哲学》，云南人民出版社 2001 年版。

中小学校外培训机构德育工作现状调查报告

刘韬*

一 调查的目的

2021年10月，受教育部校外教育培训监管司委托，北京市学校德育研究会正式接受任务，开始研制中小学校外培训机构德育工作指南。为了做好中小学校外培训机构德育工作指南的研制，北京市学校德育研究会依托北京教育科学研究院等专业力量，组成课题组，对全国特别是北京地区的校外教育培训机构的德育工作现状开展问卷调查。

二 调查的方法

课题组在前期文献研究和个案访谈的基础上，研制出22道题的中小学校外教育培训机构德育工作现状问卷，通过网上调查的方式，面向全国特别是北京地区的校外教育培训机构从业人员定向发放问卷，共回收有效问卷303份。

三 调查的对象

（一）调查对象性别结构分析

参加本次调查的校外教育培训机构从业人员共303人，其中男性68人，占比22.44%；女性235人，占比77.56%。

---

* 刘韬　北京教育科学研究院德育研究中心研究人员。

表1　　　　　　　　　　调查对象性别结构分析

性别	小计（人）	比例（%）
男	68	22.44
女	235	77.56
本题有效填写人次	303	

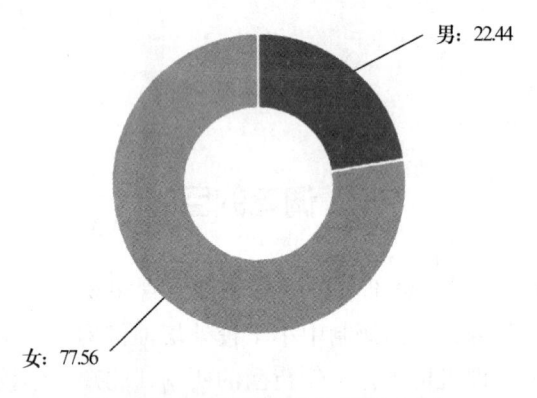

图1　调查对象性别结构比例（%）

（二）调查对象年龄结构分析

在参加本次调查的校外教育培训机构从业人员303人中，20—30岁年龄段有96人，占比为31.68%；31—40岁年龄段有119人，占比为39.27%；41—50岁年龄段有61人，占比为20.13%；51—60岁年龄段有27人，占比为8.91%，说明校外教育培训机构从业人员以中青年人员为主。

表2　　　　　　　　　　调查对象年龄结构分析

选项	小计（人）	比例（%）
20—30岁	96	31.68
31—40岁	119	39.27
41—50岁	61	20.13
51—60岁	27	8.91
本题有效填写人次	303	

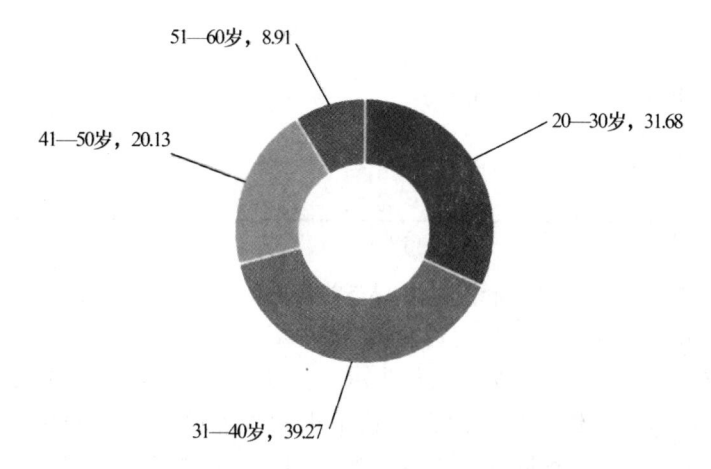

51—60岁，8.91
41—50岁，20.13
20—30岁，31.68
31—40岁，39.27

图2　调查对象年龄结构比例（%）

四　调查的主要发现

（一）中小学校外培训机构亟待加强德育工作

如表3所示，参加本次调查的校外教育培训机构从业人员，在回答"中国中小学校外培训机构是否有必要加强德育工作"问题时，有高达75.91%的从业人员认为"很有必要"。

表3　关于"中国中小学校外培训机构是否有必要加强德育工作"的调查统计

选项	小计（人）	比例（%）
很有必要	230	75.91
有一定必要	51	16.83
说不清	16	5.28
无必要	3	0.99
很无必要	3	0.99
本题有效填写人次	303	

如表4所示，参加本次调查的校外教育培训机构从业人员，在回答"您是否认同'中小学校外培训机构同样具有立德树人使命'的观点"问

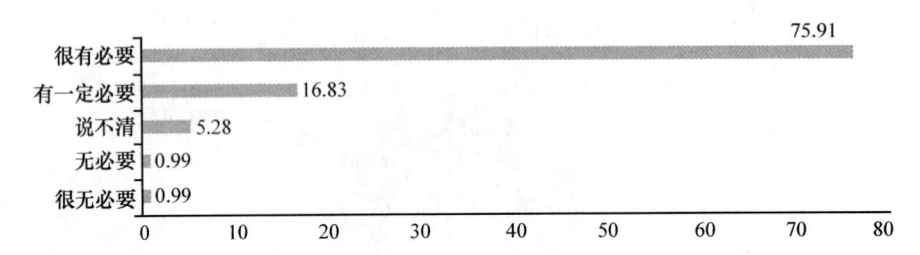

图3 关于"中国中小学校外培训机构是否有必要加强德育工作"的调查比例（%）

题时，有高达72.94%的从业人员表示"很认同"，有15.84%的从业人员表示"较认同"。数据显示，大多数中小学校外培训机构的从业者认同"中小学校外培训机构同样具有立德树人使命"的观点，校外培训机构要加强德育工作，承担起立德树人的使命。

表4 关于"中小学校外培训机构同样具有立德树人使命"的调查统计

选项	小计（人）	比例（%）
很认同	221	72.94
较认同	48	15.84
说不清	26	8.58
较不认同	4	1.32
很不认同	4	1.32
本题有效填写人次	303	

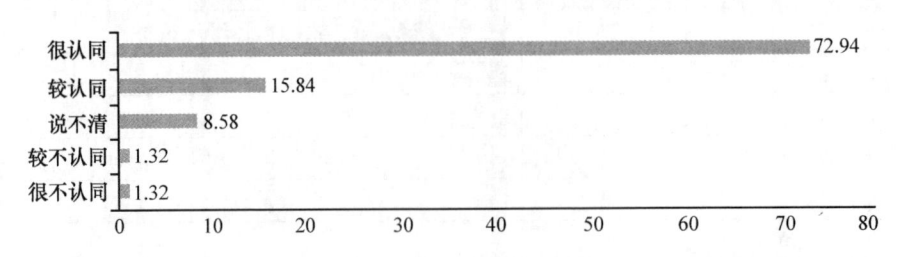

图4 关于"中小学校外培训机构同样具有立德树人使命"的调查比例（%）

(二) 中小学校外培训机构的育人能力亟待提升

如表5所示，参加本次调查的校外教育培训机构从业人员，在回答"您觉得培训机构的育人能力是否需要提升"问题时，认为"非常需要"的占比为35.31%，认为"比较需要"的占比为43.56%。

表5 关于"培训机构的育人能力是否需要提升"的调查统计

选项	小计（人）	比例（%）
非常需要	107	35.31
比较需要	132	43.56
说不清楚	49	16.17
不太需要	8	2.64
不需要	7	2.31
本题有效填写人次	303	

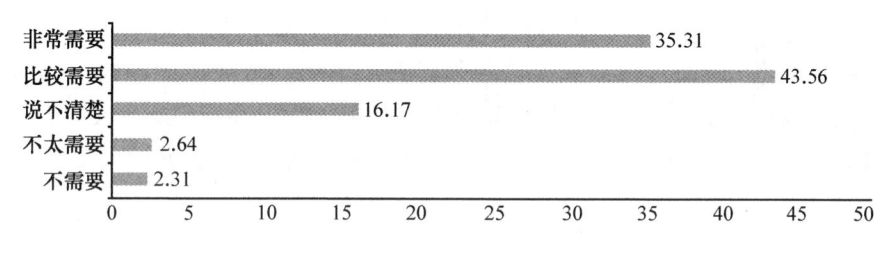

图5 关于"培训机构的育人能力是否需要提升"的调查比例（%）

(三) 中小学校外培训机构应加强从业者的师德建设

如表6所示，参加本次调查的校外教育培训机构从业人员，在回答"中小学校外培训机构从业者是否应该加强师德建设"问题时，认为"很有必要"的占比为72.61%，认为"有一定必要"的占比为21.12%。

表6 关于"中小学校外培训机构从业者是否应该加强师德建设"的调查统计

选项	小计（人）	比例（%）
很有必要	220	72.61
有一定必要	64	21.12

续表

选项	小计（人）	比例（%）
说不清	16	5.28
无必要	2	0.66
很无必要	1	0.33
本题有效填写人次	303	

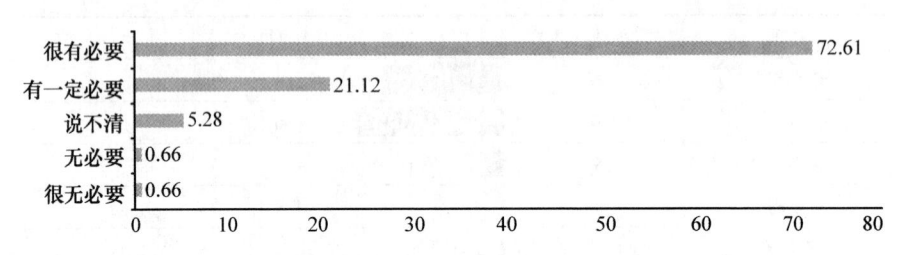

图6 关于"中小学校外培训机构从业者是否应该加强师德建设"的调查比例（%）

如表7所示，参加本次调查的校外教育培训机构从业人员，在回答"中小学校外培训机构从业人员亟须提升以下哪些方面"问题时（多选题），选择"师德师风"的占比为79.87%，排在第一位。可见，大多数校外教育培训机构从业人员认为校外培训机构应加强从业者的师德师风建设。

表7 关于中小学校外培训机构从业人员亟须提升方面的调查统计

选项	小计（人）	比例（%）
师德师风	242	79.87
专业能力	222	73.27
思政意识	169	55.78
沟通技巧	125	41.25
市场拓展	60	19.8
政策解读	84	27.72
遵纪守法	64	21.12
本题有效填写人次	303	

如表8所示,参加本次调查的校外教育培训机构从业人员,在回答"您如何评价中小学校外培训机构从业者的道德素养和行为示范意识"问题时,选择最多的是"一般",占比为38.61%,可见,校外培训机构从业者还需要进一步加强道德素养和行为示范意识。

表8 关于"如何评价中小学校外培训机构从业者的道德素养和行为示范意识"的调查统计

选项	小计（人）	比例（%）
很强	78	25.74
比较强	97	32.01
一般	117	38.61
比较弱	7	2.31
很弱	4	1.32
本题有效填写人次	303	

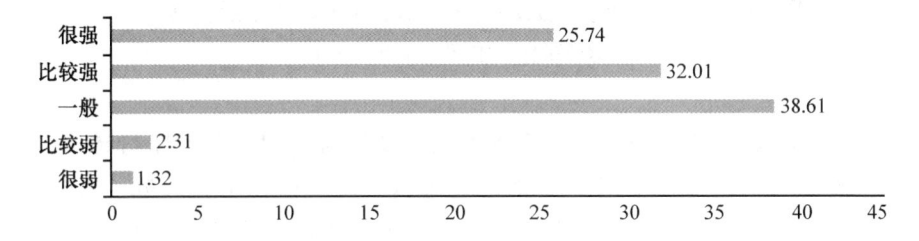

图7 关于"如何评价中小学校外培训机构从业者的道德素养和行为示范意识"的调查比例（%）

（四）中小学校外培训机构应配备专门人员落实德育工作

如表9所示,参加本次调查的校外教育培训机构从业人员,在回答"中小学校外培训机构是否应配备专门人员落实德育工作"问题时,认为"很有必要"的占比为52.81%,认为"有一定必要"的占比为30.69%。可见,大多数校外教育培训机构从业人员认为中小学校外培训机构应配备专门人员落实德育工作。

表9　关于"中小学校外培训机构是否应配备专门人员落实德育工作"的调查统计

选项	小计（人）	比例（%）
很有必要	160	52.81
有一定必要	93	30.69
说不清	32	10.56
无必要	16	5.28
很无必要	2	0.66
本题有效填写人次	303	

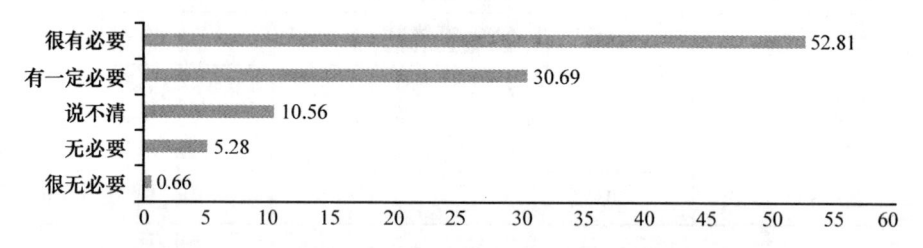

图8　关于"中小学校外培训机构是否应配备专门人员落实德育工作"的调查比例（%）

（五）中小学校外培训机构应定期接受政府部门德育工作督导

如表10所示，参加本次调查的校外教育培训机构从业人员，在回答"您是否认同'中小学校外培训机构要定期接受政府部门德育工作督导'的观点"问题时（多选题），选择"很认同"的占比为61.39%，选择"较认同"的占比为23.76%。可见，大多数校外教育培训机构从业人员认同"中小学校外培训机构要定期接受政府部门德育工作督导"的观点。

表10　关于"中小学校外培训机构要定期接受政府部门德育工作督导"的调查统计

选项	小计（人）	比例（%）
很认同	186	61.39
较认同	72	23.76

续表

选项	小计（人）	比例（%）
说不清	36	11.88
较不认同	5	1.65
很不认同	4	1.32
本题有效填写人次	303	

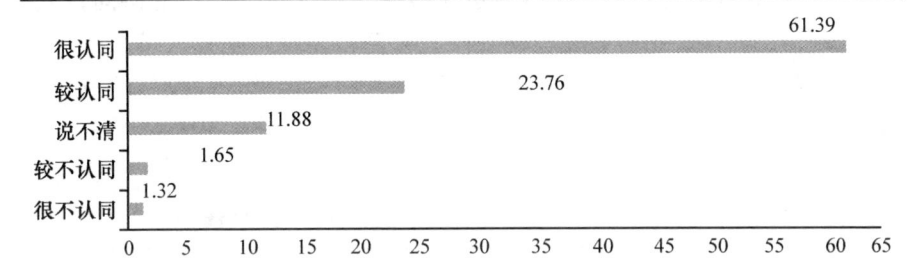

图9　关于"中小学校外培训机构要定期接受政府部门德育工作督导"的调查比例（%）

（六）中小学校外培训机构的德育内容要聚焦"家国情怀""责任担当""健康身心""道德情操"和"实践探究"等主题

如表11所示，参加本次调查的校外教育培训机构从业人员，在回答"中小学校外培训机构更加关注参与培训学生哪些素质的提升"问题时（多选题），排在前五位的选项分别是：1."健康身心"，占比为73.93%；2."责任担当"，占比为71.95%；3."家国情怀"，占比为60.07%；4."道德情操"，占比为56.44%；5."实践探究"，占比为56.11%。

表11　关于"中小学校外培训机构更加关注参与培训学生哪些素质的提升"的调查统计

选项	小计（人）	比例（%）
家国情怀	182	60.07
责任担当	218	71.95
健康身心	224	73.93
道德情操	171	56.44
实践探究	170	56.11

选项	小计（人）	比例（%）
奋斗精神	95	31.35
其他	17	5.61
本题有效填写人次	303	

（七）中小学校外培训机构要进一步强化与家庭、学校的协同育人

如表12所示，参加本次调查的校外教育培训机构从业人员，在回答"培训机构和家庭的育人协作情况如何"问题时，选择"一般"的占比为35.97%，选择"比较好"的占比为38.94%。

表12　关于"培训机构和家庭的育人协作情况如何"的调查统计

选项	小计（人）	比例（%）
非常好	60	19.8
比较好	118	38.94
一般	109	35.97
不太好	11	3.63
很不好	5	1.65
本题有效填写人次	303	

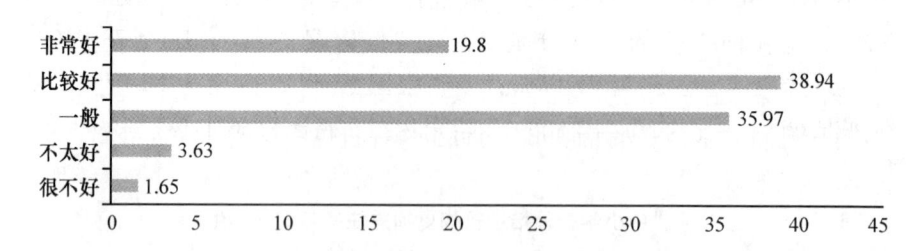

图10　关于"培训机构和家庭的育人协作情况如何"的调查比例（%）

如表13所示，参加本次调查的校外教育培训机构从业人员，在回答"当前学校家庭社会协同育人的难点在哪里"问题时（多选题），选择"教育诉求不同"的占比为61.72%，排第一位；选择"缺乏协同育人的工作机制"的占比为58.75%，排第二位。

表13 关于"当前学校家庭社会协同育人的难点在哪里"的调查统计

选项	小计（人）	比例（%）
育人理念分歧大	122	40.26
教育诉求不同	187	61.72
缺乏协同育人的工作机制	178	58.75
政策支持不足	75	24.75
应试教育的干扰大	136	44.88
教育资源分布失衡	130	42.90
本题有效填写人次	303	

以上调查数据说明，中小学校外培训机构需要进一步加强与家庭、社会的协同，建立健全协同育人工作机制，共同参与和支持德育工作，引导家长注重家庭、注重家教、注重家风，营造积极向上的良好社会家校社共育氛围。

五 政策建议

第一，加强对中小学校外培训机构德育工作的组织与管理，为校外培训机构开展德育工作提供政策依据和专业指导。

建议教育主管部门加强对校外培训机构德育工作的指导和管理，尽快研制"中小学校外培训机构德育工作指南"，为校外培训机构开展德育工作提供政策依据和专业指导。建议教育主管部门建立校外培训机构德育工作督导机制，建立校外培训机构德育工作评价体系，定期对校外培训机构的德育工作开展督导评估，进一步改进和加强校外培训机构的德育工作。

第二，加强中小学校外培训机构从业人员师德、师风建设和职业道德建设，推动校外培训机构建立高质量德育工作专业队伍。

建议教育主管部门督促、规范校外培训机构的师德、师风建设和职业道德建设，强化培训教师的专业素养与职业道德，将师德师风建设和职业道德建设的要求贯穿培训管理全过程。严格招聘引进，把好教师、员工队伍入口，将思想政治和师德要求纳入教师和员工聘用合同。

建议教育主管部门鼓励、推动中小学校外培训机构积极组建高质量的德育工作队伍，配备专兼职德育工作人员，建立激励和保障机制，调动德育工作队伍的积极性和创造性。

第三，加强中小学校外培训机构德育科学研究，探索中小学校外培训机构德育工作规律。

建议进一步鼓励中小学校外培训机构加强德育科学研究，探索中小学校外培训机构开展德育工作的规律，明确校外德育工作重点，体现校外德育工作的特殊性，实现对校内德育工作的有机补充。各级教育行政部门、教育科研机构和校外培训机构要组织力量开展校外培训机构德育工作的专题研究，探索新时代校外培训机构德育工作的特点和规律，创新校外培训机构德育工作的途径和方法，定期总结交流成果，学习借鉴先进经验和做法，增强校外培训机构德育工作的科学性、系统性和实效性。

第四，加强中小学校外培训机构德育工作的宣传引导，为校外培训机构开展德育工作营造良好的社会环境和舆论氛围。

建议教育主管部门培育、挖掘和提炼先进典型经验，利用报刊、广播、电视等媒体，大力宣传校外培训机构开展德育工作的创新举措和优秀实践案例。充分发挥舆论引导作用，引导全社会关心支持校外培训机构开展德育工作，为校外培训机构开展德育工作营造良好的社会环境和舆论氛围。

家校社协同育人视角下"双减"政策的成效、问题以及建议

——基于家长、学校、培训机构三类群体调查数据的分析

冯丽娜*

一 引言

2021年7月,中共中央办公厅、国务院办公厅印发了《关于进一步减轻义务教育阶段学生作业负担和校外培训负担的意见》(简称"双减"政策)。为进一步贯彻落实中央"双减"政策精神,全国各省市区相继出台地方文件。同年8月,中共北京市委办公厅、北京市人民政府办公厅印发《北京市关于进一步减轻义务教育阶段学生作业负担和校外培训负担的措施》。该措施指出,校内校外,稳妥推进,分步实施,确保学生过重作业负担和校外培训负担,家庭教育支出和家长相应精力负担于2021年底前得到有效减轻,取得显著成效,使人民群众教育满意度明显提升。相比之前的减负政策,这次"双减"政策将减负任务拓展到家庭、社会,形成了家校社协同减负的三维体系。

据文献,"协同"一词来自协同学,是指为了实现共同的目标,两个及两个以上的不同组织或者个体,协调一致地完成某项事情的过程或能力,结果是产生"1+1>2"的协同效应。[①] 在协同学理论、系统生态学理论、社会资本理论、交叠影响域理论的综合指导下提出家校社协同育人,可以理解为家庭、学校、社会根据同一育人目标,共同参与到育人过程

---

* 冯丽娜 北京教育科学研究院德育研究中心研究人员。
① 步德胜:《"家校社"协同育人的理论阐释及实践路径》,《中国社会科学报》2021年第9期。

中，形成教育合力，发挥最大效应。可以说，家校社协同育人是落实立德树人根本任务的重要基础，在"双减"政策背景下，家校社协同育人则主要体现在家校社协同减负上。

"双减"政策落地已有3月之久，家校社协同减负取得了哪些成效？又存在哪些问题？本文对北京市东城、西城、朝阳、海淀、丰台、石景山、通州7个区的家长、教师、培训机构三类群体进行了调研，以探究减负政策背景下家校社协同育人的路走了多远。

二 数据处理

（一）样本分布

表1　　　　　　　　　　　样本分布　　　　　　　　　　　（人）

		家长	教师	培训机构
性别	男	1600（25.41%）	155（17.51%）	68（22.44%）
	女	4697（74.59%）	730（82.49%）	235（77.56%）
学段	小学	5242（83.25%）	656（74.12%）	
	初中	625（9.93%）	141（15.93%）	
	普通高中	397（6.30%）	88（9.95%）	
年龄	20—30岁	12（0.19%）	223（25.20%）	96（31.68%）
	31—40岁	3329（52.87%）	288（32.54%）	119（39.27%）
	41—50岁	2780（44.15%）	274（30.96%）	61（20.13%）
	51—60岁	176（2.79%）	100（11.30%）	27（8.91%）

（二）统计分析方法

本文使用SPSS 20.0社会学统计软件对调查数据进行描述性统计分析。

三 家校社协同育人视角下"双减"政策的成效

（一）家庭、教师以及培训机构三类群体育人目标高度一致，坚持把学生身心健康放在首位

对于学校、家庭、社会协同减负的最大期待是什么？调查发现，家

长、教师以及培训机构从业人员选择排在前三位的均是学生身心健康、学生品格得到良好发展以及学生有良好的生活和学习习惯，这说明无论是家长、教师还是培训机构都充分认识到学生身心健康的重要性，重视对学生非智力因素的培养。

家校社成功地建立合作关系的基础就是学校、家庭和社会要形成全面、一致的共同目标。教育部基础教育司司长吕玉刚也谈到，学校、家庭、社会协同育人应该作为落实"双减"任务的重要举措，而协同育人，首先就是要在观念上同向，要坚持把学生的身心健康放在第一位。

（二）超七成家长亲子关系融洽，半数家长认为家庭教育负担明显或显著减轻

调查发现，自"双减"政策实施以来，家庭亲子关系得到有效改善，有40.86%的家长认为目前亲子关系"非常融洽"，有34.48%的家长认为"比较融洽"，二者比例之和高达75.34%，仅有不足5%的家长在亲子关系方面"不时有冲突"或"经常发生冲突"（如图1所示）。

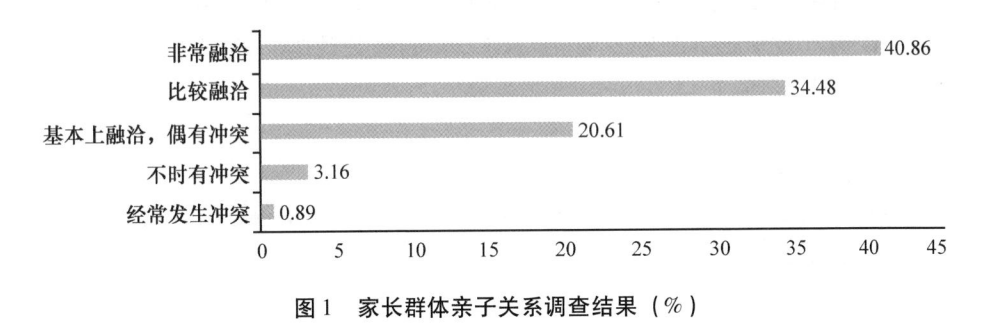

类别	比例
非常融洽	40.86
比较融洽	34.48
基本上融洽，偶有冲突	20.61
不时有冲突	3.16
经常发生冲突	0.89

图1　家长群体亲子关系调查结果（%）

另外，家庭教育负担也得到不同程度的缓解。有12.31%的家长认为目前家庭教育负担"显著减轻"，有36.57%的家长认为"明显减轻"，二者比例之和接近半数，仅有5.35%的家长认为较之前"有些加重"（如图2所示）。

"双减"政策在提升家长育人能力上采取了定期家访、完善家长培训体系，引导家长树立正确的育儿观、成才观，精准分析学生的发展需求，理性确立孩子成长预期，努力形成减负共识等举措，通过数据来看，这些

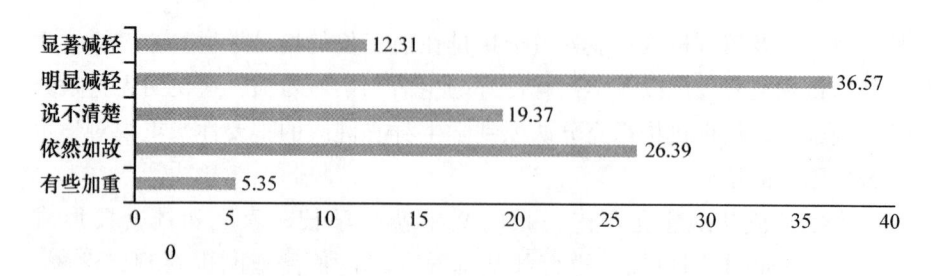

显著减轻	12.31
明显减轻	36.57
说不清楚	19.37
依然如故	26.39
有些加重	5.35

图2　家长群体家庭教育负担调查结果（%）

措施所取得的成效明显，家长育人能力得到稳步提升，最重要的就体现在亲子关系的改善上。

（三）近五成家长认可课后服务教育质量，极少数的家长持否定态度

关于学生延长到下午五点半放学之后对学校教学质量的看法，有13.8%的家长认为"教学质量显著改善"，有33%的家长认为"教学质量有所改善"，二者比例之和达46.8%，说明有近50%的家长总体上认为教学质量有所改善。但也有37.43%的家长认为"说不清楚"，有14.47%的家长认为"教学质量改进不大"，有1.3%的家长认为"教学质量有所下降"（如图3所示）。

教学质量显著改善	13.80
教学质量有所改善	33.00
说不清楚	37.43
教学质量改进不大	14.47
教学质量有所下降	1.30

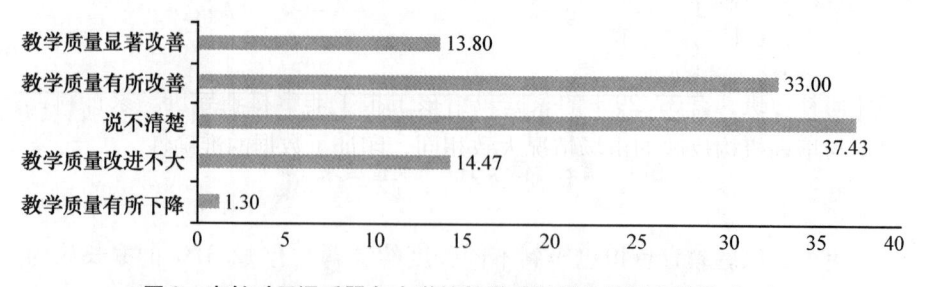

图3　家长对于课后服务中学校教学质量看法的调查结果（%）

关于学生下午放学后在校继续学习两个小时，对孩子学习质量的信心，有18.68%的家长对此表示"非常有信心"，有43.58%的家长表示"比较有信心"，二者比例之和达62.26%，说明超过六成的家长对课后服务充满信心，但也有20.82%的家长选择"说不清楚"，有13.01%的家长表示"不太有信心",仅有3.92%的家长表示"没有信心"(如图4所示)。

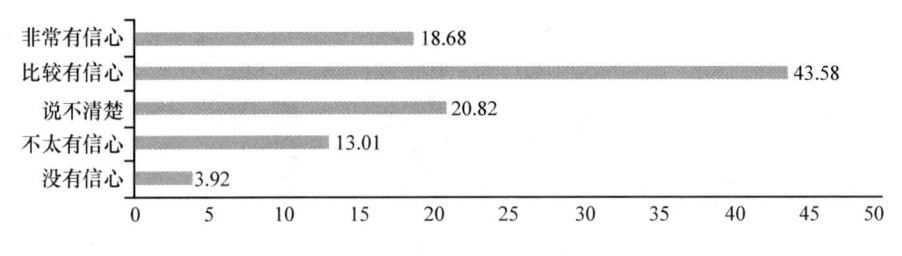

选项	百分比
非常有信心	18.68
比较有信心	43.58
说不清楚	20.82
不太有信心	13.01
没有信心	3.92

图4 家长对于课后服务中孩子学习质量信心度的调查结果(%)

"双减"政策通过整体规划设计、丰富服务内容等方式提升学校课后服务水平,包括系统设计、课后服务两个阶段,提供菜单式服务项目和内容,引进非学科类培训机构等,力图惠及学生及家长。通过数据来看,这些举措得到了广大家长的认可。

(四)校外补习得到有效缓解,家长对于孩子升学的焦虑情绪得到一定程度的改善

在问及目前您的孩子还有校外培训班问题时,有25.77%的家长表示没有给孩子报任何补习班,其中部分家长表示将来会根据孩子的实际需要再行选择;有32.35%的家长表示孩子只有非学科辅导班,也就是说,超过六成的家长没有给孩子报学科类辅导班。从培训机构的反馈来看,也有将近六成家庭的孩子不涉及报学科类辅导班,其中有27.72%的家庭没有报任何补习班,有37.29%的家庭只给孩子报了非学科辅导班。家长调查数据与培训机构反映的市场情况大致相同,印证了数据的准确性。

同时,通过对部分家长的访谈,再次佐证了数据的真实性。有的家长明确表示,自从"双减"政策实施以来,孩子身边的同学对于校外补习不再像之前那样有着"不报班就落后"的想法了,加之很多培训机构停业,所以他们也不再被"内卷",可以有时间冷静地考虑是否需要补习了。这说明,"双减"政策通过严格审批准入、严控学科类培训时间、规范培训服务行为等途径深化校外培训机构的治理,收效显著,从真正意义上避免了"校内减负、校外补"的两层皮现象(如图5所示)。

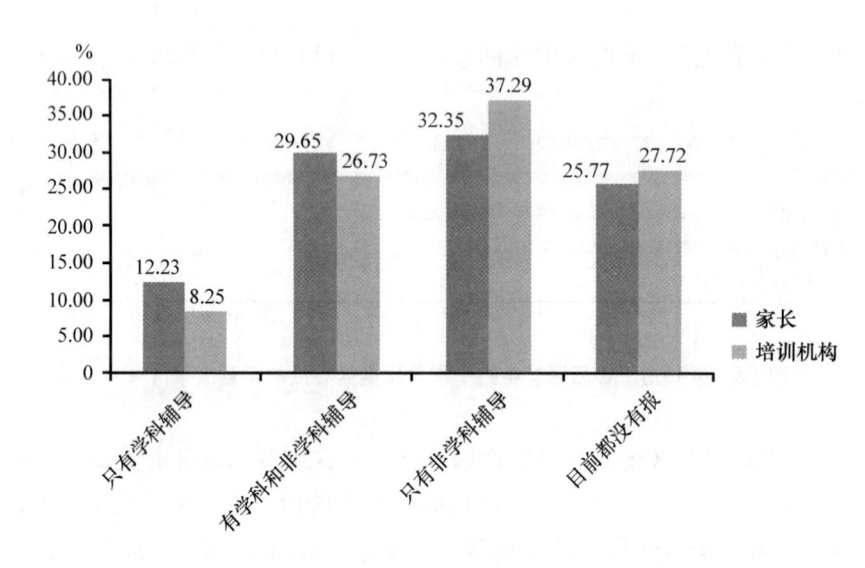

图5 对家长和培训机构就学生参加校外培训班情况的调查结果

（五）培训机构从业人员九成认为与学校教育的协助关系良好，半数认为与家庭的育人协作关系良好

通过对培训机构的调查发现，有55.45%的从业人员认为培训机构与学校教育的协助关系"非常融洽"，有39.27%的从业人员认为"比较融洽"，二者比例之和高达94.72%（如图6所示）。

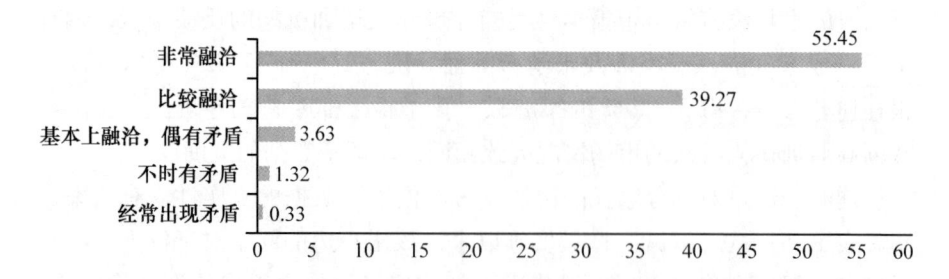

图6 培训机构视角下培训机构与学校教育的协助关系调查结果（%）

如图7所示，在与家庭的育人协作方面，有19.8%的从业人员认为"非常好"，有38.94%的从业人员认为"比较好"，二者比例之和已超半数，说明培训机构认为自身的存在具有较大的价值，在育人方面与学校、家庭协调而互补。

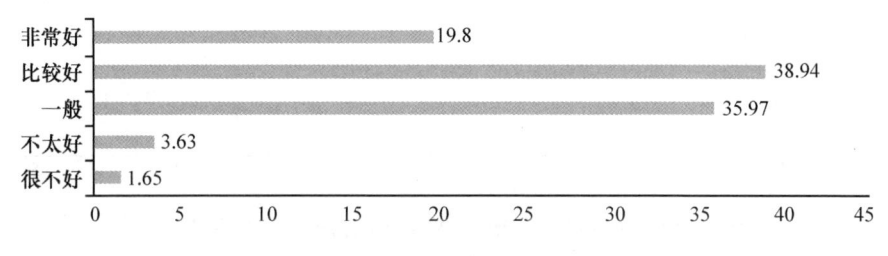

```
非常好    19.8
比较好    38.94
一般      35.97
不太好    3.63
很不好    1.65
```
  0   5   10   15   20   25   30   35   40   45

图7　培训机构视角下培训机构与家庭育人协作关系的调查结果（%）

四　家校社协同育人视角下"双减"政策实施中的问题

（一）超过八成的家长和培训机构从业人员认为自身育人能力需要进一步提升

如图8所示，有28.66%的家长认为自己的家庭教育能力"非常需要"提升，有53.09%的家长认为自己的家庭教育能力"比较需要"提升，二者的比例之和达到81.75%，说明超过八成的家长认为自己的家庭教育能力需要提升。另外，仅有11.07%的家长认为自己的家庭教育能力"不需要"或"不太需要"提升。

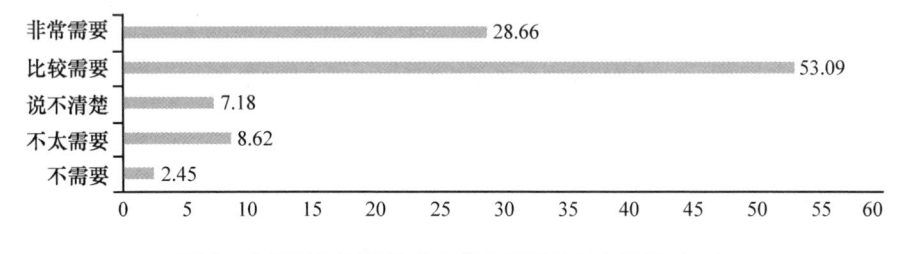

```
非常需要    28.66
比较需要    53.09
说不清楚    7.18
不太需要    8.62
不需要      2.45
```
  0   5   10 15 20 25 30 35 40 45 50 55 60

图8　家长视角下家长教育能力情况的调查结果（%）

在培训机构群体中，有43.56%的从业人员认为自身的育人能力"比较需要"提升，有35.31%的从业人员认为自身的育人能力"非常需要"提升，二者比例之和达到了78.87%，说明近八成的培训机构从业人员认为自身的育人能力需要提升。仅有4.95%的人员认为"不需要"或"不太需要"提升育人能力（如图9所示）。

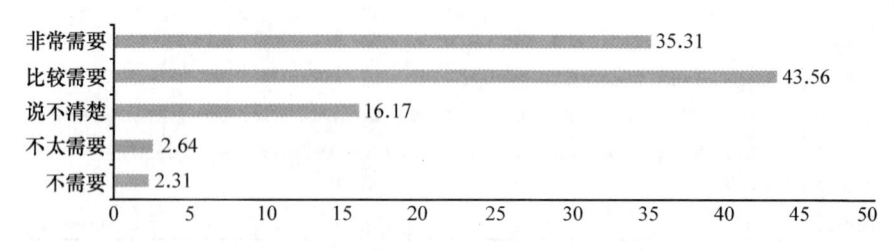

非常需要	35.31
比较需要	43.56
说不清楚	16.17
不太需要	2.64
不需要	2.31

图9 培训机构视角下培训机构育人能力的调查结果（%）

（二）近八成的教师认为"双减"之后自身教学负担加重，超过三成的教师表示存在强烈的焦虑情绪

从调查数据来看，有31.41%的教师认为自己和同事的教学负担"非常沉重"，有47.57%的教师认为负担"有些加重"，二者比例之和达到78.98%。仅有不足10%的教师认为教学负担"明显减轻"或"显著减轻"（如图10所示）。

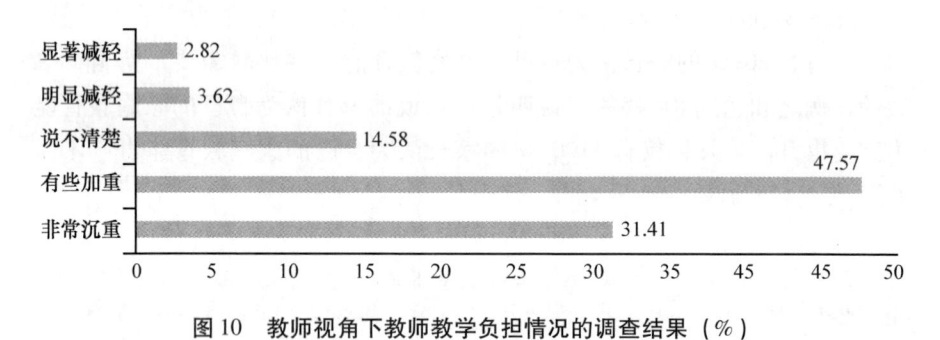

显著减轻	2.82
明显减轻	3.62
说不清楚	14.58
有些加重	47.57
非常沉重	31.41

图10 教师视角下教师教学负担情况的调查结果（%）

同时，在教学焦虑情绪上，有14.01%的教师明确表示存在"很强烈"的教学焦虑情绪，有21.47%的教师存在"比较强烈"的焦虑情绪，另有29.49%的教师表示"有一些"教学焦虑情绪，仅有11.75%的教师明确表示"没有"教学焦虑情绪（如图11所示）。

"双减"政策要求充分发挥学校育人主渠道作用，无论是减轻学生过重的作业负担还是提升学校的课后服务水平，都对教师教育教学能力提出了更高的标准和要求，虽然政策上也考虑到这一点，例如在课后服务中，增加了聘请退休教师、具备资质的社会专业人员或志愿者等优质师资，引入校外资源，以及实行"教师弹性上下班制"等举措，但是总体而言，对广大教师来说是一个挑战。

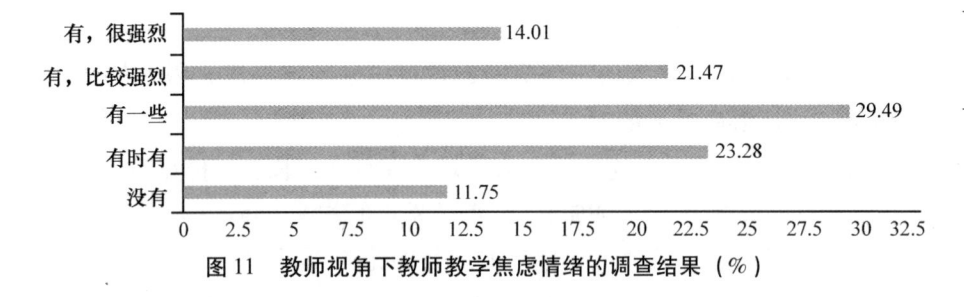

图 11 教师视角下教师教学焦虑情绪的调查结果（%）

- 有，很强烈：14.01
- 有，比较强烈：21.47
- 有一些：29.49
- 有时有：23.28
- 没有：11.75

（三）认为家校教学协作良好的家长近八成，而教师仅五成，二者比例存在显著差异

在问及家庭和学校的协作情况时，有27.25%的家长表示"非常好"，有50.28%的家长表示"比较好"；而在教师群体中，有14.58%的教师认为"非常好"，有41.36%的教师认为"比较好"，二者之间相差了近22个百分点。另外，仅有2.12%的家长认为家校协作不好，而教师的比例则达到9.94%（如图12所示）。这说明，在家校协作方面，家长和教师意见不统一，这和双方教育诉求差异不无关系，从教师视角而言，希望家长给予更多的支持，而家长则希望学校承担更多的教育责任。未来还需要进一步明确家校育人责任，增强家长的责任意识，提升育人能力，有效形成家校社协同的共同体。

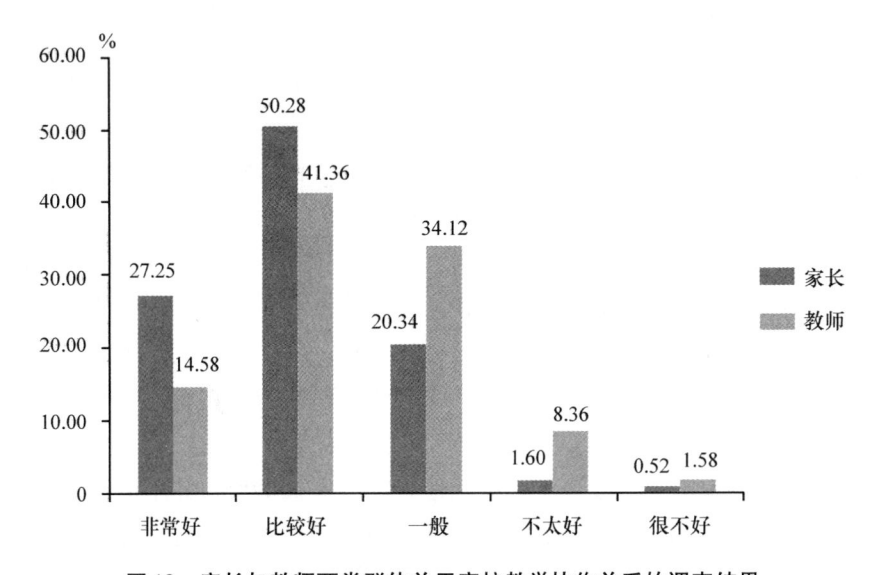

图 12 家长与教师两类群体关于家校教学协作关系的调查结果

	非常好	比较好	一般	不太好	很不好
家长	27.25	50.28	20.34	1.60	0.52
教师	14.58	41.36	34.12	8.36	1.58

（四）缺乏协同育人的工作机制、教育诉求不同、应试教育的干扰大仍是家校社协同育人的难点

当前家庭、学校、社会协同育人的难点在哪？家长选择排在前三位的是应试教育的干扰大（56.09%）、教育资源分布失衡（55.49%）、教育诉求不同（45.32%）；教师选择排在前三位的是教育诉求不同（65.2%）、育人理念分歧大（56.38%）、缺乏协同育人的工作机制（49.15%）和应试教育的干扰大（49.15%）；培训机构从业人员认为排在前三位的是教育诉求不同（61.72%）、缺乏协同育人的工作机制（58.75%）和应试教育的干扰大（44.88%）。

从选择来看，这三类群体对于家校社协同育人的难点在理解上存在较多共识。除此之外，家长还认为教育资源分布失衡是制约家校社协同育人的因素之一，教师则认为育人理念分歧大是主要因素。

五　建议

（一）准确定位家校社协同育人功能，明晰三方责任边界，进一步完善协同育人机制

家校社协同育人，表现为家庭、社会对学校育人过程的介入，形成了多元育人体系，这就要求各司其职，不同主体具有特定角色，要承担所属责任，发挥特有作用。首先，学校在家校社协同育人过程中处于引领地位，要发挥育人的主渠道作用；家庭是协同育人的重要主体，而社会机构则发挥着有力的保障作用。此次"双减"政策实施成效显著，是与建构家校社协同减负的教育生态密不可分的，例如"双减"政策鼓励孩子与父母一起从事力所能及的家务劳动和文娱活动，在课后服务中引入资质优秀的社会机构等，都是在加强家校合作、校社互动，所以"双减"政策实施三个月以来，亲子关系得到有效改善，家长焦虑情绪得到缓解，家庭教育负担有所减轻。

然而，从调查中也发现了一些问题，部分家长责任边界不清。在访谈中，个别家长认为增加了课后服务，就是将孩子交到了学校，有一种"大撒手"的感觉，也有的家长觉得自己和老师用手机沟通了几次，就是在家校合作上做了很大工作，这也从某种角度解释了八成家长认为家校合作良好，而老师比例仅五成这一情况，这些都是责任边界不清造成的。所以，当前明晰家校社三方责任边界尤为必要，建议以法律、文件形式明晰三方责任边界。2022年1月施行的《中华人民共和国家庭教育促进法》对家庭教育概念、责任等都做了阐述，可以通过培训、讲座等方式组织家长学习家庭教育促进法，强化主体的角色定位及关系，从多方面完善协同育人的体制机制，建立稳定的教育生态系统。

（二）进一步加强家长责任意识，优化家庭教育资源，多措并举提升家庭育人能力

家庭是孩子最熟悉的生活环境，家长是第一责任人，在家校合作过程中，家长承担着特有责任，不可替代，父母不仅对孩子道德成长、人格培养起着引导作用，而且为书本知识的学习提供了经验基础，包括美育、德育、智育、体育与劳动教育等多种教育的经验支撑。[1] 然而，从调查来看，影响家校合作的主要因素之一是家长缺位、育儿观偏激。例如部分家长过度关注学生的学业知识，忽视道德以及非智力因素的培养，所以，首先要加强家长的责任意识，这是提升家长育人能力的前提，也是基础。可以借助家长学校、家委会、家长会、家庭教育指导服务中心这些平台提升家长育人理念；引导家长树立正确的成才观，充分尊重教育规律，尊重学生成长与认知规律，对家长偏激的教育思想予以纠正，同时对教育方法予以指导。

其次，通过优化家庭教育资源，提升家长育人能力。家庭教育资源不仅包括家长的经济收入、职业、学历等物质资源，还包括父母的养育观念、时间付出、情感投入等非物质资源，每个家庭都蕴含着丰富的教育资源[2]，应该引导家长充分发挥教育资源的作用，尤其是非物质教育资源的开发与利用。研究表明，非物质资源的投入程度会显著影响孩子的身心发展。

---

[1] 江平、李春玲：《教育治理体系现代化视角下家校合作创新实践》，《上海教育科研》2020年第2期。

[2] 邱慧燕、柴江：《家校合作体系构建的要素、困境及路径》，《内蒙古社会科学》2021年第11期。

（三）增进教师职业认同感，激发工作积极性，有效提升教师专业能力

"双减"的目标是通过提高课堂教学质量，优化作业布置，提升课后服务水平，从而减轻学生的课业负担，达到提升学生的综合素养、构建良好教育生态的目的。可以说，"双减"政策力图让每个学生在校内都能够学得会、学得好、学得足。因此，要求学校在教育教学方面更加精准，不断提升质量，加大对学生的个性化辅导与服务。然而，这对学校、教师来说都是一个挑战，调查数据也表明，近八成的教师认为"双减"之后教学负担加重，教育教学能力还需提升，超过三成的教师表示存在强烈的焦虑情绪。研究也证实，如果教师在专业能力、沟通能力、职业发展、自我价值实现等方面不足的话，则会对教育教学以及家校合作产生较大影响。

因此教育行政部门和学校管理者要关心教师的身心健康，增加教师的幸福感，加强教师职业认同。在职业发展方面，应进一步提升教师专业能力，为教师搭建广泛的专业发展平台，提供更多的进修和培训机会，完善教师职称晋升制度，多劳多得。同时，关心教师的家庭生活，保障他们的合法权益，为困难教职工提供一定的援助，让教师成为人人向往的职业。

（四）加强对培训机构的审批与管理力度，建立社会评价机制，管、办、评互促

政府要加大对培训机构的审批与监管，实行培训机构教师准入制度。培训机构教师需持教师资格证上岗，建立教师个人业务档案，对于培训机构中不能完成教学任务或存在较大教学失误的教师，应将其登记在册，不予上岗。利用大数据信息化手段，增加对培训机构管理的透明度，建立培训机构督导评价机制。完善培训机构年检制度，对一些不能保证教学质量的培训机构坚决予以取缔。对培训机构要加强正面引领，将其纳入教育行政部门管理体系，要引导培训机构树立正确的价值取向，把社会效益放在第一位，把"为党育人、为国育才"作为根本目标，杜绝培训机构片面追求经济利益的现象。

参考文献

步德胜：《"家校社"协同育人的理论阐释及实践路径》，《中国社会科学

报》2021年第9期。
储朝晖:《家校社协同育人实施策略》,《人民教育》2021年第8期。
郭鸿、夏裙、张巧:《科学协同家校社　构建共育新格局》,《北京教育（普教）》2021年第6期。
江平、李春玲:《教育治理体系现代化视角下家校合作创新实践》,《上海教育科研》2020年第2期。
邱慧燕、柴江:《家校合作体系构建的要素、困境及路径》,《内蒙古社会科学》2021年第11期。
王东:《家校社协同减负视角下学校的角色和任务》,《中小学校长》2021年第10期。

建言议事：培养学生大格局广视野的实践探索

张毅 李海英[*]

一 问题的提出

学校教育长期以来都是围绕学科展开的，以考试分数衡量教学效果仍然是教育评价的主要指标，由此导致教育目标过于聚焦学科知识的学习和技能的掌握，缺少对学生关注个人生活、社会生活的引导；教育评价仍以学科评价为主导形式，未能实现教育、教学、学校学习与社会生活的有效整合。从国际发展趋势来看，世界各国将具备大格局、广视野作为未来人才的重要素养，这一点从国际组织及世界各国提出的学生核心素养的基本框架（见表1）中可见一斑。

表1　部分国际组织或国家的学生核心素养框架

国际组织或国家	学生核心素养框架
联合国教科文组织	7个维度的核心素养：身体健康、社会情绪、文化艺术、文字沟通、学习方法与认知、数字与数学、科学与技术
欧盟（EU）	8个领域的核心素养：母语、外语、数学与科学技术素养、信息素养、学习能力、公民与社会素养、创业精神以及艺术素养
美国	4C核心能力的培养：沟通交流能力（Communication）、合作协作能力（Collaboration）、批判性思维与解决问题能力（Critical thinking）、创造创新能力（Creativity）
新加坡	围绕核心价值观，确定3个维度：社交与情绪管理技能；公民素养、全球意识和跨文化交流技能；批判性、创新性思维

---

[*] 张毅　李海英　北京教育科学研究院教育创新研究推广中心研究人员。

人才培养一直以来备受重视，2002年开展基础教育课程改革，尝试改变以学科教育为主导的唯分数应试教育导向。2012年，中国提出把立德树人作为教育的根本任务，2019年发布的《中国教育现代化2035》进一步提出德育、智育、体育、美育和劳动教育"五育"融合的教育发展目标。基础教育领域开展了一系列培养学生大格局广视野的教育探索，但仅依靠教育本身仍然难以突破存在的问题。为此，北京市广泛整合社会资源，创新探索了建言议事这一培养学生大格局广视野的教育实践。

建言议事是从学生视角出发，以学生在学习、生活中所遇到的问题为切入点，引导学生开展调查，在家长的支持、专家的指导下探索尝试，开展研究，在与伙伴、教师研讨的过程中尝试提出解决问题的思路和建议，逐步形成积极地、科学地、建设性地推动问题解决的育人氛围。建言议事倡导以学生关注的问题为导向，学生在议事的过程中和而不同，不断增强沟通与合作能力。

建言议事的实践目标是培养学生的大格局广视野。视野一般指通过眼睛所能看到的事物，这里的视野指人的思想或知识的领域。格局指对事物的认知范围，它既是心理空间，也是精神结构，更是人的生命容量和综合素养。大格局广视野的培养在关注学科的同时，也关注学生的日常生活（包括个人、家庭、校园）和社会生活（包括社区、地区、国家、世界）（见图1）。具有大格局广视野的人对事物的认知高，有全局思维，关注社会大众和社会生活，善于从整体看事物，善于思考和学习，以批判性思维看待问题并创造性地解决问题，是国家和社会急需的创新性人才。

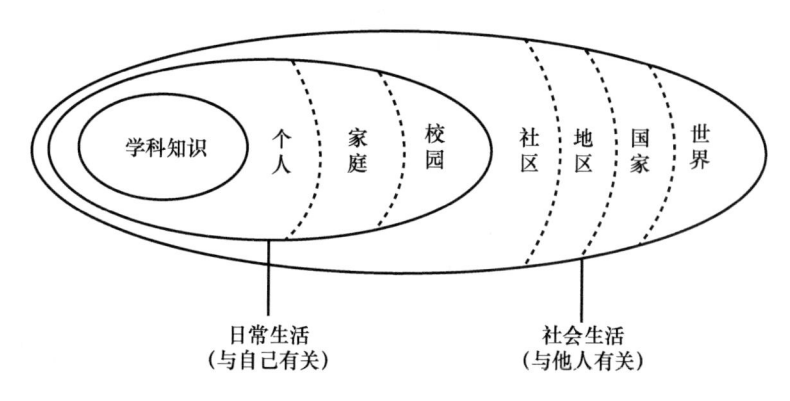

图1 建言议事中的大格局广视野

建言议事以"五跨"整合学习场域、内容、资源、形式等，培养学生的大格局广视野。建言议事跨越学科边界，多学科融合开展实践探究；跨越教材边界，把与学生日常生活、社会生活相关的内容作为学习资源；跨越教室边界，学习场域从教室延展到社会中真实的实践情景；跨越认知边界，围绕问题解决，在探究中运用记忆、理解、应用、分析、评价、创造等多种认知方式迈向深度学习；跨越身份边界，科研院所专家、人大代表、政协委员作为指导教师为学生探究提供专业支持。

二 解决问题的过程与方法

建言议事历经12年，针对学校教育中所存在的聚焦学科知识，缺少对学生关注个人、社会生活的引导等问题，以"发现问题—谋求解决"的实践不断激发学生的问题意识，跨越校园边界推动问题解决，延伸了教师、学校培养的手臂，实现了学习方式、教学方式的变革。从2009年10月至今，建言议事项目经历孕育期、探索期、发展期和拓展期，启动雏鹰建言行动，开启青少年模拟政协、制度化推动建言议事、课程化推进建言议事教育实践。

（一）孕育期（2009年10月—2010年2月），启动雏鹰建言行动

2009年，有多年教育教学和教育管理经验的项目主持人作为政协常委，针对教育实践中存在的问题，筹划开启了雏鹰建言行动。

雏鹰建言行动秉承"零起点，广参与，大空间，远发展"的理念，引导中小学生关注身边事物、关注身边生活，积极面对所遇到的问题，争取教师、专家的支持指导，开展调查和研究，寻找方法，认真分析，探索实践，尝试以文字、图形等形式提出解决问题的思路和建议，逐步科学地表达自己的主张，激发每一个学生走向自主，使他们在不断思考、历练的过程中，发现自身内在兴趣，逐渐形成未来志趣，获得自信和成长。

2010年，项目主持人带3000条建言上两会引起社会广泛关注。

（二）探索期（2010年3月—2016年7月），开启青少年模拟政协教育实践

"雏鹰建言行动"得到了北京市中小学师生的踊跃参与和社会各界的

积极响应。2012年，面向北京市全体中小学生的"雏鹰建言行动"被纳入市教委、市财政联合印发的《北京市基础教育阶段创新人才培养项目管理办法（试行）》中，成为基础教育阶段人才培养方式创新模式探索的重要组成。

在扎实推进"雏鹰建言行动"的过程中，学生的视角从家庭、班级、学校等身边的"小事"，逐步扩展到关注社区、社会、国家乃至世界的"大事"。市、区人大代表、政协委员，特别是教育、科技专家们很快就关注到了学生视角独特、生动鲜活且大胆的建言，积极支持这一创新育人实践。他们尝试将学生的优秀建言作为建议案、提案的素材带上市、区乃至全国"两会"，这一行动得到各方高度关注，多家媒体报道、转载，产生了广泛的社会影响。

在北京市人大代表、政协委员的支持下，学生关注社会建设与发展的"雏鹰建言"形成了"模拟提案""模拟议案"，在此过程中的协商、探讨、研究，形成了"模拟议事"，青少年"模拟政协""模拟人大"教育实践初步开启。

2016年，北京市认定50所中小学校为"模拟政协"实践基地，聘请了50位全国人大代表、全国政协委员、北京市人大代表、北京市政协委员、高校和科研院所专家为"模拟政协"指导专家。市政协主席与市教委主任共同向"模拟政协"实践基地授予牌匾，向指导专家颁发了聘书，开启了青少年"模拟政协"这一持续性、系统化的教育实践。

（三）发展期（2016年8月—2020年2月），制度化推动建言议事教育实践

经历多年的探索，建言议事项目逐渐获得社会资源的稳定支持，全社会共同为推进建言议事教育实践提供服务保障，实现制度化推动。从2017年起，北京市政协加强支持建言议事实践工作的制度化、机制化、规范化建设，制定青少年观摩市政协十二届五次会议总体方案，实现对市政协全会的全流程观摩。"北京青少年学生观摩市政协履职活动"被列入市政协2018年工作计划，并在实施中推进政策研究。其后，这成为每年常态化工作。同时把政协委员参与建言议事教育实践纳入委员履职统计，进一步调动了政协委员的积极性，为建言议事的高效开展提供了资源支撑和制度化保障。

（四）拓展期（2020年3月至今），课程化推进建言议事教育实践

2020年，面对突如其来的新冠肺炎疫情，建言议事的教育实践并没有停下脚步，通过创新开展线上建言议事、建立"雏鹰议事厅"等，与现场教学、现场观摩等方式一起，实现建言议事的课程化推进。

创新性地开展线上建言议事。借助微信公众号，2020年3月3日至13日，以"我心中的两会"为题，呈现观摩政协全会的收获与感悟。5月21日至27日，普及"读懂两会"系列主题资源，拉近"两会"与师生的距离，不仅加深其对社会主义协商民主内涵的理解，也使其更深刻地体会到中国共产党领导下的多党合作与政治协商制度的巨大优势。抢抓这一特有的教育契机，推出"雏鹰宅家战疫"主题实践，覆盖大中小幼全学段，关注学生爱国情怀、社会责任感培养，得到全国30多个省、自治区、直辖市不同学段、不同民族学生、教师的积极响应，成为人才培养方式创新的新阵地。

建设"雏鹰议事厅"，带领师生在民主、协商的议事氛围中持续关注身边事、社区事、社会事乃至国家事。探索学生建言议事模式，制定议事规则，解决学生关注问题的指导力量短缺、培养资源不足等问题，凝聚人大代表、政协委员等社会力量，使其参与到学校培养实践中，有效支撑翱翔人文与社会科学领域，特别是社会科学领域的学生培养，推动社会对学生自主选题的关注、对学生自主探索的支持、对学生潜能的激发。

创新推进"现场教学"，探索符合学生成长规律、遵循教育规律的建言议事模式。在中山堂开创性地举办"纪念中共中央发布'五一'口号70周年"现场教学和"庆祝新中国成立70周年、人民政协成立70周年"现场教学，研发国旗、国歌、国徽诞生的故事等现场教学案例，组织京港澳师生在香港发生暴力事件期间共同唱响国歌，在多种方式的建言议事中深化他们内心对国家、民族、中国特色社会主义制度的认同。

与时俱进地推动线上线下融合的现场观摩。2021年，北京两会观摩首次实现了北京市区域全覆盖，首次组织初中学生观摩，首次实现观摩学生代表与参会委员一对一结对学习指导，仅在5天的两会期间，就有1488人次师生在线观摩。组织青少年"模拟政协"师生全链条跟踪观摩市政协6个重点协商议题（占其总数的2/3）的调研，在观摩学习、问题聚焦、研讨推进、达成共识的高水准协商过程中，促使学生建言议事水平的提高，

社会责任感的培育不断深入，提升教师对建言议事实践的研究把握高度和指导组织能力，逐渐形成常态化的带动效应，呈现出一种有效、有序、有层次、扎实推进的整体态势。

三　探索的主要成果

建言议事走过了从孕育到拓展的历程，建立了培养学生大格局广视野的目标体系，构建了学生建言议事的引导激发机制，搭建了支持学生问题解决的协商议事平台。

（一）建立了培养学生大格局广视野的目标体系

从激发学生建言的主动性到指导学生建言的深入性，逐步形成建言议事的目标体系，从激励学生伙伴间议身边事、班级事到教师、家长、科研院所专家、人大代表、政协委员共同支持助推学生大格局广视野的培养。

学生建言、模拟提案关注公共性、严谨性、时效性、可行性、适切性五个方面；模拟议事关注公共性、严谨性、民主性、可行性、适切性五个方面。建言议事的主题要求源于现实生活，学生运用科学的调研方法，经过严谨合理的分析针对问题提出具有可行性的政策建议。建言、议事的目标分为短期目标、中期目标、长期目标三个层次。短期目标是解决涉及个人、家庭、校园个人生活问题，成为有想法、敢建言的中国社会主义民主制度的参与者；中期目标是解决涉及社区、地区社会生活问题，成为能建言、会商量的中国社会主义民主制度的践行者；长期目标是解决涉及国家乃至世界社会生活问题，成为善建言、会议事的中国社会主义民主制度的宣传者。

（二）构建了学生建言议事的引导激发机制

1. 引导机制

建立专业谋划设计、主题方向引领、委员指导助力的建言议事引导机制。一是北京教育创新团队专业谋划设计。建立了直接与学校对接培养的机制，在"雏鹰建言行动"的基础上，统筹建言议事实践。二是每年发布建言主题引领方向。围绕党和国家大政方针的贯彻落实，聚焦经济建设、政治建设、文化建设、社会建设、生态文明建设中的重要问题，人们普遍关心的问题以及与学生生活、学习密切相关的问题，发布建言主题。三是委员指导助力学生开展建言议事。当学生积极观察、大胆尝试、踊跃建言时，他们关注的视域半径不断扩大，视野边界不断拓宽，在提出问题、开展调研以及尝试解决问题中需要有进一步的关注、指导，政协委员在其中发挥了重要作用，助力学生开展建言议事。

2. 激发机制

建立促使学生敢于建言、激励学生持续探究、带动社会力量持续关注支持的建言议事激发机制。一是发布与学生学习、生活紧密相关的主题引导学生参与、激发学生建言意愿；二是邀请委员指导，帮助学生站在社会视角上呈现问题，并针对问题开展调查研究进行持续探究；三是激发家长、教师、学校、各领域的委员专家乃至更多的社会力量，关注学生探究的问题并推动问题的解决。

（三）搭建了支持学生问题解决的协商议事平台

搭建了学生、教师、教育管理者、代表、委员、政府及相关部门多方面参与的协商议事平台，大力推动学生关注问题的有效解决。

学生在建言议事中提出的问题以及思考需要有进一步的关注、指导和回应，特别是学生关注的社会发展热点、难点问题。我们搭建平台邀请人大代表、政协委员给予多方指导，推动将关注社会发展的学生建言转化为"模拟提案"，并作为议案、提案的素材带上两会。以学生"模拟提案"为素材的议案、提案由人大代表、政协委员带上两会立案后，得到政府及相关部门的关注并推动问题的解决。在提案办理回复过程中，邀请学生观摩，并让他们全面参与到问题解决的过程中。

建言议事紧紧围绕学生大格局视野的培养，从目标、内容、场域、载体等方面体现出向大格局视野的转变。在目标方面，从以分数判定学生学习情况到学生核心能力的提升；在内容方面，从单一学科的学习到在解决问题中重视跨学科知识的综合运用；在场域方面，从教室、课堂的单一场域到走入社会，融入综合性的实践场景；在载体方面，从学生课本到涉及学校、社区、社会乃至国家的现实生活。

四 效果与反思

（一）效果

1. 实践效果

建言议事这一培养学生大格局视野的整合教育实践促进了学生社会参与意识、责任担当意识的提高，教师的专业成长，学校办学理念的更新以及区域的积极跟进。

北京市所有区的400余所中小学校及幼儿园的12.8万名学生积极参与提交市级建言10万余条；千余条建言被百余位人大代表、政协委员作为议案、提案的素材带上两会。学生议事在广度上涵盖从身边事到班级事再到区域事乃至社会生活的方方面面，在深度上，涵盖观摩提案的提、立、交、办议事全链条，在体系上，学校、社会和各机构委员纷纷参与到学生的议事中来。

学生的社会参与意识、责任担当意识等不断提高。对学生2017—2021年观摩感悟文本的分析可以看出，学生从关注并围绕"提案""委员""政协会议"等谈感想，到深刻领悟"民主协商""政治制度""担当""责任"等（见图2和表2）。

图2 学生观摩感悟文本关键词整体词云图

表2　　　　　　学生感悟文本分析中的部分关键词及权重

关键词	权重	关键词	权重
民主	0.8269	坚定	0.6694
制度	0.8232	感悟	0.6637
创新	0.7732	民生	0.6559
建言献策	0.7731	自豪	0.6546
自信	0.7727	商量	0.6531
协商民主	0.7677	培养	0.6518
实践	0.7544	真切	0.6487
思考	0.7318	新时代	0.6441
担当	0.7307	尽责	0.6402
责任感	0.7016	认同	0.6388
真实	0.693	情怀	0.6325

教师在指导学生建言议事的同时，也实现了自身的专业成长。以北京市通州区潞河中学的一名普通思政课教师为例。2016年，其学校成为实践基地后，她主动承担学校"模拟政协"社团工作，指导学生撰写"模拟提案"，开设"模拟政协"选修课。在指导学生的同时，她自己也在沉浸式体验的过程中不断钻研、不断成长，从一名普通教师成长为区级政协委员。

学校在参与建言议事的过程中不断更新办学理念，让学生参与学校治理，助推学校变革。以北京市第一六六中学为例，学校成立了以学生为主、指导教师为辅、政协委员为导师的"小小政协"。由学校的"小小政协"衍生成立"学生观察团"，全体学生参与学校发展自诊断的持续监测，推动了学校变革，学生对学校的满意度从60%上升到95%。

建言议事模式在各区域纷纷落地。覆盖北京市94.2%区域的区教委持续支持、推动开展建言议事实践。通州区教委与区政协加强联动，协调配合，超过70%以上的区初高中学校参与建言议事实践，每所学校聘请2—3名区政协委员进行指导，初步形成了区建言议事实践模式。西城区政协委员在区两会上分组评审学生"模拟提案"。仅2021年，东城、朝阳、丰台、石景山、门头沟、昌平、大兴、房山、平谷、怀柔、顺义11个区及燕山召开研讨会，商讨区域建言议事开展模式。

2. 社会影响

北京市委、市政协、市教委出台一系列文件支持建言议事的探索。

中共北京市委《关于新时代加强和改进政协工作的实施意见》（京发〔2019〕20号）将青少年"模拟政协"纳入其中，明确指出邀请大中学校师生观摩政协会议，支持青少年"模拟政协"社会实践。从2017年起，北京市政协连续4次将"模拟政协"活动写入市政协常委会工作报告；从2018年起连续3次将"模拟政协"活动写入提案工作报告；并于2021年写入《政协北京市委员会协商工作规则》。市政协制定的《2021年支持青少年"模拟政协"社会实践工作计划》明确表明，要建立"模拟政协实验室"以期实现系统化的持续培养。2021年，政协北京市委员会办公厅、北京市教育委员会、北京市政协等联合印发《关于进一步推动中学生"模拟政协"实践 深化新时代学校思政课改革创新的工作实施方案》（京协办发〔2021〕12号）。政府部门的支持进一步扩大了建言议事在教育领域以及社会领域的影响力。

建言议事在社会上也产生了积极影响。辽宁等兄弟省市来京学习北京"雏鹰建言""模拟政协"的经验。湖南省政协学习北京青少年"模拟政协"模式。《人民日报》《人民政协报》《北京观察》等媒体多次进行专题报道。北京市委书记、市政协主席等领导对建言议事的探索予以高度肯定，教育部巡视员认为，这项探索直接指向了教育中存在的育人模式问题，对教育系统育人模式改革是一个重要示范。

（二）反思

建言议事这一培养学生大格局广视野的整合教育实践，是在基础教育阶段实施人才培养方式创新的重要尝试，为将这一创新的探索深入、持续下去，让更多人受益，我们进行了反思：

加强实验研究，增强探究体验。对参与实践的学生、教师进行跟踪和多方位专业研究和指导，充分发挥团队协同的专业引领和辐射作用。

进一步整合全社会支持力量。学生大格局广视野的培养不仅仅是校园中、学校内、教育人的责任，更应该得到全社会的共同关注、支持推动。

需要打开校门，超越课程，真正实现人才培养方式创新的应有之义，希望人大、政协发挥特有的推动力，吸引更多的人大代表、政协委员支持发展教育，凝聚更多的团队和更广泛的社会人群，在容错理念下，超越常态的学科、常态的校园边界，真正实现以社会的资源、社会的力量共同推动建言议事，培养大格局广视野人才。

北京市中小学文化育人实际效果的实证研究

冷雪玲*

"文化是一个复杂的整体,它包括知识、信仰、艺术、法律、伦理道德、风俗和作为社会成员的人通过学习而获得的任何其他能力和习惯。"①文化是人类社会发展到一定阶段的成果和产物,是人类在社会历史发展过程中创造的物质财富与精神财富的总和。文化自身的价值引领、规范约束、凝聚激励及能力提升功能决定其具备育人的作用和价值,理应成为中小学重要的育人途径之一。文化育人的核心在于以文化人、以文育人,充分发挥文化隐含的教育功能和作用。《中小学德育工作指南》明确指出:"要依据学校办学理念,结合文明校园创建活动,因地制宜开展校园文化建设,使校园秩序良好、环境优美,校园文化积极向上、格调高雅,提高校园文明水平,让校园处处成为育人场所。"②

校园是中小学生在学校学习、生活的主要场所,也是学校推进文化育人的重要载体。在实际工作中,很多中小学依托文明校园创建活动来推进文化育人工作,通过创建文明校园实现校园文化的育人作用。自2016年以来,北京市各区教委和文明办按照《北京市教育委员会首都精神文明建设委员会办公室关于在中小学深入开展文明校园创建活动的通知》(以下简称《通知》)的相关要求,在全市范围进行北京市中小学文明校园创建工作。截至2018年10月,已经认定三批"北京市中小学文明校园",共有

---

* 冷雪玲 北京教育科学研究院德育研究中心研究人员。
① [英]爱德华·泰勒:《原始文化》,连树声译,广西师范大学出版社2005年版,第1页。
② 《教育部关于印发〈中小学德育工作指南〉的通知》,http://www.moe.gov.cn/srcsite/A06/s3325/201709/t20170904_313128.html。

近 1000 所中小学成为"北京市中小学文明校园"。

开展"北京市中小学文明校园"（以下简称"文明校园"）创建工作的目的在于不断提升师生文明素养和校园文明程度，把学校建成培养中国特色社会主义建设者和接班人的坚强阵地。因此，"文明校园"创建工作的主体是学校，主力是教师，学生和家长则是重要参与力量。为了持续有效地推进"文明校园"创建工作，有必要及时了解教师、学生、家长对于"文明校园"创建工作进展情况及成效的感受。德育研究中心"首都文明校园创建活动课题研究"项目组受首都文化办委托，围绕北京市中小学开展"文明校园"创建工作进展情况相关问题在教师、学生、家长中进行了专项调研，并对部分学校的创建工作进行分析，以了解教师、学生、家长对于"文明校园"创建工作的评价、意见和建议，试图通过实证研究的方式来探究北京市中小学文化育人的实际效果。

一　调研思路与方法

（一）调研思路

通过发放问卷的方式对学生、教师、家长进行问卷调查，以自陈式问题为主，让调查对象进行自我判断；以投射性问题为辅，深入了解调查对象的真实感受；同时对部分学校的经验和特色进行分析与研究，进一步了解教师、学生、家长对于"文明校园"创建工作的感受、态度、意见、建议等。

（二）调研方法

1. 问卷调查法

项目组围绕"文明校园"创建工作的"六好（领导班子建设好、思想道德教育好、活动阵地好、教师队伍好、校园文化好、校园环境好）"要求，按照创建工作的主要力量和参与者（教师、学生、家长）分别设计问卷。2018 年 6 月 12—22 日，项目组完成了问卷的在线发布、测试与回收工作，共有 82 所学校的 2457 位教师、971 名学生和 989 位家长参与了本次调查。在问卷回收后，客观题数据通过 SPSS 软件包进行统计处理，重点对不同学段（小学、初中、高中）、文明校园与非文明校园、教师身份三个变量进行比较研究。开放题则采用手工整理统计的方式，以出现频率多少为序。

2. 个案分析法

个案分析法是对问卷调查法的补充和延续。为了深入了解"文明校园"创建工作开展情况和有效经验，项目组在问卷调查的基础上，选取部分学校创建"文明校园"的经验进行个案分析，从个案分析中找到共性的经验和共识。

二 调研结论
——"文明校园"创建工作进展情况

（一）"六好"标准基本落实，创建工作成效显著

调研情况表明，多数教师、学生、家长对学校按照《通知》要求推进的"领导班子建设好、思想道德教育好、活动阵地好、教师队伍好、校园文化好、校园环境好"建设工作比较满意，多数学校（包括"文明校园"学校和尚未成为"文明校园"的学校）都能按照"六好"的标准要求开展"文明校园"创建工作。从对各个问题的差异分析中也可以看出，"文明校园"学校创建工作的很多方面要优于尚未成为"文明校园"的学校。从整体上说，创建工作基本达到了"提高师生公民道德、职业道德、文明修养和民主法治观念；提高校园文化生活质量，使校园文化内容健康、格调高雅、丰富多彩；提高校园文明程度，使校园秩序良好、环境优美，育人环境进一步改善"的既定目标，成效显著。

（二）教师、学生、家长对创建工作评价较高

从调研情况中可以看出，教师、学生、家长对"文明校园"创建工作评价较高，主要表现在这些方面：一是多数教师充分肯定"文明校园"创建工作对学校发展的作用；二是多数教师、学生、家长认为学校领导班子对"文明校园"创建工作予以足够重视；三是教师、学生、家长对学校"文明校园"创建工作满意度较高；四是多数教师、学生、家长支持学校开展"文明校园"创建工作。由此不难看出，学校开展的"文明校园"创建工作受到绝大多数教师、学生和家长的好评和认可，充分体现了"文明校园"创建工作的意义和价值。

（三）学校、教师、学生在创建工作中收获颇多

从调研情况中不难看出，学校、教师、学生都在"文明校园"创建工作中有所收获。对于学校而言，"文明校园"创建工作提高了学校的班子建设和教师水平，提升了学校的办学水平和社会声誉，改善了校内环境和周边环境，进一步密切了家校关系等；对于教师而言，创建工作提升了教师的责任意识、育人能力和办公条件，使教师的辛苦付出进一步得到了家长的理解和社会的支持等；对于学生而言，创建工作使学生增加了对学校的了解和认同，进一步密切了师生关系，使学生在优美、整洁、文明的校园环境中生活等。

三 进一步思考
—— "文明校园"创建工作中存在的问题

（一）全员育人的工作氛围和格局有待进一步加强

从调研情况中不难看出：与其他教师相比，学科教师在"文明校园"创建工作中的了解程度（见表1）、参与程度（见表2）及《学科德育指导纲要》的了解和应用（见表3）等方面存在显著差距，明显不如班主任、副班主任、学校中层干部和校级领导了解得多。

表1 教师对学校要创建"文明校园"知晓情况在职务上的差异情况　　（%）

	知道	不知道	合计
班主任	94.1	5.9	100
副班主任	94.2	5.8	100
只是学科教师	89.0	11.0	100
学校中层干部	97.1	2.9	100
学校校级领导	98.0	2.0	100
其他（请注明）	100	0	100

在教师职务上，学科教师对学校要创建"文明校园"的知晓程度相对偏低。

卡方检验结果表明，教师对学校要创建"文明校园"的知晓情况在职

务上呈现出极其显著的差异（$\chi^2 = 36.743$，$p = 0.000$，小于检验水准0.001）。从表1不难看出：与其他教师相比，学科教师"知道"学校要创建"文明校园"的比例最低，这可能与学科教师对"文明校园"创建工作的参与程度有关。

表2　　教师参与"文明校园"创建工作情况在职务上的差异情况　　（%）

	参与过	没参与过	不清楚	合计
班主任	85.2	9.1	5.7	100
副班主任	82.6	10.6	6.8	100
只是学科教师	78.8	11.2	10.0	100
学校中层干部	88.9	8.6	2.5	100
学校校级领导	90.8	8.2	1.0	100
其他（请注明）	82.5	10.0	7.5	100

在教师职务上，学科教师参与"文明校园"创建工作比率偏低。

卡方检验结果表明，教师参与"文明校园"创建工作情况在教师职务上呈现出极其显著的差异（$\chi^2 = 32.073$，$p = 0.000$，小于检验水准0.001）。从表2不难看出：与其他教师相比，学科教师"参与过""文明校园"创建工作的比例最低，"没参与过"和"不清楚"的比例最高，这也与学科教师对学校要创建"文明校园"知晓情况互相印证。

表3　　教师对《北京市义务教育阶段学科德育指导纲要》或《北京市高中新课程学科德育指导纲要》应用情况在职务上的差异情况　　（%）

	常常对照德育指导纲要调整教学	偶尔根据德育指导纲要调整教学	根本没有应用德育指导纲要	没有听说过德育指导纲要	现在不担任教学工作	合计
班主任	83.7	14.3	1.0	0.8	0.2	100
副班主任	82.6	14.5	1.4	1.5	0	100
只是学科教师	82.2	15.1	1.1	1.4	0.2	100

· 235 ·

续表

	常常对照德育指导纲要调整教学	偶尔根据德育指导纲要调整教学	根本没有应用德育指导纲要	没有听说过德育指导纲要	现在不担任教学工作	合计
学校中层干部	83.1	10.7	0	0.4	5.8	100
学校校级领导	78.6	7.1	0	1.0	13.3	100
其他（请注明）	78.8	10.0	1.2	1.2	8.8	100

班主任和中层干部自觉应用德育指导纲要的比例较高。

卡方检验结果表明，教师对德育指导纲要的应用情况在教师职务上呈现出极其显著的差异（$\chi^2 = 180.254$，$p = 0.000$，小于检验水准0.001）。具体来说，班主任认为自己能够经常依据德育指导纲要调整教学的比例最高，其次是中层干部，校级领导认为自己能够经常依据德育指导纲要调整教学的比例最低，班主任、副班主任能依据德育指导纲要指导教学的比例均高于学科教师。经初步分析认为，班主任和中层干部都是在学校中更多地承担育人责任的人员，因此他们能够自觉学习和领会德育指导纲要的要求，在日常教学工作中渗透育人目的和要求；校级领导或是由于工作任务太多而在教学上投入的时间和精力不足，或是由于没有直接承担育人的职责致使其对德育指导纲要的重视程度不够因而其比例偏低；班主任和副班主任可能由于承担的育人职责多于学科教师，因此其依据德育指导纲要指导教学的比例要高于学科教师。

正如有位教师在开放式问题中所写的那样："活动任务的布置应该分散些，既可以给班主任布置也可以由科任教师完成。"这种状况既与科任教师平时只负责学科教学有关，也与学校全员育人的工作氛围尚未形成有关。实际上，每位教师在教授知识的前提下，都承担着育人的重要职责，都有责任和义务为学生的发展和成长提供指导和帮助，都应该成为创建工作的实践者和受益者。

（二）主题教育活动和实践活动的实效性与针对性有待进一步提高

调研情况表明，在"文明校园"创建工作过程中，虽然多数学校都能够利用清明、"六一""七一""十一"等重要时间节点开展形式多样的主题教育活动和社会实践活动（见表4），但是从差异分析情况中不难看出，

"非常喜欢"学校利用重要时间节点组织的主题教育活动或实践活动的学生和家长比例随学段升高而递减,特别是高中学生和家长,"非常喜欢"的比例分别只有50%和53.1%(见表5)。

表4　教师、学生、家长对学校主题教育活动/实践活动评价一览

序号	内容	教师问卷选项	有效百分比(%)	学生问卷选项	有效百分比(%)	家长问卷选项	有效百分比(%)
1	您/您孩子所在的学校能够利用开学、期末、国庆、春节等重要时间节点开展适合学生年龄特点的主题教育活动或实践活动吗	A	87.14	A	79.40	A	79.17
		B	11.07	B	15.76	B	16.28
		C	1.02	C	2.16	C	1.52
		D	0.20	D	1.65	D	1.42
		E	0.57	E	1.03	E	1.62
2	在上学期,您/您的孩子参加过学校组织的主题教育活动或实践活动吗			A	86.82	A	82.91
				B	11.53	B	14.46
				C	1.54	C	1.52
				D	0.1	D	0.51
						E	0.61
3	您对学校组织的主题教育活动或实践活动怎么看			A	78.06	A	73.71
				B	17.51	B	21.13
				C	3.71	C	4.75
				D	0.51	D	0.3
				E	0.21	E	0.1

选项说明:

1题:A 经常开展　B 有时开展　C 很少开展　D 几乎没有开展　E 不清楚
2题:A 经常参加　B 有时参加　C 很少参加　D 从未参加过　E 不清楚
3题:A 非常喜欢　B 比较喜欢　C 一般　　　D 不喜欢　　　E 非常不喜欢

表5　学生、家长对主题教育活动/实践活动的评价在学段上的差异情况　　　(%)

		非常喜欢	比较喜欢	一般	不喜欢	非常不喜欢	合计
学生	小学	87.2	10.7	1.9	0.0	0.2	100
	初中	79.6	18.2	1.9	0.3	0	100
	高中	50.0	35.1	12.1	2.2	0.6	100

续表

		非常喜欢	比较喜欢	一般	不喜欢	非常不喜欢	合计
家长	小学	81.0	15.2	3.4	0.4	0	100
	初中	74.5	23.3	2.2	0	0	100
	高中	53.1	34.0	11.9	0.5	0.5	100

从卡方检验结果可以看出,学生对学校组织的主题教育活动/实践活动的评价在学段上存在极其显著的差异($\chi^2=121.402$,$p=0.000$,小于检验水准0.001)。从表5可以看出,"非常喜欢"学校利用重要时间节点组织的主题教育活动/实践活动的学生比例随学段升高而递减,"比较喜欢"和"一般"的学生比例则随学段升高而递增。经初步分析认为,随着年龄的增长,对于活动评价和"喜欢与否"的标准会提高,因此小学生"非常喜欢"主题教育活动/实践活动的比例最高,高中生"比较喜欢"和"一般"的比例则最高,并且与小学生和初中生的差距比较明显。

卡方检验结果表明,家长对学校组织的主题教育活动/实践活动的评价在学段上均存在极其显著的差异($\chi^2=71.028$,$p=0.000$,小于检验水准0.001)。表5的数据也表明,家长对学校主题教育活动/实践活动的评价在学段上的差异与学生基本相同,这也从侧面印证了学生对这一问题的判断。

从教师问卷的开放式问题中,很多教师提到了活动实效性问题。例如,有的教师认为"活动要有实效",有的教师提出"活动不要流于形式",也有的教师指出"把活动落到实处,让每个学生都受益"。

(三) 宣传推广及家校社协同的程度有待进一步深化

"文明校园"创建工作主体在学校,主力是教师,但更需要家长的理解、参与和社会的支持、配合。对于家长和社会相关部门而言,只有在了解学校创建工作基本情况的前提下才能真正有效地参与到学校创建工作之中。从"活动阵地"调查中学生和家长对"学校使用新媒体宣传学校情况"的评价中可以看出,学校应该充分利用新兴媒体对学校的工作进行宣传和推广,使学生、家长和社会及时了解学校的整体情况和工作进展。从教师在"您认为'文明校园'创建工作还存在哪些问题"项上提交的文本情况来看,很多教师提到了"提升宣传力度""家长参与度较低""家长不知道学校和老师做了多少,有些方面不能实现家校合作""周边环境不令人满意"等问题。由此不难看出,学校对创建工作的宣传力度及家校社协同推进创建工作的程度都有待深化。

(四)评价标准完善进程有待进一步加快

评价标准是学校推进工作的主要依据和参考,是学校开展工作的风向标和指示器。从教师关于"创建工作中存在的问题"项上提交的文本情况来看,教师提出了"将山区和城区的学校区别开来""评价标准不完善"等问题,这也说明在制定评价标准的过程中,既要考虑科学性和普适性,也要考虑区域间、学校间不同的工作基础和客观条件。此外,也有教师提出"检查不深入""监管力度不够"等问题,进一步说明在完善评价标准的过程中还要深化对"文明校园"学校的持续督导和检查,以确保创建工作的长期效果。

四 增强北京市中小学文化育人实际效果的对策

(一)调动全体教师的参与热情,形成全员育人的工作格局

1. 加大对《学科德育指导纲要》的培训督导力度,使教师自觉按照要求开展学科教学

在各级教研活动中增加对《学科德育指导纲要》的学习和培训。

教研活动是教师相互合作交流、探讨并解决教学中实际问题的有效方式,是学科教师提高教学能力的重要方法。因此,必须以市、区、校、教研组等各级教研活动为契机,组织教师共同学习和讨论《学科德育指导纲要》,探讨在学科教学中进行德育渗透的有效方式和方法,引导教师依据课程标准和学生实际需求,设计相应的教学活动,努力做到每堂课不仅传播知识,而且传授美德,使学生在学习知识的同时获得正向的教育和引导。

在各级教研督导中增加对教师应用《学科德育指导纲要》情况的评价。

教育督导是提高教育质量,促进教育事业健康发展的有效方式,是教育教学工作的"助推器"。为了使广大教师自觉依据《学科德育指导纲要》开展教学,建议在各级听课评课和相关督导检查中增加对教师应用《学科

德育指导纲要》情况的评价内容，以推动和促进教师在学科教学中自觉渗透学科德育内容，充分发挥课堂这一对学生进行教育和影响的主阵地和主渠道作用。

2. 扩大创建工作的参与范围，调动全体教师的参与热情

"教书育人"是对教师的根本要求，每位教师都应该承担"育人"的职责。"文明校园"创建工作中的"六好"要求与学校中的每位教师息息相关，每位教师都应当成为创建工作的参与者和受益者。

学校在创建工作中要注意扩大创建工作的参与范围，调动全体教师的参与热情，尽量使每位教师都能依据自己的兴趣、特长和优势参与到创建工作之中。例如，美术教师可以参与到走廊、墙壁、校报校刊等学校阵地建设中，语文、政治、历史等相关教师可以参与到学生主题教育实践活动的设计和实施中，相关教师也可以参与到学校的对外宣传中……

3. 通过典型示范、经验交流与分享等方式努力形成全员育人的工作格局

教育的创造力蕴藏在丰富的实践中。在几年的创建工作过程中，一些学校将创建工作与学校现有工作进行有机整合，积累了一些鲜活的典型经验和案例。分享带来提高、交流形成提升，可以组织召开不同规模的"文明校园"创建工作实际经验分享和交流会，既可以使先进学校对现有工作进行总结和提升，又可以使其他学校受到启发和影响，还可以在思想碰撞中获得对于创建的进一步认识，通过典型示范、经验交流与分享等方式使各区及学校进一步改进和完善工作，努力形成全员育人的工作格局。

（二）尊重学生实际体验，提高主题教育活动和实践活动的针对性和实效性

1. 依据学生需求和体验组织活动

现代学生个性化差异日益明显，不同地域、不同学校、不同学段学生在认知能力、知识发展水平、实际体验和需求等方面必然存在差异。因此，在整体推进工作的过程中，也要充分尊重学生的实际体验，从学校实际情况出发，科学、合理地组织活动。学校在组织开展主题教育活动或实践活动时，可以在充分倾听学生和家长意见的前提下，从学生的实际需要和对活动的体验情况出发，结合学校已有资源和实际情况组织主题教育活动和实践活动，在条件允许的情况下可以组织学生及家长代表共同进行活

动的设计和组织，进一步增强学生参与主题教育活动和实践活动的热情，增强主题教育活动和实践活动的实际效果。

2. 指导学校将市、区、校活动进行有机整合

活动育人是德育工作的主要途径之一，也是学生比较喜欢和认可的教育方式。对于中小学（特别是中学生）而言，主题教育活动及实践活动宜精不宜多，避免为了活动而活动或是为了完成任务而活动。在实际操作中，建议市、区级相关部门应指导学校从实际情况出发，将市、区、校活动进行有机整合，尝试以主题为线索创建系列主题教育活动及实践活动，提高活动的科学性、有效性和可操作性，使学生真正在精心设计、组织的主题教育活动和实践活动中有所收获、有所提高。

3. 依托现代科技手段探索多种活动方式

随着信息技术的发展和进步，活动的方式也应发生变化和更新。由于北京市地域广阔，集中的观摩性活动（特别是全市性的活动）不宜过多，以免消耗更多的时间成本。为弥补集中活动的不足，可以借助网络直播、微信公众号、网上家长学校等现代信息手段，通过网络平台将活动过程、既有经验、相关成果等内容进行网络分享，实现区域间、学校间的即时沟通与交流，达到在沟通中解决问题、在交流中有所收获的目的。

（三）加大宣传推广力度及家校社协同程度，营造良好的社会氛围

1. 各级注重对创建工作进行有效宣传，增加创建工作的知晓率

"文明校园"创建工作体现了学校工作的方方面面，是学校加强自身建设，为师生创设优美、整齐的校园环境的集中体现。从调研情况可以看出，学校对创建工作的宣传力度仍有待加大，部分教师、学生、家长对创建工作的了解依然不够。在后续工作中，市、区、校都要加大对创建工作的宣传力度，利用各种媒体、媒介宣传创建工作的进展、典型和先进经验，使全社会都了解相关部门和学校为创建工作付出的努力，增加创建工作的知晓率和支持率，创设和谐、正向的舆论氛围。

2. 增加家长对于创建工作的参与率，进行有效的家校协同

学校教育并不是在孤立的环境中进行的，必然要与家庭发生千丝万缕的联系。家长是学校教育的重要参与者，是学校开展创建工作的支持力量。要想获得家长对创建工作的支持和理解，学校首先要尊重家长，将家长看作教育的合作者和协同者，给予家长充分的尊重和理解，先想想学校

能为家长做些什么，而不是一味地单纯要求家长配合学校的创建工作。同时，学校还要引导家长通过家长教师协会、家长委员会等家长组织，科学、规范、合理地参与到创建工作中。

3. 取得社会相关部门的理解和支持，共同推进创建工作

习近平总书记在全国教育大会上指出："办好教育事业，家庭、学校、政府、社会都有责任。……全社会要担负起青少年成长成才的责任。"教育是国之大计、民之根本，需要全社会的关注和参与。对于"文明校园"创建工作来说，学生文明素养的提高、校园环境的改进、学校周边环境的治理等工作都不是学校单打独斗能够完成的，都需要社会相关部门的了解、理解、认同和支持。在开展"文明校园"创建工作的过程中，市、区、校都要力争通过宣传、沟通、交流等方式增加社会相关部门对创建工作的了解和认识，获得社会的理解和支持，与社会形成教育合力，共同推进创建工作。

（四）根据实际情况适时完善评价标准和检查督导，推动创建工作科学推进

1. 适时完善评价标准，对不同层次的学校提出不同的评价要求

北京市各区、学校之间的实际情况千差万别，原有工作基础、硬件条件、师资配备等情况都有所差别。因此，在制定"文明校园"评价标准时，既要考虑标准的科学性和普适性，也要关注区域间、学校间不同的工作基础和客观条件。此外，随着工作的深入，评价标准也不能一成不变，应该随着工作的推进而有所调整和修改。因此，在推进"文明校园"创建工作的过程中，应该在广泛征求相关行政部门、学校、专家、师生意见和建议的基础上，适时完善并改进评价标准，照顾到不同区和学校的实际情况，充分发挥教育评价对于教育工作的推动和促进作用。

2. 适时改变督导检查方式，巩固创建工作的已有成果

在开展"文明校园"创建工作的流程中，只是在学校申请成为"文明校园"时市、区相关部门才会对学校各项条件和实际情况进行实地考察和视导检查。在学校被认定为"文明校园"之后，缺少相应的有针对性的督导检查工作。从调研情况可以看出，部分已经成为"文明校园"的学校依然在相关工作方面存在一定的问题和短板，这既不利于深化创建工作，也不利于巩固创建工作已有的成果。在后续工作中，建议将对"文明校园"

的督导检查纳入相关工作之中，在不增加督导检查次数、给学校造成额外负担的前提下，有效整合现有的督导检查体系，对已经成为"文明校园"的学校进行科学、适当的检查督导。在督导过程中还要注重对学校课程的管理和实施情况进行督导检查，了解课程的实际实施情况，有效发挥课程这一育人的主阵地和主渠道作用。

（五）加强对创建工作育人功能的学术研究，尝试构建实践育人新模式

德育是按照一定的阶段，遵循一定的程序和步骤有序实施的过程。贯穿在德育过程中非常重要的环节就是把个别的经验加以概括，使之系统化并逐渐上升为理论。"文明校园"创建工作作为小学德育工作的载体和途径，在几年的时间里积累了鲜活的工作素材和大量的实践经验。从学术研究的视角对此进行梳理和总结，进行实践育人模式的探索和尝试，既是对现有工作的全面总结，也有助于推进实际工作的进一步完善。

在后续工作的推进中，一个重要的研究切入点就是立足于创建工作的实际情况，从创建工作作为在中小学进行社会主义核心价值观教育的有效载体这一视角出发，在德育相关理论的指导下，从德育途径和德育方法的角度对创建工作在中小学应用的实践经验进行深入分析和系统总结，通过学术研究和加工提炼，找出创建工作与学校德育工作的本质性联系并对其进行理论概括和提升，力争通过学术研究工作使实践经验上升为相对稳定的理论研究成果和可供借鉴的操作程序，归纳出创建工作对于中小学师生教育引导作用的规律性结论，力争在实践的基础上尝试进行创建工作实践育人模式的研究与构建。

持续三年多的"文明校园"创建工作，使广大中小学以创建"文明校园"为契机，围绕立德树人根本任务，以学生为中心，以师德建设为重点，围绕领导班子建设、思想道德教育、活动阵地建设、教师队伍建设、校园文化建设、整洁优美环境等方面开展创建工作，效果明显、成效显著，受到了教师、学生、家长的普遍认可。随着"文明校园"创建工作的推进与深入，还需要调动全体教师的参与热情，尊重学生实际体验，加大宣传推广力度及家校社协同育人程度，适时完善评价标准和检查督导，尝试进行实践育人的构建。让我们共同期待，通过"文明校园"创建工作，使北京市中小学不断建立健全工作机制，逐步提高师生公民道德、职业道

德、文明修养和民主法治观念，使校园文化内容健康、格调高雅、丰富多彩，校园秩序良好、环境优美，育人环境得到进一步改善，把学校建成培养德智体美劳全面发展的社会主义建设者和接班人的坚强阵地。

参考文献

冯钢新：《时代文化育人的理论考察》，《学校党建与思想教育》2019年第3期。

龚克：《大学文化应是"育人为本"的文化》，《中国高等教育》2010年第1期。

郝保权：《明晰新时代文化育人的内在逻辑结构》，《中国高等教育》2019年第1期。

李春华：《文化的"化人"与思政的"育人"》，《马克思主义研究》2012年第9期。

李建国：《文化育人的哲学省思》，《高等教育研究》2014年第4期。

刘献君：《论文化育人》，《高等教育研究》2019年第34期。

钱建国：《文化育人的内涵、价值及策略》，《江苏教育》2018年第15期。

施卫华：《大学文化育人功能及实现路径研究》，《思想教育研究》2016年第5期。

杨咏：《大学文化育人的本体性及实现路径》，《学校党建与思想教育》2015年第12期。

张德江：《文化育人：大学文化建设最重要的任务》，《中国高等教育》2012年第17期。

社会主义核心价值观引领下的南沟德育一体化提升

——德育目标和内容体系建构

秦廷国[*]

一 背景和意义

以社会主义核心价值观为引领，贯彻落实北京市教育综合改革发展的重要部署和北京市乡村教育发展新模式的要求，实现房山区从教育大区向教育强区的战略转变，破解南沟乡村学校教育梯次差距问题，有效满足地区群众对高质量教育的现实需求。以房山区教育转型发展的关键问题和重要瓶颈为突破口，2018年5月，德育一体化提升项目正式立项运行。

德育目标和内容体系构建是德育一体化提升项目的重要部分。南沟各联盟校都有校级德育目标和内容，但还有待具体化，针对性有待提高。在落实过程中，存在理性思考不足、深度不够，活动流于形式、实效性不足的现象。区级层面的德育目标和内容一方面整体性系统性不强，另一方面又存在学段之间衔接不足的现象。针对这些问题，该项目旨在研究和总结联盟校德育工作经验，细化联盟校德育目标，调整、充实德育内容，构建具有区域特色和时代特征，密切联系南沟中小学学生生活实际，符合南沟中小学学生年龄特点和成长需要，各学段纵向衔接、横向贯通、循序渐进、螺旋上升的区域中小学德育目标和内容体系，使德育工作更具针对性、实效性、吸引力和感染力。

---

[*] 秦廷国　北京教育科学研究院德育研究中心研究人员。

二　建构南沟特色的德育目标和内容体系

依据北京市和房山区中小学德育目标，在各联盟校德育目标和内容的基础上，以社会主义核心价值观为引领，整体构建南沟德育目标和内容体系，为区域德育工作提供方向性指导。

（一）南沟特色的中小学德育目标体系

1. 总目标

以习近平新时代中国特色社会主义思想为指导，坚持育人为本、德育为先，大力培育和践行社会主义核心价值观，以培养学生良好思想品德和健全人格为根本，以促进学生形成良好行为习惯为重点，以落实教育部《中小学德育工作指南》和《北京市中小学生日常行为规范》为抓手，坚持教育与生产劳动、社会实践相结合，坚持学校教育与家庭教育、社会教育相结合，不断完善中小学德育工作长效机制，全面提高中小学德育工作水平，为党育人，为国育才，建设房山美丽家乡，促进南沟创新发展。

2. 具体目标

（1）小学养成道德习惯

2017年，北京市教委发布《北京市中小学养成教育三年行动计划》。养成教育是培养学生良好行为习惯的教育，是培育和践行社会主义核心价值观的重要内容，是学生品德形成和终身发展的奠基工程。养成教育主要内容包括文明礼仪、学习、健体、卫生、阅读、劳动、生活和安全八大日常行为习惯。

河北中心校将学校的育人目标确立为培育"健康、博学、仁爱、自强"的博观少年。学校积极围绕学生良好习惯培养、教师育人能力提升、建立养成教育长效机制、家校协同实施养成教育等方面，针对1—6年级学生积极构建思想情感、文明礼仪、遵纪守法、学习求知、生活卫生、健康安全、勤俭环保、志愿服务等目标，多措并举，推进学生良好行为习惯的养成。例如一、二年级的目标主要是适应环境，形成规范，养成自律。一年级新生从幼儿园步入学校开始新的生活，紧紧围绕入学教育和养成教育，使学生快速适应班级、学校等新环境和要求，形成规范的行为，具备良好的文明礼仪和行为习惯。周口店中心小学加强"五小"（小讲解、小导游、小服务、小环保、小记者）综合实践活动建设，注重培养学生的志愿服务精神和劳动习惯。

十渡中心小学的低年级德育目标是培养基本行为习惯，中高年级德育目标是养成良好行为习惯。搞好每周升旗仪式，教育学生庄严、肃穆，激发学生爱国情感。国旗下讲话每周一个主题，从爱国、诚信、礼貌、艰苦奋斗等方面教育学生。把在食堂和宿舍的养成习惯作为德育常规工作的重点，教育学生勤俭节约、互帮互助。洗漱就寝，节约用水，及时关灯，不喧哗，为他人着想，学生形成了良好习惯。学生将好习惯带到家里，在家在校表现一致，体现了学校教育与家庭教育的融合。利用评价手册和成长记录册对学生教室活动、课间活动、集会活动、卫生、礼貌等进行过程性评价，学生日常一点一滴的表现，就可以体现出良好的行为习惯。

蒲洼中心小学加强学生行为习惯养成教育，提高学生自我约束能力。学校把习惯养成教育细化为思想情感、文明礼仪、遵规守纪、学习求知、生活卫生、健康安全、勤俭环保七个方面的具体目标，多措并举，在实践活动中实施。例如文明礼仪，在家初次见到长辈时要问好，在学校见到老师时要问好敬礼，在问好时要自信大方得体；进入办公室要喊报告，上课后进教室要喊报告，经过老师允许才能进入教室。说话要讲文明，不说脏话；遇人主动靠右礼让。使用好礼貌用语：请、您、您好、谢谢、对不起、没关系、再见。

（2）初中培养道德情感

根据《中小学德育工作指南》，要教育和引导初中生热爱中国共产党、热爱祖国、热爱人民，认同中华文化，继承革命传统，弘扬民族精神，理解基本的社会规范和道德规范，树立规则意识、法治观念，培养公民意识，掌握促进身心健康发展的途径和方法，养成热爱劳动、自主自立、意志坚强的生活态度，形成尊重他人、乐于助人、善于合作、勇于创新等良好品质。培养联盟校初中生的道德情感，是德育一体化提升项目的重要目标和任务。

房山五中始终坚持"育人为本，德育为先"的德育方针，大力培育和践行社会主义核心价值观，促进德育工作的专业化、规范化、实效化，努力形成学校全员育人、全程育人、全方位育人的德育工作格局。依据学校办学理念，进一步在立德树人、德教融合中把学生培养成"独立且乐群、智慧且善良、质朴而大气"的现代中学生。例如智慧且善良，在更多层面上智慧是指学生拥有丰富的科学文化知识，拥有自我认知的能力，拥有解决问题的能力；学校重视让学生成为完整而善良的人，以校园文化为德育教材，以学校活动为德育平台，形成系列化的德育活动，支持学生的情感体验、内心领悟和自我教育。

张坊中学的育人目标是有理想，爱运动，善合作，勇担当，能致远。德育目标是培养身心健康、遵纪守法、遵守公德、有民族情怀和国际视野的合格公民，特别注重增强初中生的爱党爱国情感，树立民族自尊心、自信心、自豪感，意识到自己学习和成长与祖国发展前途的关系。张坊中学的特色是致远教育。"致远"一词出自《周易·系辞下》："服牛乘马，引重致远，以利天下……"后来诸葛亮在《诫子书》中说道：非淡泊无以明志，非宁静无以致远。学校的致远教育旨在通过学生三年的学习生活能做到德智体美劳全面发展，获得夯实基础、磨砺身心、锤炼意志、锻造品格、掌握技能的教育效果，最终实现行能致远的教育目标，为自己的幸福人生奠基。致远教育"以爱为源，以孝为魂"，学校继承原"孝亲文化"的传统，并以此为德育的基础，通过"大孝事国，中孝事群，小孝事亲"的引领，引导学生感恩父母、感恩老师、感恩社会。

(3) 高中注重道德能力

高中生思维能力显著提高，道德认知和判断能力显著增强。所谓道德认知是指人们对客观存在的道德关系及如何处理这种关系的原则和规范的认识，是品德心理结构的重要组成部分，包括道德印象的获得、道德概念的掌握、道德评价和道德判断能力的发展、道德信念的产生及道德观念的形成等。其中，道德概念的掌握、道德评价和道德判断能力的发展是道德认知形成和发展的重要阶段和主要标志。道德认知是在道德实践的基础上，通过教育、训练和社会影响，不断掌握道德概念、逐渐提高道德评价和道德判断能力而形成、发展和加深的，其形成使得人们在品德发展过程中能按照一定的道德原则和规范行动，不但懂得应该怎样做，而且懂得为什么这样做，从而提高品德的自觉性、主动性和创造性。作为品德形成和发展的基础，道德认知对道德情感、道德意志和道德行为起着指导、调节和控制作用。德育一体化提升项目的目标和任务之一就是提升学生的道德认知和判断能力，以指导自己的道德行为。

周口店中学是一所完全中学，其学校办学目标是建设根基厚实、质量优良、特色突出的美丽乡村学校，育人目标是助力学生成为品行端、身心健、学业优、情趣雅、实践强的尚实学子。学校把道德教育融入实践活动中，组织高一年级学生积极参与房山区第四届中学生社会实践挑战赛；努力打造精品校本课程"演讲与口才"，与周口店遗址博物馆合作，学生利用业余时间去博物馆志愿讲解；通过"四个一"工程、社会大课堂、研学旅行、开放性科学实践活动、综合社会实践活动、创新人才培养等实践类活动课程，丰富学生的实践体验，培养社会参与和责任担当的能力；加强学校生涯规划课题实验研究工作，持续推动高中生涯规划指导平台和职业生涯体验中心的推广使用，为高中学生发展指导提供支撑；注重加强社会公德教育和分辨是非能力的培养。

总之，在联盟学校中，小学阶段注重道德习惯的养成，初中阶段注重道德情感的培养，高中阶段注重道德能力的形成。当然，各个学段又纵向衔接，相互联系，有机统一，形成一体化的德育目标体系，旨在培养有较高道德素养的南沟学生。

（二）南沟特色的中小学德育内容体系

1. 理想信念教育

蒲洼中心小学把理想信念教育细化为国家认同教育、英雄模范教育和中国梦教育，形成了蒲洼中心小学特色的理想信念教育内容体系。例如在一、二年级，其国家认同教育包括了解国旗、国徽、国歌的内容和意义；知晓党的名称、党的生日；建立对党、国家和人民军队的基本认知和亲近感。英雄模范教育包括了解英雄模范人物的光荣事迹；了解爱国志士革命故事；了解人民英雄的不朽功勋；知道今天的幸福生活是无数先烈用鲜血和生命换来的。中国梦教育包括初步感知什么是中国梦；了解实现中国梦与自己的人生发展和家庭幸福生活之间的密切联系；树立作为中国人的自豪感。十渡中心小学注重帮助学生领会国家发展使命，树立远大奋斗理想，坚定社会主义信念。周口店中学开展爱国主义教育系列活动，以党史、新中国史、改革开放史、社会主义发展史为重点内容，以知识竞赛、国旗下演讲、对话革命英雄等为载体，组织庆祝建党100周年系列教育活动，坚定学生知党、爱党、跟党走的信念。

2. 社会主义核心价值观教育

蒲洼中心小学把社会主义核心价值观教育细化为家国教育、集体教育和法治教育，形成了蒲洼中心小学特色的社会主义核心价值观教育内容体系。例如在三、四年级，家国教育包括引导学生赞美家乡、体验民俗，歌唱伟大祖国，继承中华民族的优秀文化传统；了解民族的历史和国家的自然资源。集体教育包括引导学生珍视集体荣誉，维护集体利益，在集体生活中体验民主的意义以及个人的权利和义务；体验团结的力量和价值，培养集体主义精神；了解自由、平等和公正在同学之间、师生之间、亲子之间交往行为中的具体表现。法治教育包括了解遵守法规的重要性，了解制定规则要遵循一定的程序。十渡中心小学注重帮助学生把握价值目标，理解价值取向，遵守价值准则。周口店中心小学和周口店中学组织思政课教师积极参与房山区社会主义核心价值观教育小初高课程研发，形成小初高一体化的社会主义核心价值观教育课程资源，做好课程资源的学习落实工作，助力学生一体化社会主义核心价值观教育做出实效。

3. 中华优秀传统文化教育

蒲洼中心小学把中华优秀传统文化教育细化为传统节日教育、传统礼仪教育和人格修养教育，形成了蒲洼中心小学特色的中华优秀传统文化教育内容体系。例如在五、六年级，传统节日教育包括知道重要传统节日的文化内涵和家乡生活习俗的变迁，传统礼仪教育包括掌握社交礼仪的知识、了解社交礼仪的内涵和特点，懂得社交礼仪的作用，养成良好的个人、家庭文明礼仪习惯。人格修养教育包括积极参与志愿服务行动，培养道德实践能力。十渡中心小学注重增强学生家国情怀、社会关爱和人格修养。周口店中学组织师生做好房山区研发的中华优秀传统文化教育课程（金色课程），推进"家国情怀系列""品格涵养价值追求系列""家教家风系列"课程资源的应用，增强学生的文化自信和文化自觉。

4. 生态文明教育

蒲洼中心小学把生态文明教育细化为生态文明认识和生态文明实践，形成了蒲洼中心小学特色的生态文明教育内容体系。例如在三、四年级，生态文明认识包括了解祖国大好河山；了解家乡生态环境的一些问题。生态文明实践包括主动参与力所能及的环境保护活动，对损害树木、攀折花木、踩踏绿地等破坏环境的行为敢于劝阻纠正。十渡中心小学注重教育学生认识生态文明，形成文明的自然观和健康文明的生活方式。周口店中学组织师生积极参与房山区开发生态文明教育课程（绿色课程——"绿色消费""绿色环保""绿色种植"）工作；将劳动教育与生态文明教育有机结合起来，加强劳动教育的规划指导，落实好劳动教育的相关要求，探索建立"劳动周"教育机制，创新劳动教育实践方式；继续组织"三爱三节"、垃圾分类、爱国卫生等教育活动，培养学生健康文明的生活方式。

5. 心理健康教育

蒲洼中心小学和十渡中心小学都把心理健康教育细化为认识自我与尊重生命、人际交往与情绪调控、升学选择与人生规划、学会学习与适应社会生活，形成了小学特色的心理健康教育内容体系。在一、二年级，认识自我与尊重生命包括能欣赏自己的优点和长处，能看到自己的成长和变化并为此感到高兴；学习反省自己的生活和行为。人际交往与情绪调控包括懂得礼貌交往，乐于与老师、同学交往，在谦让、友善的交往中感受友情；能在成人的帮助下控制和调节情绪。升学选择与人生规划包括愿意有计划、有目的地安排自己的生活；心中有榜样，并以此激励自己不断进步。学会学习与适应社会生活包括感受学习知识的乐趣，培养良好的学习习惯；认识并适应班级、学校、日常学习生活环境；能适应新环境、新集体和新的学习生活；树立纪律意识、时间意识和规则意识；懂礼貌、守秩序。在三、四、五、六年级，认识自我与尊重生命包括认识自己的优缺点和兴趣爱好，有自信心，悦纳自己；积极反省自己的生活和行为；知晓生命来之不易，爱护自己的身体。人际交往与情绪调控包括集体意识，擅长与同学、老师交往，培养自主参与各种活动的能力；进行恰当的异性交往，建立和维持良好的异性同伴关系；正确面对厌学等负面情绪，学会恰当、正确体验情绪和表达情绪；学会自我调节的方法，提高适应能力。升学选择与人生规划包括提高分析问题和解决问题的能力，为初中阶段的学习生活做好准备。学会学习与适应社会生活包括培养学习兴趣和学习能力，端正学习动机，调整学习心态，正确对待成绩，体验学习成功的乐趣；建立正确的角色意识，培养对不同社会角色的适应；积极促进亲社会行为，逐步认识自己与社会、国家和世界的关系。周口店中学落实房山区青少年心理健康教育"一账、一线、一网、一测、一通道""五个一"建设，即建立区校两级个案台账，开通区校两级心理健康服务热线，建设心理健康教育服务网络平台，实施心理健康状况测评，打通医教结合的转介通道；借助校外优质心理教育资源，通过举办心理健康讲座、团队建设等活动，为学生身心健康保驾护航。

三　进一步研究的问题

（一）区域德育目标和内容在联盟学校的落实方式需要进一步探讨

房山区中小学德育目标和内容与南沟特色的中小学德育目标和内容是一致的，后者是前者的具体化，两者都是在北京市中小学德育目标和内容的指导下制定的。房山区中小学德育目标和内容在联盟学校的落实方式需要进一步探讨，以实现二者的有机统一。

（二）南沟中小学德育目标和内容的有效衔接机制需要进一步深化

南沟小学德育目标和内容与初中德育目标和内容要有效衔接，初中德育目标和内容与高中德育目标和内容也要有效衔接，使小初高德育目标形成梯度，内容不断加深，实现中小学德育目标的一体化建构和德育内容的一体化发展。

（三）南沟中小学德育目标和内容体系的科学性评估制度有待建立

南沟中小学德育目标和内容体系是根据北京市中小学德育目标和内容以及房山区中小学德育目标和内容，结合联盟校的特色、优势和不足制定的，需要德育实践的进一步检验和科学性实效性的评估，以及时反馈信息，不断完善和改进，使南沟中小学德育目标和内容体系发挥长久的导向作用。

第四编

中华优秀传统文化教育、生态文明教育研究

系统开展儿童青少年生命哲学教育的实践研究和启示*

谢春风**

一 系统开展儿童青少年生命哲学教育迫在眉睫

中国学校、幼儿园正在进入一体化德育的新时代。一体化德育是广域化的育人系统，既要在时间维度上形成学段纵向衔接、循序渐进的育人链条，又要在空间维度上构建学校、家庭、社会横向协同、整体优化的育人体系，这是新时代立德树人总任务基于时空维度的新发展。而生命哲学教育就是学校、家庭、社会协同配合，共同对儿童青少年进行珍爱生命意义、保护生命价值、提升生命质量的世界观、方法论教育，这是依托文化自信而系统实施的儿童青少年健康生活方式、学习方式习得策略和实践智慧的教育，使儿童青少年获得生命时空中的健康知识和实践能力。

中国儿童青少年身心发育整体比较好，积极而健康。但应该理性地认识到，近年来，不少学生身体素质下降，近视率、肥胖率不断攀升，学生自杀案例增多，部分健康指标不可持续特征明显。中小学生网络成瘾问题日趋严重，熬夜问题突出，极端化负面案例增多。尤其是2020年新冠肺炎疫情暴发后，学生情绪抑郁和心理问题出现了"释放"高峰，值得高度关注。以上问题的主要原因在于，儿童青少年缺乏必要的生命哲学教育，学习和生活相脱节，不符合自然规律和生命成长规律，亦违背传统中医文化的要求。学校、家庭、社会在儿童青少年生命哲学教育上的共识尚未形

---

* 本文原载《中国教师》2022年第1期。
** 谢春风 北京教育科学研究院德育研究中心主任、研究员，教育部基础教育教学专家指导委员会安全教育学科委员。

成,实践上存在割裂和矛盾,教育效果不彰。

二 中国具有开展生命哲学教育的深厚文化基础

中华优秀传统文化,特别是中医文化,就是生命的哲学和大道。习近平总书记指出:"中医药学凝聚着深邃的哲学智慧和中华民族几千年的健康养生理念及其实践经验,是中国古代科学的瑰宝,也是打开中华文明宝库的钥匙。"具有生命哲学意蕴的儿童青少年中医文化教育已在中国陆续开展。2005年以来,北京养生文化学会刘承恩会长(第一届、第二届)率领中医养生师团队,在北京、山东、浙江、河北等省市中小学开展中医养生教育实验,效果良好。

无独有偶,从2005年开始,日本积极借鉴中国中医文化智慧,实施《食育基本法》,把食育作为学生生存发展的根本,以及智育、德育及体育的基础。为保障《食育基本法》的实施,日本制订"食育推进基本计划",提出9个须达到的食育目标,还将食育内容写入教材,作为知识课程的重要组成部分。从简单的一顿午餐发展到细致入微、潜移默化的饮食科学、饮食习惯、饮食道德和饮食文化教育。日本学生整体生长发育指标,尤其是身高指标增长效果显著。日本的做法值得中国大中小幼各个学段教师借鉴和深思。

三 在鲜活生动的生活德育中系统培育 儿童青少年的生命哲学

天地之大德曰生。人是大自然的一分子,大自然对人类的影响深刻而持久。《黄帝内经·灵枢·本神篇》指出:"故智者之养生也,必顺四时而适寒暑,和喜怒而安居处,节阴阳而调刚柔。如是则避邪不至,长生久视。"以《黄帝内经》为基础的传统中医文化,汲取传统中医智慧,道法自然,改善儿童饮食和睡眠质量,滋阴养阳,及时疏解儿童青少年的情绪焦虑,能够有效引导儿童青少年形成健康科学的生活和学习方式,把健康生活和持续学习统一起来,实现儿童青少年身心可持续发展。

德育是实践的艺术,而生活是最好的教科书。自2012年开始,特别是2020年以来,笔者与研究团队在刘承恩会长的指导下,在广大教师、家长的积极理解和支持下，构筑学校、家庭、社会育人共同体，系统培育儿童青少年的生命哲学观，在北京市部分中小学和幼儿园开展饮食、起居、网络、情志、运动和学习一体化教育实证研究。研究组根据节气变更与气候特点为实验学校和幼儿园提出不同的干预支持建议，当节气、气候变动比较剧烈时，及时改进指导建议（见表1），有效调动了儿童青少年身心潜能，实现可持续发展。该研究已在部分中小学和幼儿园持续了9年时间，先后参与的儿童青少年超过1万人次。该研究以实验学校为主导，充分发挥班主任、学科教师的主导作用，注重对家长进行儿童青少年健康知识的专业培训。

表1　　　　　　　　儿童青少年生命哲学教育系统化建议

指标	要求
起居	早睡早起，每日10小时睡眠；睡子午觉；午睡半小时
运动	运动不宜出大汗，预防风邪伤害；上午宜动，下午宜静，晚上不宜锻炼
膳食	宜吃阴性、平性、凉性食物，慎吃阳性、温热性、辛辣燥热性食物；不宜过饱；身体失衡儿童，应根据节气的变化，利用食物寒热属性及温度，调整失衡
情志	保持心情舒畅、心态平和，让儿童健康快乐地学习；培养儿童尊敬家长、老师和关心他人的良好品德
学习	积极培养儿童的学习情趣；让儿童在轻松快乐的氛围中学习；培养儿童注意力集中的学习状态
网络利用	在家长和老师引导下合理使用手机；防止对网络游戏的依赖；不熬夜玩网络游戏

该研究分为五个实践阶段。

第一阶段：2012年至2014年，在北京市第一幼儿园、宏庙小学、奋斗小学、北京交通大学附属小学、中关村第四小学、北京市第十八中学开展第一轮生命哲学教育实验，参与实验的儿童青少年有3000人左右。

第二阶段：2015年至2016年，在北京市府学胡同小学、北京交通大学附属小学开展后续实验，聚焦音乐和睡眠、饮食、情绪的关系，改善儿童身心发展，参与学生有1000余名。

第三阶段：2017年至2018年，在北京市第十八中学、北京交通大学附属小学、北京育才学校大兴分校、北京大兴区魏善庄中心小学开展研究实验，重点是节气变化和健康保护教育，参与学生有2000余名。

第四阶段：2017年至2019年，与朝阳区教委德育科合作，在北京市第九十四中学机场分校等十余个初中的初三年级开展"德育整体构建教育实验",把中医文化教育与学生学习、身心发展统一起来,倡导"好习惯、好德育就是好分数"的育人理念,参与实验的初三学生有5000余名。

第五阶段:2020年9月至12月,在北京市第一幼儿园、北京交通大学附属小学、北京市第九十四中学机场分校开展教育实验,聚焦疫情影响下的儿童青少年健康保护能力培养,参与实验的儿童青少年有1000余名。

四 生命哲学教育旨在帮助儿童青少年在身体和精神上强起来

研究组对教育干预所涉及的儿童青少年身体健康状态、起居情况、运动锻炼情况、饮食情况、情志与心态、学习状态六个方面进行了长期实践验证和统计学差异检查,不断完善研究举措,取得积极的实践效果。下面举例说明。

【案例一】2018年,正值冬季,数九寒冬冷风嗖嗖,持续低温和干燥的空气让流感等呼吸道传染病开始侵袭,北京市进入了流感病毒高发季节,一些学校因流感高发而停课。但北京育才学校大兴分校因流感病毒而请假的学生不到10人,学生出勤率高达95%,秩序井然。

【案例二】北京交通大学附属小学自2012年以来持续进行"以符合自然规律的生活方式实现儿童可持续发展的教育实验"。2020年以后,因为新冠肺炎疫情防控要求严格,学生和家人如有任何不健康症状,学生都不能到校,出勤率受影响比较大。2020年9月至11月,该小学对学生进行饮食起居的重点指导,干预后,学生发烧比例大幅度下降,晚上容易入睡,睡眠质量明显提升,怕热、出汗、踢被子频率逐渐降低,出勤率很高。全校学生1989人,每人每月出勤率达98.5%以上,每人每月因病缺课平均不足0.3天。

【案例三】2020年9月至11月,研究组在北京第一幼儿园海晟分园4—6岁儿童中实施了新一轮教育干预,进行了对照实验。实验组在生活习惯、身体健康、注意力、记忆力、晨练指标上的分值都显著高于对照组,说明干预效果显著(见图1、图2)。小(一)班的张白杰老师说,在饮食方面,家长逐渐懂得根据幼儿体质特点和季节差异,制定符合幼儿生长需要的食谱。"在课题开展之前，王某丁小朋友因家庭原因，从未吃过猪肉，虾和羊肉是主要肉食来源。通过开展课题学习，家长开始根据孩子体质和节气变化制定食谱。如春天吃羊肉容易上火，家长就选择鸭肉为孩子补充蛋白质，改变了过去的饮食观念。一段时间后，王某丁小朋友较以前精力旺盛，睡眠也更踏实。"中（三）班老师李洁说，孩子们掌握了不少养生技巧：天气冷的时候，每次户外活动，孩子们互相提醒在出门前搓搓鼻翼两侧，防止感冒；在剧烈游戏后，孩子们会在老师的带领下进行简单的吐纳、穴位按摩等放松活动。"小班时，我们班一到换季时通常会有小半个班的孩子带药，现在通过研究的不断深入，原来的'小豆芽'壮实了，不爱生病了。"

【案例四】2020年至2021年，北京市第九十四中学机场分校杨莉老师带领三名教师，在家长配合下开展教育实验。一名学生在阶段性实验结束后，仍坚持落实"健康自查表"内容。他原来经常暴饮暴食，肠胃不好，再加上不

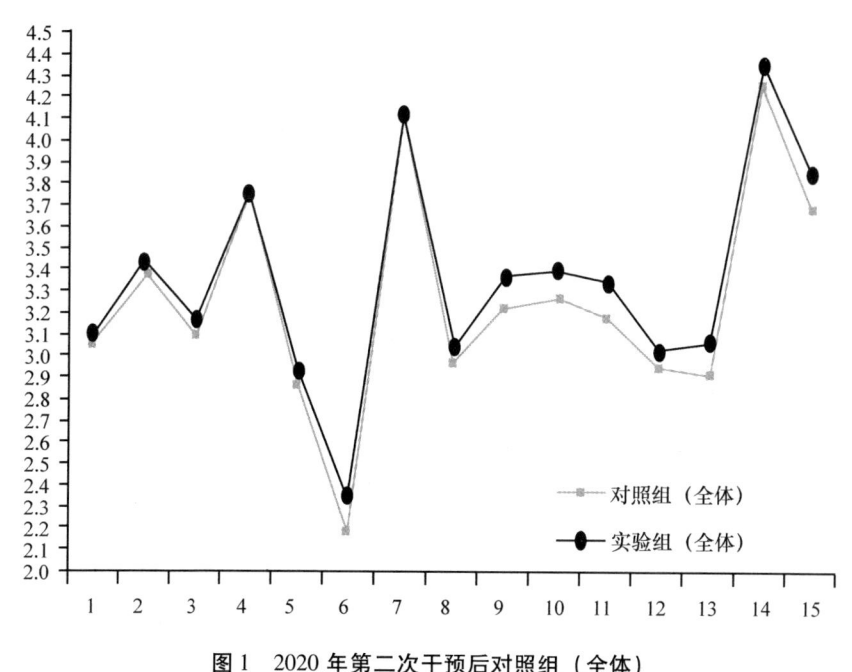

图1 2020年第二次干预后对照组（全体）
与实验组（全体）15个指标分值趋势

图 2 2020 年第二次干预后对照组（女）
与实验组（女）15 个指标分值趋势

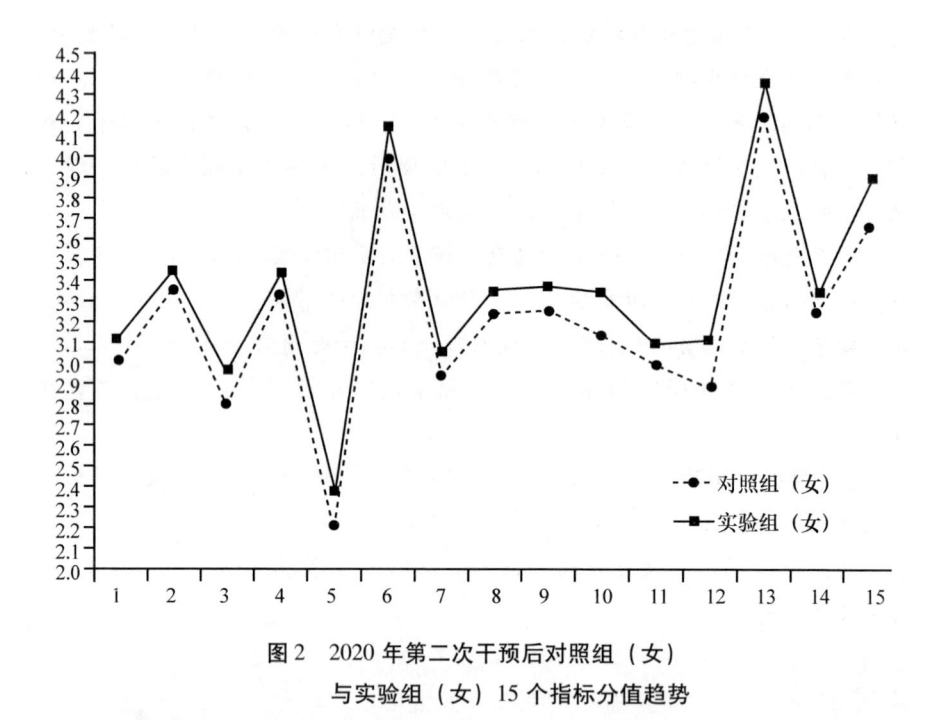

愿意锻炼，导致肥胖。实验一个月后，该生身体状况有了很大改善，学习和情志方面也有很大改善，成绩有了很大提高。目前，这些教育实验仍在进行。

实验结果表明，基于文化自觉的生命哲学教育实践把儿童青少年的学习、生活和健康成长统一了起来，帮助儿童青少年在身体和精神上逐渐强壮起来。

五　研究启示与教育建议

第一，文化自信教育是儿童青少年生命哲学教育之魂的生命哲学教育是一种生命文化的自觉教育，是继承发扬"天行健，君子以自强不息；地势坤，君子以厚德载物"人文精神的具体实践。借助中医文化阴阳平衡、身心和谐理念，对儿童青少年的学习、情绪和生活进行综合干预和研究，可以有效调动儿童青少年的身心潜能，促进健康发展，初步构建儿童青少年生命哲学教育的社会支持系统。

第二，在大中小幼全学段积极推广传统中医文化教育实验成果。人的生命成长是一个系统化、连续化的过程，各学段、各年级要彼此衔接、支持，形成育人对接机制。要以合理饮食、科学睡眠为抓手，引导师生和家长把儿童青少年的生活和学习统一起来，形成健康合理的生活和学习方式。针对后疫情时期的特点，要加强对学生心理问题的科学筛查和个案教育干预，强化对困境儿童青少年健康生活方式的指导和心理人文关怀，及时化解心理危机，确立儿童青少年的生命哲学观。

第三，强化一体化德育意识，构建学校、家庭、社会育人共同体学校、幼儿园、医疗、公安、社会组织、家庭、科研机构要开展跨区域生命哲学教育合作，重视儿童饮食、睡眠和情绪问题的解决在德智体美劳教育中的基础地位。建议中国及时出台具有中华文明特征的"食育法"，解决学校教育与家庭生活脱节的问题，使立德树人回归生活沃土，沐浴在中华文明的光芒之下。

第四，进一步解决家校协同育人中的难点问题。目前，开展生命哲学教育的难点在于，儿童青少年在家庭和学校、社会中的饮食、睡眠、学习、情志、网络使用，如何符合自然规律和成长规律，保持彼此协同一致；如何克服应试教育的负面影响，减少健康透支现象，实现社会、亲子、师生、家校间积极的教育互动，避免对冲性因素的教育干扰。

整体论视域下生态文明教育一体化的理论框架与实现路径

王巧玲　张婧　马莉　张沁
沈欣忆　徐新容　赵志磊[*]

一　问题的提出

当前面对贯彻落实习近平新时代中国特色社会主义生态文明思想，把碳达峰、碳中和纳入生态文明建设整体布局，实现中华民族伟大复兴的时代使命，在向第二个百年奋斗目标进军的伟大征程中，习近平新时代中国特色社会主义生态文明思想引领下的生态文明教育将会愈益成为实现2050美丽中国愿景、促进联合国可持续发展目标实现的重要奠基工程。

2017年，教育部发布《中小学德育工作指南》，将生态文明教育作为立德树人的重要组成部分；同年，教育部发布的《普通高中课程方案和语文等学科课程标准（2017年版，2020年修订）》，也充实和强化了"中国特色社会主义、中国先进社会主义文化、生态文明与海洋权益"等内容，强调了"尊重自然，保护环境，提高生态文明意识"的培养目标；2021年3月，生态环境部、中央宣传部、中央文明办、教育部、共青团中央、全国妇联六部门联合发布《"美丽中国，我是行动者"提升公民生态文明意识行动计划（2021—2025年）》，旨在将生态文明教育纳入国民教育体系，推动构建生态环境治理全民行动体系；2021年8月，教育部又做出生态文明等《重大主题教育融入课程教材》的最新要求。尽管这一系列教育政策都在宏观上对生态文明素养培育提供了理论指引与政策支撑，但实践中缺

---

[*] 王巧玲　张婧　马莉　张沁　沈欣忆　徐新容　赵志磊　北京教育科学研究院终身学习与可持续发展教育研究所研究人员。

乏对生态文明教育一体化的整体构建与实施，直接影响了生态文明教育的有效开展。本文基于中国传统生态哲学整体论视域深入挖掘生态文明教育的基本内涵与育人目标，通过文献研究、专家访谈、问卷调研等定性定量结合方法构建生态文明教育一体化的理论框架，在反复探析的过程中诠释根植于中国文化基因的生态文明素养意蕴，对于生态文明教育的评价与教育教学具有重要的理论意义与实践价值。

二 生态文明教育一体化的整体构建

（一）理论基础

1. 中国传统生态哲学

中国传统生态哲学主要围绕人与自身、人与自然、人与人这三重领域展开探讨，它是习近平新时代中国特色社会主义生态文明思想的文化源泉与创新动力。其主要观点在于：第一，"身心一体"之生命基点。在人与自身关系领域，中国传统生态哲学关注人的个体作用与身心平衡，提出"反观内省"与"心之生命意向"。在面对人的精神日渐空虚的当今现实情况下，学会从自然中浸润心灵，复归于身心健康的生命之道，树立正确的生命意识与人生观，促使对"自我意识"的唤醒。第二，"天人合一"之宇宙整体观。在人与自然关系领域，"天人合一"是中国传统生态哲学的主流。中国传统生态哲学尊重自然，顺应自然，把天、地、人等宇宙万物都连贯成为一个整体，最终追求人与自然融为一体的"人与天一也"的境界。其以系统思维建立对宇宙的整体性认知，引导人们发掘事物间的联系，整体上把握系统特性，促进自然和社会的相互作用达到最优状态。第三，"和而不同"之文化包容。在人与人关系领域，中国传统生态哲学关注人之"类"主体的秩序稳定，当人类社会发展到生态文明时代，生态哲学理论是以整体性的观点把生态系统、社会系统和经济系统的矛盾与利益加以整合，使政治、经济、文化综合发展，物质文明、精神文明与生态文明共同进步；同时构建文化包容与文化共享情怀，促进全球化时代文化交流与互动。

2. 习近平新时代中国特色社会主义生态文明思想

习近平新时代中国特色社会主义生态文明思想是对中国传统生态哲学

的继承与发展，是推进国家可持续发展战略的新境界，进一步阐释了人与自我、人与他人、人与自然、人与社会、人与人类关系的逻辑链条。其对生态文明素养培育的引领作用在于：其一，"生态民主观"作为逻辑起点，要求教育系统将呵护青少年身心健康，激发其"为我们的星球"而自我学习的内驱力，是生态文明素养培育的重要原点。其二，"生态价值论"与"绿色发展观"作为逻辑动力，是生态文明素养培育的创新与动力源泉，要求教育系统激发青少年的生态审美能力，面向生态现实与身边可持续发展的实际问题，提升实践能力与创造性问题解决能力。其三，"生态系统工程论"作为逻辑方法，是生态文明素养培育的重要思维导向，应在激励青少年树立全局观，学会用系统思维与跨学科方法整体把握与全面分析生态与可持续发展问题方面发挥作用。其四，"和谐共生观"作为逻辑归宿，以"尊重健康与生命、尊重资源与环境、尊重多样性与差异性、尊重当代人与后代人"为重点价值观导向，在重塑生态文化，强化生态责任与政治担当方面发挥作用。

（二）育人目标体系构建

以中国古代生态哲学整体论为理论基础，对接学生发展核心素养，借鉴现有测评框架成果，从意识、行为、文化、组织与社会系统四个层面整体性厘定生态文明素养关键指标，并初步构建了生态文明素养测评框架，具体阐释如图1所示。

其中生态文明价值观是生态文明素养的主线与内核，主要分布在四个象限的对角线上，第一象限从行为层面集中体现为尊重资源与环境，将人与自然和谐共生作为价值观内核；第二象限从意识层面体现为尊重健康与生命，将生命认同作为人与自我关系的逻辑起点；第三象限从文化层面体现为尊重多样性与差异性价值观，将多样性作为人与社会文化关系的价值导向；第四象限从组织系统与社会层面体现为尊重当代人与后代人的价值观，超越人类中心主义而走向代际视角。

生态文明素养关键能力包括自我意识、系统思维、生活技能、共情理解、生态问题解决五大方面；生态文明知识涵盖生态环境、生态经济、生态安全、生态文化、生命共同体五个方面；生态行为习惯主要包括健康行为、低碳行为、适度消费行为三个方面。健康行为表现为健康起居、健康饮食、健康运动与健康情志；低碳行为表现为低碳着装、低碳饮食、低碳

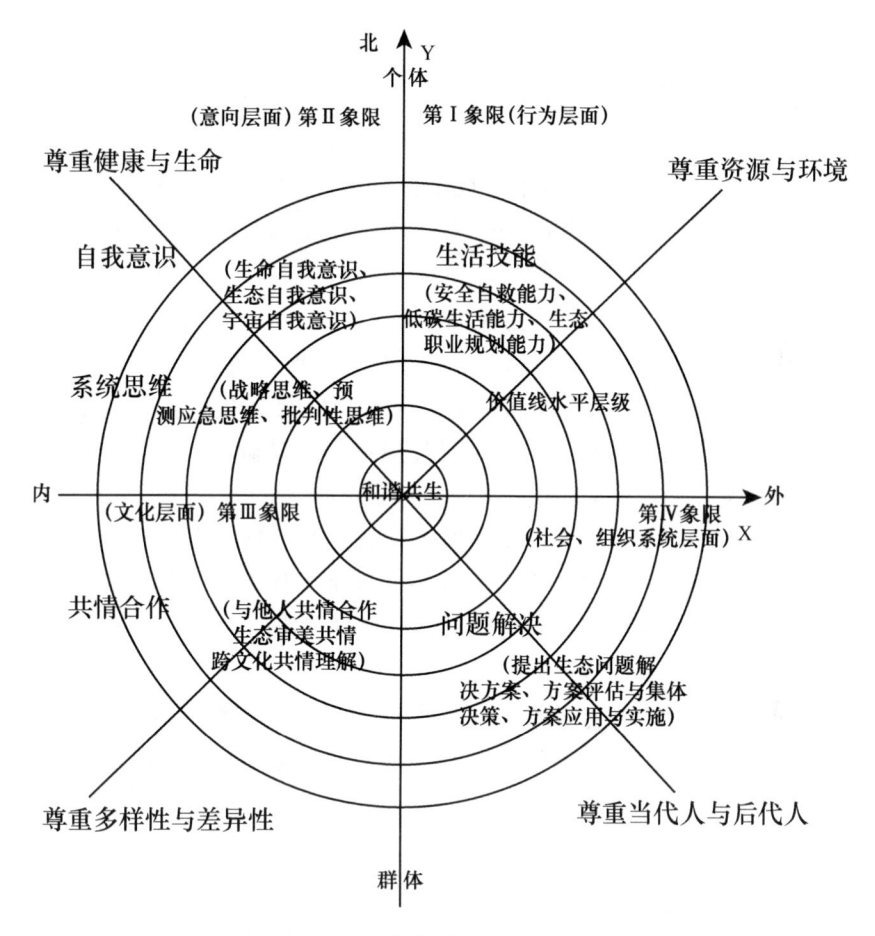

图1 生态文明素养整体框架与观测指标

家居、低碳出行；适度消费表现为绿色产品购买与适度消费等。

生态文明素养水平层级的决定性因素是潜藏在人"内在系统"中的那些价值模式与思维方式。而且青少年生态文明素养水平在生物—心理—社会—精神复杂性的不同层次中体现出来，是从关注"我"到关注"我们"的螺旋上升过程。据此，青少年生态文明素养可包括如下五个水平层级的螺旋递进：

第一，小学低年级段侧重于自然亲近者培育。尊重自然，亲近自然；在对大自然的水、空气、山脉、河流、动植物等要素感知的基础上，学会整体欣赏自然的美；意识到需求与欲望的差别，崇尚自然简朴的生活。

第二，小学高年级段侧重于生态守护者培育。尊重本土生态知识与文化多样性；认同公民的生态权利与责任，初步理解人与自然和谐共生关系；积极参与校内外生态保护活动与绿色社会建设。

第三，初中阶段侧重于生态乡民培育。尊重中国传统文化的生态智慧；综合认识和理解所在地区的生态与人类复杂系统及动态发展过程；关注家乡所在区域和国家的环境与可持续发展问题，积极参与家乡生态行动。

第四，高中阶段侧重于生态战略家培育。树立人地协调观，尊重文化多样性；理解关于生态文明建设的不同观点，通过交流和协商，达成共识；判断未来多种可能性，提升应对风险和变化能力以及综合解决问题的能力；在反思个人行为和人类活动对环境影响的基础上，关注全球环境，共同制定和实施创新行动。

第五，大学阶段侧重于生态文明主导者培育。树立尊重生命与安全、尊重资源与环境、尊重多样性与差异性、尊重当代人与后代人和价值观；理解关于生态文明建设的不同观点，通过交流和协商，达成共识；培养预见重要发展趋势并制定应对策略的能力，培养基于全局系统研判并进行规划的能力；养成反思现行政策、技术进步可能带来的挑战与风险，并提出创新解决方案的能力，在参与碳达峰与碳中和等重大问题的解决中发挥作用的能力，担负起生态文明建设与全球可持续发展的责任。

（三）内容体系构建

生态文明建设关系着人民的福祉，关乎着民族的未来，是中国特色社会主义事业的重要内容，是国际可持续发展理念的中国化表述。依据可持续发展关于社会、文化、环境、经济领域的相关目标要求，结合中国国情与习近平新时代中国特色社会主义生态文明思想，中国生态文明教育内容体系框架涵盖生态环境教育、生态经济教育、生态安全教育、生态文化教育、生态共同体教育。

生态环境教育，即开展污染防护、生态修复、环境质量、气候变化、海洋生态等方面的教育，引导学生树立尊重自然、顺应自然、保护自然的发展理念，使学生认识到环境污染的危害性，增强保护环境的自觉性。开展大气、土地、水、生物、粮食等资源方面的基本国情教育，引导学生感受祖国的大好河山。

生态经济教育，即开展新能源与可再生能源、生态农业、生态城市、绿色工业、生态服务业等教育活动，引导学生树立绿色发展、循环发展、低碳发展观念，对低碳生活、节约资源等形成正确的价值判断，推动实现垃圾分类，倡导绿色消费。

生态安全教育，即开展生态安全法律法规、生态安全监测与研判、全球生态环境治理等方面的教育，引导学生综合分析和思考资源环境生态问题，树立生态安全战略意识、法治意识与预警意识，自觉维护国家生态安全。

生态文化教育，即开展人与自然和谐共生的生态价值观、热爱自然与热爱生命的生态伦理、山水林田湖草是生命共同体的生态审美方面的教育，唤起学生生态文化自信与自觉，摆正人与自然的关系，追求人与自然的和谐，形成文明健康的生活方式。

生命共同体教育。人因自然而生，人与自然是一种共生关系，人类发展活动必须尊重自然、顺应自然、保护自然，这是人类必须遵循的客观规律。人类正处在大发展大变革大调整时期。各国相互联系、相互依存，全球命运与共、休戚相关，和平力量的上升远远超过战争因素的增长，和平、发展、合作、共赢的时代潮流更加强劲。

（四）行为体系构建

生活方式对于青少年健康成长起着重要作用，青少年时期是良好生活方式、健康行为习惯建立的最佳时期，同时也是危险行为的高发期，青少年时期的生活方式影响着以后的健康和生活质量。

可持续生活方式是有利于社会、经济、环境和文化可持续发展目标实现的行为方式的总和。可持续生活方式遵循自然规律，是以可持续发展为目标，建立一种既能满足人类良性生活需求，又能维护生态平衡的生活方式。中国可持续发展教育项目组提出可持续生活方式的指标体系，主要包括健康生活方式，低碳生活方式、可持续消费三个维度。低碳生活方式包括低碳着装、低碳饮食、低碳家居、低碳出行等；可持续消费方式包括绿色消费、适度消费。

1. 培养青少年节能减排意识，进行低碳生活

培养青少年节能减排意识，建立低碳生活方式，逐步树立以人为本，全面、协调、可持续的科学发展观，形成关注和解决社会、文化、环境与经济可持续发展实际问题的责任意识与初步能力。开展低碳教育，让学生

掌握低碳知识，了解低碳问题，培养低碳意识，在人与自然的关系上树立正确的态度，以便通过整个社会的共同努力实现低碳发展。

2. 培养青少年可持续消费观念与行为

人们的消费观念、价值取向、消费方式等是在学校教育和社会交往中形成的。教育应该为未来社会的需要服务，为促进可持续发展进行价值引导和消费行为的引领。学生是未来的主流消费群体，他们的观念和行为涉及未来中国可持续消费方式的运作和实施，所以进行可持续消费教育、建立可持续消费行为方式非常重要和必要。

可持续消费，是指符合人的身心健康和全面发展要求、促进社会经济发展、追求人与自然和谐进步的消费观念、消费方式、消费结构和消费行为。可持续消费教育应包括一定的知识教育、行为约束教育、价值观引导教育、批判性思维和解决问题的能力教育。引导青少年理解可持续消费的含义、重要意义和紧迫性；帮助青少年选择有利于可持续消费的行为；能够牢记可持续消费的基本原则；能够用可持续发展的观点引导学生对各种消费方式进行价值判断；可持续消费教育最终会影响人们的消费行为，应该以受教育者的消费实践结果衡量教育的效果。

3. 培养青少年保健意识及健康生活方式，促进其身心健康成长

行为生活方式影响着人类的健康与寿命，所以应自觉、主动、积极地建立良好的生活方式，在身体、精神和社会适应性上达到完好状态。树立科学合理的健康观，建立保障人人身心健康的生活方式，创造健康的社会环境，是现代人应该付诸实施的社会工程。

健康生活方式有利于青少年健康成长，要让学生了解学习与锻炼的关系、生活陋习与疾病的关系、个人日常生活习惯与社会整体利益的关系，培养青少年的保健意识及健康生活方式。强健的身体奠基于青少年时期，要鼓励学生从日常生活的健康化做起。

三 生态文明教育一体化的推进模式

（一）政策推进

生态文明国策构建中国话语体系。建设生态文明社会是中国基本国策，中国政府确立"五位一体发展"的总体布局。2012年，党的十八大确立了从经济、政治、文化、社会、生态文明五个方面推进"五位一体发

展"的总体布局,提出"创新、协调、绿色、开放、共享"的"五大发展理念",生态文明成为国家总体发展战略的核心构成。2017年,党的十九大将生态文明与可持续发展定位于"建设生态文明是中华民族永续发展的千年大计",生态文明与可持续发展融为一体,成为国家发展战略的核心内涵,贯穿于发展的全领域、全过程。建设生态文明社会成为中国的基本国策。

生态文明被正式写入《中华人民共和国宪法》和《中国共产党章程》,其战略地位日益巩固和强化。在2020年9月召开的联合国大会上,习近平主席代表中国宣布将于2030年前实现碳达峰、2060年前实现碳中和的目标。中国2035年远景发展目标为:广泛形成绿色生产生活方式,碳排放达峰后稳中有降,生态环境实现根本好转,美丽中国建设目标基本实现。在中国特色社会主义事业总体布局中,建设生态文明社会成为中国发展战略、核心理念和顶层设计,贯穿于中国"十三五""十四五"时期发展规划和中长期发展规划中。

生态文明教育政策融入教育现代化全过程。2015年发布的《中共中央、国务院关于加快推进生态文明建设的意见》提出:"使生态文明成为社会主义核心价值观的重要内容。从娃娃和青少年抓起,从家庭、学校教育抓起,把生态文明作为素质教育的重要内容,纳入国民教育体系和干部教育培训体系。"

2016年,由环境保护部、中宣部、中央文明办、教育部、共青团中央、全国妇联六部门联合编制的《全国环境宣传教育工作纲要(2016—2020年)》,进一步明确要"促进环境保护和生态文明知识进课堂、进教材"。

2019年发布的《中国教育现代化2035》,紧紧围绕统筹推进"五位一体"总体布局,将生态文明与可持续发展教育融入教育现代化的全过程。2019年,北京市教委发布《北京市中小学生态文明宣传教育实施方案(试行)》,该方案从工作目标、工作原则、教育内容、实施路径、教育管理等方面全方位布局北京市中小学生态文明教育工作。

2020年4月,教育部办公厅、国家发展改革委办公厅联合印发《绿色学校创建行动方案》,提出"到2022年,中国60%以上的学校达到绿色学校要求,有条件的地方争取达到70%"。北京市也发布了《北京市绿色学校创建行动方案》,全方位涵盖绿色学校建设,提出6项一级指标,18项二级指标和46项三级指标,构建中小学绿色学校评价指标体系。2021年1

月，教育部、生态环境部、中宣部、中央文明办、共青团中央、全国妇联六部门联合发布《"美丽中国，我是行动者"提升公民生态文明意识行动计划（2021—2025年）》，将生态文明教育作为重大理论研究和实践课题，从加强生态文明教育、创新方式方法等六个方面部署了十大专题行动。

（二）区域推进

区域全机构实施生态文明教育，各级各类教育系统借助教育外部资源，整合各方面资源优势，协同推进与发展。通过全机构开展生态文明教育与建设，积极促成全域生态共同体建设（教育生态化转型、产业生态化转型、社会生态化转型）。

采取纵横贯通的实验模式，实现基础教育、职业教育、幼儿教育和特殊教育相互融通，将生态文明教育作为职业、成人、社区、企业培训的核心内容，为终身教育体系内容注入新内涵。建立生态文明教育主题的课程共修模式，以可持续学习课堂与课程建设为核心，推进跨学制、多学科、多类型师生的教育融合。同时，全机构开展生态文明教育推进，以区域资源为依托，开展多层面合作的生态文明行动，实现区域一体化发展。注重建立学校、政府、社会、企业等共同参与的可持续发展教育合作空间，凝聚全社会力量培养具有可持续发展素养的新一代公民，构建生态文明教育的一体化推进模式（见图2）。

在北京市和全国建立多个生态文明教育示范区。项目组和多个区域合作创建生态文明教育示范区高地，带动示范区的学校与政府、机构、社会、企业等共同建立起生态文明教育的一体化推进模式。以下为项目组合作建立的在北京市和全国有代表性的生态文明教育示范区：

- 北京市石景山区一体化推进生态文明与可持续发展教育示范区。
- 北京市房山区乡村可持续发展教育特色示范区。
- 北京市双井街道生态文明教育示范区。
- 香港特区：基于可持续发展目标的终身学习体系。
- 河北省青龙满族自治县：建设劳动基地，打造生态文明教育新风尚。
- 内蒙古包头市：绿色生产生活与绿色学校创建行动计划。

绿色示范学校建设主题使生态文明的种子落地，建设并分步培养绿色示范学校，是生态文明教育的一项基础性工作。据统计，至2021年，全国

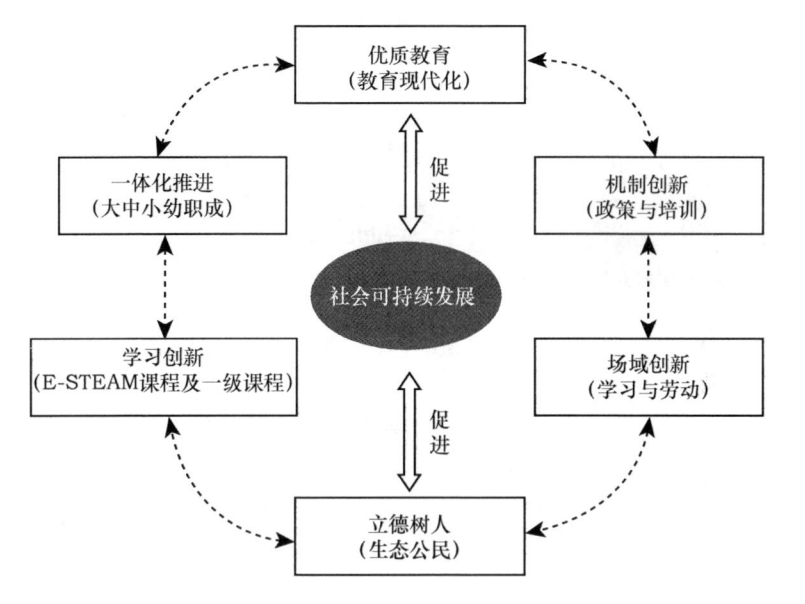

图2 生态文明与可持续发展教育一体化推进模式

参与项目的中小学校、幼儿园及其他类型学校达到1500余所，北京市达到200所。它们就像一颗颗生态文明的种子，在学校落地生根，绿色示范学校遍布北京和全国。绿色示范学校的建设过程呈现出五个显著特点：一是将可持续发展教育理念、价值观融入办学思想；二是在课堂教学方式变革上，围绕创新学习方式、培养可持续学习能力、实践能力等进行改革；三是围绕"四个尊重"建设国家课程、地方课程、校本课程，形成课程体系；四是搭建平台，着力培养学生可持续生活方式；五是构建可持续发展教育的校园文化环境。

（三）高等教育产学研模式

高等教育阶段作为生态文明主导者的培养阶段，以培养生态文明建设的规划者、建设者和传承者为目标，透过生态文明教育一体化的高等课程的推进，结合知识、技能、价值观和态度三方面，从生态校园实践、教育教学与研究、项目制学习与服务等全方位变革教育，包括学习内容、学习环境、教学法及成果的变革，培养大学生多层次系统思维规划能力、综合解决问题能力、关注与利益相关者的沟通与协作能力、颠覆性的创新能力、数据实证分析及管理能力等重要能力（见图3）。

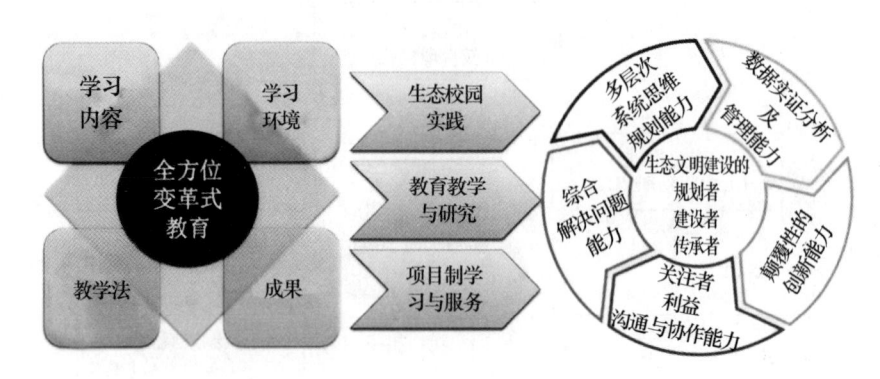

图3 高等教育产学研能力培养模式图

1. 大学校园是大学生学习、生活、成长和发展的生活学习空间，是传达和培养生态行为习惯的重要场所，通过校园生态设计传递尊重生态与环境布局，节水、节能、节粮的生态文明意识；将价值观教育与知识学习及校园实践相结合，学生参与校园建设的设计及实施，在实践实施中主动思考尊重自然、尊重资源的解决方案，创新理念、工艺、材料等，并将传统文化、校园文化、绿色文化融汇贯通，提升学生的观察、分析、解决问题的能力，并透过社交媒体、出版物、公共活动增强信息传播，提升认知。

2. 在课程教学与研究方面，基础课程采用研究性学习、体验式学习的教学法，运用"全机构法"创造新型学习环境，结合哲学、可持续发展、生态学、环境保护、信息技术等理论与技术，建立跨学科、跨校际的教学与研究模块，通过在线、面授的课堂、工作坊、圆桌会议、考察、论坛、科研等灵活丰富的学习模式，以学分制度贯穿整个学习过程，作为学生的必修课、选修课和实践性活动。结合专业课程的学习，提升产、学、研协同推进绿色科技创新与变革，加强基础学科、应用学科的交叉融合，引领前沿绿色科技，为生态文明发展构筑科技支撑。

3. 围绕生态文明建设开展项目制学习与服务，实践教学是大学生态文明教育的主要教学方法，结合专业案例进行创新教学及思维方式的培养、运用现代工具进行循证分析，逐步优化教学内容，并在具体的项目实践中将不同的专业知识运用于社区服务项目，制定可持续发展规划，并透过实施完成规划目标，令大学生更加充满自信地进行职业生涯规划，融入社会获得专业、事业的发展。同时，高校师生在项目实践中应将绿色文化转化为绿色办公、绿色出行、绿色消费等具体的行为，在日常行为中加强绿色文化的认同感，为社会践行绿色文化起到积极的推动作用。

中国将生态文明建设作为国家发展规划的重点，融入经济建设、政治建设、文化建设、社会建设各方面和全过程，"五位一体"地推动可持续发展目标的总体布局。要培养符合生态文明建设要求的人才，"立德树人"需内化到高等教育的教学、科研及产业结合等各个方面。生态文明教育"以德为先"成为高等教育内涵式发展、培养可持续发展人才不可或缺的重要内容。

（四）乡村振兴服务模式

为贯彻习近平总书记重要讲话精神和习近平新时代中国特色社会主义生态文明思想，全面推进北京乡村振兴战略实施，我们立足首都城市战略定位和"大城市小农业""大京郊小城区"的市情农情，按照北京市都市型现代农业调结构、转方式的要求，依托市、区两级教科研体系，市、区、乡镇三级教育管理体系以及市、区、乡镇、村四级办学网络体系，聚焦高素质农民和高水平致富带头人"双高"人才培养，形成了以教科研为引领，以标准建设、教材建设、基地建设、师资建设为抓手，以服务乡村产业振兴、人才振兴、文化振兴、生态振兴、组织振兴为着力点的"一方引领、多方联动、全面对接"的农民教育模式（见图4）。

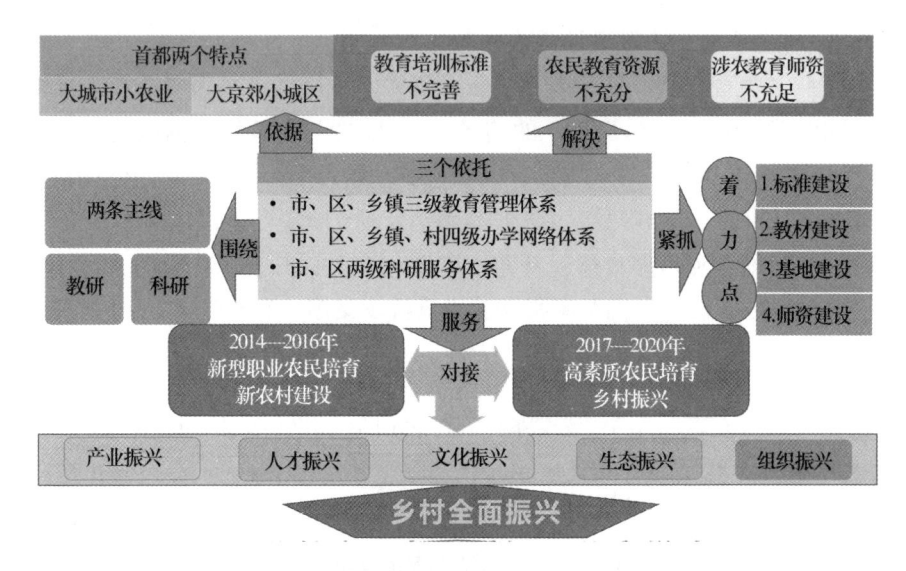

图4 职业教育服务乡村振兴的北京模式

1. 政府主导，科研引领，多方联动

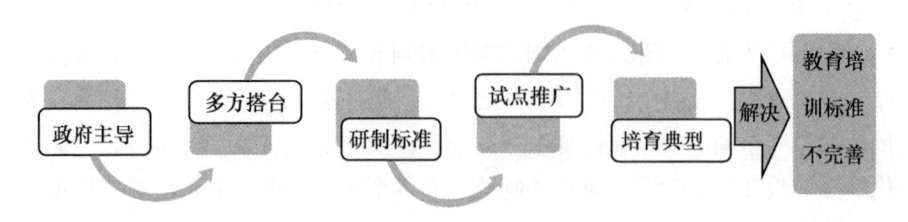

图5 解决标准建设问题的路径和方法

按照"首都发展、稳中求进→多方搭台、教育唱戏→标准先行、试点推广→培育典型、示范引路"的路径和方法，立足首都城市战略定位，结合教育部相关文件要求，以农民实际需求为中心，制定了以生态文明教育为核心的"农产品市场与流通""合作社运营与管理""休闲农业与乡村旅游""家庭农场经营管理""林下经济""农村社区管理""果树种植""蔬菜种植"8个具有北京特色的涉农专业的教学指导方案（大纲）和64门核心专业课程标准，并先后在10个郊区农村职业学校和农广校、成人学校进行试点和推广，通过培育典型、示范引路、全面落地，实现了科研成果的社会效益和经济效益最大化，解决了教育培训标准不完善、农民教育培训质量难以保证的问题。

2. 需求导向，资源建设齐头并进

按照"教育培训、齐头并重→教育资源、线上线下→基地学校、田间地头→终身学习、时时处处"的路径和方法（见图6），依据政府对"三农"人才培养的要求，以生态文明教育为引领，结合农民需求，学历教育和培训齐头并重，陆续出版《农产品营销》《新市民心理健康教育》等17种农民学历教育和培训教材，补充线下课程资源；开发180学时的教学视频，征集40987分钟各门各类微课，丰富线上学习资源；认定63个市级教

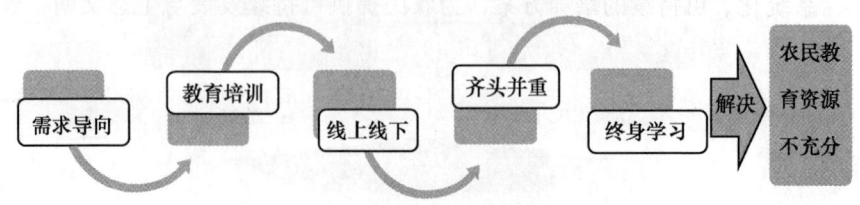

图6 解决资源建设问题的路径和方法

育培训基地，推进农民田间学校建设，完善办学条件，把教育办在农民家门口；线上线下、软硬兼施，解决了教育资源有效供给不充分、不平衡的问题。

3. 问题导向，师资队伍专兼结合

按照"教研引领、职成融合→专兼结合、共建共享→以老带新、研训一体→服务北京、辐射津冀"的路径和方法（见图7），发挥市级教科研优势，依托涉农高职学院、职业学校、农广校、成人学校等办学机构的专业教师，发掘、培养一批"土专家""乡秀才"作为兼职教师，建立专兼职农民教育师资库，信息共享，实现了教师京津冀跨区流动，有效解决了师资数量不足的问题。同时，通过开展教学基本功竞赛、建立"以老带新"工作室，研训一体，持续提升专兼职教师队伍能力水平，打造了一支教学能力强又懂专业的专职教师队伍，培育了一支实践能力强又能走上讲台的兼职教师队伍，有效解决了教师专业性不强的问题。

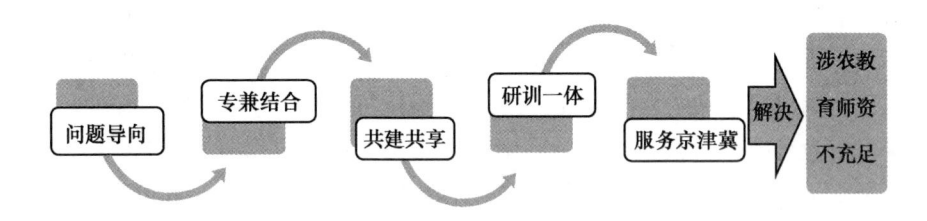

图7 解决师资不足问题的路径和方法

4. 精准服务，"四结合四对接"模式创新

面对乡村振兴所需的技术技能型人才，确立了高素质农民和高水平致富带头人"双高"人才培养目标，依托四级办学体系，通过"四结合"——学历教育与素养提升培训相结合、集中培训与送教上门相结合、线上授课与线下研讨相结合、知识学习与实践应用相结合，制定农民个性化、系统化、可持续的培养方案，为农民提供可持续发展与生态文明、现代生活与乡土文化、现代都市智慧农业与传统农业、乡村振兴与乡村治理等教育和培训；实现"四对接"：专业设置与产业发展对接、教学过程与生产过程对接、课程内容与涉农职业岗位对接、素养提升与乡村治理对接，为区域发展、乡村全面振兴提供精准服务。

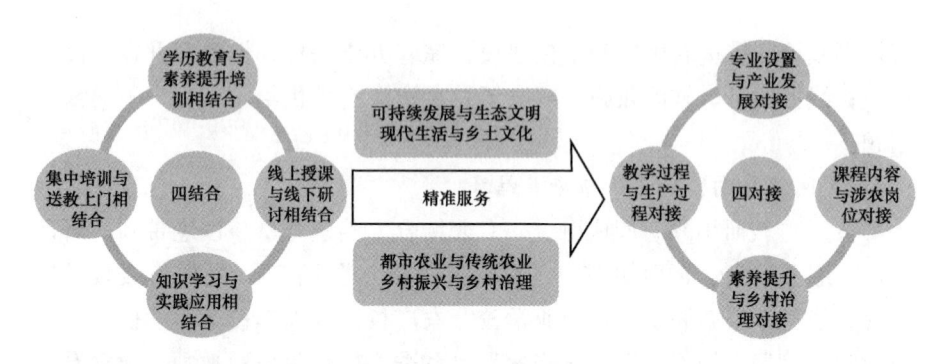

图8 "四结合四对接"精准服务模式示意

四 生态文明教育一体化的成效分析

本文采用分层随机抽样的方式，抽取北京市中小学的学生样本进行调研。本次调研将首都功能核心区、城市功能拓展区、城市发展中新区、生态涵养区四类区作为调查样本区，结合首都教育发展实际，将学生生态文明素养调查问卷确定为价值观、知识、关键能力与行为习惯四个维度。调研对象为东城、西城、石景山、朝阳、通州、房山、密云、延庆八个区，其中小学以五年级学生为采集样本，共收到问卷2443份；中学以初二学生为采集样本，共收到问卷2465份。中小学生共收到问卷4908份，其中男生占比为50.71%，女生占比为49.29%，男女生人数较为均衡。调查数据分析说明：

第一，中小学生生态文明价值观指数非常高，尤其认同"尊重当代人与后代人"。中小学生在生态文明价值观上的认同高度一致，尤其是在"尊重当代人与后代人""尊重生命与健康""尊重多样性与差异性"上（见图9、图10）。

第二，中小学生生态文明知识呈现"高知晓率"。学生清楚地知道气候变化会对生活产生各种影响，中小学生了解环境知识，如气候变化会引起一些问题、应该开展垃圾分类，首都中小学生对于生态文明知识存在"高知晓率"的现象。

第三，中小学生生态实践能力良好。对于生态文明实践能力指数，如自我和谐能力、处理冲突能力、问题解决能力等总体表现良好。

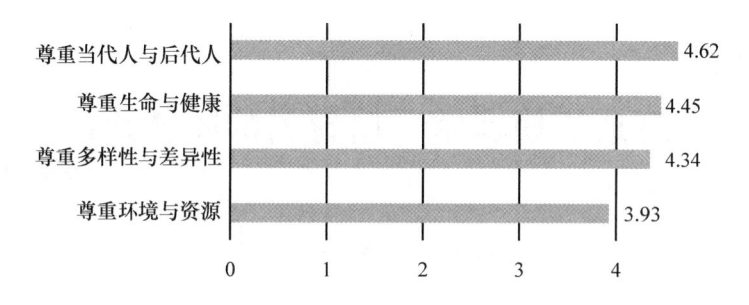

图9 生态文明价值观指数

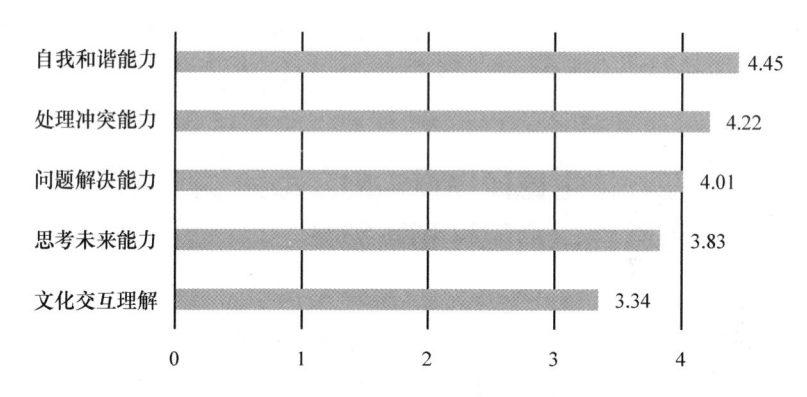

- 尊重当代人与后代人 4.62
- 尊重生命与健康 4.45
- 尊重多样性与差异性 4.34
- 尊重环境与资源 3.93

图10 生态文明关键能力指数

- 自我和谐能力 4.45
- 处理冲突能力 4.22
- 问题解决能力 4.01
- 思考未来能力 3.83
- 文化交互理解 3.34

第四，中小学生在生态行为习惯方面表现良好，有较好的低碳生活习惯。学生在低碳生活、适度消费、健康生活习惯上都有较好的行为表现。

第五，生态涵养区的素养状况优于其他区域。样本差异性分析表现为：在价值观、知识、能力和行为上，生态涵养区学生的表现均优于其他三类区；小学生和中学生在生态文明知识方面有显著差异，而在价值观、能力和行为上不存在显著差异。

打造优质课堂 培育名师团队建设一体化德育体系
——北京市中小学毒品预防教育的一体化德育建设理论与实践

马莉 王巧玲 徐新容[*]

一 在一体化德育建设中树立毒品预防教育的首善性、示范性和引领性

习近平总书记在全国教育大会上的讲话强调，教育的根本问题是培养什么人、怎样培养人、为谁培养人。立德树人关系着党的事业后继有人，关系着国家前途命运，要坚持把立德树人作为中心环节，贯穿教育教学全过程，实现全程育人、全方位育人。北京市教育工委和北京市教委2021年8月发布的《北京市大中小幼一体化德育体系建设指导纲要》深入贯彻习总书记的讲话精神，提出"建设以社会主义核心价值观为引领的大中小幼一体化德育体系，不断增强立德树人实效，以首善标准培养德智体美劳全面发展的社会主义建设者和接班人"。在一体化德育体系建设过程中，"坚持整体性目标要求，构建起全面覆盖、类型丰富、层次递进、相互支撑的课程思政体系。打造习近平新时代中国特色社会主义思想在京华大地的生动实践教学案例库"。

按照《北京市无毒学校创建工作参考标准（中小学）》的要求，"将禁毒教育内容融入中小学思想品德课及有关课程，结合不同阶段学生特点，向学生讲授毒品危害和预防知识，增强学生禁毒意识，提高自觉抵制

---

[*] 马莉 王巧玲 徐新容 北京教育科学研究院终身学习与可持续发展教育研究所研究人员。

毒品的能力"。在教育机制上，要"将禁毒教育内容纳入学校安全教育规划，做到'计划、大纲、师资、课时、教材'五落实"。在教育覆盖面上，"要将禁毒元素有机融入语文、历史、化学、生物、思想品德等课程，发挥渗透教学作用"。毒品预防教育在学校以思想品德课为主，全学科渗透，成为一体化德育体系的重要组成部分。在当前"双减"背景下，应当全面掌握北京市中小学毒品预防教育现状，依据新时代毒品预防要求，研究各个学段学生的教育重点、教育层次和全学科渗透点、结合点，精准施策，全学科实施，注重学生自觉抵制毒品关键能力和素养的培养，立德树人，在一体化德育建设中树立毒品预防教育的首善性、示范性和引领性。

二 确立素质教育时代毒品预防教育的新定位，凝聚新共识

近年来，新型毒品种类繁多、层出不穷，毒品预防教育面临着严峻的形势和挑战。截至 2020 年底，全球已出现新精神活性物质 1000 余种。新型毒品价格低廉，伪装性强，有吸食、饮用、食用、粘贴等多种吸毒方式，对不了解情况的青少年极具伪装性、欺骗性和诱惑性。2020 年 7 月 1 日，中国将"整类合成大麻素类物质"和"氟胺酮"等 18 种新精神活性物质列为毒品进行管制。[①] 让未成年人从小认识毒品的危害，严防新型毒品，养成自觉抵制毒品的关键能力，健康生活，是学校的重要使命与责任。党中央、国务院、教育部等部委和北京市多次发布政策文件，要求构建全面覆盖学校各项工作的禁毒教育体系，确立了素质教育时代毒品预防属于现代化通识型素质教育的新定位，凝聚新共识：毒品预防教育成为每个学生都应接受的普及性、通识性必备教育；学生树立毒品预防意识、关键能力和品行成为立德树人的必备素养。[②]

[①] 《北京警方：合成大麻素等新型毒品出现滥用苗头》，https://www.chinanews.com/sh/2021/06-11/9497766.shtml。

[②] 包括《中共中央、国务院关于加强禁毒工作的意见》《青少年法治教育大纲》《关于加强新时代全民禁毒宣传教育工作的指导意见》，教育部发布的《中小学生毒品预防专题教育大纲》《大中小学国家安全教育指导纲要》，北京市禁毒委员会办公室和北京市教育委员会联合发布的《关于在全市大中小学进一步加强毒品预防教育创建无毒学校的意见》，配套发布的《北京市无毒学校创建工作参考标准》等。

三　北京市禁毒教育现状调研明晰问题、改革方向与路径

（一）调研结论与问题分析

2019—2020年，项目组编制访谈提纲和调查问卷，在北京市13个区的校内外基础教育机构开展全口径访谈和教师问卷调查，共回收有效问卷3021份。① 数据表明，毒品预防教育成为基础教育机构常态化教育内容，主要在思政课、思品课、班队会和部分学科教学中开展，任课教师以德育教师、班主任和学科教师为主。数据显示，在总体基本达标的基础上，开展毒品预防教育的基本要素和教学环节存在一系列不容忽视的问题，主要表现为五个方面。

1. 教材中缺少禁毒内容，课堂教学内容多来自媒体

基础教育阶段的思政课、思品课教材缺少毒品预防教育内容。教育部编写、人教社出版的新版统编1—12年级思政课、思品课教材，仅在小学五年级《道德与法治》上册第一单元有"主动拒绝烟酒与毒品"一课。其他学科教材较少与禁毒教育相关联。需要学生了解并严加防范的新型毒品在思政课、思品课教材和学科教材中很少涉及。学校开展毒品预防教育缺少教材，教师通过媒体收集课堂教学资料，不能满足教学需求。来自媒体的资料，在权威性、可信度、教育内容与方法的适应性以及表现程度、对各个年龄段学生的适切度等方面均需要仔细辨别斟酌，教师很难选取十分贴合的教材内容。

2. 教师专业化培训与教研不足，教学中面临诸多困难

教师对毒品预防的法律法规、专业知识，尤其是新型毒品了解不足，专题培训和教研活动较少。对毒品预防知识的了解主要来自媒体，由于统编教材缺少相关内容，教师面临着缺少教材和课堂教学资源、自身知识储备不足、培训不足、教研不足、缺少教学标准和教学参考诸多困难，成为需重点解决的焦点问题。

---

① 本项目为北京市教育委员会专项课题，项目负责人：北京教育科学研究院终身学习与可持续发展教育研究所王巧玲、马莉，项目组成员：沈欣忆、张婧、徐新容、王鹏、戴婧晶、王咸娟等，问卷数据统计由沈欣忆博士完成。

3. 各个学段、年级的禁毒教育缺少分类与分层，属于大一统教育

基础教育阶段毒品预防教育的重点人群是小学高年级学生、初中生和高中生（包括职高生），横跨三个学段、八个年级。各个学段、年级开展毒品预防教育应当形成梯度，符合学生认知能力的发展，内容科学、标准具体、方法得当、教学实践可操作。但是，学校毒品预防教育属于粗放型的大一统教育，缺少对各个学段、年级、学科的教育内容、方法、标准等进行分类与分层的规范化、标准化、系统化研究。有的区不分学段和年级、统一向学校提供文字与视频教学资源，禁毒教育内容比较敏感，粗放型的大一统教育容易引发多种问题。

4. 课堂教学方式传统，与现代化通识型素质教育的定位不相符合

毒品预防课堂教学沿袭"知识＋案例"的传统教学形式，造成学生的学习与社会实践相脱节，知识与能力、行为、意识相脱节，难以实现禁毒意识、关键能力和品德行为的一体化培养目标，与现代化通识型素质教育的要求不相符合。

5. 学校开展毒品预防教育存在某些现实性顾虑

毒品预防教育有其特殊的社会敏感性，学校存在某些现实性顾虑。比如，毒品预防教育会不会引起学生的恐慌或者好奇心？部分家长认为毒品预防教育是一个敏感话题。因此，毒品预防教育应进一步加强其科学性内涵，化解学生对禁毒的无知、恐慌和好奇心。依据学生身心发展规律科学地划分各个学段的教育重点，对各个年级的教育内容、教学标准、教学方式等进行深入研究，做到准确把握、标准化设定、循序渐进，才能解除家长的顾虑，使毒品预防教育走上科学化、标准化、法治化的道路。

（二）改革思路

1. 创建毒品预防教育专业化教学资源与骨干教师队伍

深入剖析问题才能明晰教学改革的方向与路径。首先，应加强教师专业化培训与教研，建立毒品预防教育骨干教师队伍，提高毒品预防教育的科学性与专业化。其次，研究各个学段的教学重点，研制各个年级的教学内容、梯度、标准与方法，研发与课堂教学配套的专业化教学资源（包括文字与视频），充实完善学校毒品预防教育要素，建立科学、标准、规范、系统化的禁毒教育体系。

2. 构建新型育人模式

以培养学生自觉预防毒品的能力和素养为目标，参考国内外禁毒教育理念和中国素质教育理论，对传统禁毒教育进行更新迭代和具有首善特色的创新，构建新型毒品预防教育模式。更新完善教育内容、教学方式和学习方式，体现当代禁毒前沿，培育从德育系列课程到全学科的毒品预防教育优质课堂，创建新时代毒品预防教育课程新形态。在素质教育体系中，建立学生禁毒意识、关键能力和品德行为一体化培养的新型育人模式，树立毒品预防教育的首善性、示范性和引领性。

四 构建新型毒品预防教育模式，培育优质课堂

（一）建立新型毒品预防教育的"种子机制"

2021年初，国家禁毒委员会办公室举办"青骄第二课堂禁毒名师'TALK一堂禁毒课'作品征集活动"，北京市禁毒委员会和市教委联合下发通知，组织教师参与。作品征集活动得到全市基础教育系统各级各类学校的积极响应，除中小学之外，还有职业学校、工读学校和学生综合实践教育中心参与，具有广泛的群众基础和代表性。项目组以本次活动为契机，组织教师开展毒品预防课堂教学改革，培育一批市级毒品预防教育优质课，评选一批市级禁毒名师，将优质课堂教学作品作为第一批种子在全市范围推广，建立新型毒品预防教育"种子机制"，以点带面，推动全市中小学毒品预防教育转型升级。

（二）构建新型毒品预防教育模式的理论框架与教学路径

在中国素质教育体系中构建毒品预防教育新型育人模式。以培养学生"珍爱生命 远离毒品"的核心素养为教育目标，以"科学、法治、标准、儿童友好"为四项基本原则，以禁毒知识与法律准则、关键能力、社会实践、健康生活方式和禁毒意识为五大教学要素（见图1）。在课堂教学中，教师组织学生将五大教学要素融会贯通，联通式培养、一体化实现。学生不再只围绕知识的记忆和考试打转，在自主探究学习过程中经历了"学习—认知—实践—认同—信服—遵守—健康生活"的递进式、一体化心理发展过程，真正树立起"珍爱生命 远离毒品"的人生信仰和价值观。在新型育人模式中，培养学生理论联系实际预防毒品的关键能力和养成积极

健康的生活方式是教学重点。毒品预防关键能力属于综合型能力，包括学习能力、合作能力、应用能力、解决问题能力、自我保护能力等。养成积极健康的生活方式是毒品预防教育的外显目标，表明学生形成了自觉自律、遵纪守法、预防毒品、珍爱生命的人生态度和价值观。新型毒品预防教育模式致力于学习知识、发展才智，学以致用，预防毒品，赋能学生健康成长，实现立德树人的总体教育目标（见图2）。

图1 毒品预防新型育人模式

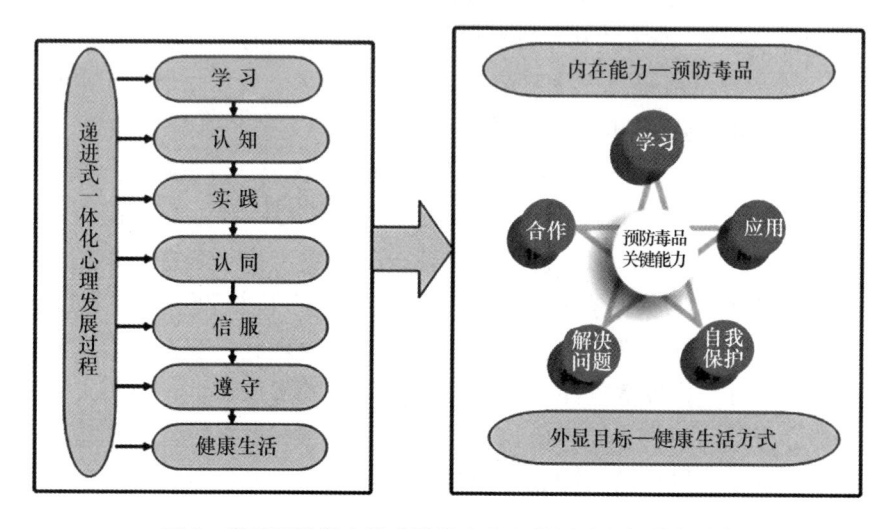

图2 毒品预防教育模式的学生心理发展过程与教育重点

（三）落实新课标，以德育为主全学科融入毒品预防教育，构建宽域度、全纳式毒品预防教育课程教学模式

新课标提出在学科教学中融入毒品预防教育的要求。由于思品课、思政课和班队会课时有限，以德育为主全学科融入毒品预防教育成为学校完成普及性、通识性禁毒教育的重要组成。在本次"一堂禁毒课"作品征集活动中获奖的优秀课例，学科课程占半数左右。学科教学与毒品预防教育融合具有标志性意义，不仅体现为认知层面的知识、能力的融合与互补，还代表着育人方式的变革，丰富、创新学科课程与毒品预防教育融合的点线面，打开学科教学壁垒和学生思维的壁垒，为学生打造整体化发展的视野与平台，培养学生融会贯通的思维品质、多学科综合运用能力、实践能力和创造力，使毒品预防教育吸纳多学科专业化知识，将学科要素与毒品预防教育有机结合，构成教育创新点。使毒品预防教育具有历史的厚度、中华传统文化的底蕴、法治的根基、丰富的科学性内涵以及学科特色，体现宽域度、全纳式毒品预防教育理念和课程模式，代表着毒品预防教育的改革方向。

（四）从五个维度培育毒品预防教育优质课堂

毒品预防教育的五大教学要素包括禁毒知识与法律准则、关键能力、社会实践、健康生活方式和禁毒意识，构成优质课堂的五个教学维度。

1. 在四项原则指引下研制学段教学重点与课堂教学内容，了解学生真实需求，培养学生预防毒品的关键能力

本着科学、法治、标准与儿童友好原则，与各个学段教育重点结合研制毒品预防课堂教学内容，体现阶梯式递进的学习路径。小学高年级学生定位于毒品的初步认识、辨别与防范；初中生定位于禁毒知识的拓展学习、中国禁毒现状、禁毒法律的初步学习；高中生定位于禁毒知识、原理的深化，增强科学性内涵，了解国内外禁毒现状，掌握禁毒法律准则。儿童友好原则即尊重儿童有待成熟与完善的发展属性，尊重儿童成长规律，保护儿童身心健康成长，开展与其能力和发展阶段相适应的教学活动。各个学段毒品预防教育应研究教育尺度，掌握教育分寸，体现循序渐进。

课前，教师应了解学生学习现状和需求，确定课堂教学的起点和重点，培养学生理论联系实际的能力。比如，朝阳区芳草地小学国际部的学

生来自世界十几个国家和地区，在北京市海淀区中小学综合实践教育中心参与培训的学生来自全区上百所学校，朝阳区劲松职业高中厨师班的学生来自中国多个省的贫困地区，确定教学起点，才能贴近学生开展教学。三位教师通过课前调查做到心中有数，以解决真问题为重点进行教学设计，符合学生的认知水平、能力发展和兴趣点。

2. 加强课堂教学与社会实践的联系，培养学生健康的生活方式和禁毒意识

《中国教育现代化2035》是中国第一个以教育现代化为主题的纲领性文件，"知行合一"被作为基本理念贯穿其中。与其同年颁布的《中共中央国务院关于深化教育教学改革 全面提高义务教育质量的意见》也提出"坚持知行合一，让学生成为生活和学习的主人"的教育理念。贯彻知行合一理念，加强课堂教学与社会实践的联系、培养学生健康的生活方式，既是毒品预防教育的特色，也是教学效果的外显指标，表现为学生通过禁毒知识与法律准则、关键能力、社会实践、健康生活方式和禁毒意识的联通式培养，经历了"学习—内化—实践—行为方式与习惯—意识与价值观"由浅入深的一体化培养过程。其中，"内化"包括"认知—认同—信服—遵守"的心理发展阶段。经过一体化培养，学生才能真正树立起禁毒意识和价值观。

在"珍爱生命、远离毒品"价值观引领下的"知行合一"是毒品预防教育的基本路径。参加本次"一堂禁毒课"活动的教师需填写"北京市禁毒名师TALK'一堂禁毒课'教案设计"，教案设计包括"课前预习""课中学习与合作探究""课后应用与实践合作探究""本课教学的延续设想"等环节，体现出"一体化培养"的教学导向。不仅如此，每个教学环节都引导教师进行"知行合一"的教学设计。比如，"课前预习""课中学习与合作探究""课后应用与实践探究"等环节均有学习与应用能力、能力拓展与实践、行为演练、价值观与健康生活方式培养、家校合作等栏目设计，有效弥补了传统毒品预防教育的薄弱环节，引领教师进行课堂教学模式的转型升级。

市级优秀课例体现出转型升级后课堂教学新形态。石景山区实验中学分校初一年级桑磊老师做的课前调查表明，初一学生初步形成了禁毒意识，但是面对伪装成他们所喜爱的食品的新型毒品缺少分辨力。而且，毒品的传播经常包裹在"快乐"的外衣之下，容易迷惑涉世未深的学生。因

此，本课教学主题被确定为"那不是真正的快乐"，通过分辨式学习增强学生对各种伪装的新型毒品的认识和辨别能力，使学生认识到毒品所带来的神经麻痹、肉体摧残和精神成瘾是毁灭生命而不是快乐。在课堂教学后的延伸环节，老师请学生认真思考生命的意义，寻找生活中真正的快乐，完成"拒绝毒品，找寻真正快乐"的手抄报。

3. 全学科参与，构建宽域度、全纳式禁毒教育

未来禁毒教育的核心词是打开、连接、融合与创新，打开学科壁垒，构建宽域度、全纳式禁毒教育；未来禁毒教育的发展体现为提高教学深度和广度两个方向，在全学科融入毒品预防教育过程中实现发展与创新。比如，从中华传统文化视角可增强禁毒教育的历史文化厚度。朝阳区芳草地小学宋秋菊老师从带领学生认识甲骨文的"毒"字导入课堂教学，甲骨文"毒"字写法的起源是指对人有毒有害的危险植物，学生在学习中华传统文化过程中了解禁毒的悠久历史和文化内涵，形象地认清了毒品的危害。

图3 甲骨文中的"毒"字

五　多部门合作构建全纳式禁毒教育合作机制，初见成效

按照《北京市大中小幼一体化德育体系建设指导纲要》的要求，"推动学校教育、家庭教育、社会教育的有机结合，形成一体化育人共同体，构建各学段衔接、社会与家庭协同的新时代一体化德育新格局"。北京市禁毒教育建立起多部门合作机制，北京市教委、北京市禁毒委与北京教育科学研究院建立合作机制，委托北京教育科学研究院项目组以项目推进的方式在北京市基础教育领域开展毒品预防教育。在市区两级禁毒委、教委和教育科研部门的密切协作下，以全国和北京市的两级"一堂禁毒课"教师作品征集活动为契机，初步形成素质教育导向、禁毒教育特色的科学化、一体化新型教育模式。本次活动是近年来北京市基础教育系统一次大规模禁毒教育优秀课例征集活动，树立一批懂禁毒、精教育、善传播的优秀教师典型，推出一批市级优秀教学课例，有力地推动了毒品预防教育的转型升级。本次活动评选出 30 节市级优秀课例，其中 2 节课分别获得全国小学组和高中组一等奖第一名。经过协商，在市级获奖课例中精选部分课例制作成专辑，刊登在北京市中小学数字德育网上向全市推广。今后将连续推出更多教师优秀作品，将毒品预防教育塑造为全纳、优质、有特色的普及性、通识性新型教育。

在北京市禁毒办和市教委的领导下，北京教育科学研究院项目组将以首善之区的高标准为目标，在全市基础教育系统深入开展毒品预防教育课堂教学改革，培育禁毒教育指导师，创建名师团队，塑造减负提质的高质量课堂教学，落实立德树人根本任务，在一体化德育体系建设中树立毒品预防教育的首善性、示范性和引领性。

> 第五编

心理健康教育研究

中小学心理教师职业认同现状及影响因素

白玉萍*

一 研究背景

(一) 调研目的

中小学心理健康教育,是提高中小学生心理素质、促进其身心健康和谐发展的教育,是进一步加强和改进中小学德育工作、全面推进素质教育的重要组成部分。近年来,严重的心理问题和心理障碍呈现出明显的低龄化特征,校园暴力、校园欺凌、自杀等极端危机事件的比例上升,已经成为严峻的社会问题,中小学心理健康教育面临着巨大挑战。加强专业支撑和科学管理,进一步提高针对性和实效性,成为中小学心理健康教育工作发展的迫切需求。心理教师作为学校心理健康教育工作的具体实施者,其专业发展成为制约学校心理健康教育质量提升的瓶颈。

教育部《中小学心理健康教育指导纲要(2012年修订)》指出,心理健康教育是一项专业性很强的工作,必须大力加强专业教师队伍建设……各地各校要加强对中小学心理健康教育工作的领导和管理,将心理健康教育内容有机渗透到日常教学中,大力开展心理健康教育教师培训,建立分层分类的培训体系。[1] 然而,夏芫等人通过对湖南某市心理健康教育工作做得较好的5所中学的心理教师的访谈了解到,心理健康教育工作面临着心理教师兼职工作过多、相关工作不受学校重视、心理课让步于文化课、

---

* 白玉萍 北京教育科学研究院德育研究中心研究人员。
[1] 《教育部关于印发〈中小学心理健康教育指导纲要(2012年修订)〉的通知》,http://old.moe.gov.cn/publicfiles/business/htmlfiles/moe/s3325/201212/145679.Html。

工作内容遭到误解、缺乏系统培训与督导等问题[①]；吕正欣等人对哈尔滨市671名中小学心理教师进行的调查研究发现，心理教师队伍专职化、专业性有待提高[②]，姚坤等人对江苏省中小学校心理健康教育现状进行的调查研究发现，江苏省中小学校心理健康教育教师专业发展存在专业对口、专职教师匮乏、教学经验不足等问题。[③]

当前中小学心理教师专业发展偏差形成的原因是多方面的，心理教师的职业认同是其中重要的影响因素。职业认同是教师职业成长的内部驱动力，有助于教师抵抗职业压力和外来冲突。[④] 以往的多项研究发现，教师的职业认同能够正向预测工作满意度和职业幸福感，与工作投入之间也具有正相关关系。[⑤] 具有良好职业认同的心理教师，能够接纳并热爱自己所从事的职业，认为自己所从事的职业有价值、有意义，具有强烈的事业心和责任感，能够客观看待工作中的困难，全身心地投入其中，享受工作所带来的乐趣，自觉地追求专业发展。

本文旨在考察中小学心理教师的职业认同现状及其影响因素，希望能为中小学教师提供调整心态以及进行职业生涯规划的参考，能为教育行政部门提供加强中小学心理教师队伍建设的参考。

（二）调查对象与方式

本次调查对北京市各区域所属中小学进行全覆盖调查，即各学校委派一名专职或兼职心理教师，以微信方式登录问卷星进行作答，因系统设置漏答、不作答等无法进行下一题项作答或问卷提交，故数据无缺失值，问卷全部回收，共有1445名心理教师填答问卷，收回有效问卷1433份，问

---

① 夏芫、陈京军：《中学心理教师的职业发展困境——基于对心理教师的访谈》，《教育观察》2020年第10期。

② 吕正欣、王林：《中小学心理健康教育教师队伍建设现状与对策研究》，《黑龙江教育学院学报》2017年第10期。

③ 姚坤、施聪莺：《江苏省中小学校心理健康教育现状调查研究》，《吉林省教育学院学报》2018年第2期。

④ 金梦：《中小学教师职业认同、心理资本与工作投入的关系研究》，硕士学位论文，南京师范大学，2015年，第60—61页。

⑤ 罗杰、周瑗：《教师职业认同与情感承诺的关系：工作满意度的中介作用心理发展与教育》，《心理发展与教育》2014年第3期。卫少迪、关金凤：《幼儿教师职业认同、情绪劳动与职业幸福感的关系》，《中国健康心理学杂志》2021年第9期。

卷的有效率为 99.17%。其中女性心理教师占 92.6%（1335 人），男性心理教师占 7.4%（106 人）；从年龄来看，30 岁及以下占 17.8%，51 岁及以上占 7.6%，31—50 岁占总数的 74.6%；学历以本科为主（74.0%），硕士研究生次之（23.8%），专科及以下和博士研究生占 2.2%；在最高学历的专业方面，有 29.9% 的心理教师为心理学科，有 32.3% 的心理教师为教育学科，有 37.8% 是其他学科；职称方面主要集中在初、中级上，二者比例之和占到 77.3%，高级职称人数占 14%，未评职称者占 8.7%；在教龄方面，5 年及以下教龄的心理教师占总数的 44.5%；6—10 年教龄的心理教师占 25.4%；11 年及以上教龄的心理教师占 30.1%；有 33.4% 的心理教师（478 人）是专职，有 66.6%（955 人）的心理教师是兼职。

表1　　　　　　　　　调查对象基本情况

性别	男 106（7.4%）	女 1327（92.6%）			
年龄	30 岁及以下 255（17.8%）	31—40 岁 533（37.2%）	41—50 岁 536（37.4%）	51 岁及以上 109（7.6%）	
学历	专科及以下 28（2.0%）	本科 1061（74.0%）	硕士 341（23.8%）	博士 3（0.2%）	
专业	心理学类 428（29.9%）	教育学类 463（32.3%）	学科类 321（22.4%）	其他 221（15.4%）	
职称	未评职称 125（8.7%）	初级职称 418（29.2%）	中级职称 689（48.1%）	高级职称 201（14.0%）	
教龄	5 年及以下 637（44.5%）	6—10 年 364（25.4%）	11—15 年 250（17.4%）	16—20 年 116（8.1%）	21 年及以上 66（4.6%）
专兼职	专职 479（33.4%）	兼职 954（66.6%）			
学校类型	小学 766（53.5%）	初中 223（15.6%）	高中 41（2.9%）	完全中学 164（11.4%）	9 年一贯制 154（10.7%）	12 年一贯制 85（5.9%）
学校位置	城区 716（50.0%）	城乡接合部 220（15.4%）	郊区县城 130（9.1%）	农村 367（25.6%）	

（三）调查方法与研究程序

本文采用魏淑华编制的《教师职业认同量表》[①]，同时加入中小学心理教师人口学信息，形成专项调查问卷。《教师职业认同量表》含有职业价值观、角色价值观、职业归属感和职业行为倾向4个维度，共18个题项，采用里克特5点计分法，1—5表示"完全不符合"—"完全符合"。分数越高，说明职业认同越高。为契合中小学心理教师实际，本文对问卷题项的表述进行了微调，将原题项中的"教师"改成了"中小学心理教师"。在本文中该量表的Cronbach's α系数为0.92，说明有良好的信效度。

对于收集到的数据使用SPSS 26.0软件进行统计和分析。采用描述性统计分析中小学心理教师职业认同的总体状况，然后采用独立样本T检验、单因素方差分析探讨影响中小学心理教师职业认同的因素。

二　中小学心理教师职业认同现状

（一）中小学心理教师职业认同的总体状况

由表2可知，在最高分为5分的情况下，中小学心理教师职业认同水平较高（M=4.2）。在职业认同各因子中，得分从高到低依次为：职业价值观、职业行为倾向、职业归属感、角色价值观。说明中小学心理教师职业价值观与职业行为倾向较好，角色价值观与职业归属感问题相对突出。在职业认同4因子中职业价值观的平均得分最高，得分为4.61，说明中小学心理教师对自己职业的意义、作用等有着积极的认识和评价。职业行为倾向排在第二位，得分为4.41，说明中小学心理教师完成工作任务、履行职业责任的行为倾向明显。角色价值观和职业归属感的得分最低，分别为3.96和3.77，说明中小学心理教师以"心理教师"自居的意愿以及与学校荣辱与共的情感体验均较弱。并且，角色价值观和职业归属感这两个维度上的标准差分值较高，角色价值观维度上的标准差为0.68，职业归属感维度上的标准差达到0.8，说明中小学心理教师在角色价值观和职业归属感这两个维度上的状态差异较大。

[①] 魏淑华、宋广文、张大均：《中国中小学教师职业认同的结构与量表》，《教师教育研究》2013年第1期。

表2　　　　　　　中小学心理教师职业认同描述性统计

项目	最小值	最大值	总和	M	SD
角色价值观	1.17	5.00	5675.97	3.96	0.68
职业行为倾向	1.80	5.00	6313.37	4.41	0.54
职业价值观	2.25	5.00	6611.00	4.61	0.53
职业归属感	1.00	5.00	5394.68	3.77	0.80
职业认同总体	2.17	5.00	6012.87	4.20	0.49

（二）不同组别中小学心理教师职业认同的差异分析

独立样本T检验和单因素方差分析表明，性别、年龄、学历、专业、职称、教龄、专兼职、学校性质、学校位置等因素会影响中小学心理教师的职业认同。

表3　　　　　中小学心理教师职业认同水平的人口学差异检验

变量	类别	职业认同	职业价值观	角色价值观	职业归属感	职业行为倾向
性别	男	4.13±0.56	4.50±0.65	3.90±0.74	3.90±0.78	4.26±0.64
	女	4.20±0.49	4.62±0.62	3.97±0.68	3.75±0.80	4.42±0.53
	t	-1.39	-1.93	-1.00	1.80	-2.39
	p	0.17	0.00**	0.11	0.93	0.01*
年龄	30岁及以下	4.27±0.49	4.59±0.54	4.12±0.61	3.97±0.70	4.39±0.52
	31—40岁	4.19±0.50	4.60±0.54	3.97±0.67	3.80±0.79	4.38±0.55
	41—50岁	4.17±0.49	4.63±0.52	3.88±0.69	3.67±0.80	4.43±0.55
	51岁及以上	4.18±0.52	4.67±0.50	3.92±0.82	3.57±0.92	4.46±0.51
	F	2.85	0.94	6.82	10.61	1.19
	P	0.04*	0.42	0.00***	0.00***	0.31
学历	专科及以下	4.10±0.52	4.61±0.58	3.76±0.72	3.64±1.01	4.35±0.52
	本科	4.18±0.50	4.61±0.53	3.92±0.71	3.75±0.80	4.40±0.55
	硕士	4.27±0.46	4.64±0.52	4.11±0.57	3.84±0.79	4.43±0.51
	博士生	4.00±0.75	4.67±0.58	3.56±1.71	3.44±0.19	4.33±0.61
	F	3.85	0.30	8.45	1.62	0.35
	P	0.01*	0.83	0.00***	0.18	0.79

续表

变量	类别	职业认同	职业价值观	角色价值观	职业归属感	职业行为倾向
专业	心理学类	4.29±0.43	4.68±0.46	4.12±0.59	3.82±0.80	4.47±0.47
	教育学类	4.21±0.52	4.62±0.54	3.96±0.71	3.81±0.80	4.42±0.58
	学科类	4.14±0.49	4.61±0.53	3.84±0.72	3.71±0.76	4.38±0.55
	其他	4.08±0.52	4.49±0.62	3.84±0.68	3.64±0.83	4.29±0.56
	F	11.47	5.99	13.89	3.41	5.92
	P	0.00***	0.00***	0.00***	0.02*	0.00***
职称	未评职称	4.28±0.50	4.66±0.52	4.12±0.68	3.86±0.79	4.43±0.55
	初级职称	4.20±0.50	4.59±0.54	3.96±0.67	3.85±0.76	4.37±0.63
	中级职称	4.18±0.50	4.61±0.53	3.93±0.69	3.73±0.81	4.41±0.55
	高级职称	4.19±0.48	4.65±0.51	3.97±0.68	3.65±0.84	4.43±0.52
	F	1.55	0.87	2.79	3.97	0.73
	P	0.20	0.46	0.04*	0.01*	0.54
教龄	5年及以下	4.16±0.52	4.58±0.57	3.91±0.71	3.82±0.79	4.34±0.57
	6—10年	4.23±0.48	4.64±0.49	4.01±0.69	3.74±0.79	4.45±0.53
	11—15年	4.22±0.45	4.62±0.61	4.01±0.63	3.73±0.75	4.46±0.51
	16—20年	4.21±0.45	4.66±0.48	3.94±0.65	3.63±0.91	4.53±0.47
	21年及以上	4.23±0.50	4.63±0.50	4.03±0.71	3.75±0.87	4.43±0.50
	F	1.40	1.07	1.86	1.74	5.39
	P	0.23	0.37	0.12	0.14	0.00***
专兼职	专职	4.33±0.41	4.72±0.44	4.18±0.56	3.80±0.81	4.53±0.46
	兼职	4.13±0.52	4.56±0.56	3.85±0.71	3.75±0.79	4.34±0.57
	t	8.28	5.74	9.74	1.11	6.81
	p	0.00***	0.00***	0.00***	0.00***	0.00***
学校性质	小学	4.18±0.53	4.60±0.55	3.93±0.73	3.78±0.81	4.38±0.57
	初中	4.18±0.45	4.60±0.54	3.90±0.63	3.75±0.77	4.41±0.51
	高中	4.27±0.36	4.52±0.50	4.15±0.42	3.78±0.81	4.50±0.43
	完全中学	4.23±0.46	4.65±0.49	4.04±0.63	3.69±0.88	4.47±0.50
	九年一贯制学校	4.20±0.46	4.61±0.49	3.97±0.66	3.80±0.70	4.40±0.53
	十二年一贯制学校	4.30±0.47	4.72±0.49	4.17±0.61	3.72±0.79	4.47±0.51
	F	1.44	1.19	3.44	0.50	1.28
	P	0.21	0.31	0.00***	0.78	0.27

续表

变量	类别	职业认同	职业价值观	角色价值观	职业归属感	职业行为倾向
学校位置	城区	4.24±0.48	4.65±0.51	4.05±0.66	3.79±0.81	4.43±0.54
	城乡接合部	4.21±0.47	4.62±0.51	3.98±0.67	3.72±0.77	4.43±0.52
	郊区县城	4.18±0.50	4.62±0.54	3.89±0.67	3.69±0.86	4.45±0.53
	农村	4.11±0.51	4.54±0.57	3.79±0.71	3.77±0.76	4.33±0.57
	F	6.63	3.18	12.32	0.78	3.48
	P	0.000***	0.02*	0.00***	0.51	0.028*

说明：* 表示 $P<0.05$，** 表示 $P<0.01$，*** 表示 $P<0.001$。

如表3所示，不同性别的中小学心理教师在职业行为倾向与职业价值观上存在显著差异（$P<0.05$，0.001），并且男性教师在总体职业认同以及各个维度上的得分均低于女性教师。

不同年龄的中小学心理教师在总体职业认同以及角色价值观与职业归属感上存在显著差异（$P<0.05$，0.001，0.001），30岁及以下的心理教师总体职业认同与角色价值观平均值得分最高，41—50岁的心理教师总体职业认同、角色价值观与职业归属感平均值得分最低。

不同学历的中小学心理教师在总体职业认同以及角色价值观维度上存在显著差异（$P<0.05$，0.001），从平均值得分来看，学历为硕士的心理教师职业认同总体以及角色价值观得分最高，其次为本科、专科，学历为博士的心理教师职业认同总体以及角色价值观得分最低。

不同专业的中小学心理教师在总体职业认同以及职业认同的四个维度（职业价值观、角色价值观、职业归属感、职业行为倾向）上均存在显著差异（$P<0.001$，0.001，0.05，0.001），从平均值得分来看，专业为心理学类的心理教师职业认同总体得分与各维度得分均最高，其次为教育学科，学科类（指语文、数学、英语、物理、化学等列入学校教学计划的学科），来自其他方面（指学校行政、后勤的负责老师同时兼职学校心理工作）的心理教师职业认同总体得分与各维度得分均最低。

不同职称的中小学心理教师在角色价值观和职业归属感上存在显著差异（$P<0.05$），未评职称的心理教师的角色价值观最优，中级职称的心理教师的角色价值观得分最低；在职业归属感方面，未评职称的心理教师得分最高，高级职称的心理教师的得分最低。

不同教龄的中小学心理教师在职业行为倾向上存在显著差异（P<0.001），教龄在 5 年及以下的心理教师在职业行为倾向这一维度上的得分最低，其次得分低的是教龄在 21 年及以上的心理教师，教龄在 16—20 年的心理教师在这一维度上得分最高。

专职心理教师与兼职心理教师在总体职业认同以及角色价值观、职业行为倾向、职业价值观、职业归属感四个维度上均存在显著差异（P<0.001），专职教师在总体职业认同以及各维度上的得分均显著高于兼职教师。

不同学校性质的中小学心理教师在角色价值观上存在显著差异（P<0.001），得分高低依次是：十二年一贯制学校、高中、完全中学、九年一贯制学校、小学、初中。

处于不同位置的学校的中小学心理教师在职业认同总体以及职业价值观、角色价值观和职业行为倾向上存在显著差异（P<0.001，0.05），城区学校心理教师在职业认同总体、职业价值观和职业归属感上的得分最高，职业行为倾向得分最高的是郊区县城的心理教师，农村中小学心理教师在职业认同总体、职业价值观和职业行为倾向上的得分均最低。

三 分析与讨论

（一）中小学心理教师职业认同总体水平较高

本研究显示，中小学心理教师职业认同处于较高水平，职业认同总体以及各维度上的得分都比较高，表明中小学心理教师对自身及职业具有积极肯定的认识。在职业认同的四个维度上，职业价值观得分水平最高，说明中小学心理教师十分认同自身所从事职业的价值，认为自己的工作对促进中小学生的健康发展以及对于促进学校建设具有十分重要的作用。这也可能是由于国家越来越重视中小学心理健康教育，颁布了一系列政策文件来促进中小学心理健康教育的发展，全社会对中小学心理健康教育的认识和重视程度不断加强。但中小学心理教师的角色价值感和职业归属感不高，这可能与中小学心理教师的工作岗位和工作性质有关，中小学心理健康教育工作涉及面广，事务烦琐；由于不是考试科目，心理工作容易被别的工作所挤占；中小学心理教师一直以来存在工作量没有得到充分肯定、工资待遇以及评职晋级难等问题，因此角色归属感和职业归属感较弱。

（二）中小学心理教师职业认同总体及各维度存在较大差异

本研究显示，不同性别、年龄、学历、专业、职称、教龄、专兼职的中小学心理教师的职业认同存在较大差异。从性别来看，男性心理教师的职业认同情况不及女性心理教师，这可能与社会上对于性别的职业偏见有关；从年龄来看，30岁及以下的中小学心理教师职业认同情况最佳，可能是由于他们走上工作岗位的时间较短，对工作比较有激情；41—50岁的中小学心理教师职业认同得分最低，可能是由于他们进入了职业发展的高原期，深刻地感受到了现实的工作和生活压力；从学历来看，学历为硕士的中小学心理教师职业认同最佳，可能是由于他们对于心理健康教育工作的胜任力较强，这份职业带给他们比较好的成就感；专业为心理学的中小学心理教师的职业认同最佳，说明中小学心理健康教育工作需要良好的专业保障；从职称来看，没有评职称的心理教师的职业认同最佳，这与年龄最低的心理教师职业认同最佳的原因可能一致；中级职称的心理教师和高级职称的心理教师的职业认同度降低，可能是由于压力导致的职业倦怠或临近退休；从教龄来看，教龄5年及以下的心理教师与教龄21年以上的教师的职业行为倾向较低，前者是由于职业生涯较短，因而职业成熟度不足，后者则是因为即将退出职业生涯。教龄在16—20年的心理教师职业行为倾向得分最高，这是由于经过历练和积累，他们正处于职业成熟度的最佳时期。从专兼职来看，专职教师的职业认同显著高于兼职教师，说明中小学心理健康教育工作的建设和发展需要配备专职教师。在学校性质上，初中学校在职业认同及各维度上的得分最低，说明要高度重视和加强初中学校的心理健康教育工作；中小学心理教师所属学校的不同位置在职业认同上的差异，说明目前北京市中小学心理健康教育工作发展存在区域间的不平衡，未来应重点关注和促进农村学校的心理健康教育工作。

四 建议

（一）合理配置工作量，通过提高工作待遇提升中小学心理教师的职业认同

工作量与工作待遇是教师工作积极性的重要保障。工作强度高、压力大、待遇低会制约中小学心理教师的职业认同，降低他们的工作满意度，

进而影响他们自身的专业发展以及中小学心理健康教育教学质量。中小学心理教师除了承担心理课教学、个体与团体心理辅导、心理健康教育讲座、心理健康教育宣传、心理健康教育科研等与专业相关的工作外，部分学校还会将班主任工作、其他学科教学、团队及行政工作、其他事务性工作交给心理教师，但这些工作并不都计入教师的工作量，与薪金待遇相挂钩。

政府应加大对中小学心理健康教育的财政投入，落实教育部《中小学心理健康教育指导纲要（2012年修订）》文件所提出的心理教师享受班主任同等待遇政策，在评职晋级问题上给心理教师创设机会，以此吸引更多优秀的年轻人投身于中小学心理健康教育事业，不断提高中小学心理教师队伍中专职教师与男性教师的比例；要明确中小学心理教师的工作职责，减少琐碎的事务性工作，让专业的人做专业的事。当中小学心理教师的工作待遇得到保障时，当他们专注地投入专业工作中时，他们的职业角色价值观和职业归属感就会加强，从而减少或避免出现职业倦怠与离职意向，坚守中小学心理健康教育工作岗位。

（二）加强专业培训，通过提高专业水平促进中小学心理教师的职业认同

王钢等人的研究显示，职业的深化理解及高水平专业能力的辅助，能够使中小学教师切实增强自身的职业认同水平，提升工作投入度。[1] 要结合当前学校教育热点难点问题以及学生成长中不同的心理困惑，根据年龄、学历、专业、教龄、专兼职等中小学心理教师的不同特点，设置不同层次的培训专题和培训体系[2]；要积极开展心理健康教育教研活动，各区域应当成立心理教研组/室，不断探索和完善中小学心理教师学习共同体建设和运作[3]，畅通线上线下交流渠道，形成心理健康教育教研活动机制，定期开展共同学习、研讨和交流，建构中小学心理健康教育优秀成果评审

---

[1] 王钢、范勇、黄旭：《中小学教师政府支持、组织支持和胜任力对职业幸福感的影响》，《心理与行为研究》2018年第6期。

[2] 赵俊峰、纪莉莉：《当前心理健康教师队伍建设的困境与突破》，《教育家》2021年第3期。

[3] 张贝玉：《"兼容式"中小学心理健康教育教师培训模式构建》，《中小学教师培训》2010年第4期。

与展示、心理教师基本功展示交流等工作机制，为心理教师的专业化发展搭建平台，充分调动心理教师的工作积极性。

在对中小学心理教师的专业培训中，要有针对性地增加优化职业认知、激发职业情感、坚定职业意志的相关主题和内容。通过培训研讨，促进中小学心理教师深化对职业角色的理解与认识，增强从事这份工作的自信心和自豪感，厘清职业目标，进行科学的职业规划，做好将心理教师作为终身职业的心理建设，加强工作投入，在面临挑战和困境时善于自我调整情绪，采用积极主动的应对方式，并且树立终身学习理念，利用和创造各种机会促进自身专业发展，提高职业能力。

（三）强化全员心理健康教育的意识和责任，以组织支持激发中小学心理教师工作活力

根据美国心理学家帕垂克·莫茨等人提出的心理健康教育的生态学定向理论，学校心理健康教育工作要充分整合与利用全社会的教育资源，与学校其他活动有机结合起来，构成一个开放的、多样化的生态系统。[1] 研究显示，当教师感觉到组织对其关心、支持、认同时，就会受到鼓舞和激励，从而增加对工作的积极信念，组织支持感可以显著地正向预测教师的职业认同。[2] 心理健康教育的深入有效开展不仅需要心理教师主导作用的发挥，而且需要营造全员心理健康教育的学校文化。学校领导和全体教师都应具备一定的心理健康教育的理念与方法，这样才能形成良好合力，更加科学、规范和高效地推进学校心理健康教育工作。特别是学校主管领导在心理健康教育工作中起到顶层设计、方向引领、宏观决策等关键性作用；班主任平常和学生接触最多，应当在班级日常工作、班团队活动和学生的个别教育中，渗透心理健康教育；在班级管理中发现严重问题学生时，应及时将其移交给心理教师进行专业的心理辅导或咨询，或班主任与心理教师联手帮助学生走出困扰，使心理健康教育工作与班级工作有机融合、相互促进。

---

[1] 赵俊峰、李海涛：《从生态学定向看大学生的心理健康问题》，《天津市教科院学报》2005年第6期。

[2] 王琪：《高职院校教师组织支持感与工作满意度关系研究——职业适应的中介作用》，《中国高教研究》2018年第9期。

要针对学校领导和班主任设计并组织开展心理健康教育专题培训，鼓励主管领导带领本校教师积极开展心理健康教育方面的课题研究。要加强对全体教师的心理健康教育培训，将心理健康教育内容纳入全体教师的继续教育学时中，将心理健康教育与学校的党团活动、工会活动、社团活动、家校协作活动等有机结合在一起，树立全员关注学生心理健康的意识和责任，促进全体教师将心理健康教育融入日常课堂教学、课业辅导、学生管理、师生交往等环节，注重自身言行对学生的影响，发挥正向的示范作用。积极友善的学校环境氛围、共享与支持性的领导及同事，必将提高心理教师的职业认同，激发心理教师的工作投入，从而切实推动和保障学校心理健康教育工作的不断发展。

参考文献

《教育部关于印发〈中小学心理健康教育指导纲要（2012 年修订）〉的通知》，http://old.moe.gov.cn/publicfiles/business/htmlfiles/moe/s3325/201212/145679.Html。

金梦：《中小学教师职业认同、心理资本与工作投入的关系研究》，硕士学位论文，南京师范大学，2015 年。

吕正欣、王林：《中小学心理健康教育教师队伍建设现状与对策研究》，《黑龙江教育学院学报》2017 年第 10 期。

罗杰、周瑗：《教师职业认同与情感承诺的关系：工作满意度的中介作用》，《心理发展与教育》2014 年第 3 期。

王钢、范勇、黄旭：《中小学教师政府支持、组织支持和胜任力对职业幸福感的影响》，《心理与行为研究》2018 年第 6 期。

王琪：《高职院校教师组织支持感与工作满意度关系研究——职业适应的中介作用》，《中国高教研究》2018 年第 9 期。

卫少迪、关金凤：《幼儿教师职业认同、情绪劳动与职业幸福感的关系》，《中国健康心理学杂志》2021 年第 9 期。

魏淑华、宋广文、张大均：《中国中小学教师职业认同的结构与量表》，《教师教育研究》2013 年第 1 期。

夏芫、陈京军：《中学心理教师的职业发展困境——基于对心理教师的访谈》，《教育观察》2020 年第 10 期。

姚坤、施聪莺：《江苏省中小学校心理健康教育现状调查研究》，《吉林省教育学院学报》2018 年第 2 期。

张贝玉：《"兼容式"中小学心理健康教育教师培训模式构建》，《中小学教师培训》2010 年第 4 期。

赵俊峰、纪莉莉：《当前心理健康教师队伍建设的困境与突破》，《教育家》2021 年第 3 期。

赵俊峰、李海涛：《从生态学定向看大学生的心理健康问题》，《天津市教科院学报》2005 年第 6 期。

影响高中生涯指导的家校协同因素分析：
现状、问题与启示

朱凌云[*]

一 问题的提出

生涯建构理论强调个体在谋求自我改进与发展中，需要不断将自己的经验和抱负进行意义解释并与学校、家庭、社会等外界因素相整合，才能实现有效的能力建构。[①] 这为从一体化视角推进生涯指导工作，实现学校、家庭和社会有效协同提供了理论依据。有研究者在分析 2007—2018 年 Web of Science 所收录的关于影响生涯发展的外部因素的文献时发现，有关家庭支持与学校支持的数量是最多的。[②] 但这些研究缺少家校之间的关联，一方面主要从学校教育体系出发探讨生涯教育的目标、内容、途径与方法，另一方面，主要从家庭的角度分析家庭社会资本、父母教养行为、亲子关系等因素对个体生涯发展的影响，然而对这两个子系统的整合研究十分缺乏。虽然实践领域在大力倡导学校与家庭形成合力，但由于研究的欠缺而未能对实践起到有效的支撑作用。特别是在个体的生涯指导工作中出现的学校与家庭的价值取向不同、资源的整合与利用不足、信息不对等、目标要求不一致、教育方式有差异等问题并未得到恰当的化解，进而使学生难以将自我因素与外界环境因素有机地整合起来。因此有必要从如何实现子系统之间良性互动的角度开展研究，探索家校如何协同起来为学生的生涯

---

[*] 朱凌云　北京教育科学研究院德育研究中心研究人员。
① Savickas, M. L., & Porfeli, E. J., "Career Adaptabilities Scale: Construction, Reliability, and Measurement Equivalence across 13 Countries," *Journal of Vocational Behavior*, Vol. 80, No. 3, January 2012.
② 潘黎、孙莉：《国际生涯教育研究的主题、趋势与特征》，《教育研究》2018 年第 39 期。

发展提供所需的帮助与支持。

二 研究现状

(一) 人类发展的生态系统理论

生态系统理论（Ecological Systems Theory）是用以考察人类行为与社会环境交互关系的理论。[1] 该理论把人类生存成长于其中的社会环境如家庭、学校等看作一种社会性的生态系统，强调生态环境对于分析和理解人类行为的重要性，注重人与环境之间各系统的相互作用及其对人类行为的重大影响。此外，生态系统理论更加重视系统间的互动，只有环境中各因素的交互作用维持在一个好的状态，系统才能保持平衡，个体才能顺利地成长。生态系统理论注重把人放在环境系统中加以考察，注意描述人的生态系统如何同人相互作用并影响人的行为，揭示了家庭、社会系统对于个人成长的重要影响，进而有助于研究者从更加整体和动态的角度理解个体的生涯探索、生涯决策等行为。

在这一理念之上，布朗芬布伦纳提出了个体发展的生态模型，强调发展个体嵌套于相互影响的一系列环境系统之中，这些环境可分为四个系统：微观系统（Microsystems）、中间系统（Mesosystems）、外塑系统（Exosystems）及宏观系统（Macrosystems），而个体的发展就是与这四个系统直接或间接交互作用后所产生的结果。这一模型的核心在于所有的因素都存在潜在的关联，而不是预测某个特定的因素对个体发展的影响。[2] 因此，家庭子系统与学校子系统绝不会独立地影响青少年个体的生涯发展，它们既要彼此资源共享、信息交流，在相互交叉渗透中实现有机整合，又需要承载对价值矛盾、冲突、不一致的应对和协调。每一个系统中的各种事件和要素还会受到外围系统的逐层影响，借助这种生态学的方法，从青少年真实的学习生活场景出发，关注不同层面、不同场景中多种环境因素的交互作用，能够系统地揭示出家校协同对青少年生涯适应力形成的影响过程

---

[1] Bronfenbrenner, U., *The Ecology of Human Development*, MA: Harvard University Press, 1979, p. 22.

[2] Thomas S. Weisner, "The Urie Bronfenbrenner Top 19: Looking Back at His Bioecological Perspective," *Mind, Culture, and Activity*, Vol. 15, No. 3, 2008.

与机制，整体把握个体生涯能力的形成过程，也为一体化教育实践提供了多元的视角。

（二）国内外关于家校协同开展生涯指导的现状

1. 家校协同指导的生涯教育政策

A. G. Watts 等人认为，生涯指导（Career Guidance）是指帮助个体制订教育与培训计划、职业选择并进行生涯管理所提供的服务，这些服务包括信息、评估工具、咨询面谈、生涯管理课程、实习、衔接教育等。[1] 很多发达国家的生涯发展指导政策强调家长要与学校合作，共同为学生的发展提供支持。如《美国学校咨询工作模型》（ASCA）明确指出，有效地指导是生涯顾问、父母以及其他教育者共同协作的结果。[2] 生涯顾问主要从三个方面与家长开展协同工作：一是咨询，与家长及其他教育者分享支持学生成就的策略；二是合作，与家长及其他教育者实施对学生的支持；三是推荐服务，指导学生和家长利用学校和社区的资源以获得更多的帮助和信息。英国教育部在其《生涯指导行动计划》中强调，学校以及专业生涯服务机构要将父母作为生涯指导的协同者，获得他们的支持和协助。[3] 国家生涯服务中心（National Careers Service）应为学生及其父母提供专门的生涯指导网络资源。学校应让父母及学生获取每一种生涯路径信息，既包括学业发展路径，也包括职业发展路径。加拿大在对学校的生涯指导工作进行评估时，要求所有利益相关者（教师、学生、家长、社区）都要参与到生涯课程的设计和实施中，所有生涯教育的服务都应关注来自学生和家长的反馈。[4]

2019 年 6 月，国务院办公厅印发了《关于新时代推进普通高中育人方式改革的指导意见》，在"加强学生发展指导"部分中明确提出要构建学

---

[1] A. G. Watts, Ronald G. Sultana, "Career Guidance Policies in 37 Countries: Contrasts and Common Themes," *Journal for Educational and Vocational Guidance*, No. 4, 2004.

[2] ASCA, "The Essential Role of High School Counselors," http:// www.schoolcounselor.org, 2019.

[3] Career Guidance Section, School Development Division, Education Bureau, "Guide on Life Planning Education and Career Guidance for Secondary Schools (1st Edition)," http:// www.edb.gov.hk/bspp, 2014, 5.

[4] Council of Ministers of Education, Canada, "Student Transition Benchmark Self-Assessment Tool," http:// www.cmec.ca, 2017.

校、家庭、社会协同指导机制。① 很多省市出台的生涯教育相关文件也强调要实施家校共育、家校合作等协同教育的举措。如上海市教育委员会在2018年发布的《关于加强中小学生涯教育的指导意见》中指出，各区、各校应将生涯教育融入家校共育，指导家长了解生涯教育的理念与方法，引导家长尊重学生的个性特长、成长规律和发展需求；要联动家庭科学地开展生涯指导，发挥生涯教育的家校合力。② 广东省教育厅在2019年发布的《关于加强普通高中学生发展指导工作的意见》中明确强调，要大力推进家校共育，统筹各种家校沟通渠道，指导家长了解生涯教育的理念与方法，尊重学生的个性特长和发展需求。③ 在这些政策文件中，家长（父母）被认为是生涯指导工作的重要一员，他们既是接受生涯指导和服务的人，同时也要与学校共同承担生涯指导工作。

2. 家校协同指导的实践

在各类专业政策的指导下，欧美等国家的学校采取了一系列具体措施以实现学校与家长对学生的共同指导。如英国、德国等国家的中学为了促进家长与学校关于学生学业情况的沟通，每个学期都会分年级举办一次家长、学生与教师的面谈，这被称为家长之夜（Parent' Evenings）。④ 父母有机会与为子女授课的各学科教师进行一对一的面谈，从而获得更加具体、更为细致的建议。家长可以通过与活动负责人提前预约，确定具体与哪位教师做更多时间的沟通。美国、加拿大等北美国家通常采用教师、家长和学生三者的定期会谈制度，又称为生涯规划会议（Career Planning Conferences）。⑤ 教师在对学生进行生涯指导与评估时会邀请家长一同参与，促进三方的深度沟通，帮助学生及其家长解决生涯发展中的困惑并明确后续的发展计划。这项活动通常安排在特定年级，每次交流大约30分钟，由家长

---

① 国务院办公厅：《关于新时代推进普通高中育人方式改革的指导意见》，http://www.gov.cn/zhengce/content/2019-06/19/content_540156 8.htm。

② 上海市教育委员会：《关于加强中小学生涯教育的指导意见》，http://www.sohu.com/a/240551419_387094。

③ 广东省教育厅：《关于加强普通高中学生发展指导工作的意见》，https://www.163.com/dy/article/EBRR2NMI0516A1SJ.html。

④ Hendon School，"Parents' Evenings，" https://www.hendonschool.co.uk/parents/parents-evening/，2019.

⑤ Newell，Jeanie，"Techniques，" https://www.questia.com/magazine/1G1-113376620/student-career-planning-conferences-in-tulsa-middle，2004.

根据学校发布的会议时段提前预约。生涯顾问会为每一名学生及其家长设计专门的谈话内容，在积极的氛围中讨论学生的才能、兴趣，分析生涯测评的结果，确定课程选择等重要生涯决策，并与家长共同帮助学生制订实现顺利衔接后续教育阶段的发展计划。会谈的结果还会以档案的方式留存下来，作为学生后续发展指导的参考。

除了家长与学校的沟通外，美国加州生涯中心（CDE Career Resource Network）作为专业的生涯发展服务机构，专门编写了面向家长的指导手册，指导手册详细介绍了父母帮助子女进行生涯探索的内容、方法以及相关的重要资讯。[①] 由此可见，发达国家主要采用多方沟通、会谈这种个性化指导方式，且比较注重信息共享和参与者的反馈。

随着高考改革的推进，中国的家校生涯教育合作也逐渐得到重视，很多学校会将家庭作为一种资源融入学校的生涯指导工作中，特别是家长的职业资源不仅可以为子女提供支持，还可以通过家长讲座、职业体验等方式辐射到更大的学生群体。这种活动具体的实施方式主要由家长提供内容资源，学校设计活动形式并组织开展。在个体指导方面，很多学校正在逐步推行导师制，力求营造全员育人的教育氛围，每名导师指导 10 名左右的学生，通过定期与学生及其家长沟通的方式对学生进行学业改进和发展方向的指导。就实施情况来看，中国比较注重对家庭资源的开发利用和指导人员的投入，但在生涯指导的深度和个性化方面还有待进一步探索。

3. 家校协同对高中生生涯发展的促进作用

目前关于家校协同对高中生生涯发展影响的研究还不充分。一些关于家校协同对高中生学业和心理健康的研究结果在一定程度上也可佐证这一点。如 Pomernatz 等人的元分析研究表明，充分的家长参与对学生的学业、心理健康、情绪和社会性发展等方面都有明显的促进作用。[②] 邓林园等人的研究发现，家校沟通频次、家校合作水平均与高中生发展呈显著正相关。"家校合作过程性评估""家校合作政策制定""家长参与学校活动"

---

① CDE Career Resource Network，"Career Development Parent Handbook，"https://www.calcareercenter.org/Home/Content? contentID =398

② Pomerantz, E.M., Morrman, E.A., Litwack, S.D., "The How, Whom, and Why of Parents' Involment in Children's Academic Lives: More Is Not Always Better," *Review of Educational Research*, Vol. 77, No. 3, October 2007.

"家长培训""校信通/短信平台"可显著预测高中生的学业发展。[1] Harris 和 Goodall 认为，如果家校对个体具有比较一致的支持，学生更有可能认识到学习的价值。[2] 这些研究虽然并没有专门针对个体的生涯发展，但由于生涯发展与个体的学业、情绪、个性等因素密切相关，因此可以从中获得借鉴。

三 研究方法

由于目前国内还没有相对成熟的家校协同方面的测评工具，因此本文主要采用质性研究的范式，通过广泛收集多方面资料，进行梳理分析以形成理论。

本文以家校协同因素对高中生生涯适应力的影响为核心内容，采用开放式问卷调查、焦点小组访谈以及个体访谈的方式，与实验校教师、家长和学生就家校协同开展生涯指导的现状、需求、问题与困惑进行研究。采用扎根理论的三级编码操作程序对调查及访谈资料进行归类整理，通过对被访者所讲述的原生态的情况与事件进行分析，从数据资料中归纳提炼出概念和范畴，即在系统收集资料的基础上寻找生涯指导中家校协同的核心要素。

（一）开放式问卷调查

本研究面向 9 所实验校发放了"家校协同生涯指导工作调查表"，请学校相关负责人填写近四年（2017—2020 年）曾经开展的生涯发展相关的家长培训或亲子活动的主题和形式，分析实施效果及问题与原因，从而了解各实验校在生涯指导方面已经具备的资源和工作开展的情况。

（二）焦点小组访谈

本研究课题组利用两次子课题交流活动，面向实验校负责心理与生涯

---

[1] 邓林园、许睿、赵鑫钰、方晓义：《中国高中阶段家校合作的现状以及与高中生发展的关系》，《教育学报》2016 年第 6 期。
[2] Harris, A., & Goodall, J., "Helping Families Support Children's Success at School: Review of the Evidence," https://www.savethechildren.org.uk, 2019.

教育工作的教师开展焦点小组访谈，就开放式调查中所提到的工作情况及问题进行具体解释，并就开展个性化生涯指导的家校影响因素进行交流。

（三）个体访谈

在北京市东城区、西城区、丰台区、房山区共选择 5 所中学，每所学校由教师从高中三个年级中各选取一名学生及其父母、班主任接受访谈（部分学校没有选取高三年级学生）。

本研究共访谈学生 14 人，家长 14 人，班主任 13 人。根据学生的日常学业与品行表现，优秀生 10 人、中等生 2 人、薄弱学生 2 人，男生 4 人，女生 10 人。

对学生的访谈主要了解他们与父母和老师就生涯发展问题的沟通情况，选科的依据，父母对自己的影响及期望，学校课程及活动对自己的影响，对父母与老师沟通的看法等。

对家长的访谈主要了解他们对学校生涯指导工作的看法，与子女沟通的情况，对子女的期望，对子女生涯发展的支持等。

对班主任的访谈主要了解他们与家长沟通的方式与内容，对家校协同工作的期望，对学生生涯发展影响因素的看法等。

此外，本研究还通过日常工作接触对多位学校主管领导和心理教师进行了非正式访谈，以获取家校协同开展生涯指导工作的相关信息。针对主管领导，主要了解在家校协同教育这一工作上，学校会面临哪些困难与挑战，在学生的生涯指导上，家长可以参与哪些工作。针对心理老师，主要了解他们与学生家长经常沟通哪些与生涯发展相关的内容，会为家长提供哪些建议。

为减少人员直接接触，本研究采用微信语音的方式进行访谈，对学生平均访谈时间为 30 分钟，对父母平均访谈时间为 40 分钟，对班主任访谈时间为 40 分钟，对部分被访人员还进行了二次访谈。

四 研究结果

（一）三级编码

通过扎根理论的三级编码操作程序，本研究的编码结果如表 1 所示。

表1 生涯指导的家校协同因素三级编码

三级编码	二级编码	一级编码	概念解释
家校协同因素	差异化期望	学校期望	班级与学校荣誉：学生学业成绩、重点培养学生
		父母期望	福利保障：稳定、科研、教师、不太辛苦
		学生期望	理想自我塑造：成绩、兴趣、自由、冒险、理想大学
	多样化途径	沟通	多方：教师—家长、教师—学生—家长、家长—教师—学生 内容：学业成绩下滑、人际交往冲突 频率：定期（家长会）、随机
		家长培训	专门性培训：政策、大学与专业设置 通识性培训：心理调适、亲子沟通、考试焦虑
		亲子对话	正式：选科、专业、大学、职业 非正式：借助电视节目、生活见闻、学校活动等话题展开
	互补性资源	家庭资本	不均衡：依赖于父母自身的职业、父母识别专业与职业资料的能力、亲友提供信息与体验机会的资源
		学校活动	方式多样：家长培训、生涯课、讲座、职业体验、校友学长分享 针对性弱：师生个别谈话、家师随机互动
	分工式角色	教师角色	权威、信息提供者、调解员
		父母角色	建议者、信息提供者
		学生角色	探索者、决策者、执行者
	决策依据	优势学科	初中选科情况；高中学业情况；舍弃劣势学科
		赋分政策	在不同学科具有同等优势下，哪一科目更容易获得较高赋分
		兴趣	认为某一学科很有意思；参加该学科竞赛班
		选择范围	物理学科的专业选择范围更广

（二）结果分析

1. 差异化期望

基于对研究素材的分析发现，学生、班主任和家长三者在学生的生涯发展期望方面存在一定的差异，班主任教师虽然在个人情感维度对不同学生个体的关照会有所差异，但基于对学生群体的责任感及对学校组织的承诺，他们仍然要以班级整体成绩和学校荣誉作为基本出发点。此外，他们也会对有希望达到一定成绩的学生给予更多关注或额外的学业支持，以期待他们在高考中获得更加优异的成绩。从父母的视角来看，他们"过来人"的身份使他们更加认可以就业出路和福利保障为主的择业观。特别是女生的家长，会更多地提到"教师""公务员"等被视为具有较稳定发展前景的职业领域。学生则以理想自我塑造为重心，渴望进一步提高学习成绩，进入理想的大学，选择自己感兴趣的专业和职业领域。从三者各自的期望来看，虽然最终的落脚点都在学生的学业成绩上，但三者的出发点却存在差异，因而导致他们在生涯期望上的不一致。

2. 多样化途径

在家校协同的途径方面，主要包括沟通渠道、家长培训和亲子对话这三个要素。对于高中生来说，家校沟通不仅仅是教师和家长的双向沟通，学生本人也成为沟通中的重要一员，因此，沟通的渠道在小学和初中时期的"教师↔家长"这种单一的模式基础上扩展出"教师→学生→家长"和"家长→教师→学生"这两种新的模式，即教师会借助与学生的沟通而向家长传递一些信息与观念，以及一些家长认为他们对子女的建议难以被子女直接接受时，则会先与教师进行沟通，请教师代为转达和进行劝告。但沟通过程具有随机性、计划性不足等特点，除了常规的家长会、家长培训外，家校沟通主要发生在学生出现学业成绩下滑、人际交往产生冲突等负面事件的情境下，而就生涯探索、潜能开发、计划改进等方面的沟通则较少，特别是缺少将学生这一生涯发展主体纳入其中的三方直接沟通模式。

家长培训指学校会通过专门性的生涯指导培训以及家庭教育的通识性培训以实现和家长的协同指导。专门性培训包括选课、各项考试时间安排、高考志愿填报等相关政策的解释、大学、专业设置与就业方向的信息等，由于这些内容具有一定的专业性，家长往往并不熟悉，他们通常将学校提供的信息作为权威。通识性的家庭教育培训则主要以亲子心理调适、亲子沟通、学生考试焦虑疏导等内容为主。客观地看，通识性培训更为重要和基础，只有帮助家长维系良好的亲子关系，他们才能将自身的建议与人生经验传递给子女，从而实现对子女的支持和指导。

亲子对话是一种发生在家庭内部的指导途径，主要发生在父母与子女之间，具有正式对话和非正式对话两种方式。正式对话是以生涯发展话题为核心，父母与子女就学业规划、选课、志愿填报等主要问题进行的交流。有的父母甚至以定期召开家庭会议的方式与子女进行讨论以确保达成共识并使讨论结果得到重视和落实。非正式生涯对话在日常生活中发生得更为普遍，具有情境性、随机性、灵活性等特点，亲子之间所交流的父母的一些工作经验、对子女学校活动的体验、对社会事件的看法、对人生的感悟、对电视节目的分析等，都会或多或少地融入与生涯发展相关的理念，从而促进学生更加主动地对自己的未来进行探索和思考。

3. 互补性资源

在家校协同指导中，学校和家庭有各自的优势和不足。对于家庭来说，优势主要与家庭拥有的资本密切相关，包括父母自身的学历与职业、父母识别专业与职业资料的能力、亲友提供信息与体验机会的资源等，这些都属于个性化的生涯支持。然而，父母毕竟不是生涯指导的专业人员，他们所掌握的信息、方法与策略有限。另外，由于家庭教育方法不当而引发的亲子逆反心理，也会导致生涯决策中出现风险。对于学校来说，其优势在于专业性显著高于家庭，学校会调用各种政府或社会资源为学生及家长提供服务或指导，但由于面向的是学生群体，教师难以做到完全的个性化和精细化指导，只能满足大部分学生的基础需要，这是学校在生涯指导中需要加强的环节。

4. 分工式角色

教师、家长以及学生在生涯指导过程中的角色也各有不同。对于学生及其父母来说，教师代表着学校和教育权威，在实施指导的过程中能够使家长与学生接受他们的威望和力量，这一点在沟通途径部分也有所体现。一些父母的观点需要通过教师向学生传递，才能被学生所接受。教师所传达的信息不仅涉及政策解读、对大学和专业信息的分析等内容，还涉及指导过程中所依据的心理学、教育学等原理，这些都是学生和家长所不熟悉但又切实需要的。教师经过对多届学生的指导，积累了更加丰富的经验，在其专业知识的支撑下，可以为家长和学生提供很多纵向比较与横向比较的参考性建议。父母主要依据自身的职业经历以及他们所了解的生涯信息向子女提出建议，他们在指导中是建议者和信息提供者的角色。家庭作为一种"私人化"的资源不仅有来自父母的各种支持，也蕴含了父母拥有的各种社会资源所提供的支持。很多父母会根据子女的需求，通过亲友的帮助使子女获取更丰富的探索资源。教师与家长的所有指导最终需要转化为学生自身的探索、决策与执行行为，学生通过生涯探索行为获取重要的生涯信息并产生实践体验，从而引发他们对自己未来规划的思考，进而做出决策并在学习生活中为实现决策所预期的目标而付诸行动。因此，他们在指导中是探索者、决策者和执行者的角色。

5. 决策依据

经过对教师、家长和学生所提及的生涯决策依据进行梳理，本研究一方面得出了与前人比较一致的结论，如学生的兴趣和优势学科等是在进行生涯决策时主要考虑的因素。然而，很多被访者还提到了选择范围与赋分政策这两个因素。选择范围指以可报考专业范围的大小作为学科选择的依据，如物理、化学等学科适用于绝大部分的理工类专业。对于一些并没有完全明确高校与专业目标的学生，选择一个具有更大适用范围的学科是比较稳妥的方式，可以有效规避风险。赋分政策是指以更容易获得高赋分的学科作为选择依据。对于报考同一志愿的学生来说，由于他们所选择的考试科目组合各异，难以直接比较其卷面分数，通过对考生的成绩进行等级划分后，依据考生卷面成绩排名所在的等级区间赋予其对应等级的分数。虽然这一政策是为了确保高考录取的公平公正，然而也带来了一些预期外的结果，即为了能被赋予一个更高的分数，一些学生不得不进行"功利性"选课：选择竞争小的科目，或者和实力不如自己的学生做比较；选择简单的学科，比如地理、生物，放弃比较难的学科，比如物理。在教师、家长和学生眼中，这一因素甚至超出了学生个人的兴趣和优势等因素，成为更具主导性的决策依据。

五 研究启示

（一）高中生的强自主性在家校协同中的关键作用值得关注

高中阶段家校协同的方式与小学和初中有着明显的不同，特别是在生涯指导过程中，高中生的自主性发挥着更为关键的作用。高中阶段是个体成长的特殊时期，对于即将步入成年早期的高中生而言，一方面，生理的成熟与变化和高级认知能力的进一步发展促使其深入认识并了解自我，确立自我同一性、形成稳定的人格。另一方面，职业选择、升学压力等未来发展的现实问题及来自家庭、学校、社会和个体内部的多重压力，也决定着高中生在完成学习任务的同时，要进行积极的自我探索，明确内部需要与未来的发展方向。在这一过程中，父母与教师扮演更多的是信息提供者、建议者和顾问的角色。很多被访教师与家长表达出对高中生自主决策的支持与认可,普遍认为所有关于自我与外部社会的探索都需要学生本人的亲力亲为,在面对各种生涯问题时也需要学生在参考重要他人的建议下自主做出决策。这一发展阶段特征使得家校协同与高中生的自主发展会产生相互的作用,教师与父母的沟通、合作、信息共享不仅影响学生可获得的资源与支持,反过来,高中生的性格特征、能力优势、学业情况、人际交往、学习适应等表现也会影响家校协同的频率、方式与内容。

(二)家校之间需要加强关于学生发展性的沟通

由于高中生自主性的增强,高中阶段的家校沟通模式也从教师与家长的双向沟通转为教师、学生和家长的多向沟通。从沟通情况来看,当前教师与家长更多地聚焦于问题诊断的沟通。作为承担生涯指导职能的教育机构,学校有必要探索发展性指导与问题诊断相结合的沟通方式。将教师的专业优势、引导和协调作用与家庭的各种支持和资源有机结合起来,促进家长的深度参与,特别是只有满足学生的个性化发展需求,才能将他们主动发展的意愿与行为激发出来,从而实现科学、有效的指导。学校可以借鉴本文在研究现状部分所提及的北美等国家采用的教师、家长和学生的三方会谈制度。针对学生在生涯发展中的一些关键节点,利用这一制度使三者更加直接地面对面交流,交换彼此的看法,从而建立一种更加畅通的指导和沟通方式。

(三)合理看待赋分政策,避免极端的投机主义倾向

教师、家长和学生三者的期待虽然有差异,但在面临生涯决策事件时,赋分政策成为化解三方期待差异的关键要素。被访的学生、教师和家长普遍都提到了赋分政策对决策的影响,在常模参照评价的选拔模式下,学生必须满足分数这一硬性要求后再进一步将兴趣、能力优势、发展前景等方面纳入生涯规划。可见,生涯决策受到了由赋分政策所带来的错位竞争、跨级竞争等一系列现实因素的影响。虽然这一因素超越了家校可操控的范围,但生涯指导工作仍需要强化夯实学生能力、促进可持续发展的根本宗旨,在指导中加强对政策的解读和对学生主动发展的塑造,分析因过于重视赋分技巧而存在的潜在风险,避免极端的投机主义倾向替代科学的、主流的生涯指导模式。

（四）进一步设计好面向家长的生涯指导培训，以规避家庭文化资本不足所带来的风险

针对家庭文化资本的差异，学校对家长的指导效果会产生分化。文化资本较低的家长会更多地将学校的教育措施作为权威，缺乏在家庭中开展生涯指导的勇气与信心，对子女生涯指导的卷入比较有限，会带来子女忽视生涯规划的风险。从父母的社会角色来看，他们本身也是职业人，也拥有丰富的生涯体验和社会阅历，但这些人生阅历属于一种日常经验，具有个别化和隐性知识的特点，很多父母不知道如何将这些日常经验转化为对子女生涯发展的具体支持和指导。因此，在面向家长的培训中，除了政策解读外，一方面可以加强对家庭中所蕴含生涯信息的挖掘，帮助高中生从自己身边最便捷的渠道获取生涯信息，鼓励父母与子女分享他们在工作中的情况与感受，帮助子女了解当前学习与自己未来职业、生活发展的关系；另一方面，还应让家长对生涯发展的理念，生涯指导的方法有所了解，指导家长把握恰当的生涯卷入程度，改进亲子生涯对话的方法，从而帮助子女更好地规划学业与生活，为所面临的生涯任务做好准备。

参考文献

A. G. Watts, Ronald G. Sultana, "Career Guidance Policies in 37 Countries: Contrasts and Common Themes," *Journal for Educational and Vocational Guidance*, No. 4, 2004.

ASCA, "The Essential Role of High School Counselors," http://www.schoolcounselor.org, 2019.

Bronfenbrenner, U., *The Ecology of Human Development*, MA: Harvard University Press, 1979, p. 22.

Career Guidance Section, School Development Division, Education Bureau, "Guide on Life Planning Education and Career Guidance for Secondary Schools (1st Edition)," http://www.edb.gov.hk/bspp, 2014, 5.

CDE Career Resource Network, "Career Development Parent Handbook," https://www.calcareercenter.org/Home/Content?contentID=398

Council of Ministers of Education, Canada, "Student Transition Benchmark Self-Assessment Tool," http://www.cmec.ca, 2017.

Harris, A., & Goodall, J., "Helping Families Support Children's Success at

School: Review of the Evidence," https://www.savethechildren.org.uk, 2019.

Hendon School, "Parents' Evenings," https://www.hendonschool.co.uk/parents/parents-evening/, 2019.

Newell, Jeanie, "Techniques," https://www.questia.com/magazine/1G1-113376620/student-career-planning-conferences-in-tulsa-middle, 2004.

Pomerantz, E. M., Morrman, E. A., Litwack, S. D., "The How, Whom, and Why of Parents' Involment in Children's Academic Lives: More Is Not Always Better," *Review of Educational Research*, Vol. 77, No. 3, Octorber 2007.

Savickas, M. L., & Porfeli, E. J., "Career Adaptabilities Scale: Construction, Reliability, and Measurement Equivalence across 13 Countries." *Journal of Vocational Behavior*, Vol. 80, No. 3, January 2012.

Thomas S. Weisner, "The Urie Bronfenbrenner Top 19: Looking Back at His Bioecological Perspective," *Mind, Culture, and Activity*, Vol. 15, No. 3, 2008.

邓林园、许睿、赵鑫钰、方晓义：《中国高中阶段家校合作的现状以及与高中生发展的关系》，《教育学报》2016年第6期。

广东省教育厅：《关于加强普通高中学生发展指导工作的意见》，https://www.163.com/dy/article/EBRR2NMI0516A1SJ.html。

国务院办公厅：《关于新时代推进普通高中育人方式改革的指导意见》，http://www.gov.cn/zhengce/content/2019-06/19/content_5401568.htm。

潘黎、孙莉：《国际生涯教育研究的主题、趋势与特征》，《教育研究》2018年第39期。

上海市教育委员会：《关于加强中小学生涯教育的指导意见》，http://www.sohu.com/a/240551419_387094。

"互联网+"背景下家校协同开展小学生性健康教育的现状与对策建议

——基于两万多名家长的调查

张文静[*]

一 引言

性健康教育简称"性教育"（Sexuality Education），是关系到儿童身心发展，学校和家庭都不可回避的教育。2009年，由联合国教科文组织和其他联合国机构开发的国际性教育技术指南，界定"性教育"是为儿童提供学习机会，通过合适的教育活动，激发儿童形成关于"自我"的价值观和态度；同时能够帮助儿童习得一些有关性保护、异性交流和自我决策等技能的综合型教育。综合型性教育从知识、技能、积极的态度和价值观等各个层面解读"性"，涵盖了一系列广泛促进儿童健康的内容。[①] 小学阶段是儿童健康素养形成的关键时期，一些发达国家和地区的性教育都是从小学开始的：瑞典、美国和英国提出全面型性教育理论，要求儿童从六七岁开始接受性教育，教育中强调父母支持和参与。[②] 英国关于性健康家校协同教育的经验显示：父母是儿童的重要他人，能教授儿童关于性、人际关系

---

[*] 张文静 北京教育科学研究基础教育科学研究所研究人员。

[①] United Nations Educational, Scientific and Cultural Organisation, *International Technical Guidance on Sexuality Education: An Evidence-Informed Approach for Schools, Teachers and Health Educators*, Paris: UNESCO, 2018, p.23.

[②] Alldred Pam, Fox Nick and Kulpa Robert, "Engaging Parents with Sex and Relationship Education: A UK Primary School Case Study," *Health Education Journal*, Vol.75, No.7, July 2016. Jeno Matrin, Hedyeh Riazi, Armin Firoozi and Maliheh Nasiri, "A Sex Education Programme for Mothers in Iran: Does Preschool Children's Sex Education Influence Mothers' Knowledge and Attitudes," *Sex Education*, Vol.18, No.2, January 2018.

和成长的问题。① 2012年，英国研究者发现：父母参与教育可以提高其对性健康教育课程的信任，降低其对于性健康教育的焦虑程度，同时增加了父母性健康教育的知识和技能以及亲子交流信心等。②

但是，中国小学阶段开展性健康教育尚处于研究探索阶段。中国研究大多关注初高中学生的青春期性教育，而关注小学生性健康教育的较少。胡塔静等人在浙江、湖南、山西、四川、宁夏和辽宁六省区城乡12所小学，对773名6—14岁小学生进行问卷调查，结果表明：小学生普遍缺乏性相关知识，小学家长在性教育中起着重要的作用。③ 总体来看，受传统文化的影响，在中国性教育十分敏感，已有的小学生性教育研究或实践，极少邀请家长参与，而且已有研究样本量较小，散见于中国各个点状地区。近年来，随着互联网的发展和普及，网络平台打破时空，家校基于"互联网+"的教育合作也越来越多④，为性健康教育家校协同打开了一个可行性窗口。

因此，本文在"互联网+"背景下，基于大样本数据，探索家长对小学生性健康教育家校协同的意识和需求。本文有两个研究目的：其一，描述中国小学家长对开展性健康教育的态度、知识水平与家庭教育实践现况；其二，探索中国小学生家长、学校和家庭性教育内容的需求情况，为中国进一步开展"互联网+"背景下的家校协同小学生性健康教育提供一定的大数据支持和实践参考。

二 研究方法

（一）研究对象

本次调查采用分层抽样，家长的样本分别来自北京（朝阳、丰台、平

---

① Alldred Pam, Fox Nick and Kulpa Robert, "Engaging Parents with Sex and Relationship Education: A UK Primary School Case Study," *Health Education Journal*, Vol. 75, No. 7, July 2016.

② Wright Kevin and Wooden Cerie, "A Qualitative Assessment of a Parent-developed, Parent-run Program to Prevent Teenage Pregnancy," *Journal of Human Behavior in the Social Environment*, Vol. 22, No. 1, January 2012.

③ 胡塔静、左霞云、廉启国等：《六省城乡6—14岁小学生性相关知识水平与知识获得状况调查》，《中国儿童保健杂志》2015年第12期。李玉艳、徐双飞、周颖等：《高年级小学生和中学生家长对青少年子女开展性教育情况调查》，《中国健康教育》2017年第9期。

④ 杨鹏：《拓宽渠道助力成长"互联网+"时代家校协同的新途径》，《上海教育》2016年第4期。

谷、延庆和怀柔）的8所小学，来自天津的4所小学，来自河北省（沧州、承德、衡水和石家庄）的6所小学，共21402人。其中，北京6007人（28.1%），天津2935人（13.7%），河北12460人（58.2%）；女孩家长10155人（47.4%），男孩家长11247人（54.6%）；学生平均年龄为8.77岁（Rang=6—13岁，SD=1.78）；一年级家长4046人（18.9%），二年级家长3271人（15.3%），三年级家长3876人（18.1%），四年级家长3747人（17.5%），五年级家长3107人（14.5%），六年级家长3355人（15.7%）。

在填写问卷的家长中，父亲4528人（21.2%），母亲15217人（71.1%），其他照顾者1657人（7.7%）。父亲平均年龄为37.43岁（Rang=21—64岁，SD=4.93），母亲平均年龄为36.02岁（Rang=20—54岁，SD=4.48）。父母亲受教育程度状况是：初中及以下4925人（23.0%），高中6584人（30.8%），大专4913人（23.0%），大学本科及以上4980人（23.3%）。

（二）研究工具

1. 家长性健康教育的知识、态度和实践问卷

该问卷参考国内外既有研究的问卷编制[①]，包括三个维度：小学生家长性健康知识、态度和教育实践。知识维度包括5个条目；态度维度包括6个条目；教育实践包括10个条目。知识、态度和教育实践各个维度的信度优良，用Cronbach's a系数来估计量表的一致性信度，分别为a=0.81，a=0.88，a=0.85；问卷的整体信度a=0.91。

2. 家长性健康教育内容需求问卷

该问卷包括两个维度：其一，家长对学校性健康教育内容的需求；其二，家长对家庭性健康教育内容的需求。学校和家庭教育内容需求各包括10个条目，共20个条目。家长对学校和家庭教育内容的需求信度优良，用Cronbach's a系数来估计量表的一致性信度，分别为a=0.92，a=0.96；

[①] 刘文利、卡罗琳·爱德华兹：《城市父母对青少年子女性教育知识和态度的调查》，《中国青年研究》2007年第5期。Chen Jing-Qiand Chen Da-Guang, "Awareness of Child Sexual Abuse Prevention Education among Parents of Grade 3 Elementary School Pupils in Fuxin City, China," *Health Education Research*, Vol. 20, No. 5, May 2005.

问卷的整体信度 a = 0.97。

（三）数据收集与分析

研究者提前与同意参加研究的小学校长和具体负责的科研主任沟通，说明调查的目的和意义，并在其安排下与开展测查班级的班主任充分沟通。随后，班主任利用班级校讯通或微信群的方式，通知家长以匿名和自愿方式填写问卷。采用问卷星企业版开展网络调查，每名学生仅需一位家长填写问卷。最后共回收问卷 22679 份，删除不合格问卷 1277 份，获有效问卷 21402 份，合格率为 94.4%。本研究采用 SPSS 19.0 对数据进行统计分析。

三　研究结果

（一）小学生家长性健康教育的知识、态度和实践现况

1. 小学生家长性健康教育的知识

研究表明，大约有 76.5% 的家长会主动学习儿童性教育方面的知识。家长性健康教育知识有 5 个具体条目，每个条目最低 0 分，最高 4 分，总分 0—20 分；知识总分平均值为 13.32 分（SD = 3.12），女孩家长显著高于男孩家长（F = 60.49，P < 0.001），且在各个条目上均显著高于男孩家长（P < 0.05；如表 1 所示）。随着年级的增长，家长知识水平显著增加（F = 21.47，P < 0.001）。

北京、天津和河北的家长性健康教育知识总分分别为 13.39 分（3.05）、13.36 分（3.16）和 13.27 分（3.15），北京和天津的家长显著高于河北家长（F = 3.49，P < 0.05）。每个条目的具体分析如图 1 所示（P < 0.01）。

表 1　　　　小学生家长性健康教育知识水平（N = 21402）　　　　（分）

条目	平均分（标准差）		
	男孩	女孩	汇总
1. 您知道人体生殖器官科学准确的术语（如阴茎、卵巢等）	3.13（0.77）	3.15（0.76）	3.14（0.76）
2. 您知道生殖器官日常保健方法（如大便从前往后擦拭等）	3.13（0.75）	3.16（0.74）	3.14（0.74）

续表

条目	平均分（标准差）		
	男孩	女孩	汇总
3. 您知道儿童不同年龄阶段性发展的特点	2.41（0.86）	2.52（0.85）	2.47（0.85）
4. 您知道儿童不同年龄阶段可能遇到的"性"相关问题	2.23（0.84）	2.32（0.84）	2.27（0.84）
5. 您知道预防儿童性侵犯知识和技能	2.25（0.85）	2.34（0.84）	2.29（0.85）
总计	13.16（3.15）	13.49（3.09）	13.32（3.12）

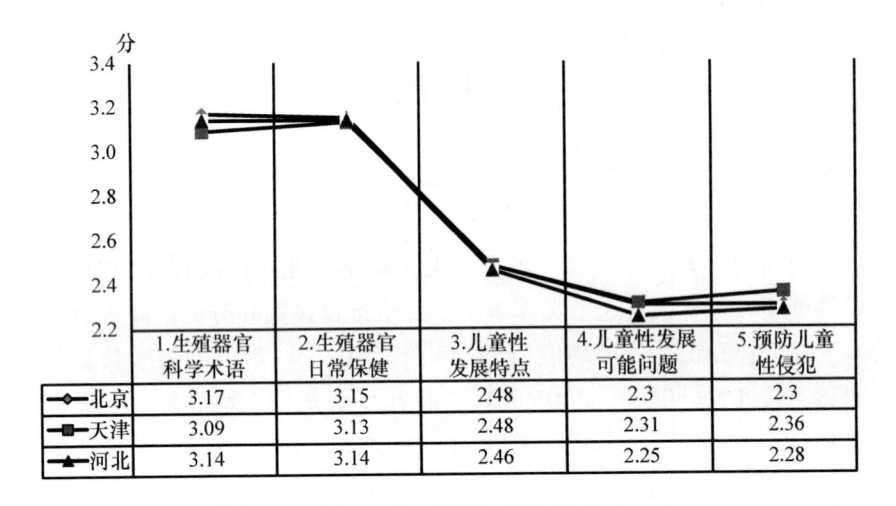

	1.生殖器官科学术语	2.生殖器官日常保健	3.儿童性发展特点	4.儿童性发展可能问题	5.预防儿童性侵犯
北京	3.17	3.15	2.48	2.3	2.3
天津	3.09	3.13	2.48	2.31	2.36
河北	3.14	3.14	2.46	2.25	2.28

图1 家长性健康教育各知识条目平均分值

2. 小学生家长性健康教育的态度

本研究发现：有接近100%家长认为儿童性教育工作很重要；接近85%的家长赞成儿童性健康教育应该在小学以及小学以前开始，约有97%的家长赞成小学生在学校接受性健康教育。态度问卷有6个条目，每个条目0—3分，总分为0—18分；平均值为13.17分（SD=3.70）。年级无显著差异（P>0.05）；男孩家长显著低于女孩家长（F=94.15，P<0.001），且在各个条目均显著低于女孩家长（P<0.01，具体如表2所示）。北京、天津和河北的家长态度总分分别为13.55分（3.56）、13.20分（3.87）和12.98分（3.71）。三地区家长的性健康态度差异显著（F=48.71，P<0.001），LSD检验结果是：北京显著高于天津和河北（P<0.001），且天津

显著高于河北（P<0.01）。每个条目具体分析如图2所示，所有态度条目在京津冀三地区的差异均显著（P<0.001）。

表2　　　　小学生家长性健康教育态度水平（N=21402）　　　　　（分）

条目	平均分（标准差）		
	男孩	女孩	汇总
1. 您赞成对小学生开展性教育工作	2.24（0.79）	2.33（0.76）	2.28（0.76）
2. 您赞成在学校由教师开展儿童教育工作	2.21（0.75）	2.25（0.75）	2.23（0.75）
3. 您赞成学校和家庭一起开展儿童性教育工作	2.18（0.76）	2.27（0.73）	2.23（0.75）
4. 您愿意参与学校开展的儿童性教育网络/微信课程	2.11（0.77）	2.17（0.76）	2.14（0.77）
5. 您愿意与孩子一起阅读儿童性教育的亲子画册/绘本	2.13（0.76）	2.20（0.75）	2.17（0.70）
6. 您愿意接受学校发送的有关儿童性教育内容和方法的微信信息	2.11（0.77）	2.15（0.77）	2.13（0.77）
总计	12.99（3.74）	13.37（3.64）	13.17（3.70）

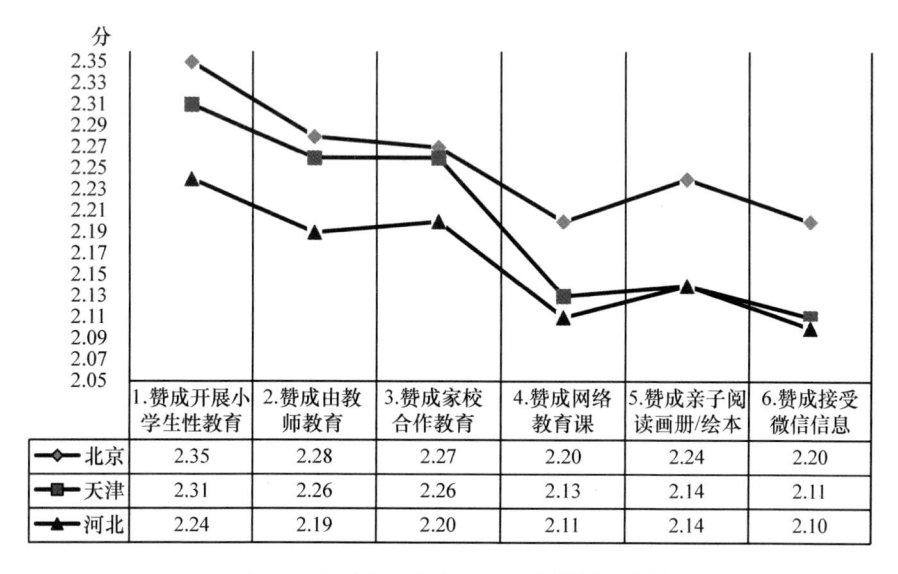

	1.赞成开展小学生性教育	2.赞成由教师教育	3.赞成家校合作教育	4.赞成网络教育课	5.赞成亲子阅读画册/绘本	6.赞成接受微信信息
北京	2.35	2.28	2.27	2.20	2.24	2.20
天津	2.31	2.26	2.26	2.13	2.14	2.11
河北	2.24	2.19	2.20	2.11	2.14	2.10

图2　家长性健康教育各态度条目平均分值

3. 小学生家长性健康教育的实践

研究发现：约有46%的家长已经在家庭里开展了儿童性教育工作。关于家长教育实践共10个条目，每个条目回答记1分，回答"否"或"不知道"记0分；总分0—10分，总分平均值为4.70分（SD=3.07）；女孩家长显著高于男孩家长（女孩：M=4.80，SD=3.05；男孩：M=4.61，SD=3.09；F=21.08，P<0.001）。同样地，年级差异显著（F=7.05，P<0.001），且五、六年级教育实践显著高于三、四年级（P<0.01）和一、二年级（P<0.01）。

表3　小学生家长性健康教育实践现况（N=21402）　　（%）

条目	回答"是"的百分比 男孩	回答"是"的百分比 女孩	回答"是"的百分比 汇总
1. 您在家中已经开展部分或全部儿童性教育工作	40.2	51.6***	45.6
2. 您能自信地回答孩子有关"性和性别"等提问	40.0	40.4	40.2
3. 您能使用"生殖器官"（如外阴、阴茎等）的专业术语开展孩子的性教育	30.6**	29.1	29.9
4. 您能很自然地与孩子谈论"性"，开展家庭性教育	31.4	30.9	31.2
5. 您鼓励孩子与您分享孩子对"性"相关问题的思考和感受	54.0	53.7	53.9
6. 您与家人讨论如何开展孩子的性教育工作	47.1	50.3***	48.6
7. 您会与孩子一起阅读性教育方面的书籍	61.7	64.4***	63.0
8. 您会合理利用网络资源，对孩子进行性教育	68.1	70.5***	69.2
9. 您会为孩子购买具有性教育内容的材料和手册	49.9	52.0***	50.9
10. 您能从社区或街道委员会处获得开展儿童性教育的相关材料	38.1	30.0	37.6

说明：** 表示 P<0.01；*** 表示 P<0.001。

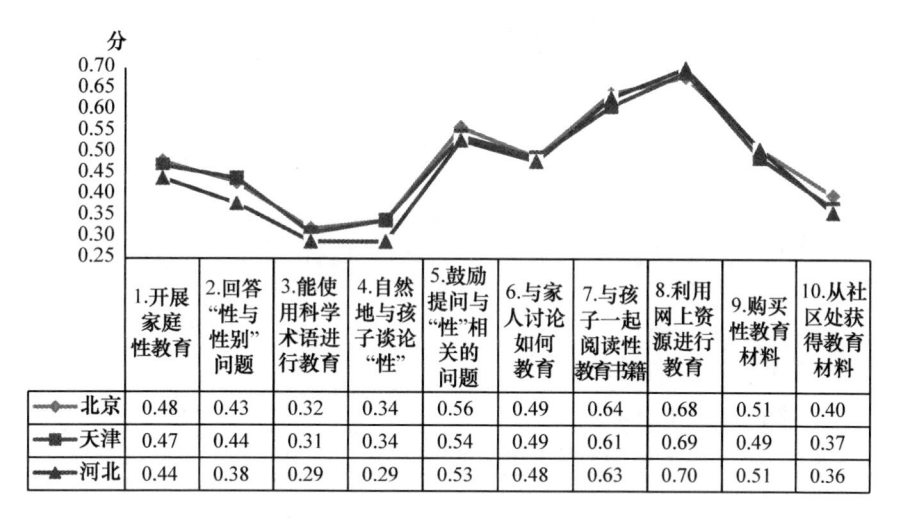

	1.开展家庭性教育	2.回答"性与性别"问题	3.能使用科学术语进行教育	4.自然地与孩子谈论"性"	5.鼓励提问与"性"相关的问题	6.与家人讨论如何教育	7.与孩子一起阅读性教育书籍	8.利用网上资源进行教育	9.购买性教育材料	10.从社区处获得教育材料
北京	0.48	0.43	0.32	0.34	0.56	0.49	0.64	0.68	0.51	0.40
天津	0.47	0.44	0.31	0.34	0.54	0.49	0.61	0.69	0.49	0.37
河北	0.44	0.38	0.29	0.29	0.53	0.48	0.63	0.70	0.51	0.36

图3 家长性健康教育各实践条目平均分值

北京、天津和河北家长教育实践总分值为4.86分（3.10）、4.76分（3.12）和4.61分（3.04），三地区差异显著（F=14.50，P<0.001）。LSD检验结果是：北京和天津总分显著高于河北（P<0.05），北京和天津家长无显著差异（P>0.05）。

（二）小学生家长家校协同性健康教育内容的需求现况

1. 小学生家长对学校性健康教育内容的需求

家长对学校性健康教育内容的需求共10个条目，每个条目0—2分，"非常需要"=2分，"需要"=1分，"不需要"=0分；总分为0—20分，分数越高，表示需求越强。小学生家长对学校性健康教育内容需求平均值为15.32分（SD=4.39）。需求最为强烈的条目分别为：条目6、5、7和条目9、10。需求最低的是条目2（教授科学名称，90.0%）。

男孩家长和女孩家长具有同等学校教育内容的需求，总分差异不显著（P>0.05）；年级差异显著（F=3.64，P<0.01）。一年级家长的需求最为强烈，其次是二年级，再次是五年级。如图4所示：一年级各项需求几乎都显著高于其他年级（P<0.01），六年级最低（P<0.01）。

表4　小学生家长对学校性健康教育的需求内容（N=21402）

条目	回答"是"的百分比（%）男孩	女孩	汇总
1. 人体、生殖、怀孕和出生方面的知识	92.6	92.8	92.6
2. 儿童生殖器官科学准确的名称和功能	91.1	88.9	90.0
3. 儿童青春期发育的身体变化	97.1	97.5	97.3
4. 探讨性别角色和性别差异	92.3	92.1	92.2
5. 儿童青春期心理健康教育	98.8	99.0	98.9
6. 鼓励儿童喜欢自己，有自尊	99.1	99.3	99.2
7. 与他人健康交往、建立积极人际关系	99.0	98.7	98.9
8. 儿童生殖器官的保健（如日常保护、疾病的预防）	98.4	98.1	98.2
9. 预防儿童遭受性侵犯知识（如隐私部位的位置、身体安全规则等）	98.2	98.7	98.4
10. 预防儿童性遭受侵犯技能（如拒绝不安全接触、需求帮助等）	98.2	98.6	98.4

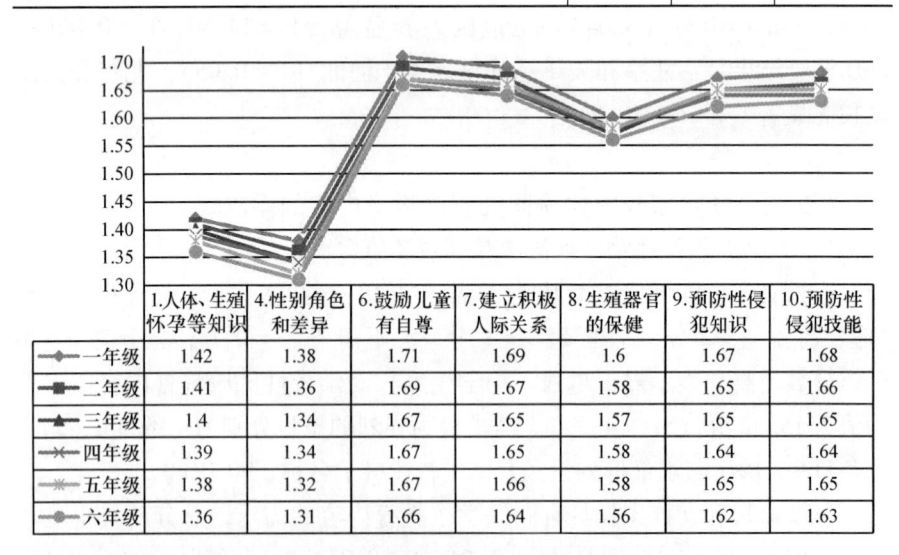

	1.人体、生殖怀孕等知识	4.性别角色和差异	6.鼓励儿童有自尊	7.建立积极人际关系	8.生殖器官的保健	9.预防性侵犯知识	10.预防性侵犯技能
一年级	1.42	1.38	1.71	1.69	1.6	1.67	1.68
二年级	1.41	1.36	1.69	1.67	1.58	1.65	1.66
三年级	1.4	1.34	1.67	1.65	1.57	1.65	1.65
四年级	1.39	1.34	1.67	1.65	1.58	1.64	1.64
五年级	1.38	1.32	1.67	1.66	1.58	1.65	1.65
六年级	1.36	1.31	1.66	1.64	1.56	1.62	1.63

图4　家长对学校性健康教育内容的年级差异条目比较

北京、天津和河北家长对学校性健康教育内容总分值为15.83分（4.34）、15.37分（4.51）和15.07分（4.36）；地区差异显著（F=61.14，P<0.001），经LSD检验发现：河北显著低于天津和北京（P<

0.001），天津显著低于北京（P<0.01）。京津冀三地在各个需求条目上的差异均显著（P<0.001），且北京对学校教育需求在各个条目上的得分都是最高的，其次是天津，最后是河北。

2. 小学生家长对家庭性健康教育内容的需求

家长对家庭性健康教育内容的需求共10个条目，每个条目0—3分，"非常需要"＝3分，"需要"＝2分，"一般"＝1分，"不需要"＝0分；总分为0—30分，分数越高，表示需求越强；平均值为23.24分（SD＝6.17）。家长需求强烈的内容，第一是条目6、7、3、4、8。性别差异显著，女孩家长的需求显著高于男孩家长（女孩：M＝23.45，SD＝6.08；男孩：M＝23.04，SD＝6.25；F＝23.52，P<0.001）；年级差异显著（F＝4.27，P<0.01）。一年级家长的需求最为强烈，其次是二年级，再次是五年级，如图5所示：一年级各项需求几乎都显著高于其他年级（P<0.01），六年级最低（P<0.01）。

表5　　　　小学生家长对家庭性健康教育的需求内容（N＝21402）

条目	回答"是"的百分比（%）		
	男孩	女孩	汇总
1. 如何克服沟通壁垒，有效地与儿童沟通有关"性"的内容	96.9	97.1	97.0
2. 知道开展儿童性教育，科学准确的专业术语	96.2	95.8	96.0
3. 了解儿童不同年龄阶段可能遇到的性发展方面的问题	98.5	98.5	98.5
4. 如何与儿童交流生殖器官的日常保健	98.5	98.4	98.5
5. 了解媒体和网络信息可能对儿童性发展产生哪些影响	97.8	97.6	97.7
6. 如何与孩子交流青春期的身心变化	99.0	99.1	99.0
7. 教授孩子预防儿童性侵犯的知识和技能	98.8	98.9	98.9
8. 如何辨别潜在的儿童性侵犯者	98.5	98.6	98.5
9. 如何识别发生在儿童身上的性侵犯	98.1	98.2	98.1
10. 如果发现孩子遭受性侵犯，如何处理	97.3	97.2	97.2

北京、天津和河北家长对家庭性健康教育内容的总分值为23.97分（5.97）、23.18分（6.58）和22.90分（6.14）；三地区差异显著（F＝61.58，P<0.001）。LSD检验发现：北京显著高于河北和天津（P<

0.001），天津与河北差异不显著。京津冀三地在每个需求条目上差异均显著（P<0.001），且北京对家庭教育需求在各个条目上的得分都是最高的。

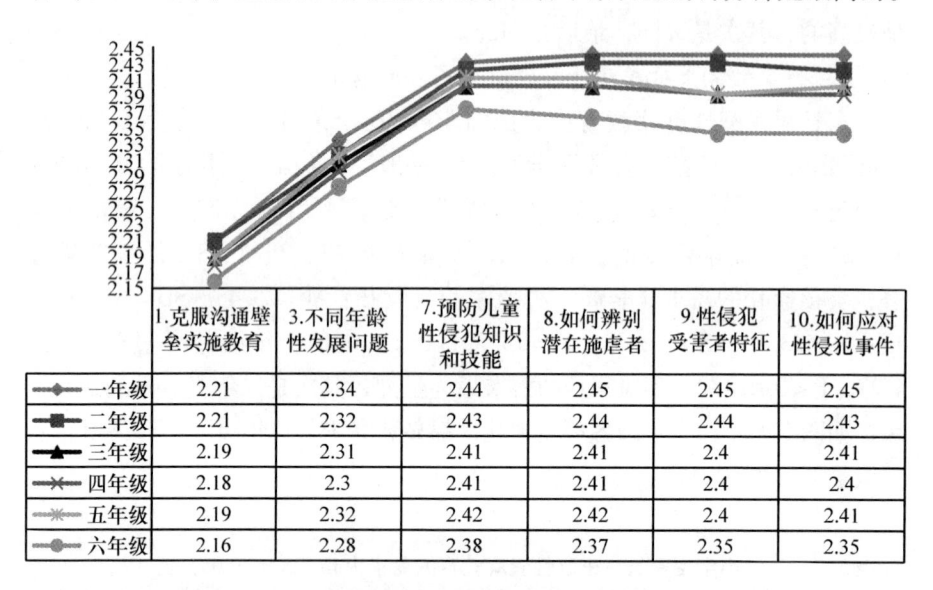

	1.克服沟通壁垒实施教育	3.不同年龄性发展问题	7.预防儿童性侵犯知识和技能	8.如何辨别潜在施虐者	9.性侵犯受害者特征	10.如何应对性侵犯事件
一年级	2.21	2.34	2.44	2.45	2.45	2.45
二年级	2.21	2.32	2.43	2.44	2.44	2.43
三年级	2.19	2.31	2.41	2.41	2.4	2.41
四年级	2.18	2.3	2.41	2.41	2.4	2.4
五年级	2.19	2.32	2.42	2.42	2.4	2.41
六年级	2.16	2.28	2.38	2.37	2.35	2.35

图5 家长对家庭性健康教育内容的年级差异条目比较

四 讨论与结论

第一，小学生家长对开展性健康教育的态度非常积极，但知识水平有限。本研究发现，小学1—6年级几乎100%的家长都认为儿童性健康教育工作重要。有85%的家长赞成从幼儿园和小学开始进行儿童性健康教育工作。但是家长性健康教育的知识水平有限，仅有2.3%的家长在知识上获得满分。本研究发现的家长性教育支持态度远远高于十几年前刘文利等人在北京、上海和西安研究得出的结论（86%）[1]；但本研究与中国近年来的小样本调查结果相似。[2] 可见，近年来，随着社会的发展，家长对儿童性

---

[1] 刘文利、卡罗琳·爱德华兹：《城市父母对青少年子女性教育知识和态度的调查》，《中国青年研究》2007年第5期。刘文利、卡罗林·爱德华兹：《城市父母对孩子性教育实践的调查》，《当代青年研究》2006年第9期。

[2] 赵倩倩、周霞、张逸武等：《扬州市小学生性教育现状调查研究》，《现代教育科学》2017年第4期。胡家心：《中国小学生性教育的问题与对策研究——以江西省抚州市四所小学为例》，硕士学位论文，广西民族大学，2018年，第7页。涂中：《小学中高年级段性教育的调查研究——以武汉市A小学为例》，硕士学位论文，华中师范大学，2014年，第15页。

教育的态度越来越积极。本研究与国外近年来的研究结果也很相似①，即有接近90%的家长赞成开展家庭性教育或家校协同进行性教育。

第二，小学生家长很少开展基于家庭的性健康教育，教育实践水平低，但家长愿意借助媒介（网络和书籍等）开展教育。

虽然家长开展儿童性教育的态度积极，但是本研究却发现，家长在家庭里开展性教育实践的行为很少。本研究结果与国内外近十年来的研究结果相似，仅有不足50%的家长开展了性教育。研究者认为可能的原因如下：家长缺少信心和有关的性知识；家长与儿童讨论"性"相关的内容比较尴尬；害怕告诉儿童有关"性"的内容，担心破坏孩子的纯洁性；缺少有效的沟通技能；对自己性别感到不舒服等。② 按条目分析发现：仅有约30%的家长"使用生殖器官的专业术语开展性教育"和"很自然地与孩子谈论'性'"。可见，若要增强家长的教育信心，可以从向家长传授正确的生殖器官名称开始，告知家长如何利用科学名称开展教育。

但研究也发现，有接近70%的家长"会合理利用网络资源，对孩子进行性教育"，有超过三分之二的家长"会与孩子一起阅读性教育方面的书籍"。这一发现与英国Alldred等人关于家庭性教育的结论一致，即家长经常报告"书籍"能更好地帮助他们与孩子进行性健康方面的沟通。③ 国内外的研究结果提示我们，家长愿意在媒介的帮助下开展儿童性健康教育，比如网络资源或书籍等。因此，家校协同教育，可考虑借助媒介的力量，辅助家长开展性教育。

第三，小学生家长对学校与家庭性健康教育内容的需求强烈，非常关注预防儿童性侵犯知识和技能教育。

本研究发现：无论是男孩还是女孩的家长对学校和家庭的性教育需求都很强烈，特别是对家庭性教育的需求内容更为强烈，超过95%的家长表示需要问卷所提到的所有家庭性教育内容条目。在学校教育需求内

---

① Joseph Dake, James Price, Christine Baksovich and Margaret Wielinski, "Preferences Regarding School Sexuality Education among Elementary School Children's Parents," *American Journal of Health Education*, Vol. 45, No. 1, January 2014.

② Robinson Kerry, Smith Elizabeth and Davies Cristyn, "Responsibilities, Tensions and Ways forward: Parents' Perspectives on Children's Sexuality Education," *Sex Education*, Vol. 17, No. 3, March 2017.

③ Alldred Pam, Fox Nick and Kulpa Robert, "Engaging Parents with Sex and Relationship Education: A UK Primary School Case Study," *Health Education Journal*, Vol. 75, No. 7, July 2016.

容上，需求最低的条目是：教授孩子"生殖器官的科学名称"，有90%的家长有此需求；但是，在家庭教育中却有96%的家长需要这一内容。"教授科学的名称"是性教育的基础，可以促进孩子学习性生理、性保健和性保护的知识和技能，是儿童性教育中重要的一环。① 研究结果暗示我们：与在学校进行教育相比，小学生家长可能更愿意在家庭环境中教授孩子科学的性名称。

研究发现，除了与青春期发育相关的知识之外，家长对于学校和家庭教育最为关注的就是预防儿童性侵犯的教育，即性保护的教育。这与国外Robinson等人的研究结果相一致，即小学生家长在教育内容中更加关注对于儿童性保护的知识和技能的传授。② 既有研究提示我们，7—13岁儿童更容易遭受性侵犯③，特别是近年来，中国媒体频繁曝出严重的儿童性侵犯事件，家长更加注重性保护的教育也是理所应当的。这些研究结果提示我们，对于小学生性健康教育，除了关注小学高年级学生的青春期身心发育知识之外，还要从性保护的角度切入，注意让家长和儿童学习预防性侵犯的知识和技能，家校协同有利于从环境层面减少儿童性侵犯的发生。④

第四，女孩家长开展性教育的态度更为积极，知识水平相对较高，且家庭教育需求更为强烈，性健康教育需关注男孩家校协同的效果。

本研究与国内外的研究结果相似，大部分家长都认为自己缺少儿童性健康教育知识，但男孩家长的知识水平显著低于女孩家长。同样地，虽然男女孩家长都赞成开展儿童性健康教育工作，但几乎在所有的态度条目上，女孩家长的积极性都显著高于男孩家长，即女孩家长更愿意开展性健康教育。

男女孩家长对学校教育的需求同等强烈，但是对于家庭教育的需求，

---

① Jeno Matrin, Hedyeh Riazi, Armin Firoozi and Maliheh Nasiri, "A Sex Education Programme for Mothers in Iran: Does Preschool Children's Sex Education Influence Mothers' Knowledge and Attitudes," *Sex Education*, Vol. 18, No. 2, January 2018.

② Robinson Kerry, Smith Elizabeth and Davies Cristyn, "Responsibilities, Tensions and Ways forward: Parents' Perspectives on Children's Sexuality Education," *Sex Education*, Vol. 17, No. 3, March 2017.

③ Hornor Gail, "Child Sexual Abuse: Consequences and Implications," *Journal of Pediatric Health Care*, Vol. 24, No. 6, December 2010.

④ Hornor Gail, "Child Sexual Abuse: Consequences and Implications," *Journal of Pediatric Health Care*, Vol. 24, No. 6, December 2010.

女孩家长在所有的条目上都显著高于男孩家长。其可能原因是：其一，小学女孩青春期变化比较明显，需要特别关注；其二，在遭受儿童性侵犯的事件中，女孩比例较高，还要面对少女怀孕等问题；因此女孩家长更关注性健康教育。然而，男孩也有青春期的变化，研究同时发现，男孩也可能遭受性侵犯，并且中国学者的研究发现，男女孩遭受性侵犯的比例无差异[①]，因此研究者在进行性教育工作时，需提醒家长不要忽视对男孩的性教育，关注男孩家校协同的效果。

第五，小学一、二年级家长性教育知识水平最低，教育实践行为最少，但小学一、二年级和五年级性教育需求最为强烈。

本研究发现，五、六年级的学生家长教育实践显著高于三、四年级，三、四年级学生家长教育实践显著高于一、二年级。这可能是由于在小学高年级，孩子开始进入青春期，很多家长面对孩子的实际情况，不得不进行教育，因此他们的教育实践行为较多。[②] 整体来看，小学一、二年级学生家长知识水平最低，教育需求却都很强烈。其原因可能是，一、二年级的孩子入学不久，家长对孩子各方面的教育都非常关注，家长对学校教育有更多期待。[③] 另外，五年级学生家长的教育需求也很强烈，因为五年级是孩子身心发生巨大变化的年龄阶段，所以五年级家长教育实践的行为和需求都很强烈。这些结果提示我们，如果尝试开展家校协同，可以优先从一、二年级和五年级开始，逐渐过渡到三、四年级和六年级。

第六，京津冀三地家长性健康教育意识和需求差异显著，北京家长的态度、知识和教育实践得分最高，但教育需求也最为强烈。

虽然京津冀三地家长对儿童性教育工作都持积极支持的态度，但是几乎在各个条目上都会发现：北京家长最为积极，其次是天津的家长，最后是河北的家长，教育态度地区差异明显。

首先，在京津冀三地家长中，北京和天津学生家长的知识水平相对较

---

① Ma, Yi-Dan, "Prevalence of Childhood Sexual Abuse in China: A Meta-analysis," *Journal of Child Sexual Abuse*, Vol. 27, No. 2, March 2018.

② 刘文利、卡罗琳·爱德华兹：《城市父母对青少年子女性教育知识和态度的调查》，《中国青年研究》2007年第5期。

③ Robinson Kerry, Smith Elizabeth and Davies Cristyn, "Responsibilities, Tensions and Ways forward: Parents' Perspectives on Children's Sexuality Education," *Sex Education*, Vol. 17, No. 3, March 2017.

高，河北家长的知识水平最低。这可能与当地家长文化教育水平和经济水平相关，有研究发现，随着家长教育水平的提高，对儿童性教育的态度和需求也会增加。①

其次，北京和天津家长的教育实践行为显著高于河北家长，北京和天津的家长相差不大。另外，北京和天津家长在知识水平上也无差异，都显著高于河北。本研究从一个侧面反映出，家长知识水平的提高有可能增加家长开展家庭性教育的信心，促进家长性教育实践的发生。②

最后，北京家长虽然知识水平最高，但无论是家庭和学校教育需求，北京家长都是最强烈的。可见，虽然家长有一定的知识，但是仍然觉得不足，希望获取更多的儿童性教育信息。同时，地区间的差异也提示我们若要进行家长培训，需要更加关注经济发展水平相对不高和教育资源相对不丰富地区的家长，结合不同地区的特点制订相关培训计划。

参考文献

胡家心：《中国小学生性教育的问题与对策研究——以江西省抚州市四所小学为例》，硕士学位论文，广西民族大学，2018年。

胡塔静、左霞云、廉启国等：《六省城乡6—14岁小学生性相关知识水平与知识获得状况调查》，《中国儿童保健杂志》2015年第12期。

李玉艳、徐双飞、周颖等：《高年级小学生和中学生家长对青少年子女开展性教育情况调查》，《中国健康教育》2017年第9期。

刘文利、卡罗林·爱德华兹：《城市父母对孩子性教育实践的调查》，《当代青年研究》2006年第9期。

刘文利、卡罗琳·爱德华兹：《城市父母对青少年子女性教育知识和态度的调查》，《中国青年研究》2007年第5期。

涂中：《小学中高年级段性教育的调查研究——以武汉市A小学为例》，硕士学位论文，华中师范大学，2014年。

杨鹏：《拓宽渠道助力成长"互联网+"时代家校协同的新途径》，《上海

---

① Zhang Wen-Jing、Chen Jing-Qi and Feng Ya-Nan, "Young Children's Knowledge and Skills Related to Sexual Abuse Prevention: A Pilot Study in Beijing, China," *Child Abuse & Neglect*, Vol. 37, No. 9, April 2013.

② Alldred Pam, Fox Nick and Kulpa Robert, "Engaging Parents with Sex and Relationship Education: A UK Primary School Case Study," *Health Education Journal*, Vol. 75, No. 7, July 2016.

教育》2016 年第 4 期。

赵倩倩、周霞、张逸武等：《扬州市小学生性教育现状调查研究》，《现代教育科学》2017 年第 4 期。

Alldred Pam, Fox Nick and Kulpa Robert, "Engaging Parents with Sex and Relationship Education: A UK Primary School Case Study," *Health Education Journal*, Vol. 75, No. 7, July 2016.

Chen Jing-Qiand Chen Da-Guang, "Awareness of Child Sexual Abuse Prevention Education among Parents of Grade 3 Elementary School Pupils in Fuxin City, China," *Health Education Research*, Vol. 20, No. 5, May 2005.

Hornor Gail, "Child Sexual Abuse: Consequences and Implications," *Journal of Pediatric Health Care*, Vol. 24, No. 6, December 2010.

Jeno Matrin, Hedyeh Riazi, Armin Firoozi and Maliheh Nasiri, "A Sex Education Programme for Mothers in Iran: Does Preschool Children's Sex Education Influence Mothers' Knowledge and Attitudes," *Sex Education*, Vol. 18, No. 2, January 2018.

Joseph Dake, James Price, Christine Baksovich and Margaret Wielinski, "Preferences Regarding School Sexuality Education among Elementary School Children's Parents," *American Journal of Health Education*, Vol. 45, No. 1, January 2014.

Ma, Yi-Dan, "Prevalence of Childhood Sexual Abuse in China: A Meta-analysis," *Journal of Child Sexual Abuse*, Vol. 27, No. 2, March 2018.

Robinson Kerry, Smith Elizabeth and Davies Cristyn, "Responsibilities, Tensions and Ways forward: Parents' Perspectives on Children's Sexuality Education," *Sex Education*, Vol. 17, No. 3, March 2017.

United Nations Educational, Scientific and Cultural Organisation, *International Technical Guidance on Sexuality Education: An Evidence-Informed Approach for Schools, Teachers and Health Educators*, Paris: UNESCO, 2018, p. 23.

Wright Kevin and Wooden Cerie, "A Qualitative Assessment of a Parent-developed, Parent-run Program to Prevent Teenage Pregnancy," *Journal of Human Behavior in the Social Environment*, Vol. 22, No. 1, January 2012.

Zhang Wen-Jing, Chen Jing-Qi and Feng Ya-Nan, "Young Children's Knowledge and Skills Related to Sexual Abuse Prevention: A Pilot Study in Beijing, China," *Child Abuse & Neglect*, Vol. 37, No. 9, April 2013.

第六编

师德与教师育德能力研究

改革开放以来中国中小学师德规范文本的变迁与前瞻
——基于对师德规范文本质性内容的分析

陈黎明[*]

一 研究问题

全面加强师德建设是新时代教师队伍建设的关键环节,而修订各级各类教师职业道德规范是加强师德制度建设的重要抓手。改革开放以来,中国先后颁布实施了五个有关中小学教师职业道德规范的文件、两个禁令和一个违反师德的处理办法(见表1)。

本文对改革开放以来国家颁布的五个中小学教师职业道德规范文本内容进行系统的分析,以更加直观的方式考察中国师德规范政策文本的变迁。同时结合对两个禁令和一个处理办法的文本分析,为完善新时代中国中小学师德规范探寻有益的路径。

表1　改革开放以来中国有关中小学师德规范的文件

序号	文件名	时间(年)	类型	规则数(条)
1	《中小学教师职业道德要求(试行草案)》	1984	要求	6
2	《中小学教师职业道德规范》	1991	规范	6
3	《中小学教师职业道德规范》	1997	规范	8
4	《中小学教师职业道德规范》	2008	规范	6
5	《新时期中小学教师职业行为十项准则》	2018	准则	10
6	《中小学教师违反职业道德行为处理办法》	2018	办法	11

[*] 陈黎明　北京教育科学研究院教师研究中心研究人员。

续表

序号	文件名	时间（年）	类型	规则数（条）
7	《严禁教师违规收受学生及家长礼品礼金等行为的规定》	2014	禁令	6
8	《严禁中小学校和在职中小学校教师有偿补课的规定》	2015	禁令	6

二 研究方法

本文采用"质性内容分析法"（Qualitative Content Analysis）。质性内容分析法属于一种文本分析，但它又有别于传统的文本分析法。其主要特征是"在分析文本之前就建立一个特定的分析边界，并将所有文本内容编码为不同的分析单元，以保证研究者能够关注到文本中的所有信息，避免忽略不容易被直接观察到的信息"[1]。按照质性内容分析法的思路，本文的具体操作方法为：首先，对改革开放以来国家颁布实施的五个中小学教师职业道德规范的文本内容进行重新归纳梳理，将所有的伦理义务条目按照"不重不漏"的原则划分到与教师专业伦理相关的六个维度（学生维度、专业维度、个人品质维度、同事维度、家长维度、国家与社会维度）上进行分类编码，并以此为分析框架。其次，统计出不同时期中国师德规范在不同维度中的条目数，以及在同一维度中不同时期师德规范条目的重复率（重复率在60%的伦理义务条目可被视为不同时期的规范都比较关注的主要伦理义务）。最后，对呈现的数据进行系统分析。

三 研究结果

（一）对中国五个师德规范文本的研究

通过归纳、整理与分析，中国五个师德规范内容在六个维度中的伦理条目数共为54条。其中，学生维度19条、专业维度13条、个人品质维度9条、同事维度3条、家长维度6条、国家与社会维度4条（见表2）。

---

[1] Bruce Maxwell and Marina Schwimmer, "Seeking the Elusive Ethical Base of Teacher Professionalism in Canadian Codes of Ethics," *Teaching and Teacher Education*, Vol. 59, July 2016.

1. 教师与学生的伦理关系是中国师德规范内容的主体

在中国五个师德规范中，与学生有关的伦理义务条目数最多，共为19条（19/54，35.19%）。在19条规范中，有6条的重复率在60%以上，占学生维度的31.58%（6/19），其中"关爱、热爱学生"这条伦理义务的重复率为100%，它们可被视为在此维度上的主要伦理义务。在此维度上，2008年颁布的师德规范条目数最多，共为15条（15/19，78.95%）。

需要指出的是，重复率低的伦理义务条目并不代表不重要，只是代表在五个时期的规范中没有达成重叠共识。例如，虽然"不得与学生发生任何不正当关系，严禁任何形式的猥亵、性骚扰行为""不得向学生推销图书报刊、教辅材料、社会保险"伦理条目的重复率只有20%，但它们是随着时代的发展对师生伦理关系的进一步补充。

2. 专业维度的伦理要求体现了一定的层次性和可操作性

在五个师德规范中，专业维度的条目总数仅次于学生维度，共为13条（13/54，24.07%）。其中，有5个条目的重复率在60%以上，占此维度的38.46%（5/13）。在专业维度上，中国师德规范的表述体现了一定的层次性。例如，既有"尽职尽责，勤恳敬业，对工作高度负责"的原则性表述，又有"认真备课上课、批改作业、辅导学生"等具体的规则。同时，在2018年颁布的十项准则中有关教师与专业关系的表述更加具体且具有可操作性。例如，十项准则中虽然没有"不得利用职责之便谋取私利"的原则性表述，但却有与之相关的具体操作性表述（参见表2专业维度中第11、12、13条内容）。

值得注意的是，1997年师德规范所涉及的专业方面的条目数与1984年、1991年的师德规范相比明显增多，在13条中占8条。至此中国师德规范的专业性意识有所提高。

3. 师德规范在个人品质与国家两个维度上的共识度极高

在教师个人品质维度上，共归纳、总结出9条对教师的伦理要求。占总条目数的16.67%（9/54）。而在这9条中，有8条的重复率在60%以上，占此维度条目数的88.89%（8/9）。其中，有3条伦理要求的重复率在100%。在国家与社会维度上，共归纳出4条要求，其中有3条的重复率在80%以上，占此维度条目数的75%（3/4）。

可以看出，中国不同时期的师德规范在教师个人品质和教师与国家两个维度上的内容基本保持一致，具有极高的共识度。

4. 中国师德规范在同事与家长两个维度上的内容较少且抽象

在教师与同事的关系上，共有3条伦理要求，且重复率都在40%以下。在教师与家长的关系上，共有6条伦理要求，但重复率也在40%及以下。在这两个维度上均没有出现共识度较高的主要伦理义务。

具体来看，在1984年与1991年颁布的师德规范中，完全没有涉及家长、同事这两个维度。在1997年颁布的规范中才增加了这两个维度，且内容相对比较具体。例如，有了"主动与家长联系，认真听取意见和建议，取得支持和配合""不训斥、指责学生家长"等具体的表述。然而，在现行的2008年颁布的师德规范中，虽然保留了同事与家长这两个维度，但是却只有"尊重家长""尊重同事"的抽象性表述，缺少了具体的实践性原则。

总体来讲，中国中小学师德规范中的伦理要求多以原则性、价值性表述为主，具体操作性、规则性的内容较少。不同时期的规范在具体内容上具有一定的延续性。除同事与家长维度外，其他四个维度上规范内容的重复率较高（学生维度占31.5%；专业维度占38.4%；个人品质维度占88.9%；国家与社会维度占75%），具有重叠共识的主要伦理义务较为突显。同时，从规范条目分布的情况来看，学生与专业两个维度是中国构建师德规范的核心，二者在六个维度的伦理条目中占比为58.1%（32/55）。从这一方面来讲，中国中小学师德规范抓住了教师专业伦理构建的核心要素。

表2　　改革开放以来中国师德规范中伦理义务条目分布

维度	内容	1984年要求	1991年规范	1997年规范	2008年规范	2018年准则	出现次数（次）	重复率（%）
1. 学生	（1）关爱、热爱学生	1	1	1	1	1	5	100
	（2）尊重学生（不讽刺、挖苦、刁难、轻视、歧视学生）	0	1	1	1	1	4	80
	（3）公正、平等地对待学生	0	0	1	1	0	2	40
	（4）对学生严慈相济	0	1	1	1	1	4	80
	（5）做学生良师益友（建立民主、平等、亲密的师生关系）	1	0	0	1	1	3	60
	（6）关心学生身心健康	0	1	1	0	1	3	60
	（7）维护学生权益	0	0	1	0	1	2	40
	（8）不体罚或变相体罚学生	0	0	1	1	0	2	40
	（9）培养学生良好品行	0	0	0	0	1	1	20
	（10）激发学生创新精神	0	0	0	1	0	1	20

续表

维度	内容	1984年要求	1991年规范	1997年规范	2008年规范	2018年准则	出现次数（次）	重复率（%）
1. 学生	（11）促进学生多方面的发展	1①	0	1	1	0	3	60
	（12）不以分数作为评价学生的唯一标准	0	0	0	1	0	1	20
	（13）不得利用与学生的专业关系谋取私人利益（不滥用职权）	0	0	0	1	1	2	40
	（14）循循善诱	0	1	1②	0	0	2	40
	（15）因材施教	0	0	0	1	0	1	20
	（16）了解学生	1	1	0	0	0	2	40
	（17）不得与学生发生任何不正当关系，严禁任何形式的猥亵、性骚扰行为	0	0	0	0	1	1	20
	（18）保护学生安全	0	0	0	1	1③	2	40
	（19）不得向学生推销图书报刊、教辅材料、社会保险	0	0	0	0	1	1	20
2. 专业	（1）学习政治理论	1	1	1	0	0	3	60
	（2）学习科学文化知识和教育理论	1	1	1	0	0	3	60
	（3）不违反教学纪律，敷衍教学	0	0	0	1	1	2	40
	（4）尽职尽责，勤恳敬业，对工作高度负责（认真备课上课、批改作业、辅导学生）	0	1	1	1④	1	4	80
	（5）热爱学校，关心集体，团结协作	1	1	1	1	0	4	80
	（6）钻研业务，精益求精，勇于创新，不断提高专业素养和教学水平	1	1	1	1	0	4	80
	（7）不利用职责之便谋取私利	0	0	1	1	0	2	40
	（8）维护学校荣誉，共创文明校风	0	0	1	0	0	1	20

续表

维度	内容	1984年要求	1991年规范	1997年规范	2008年规范	2018年准则	出现次数（次）	重复率（%）
2. 专业	（9）不传播有害学生身心健康的思想	0	0	1	0	0	1	20
	（10）自觉抵制有偿家教	0	0	0	1	1	2	40
	（11）不得擅自从事影响教育教学本职工作的兼职兼薪行为；不得为校外培训机构和他人介绍生源、提供相关信息	0	0	0	0	1	1	20
	（12）不得在招生、考试、推优、保送及绩效考核、岗位聘用、职称评聘、评优评奖等工作中徇私舞弊、弄虚作假	0	0	0	0	1	1	20
	（13）不得通过课堂、论坛、讲座、信息网络及其他渠道发表、转发错误观点，或编造散布虚假信息、不良信息	0	0	0	0	1	1	20
3. 个人品质	（1）坚守高尚情操，具有奉献精神	0	1	1	1	1	4	80
	（2）衣着得体，大方；语言规范	1	1	1	1	1⑤	5	100
	（3）严于律己，以身作则，为人师表	1	1	1	1	1	5	100
	（4）举止文明、端庄	1	1	1	1	1	5	100
	（5）关心集体	1	1	1	1	0	4	80
	（6）谦虚谨慎	1	1	1	0	0	3	60
	（7）作风正派	0	1	1	1	1	4	80
	（8）奉公守法，模范遵守社会公德	1	1	1	1	0	4	80
	（9）光明磊落，为人正直	0	0	0	0	1⑥	1	20
4. 同事	（1）尊重同事	0	0	1	1	0	2	40
	（2）与同事相互学习、相互帮助	0	0	1	0	0	1	20
	（3）维护其他教师在学生中的威信	0	0	1	0	0	1	20

续表

维度	内容	1984年要求	1991年规范	1997年规范	2008年规范	2018年准则	出现次数（次）	重复率（％）
5. 家长	（1）尊重家长	0	0	1	1	0	2	40
	（2）主动与家长联系，认真听取意见和建议，取得支持和配合	0	0	1	0	0	1	20
	（3）积极宣传科学的教育思想和方法	0	0	1	0	0	1	20
	（4）不训斥、指责学生家长	0	0	1	0	0	1	20
	（5）不得索要、收受学生及家长财物或参加由学生及家长付费的宴请、旅游、娱乐休闲等活动	0	0	0	0	1	1	20
	（6）不利用家长资源谋私利	0	0	0	0	1	1	20
6. 国家与社会	（1）热爱祖国、热爱（拥护）中国共产党、热爱（拥护）社会主义；拥护党的基本路线	1	1	1[⑦]	1	1	5	100
	（2）全面贯彻（执行）国家教育方针	1	1	1	1	1	5	100
	（3）在教育教学中同党和国家的方针政策保持一致。不得有违背党和国家方针、政策的言行	0	0	1	1	1	4	80
	（4）传播优秀文化。践行社会主义核心价值观，弘扬真善美，传播正能量	0	0	0	0	1	1	20

54

①《中小学教师职业道德要求》(1984年试行草案) 第二条中有"培养学生德、智、体全面发展"的表述。

②我国《中小学教师职业道德规范（1997年）》第三条中有"耐心教导"的表述。

③《新时代中小学教师职业行为十项准则（2018）》中，将"加强安全防范"单独作为一条来论述。

④《中小学教师职业道德规范（2008年）》在"工作认真负责"等原则性表述之下，又有"认真备课上课、批改作业、辅导学生"操作性较强的规范条目。

⑤2018年十项准则中有"言行雅正"的表述。参见准则第七条。本文将"言行雅正"理解为

言语规范与举止行为文明两个方面。

⑥"光明磊落，为人正直"在十项准则中主要是对教师从事专业活动时的基本要求。但是，本文认为它应归为对个人品质的要求。

⑦在1997年的规范中，虽然没有爱国、爱党的表述，但却有拥护党的基本路线等表述。具体参见《中小学教师职业道德规范（1997年）》第1条。

（二）对《处理办法》与两项禁令的文本研究

从功能指向上看，中国颁布的师德规范（准则）是以正向引导的方式向我们呈现了师德要求；而《中小学教师违反职业道德行为处理办法》《严禁教师违规收受学生及家长礼品礼金等行为的规定》《严禁中小学校和在职中小学校教师有偿补课的规定》（以下依次简称《处理办法》《严禁收礼》《严禁有偿补课》）则以负向禁止及惩戒的方式向我们呈现了师德要求及违反师德要求的处罚办法。

1. 《处理办法》的内容主要指向国家、专业与学生三个维度

《处理办法》第四条明确规定"应予处理的教师违反职业道德行为"共11项（参见表3）。可以看出，《处理办法》对教师失德行为的认定主要集中在党与国家、专业、学生三个维度上，并以违反2018年的《中小学教师职业道德规范》和《新时期中小学教师职业行为十项准则》（特别是以《准则》中）的内容为处罚依据。

表3 《处理办法》规定的应予处理的教师违反职业道德行为的具体内容

维度	应予处理的教师违反职业道德行为
1. 党与国家	（1）在教育教学活动中及其他场合有损害党中央权威、违背党的路线方针政策的言行
	（2）损害国家利益、社会公共利益，或违背社会公序良俗
2. 专业	（3）通过课堂、论坛、讲座、信息网络及其他渠道发表、转发错误观点，或编造散布虚假信息、不良信息
	（4）违反教学纪律，敷衍教学，或擅自从事影响教育教学本职工作的兼职兼薪行为
	（5）在招生、考试、推优、保送及绩效考核、岗位聘用、职称评聘、评优评奖等工作中徇私舞弊、弄虚作假
	（6）索要、收受学生及家长财物或参加由学生及家长付费的宴请、旅游、娱乐休闲等活动，向学生推销图书报刊、教辅材料、社会保险或利用家长资源谋取私利
	（7）组织、参与有偿补课，或为校外培训机构和他人介绍生源、提供相关信息

续表

维度	应予处理的教师违反职业道德行为
3. 学生	（8）歧视、侮辱学生，虐待、伤害学生
	（9）在教育教学活动中遇突发事件、面临危险时，不顾学生安危，擅离职守，自行逃离
	（10）与学生发生不正当关系，有任何形式的猥亵、性骚扰行为
4. 其他	（11）其他违反职业道德的行为

2. 两项禁令主要指向家长和学生两个维度

《严禁收礼》与《严禁有偿补课》主要从家长和学生两个维度出发，具体规定了教师"不能做什么"。

其中，《严禁收礼》中的内容与《新时期中小学教师职业行为十项准则》中的第九条和《处理办法》中的第九条内容基本相似。[①]《严禁有偿补课》中的内容与《新时期中小学教师职业行为十项准则》中的第十条和《处理办法》中的第十条内容基本相似，只是在二者的基础上对具体的违规行为做了更加清楚的表述。[②]

师德规范和准则明确教师"应该做什么"，确定师德行为底线；而《处理办法》《严禁收礼》《严禁有偿补课》明确教师"不可以做什么"，可以有效建立起违规惩处和责任追究机制，从正反两个方向相辅相成共同引领中国中小学教师师德建设。

四 研究反思：如何构建新时代师德规范

（一）搭建专业化的师德规范框架

教师职业道德规范研究是教师伦理研究的核心问题。教师伦理是从教师所存在的问题出发，研究教师角色在教育教学活动中应该遵守的规范、准则。它涉及教师与学生、同事、家长等相关人员交往中应当遵守的道德规范以及相应的权利。然而，从1984年到2018年中国颁布的师德规范文

---

① 参见《新时期中小学教师职业行为十项准则》第九条与《严禁教师违规收受学生及家长礼品礼金等行为的规定》。

② 参见《严禁中小学校和在职中小学校教师有偿补课的规定》与《新时期中小学教师职业行为十项准则》第十条，以及《中小学教师违反职业道德行为处理办法》第十条。

本内容都以"简单条目罗列"的形式呈现,缺少专业伦理框架支撑。这使中国师德规范内容缺乏条理性与逻辑性,在一些重要的伦理维度上缺少实际内容(如在家长与同事维度上规范内容匮乏)。而从国内外教师专业伦理规范内容的组织形式来看,"以利益相关者为基本维度来制定师德规范,能够更加全面、系统、清晰地体现教师工作的专业性,也能够更好地帮助教师有效地处理各种伦理关系"①。所以,新时代师德规范的内容可以按照与教师专业伦理活动息息相关的六个维度(学生、专业、个人品质、同事、家长、国家与社会)为基本框架组织。

以专业化视角出发构建师德规范内容,能够体现规范内容的条理性和逻辑性,加强师德规范内容的完整性,同时也是中国师德建设专业化的重要体现。

(二)重塑"价值"与"规范"兼备的规范内容

在中国传统社会里,伦理学的重心在于"成为什么样的人",追求的是完美的人格理想和君子德性。所以在中国历年来的师德规范中,都以高蹈道德为原则,以价值性的要求组织规范内容。这一点尤其体现在对教师个体道德品质的要求上,例如,要求教师坚守高尚情操,光明磊落,知荣明耻等。然而,现代社会的伦理道德观念发生了变化。伦理学的重心从传统德性论转向了义务论。"伦理学在现代有了一个极大的转折,不再以人为中心,而是以行为为中心,不再是以价值、信仰为中心,而是以规范、义务为中心。"② 教师伦理研究必定会受到特定时代伦理思想的影响。当前,对教师伦理学的建构影响较大的则是知识论指向下的规范伦理学。规范伦理学以康德的义务论为典型。义务论强调人们对规范系统的重视。在实践活动中,强调个体对责任的履行和对规范的绝对遵从。所以在规范伦理学的指向下,教师职业道德规范就不能只是以高蹈道德为原则对教师提出空乏而缺乏实践指导的价值性要求,而要在此基础上,以规范的形式要求教师"应当做什么""不应当做什么"。它强调道德规范的客观性和普遍性,并以普遍性规范的形式规约教师的行为,并以此来建立教师专业的规

---

① 陈黎明:《如何完善我国教师职业道德规范?——基于对五个国家教师职业道德规范的质性内容分析》,《教育科学研究》2019年第2期。
② 何怀宏:《温和的义务论是普遍的道德底线》,《北京日报》2016年8月22日第14版。

范伦理。

但需要注意的是，人类总是从传统走向现实存在的，必然不能完全脱离传统并对传统的观念有所继承。我们试图通过规范引领教师行为，并不意味着放弃了对教师道德的价值期待，而是要寻找一条持久的、可接受的道德路径，进而循序渐进地达到理想的价值诉求。所以新时代规范内容既要体现高蹈道德指向下"四有好老师"的价值追求，又要有底线伦理指向下操作性强的规范指引。例如，在尊重学生的价值性要求下，要有"保护学生隐私""记住学生的名字""倾听学生的需求"等操作性强的规范。总的来说，遵守规范是手段，价值追求是目的。但是反过来讲，遵守规范本身就具有道德意义，虽然遵守规范也许来自于"盲目的行善压力"，是一种"不完满的道德行为，但它也可以产生善的行为。（教师能够爱所有的学生吗？理论与实践证明其答案是否定的。但是教师可以通过遵守规范，不表现出对任何学生的歧视和"不爱"，平等对待所有学生，难道不可以说这也是一种道德行为吗？）遵守规范，能够调整教师行为，而道德行为最终也会形成道德意识。

（三）统整政策文本，完善师德规范

通过上文分析可知，《严禁收礼》《严禁有偿补课》中的内容与《新时期中小学教师职业行为十项准则》和《处理办法》中的部分内容基本一致。而两项禁令中的内容主要指向学生和家长两个维度。从具体内容来看，禁令中的内容都具有极强的可操作性。例如，《严禁收礼》明确指出"严禁参加由学生及家长安排支付费用的旅游、健身休闲等娱乐活动"等。所以，我们可以把《严禁收礼》《严禁有偿补课》中的内容统整到师德规范的家长与学生的维度上，这不仅可以丰富师德规范的内容，而且增强了规范的功能，能够更好地指引教师处理好其与学生和家长的伦理关系。

另外，我们应进一步完善《处理办法》，明确惩处依据和具体的惩处条目。《处理办法》中的内容应该让教师清楚地认识到在教育情景中应该遵守相应的师德规范，如果教师违反规范，则应受到相应的惩处，如违反哪些规范后会受到何种程度的处罚（记过、警告、批评、撤销教师资格等）。"只有在处理办法中明确惩处条目，才能够对违反专业伦理的教师进行合理合法的惩处，而不能肆意、随意的处罚。专业的教师伦理规范明确惩处依据，不仅能够有效约束教师行为，更是保护教师免于受到不合理惩

处的有效依据。"①

参考文献

陈黎明：《如何完善中国教师职业道德规范？——基于对五个国家教师职业道德规范的质性内容分析》，《教育科学研究》2019年第2期。

陈黎明：《中小学专业伦理规范建设的思考》，《中国教师》2018年第10期。

何怀宏：《温和的义务论是普遍的道德底线》，《北京日报》2016年8月22日第14版。

Bruce Maxwell and Marina Schwimmer, "Seeking the Elusive Ethical Base of Teacher Professionalism in Canadian Codes of Ethics," *Teaching and Teacher Education*, Vol. 59, July 2016.

---

① 陈黎明：《中小学专业伦理规范建设的思考》，《中国教师》2018年第10期。

北京市优秀班主任培养体系建设
——以北京市中小学"紫禁杯"优秀班主任为例

刘京翠 赵福江[*]

班主任是教师队伍的排头兵,是班级工作的组织者、领导者,是学生成长的精神关怀者,而优秀班主任又是班主任群体中的佼佼者,他们对于未来教育改革成功、落实立德树人、提高教育质量具有至关重要的作用。因此,优秀班主任的研究与培养就成为学校教师队伍建设、班主任队伍建设工作的重要内容。优秀班主任的专业成长要经历哪几个阶段?优秀班主任应具备哪些关键素养?还有待提升的关键素养有哪些?优秀班主任可持续发展的培养路径是什么?明晰这些问题,不仅能为优秀班主任培养和可持续的专业成长提供方向,而且能为处于不同发展阶段的班主任提供积极的指导和借鉴作用。

一 优秀班主任成长阶段考察

班主任的专业成长阶段就是班主任在专业成长历程中所经历的发展阶段和趋势。研究优秀班主任的成长阶段可以借鉴优秀教师成长阶段的研究。美国学者伯登等人的研究将教师成长分为生存阶段、调整阶段和成熟阶段。美国亚利桑那州立大学的伯利纳提出了教师发展的五阶段理论,即新手阶段、熟练新手阶段、胜任阶段、业务精干阶段和专家阶段。国内学者也以分阶段方式对教师的成长问题做过研究。分析这些研究成果我们会发现,大部分学者将优秀教师或优秀班主任的"成熟""优秀"等作为他们专业成长的最终阶段。结合理论研究、北京市"紫禁杯"优秀班主任访

---

[*] 刘京翠 赵福江 北京教育科学研究院班主任研究中心研究人员。

谈及其成长叙事文本资料,我们发现,事实并非如此,"优秀""成熟""荣誉"并非他们专业成长的终点,优秀班主任的成长阶段分为适应期、探索成长期、成熟期、持续发展期。

(一) 入职适应期

班主任在职业生涯中,首先进入的是适应期,适应期一般要经过1—3年的时间。在这一阶段中,班主任对自己的职业生涯充满着憧憬和期待,对自己的期望值较高,渴望在工作中崭露头角,但因为缺乏工作经验,他们在工作中会遭遇各种困惑和问题因而会感到不知所措。比如,家长和学生因为其"太年轻""没经验"而不信任他们;对淘气顽皮的学生大动肝火,没有耐心,"自尊无时无刻不受到挑战"等;对各项工作"亲力亲为""疲惫不堪"。因此,这一阶段的班主任更加关注的是自身的生存状态以及如何能更快、更好地适应班主任工作。

处于这一阶段的班主任正在初步熟悉自己的工作环境和工作内容,因此,他们主要靠学校既有制度以及模仿和借鉴有经验的班主任的班级管理方式开展工作,积累自己的工作经验。

(二) 探索成长期

经过上一阶段的经验积累之后,他们的专业能力和主观认知等渐趋成熟,自主性也不断增强。这一时期班主任的班级管理能力大大提升,不像一开始那样经常会对管理工作感到不知所措。

在度过适应期后,班主任开始了个性化特征比较明显的探索成长期,这一阶段一般要经历3—6年时间。随着实践知识和教育智慧的逐渐丰富,这一阶段班主任不再盲目地模仿他人的做法,他们在工作中有意识地积累和总结教育经验,逐渐形成了自己的带班特色,能够逐步按照个人理念比较独立地处理事情,依据自己的判断对信息作出反应,并且开始在各项活动中崭露头角。

他们在班级建设、育人工作的探索中,依然会遇到各种教育难题,如教育理论知识进入高原期、专业角色模糊、专业成长受限等。如果不坚持进步、积极探索,就容易停留在班主任专业发展的高原期难以前进,或者陷入职业倦怠的困境难以迈向新的高度。

（三）成熟创造期

成熟创造期是班主任工作由相对固定化、模式化和常规化走向特色化、创造化的新阶段。处于成熟创造期的班主任具备较强的创造精神以及创造能力，能够在日常的教育教学实践中主动发现问题，并依据自己的经验进行批判性思考，从而探索出解决问题的新思路和新方法；他们对教育与管理有着自己独到的见解，能够出色地自我解决班主任工作中的困惑与难题，他们用自己的实际工作能力赢得了学生的信任、家长的欢迎、同事的尊重以及领导的器重；他们更多地关注学生的长远发展和多种能力的培养；他们具有一定的辐射影响力，能带动更多班主任的专业成长。

（四）持续发展期

持续发展期是班主任得到大家广泛认可并获得"优秀班主任"荣誉称号后的学习成长阶段。"优秀班主任"荣誉称号是学校、社会对班主任工作的承认和赞誉，但这仅仅是班主任成长过程中的一个状态，而不是最终状态。真正优秀的班主任会将教育事业当作人生志业，将班主任工作视为实现人生价值的重要途径。

班华曾说，育人、育德是精神劳动，是最具复杂性的专业劳动。正是教育所具有的复杂性特点，才需要优秀班主任不能满足于暂时的个人荣誉，而是要将继续提升自我、完善自我、示范引领作为这一阶段的目标与方向。

二 优秀班主任的关键素养

获得荣誉称号进入持续发展期的优秀班主任身上必定具有一些共同特质，这是助力其成长为优秀班主任的关键素养，但这并不代表优秀班主任的关键素养是完备的，他们在持续发展期也需要继续提升自我，发展、充实自己的关键素养，这也为优秀班主任培养奠定了内容基础。

（一）已具备的关键素养

1. 仁爱情怀

在优秀班主任内心深处，他们深信每一个学生都是一个个性鲜明、潜力无限的"小宇宙",他们尊重、关爱每一个学生,设身处地为学生着想,能够用自己的实际行动来感化、激励、教育学生。正是通过与学生真心实意的情感交流,他们才获得了学生的信任与支持。

在学校教育当中,有一些特殊学生群体,如单亲学生、留守学生、特困学生、残疾学生等,他们比一般学生更需要教师的尊重和关心。在"紫禁杯"优秀班主任群体中,有一些班主任是来自打工子弟学校和特殊教育学校,从他们身上我们更能体会到班主任工作的重要性和艰巨性。优秀班主任往往能通过生活上无微不至的关怀、和谐班集体建设、一如既往的坚持走进特殊学生群体的内心世界,帮助他们克服自卑、孤僻的心理,使他们更好地融入班集体。

2. 智慧育人

由于遗传素质、后天环境以及个人主观努力程度的不同,个体与个体间的差异是客观存在的。优秀班主任往往都会在承认、尊重学生个体差异的基础上,及时、全面、公正地分析学生个体差异,在发现学生不足的同时更注意开发学生的潜能,并为他们设定不同的教育教学目标、内容、方法和评价方式。

对于那些在思想行为、学业成绩、情感意志等方面低于合格水平,存在各种障碍和问题的学生,优秀班主任不会轻易给这一群体下定论,因为他们坚信每一个学生都是能够教育好的。他们不是整日里抱怨学生存在的问题,而是根据问题学生的心理特征去追寻造成问题的成因,并借助家长、社会的力量有效转化问题学生,使他们最终步入正常的发展轨道。

优秀班主任在脚踏实地完成教育教学目标,处理好日常班级管理事务的同时,也注重培养学生的个性品质,引导他们树立远大的理想,为未来做准备。他们始终以乐观、积极向上的人生态度感染每一个学生,注重培养学生自信心和意志品质,让学生为未来的成功打下坚实的基础。

传统的学生评价方式过分强调甄别与选拔功能,难以发挥评价机制的导向和激励功能,更难以照顾到学生的个体差异和各项素质的全面发展。优秀班主任往往能够以发展性评价理念为中心建立新型班级评价机制,在班级考核评价中不仅仅关注学习成绩,更重视对学生身体素质、心理素质、科学文化素质以及思想道德素质的发展状况进行科学的评定,帮助每个学生认清自己的长处和不足,激发全班学生发展的内在潜能。

3. 特色班级建设

班级文化作为一种特有的教育力量，渗透于一切活动之中，它对学生素质的发展具有引导、平衡、充实和提高的作用。每个班的班情和学情都有个体差异性，优秀班主任一般比较重视形成适合班情、特色鲜明、形式多样、深受学生喜爱的班级文化。具有个性化特点的、健康向上的班级文化氛围能够发挥潜移默化的作用，使班集体更加团结、更富活力，使每一个集体成员树立正确的世界观、人生观、价值观，并获得健康成长与全面发展。

随着时代的进步，一方面，青少年学生的独立性和自主性得到明显发展，他们强烈希望能够以主体地位参与班级事务管理。另一方面，班主任也明显感到工作压力大、任务重、琐事多，难以面面俱到地应对。优秀班主任能够在民主平等原则的指导下，尊重、激励学生的主体性，发掘学生管理班级事务的创造力，尝试让学生自主管理班级。

优秀班主任相信活动的育人价值，相信学生在丰富多彩的班级活动中能够提高个人的思想道德素质，显现个人专长，开阔个人视野，增强实践能力，增进班级凝聚力。优秀班主任正是在班级管理中充分利用这种通过学生集体来教育和影响学生个体的教育形式，寓教育于互动，增进班级的凝聚力和向心力，使学生潜能得以开发，这对学生成长来说是极其可贵的隐性课程。

4. 有效整合育人力量

相较于学科教师相对固定、区隔的工作时、空间，班主任工作的时、空间则具有更大的延展性，既不局限于某个时段，也不会囿于某个地方。因此，班主任需要协同同事、家长、社区人士与相关机构工作人员甚至学生来建构教育共同体，一起做好工作。尤其是在涉及德育、心理健康教育等复杂工作时，则更需要如此。

通过分析北京市"紫禁杯"优秀班主任案例材料以及访谈"紫禁杯"优秀班主任代表，我们发现，这些班主任一方面特别重视庞大的家长资源和社会资源，而且能有效利用，他们会通过家访、家长会、家长委员会以及书信等各种方式与家长进行沟通交流，让家长了解自己孩子在校的表现、学校的教育理念、教师的工作细节，并听取家长对教育教学工作的意见，以此争取家长的合作并调动家长参与学生教育的积极性；他们还善于敏锐地把握社会动态，挖掘利用健康向上的社会因素对学生教育的影响，建立学校与校外社会组织的联系。另一方面，他们善于以"和"凝人，他们在与家长、同事等主体沟通时不是怀疑、责备，而是以肯定、理解，通过审视和寻求每个主体积极、美好的一面，来协同工作伙伴一起成长，共同促进班级学生的发展与进步。

（二）还需进一步提升的关键素养

1. 理性反思能力

班主任的理性反思能力是班主任对自己的工作实践进行理性思考的能力，这一能力会引导班主任不断往思想深处走，去追问本原：为何如此？为何需要？为何这样做……理性反思能力是班主任专业发展和自我成长的核心因素，其理性反思能力一旦形成，这一能力会不断内化到其深层心理意识之中，助推班主任进一步专业成长，让班主任工作更具探究性，让育人工作更具教育性。

在对"紫禁杯"优秀班主任的座谈和案例分析中，我们发现，他们的班级建设经验、育人经验极具典型性和借鉴性，但他们在作业和案例中所呈现的经验比较狭隘、零散，系统性不强、理解得不深透，其背后反映的是班主任对其工作实践缺乏理性反思，其原始经验没有经过反思、审视等思维加工过程，因此其经验没有得到升华，没有成为一种开放性的系统和理性的力量。

2. 整体规划能力

班主任处于整个教育领域的最基层，这决定了接受、执行和操作是其不可避免的工作状态，繁杂、琐碎、不确定性也就成为其工作的常态。如果长期处于这种工作状态，必定会出现视野遮蔽、总结零散、职业倦怠等问题。从这一角度来讲，班主任更需要从琐碎的工作中跳脱出来，从长远、根本上思考班级建设问题、育人问题，探寻带班育人目标以及达成目标的系统性策略，建立诸多现象、事务、行为、问题之间的内在联系，不断提升自己在带班育人方面的整体规划能力。

在大量的座谈和案例材料中，我们发现，虽然这些"紫禁杯"优秀班主任群体拥有了大量实际的岗位经验，每一天、每一周、每一学期、每一学年要忙哪些事都能一一细数出来，但当总结、提炼自己的带班育人方略时，他们很难概括出自己的班级建设目标或育人目标，很难依据目标去梳理自己的班级建设策略或育人策略，其经验总结总是比较零散、浮于表面，深入不到更本质的教育规律上去。其实，这一问题背后映射的是班主任对其工作的整体认识和顶层规划能力的欠缺，缺乏工作的结构感。他们在接班前缺乏对班级建设或育人的整体规划与思考，以致处于日复一日、就事忙事的琐碎状态中，淡漠了事情的价值归属。

3. 研究学习能力

教育工作是一项极其复杂、专业性很强且需要创造性参与的工作，每个学生都是不一样的，他们有着不同的生活经历和教育影响，性格特点各异，且时代的发展给班主任带来了新的问题和挑战，在这种形势下，班主任仅凭经验和感觉是远远不能胜任其工作的。新时代的班主任要想获得持续性的专业成长必定需要较强的研究学习能力。

在整理案例材料以及带着"紫禁杯"优秀班主任开展小课题研究过程中，我们发现，研究学习能力对于优秀班主任来说是相对薄弱的一个方面。部分班主任感觉"没有时间""研究太难""工作繁忙"，这背后反映的是班主任的研究学习意识不足；很多班主任在选题、文献梳理、开展课题研究过程中也存在这样或那样的问题，这反映出班主任研究学习能力不足的问题。

三 优秀班主任的培养体系探索

班主任获得"优秀班主任"称号，这不仅仅是一种荣誉，其背后更多的是一种责任：我如何进一步提升自己，改进专业实践，促进专业成长？我如何带动更多的普通班主任获得专业成长？基于此，优秀班主任的培养需要着眼于两个定位：一是提升者，进一步提升个人素养；二是引领者，辐射引领更多的班主任，释放资源效应。其中，前者是后者的基础。基于北京市"紫禁杯"优秀班主任工作室、学校工作坊的探索，归纳、提炼出如下优秀班主任培养体系。

聚焦真实问题，找到"最近发展区"。研修内容关涉需要优秀班主任提升什么、改变什么，开发针对学员专业发展需求的培训课程体系是达成目标的关键。我们将"紫禁杯"优秀班主任困惑和需求作为培训内容设计的逻辑出发点，找到他们专业发展的现有水平和应对带班育人的需求水平之间的距离，以此来确定我们的研修课程。比如，北京市"紫禁杯"优秀班主任工作室主题研修就是基于优秀班主任发展期的问题，即理性反思能力、整体规划能力、研究学习能力不足，找到他们的"最近发展区"，设计规划了三大方面的主题：班集体建设的整体规划与实践、微课题研究、写作与反思。

理论与实践结合，构建一体化师资团队。师资队伍的建构是影响研修质量的关键。教师培训者是真正意义上教师的教师，其不仅要对基础教育实践有比较深入的了解和研究，而且要有较高的理论水平和对实践背后因素的透彻理解。基于此，我们所构建的师资团队既有关注班主任实践、能够俯下身来解决其实践问题的德育领域的研究人员，也有专注于实践且超越实践的一线优秀班主任人员，还有搭建理论与实践交流平台的研修导师。研修导师一方面为理论研究人员提供实践案例，促使其理论与实践结合；另一方面旨在带着优秀班主任不断超越带有情景性、个人性的实践事例，提升其从理论上说明个人实践原理的能力。这种一体化的师资团队将分属于理论和实践两个系统的人员整合为一个培训团队，不仅很好地解决了师资队伍知识结构单一的问题，而且能够有效提升优秀班主任带班育人的深度和高度。

学、思、行结合，拓宽研修途径。研修内容不仅要满足优秀班主任学员的成长需求，而且需要体系化地向前推进，而"学+思+行"是促进优秀班主任专业成长的非常重要的路径，可以促使优秀班主任的专业素养在相辅相成的学习、反思及实践之间循序渐进地得到提升。

"学"主要指向学员的"自主学习"和"集中研修"。作为成年人，优秀班主任有自主学习的基础，自主学习主要引导学员基于研修主题自主学习主题资料，自主总结个人实践，这种总结不仅能够增强学员学习的主动性，而且可以把学员的总结、案例、故事变成课程资源，增强课程活力；集中研修则是学员带着前期的学习和思考跟着专家集中学习的过程。"学"为优秀班主任进一步反思与实践提供了坚实的基础。

"思"主要指向优秀班主任的"思维碰撞"和"复盘反思"。如果说"学"是输入的过程，那么"思"就是输出的过程，很好地弥合了从"学"到"行"的鸿沟。"思维碰撞"紧随专家讲解之后，引导学员围绕问题、主题或话题开展研讨与分享，形成小组共同的行动思路，以求做到对研修主题的不断拓展、持续深入。一方面，"思维碰撞"属于相关教育理论在类似问题情景中的简单运用，可以检验学员对主题是否已经理解；另一方面，"思维碰撞"不是对某个概念的理解，而是将理论转化为操作步骤的过程，以此激发学员智慧，检验学员能否灵活运用。"复盘反思"主要引导学员基于研修主题对个体的实践经验进行总结、归纳、反思，不仅要总结提炼实践经验，而且更重要的是超越经验，透过现象看本质，提炼做法背后的理念。同时，导师也会基于学员的复盘反思材料提供"浇根式"指导，帮助学员自我发现、自我改善，指导学员不断结构化、体系化自己的教育思想、教育理念和教育行为。

"行"主要指向优秀班主任的"行动研究"和"实践改进"。优秀班主任培养体系的建构不在于学员学到了多少内容，而是关注学员能否将所学内容转化为行动力，关注学员在带班育人实践中的"行为改进"。"行动研究"主要是学员在导师引导下基于实践困惑进行选题、设计、研究的过程，让学员在学校这一层面有学习、研究共同体共同推进探寻解决问题的策略与方法。"实践改进"主要是学员将所学、所思、所研应用于实践，在实践中进一步检验，并根据实践反馈进一步反思、总结、提升，从而不断提升自身素养和能力。

搭建平台，实现立体化辐射引领。培训不是"到此一游"。优秀班主任一定是本地教育非常重要的资源，这一定位可以改变过于依赖"外部输血"式培训资源的问题。因此，如何发挥优秀班主任在本地的辐射引领带动作用，让他们成为本地可靠的培训力量增强"造血强体"功能，就成为后期要探索的问题。基于此，导师团跟踪指导，不断提高其推广价值。同时，构建了市、区、校三级联动机制，市级层面开展"紫禁杯"优秀班主任大讲堂，并推动学员跨区、跨校交流经验；区级层面组建"紫禁杯"优秀班主任宣讲团，开展"紫禁杯"优秀班主任思想研讨会和经验交流会；校级层面通过校级工作坊开展经验介绍、专题指导、以老带新、沙龙研讨、微论坛等形式。通过市—区—校三级联动立体化地推广优秀班主任的成长经验，在更大程度上带动班主任的专业成长。

整体提升中小学班主任专业素养的实践探索
——2021 年全国中小学班主任基本功展示交流活动情况报告

龚杰克　赵福江[*]

立德树人，德育为先。为深入学习贯彻习近平总书记关于教育的重要论述，落实立德树人根本任务，不断推动中小学班主任队伍专业化建设，提升中小学德育工作针对性和实效性，2021 年，受教育部基础教育司委托，北京教育科学研究院组织开展全国中小学班主任基本功展示交流活动。

一　既有研究和实践基础

中小学班主任是学校落实立德树人根本任务、细化德育工作的骨干力量，是学生成长的引路人，是学生思想和价值引领的推动者，在学生成长成才中担当着重要角色。班主任工作是学校教育中极其重要的育人工作，是抓好中小学德育工作的重要载体，既是一门科学，也是一门艺术。加强中小学班主任工作，夯实中小学班主任基本功，对于全面贯彻党的教育方针，推进素质教育，加强和改进未成年人思想道德建设，具有重要意义。

（一）开展前期研究，奠定活动基础

教师作为实施课堂教学的关键角色，其教育理念、教学能力、专业素养等直接影响着课堂教学质量。教师基本功是教师在从事教育教学工作中必须掌握的基本知识和技能，是开展教育教学工作的基础，也是提高教师

---

[*] 龚杰克　赵福江　北京教育科学研究院班主任研究中心研究人员。

教育教学能力、素养、水平的关键。如何夯实并提升教师基本功，研究并明确新时代教师专业素养尤其是班主任专业素养是前提。

1. 班主任是落实立德树人根本任务的关键岗位

党的十八大以来，以习近平同志为核心的党中央高度重视教师队伍建设和中小学德育工作，作出了一系列重大部署。2018年9月，习近平总书记出席全国教育大会并发表重要讲话，指出"教师是人类灵魂的工程师，是人类文明的传承者，承载着传播知识、传播思想、传播真理，塑造灵魂、塑造生命、塑造新人的时代重任""要坚持把教师队伍建设作为基础工作""要努力构建德智体美劳全面培养的教育体系，形成更高水平的人才培养体系。要把立德树人融入思想道德教育、文化知识教育、社会实践教育各环节，贯穿基础教育、职业教育、高等教育各领域，学科体系、教学体系、教材体系、管理体系要围绕这个目标来设计，教师要围绕这个目标来教"。2019年6月，中共中央、国务院印发《关于深化教育教学改革全面提高义务教育质量的意见》，专门强调要按照"四有好老师"标准，建设高素质专业化教师队伍，强化教师队伍基础作用，提出"要强化师德教育和教学基本功训练，不断提高教师育德、课堂教学、作业与考试命题设计、实验操作和家庭教育指导等能力"。

《中小学班主任工作规定》也指出，班主任是中小学日常思想道德教育和学生管理工作的主要实施者，是中小学生健康成长的引领者，班主任要努力成为中小学生的人生导师。加强班主任队伍建设是坚持育人为本、德育为先的重要体现。

2. 新时代对教师队伍提出了更高要求

在当前时代背景下，培养社会主义建设者和接班人是中国教育的根本目标。学生集体是落实立德树人根本任务，是开展爱国主义、集体主义和社会主义教育的重要途径。党的十八大以来，国家对于教师队伍提出了很多新要求。2014年，习近平总书记在北京师范大学与教师座谈中提出希望广大教师争做"有理想信念、有道德情操、有扎实学识、有仁爱之心"的"四有"好老师，对新时代教师师德提出了更高要求与标准。2016年，习近平总书记在北京市八一学校考察并发表重要讲话，强调广大教师要做学生锤炼品格的引路人，做学生学习知识的引路人，做学生创新思维的引路人，做学生奉献祖国的引路人。2018年，中共中央、国务院印发《关于全面深化新时代教师队伍建设改革的意见》，指出要深入学习领会习近平新时代中国特色社会主义

· 359 ·

思想，引导教师树立正确的历史观、民族观、国家观、文化观，坚定中国特色社会主义道路自信、理论自信、制度自信、文化自信。针对中小学教师还提出了更高要求，即要切实履行作为国家公职人员的义务，强化国家责任、政治责任、社会责任和教育责任。由于教师职业的文化特性，教师需要有规范其职业文化的行为准则。同年，教育部发布《新时代中小学教师职业行为十项准则》，从坚定政治方向、自觉爱国守法、传播优秀文化、潜心教书育人、关心爱护学生、加强安全防范、坚持言行雅正、秉持公平诚信、坚守廉洁自律、规范从教行为十个方面提出了新时代中小学教师的职业行为准则，其核心就是教师的价值观和职责规范。

3. 研究提出了新时代中小学班主任专业素养

班主任是对学生开展理想信念教育、社会主义核心价值观、集体教育等最为重要的教师角色，其中价值观教育和集体建设是班主任的核心任务。由于班主任角色的特殊性和职责的重要性，作为落实立德树人根本任务的关键岗位，教育工作本身对班主任工作有着特殊要求，因此班主任除了需要具备作为一名普通教师应该具备的基础素养外，还必须具备成为一名班主任的不同于普通教师的特殊性要求。北京教育科学研究院班主任研究中心于2017—2019年对"新时代中小学班主任专业素养"进行了深入研究，通过文献分析、政策文本分析、德尔菲专家调查等方式，探究了班主任专业素养指标，建构了班主任专业素养框架体系。

（1）基本构成

班主任专业素养由"基础素养"和"核心素养"构成。班主任的基本角色是教师，针对教师所提出的素养要求都是班主任必须具备的。因此，研究把作为教师所应具备的一般素养称为班主任"基础素养"，把班主任应具备的超出普通教师的专业素养称为班主任"核心素养"。其中，"基础素养"是班主任作为一般教师需要具备的基本素养，包括5项：为人师表、教育责任感、关爱学生的能力、教育教学能力、专业发展；"核心素养"是班主任作为教师中的特殊岗位需要具备的重点素养，包括3项：班集体建设能力、学生发展指导能力、教育沟通协调能力。

（2）核心素养

班主任作为中小学教师中的重要岗位，其核心素养包括班集体建设能力、学生发展指导能力、教育沟通协调能力三方面。这三项素养是班主任专业素养中的核心，既是对班主任这一重要岗位的根本要求，也是优秀班主任理想发展的基本框架。

班集体建设能力，是班主任这一特殊岗位的基本要求和重要基础，其内涵是集体建设，包括班级管理能力、集体建设能力等关键点。通常所说的班级管理、班级教育，都属于集体建设的下位概念。集体建设一般包含三个要素：一是有团队愿景，即有目的、有规划、有计划、有组织；二是有团队领导，即须选班委、建领导团队；三有交往规范，即须建制度、立班规、开班会、行民主。班主任要善于通过精细化、人性化、民主化的班级管理和班级教育，维护班级秩序，建立起学生的集体意识、规则意识和责任意识，形成友善、和谐的班级文化氛围。学生发展指导能力，是班主任核心素养的重要部分，具体包括价值观教育能力、个性化指导能力、身心健康指导能力、评价能力几个关键点，要求班主任引导学生建立正确的价值观，了解、理解、掌握、尊重每个学生的个性和特长，对学生开展个性化指导，善于疏导学生情绪、引导学生行为，能够恰当评价激励学生。教育沟通协调能力，是班主任核心素养的重要组成部分，具体包括沟通教育信息、协调教育关系、调动教育资源几个关键点。班级管理和教育的本质是协调——为达成一个共同的育人目标，调动相关人员，开展相互配合的教育工作。班主任的教育沟通协调能力，既包括校内同事之间的沟通协调，也包括校外与家长和社区的沟通协调。沟通达成共识，使教育理念趋于一致；协调形成合力，使教育力量实现协同，共同完成立德树人的根本任务，实现育人目标。

（二）吸纳各地经验，充实活动内容

近年来，全国一些地区通过班主任技能大赛、班主任基本功培训展示、班主任风采展示等方式加强班主任专业素养，取得了积极成效，也为全国班主任基本功展示交流活动提供了许多有益借鉴（具体见表1）。

表1　　　　　　　　各地开展展示班主任基本功活动情况

序号	地区	名称	起始年/频次	参与对象	板块设置
1	广东省	广东省中小学班主任专业能力大赛	2007年/每2年一届	主要面向小学、初中、普通高中、中职学校在岗班主任，要求担任班主任工作3年以上	成长故事叙述、主题班会（班集体活动）设计、情景答辩、书面测试

续表

序号	地区	名称	起始年/频次	参与对象	板块设置
2	长三角地区（上海、江苏、浙江、安徽）	长三角地区中小学班主任基本功大赛	2012年/每年一届	主要面向45岁以下、从事班主任工作5年以上、在编在岗的中青年班主任	论文评选、主题班会、面试（教育情景模拟）
3	北京市	北京市中小学班主任基本功培训与展示活动	2008年/每2年一届	主要面向年龄在40周岁（含）以下，担任班主任3年（含）以上的中小学（不含职业高中）现岗班主任	主题班会、带班育人方略、情景问答、魅力展示
4	河南省	河南省中小学班主任基本功展示活动	2018年/每年一届	主要面向45周岁（含）以下，担任班主任5年（含）以上的中小学（不含职业高中）在岗班主任	班主任专业发展自传、主题班会设计、班级管理案例答辩、班级管理故事演讲和班主任才艺展示
5	天津市	天津市中小学班主任技能大赛	2014年/每2年一届	主要面向有3年以上班主任工作经历、年龄在40岁以下的现岗班主任	主题班会方案设计、带班育人方略宣讲、即时情景题答辩
6	四川省成都市	成都市中小学班主任技能大赛	2015年/每年一届	主要面向年龄45岁以下，担任三年以上班主任工作的在岗班主任	主题班会课展示、治班策略展示、教育案例撰写、家长会方案撰写、班级突发事件处理分析

可以看出，各地开展的班主任基本功活动，在参与主体上主要面向的是具有3年以上班主任工作经历，年龄在45岁以下的中青年班主任，这说明班主任基本功活动的主要目的是采用"赛训一体、以赛促建"的形式，锤炼骨干、打造优秀，提升中青年班主任科研能力，壮大优秀班主任核心团队，推动班主任专业化发展进程；在板块设置上，主要针对主题班会、教育情景模拟、带班育人展示等班主任的核心工作和内容，同时兼顾政策

知识、家校沟通、论文撰写等。

（三）深入研讨交流，完善活动方案

中小学班主任是具有中国特色的教师群体，成为新时代担当立德树人教育使命的重要主体，培根铸魂、启智润心的重要力量。基于既有理论研究和各地实践经验，北京教育科学研究院与教育部基础教育司、上海市教育委员会共同在上海组织开展了全国范围的中小学班主任和思政课教师教学研讨交流活动，邀请各地教育行政部门负责德育工作人员和中小学德育教师、班主任、思政课教研员参与，共同研究讨论全国中小学班主任基本功方案。

各地对基本功方案予以肯定，认为开展全国中小学班主任基本功展示交流活动很有必要，能有力推动队伍建设，活动设计有基础经验借鉴、有基础理论支撑、有核心项目设计、有核心专业指向，充分体现了在为党育人、为国育才的时代要求下对关键课程、关键岗位的关键育人作用的重视。同时也针对活动板块、组织形式等提出了意见建议。

一是对板块设计的意见。建议将"师德故事"环节修改为"德育故事"或"育人故事"，以此客观地体现班主任工作，增强参展教师的可操作性。建议将以演讲形式呈现的"师德故事"视频，改成以讲故事的形式呈现。

二是工作建议。建议进一步健全完善活动评比标准或细则，进一步明确核心专业指标、展示考察的关键维度，推动展示活动的常态化、专业化、科学化发展。

针对各地提出的意见建议，北京教育科学研究院进行了认真研究，并多次与教育部基础教育司沟通研讨，最终确定了《2021年全国中小学班主任基本功展示交流活动方案》。

二 班主任基本功活动设计

开展班主任基本功展示交流活动，其目的是以展示夯实基础、促进提升，推动中小学班主任队伍专业化建设，提升中小学班主任的专业知识、育人能力和带班水平；同时，为优秀班主任搭建成长平台，发挥优秀班主任的榜样示范作用，引导广大班主任争做"四有"好老师和"四个引路

人"，提高中小学班主任思想政治素质、师德修养、理论功底和专业素养。因此，对于活动的流程、板块和评审设计需要结合班主任工作内容、班主任专业化特点和基本功展示交流的实际。

（一）板块设计

班主任是中小学日常思想道德教育和学生管理工作的主要实施者，是中小学生健康成长的引领者，班主任要努力成为中小学生的人生导师。结合《中小学班主任工作规定》《中小学教师培训课程指导标准（班级管理）》，以及京津冀、长三角、广东、河南等地已举办班主任基本功展示活动的实践经验，全国中小学班主任基本功展示设置育人故事、带班育人方略和主题班会三个环节。其中，育人故事体现对学生个体的教育，带班育人方略体现班集体教育的思考，主题班会体现班主任的综合素质。

根据已开展的基本功展示交流活动（或大赛）经验，在板块设计上，各地均用文本、音视频、现场答辩、现场笔试、现场面试等方式来展示教师基本功，便于专家评审。考虑到2021年全国班主任基本功展示活动是以省级教育部门遴选推荐为主，经网络平台提交材料，专家线上评审，在设置各板块提交材料上有了相应的调整和考虑，主要是通过文本、视频等多种方式考查教师的基本功，为专家评审提供多角度、文本视频结合的基本素材。为了保证展示交流活动能留下较为完整的文字、视频材料便于今后宣传推广、发挥典型示范作用，活动方案对各板块需要提交的材料也做了具体要求。

1. 育人故事

《中小学班主任工作规定》指出，班主任的一项基本职责是"全面了解班级内每一个学生，深入分析学生思想、心理、学习、生活状况。关心爱护全体学生，平等对待每一个学生，尊重学生人格。采取多种方式与学生沟通，有针对性地进行思想道德教育，促进学生德智体美全面发展"。设置"育人故事"环节，可充分展现中小学班主任在日常教育教学中对学生个体的深刻影响，班主任可以爱岗敬业、价值观教育、班级管理、师生沟通、家校共育等为切入点讲述自身工作中相对完整的育人故事。

此环节在广东省中小学班主任专业能力大赛和河南省中小学班主任基本功展示活动中已有实践经验。广东省设置的"成长故事叙述"为现场抽取主题，时长为7分钟；河南省的"班级管理故事演讲"要求脱稿、提前准备、自定主题，时长为4分钟左右。综合考虑全国情况以及本次展示活动以线上方式提交材料，不需要现场抽签准备，全国展示交流活动对该板块的材料要求为：故事文本2000字左右，视频时长5—10分钟。

2. 带班育人方略

组建班集体、开展班集体教育是班主任的重要职责，是班主任专业素养的综合体现。《中小学班主任工作规定》也提出，要认真做好班级的日常管理工作，维护班级良好秩序，培养学生的规则意识、责任意识和集体荣誉感，营造民主和谐、团结互助、健康向上的集体氛围。设置"带班育人方略"环节，可以充分展现中小学班主任对班集体教育的整体思考，全面梳理并总结班主任带班过程中的育人理念、思路和具体做法。

此环节在京津冀、广东省、河南省等地的班主任基本功展示活动中已有具体实践。京津冀地区要求带班育人方略提交5000字文本，并在现场进行6分钟展示；广东省在笔试环节要求制定一份班级特色发展规划；河南省要求提交班主任专业发展自传4000字左右，并现场参加班级管理案例答辩10分钟左右。综合全国各地的情况，全国展示交流活动对该板块的材料要求为：带班育人方略5000字左右，视频时长5—10分钟。

3. 主题班会

设计、组织、开展好主题班会是班主任的基本技能，也是关键技能。能否通过一节班会课对学生开展主题教育，使教育目的融入班会活动中，考查班主任的综合能力。通过开展主题班会，可以将《新时代爱国主义教育实施纲要》《中小学德育工作指南》等文件要求落实到班级，可以对学生开展爱党爱国、中国特色社会主义和中国梦、国情和形势政策、中华优秀传统文化等方面教育，引导学生践行社会主义核心价值观，树立正确的理想信念，养成良好的思想品德和行为习惯。

此环节在全国各地的班主任基本功展示、班主任大赛、班主任评优中均有所体现，具有广泛的实践基础。其中，长三角地区要求提交班会文本5000字和班会实录；广东省要求提交主题班会设计文本；河南省要求现场闭卷完成主题班会设计；杭州市要求现场闭卷完成主题班会设计方案，不少于2500字。综合全国各地情况，全国展示交流活动对该板块的材料要求为：主题班会设计文本5000字左右，对实录视频，小学不超过40分钟，中学不超过45分钟。

（二）流程设计

在流程设计上，主要分为通知部署阶段、省级遴选阶段、评审评定阶段和展示交流阶段。受新冠肺炎疫情影响，2021年全国基本功活动主要以线上方式进行推荐、评审和展示。各省组织开展的线下展示交流活动也充分考虑了疫情的影响，做好疫情防控工作。

1. 通知部署阶段

根据前期对活动方案中板块设计、内容要求、呈现形式等的充分研讨，北京教育科学研究院于2021年6月提交正式活动方案，经审定后由教育部基础教育司以通知形式印发。2021年7月，教育部基础教育司印发《关于开展2021年全国中小学班主任基本功和思政课教师教学基本功展示交流活动的通知》（教基司函〔2021〕29号），部署全国开展中小学班主任基本功展示交流活动，并要求按时遴选推荐班主任基本功材料。

2. 省级遴选阶段

2021年8—11月，各省按照要求遴选推荐教师参与基本功展示交流活动。在省级遴选中，山西、海南、福建、西藏、新疆等地以本次活动为契机，分区分片组织开展首届基本功展示交流活动；上海、浙江、江苏、河南等地在多年办赛基础上，结合本次活动要求，创新开展育人故事讲述、时政述评等。11月10日，各地将推荐材料统一上传至国家教育资源公共服务平台。

3. 评审评定阶段

为确保评审工作公平、公正，受教育部基础教育司委托，北京教育科学研究院设计了评审工作方案，并组织实施专家评审和综合评定工作。2021年11—12月，通过随机编组，邀请相关专家学者、教研员、中小学校长、优秀班主任等评审专家对每项材料的政治性、专业性、科学性进行"背对背"评审并撰写评语。同时，在初审完成后，安排相关领域专家和一线校长代表对部分优秀经验进行了二次复审。

4. 展示交流阶段

为使广大教师尽早学习使用优秀经验，优化评审流程并积极协调中央电化教育馆的支持，做到"随初评、随复审、随上线"，提升评审质量和效率，用时20天即完成两项基本功评审工作和优秀经验展示平台建设。部分质量好、导向正、教育性强、亮点突出、可学习可借鉴的优秀经验已通过国家中小学网络云平台和国家教育资源公共服务平台进行展示。

（三）评审设计

评审是基本功展示交流活动的关键环节。北京教育科学研究院通过组织建设、专家库建设、制度建设等方式，确保评审工作公平公正、规范地开展。

1. 组织建设

为保证两项基本功展示交流活动的专业性和公平性，拟组建全国中小学班主任基本功展示交流活动工作领导小组（以下简称"领导小组"），负责统筹并指导基本功组织、评审、展示交流等工作。领导小组秘书处即活动承办单位（北京教育科学研究院）领导小组，秘书处负责协调日常工作，组织开展评审工作等，向教育部基础教育司汇报。

2. 专家库建设

评审专家组由领导小组秘书处负责遴选并组建，本着公平公正原则，主要承担基本功展示交流活动所有人员和参评材料的评审工作。具体工作由工作组负责沟通对接。

根据测算，班主任基本功参与教师各224人，分为小学、初中、高中三个学段。按照评审惯例，学段组内教师材料应由本组所有评审专家评分，即每位专家要完成评审组内所有材料的评审工作。因此，班主任基本功按照学段划分设置7个小组（小学3组、初中2组、高中2组），每组安排5名评审专家，每位专家评审约30位教师的材料。

综合考虑班主任基本功展示交流活动的学段、评审内容及测算工作量等因素，评审专家组人员遴选建议如下：

（1）从事中小学德育、班级管理、班主任工作、教师专业发展等相关研究的高校（师范院校）的学者或研究人员（一般具有副高级及以上职称）。

（2）从事中小学班主任、德育、班级管理等方面教研工作的优秀教研员或研究人员（一般具有中级及以上职称）。

（3）知名中小学校长（一般为正职，具有正高级职称）。

（4）全国优秀班主任（一般具有副高级及以上职称）。

（5）教育部基础教育教学指导委员会及下属德育专委会、思政专委会，以及中国教育学会班主任专业委员会等机构的委员。

```
                    ┌─────────────────────────────┐
                    │ 全国中小学班主任基本功和思政课教师教学 │
                    │     基本功展示交流活动工作          │
                    │          领导小组               │
                    └─────────────────────────────┘
                                 │
                         ┌───────────────┐
                         │   领导小组     │
                         │   秘书处      │
                         └───────────────┘
                                 │
         ┌───────────────────────┼───────────────────────┐
    ┌─────────┐            ┌─────────┐           ┌─────────────┐
    │  工作组  │            │  技术组  │           │  评审专家组  │
    └─────────┘            └─────────┘           └─────────────┘
         │                                              │
   ┌────────────┐                           ┌───────────┴───────────┐
   │ 班主任基本功 │                      ┌──────────────┐    ┌──────────────┐
   │   工作组    │                      │ 班主任基本功  │    │ 思政课基本功  │
   └────────────┘                      │   评审组     │    │   评审组     │
   ┌────────────┐                      └──────────────┘    └──────────────┘
   │ 思政课基本功 │                             │                    │
   │   工作组    │                        ┌─────────┐         ┌─────────┐
   └────────────┘                        │ 小学3组  │         │ 小学3组  │
                                         └─────────┘         └─────────┘
                                         ┌─────────┐         ┌─────────┐
                                         │ 初中2组  │         │ 初中2组  │
                                         └─────────┘         └─────────┘
                                         ┌─────────┐         ┌─────────┐
                                         │ 高中2组  │         │ 高中2组  │
                                         └─────────┘         └─────────┘
```

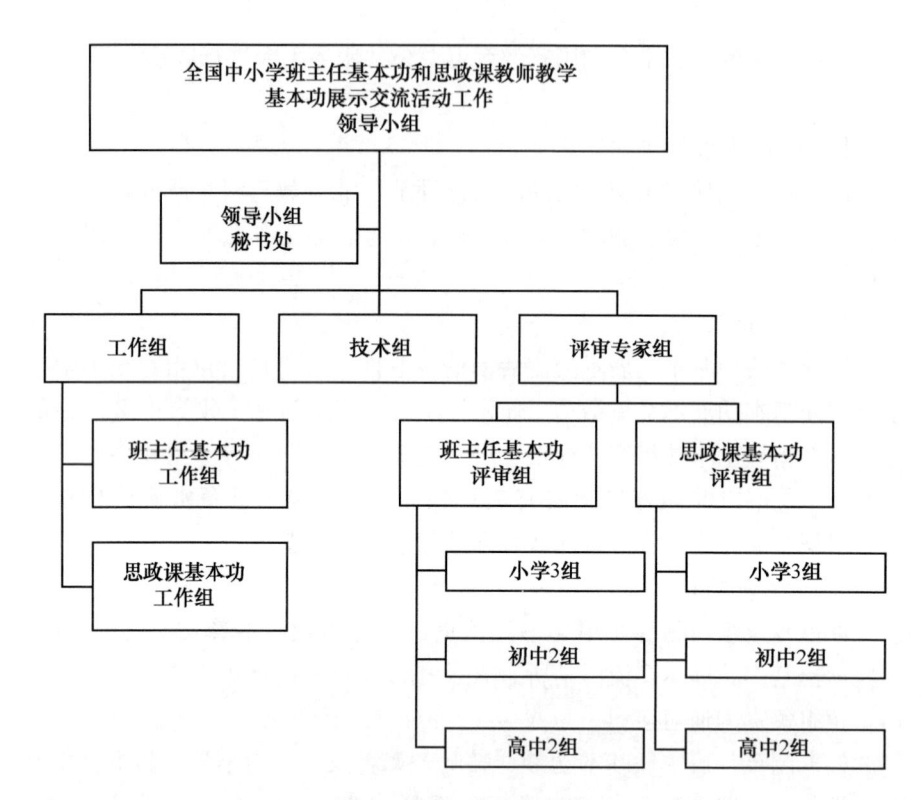

图 1　评审工作组建架构

专家组内各类别比例大致为：高校（30%），教研部门（30%），一线校长、名班主任（20%），专委会委员（20%）。

3. 制度建设

（1）工作原则

①独立公正原则。评审专家依据活动方案、评审标准及要求，在公平、公正、公开的基础上独立开展评审工作，不受任何单位、个人的影响，不与其他评审专家交流有关情况。

②统筹分组原则。统筹考虑展示交流活动的类别、学段等，评审工作从横向上分班主任基本功评审组和思政课教师教学基本功评审组，从纵向上分小学、初中、高中学段，由专家进行分组评审。

③保密原则。评审专家应严格遵守评审纪律，要对评审工作严格保密，签署保密协议，不得泄露评审的任何相关信息和评审工作细节。

④"一票否决"原则。评审专家要严格执行评审要求，对材料中有不

当言论、涉敏感话题、涉民族宗教问题等,应立即处理并报告领导小组秘书处,实行"一票否决"。

⑤正面导向原则。展示交流活动中的所有获奖材料将作为典型经验供各地学习借鉴,评审中应注重正面导向、认真评审,强调教育性、实践性、可借鉴性,对材料中涌现的优秀经验,要积极鼓励。

(2) 评审方式

通过国家教育资源公共服务平台采取网上分组评审,背靠背独立评分。按照工作量测算,小学分为3组,按照东、中、西部划分,每组预计评审30位教师材料,安排5名评审专家;初中分为2组,省份随机分配,每组评审32位教师材料,安排5名评审专家;高中分为2组,省份随机分配,每组评审32位教师材料,安排5名评审专家。

每位专家依据评审标准,给参展教师的各板块材料分别评分,并撰写评语(每个板块评语不少于20字),由系统生成总分(满分100分)。

4. 评审细则

班主任基本功共分为育人故事、带班育人方略、主题班会三个板块,各板块均须提交文本材料和视频材料。按照各板块考查的能力要求,设置权重为:育人故事(25分)、带班育人方略(40分)、主题班会(35分)。具体评审细则如下。

(1) 育人故事

育人故事通过文本和视频综合考查班主任撰写并讲述育人故事(教育反思)的能力,可展现中小学班主任在日常教育教学中对学生个体的深刻影响。班主任可以爱岗敬业、价值观教育、班级管理、师生沟通、家校共育等为切入点讲述自身工作中相对完整的育人故事。

表2　　　　　　　　　　育人故事评审细则

评价项目	评价要求
故事主题 (4分)	1. 故事主题明确清晰 2. 故事基于班情学情,能反映新时代教育要求和学生发展需求
教育理念 (5分)	1. 故事反映的教育理念正确,符合立德树人要求和育人规律 2. 故事核心理念体现了先进的教育观、教师观、学生观

续表

评价项目	评价要求
育人过程 （10分）	1. 故事叙述的育人过程完整，结构合理，重点突出 2. 故事体现的育人方法真实有效
育人特色 （3分）	1. 故事体现了个人特色，创新性和可借鉴性强 2. 故事内容能彰显班主任教育情怀、人格魅力、责任感和教育智慧
文本与视频呈现 （3分）	1. 语言简洁生动，文本清晰规范 2. 仪表得体；声音画面清晰

（2）带班育人方略

带班育人方略通过文本和视频考查班主任带班育人过程中的系统思考和理念提升，注重对班情分析、班级发展目标、育人理念、实践做法、特色和成效等进行反思；向他人全面展示自己的带班育人理念、做法和实际教育效果。

表3　　　　　　　　带班育人方略评审细则

评价项目	评价要求
育人目标 （5分）	1. 围绕班级建设 2. 基于班情学情 3. 目标明确合理
育人理念 （8分）	1. 育人理念正确得当 2. 育人理念符合学生成长规律
育人策略 （15分）	1. 全面系统，有层次有结构 2. 方法真实有效
育人成效与特色 （8分）	1. 教育成效明显，促进班集体及学生发展 2. 个性突出，特色明显
文本与视频呈现 （4分）	1. 呈现形式丰富，画面音质清晰 2. 叙述逻辑清晰，说服力强 3. 形象端庄大方、有感染力

（3）主题班会

主题班会通过文本和视频综合考查班主任设计并实施一节班会课的能力，文本注重设计思路，实录注重具体表现。

表4　　　　　　　　　主题班会评审细则

评价项目	评价要求
班会选题 （3分）	1. 教育主题明确 2. 选题聚焦，贴近学生实际 3. 题目生动鲜活
背景分析与 班会准备 （6分）	1. 清晰阐明选题与教育主题间的关系 2. 班情学情分析具体、深入 3. 班会准备充分
班会目标 （3分）	1. 目标明确、具体、可实现 2. 关注学生的认知、情感、行为三个维度的有机融合 3. 表达有层次，结构化
班会过程 （15分）	1. 环节清晰，结构紧凑，衔接自然 2. 内容翔实，符合学生年龄特征 3. 体现师生互动性原则，学生主体性充分体现 4. 教师引导和点拨恰当；注重学生体验 5. 课堂实录完整，声音画面清晰
反思与特色 （8分）	1. 设计延伸活动合理，有教育效果 2. 反思恰当、深刻 3. 班会在选题、设计、实施、延伸活动等方面特点鲜明

三　情况分析

根据活动通知和方案要求，全国31个省（区、市）和新疆生产建设兵团按照小学3人、初中2人、高中2人的要求遴选推荐参加全国中小学班主任基本功展示交流活动。截至2021年11月10日，除西藏自治区少报2人外，其余省（区、市）和新疆生产建设兵团均报7人，共计222人。2021年12月，我们通过省级教研员面向所有222位参展教师进行了问卷调查，共回收213份问卷，回收率为95.9%，有效率为95.9%。[①]

（一）参展教师基本情况分析

1. 性别

从性别上看，在参展教师中，男教师46人，占比为20.7%；女教师

[①] 下文中，从教师提交的材料中能提取的基本信息，按222人统计；其他数据由调查问卷得出，按213人统计。

176人，占比为79.3%。根据2020年教育统计数据，全国初等教育和中等教育女教师占比为62.4%。由此可见，当前中小学校从事班主任工作的主要为女教师，班主任工作较为突出的群体也以女教师为主。

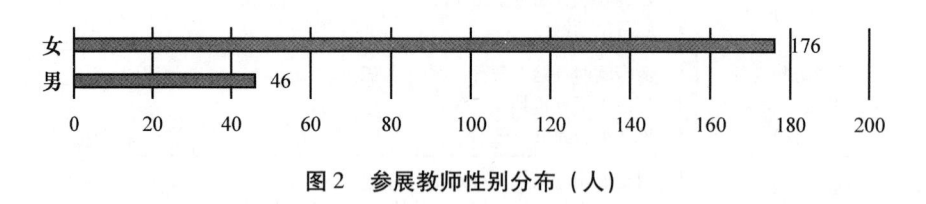

图2 参展教师性别分布（人）

2. 年龄

从年龄分布来看，参展教师平均年龄为36.4岁，其中，25—30岁教师40人，占18%；31—35岁教师62人，占27.9%；36—40岁教师63人，占28.4%；41—45岁教师41人，占18.5%；46—50岁教师14人，占6.3%；51—55岁教师1人，占0.5%；55岁以上教师1人，占0.5%。可以看出，年龄在31—45岁的班主任为本届班主任基本功展示交流活动的主体，共166人，占总人数的74.8%。

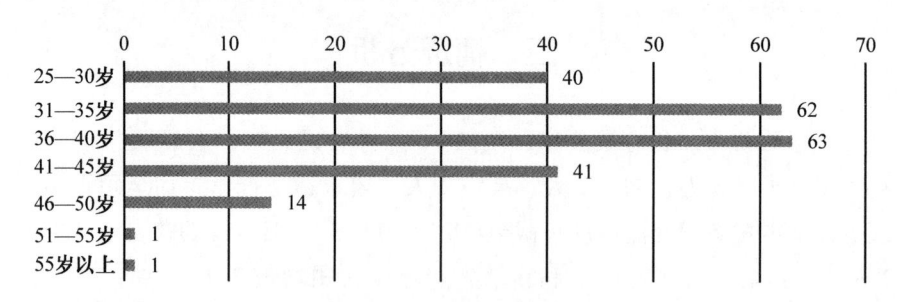

图3 参展教师年龄分布（人）

3. 政治面貌

从政治面貌来看，在参展教师中，中共党员146人，占65.8%；中共预备党员3人，占1.4%；共青团员5人，占2.3%；民进会员2人，占0.9%；民盟盟员2人，占0.9%；群众64人，占28.8%。

4. 学历

从学历来看，在参展教师中，大学专科2人，占0.9%；大学本科179人，占80.6%；硕士研究生41人，占18.5%。

图4　参展教师政治面貌分布（人）

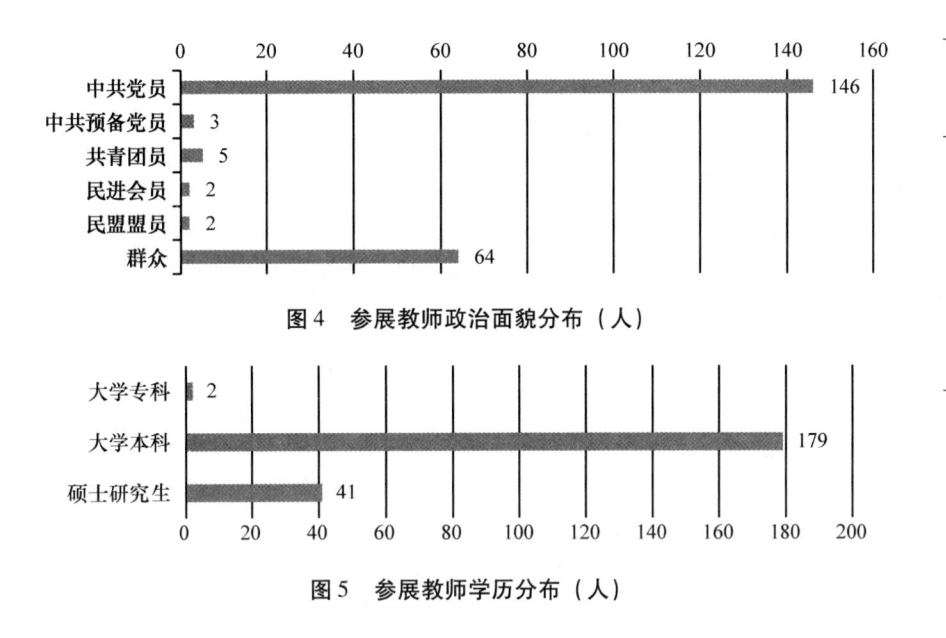

图5　参展教师学历分布（人）

5. 从教年限

就从教年限来看，参展教师平均从教年限为14.4年，其中，工作5年及以下的教师15人，占6.8%；工作6—10年的教师61人，占27.5%；工作11—15年的教师54人，占24.3%；工作16—20年的教师47人，占21.2%；工作21—25年的教师29人，占13.1%；工作26—30年的教师15人，占6.8%；工作31年及以上的教师1人，占0.5%。可以看出，从教年限在6—20年的班主任为本届班主任基本功展示交流活动的主体，共162人，占总人数的73%。

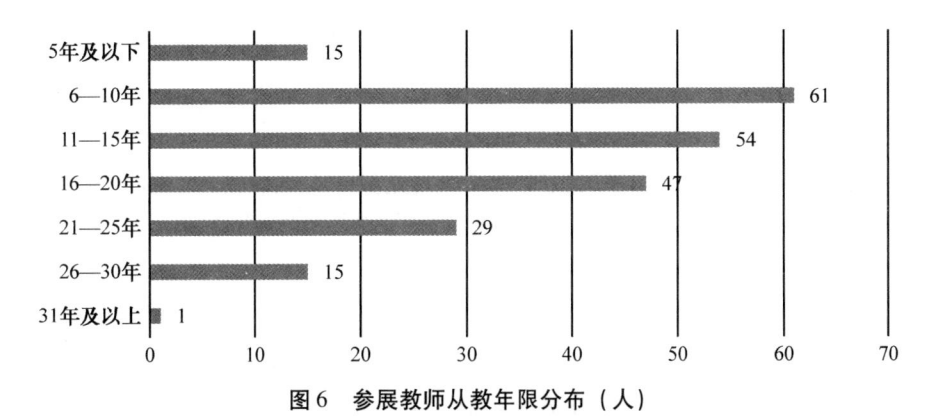

图6　参展教师从教年限分布（人）

6. 班主任工作年限

从班主任工作年限来看，参展教师从事班主任工作平均年限为 12.3 年，其中，从事班主任工作年限在 5 年及以下的教师 29 人，占 13.1%；从事班主任工作年限在 6—10 年的教师 77 人，占 34.7%；从事班主任工作年限在 11—15 年的教师 55 人，占 24.8%；从事班主任工作年限在 16—20 年的教师 30 人，占 13.5%；从事班主任工作年限在 21—25 年的教师 21 人，占 9.5%；从事班主任工作年限在 26—30 年的教师 9 人，占 4.1%；从事班主任工作年限在 31 年及以上的教师 1 人，占 0.5%。可以看出，班主任工作年限在 6—20 年的教师为本届班主任基本功展示交流活动的主体，共 162 人，占总人数的 73%。

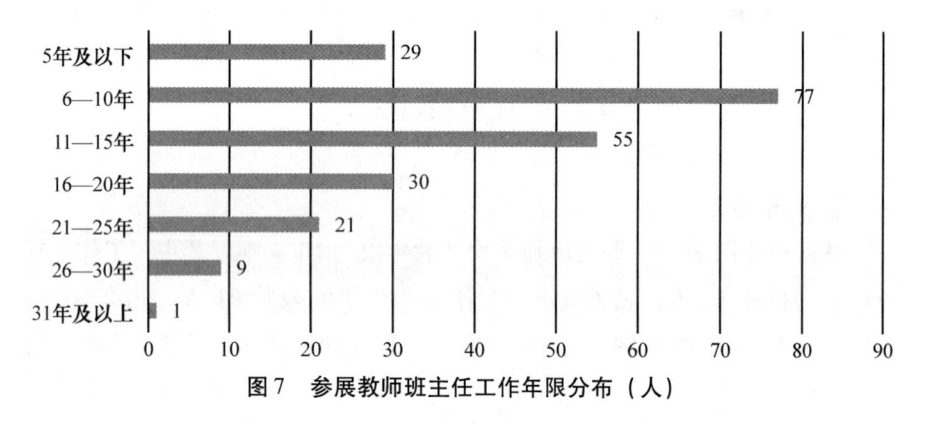

图 7　参展教师班主任工作年限分布（人）

7. 专业技术职务

从专业技术职务来看，未定级教师 1 人，占 0.5%；具有初级职称的教师 49 人，占 23%；具有中级职称的教师 126 人，占 59.2%；具有高级职称的教师 35 人，占 16.4%；具有正高级职称的教师 2 人，占 0.9%。

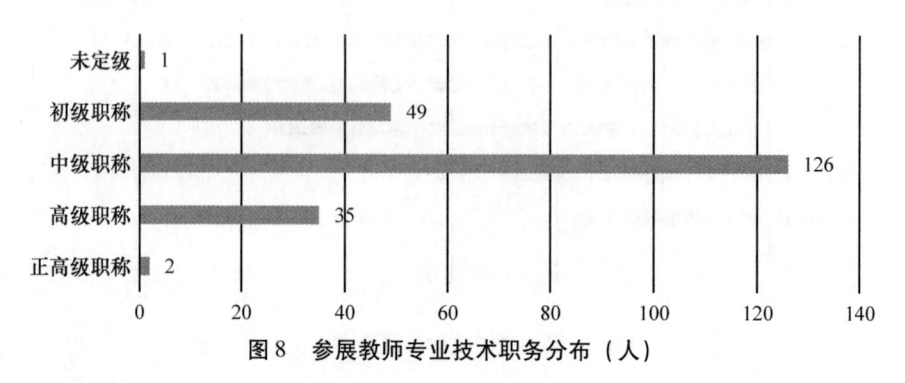

图 8　参展教师专业技术职务分布（人）

8. 专业背景

从参展教师专业背景来看，以学科课程与教学论（50 人）、小学教育（48 人）、汉语言文学及其相关专业（40 人）、思政教育（19 人）、英语专业（15 人）为主，总计 172 人，占总人数的 80.8%；部分教师的专业背景为与教育相关或学科相关的教育心理学、教育基本理论、数学教育、历史学及其相关专业、语言学及应用语言学、物理学、生物学、教育管理、体育教育、美术教育等；也有如法学、电子商务、播音与主持艺术、软件工程、经济管理等非教育学科专业。

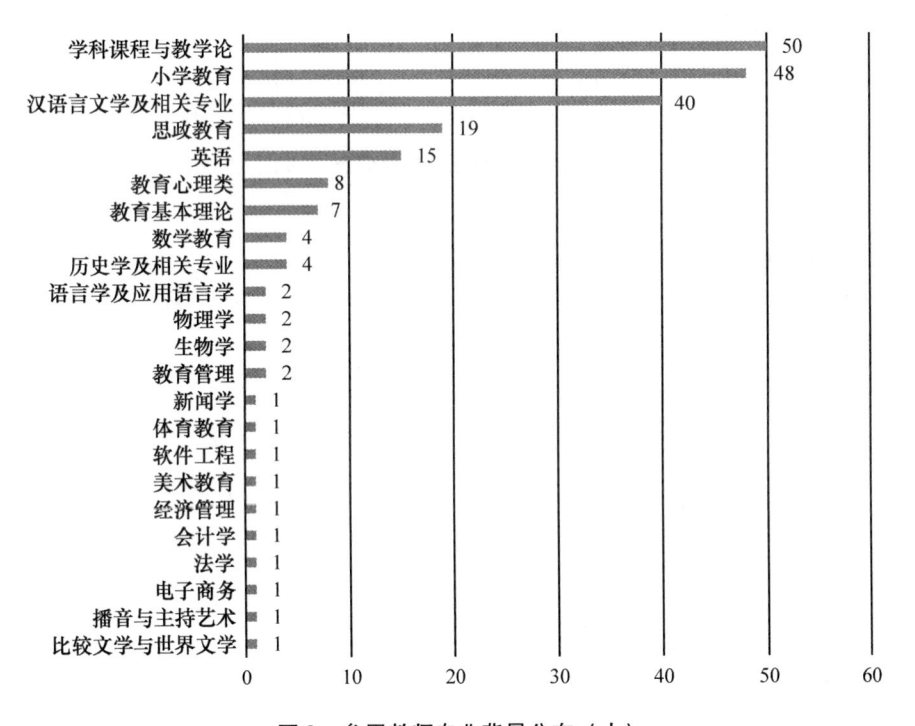

专业	人数
学科课程与教学论	50
小学教育	48
汉语言文学及相关专业	40
思政教育	19
英语	15
教育心理类	8
教育基本理论	7
数学教育	4
历史学及相关专业	4
语言学及应用语言学	2
物理学	2
生物学	2
教育管理	2
新闻学	1
体育教育	1
软件工程	1
美术教育	1
经济管理	1
会计学	1
法学	1
电子商务	1
播音与主持艺术	1
比较文学与世界文学	1

图 9　参展教师专业背景分布（人）

9. 任教学科

从任教学科来看，参展教师共涵盖中小学 16 个学科。语文、道德与法治（思想政治）、数学、外语是主要任教学科。从任教学科数量来看，任教 1 门学科的教师 158 人，占 74.2%；任教 2 门学科的教师 40 人，占 18.8%；任教 3 门学科及以上的教师 15 人，占 7%。

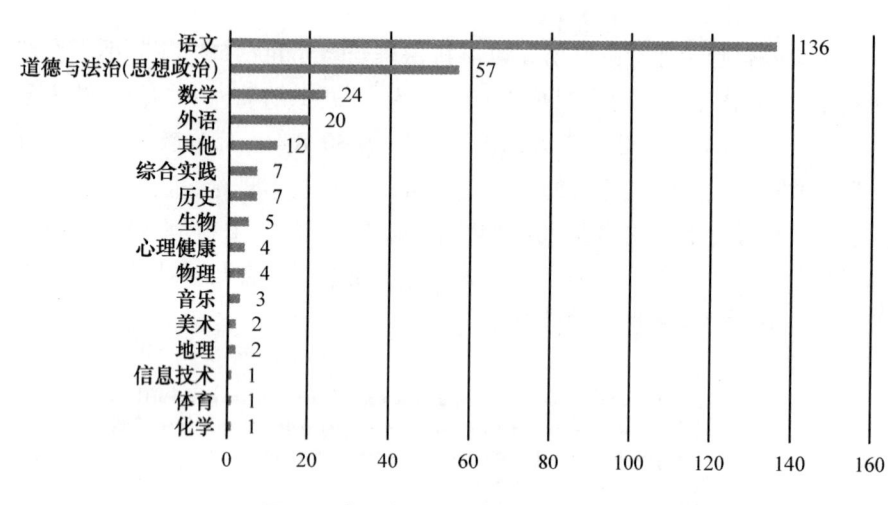

图 10　参展教师任教学科分布（人）

10. 班级学生数与班主任工作津贴

从班级学生数来看，各省（区、市）班级人数在 16—63 人，平均班级学生数为 47 人。其中，河北、山西、福建、湖北、四川、云南、青海、宁夏平均班级学生数超过 50 人。从班主任工作津贴来看，各省（区、市）在 0—3450 元，全国平均为 676.9 元。其中，河北、天津、吉林、新疆生产建设兵团、宁夏、西藏、云南、湖南、辽宁、江西、青海、黑龙江等地班主任工作平均津贴低于 500 元。

表 5　班级学生数与班主任工作津贴

所在省（区、市）	班级学生平均数（人）	班主任工作平均津贴（元）
北京市	35	2580.7
天津市	44	490.1
河北省	51	490.4
山西省	51	785.7
内蒙古	47	914.3
辽宁省	44	310.0
吉林省	41	460.6
黑龙江省	46	232.9

续表

所在省（区、市）	班级学生平均数（人）	班主任工作平均津贴（元）
上海市	34	1359.3
江苏省	49	571.4
浙江省	42	1023.4
安徽省	48	510.0
福建省	54	658.3
江西省	49	308.6
山东省	45	657.1
河南省	46	600.0
湖北省	53	932.0
湖南省	48	362.5
广东省	47	985.7
广西	47	600.0
海南省	49	800.0
重庆市	49	720.9
四川省	51	664.3
贵州省	46	570.3
云南省	51	369.9
西藏	42	374.0
陕西省	49	742.1
甘肃省	46	541.4
青海省	51	273.3
宁夏	55	434.3
新疆	49	510.0
新疆生产建设兵团	43	451.4
全国平均	47	676.9

（二）参展教师问卷分析

1. 对基本功活动的主观感受

通过问卷调查，超过95%的教师认为，全国中小学班主任基本功展示交流活动很有意义，超过99.5%的教师认为，全国中小学班主任基本功展示交流活动的环节设置符合或比较符合班主任工作实际，体现或较好地体现了班主任专业素养。这说明本届基本功活动受到参展教师的广泛认可和好评。

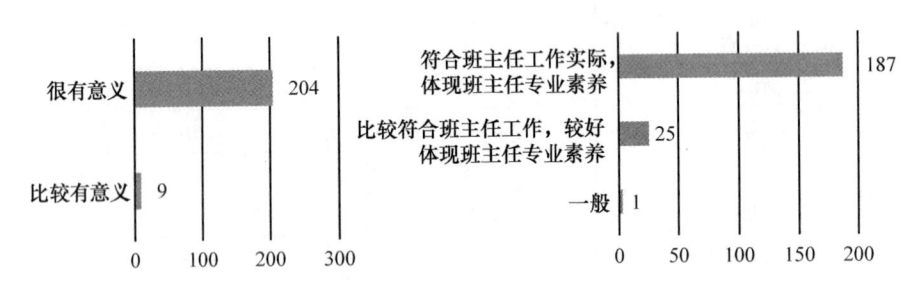

图11 参展教师对基本功活动的主观感受（人）

2. 对基本功环节的重要性排序

通过问卷调查，有161名教师将"带班育人方略"排在首位，认为"带班育人方略"最为重要；有28名教师认为"主题班会"最为重要；有24名教师认为"育人故事"最为重要。

3. 班主任对自身工作的评价

通过问卷，请班主任对自身工作进行评价，按里克特5点量表划分，对选择"很好"的进行排序。从结果来看，班主任在贯彻党和国家教育方针政策，遵守教育法律法规；热爱教育事业，培养学生三观，教育学生形成良好的学习态度、学习方法、学习习惯，关注学生身心健康，教育学生形成良好的生活态度、生活习惯、自理自立能力，发挥榜样示范作用等方面自我评价较高，有超过85%的教师选择"很好"。同时也发现班主任在创新意识、发展意识、家长委员会等家校沟通、家庭教育指导、生涯规划、利用社会资源进行教育等方面还存在短板和不足，需要教研部门予以重视。

表6　　　　　　　　　班主任对自身工作的评价　　　　　　　　（人）

题目	选择"很好"的情况
贯彻党和国家教育方针政策，遵守教育法律法规	192（90.14%）
热爱教育事业，热爱班主任工作，在工作中尽职尽责	191（89.67%）
培养学生树立正确的世界观、人生观、价值观	189（88.73%）

续表

题目	选择"很好"的情况
教育学生端正学习态度；指导学生掌握正确的学习方法；引导学生养成良好的学习习惯	185（86.85%）
关心学生的身心健康	183（85.92%）
教育学生端正生活态度；引导学生养成良好的行为习惯和生活习惯；提高学生自理自立能力	182（85.45%）
以身作则，发挥榜样示范作用	182（85.45%）
能把握班级常规流程，维护班级良好教育教学秩序，做好班级日常管理工作	179（84.04%）
了解并关爱学生，尊重学生人格，能够根据学生个性差异因材施教	176（82.63%）
全面了解、平等对待每一个学生	174（81.69%）
经常主动与课任教师沟通班级学生发展状况，就班级中的教育问题进行合作	170（79.81%）
积极做好班级发展规划，明晰班级发展方向，建设积极向上的班级文化	169（79.34%）
能有针对性地组织班、团队会以及各种主题教育活动和文体活动	165（77.46%）
对学生成长进行科学、合理评价，引导学生合理认识自我、评价自我	160（75.12%）
具有反思意识，能够主动针对班级建设和学生教育工作中的现实需要和问题进行探索并开展研究	152（71.36%）
具有创新意识，能够在班级建设和育人工作中主动创新教育方法	144（67.61%）
具有发展意识，能够主动学习与班主任工作有关的社会学、教育学、心理学、管理学等方面的专业知识	143（67.14%）
运用班级家委会组织、家长志愿者组织等，引导家长参与班级管理和班级建设	135（63.38%）
根据学生情况，有针对性地为家长提供家庭教育指导	133（62.44%）
开展升学择业、人生规划、社会适应教育，培养学生担当意识和社会责任感	133（62.44%）
利用社会资源，开展班级与社会（社区）的双向互动	89（41.78%）

4. 对班主任专业素养的重要性排序

通过问卷调查，班主任认为具备教师职业道德修养、学生身心健康指导能力、班级管理能力、学生价值观教育能力非常重要（选择"非常重要"的均超过95%），这与班主任评价自身工作开展情况的结果较为吻合。

班主任认为学生个性化指导能力、协调教育关系能力、调动教育资源能力的重要程度较低（选择"非常重要"的均低于90%），这与班主任评价自身工作开展情况中的不足亦较为吻合。这说明班主任无论在对班主任专业素养的认同和理解上，还是在开展日常工作中，对于"师德""学生身心健康""班级管理""学生价值观教育"都非常重视，但对于"创新发展""家校协同""协调教育""调动资源"等都存在短板。

表7　　　　　　　　班主任专业素养重要性排序　　　　　　　　（人）

题目	选择"非常重要"的情况
具备教师职业道德修养	209（98.12%）
学生身心健康指导能力	207（97.18%）
班级管理能力	205（96.24%）
学生价值观教育能力	204（95.77%）
了解相关教育法律和政策	202（94.84%）
集体建设能力	200（93.9%）
评价学生的能力	195（91.55%）
沟通教育信息能力	195（91.55%）
学生个性化指导能力	190（89.2%）
协调教育关系能力	188（88.26%）
调动教育资源能力	188（88.26%）

5. 提升班主任专业素养培训需求

通过问卷调查，班主任认为，在提高班主任专业素养的相关培训内容上，学生心理辅导能力，班级建设与管理能力，青少年、儿童身心发展的基本知识是非常需要的（选择"非常需要"的均高于80%）。而家校沟通协调能力、家庭教育指导能力、国家和本省（区、市）相关教育政策、与任课教师沟通协调能力则列末位。值得注意的是，从班主任评价自身工作、对班主任专业素养重要性排序到班主任专业素养培训需求，班主任对于家校沟通、家庭教育指导的重视关注程度均不高。2022年1月正式施行的《中华人民共和国家庭教育促进法》对开展家庭教育以法律形式进行了明确，其中对中小学校提出了相关要求。如推动学校将家庭教育指导服务纳入学校工作计划，建立健全家庭教育指导委员会、家长学校、家委会、学校公开日、家长会、家访等工作机制。作为家校协同育人的关键角色，班主任应更加重视家庭教育，提高自身开展家庭教育的能力和水平。

表8　　　　　　　　提升班主任专业素养培训需求　　　　　　　　（人）

题目	选择"非常需要"的情况
学生心理辅导能力	175（82.16%）
班级建设与管理能力	174（81.69%）
青少年、儿童身心发展的基本知识	171（80.28%）
学生自主管理指导能力	166（77.93%）
学生学习指导能力	164（77.00%）
提高教学质量的能力	164（77.00%）
教育学、心理学、管理学等基础知识	161（75.59%）
家校沟通协调能力	160（75.12%）
家庭教育指导能力	160（75.12%）
国家和本省（区、市）相关教育政策	148（69.48%）
与任课教师沟通协调能力	146（68.54%）

6. 加强班主任专业发展的措施

问卷调查数据显示，教师对于"到外校或外省学习交流"研修方式的需求最为迫切，占比高于75%；而对于"听评班会课"的需求程度较低，认为"非常需要"的占比低于60%。总体来看，班主任认为，当前对于提升其专业发展较为有效且有需要的主要有到外校或外省学习交流、班主任工作相关课题研究、专家讲座、自主学习、基本功交流展示等方式；而对于听评班会课、集体教研和参与各类评优展示的积极性相对不高。

表9　　　　　　　　提高班主任专业素养的研修方式　　　　　　　　（人）

题目	选择"非常需要"情况
班主任工作相关课题研究	150（70.42%）
基本功交流展示	148（69.48%）
集体教研	143（67.14%）
听评班会课	126（59.15%）

续表

题目	选择"非常需要"情况
专家讲座	150（70.42%）
自主学习	150（70.42%）
到外校或外省学习交流	166（77.93%）
参加各级、各类评优展示	142（66.67%）

（三）优秀经验展示分析

根据教育部基础教育司的要求，北京教育科学研究院从各省（区、市）推荐的 222 名班主任的基本功材料中，在严格评审的基础上，精心遴选了一部分质量好、导向正、教育性强、亮点突出、可学习可借鉴的优秀经验在网络平台进行线上展示，共有 30 个育人故事、30 个带班育人方略和 35 节主题班会，供各地中小学班主任学习交流。

1. 育人故事分析

30 个育人故事，既有解决个别学生成长中的问题，也有满足个别学生成长中的需要，还有促进班集体发展的，但重点都指向了学生教育转化。从主题分析来看，主要涉及留守儿童、学生矛盾、家庭教育指导、特殊儿童、沉迷网络游戏等主题，这都是当前基础教育领域重点关注或社会普遍关心的问题。从讲述方式来看，教师基本都围绕一个重点完整地陈述故事，既有故事背景，也有原因分析，既紧密围绕学生成长，又能结合自身工作和班级实际。从教育结果来看，班主任以一对一谈话、家校紧密沟通、同伴榜样示范、引发学生反思等方式，通过"春风化雨"般的教育，对故事中的学生进行了较好的教育转化，使其树立正确的人生观、世界观、价值观，坚持立德树人，注重价值引领。

2. 带班育人方略分析

30 个带班育人方略，全面覆盖小学、初中、高中学段。带班育人方略是否典型、是否优秀，很大程度上在于班主任运用的教育理念、方法是否适合班级学生的发展需要。因此，对于班级学情的分析就十分关键，也是带班育人的基础。比如，清华大学附属小学赵丽娜老师通过日常观察与调查，了解到学生面对困难退缩、畏难的情绪；依赖性较强，自主性、自理能力较弱；自信心、自尊心不强；家长包办现象比较普遍，缺少指导儿童自主成长、独立做事的具体方法。赵老师通过问卷进一步发现，学生的家庭物质生活普遍比较富裕,能提供优越的物质条件,但缺少努力目标,缺少个体价值感、存在的意义感,在成长过程中缺少奋斗的动力。因此,赵老师基于班级建设,着眼于六年完整周期的培养,确立了"以儿童内生为主线,涵育从个体品格到集体精神,再到成长共同体力量的内生力,激励每个学生做更好的自己,促进班级的凝聚与共生,助力班级卓越发展"的班级育人目标。

在基于班情学情确立育人目标后,如何做好育人目标的落地和实践,是班主任工作的重点和难点,班主任需要基于一个个活动、一个个教育契机来达成班级育人目标。比如,广东省深圳市罗湖外语实验学校黄镟璇老师在七年级通过"双轨制管理""家校共同体建设"等方式实现学生自我管理,在八年级利用"四面镜"主题活动、"三促和"系列实践等方式培养学生悦己纳人、涵养素质,在九年级实施"青荷古今讲坛""以赛促学""劳动实践""生涯规划"等培养学习力、生活力、规划力,助力班集体提升文化底蕴、生活热情和信仰高度,从而实现"形成既适合知识学习又有利于人格健康成长的教育情境和文化氛围;尊重个体差异和个性需求,为所有学生创设适合发展的成长路径;多方面开启生命个体的生态智慧、意识、能力,提升师生的生命境界"的育人目标。

3. 主题班会分析

35节主题班会,紧密结合学段特征,围绕一个核心主题,多样化地开展班会活动,起到了良好的教育效果。其中,小学14节、初中10节、高中11节。可以看出,本届基本功班会主题以爱国主义教育(15节)为主,同时涉及党史学习教育、劳动教育、生态文明教育、心理健康教育、榜样示范等。小学阶段,主要以爱国主义教育和劳动教育为主,其中爱国主义教育是通过小切入点来实施的,比如结合校史、结合优秀文学作品、结合五星红旗等。初中阶段,开展形式较为多样,有小组讨论、情景展示、朗诵合唱等。高中阶段,结合高中学生发展情况,主要以学生为实施主体,教师在关键环节和关键教育点上进行指导、引导。

表10　　　　　　　　35节主题班会情况汇总

序号	学段	班会题目	主题
1	小学	读百年校史,成报国之志	爱国主义教育

续表

序号	学段	班会题目	主题
2	小学	奥运三连问　少年勇追梦	奥运
3	小学	我是劳动小能手	劳动教育
4	小学	学"中流砥柱"精神，做"中流砥柱"少年	榜样示范
5	小学	爱劳动　会生活	劳动教育
6	小学	和您一样——学习时代楷模王红旭老师主题班会	榜样示范
7	小学	追忆"龙须"往事，立志强国有我	爱国主义教育
8	小学	我是情绪小侦探	心理健康教育
9	小学	寻一抹中国红　植一分爱国情	爱国主义教育
10	小学	"效率号"扬帆远航	学习习惯培养
11	小学	三孩时代之我见	社会热点问题
12	小学	致敬"每一粒米"	生态文明教育
13	小学	我们的传家宝	爱国主义教育
14	小学	双手托举"中国梦"	爱国主义教育
15	初中	有话好好说	亲子沟通
16	初中	做最好的自己	榜样示范
17	初中	中国红：青春的底色	爱国主义教育
18	初中	做好灾难"加减"法——增加防灾技能，减少受灾损失	防灾救灾教育
19	初中	少年攀百尺　手可摘星辰	榜样示范
20	初中	中国红　壮乡志	爱国主义教育
21	初中	追这样的星，爱我们的国	爱国主义教育
22	初中	讲述"抗洪故事"，品味"责任担当"	责任意识
23	初中	红心向党　礼赞百年	党史学习教育
24	初中	以红色之名，唱响青春之歌	爱国主义教育
25	高中	幸福在劳动中歌唱	劳动教育
26	高中	"桥"见贵州"桥"见力量	家乡教育
27	高中	学党史，再启程	党史学习教育
28	高中	蝶变：为了更好的中国	爱国主义教育
29	高中	我和我的祖国，像海和浪花一朵	爱国主义教育
30	高中	爱你就要大声唱出来	爱国主义教育
31	高中	为谁而夺冠	爱国主义教育
32	高中	我的样子　就是中国的样子	爱国主义教育

续表

序号	学段	班会题目	主题
33	高中	垃圾分类，我先行	生态文明教育
34	高中	强国有我，南山担当	责任意识
35	高中	立心家国铸魂梦，看我英雄出少年	爱国主义教育

四 反思展望

综合班主任参与基本功情况、专家评审情况、线上展示情况和专家意见，北京教育科学研究院承办的全国中小学班主任基本功展示交流活动对于整体提升班主任队伍水平、促进班主任专业发展起到了示范带动作用。一是形成良好氛围。全国各地普遍建立完善了班主任教研队伍基本机构，班主任参与热情高涨，初步形成了研究、重视班主任工作的良好氛围。通过层层展示交流，对今后科学规范班主任工作、提升班主任整体水平，展现班主任风采起到了很好的引领示范作用。二是抓住核心素养。班主任工作千头万绪，展示交流活动设计的"育人故事""带班育人方略""主题班会"板块，通过文本和视频的形式展示，能够全方位展现班主任的素养和带班育人能力水平。班主任基本功展示活动对班主任专业发展有重要影响，能促进班主任对自己的教育信念、行为进行反思、重组和改变。通过梳理反思和展示交流，班主任的班级建设理论得以更新，学生观、教育观获得新的认识与发展，很多班主任能回归专业本质思考问题，引发了认知和行为改变，增强了自我角色认知与职业认同。三是推出一批优秀经验。参展教师基本功过硬，经验材料整体水平较高，展现了自身的人格魅力、专业素养和教育情怀，能够反映新时代班主任的精神风貌。班主任在带班过程中与时俱进的育人理念、有特色的带班思路和有成效的具体做法，以及通过主题班会引导学生践行社会主义核心价值观，树立正确的理想信念，养成良好行为习惯的好做法，发挥了辐射带动作用，拓展了专业影响力。

在肯定成效的同时，通过深入分析评审结果和问卷情况，也发现了一些问题和困难。

一是部分地区重视程度不够。大部分省、直辖市高度重视，在当地举办选拔活动，按质按量提交了展示材料；部分省提交的材料质量不高，体现在提交数量不足，文本和视频的呈现较随意等上。北京、上海、广东、河南、重庆、四川等地总体质量较好，湖南、福建、云南、山西、海南、陕西等地比较薄弱，还需加大活动宣传力度，促进当地对班主任工作的重视与推动，起到以展促训效果。

二是对活动项目的理解不到位。因是首届展示，部分教师对展示项目的设计不到位，如带班方略和育人故事区别不大，在展示方式上，部分视频拍得类似专题篇，未能较好地展示教师的语言、教态等魅力。

三是活动影响力有待进一步扩大。在活动形式设计上，形式较为单一，只是通过线上方式提交和进行评审，未能真实地考查参展教师的综合实力。在项目设计上，如带班育人方略、班会课等比较专业，主要是针对班主任及部分教师群体，在社会辐射力和关注度上影响力不大。

今后，全国各地在开展中小学班主任基本功展示交流活动中，建议加强以下几方面的工作。一是加强班主任工作研究。深入开展班主任专业素养、班级发展的理念追求、班级活动的功能定位、内容方法，以及班主任成长规律、提升路径等的研究，为加强班主任队伍建设决策、班主任培养培训提供参考。二是加强系统培训。通过国家、省、市、校多级培训，系统开展班主任专业素养、班主任基本功培训，增强教师师德师风、教育教学、带班育人、家校协同、心理健康教育等方面的能力。同时，本着"以展代训、以评促研"的原则，为参展教师提供各环节基础框架，建立优秀案例库，引导教师按照科学规范进行梳理和总结。三是加强环节设置的科学性与可操作性。认真总结活动情况，梳理各地建议，进一步完善活动内容、组织形式、开展方式等。例如，育人故事将更加明确地指向班主任在一个故事中的育人过程和思路，体现针对性和教育性；带班育人方略重视班情分析，基于班情分析提出育人目标；主题班会要突出主题，鼓励"以小见大"，多从小问题、小切入端开展主题班会。

家校沟通中的教师心智模式
——一项探索性案例研究*

王富伟**

一 研究问题：为什么教师良好的沟通意愿会反复实现

如果身处中小学教育领域或对其比较熟悉，大家都能感知到，家长投诉可能是教师和校长十分头疼的事情之一。按道理讲，为了更好地实施孩子教育，家长和教师、家庭和学校应该进行通力合作[①]；而且国家政策层面也越来重视家校合作和协同育人，制定颁布了《教育部关于建立中小学幼儿园家长委员会的指导意见》等相关政策。但现实却是，不合作甚至冲突的状况相当普遍：北京师范大学2018年发布的《全国家庭教育状况调查报告》显示，有19.9%的四年级班主任和29.8%的八年级班主任报告超过一半的家长不能做到"配合学校和班级工作"，更有95.6%的四年级班主任和97.4%的八年级班主任认为与家长沟通存在困难[②]；而家校冲突也成为当前社会关注的热点问题。[③]

那么，不合作或冲突的缘由是什么？既有研究指出，影响因素是多重的：一是从相关主体的角度来看，可能是教师在家校合作的专业知识、沟通技能和态度观念上的专业胜任力不足，也可能是家长的参与意识、能力

---

* 本文是第四期教育行动研究工作坊的研究成果之一。特别感谢2班第5组吴丽梅、潘沂然、李洪晶、张爽和张晴五位老师的大力支持！也感谢王青、张森和马金鹤等学友的反馈！文责自负。

** 王富伟　北京教育科学研究院德育研究中心研究人员。

① 刘翠兰：《家校合作及其理论依据》，《现代中小学教育》2005年第10期。

② 边玉芳、梁丽婵等：《全国家庭教育状况调查报告》，北京师范大学中国基础教育质量监测协同创新中心，2018年。

③ 边玉芳、刘小琪、王凌飞：《当代中国中小学家校冲突的原因分析与应对建议》，《中国电化教育》2021年第5期。

和观念存在不足，还有可能是学校提供的机会和渠道不是很充分，甚至存在抑制行为；二是从宏观制度来看，尽管国家出台了一些相关政策，但对于家校之间的权责划分、互动规则的规定并不是很具体；三是从互动角度来看，存在教师与家长的地位不平等，教师与家长的教育理念不一致，家校的互动频率不足、沟通机制不畅通等问题。①

这类研究基本上属于"外部客观"的视角，虽已指出影响家校关系的种种因素，但我们需要进一步了解家校关系中的相关主体是如何理解他们的关系的？他们的这种理解又具有什么深层原因？沈洪成从阶层分化的角度指出，不同地位群体家长的合作参与（意识、能力和行为）具有差异性：打工群体从根本上认为教育主要是学校之事，他们没有意识也没有能力与学校进行积极沟通；工薪群体虽有意识参与，但是在能力与行为上不一定匹配，原因是他们"对学校传递的一整套文化知识、价值观念不甚熟悉"②；中层群体则认为孩子教育"三分靠学校、七分靠家长"，力求通过学习专业知识来积极参与孩子教育，并由此形成了并非总是和学校相一致的教育理念。以上分化也许是家校沟通中教师所感受到的不配合、配合不够或理念分歧的主要来源。梁亦华则研究了教师分化的情况。她指出，资历浅的教师容易把家校冲突仅仅理解成为负面事情，并把原因归结到家长责任不清和自我角色认识不足上；资历深的教师则会正面看待家校冲突，将家长视为不同意见的提供者和监察者，愿意代入家长角色进行换位思考。③ 之所以有这种差异，是因为前者秉持传统冲突观点，将冲突双方视为不同利益和权利的争夺者，蕴含着对立思维；后者则秉持人际关系或互动的冲突观点，认为冲突发生是由于意见或观念不一致，虽然不可避免，但能激发关系双方的自我反思，可以通过沟通解决，属于关系思维。不过，这两类教师都共同遭遇了时代变迁的影响，即他们的专业权威正在受到新一代家长的挑战，家校关系正在由"专业—服务对象"转向"服务提供商—消费者"。

---

① 边玉芳、刘小琪、王凌飞：《当代中国中小学家校冲突的原因分析与应对建议》，《中国电化教育》2021年第5期。边玉芳、周欣然：《家校互动不良的原因分析与对策研究》，《中国教育学刊》2019年第11期。傅维利：《论家校微信交流冲突中教师的角色担当》，《中国教育学刊》2017年第10期。梁丽婵：《是什么影响了家师关系——基于家长、教师、家校互动多因素综合视角的实证研究》，《中国教育学刊》2019年第11期。吴重涵、张俊、王梅雾：《是什么阻碍了家长对子女教育的参与——阶层差异、学校选择性抑制与家长参与》，《教育研究》2017年第1期。

② 沈洪成：《激活优势：家长主义浪潮下家长参与的群体差异》，《社会》2020年第2期。

③ 梁亦华：《家校冲突与冲突管理的质性研究》，《教育学报》2015年第3期。

这两项基于"内部主观"视角的研究揭示出，受不同主体理解及其组合的影响，家校关系状况及其原因具有情境性。如果想进一步探究主体理解的深层来源，除了阶层、资历等外显因素外，是否还有内部的结构性或模式化因素？家校关系既是一种状况，分为合作与非合作（冲突）；也是一种过程，属于沟通与互动。根据"沟通无处不在"的原理①，只要处在关系之中，就不可能做到不沟通，即使你沉默、不接触，也是在传递一种沟通信息。就如在家校关系之中，某些家长始终不理会教师发出的信息，可能意味着不愿和教师进行沟通。因此，从沟通角度而言，探究相关主体关于沟通的心智模式，将会深入家校关系的核心。所谓心智模式是指决定我们对世界的理解方法和行为方式的那些根深蒂固的假设、归纳，甚至就是图像、画面或形象，我们的行动由心智模式决定。②本文将探究教师对家校沟通的深层假设或图像，又是如何决定了他们的沟通行为的。

让我们先回到现实，看看教师是如何定位沟通的。不论出于何种理由，教师大都希望能得到家长的理解，形成有效沟通。为此，教师做出了种种努力。就沟通内容而言，教师力求清楚地传递沟通信息，使家长明白所要沟通的事实和意见，以避免因沟通不充分而引起的认识分歧。但即使信息传达得十分充分，也不一定会带来双方共识，有时候甚至会出现教师越是"讲理"，家长越是"不听"的情况。就关系定位而言，受当下话语的影响，教师希望能和家长平等相待，但会出现要么教师高高在上或家长"指手画脚"，要么双方相互对峙的局面，但最终又都不可持续，因而引发冲突。就沟通方式而言，随着微信等信息技术的应用，沟通手段更加多样、便利，教师期待能和家长进行更为及时有效的沟通，但反而出现了因延迟回复、缺乏社交礼仪共识等问题而引发的不满。以上种种努力的失效很容易使得教师怀疑自身沟通能力不足，从而产生相关学习的愿望。学校显然也持有这种看法，于是组织有关沟通技巧和策略等方面的培训和研究。但不仅没有取得预期效果，反而使问题愈演愈烈，成为上面所说的"热点问题"。那么，为什么教师抱有美好的沟通意愿却不得实现？为什么做出种种努力反而会使问题循环发生？这些正是本文想要探究的。

---

① ［美］瓦次拉维克：《人类沟通的语用学》，王继堃译，华东师范大学出版社2016年版。
② ［美］彼得·圣吉：《第五项修炼：学习型组织的艺术与实践》，张成林译，中信出版社2009年版，第8页。

二 研究假设：违背沟通原理会带来沟通障碍

关于沟通的研究有很多，其中对家庭治疗从关系视角出发处理人际问题，已经有了长期的实践和研究积累，应会对教育领域内的顽疾或循环问题的处理带来诸多启发。关于具体分析工具，我们选择秉承贝特森（Bateson）思想的瓦次拉维克的沟通理论。① 瓦次拉维克是家庭治疗的大师，对人类沟通有系统专门的研究。下面我们将以其在《人类沟通的语用学》中论述的沟通原理为基础，提出本文的研究假设。他在该书中提出了五个沟通原理。第一个"沟通无处不在"上文已经提及，第三个"关系的本质视沟通者之间信息交流序列的分割方式而定"与本文关联不大，这里主要分析应用其他三个原理。

第二个是"沟通分为内容和关系两个层面，而后者属于元沟通"。其基本含义是指任何沟通都具有两个层次：第一个层次是传递信息，表达事实、情感、观点等内容；第二个层次是界定信息，规定信息如何被接受，比如是"开玩笑"还是"说真话"，设定双方属于何种关系，比如平等还是不平等。关系层次是更高层次，决定了内容层次的理解与效用。如果忽视这种层次关联，就会导致沟通障碍。比如，当夫妻之间发生争吵时，丈夫竭力"讲理"，妻子的回应则可能是："你说得都对，但就是不听你的！"原因是丈夫的"讲理"暗含着自己"明理"而妻子"不讲理"，但妻子并不接受这种关系定位。更深一步而言，关系层面的沟通将涉及对自我和他人的定义，而对彼此的定义如何回应——确认、否认或不置可否？——都不是简单的事情，也是诸多障碍的来源。同样，在家校沟通中，如果教师在向家长传递信息时，暗示了一种家长并不认可的双方关系，比如自己是"教育者"而家长是"被教育者"，家长有可能否定这一定义，即使明知教师说得很有道理。因此我们可以提出研究假设1：如果家校沟通中忽略关系层面的一致界定，将会导致沟通无效。

第四个是"沟通分为模拟（Analogic）沟通和数字（Digital）沟通"。其基本含义是指沟通分为两种模式：数字沟通主要是指通过语言等比较抽

---

① Bateson, G., "The Logical Categories of Learning and Communication," In *Steps to an Ecology of Mind*, New York: Ballantine Books, 1972, pp. 279-308.

象的载体进行的沟通,有很强的语法逻辑;模拟沟通则是指通过姿势、手势、表情、语调和其他一切非言语媒介所进行的沟通,缺乏逻辑推理,具有直觉性和模糊性。两者同时存在于所有沟通中,具有互补性,但往往也会出现互译的错误。尤其是模拟信息往往具有歧义,同一个动作或姿态可能有相反意思的解读,而如何解读则取决于对方。例如,伸手去摸人家的头顶,可能会让人感到"亲昵",也可能会被认为是"冒犯"。这是无数人际误会的根源。从性质上讲,数字信息更易于传达沟通内容,模拟信息更适于表达沟通关系。如果沟通模式与沟通层次不相匹配,就会导致沟通信息混乱,进而引发沟通障碍。同样,在家校沟通中,当教师仅用语言来表达家校之间应是合力关系时,这种关系定位并不一定能让家长感受得到。基于此,我们提出研究假设2:如果家校沟通中沟通模式与沟通层次相互错位,且模式互译发生错误,就容易引发沟通误会。

第五个是"所有沟通都是对称的或互补的,依其基于平等或差异而定"。这是一对借自贝特森的概念。[1] 其基本含义是指沟通分为两种类型:对称型互动指参与双方是平等的,相互映照彼此的行为,例如,一方"自夸"时,另一方回以"自夸";互补型互动指参与双方有差异,相互补充彼此的行为,例如当一方"专横"时,另一方表示"服从"。根据贝特森的研究,这两种类型都具有累进变化的趋势,对称型互动会有加剧竞争的危险,比如国家之间的军备竞争;互补型互动会有僵化互补的病态,比如心理治疗中的施虐与受虐关系。因此两者都不可持续,它们之间的交互替代,是维持健康关系的一种平衡机制。在家校沟通领域,有一个典型例子反映了这一原理。在"双减"政策实施之前,家长需要听从教师的要求辅导和批改孩子的作业,最终致使家长怨声载道,进而奋起反抗,使得这种关系模式不可持续。在"双减"政策实施之后,出现了一种方向相反但模式相同的趋势,即家长可以把辅导和批改作业的责任完全推给老师,按照这一原理,这种关系同样不可持续。基于此,我们提出本文的研究假设3:如果家校沟通中对称型与互补型关系没有形成良性循环,将会引发家校冲突。

---

[1] [英]格雷戈里·贝特森·纳文:《围绕新几内亚部落的一项仪式所展开的民族志》,李霞译,商务印书馆2008年版。

三　研究方法：探索性案例研究

这是一项探索性研究。心智模式并不容易直接研究。按照圣吉的说法，心智模式决定人们的行动，我们可以通过观察当事人的行动来进行推测。但如果观察教师如何处理家校关系，就需要完全赢得教师的信任，并进行长期的参与观察。如果是教师进行自我研究，那也需要长期的训练，才能识别出自我的心智模式。笔者作为非一线教师，暂时难以具备进行深入研究的条件，只能另寻他法。幸运的是，我找到了一个勉强可行的路径。

笔者近几年来一直组办由中小学教师参与学习研究方法的"教育行动研究工作坊"，其间碰到多位研究家校关系问题的教师，算是对教师如何看待家校关系有了初步了解。在目前进行的"第四期教育行动研究工作坊"中，由我指导的一组五位教师正在研究家校沟通。她们分别来自幼儿园、小学、初中、高中和区教研室，围绕家校沟通主题，分别至少各访谈了一位教师，并做了相应观察。我们将以教师的访谈资料为主，辅以教师对访谈的分析，以及本人与教师对访谈的讨论分析来开展本研究。之所以这么做，一是因为访谈教师与被访谈教师较为熟识，身份也基本相同，所以访谈有更多的共鸣，基本上属于"自然流露"，每一份访谈都展现了被访谈教师对家校沟通的惯常看法；二是访谈教师对访谈资料的分析，以及我与她们的讨论，在一定程度上印证了一线教师的一些惯常看法。我们将在此基础上提炼其中所隐含的心智模式。下面我们就简要介绍几项访谈的情况。

工作坊的五位教师一共进行了六次访谈，完成于2021年12月。六位被访谈者的基本信息如表1所示，都属于中青年女教师，教龄有长有短，担任班主任的工作年限从1年到8年不等。第一项访谈的主题是家长与教师之间的理念是否一致，但也涉及了被访谈教师（下称"辛老师"）与家长具体是如何进行沟通的，以及辛老师对家校关系心理定位的演变。第二项访谈围绕微信等互联网通信平台对家校沟通的影响而展开，涉及被访谈教师（下称舒老师）对家校关系的定位，与家长沟通的具体内容和方式，长时段的家校关系演变等。其中，文字、语音、电话和见面等不同沟通方式的场景适用，反映了沟通模式和层次之间匹配问题。第三项访谈关于如何通过有效沟通减少青年班主任与家长之间的家校矛盾,被访谈教师(下称李老师)讲述了一个家校冲突的案例,涉及教师如何看待家校沟通中的内容、关系和方式等要素。第四项访谈是从如何通过提高教师沟通能力减少沟通问题入手,被访谈教师(下称王老师)不断谈及清晰表达对沟通的重要性,但恰恰是这一点越强调却越难以做到。第五和第六项访谈的主题都是如何通过不同沟通方式进行有效沟通,这两项访谈都谈及了"情绪"对有效沟通的重要性,其中第五项访谈内容比较丰富,除了情绪"宣泄"的实例之外,被访谈教师(钟老师)还对什么算是"有效沟通"进行了具体界定;相比而言,第六项访谈较短,信息不够丰富,所以我们只是作为参考,不做重点分析。

表1　　　　　　　　　　被访者基本信息

被访者化名	性别	年龄(岁)	教龄(年)	做班主任年限(年)
辛老师	女	27	6	6
舒老师	女	35	5	2
李老师	女	35	11	8
王老师	女	29	7	6
钟老师	女	23	1	1
祁老师	女	29	7	6

尽管具体主题各不相同,但所有案例都涉及我们所论述的沟通原理,可以为我们进行假设检验提供素材。需要说明的是,这些案例并非来自刻意设计,即并没有根据研究问题进行刻意选择,而是基于可接触到的资料就地取材;但也不是随意抓取,因为就如上面所分析的,在与教师对访谈案例进行分析讨论时,我已经形成了它们与沟通原理有所关联的猜测。此外,我们分析的不是具体家校关系,而是教师对家校关系的叙述,我们是以此推测他们的心智框架的。所以我们说这是一项探索性的案例研究。具体我们将采用"分析归纳法"的检验逻辑[①],即以前面推演的研究假设来对访谈资料进行逐一分析,最后验证或修改假设。在这一过程中,假设中的概念相当于扎根理论中已编码的类属,用它去检验后续资料中有无新的

---

① 王富伟:《质性研究的推论策略:概括与推广》,《北京大学教育评论》2015年第1期。

类属或属性。

四 研究发现：家校沟通中的层次、模式与类型密切相连

我们将逐一分析这些案例。

在第一项访谈中，辛老师基本上验证了我们提出的沟通假设。首先，辛老师不想在沟通的关系层面上投入精力，当访谈者问她"理想中的家校关系"时，她回答道："就是有距离的配合……就是谈事，就是谈事，然后离开这个情境，咱俩没有什么关系。"① 但这并不意味着辛老师不想和家长相互配合，而是更想"就事论事"。在具体实践中，她会尽量减少与家长的互动频率，主要是在学生出现问题时才会与家长联系："可能好的孩子，这一学期我都没有一次沟通，因为他没有问题。"而当与家长进行具体沟通时，她表示："要严谨地措辞，而且不能太具主观性，就是你不会太有感情色彩，你只是在这种可能的陈述事实后给出建议。"我们看到，辛老师主要是想把沟通局限在内容层面，以实现事务上的配合。但往往事与愿违：有家长曾与她发生剧烈冲突，指着她的鼻子当面骂，并说："你是全校最差的老师。"

与此相应，在沟通模式上辛老师也主要是单向关注语言措辞之类的数字沟通，并未见她提起模拟沟通方面的内容。例如，她说："你跟家长交流的时候，你就只能说'这个孩子是一个非常善良的孩子，非常有礼貌的孩子'，但是不会带有感情色彩，比如'其实我很喜欢这个孩子'。然后我觉得你不能太真实地跟家长说这个孩子的问题，比如说这个孩子在学校真的是每天只为他头疼，你不能说'哎呀，天哪，他闹翻天了！'。"这一点似乎也得到了校长的支持，在谈到"被指着鼻子骂"事件的经验教训之时，她说："不知道应当算是经验还是教训，就是我们校长那天说的是'要注意自己的言语，避免被家长和学生曲解，让自己受到伤害'。就是比如说有些话，你没有办法确定这个孩子的家长一定不会把你告了，那你就不要说。要不然你就要跟他们拉远距离，就是说一些无论从哪个角度都不会挑出刺的那种话。"这明显是一种防卫心理，且仅限于在语言表达上实

---

① 本文中此类引语内容都引自被访谈老师。

施的措施。

但辛老师并非一开始就是这种心智模式。她说:"我之前一直觉得我跟家长相处得挺好的,直到我被家长指着鼻子骂之后,我就觉得'噢,原来不怎么样'。"因为这件事本身不了了之,教师的尊严没有得到维护。恶果除了因害怕而防御外,辛老师也变得不敢"较劲"儿。当问她和家长有无意见分歧之时,她回答道:"意见分歧还好吧,好像没有太多,就是我觉得我都能认同。如果按我的角度,我能不能认同他们从自身角度说的话。我觉得每一个人都有每个人的教育理念,我完全可以接受他对于他孩子的所有想法,这就是你的孩子,你非要这么教育,那我也只能尊重你。毕竟这个孩子是你的孩子。"我们从中可以读出辛老师的委屈。而另一句话说得则更甚了:"我也可以认为我是这个学校最差的老师,所以我们就没有分歧了。"这明显属于一种病态的互补型关系,即家长可以无所顾忌,教师一味委曲求全。这种关系是不可持续的。虽然我们在访谈中没有直接看到逆转的事实,但我们仍可以从辛老师这段对家长之理想期待的回答中看出端倪——"我要管孩子!就是无条件地配合学校、无条件地配合老师。让打针,好,打针!让去,好,去!让写作业,好,写!"

第二项访谈中的舒老师,几乎是从相反的方向验证了我们的研究假设。首先,与辛老师不同,舒老师非常注重家校沟通中的关系层面。有一次,班上一位患有糖尿病的学生放学回家忘带药了,父母着急打电话找舒老师,但由于舒老师正在提供课后服务,没接着电话,这对父母竟然轮番打了四十多个电话,并怒气冲冲地跑到学校,连校长都劝不住。等到舒老师下课后双方见着了,舒老师并没有"情绪爆炸",而是很耐心地和家长进行了解释,家长也消气了,最后反而觉得有些不好意思。当访谈者问舒老师为什么不说一句"我刚才在上课,没办法接电话",让事情很快过去时?舒老师的回答是:"更多的是因为我理解父母那种心情吧!"是的,她理解父母的立场,以及这件事对孩子的重要性,并且她假定父母不明白教师正在上课不能接电话的道理。正是有了这样的理解和假定,双方很快达成了谅解,也为她讲清道理奠定了很好的基础,并消弭了因敷衍而可能带来的潜在情绪对抗。还有一次,一位家长因孩子在学校受了"欺负",可能觉得舒老师的处理不公平,于是愤怒地发来一条消息:"没有见过像你这样当老师的!"舒老师看到后很生气,因为她觉得自己对这个孩子很好,但她还是调控了情绪,赶紧回信息说:"我现在在开会,您什么时候有时间我立刻给您回个电话，我哪怕是现在这个会不开，我都给你回个电话。"然后双方通了两三个小时的电话，直到把她的手机打得没电了，家长的情绪得到及时慰藉，事情也得到了圆满解决。对此她解释中的一句话让人印象深刻，那就是："其实每个人更多看到的是自己的这一面，就是很难看到别人的不容易，别人的辛苦。"这表明舒老师自己看到了，正如她自己所言，虽然在家长和同事眼中她教龄不长，技巧不足，但她有同理心，情感真，理解和尊重家长，背后则是她对家校关系的一个根本假定，即"绝大多数家长是很好的"。也因此她和家长的沟通较为顺畅，"目前还没有遇到那种完全无法沟通的"。

其次，舒老师"完美地"匹配了沟通模式和沟通层次。因为访谈者关注的议题是微信等互联网通信方式所带来的影响，舒老师反复比较了不同沟通方式的差异。她认为"文字太冰冷"，如果是目标明确、事实清楚的信息，可以用文字传递；但是涉及情感类的、行为习惯类的，或者是难以量化和没有明确评判标准的，就需要电话沟通或面谈。因为通话的"语音语调里面包括语气"，比如是不是"反问"之类的；而见面则"我们俩之间，甚至人家说眼神都能表达一种情感，我可以看得到对方的态度，他也能看出我是否正常"。舒老师很朴素地表达了模拟沟通适于关系层面、数字沟通适于内容层面的沟通原理：语气、眼神意味着关系的界定。也正如上面的事例所体现的，电话或当面沟通更能及时交换彼此的理解，感受对方的情绪情感；而长时间的即时沟通，也表明了教师的一种精力投入，更能让家长感受到教师的真诚。这也就为减少甚或避免关系层面和内容层面互译的错误提供了更多机会。

但我们也应该看到，这种家校和谐沟通是以舒老师的理解和尊重为起点的。如果家长都回以理解和尊重，那么这种关系将是一种正向强化的对称型关系；但如果家长将教师的行为理解为迁就和害怕，并回以无所顾忌和横加干预，那将会成为一种负向的互补型关系，这种关系是不可持续的。舒老师的访谈显示了后一种趋势。当访谈者夸赞其"还是挺有沟通技巧"时，她的回答是："没有没有，我就是怕。"尽管这种"怕"在舒老师这里被对家长的理解战胜了，但如果"怕"成了家校关系中教师的一个普遍心理，那么教师个体还是很难持续抵消的。舒老师最后谈到了"大家"（指她的同事们）都普遍害怕家长的干涉，例如投诉12345；害怕家长的不尊重，例如把教师当成"全能型的保姆"。这种干涉和不尊重会实质性地影响到教师的日常工作，会越发让教师变得谨小慎微。例如，老师会担心她说的每句话，"你哪怕是今天就是表扬一个孩子，他回家，回家就是说老师特别喜欢谁，因为他今天表扬谁了，然后说今天批评谁了，特别讨厌他，这句话如果传到了被批评小孩的家长那里，你想想看你能带来什么样的家校矛盾？"对舒老师而言，当班主任则是"让你有成就感，同时也会让你很受伤"，于是萌生过不愿再当班主任的想法，并表示如遇到沟通不如意的情况，不会再去"较劲"。

第三项访谈主要围绕一起家校冲突而展开，但因访谈双方都对事件比较清楚，所以访谈中并没有涉及冲突的具体过程，而是将重点放在了对冲突的反思与改进建议上，因此我们只能不完整地推测、验证研究假设。就假设1而言，李老师并没有谈及她是如何与家长沟通的，但从她如何改进沟通的反思中，可以猜测之前她并不是太重视沟通的关系层面。因为她强调今后"要尝试站在家长的角度思考问题，然后要知道家长对孩子的这种维护啊，然后包括对孩子这种期待呀，等等"；而对那位家长要"尝试着去理解他的这种处境，所以在这个过程里就是，我觉得是我自己要先放平心态，不要跟他急，然后，如果他有这种特殊的需求的话，可以给他额外的一些耐心和照顾，然后我觉得应该是可以的"。

但即使她意识到了关系层面，并没有相应的沟通模式给予支撑。她对具体沟通方式改进的反思主要集中在数字信息传递上："如果只是简单粗暴了，这个直接就告诉他要做什么事情，可能他就不是很理解。需要单独额外跟他讲清楚学校这个要求具体的目的是什么，然后或者说用一种他比较容易理解的方式告诉他应该做什么事情，我会在流程上先给他精简一下，然后他可能就会比较容易接受。"也即她追求的是把事情说清楚。在访谈者提醒说她的表达已经"非常精准"之时，她才有了上面那种关于换位思考等关系层面的反思。而在后面关于学校支持的建议中，她又强调了数字沟通的重要性："我觉得可能还是需要一些技术方面的培训，比如说教对话，教我们应该怎么说，然后我们应该怎么样跟家长去沟通，这个要求才能让家长更容易接受？有一些语言技巧上的指导。"

我们也不能直接看到李老师与家长之间的沟通属于哪种关系类型，但可以从以下两点去推测：一是在谈到家校冲突的原因时，李老师说出的第一个原因是学校的要求不合理，家长觉得"没有办法完全按照学校要求去落实，所以就可能把这个气出到了班主任身上"。我们看到，在这里家长

· 397 ·

是出气方，教师是受气方。二是谈到所需的学校支持时，她提出："我觉得第一方面是要成为老师的坚强后盾，就是要我觉得学校肯定还是对老师特别理解的。知道有时候老师的这个要求可能是出于，就是比如说政策的这种要求啊，等等的，我觉得就是在这个过程中，学校要站在老师的这边，就是要给我们心灵上的这种支持！"我们看到，李老师希望学校"站边"，站在教师一边。后来在我们的分析讨论中，访谈者解释说：学校需要站在"公正"立场上，"客观"分析问题，同时维护教师和学生及家长的利益，由此可能引起了教师的误解。我相信教师认同这种"公正"立场，但为什么还是提出了"站边"的希望呢？可能和教师在家长那里感受到了"不尊重"，受到了"委屈"有关，教师是向学校"抱屈"，希望学校能维护他们的权益。我们再次看到，在教师心智中，家校沟通处在一种教师弱势、家长强势的对称型关系之中。

同样，第四项访谈也没有谈及具体沟通事件，我们只能从王老师类型化的看法和反思中进行推测。王老师在访谈一开始就表示总体上感觉家校沟通"相对比较流畅"，在访谈者询问存在什么问题时，她谈及在疫情影响下线上沟通增多、线下面谈减少会带来一些沟通障碍。进而谈及因信息技术应用所带来的教师表达和家长理解之间的不匹配问题，这一问题主要集中在学生的爷爷奶奶群体上。起初以为存在代沟问题，"但是实际上这几年沟通下来发现，其实就是好像和年龄没有关系，爸爸妈妈、爷爷奶奶，其实如果你把这个问题梳理清楚了，能让他们理解的话，其实还是比较好沟通的。"进而又认识到深层的沟通问题，则"可能和家庭对孩子的教养方式有关系。比如说，咱们平时对孩子的一些行为习惯养成和他们自己在家里面对孩子习惯的培养可能不一样，或者是他们的思路，他们的想法跟你发生冲突的时候，所以会出现一些沟通上的障碍，或者是你说的一些东西，可能在实际应用或者实际做起来就会打折扣"。

在问及榜样教师如何解决这些问题时，王老师提到了善于利用家长资源、在表达时能双向思考、有重点有条理、对家长有耐心等要点。而在问及自身需要提升哪些能力时，王老师的回答是："我觉得第一个可能是清晰表达的能力，因为有的时候可能说半天都抓不到重点，导致沟通的效果不好；还有第二个希望能增强自己的威信，也不是威信，那叫什么？在家长心里的信任度，对，信任度。"我们看到，在由浅及深的访谈中，王老师对家校沟通的关注逐渐由内容层次到关系层次，最后同时落脚到两者上。我们也看到，虽然王老师一再强调"表达"的重要性，但却主要限于把事说清楚层面，对于如何表达关系或如何构建关系并未触及，也即并未虑及沟通模式与沟通层次的匹配问题。这可能是思路分歧等深层沟通问题难以解决的一个重要原因。

第五项访谈中的钟老师，较为完整地验证了我们的三个研究假设。总体上，她对家校沟通的状况比较满意，认为与全班95%的家长沟通都挺顺利，即使几个特别学生的家长也能给予理解，她给自己与家长的沟通打了8.5分（满分10分）。究其原因，首先是她比较重视沟通中的关系层面。比如，在和家长沟通前，她会先告诉家长自己的"出发点"，以做出得到家长理解的关系定位；而且她还会提前告诉孩子，说她"不是去找家长告状"，而是为了让他变得更好。这些都是从孩子和家长的角度考虑的，因而赢得了信任。再如，她特别注意沟通中情绪的影响，深谙负面的情绪宣泄能引起"对抗"关系。比如，他们班有一个爱打人的孩子，严重时把另一个小孩"给打自闭打回家了"，她当然比较着急，和家长联系时就比较冲，抱怨这个孩子有多不好，家长也很敏感，在表示抱歉后说她也没有办法，这种相互的情绪宣泄当然无助于解决问题，反而容易形成对抗关系。但钟老师及时进行了反思，并将反思告诉了家长，然后从义务告知和孩子健康两个角度与家长进行了详细的沟通，最后双方达成了相互谅解。第六项访谈中的祁老师，也从侧面补充了情绪的作用机制：一是情绪影响认知，"双方都带着情绪，觉得自己都对"；二是情绪表征关系，"因为情绪不好，语言语气都会受影响"。

其次是钟老师很注重沟通模式，对什么情境运用什么沟通模式把握恰当。比如，和舒老师一样，她主张在遇到紧急复杂情形之时，应及时采用面谈方式。背后蕴含的道理是，面谈提供了一种综合整全的沟通模式，数字沟通和模拟沟通并存，不容易出现模式匹配和翻译有误的情况。对有效沟通的界定，最能体现钟老师对沟通模式的认识。她将有效沟通分为四个环节：有告知，即教师对家长的信息传递，要清晰明确；有反馈，即家长对教师的告知要有行为上的反馈；有评价，即教师再对家长反馈的信息进行评价，以便家长改进；有实效，即经过上面环节的循环，沟通的目标得以实现。钟老师在访谈中举了一个实例，是关于一个特殊孩子行为习惯改变的，具体包括如何快速收拾书包和规范洗手等，家长和教师密切配合，通过录视频的方式进行反馈和评价，具体采用了计时、分解步骤等手段，抠得很细——"哪怕手上的水甩干这样的一个小点也要先去做，然后评价"，取得了预期效果。我们看到，钟老师已经明显不将沟通局限于语言或文字表达等数字模式，而是将双方具体做了什么纳入进来，全方位地构建了双方一致努力的关系。而且这种界定也将沟通由一次沟通变成了系列沟通，更加突出了所做所为等模拟信息对沟通的影响。只是这种沟通模式需要双方都投入巨大的时间和精力。

最后是从钟老师的描述来看，她与家长的沟通形成了关系类型的良性交替。先说上面提及的与那位打人学生家长的沟通。那位学生打人不止一次，也不止一位同学，而是给全班带来了长期的压力。起初，钟老师自然会指责家长，家长也会因此而道歉，此时两者处于一种教师强势、家长弱势的互补型关系中。但后来，钟老师对该生带来的压力状态已经"麻木了"，已能心平气和地与家长进行交流，她向家长讲明对孩子给班级及学校所带来的负面影响的担心，家长也能向她倾诉中国特教制度的不足以及作为家长的无奈，此时双方已替换为一种可以平等地相互表达不满的对称型关系。结果是双方情绪都得以健康地"宣泄"，问题也有所缓解——"后续还好，就没有出现那种大面积大杀伤力的打架了"。

另一个故事更为具体，发生在课后服务之时。有一天，钟老师因在别班提供课后服务，她的班就由另一位老师来负责放学事务，在放学时一位孩子没被接走，这位老师就联系了孩子的爸爸（平时钟老师都是联系孩子的妈妈），联系完之后孩子跟钟老师一起等待。等孩子爸妈一起来接的时候，钟老师又请人看班去送这个孩子，没想到见面时孩子爸爸的第一句话是："以后没事别给我打电话。"钟老师当时"特别火"，就立马对这位爸爸说："第一，联系您的不是我，我也有自己看班的安排；第二，孩子目前是很安全地跟着我；第三，就是您确实晚接了，我还要再看班先不跟（这）说了，有问题再电话联系吧！"我们看到，此时双方处在一种相互生气的对称型关系中。到了晚上，这位爸爸打电话来道歉，说话也是特别愣，就说："老师，您别放心上，我说话就这样。"但钟老师没有再生气，而是向这位爸爸"强调我们老师都是专业的，强调专业，不会跟他计较"。此时，双方又变成了你道歉我原谅的互补型关系。我们可以预期，正是这种相互交替维持了双方的沟通平衡，而任何一种关系类型的持续强化，都会破坏他们的沟通。

至此，我们已经逐一分析了所有案例，现在需要对它们进行汇总比较。如表2所示,假设1和假设2基本上在所有案例中都得到了验证。对于访谈1中的辛老师而言,她的心智模式倾向于忽略沟通中的关系层面,且在沟通模式上单向关注数字沟通,忽略模拟沟通,造成了她的沟通困境。访谈3和访谈4中的李老师和王老师,虽然在具体事件的体现上有所不足,但她们关于沟通的心智模式及其关联与辛老师相同,即不注重关系层面,或注意到关系层面而忽略沟通模式与层次的匹配,带来了不良沟通。这种验证即罗伯特·K. 殷所说的逐项复制逻辑。[1] 访谈2和访谈5中的舒老师和钟老师,则从差别复制的逻辑验证了假设1和2,即注重关系,且在沟通模式和层次上匹配得当,带来了良好的沟通。假设3受到验证的程度相对弱些。我们只是在访谈5中看到了较为翔实的资料,可以验证对称型关系和互补型关系的交替维系了沟通的平衡;访谈1—3主要识别出了被访谈教师当前家校沟通的关系类型(互补型),以及显示发展趋势的迹象,但很难说在事实上完全得到了验证;访谈4则基本没有涉及这方面的内容,所以没有进行验证。

表2　　　　　　　　　研究假设的验证汇总

访谈案例 \ 研究假设 \ 验证与否	假设1	假设2	假设3
访谈1	是	是	部分
访谈2	是	是	部分
访谈3	是	是	部分
访谈4	是	部分	否
访谈5	是	是	是

五　结论与讨论

家校合作是相关各方的期待和需要,但当前不合作或冲突却成为较为普遍的问题。不同于以往外部客观视角的研究,本文采用内部主观视角来

---

[1] [美] 罗伯特·K. 殷:《案例研究:设计与方法》,周海涛、史少杰译,重庆大学出版社2015年版,第72页。

探究背后的原因。从内部视角容易看到影响家校关系的情境因素，但不同于发现受资历或阶层影响的相关主体对关系的一般性看法，本文试图分析相关主体对"沟通"本身的心智定位，即规定了具体沟通行为的心智模式。我们从教师主体入手，尤其是要解释具有良好沟通意愿结果却适得其反的现象。为此，我们借用了瓦次拉维克的沟通理论，从中推出本文的三个研究假设：如果家校沟通中忽略关系层面的一致界定，将会导致沟通无效；如果家校沟通中沟通模式与沟通层次匹配有误，就容易引发沟通误会；如果家校沟通中对称型与互补型关系没有形成良性循环，将会引发家校冲突。在方法上，我们采用了案例研究路径，主要对五项一线教师之间的访谈进行了比较分析，从总体上验证了研究假设。我们看到，教师如果在沟通上仅关注内容层面，或者忽略与家长达成一致的关系界定，将会带来无效的沟通。与此相应，教师如果仅关注言说意义上的数字沟通模式，而忽略语气、动作、做法等模拟信息所传递的关系定位，或者混淆了沟通模式与沟通层次的匹配，将会带来沟通误会。反之亦然。我们还可以大致推测，教师和家长之间对称型的平等竞争或互补型的你强我弱，都不可持续。但因为本文并非专门设计的"一手"研究，难免会有资料上的局限性，因此以上结论也只是探索性的，还有待进一步严格验证。

  那么，本文的探索性结论能带来什么启示呢？还有哪些问题值得进一步关注？我们经常听到的一个说法是"对事不对人"，似乎可以只讲道理不讲人情。但如果从沟通的关系层面属于元沟通的角度来看，那么这是错的。因为你不可能在说事时不涉及你与被说之人的关系，如果忽略这一关系，事是说不清办不成的。就如我们研究的辛老师一样，只和家长在说事层面上很难达成有效沟通。除非，你们的关系到了很自然随意的地步，不需要再刻意考虑什么关系定位。我们经常提起的另一个说法是"换位思考"，但为什么要换位？换位后要思考些什么？结合沟通原理来看，是让你认清与沟通中另一方的关系定位，感受不同位置上的关系内涵；思考的内容不能仅限于事情理解得清不清楚，还要考虑关系定位双方是否一致——不管这种关系是对称型或互补型，进而需要考虑用什么模式才能准确地传递相应信息。只有明白了这些要素，才更有可能做到感同身受，正如舒老师和钟老师所体现的那样。受制度安排和舆论导向的影响，当前家校沟通中出现了一种家长强势、教师弱势的趋势，正如文中几位教师所认定的，按照互补型关系和对称型关系需要交替轮换的理论，出路不在于教师强势起来、家长变得弱势，而在于构建相互尊重的对称型关系，否则只会加剧双方的对立思维和防卫心理。而一旦这种思维和心理成为教师集体心智，即使存在追求善意理解的教师个体也难持续下去，最终可能会出现教育的双输局面。

其实，在本文中，几乎有一半教师在营造彼此理解与尊重的关系，已经打破了良好沟通意愿不得实现的循环。这使我们看到了"一线"教师的能量，还不至于太悲观。那么如何保护和发挥这些教师的作用？又该如何启发那些持对立取向的教师呢？对此我们没有现成的答案。但至少可以指出，沟通技能培训并不是出路。能力培训在教育哲学上指向的是资格化和标准化，是从既定任务和目标的角度看待现有的缺陷，并试图进行弥补；但在当前充满不确定性的时代里，教育应指向激发主体性，在假定学习者具备平等能力的前提之下，激发学习者去创造突破既定认知框架、探索不可预见之可能性的机会。[①] 从沟通原理的角度而言，语言技巧、说服策略等技能培训所能解决的是沟通内容层面的东西，或者是解决信息表达清楚、让家长理解自身意图等具体问题；但如何定位和构建双方一致认可的关系，则需要心智模式的重构。而这并不容易。可以做的也许是创造教师自主探索的空间，创造教师识别和改变心智模式的机会，创造教师构建积极集体心智的可能性，而这一切的前提是"信任"教师。正如比斯塔所言，"只有在那些我们不能确保知道别人将如何行动的情境中，信任才是需要的""信任总是含有一种风险"，但他人是否"值得信任""只有在我们给出信任的时候，只有在我们冒那个包含在信任中的风险的时候，才会发现"[②]。

参考文献

[荷] 格特·比斯：《重新发现教学》，赵康译，北京师范大学出版社 2021 年版。

[美] 彼得·圣吉：《第五项修炼：学习型组织的艺术与实践》，张成林译，中信出版社 2009 年版。

---

① [荷] 格特·比斯：《重新发现教学》，赵康译，北京师范大学出版社 2021 年版，第 153—160 页。

② [荷] 格特·比斯：《重新发现教学》，赵康译，北京师范大学出版社 2021 年版，第 153—160 页。

[美]罗伯特·K. 殷:《案例研究:设计与方法》,周海涛、史少杰译,重庆大学出版社 2015 年版。

[美]瓦次拉维克:《2016 人类沟通的语用学》,王继堃译,华东师范大学出版社 2016 年版。

[英]格雷戈里·贝特森·纳文:《围绕新几内亚部落的一项仪式所展开的民族志》,李霞译,商务印书馆 2008 年版。

Bateson, G., "The Logical Categories of Learning and Communication," In *Steps to an Ecology of Mind*, New York: Ballantine Books, 1972.

边玉芳、梁丽婵等:《全国家庭教育状况调查报告》,北京师范大学中国基础教育质量监测协同创新中心,2018 年。

边玉芳、刘小琪、王凌飞:《当代中国中小学家校冲突的原因分析与应对建议》,《中国电化教育》2021 年第 5 期。

边玉芳、周欣然:《家校互动不良的原因分析与对策研究》,《中国教育学刊》2019 年第 11 期。

傅维利:《论家校微信交流冲突中教师的角色担当》,《中国教育学刊》2017 年第 10 期。

梁丽婵:《是什么影响了家师关系——基于家长、教师、家校互动多因素综合视角的实证研究》,《中国教育学刊》2019 年第 11 期。

梁亦华:《家校冲突与冲突管理的质性研究》,《教育学报》2015 年第 3 期。

刘翠兰:《家校合作及其理论依据》,《现代中小学教育》2005 年第 10 期。

沈洪成:《激活优势:家长主义浪潮下家长参与的群体差异》,《社会》2020 年第 2 期。

王富伟:《质性研究的推论策略:概括与推广》,《北京大学教育评论》2015 年第 1 期。

吴重涵、张俊、王梅雾:《是什么阻碍了家长对子女教育的参与——阶层差异、学校选择性抑制与家长参与》,《教育研究》2017 年第 1 期。

全员导师背景下教师开展学生发展个别指导的能力特征及培养建议
——基于139份学生发展指导的优秀辅导个案分析

杨德军　王红丽[*]

习近平总书记在与北京师范大学师生座谈时深刻地指出："教师重要，就在于教师的工作是塑造灵魂、塑造生命、塑造人的工作。"培育人是教育的根本任务，提升教师育人能力不仅能有效解决学生发展的各类问题、促进学生全面健康发展，也是促进教育公平与社会和谐发展的重要举措。[①]客观地把握学生个性，并对其进行个别指导的能力是教师应具备的基本能力。2021年教育部颁布《普通高中学校办学质量评价指南》，将学生发展指导能力作为教师发展的重要评价指标之一。指导是指一个人给予另外一个人的帮助，使其做出选择，解决所遇到的问题，其任务是帮助个人决定所前往的方向，所要达成的目标，以及如何实现目标。

普通高中育人方式改革要求学校开展学生发展指导，建立专兼职队伍。哪些人适合参与指导？全员导师的构想是否可行？教师开展学生发展的个别指导应该具备哪些能力？达成指导效果的优秀辅导个案具有哪些共同特点？为了准确描述教师开展学生发展个别指导的能力特征，为教师学生发展指导能力框架研制提供依据，本文采用内容分析法，对教师优秀辅导个案进行研究。内容分析法是一种对各种信息传播形式的明显内容进行客观、系统和定量的描述与分析的研究方法。内容分析法可以用于现状分析、趋势分析、比较分析等。本文以139份2021年北京市中学生发展个案

---
[*] 杨德军　王红丽　北京教科院基础教育课程教材研究中心研究人员。
[①] 董奇：《育人能力是教师教育教学能力的核心》，《中国教育学刊》2017年第1期。

指导征集的获奖作品为资料进行分析。

因为缺少教师开展学生发展指导有效性的研究，我们决定从心理咨询的有效共同要素研究中获得启示，提炼指导个案的关注要点。Goldfried 和 Frank 发现心理咨询中三个共同要素影响的有效性，包括来访者获益的期望，良好关系的建立和咨询师能够提供一种外来的视角，对来访者的问题进行解释。江光荣发现各种心理咨询方法中共同要素导致了咨询效果的发生，包括：（1）与一位鼎力相助的人保持一种密切、信任、注入了情感的信赖关系；（2）治疗背景；（3）一套治疗理论；（4）与基本原理相联系的具体方法。他们都意识到关系的重要性，以及在一定理论指导下方法的使用。李毅认为，教师普遍应具备一种培养学生优良的思想品德和健康心理的综合能力，它包括思想品德教育与生活指导的能力、班队管理能力、心理健康教育与咨询的能力三个要素[①]，也就是说，每位教师都应具备对学生进行思想、生活、心理指导的能力。由此，在反复阅读文本的基础上，本文从基本信息、指导态度与信念、关系的特征、知识与方法的使用四个维度进行分析，并设计了分析指标。

表1　优秀学生发展个别指导案例内容分析框架及要点

一级指标	二级指标	分析要点
1. 个案基本情况	1.1 教师类型 1.2 案例学段 1.3 时间维度	班主任、心理健康教师、学科教师…… 初中、高中 过程性指导；单次或若干次聚焦指导
2. 教师指导信念	2.1 教育信念 2.2 学生观	表达关于教育、指导是什么的判断 表达关于学生是什么的判断
3. 指导关系建立	3.1 指导关系	表达接纳、信任、鼓励的指导关系
4. 知识与方法使用	4.1 心理学知识 4.2 对问题的认知 4.3 方法指导 4.4 同伴支持 4.5 优势与机会 4.6 融入集体 4.7 家校协同	使用心理学或心理咨询知识 评估问题方法，问题成因是否与家庭有关 学业、人际、生涯、情绪等问题解决方法 组织小组合作，或提供同伴支持 发现学生优势，提供机会发挥优势 引导融入集体，或发挥集体的力量 指导家长改变，或与家长沟通协同

---

① 李斌：《关于教师能力结构的分析研究》，《江苏教育学院学报》（社会科学版）2005年第6期。

一 优秀辅导个案的基本信息分析

139 份优秀辅导个案教师的单位覆盖北京市 15 个区，既有城区校，也有郊区校；初中段和高中段的个案各占 50%。可见这些优秀作品具有一定的代表性。

优秀辅导个案提交的教师类型，基本覆盖所有类型人员：心理健康教师占 35.4%、班主任占 51.5%、学科教师占 10.8%、管理者占 2.3%，说明心理健康教师和班主任是学生发展指导的"主力军"，部分学科教师也具备较高的指导水平，全员导师的推进具有一定的可行性和实践基础。

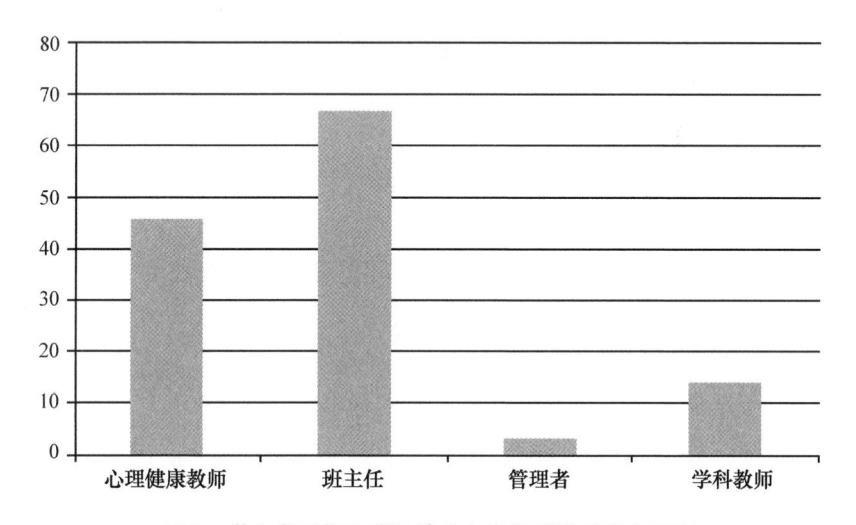

图 1 学生发展指导优秀辅导个案教师类型分布示意

从辅导个案的时间维度分析，有 61.9% 的辅导是过程性的，持续一学期或者更长的时间，主要是围绕学生的关键事件或者教育契机展开，其他为单次或短程辅导。这说明"指导"的根本指向在于促使学生"成人"，是一个引导"成人"的过程，帮助学生不断趋于完善，成长为"完整的人""全面发展的人"。

二 教师开展学生发展个别指导的特征分析

对139份优秀辅导个案的分析向我们勾勒了教师有效开展学生发展个别指导的能力特征：积极的教育信念与教育情怀、积极的学生观与包容态度、建立温暖的支持性关系、使用心理学知识和理论、用多种方式开展指导促进学生建设性地解决问题。

（一）积极的教育信念与教育情怀

教师信念是指教师对有关教与学现象的某种理论、观点和见解的判断，它影响着教育实践和学生的身心发展。教育的成效在很大程度上取决于教师的信念或期望。[1] 正确的理想信念是教书育人、播种未来的指路明灯。

在78.4%的案例中教师表达了积极的教育信念与深深的教育情怀。如教师认为："最高境界的教育，是教学生做人的教育。"认为教师有责任开展指导，"导师不仅要指导学生的学习，还要对学生的思想、心理、生活进行德育，以更好地贯彻全员育人、全过程育人、全方位育人的教育理念，更好地落实立德树人的发展根本任务。"面对问题学生，教师提出"不要放弃每一个学生，不要放弃每一次值得抓住的机会，多给孩子一次机会，说不定下一刻就会发生意想不到的惊喜"。面对青春期学生的异常想法，教师"作为教育工作者，完全可以从心理学的角度入手，明确问题的归类，利用孩子可以接受的方式进行转化，这样才能真正达到教育的目的"。关于师爱，教师表示："教师只有热爱学生、尊重学生，才能精心地培养学生，只有爱得深，才能更认真、更耐心、更细心地对学生进行教育，教育的真谛就是用心灵赢得心灵。"可见坚定的教育理想信念和教育情怀，是教师开展学生发展指导的坚实基础和必要条件。

（二）积极的学生观与接纳包容的态度

在辅导个案中，教师对"问题学生"或者"学生问题"抱有接纳包容的态度，他们持积极的学生观，在67.4%的案例中教师表达了自己积极的

---

[1] 俞国良、辛自强：《教师信念及其对教师培养的意义》，《教育研究》2000年第5期。

学生观，相信学生自身具有向上向好的意愿，坚信每个学生都是值得等待与挖掘的。

"每个孩子都是一座未开发的宝藏，需要我们教师用一份尊重的情意、一个信任的眼神、一颗宽容的心去了解他们。""每个学生都是一本书，一个丰富的世界，我们老师必须耐心、细致地研读。""苔花如米小，也学牡丹开。孩子的成长不只是家长和老师的期待，也是他们自身发展的需要，因为没有任何一朵花不愿意绽放。""每位学生都是一块等待雕琢的璞玉，只要老师肯用心，每一位同学都能成为一块独一无二的美玉。""我们要相信每个孩子都是一颗闪亮的星，他们的征途是星辰大海。""待开发的宝藏""需要耐心研读的书""待雕琢的璞玉"这些隐喻表达了教师对学生怀有积极的信念，这些强大的信念使得教师包容和接纳每一位学生，相信并挖掘学生内在的潜能。

教师对问题学生或学生的问题采取接纳包容的态度，"接纳学生的一切，包括他们表现出的缺点和错误，学生性格的内向与封闭，学生出现的种种问题，教师都应该接纳与理解。""问题学生同样拥有一颗真诚纯洁的心灵，也有被尊重被赏识的愿望。""维果茨基说过：我们不盯着孩子发展的昨天，而应该盯着孩子发展的明天。""即使问题再大的学生也是有其优点的，我们应该发现其优点，并以正向的、朝向未来的、朝向目标的积极态度促使改变的发生。"接纳与包容是良好关系的基石，是促使学生改变的力量来源和强大支撑力。

（三）建立信赖、温暖、支持性的指导关系

既有研究表明，信赖与支持性的关系是个体成长的共同因素，在80.6%的案例中教师努力构建信赖和支持性的关系。

教师给予学生陪伴与倾听，温暖的陪伴支持着学生的成长。如教师"静静地陪伴着她，在轻松、安全的状态下，她把对妈妈这么多年的不公与怨恨都倾诉出来。"教师的陪伴让学生受益匪浅，学生说："从开学那一刻起，您就一直与我同行。用您自己的方式，给我的人生旅途带来莫大的成长与帮助。"教师的信任，让学生的行为有了转机，教师一句"你不是一个坏孩子"给予他极大的信任，给了学生转机，教师关注的是学生的积极面，并将这些积极信息反馈给学生。

面对诊断确定的抑郁症学生，教师给予持续的温暖关怀，"我一直保

持一种宽容的态度,每天在她回家之前,我都要对她当天的表现进行反馈,表达老师层面的关心,尝试与她有更多对话的机会,拉近彼此距离。"

(四) 对学生问题的科学认知与成因分析

准确地认知学生问题的性质、原因、表现,是协助学生解决问题的关键环节。教师通过观察、同学谈话、谈心、个别谈话等方式仔细摸查学生问题,部分心理教师会使用心理测验等方式了解和澄清来访学生的困扰,进而决定采取的指导或者干预措施。心理教师一般会判断来访学生是否属于心理健康个体辅导的范围。

在139个案例中学生的问题具有多样性。学生成长的问题包括:情绪问题、人际交往问题、自卑自我封闭问题、学业不良、行为问题等,涉及学生成长的方方面面。季成叶等2007年开展的对全国18个省、自治区和直辖市的大规模调查显示,有14.5%的中学生存在一定程度的7类、15个性质较严重的危险行为问题,包括自杀自残、不健康饮食/缺乏体力活动、攻击暴力、破坏纪律、吸烟饮酒和无保护性行为。在本文139个案例中有17例涉及被明确诊断的抑郁症或具有自杀倾向的学生,占比为12.2%。

同时学生问题具有多面性。比如学生表现的是情绪问题,可能同时伴有学习动机不足、学业不良、人际冲突等多方面问题,有35.3%的案例反映了多方面问题。在问题分类上班主任相对比较模糊,一般心理健康教师的咨询案例会聚焦1—2个问题。

在对55.4%的案例进行成因分析后得出学生的问题与家庭因素密不可分的结论。如一例初中男生"性骚扰"案例,深究其原因是家庭教育简单粗暴,孩子沉迷网络且受到不良影响。该案例涉及的家庭因素包括:(1) 家庭困难或教育忽略,如"父亲残疾、母亲独自工作、有弟弟抚养"。"母亲没文化,不会管理、父亲工作忙,很少在家。"(2) 家庭教育简单粗暴,如"爸爸有病在身,脾气不好,对孩子是吼叫式的教育,甚至当着孩子的面怒斥其没出息。"(3) 家庭溺爱,如因孩子身体不好,父母对孩子纵容导致其自律性差。(4) 家庭教育不当,父母苛责,或父母眼中只有成绩,要求过高。(5) 家庭不和睦或单亲家庭,比如亲子关系紧张。(6) 家庭处于境遇性危机状态,如父亲去世,且妈妈重病。可见,一些学生的生存处境极为艰难,教师所给予的关注、温暖和爱,对于学生来说犹如雪中送炭,人间温暖。

我们需要关注学生危机性问题给教师带来的"挫败感"。由于学生的成长是家庭、社会、其自身多方面因素综合的结果，一些学生的问题形成了很长的"问题链"，教师的干预与帮助有时候收效甚微。比如有一位学生，教师给予其很多关注，借助班集体给予这位学生温暖，但是这位学生的状况依然趋向"恶化"，被诊断为"抽搐症"，教师深感"沮丧"。学生心理危机干预是一个专业，需要形成一套干预机制与流程，界定不同职能教师的工作边界，普通教师辅助学生危机问题解决的背后需要有专业的支持和援助。

（五）心理学知识的应用及指导的专业化程度有待提升

有16.5%的案例明确提到使用某种理论来开展指导或者心理辅导，涉及来访者中心疗法、认知行为疗法、合理情绪疗法、短期焦点解决、教练技术、箱庭疗法、萨提亚家庭治疗等。如面对某位因情绪焦虑而来访的学生，心理教师运用来访者中心疗法，疏导其情绪，调整其不合理认知，帮助其建立自信心，运用生涯规划辅导，激发其学习内驱力，助力其成长发展。再如，面对学生破坏课堂纪律的问题行为，教师采用积极的沟通方式，分享自己的感受，采用正面管教的理论，在和善而坚定的氛围中，培养学生的自律性、责任感、合作以及自己解决问题的能力，进而使其掌握终身受益的社会和生活技能。

尽管在部分案例中教师明确阐释自己所使用的心理学知识或咨询理论，但是总体而言，班主任教师和学科教师所采用的指导方法来自于教育学及其教育经验，部分辅导案例之所以能够取得效果得益于教师较高的教育情怀、高度的情感投入、丰富的教育经验，但在指导的专业性方面还需要提升。

（六）采用多种指导方式鼓励学生更有建设性地解决问题

教师采用多种方式开展指导，指导学生挖掘内在的积极力量、优秀品质和有利资源，使学生更自信、更有力量，培养学生用更积极、更具建设性的方式解决问题。

教师倾听（66.9%）学生内心的苦恼、困惑，帮助学生纾解情绪（59.7%）；教师帮助学生意识到在问题情境中树立客观的自我认知、问题认知，协助学生调整认知（62.6%），进而获得新的问题解决的方向与方法，获得价值观认同；帮助学生获得问题解决的新思路、新方法，采取新行动，为学生提供学业改进（36.7%）、人际沟通（19.4%）、亲子沟通（28.8%）、班级管理（17.3%）、生涯规划（9.3%）等方面的方法，使他们通过方法改进获得成长。教师会挖掘内在优势为学生提供机会（40.3%），指导学生采用获得同伴支持（23.7%）、利用集体力量（41.7%）等方式创造环境，获得问题解决的力量（见图2）。

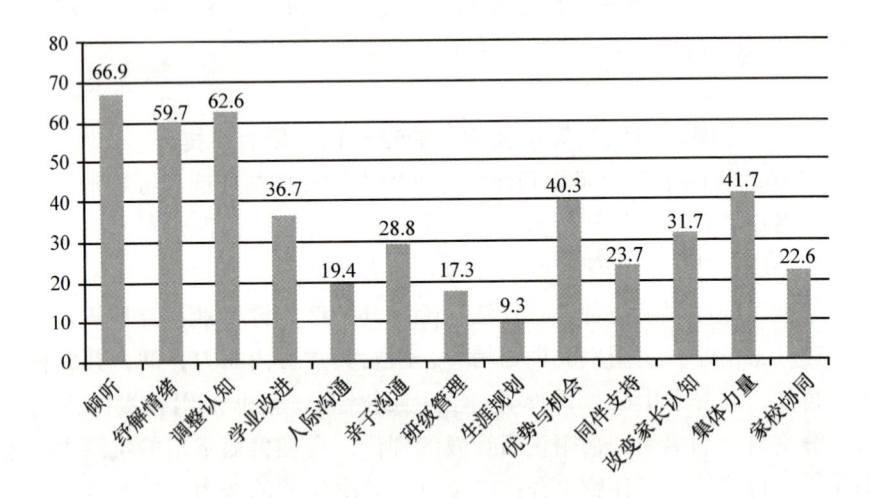

图2 教师开展学生发展指导的方式与方法示意

调整认知是教师使用较多的方法。在62.6%的案例中，教师协助学生调整关于自我、人际、青春期、未来等各方面的认知。中学阶段是学生自我同一性发展的阶段，即形成内在统整的自我，面对心理、人际、学业、发展等需要形成世界观、价值观、人生观和积极正确的认知。不恰当的自我认知，如自卑、自我贬低、对青春期的错误认知，会阻碍学生的成长，破坏学生健全人格的形成。在一例青春期"早恋问题"个案中，教师帮助学生认知青春期"早恋"问题，调整案例中女生的认知。当再次面对男生表达爱慕之情时，该女生婉转地拒绝了，她说："你听过球王贝利那句名言吗？最好的球是下一个。我也一样，更好的男朋友是下一个，我现在要做的就是让自己变得更优秀！"

指导学生使用更积极、更有建设性的方式解决问题。如小刘是一名初中生，有骚扰行为，摸女生敏感部位。教师了解到，由于家长粗暴式教育，导致他沉迷网络并受到不良影响。一方面联系家长，指导家长改变教育方式，另一方面向小刘讲解青春期知识，调整他的错误认知。最重要的是教师指导他向女生道歉，知错改错，得到同学的包容与谅解，他还成为班级"绿植管理员"，教师表扬他是班级的"护花使者"，教师的鼓励及与他的定期交流，使其在鼓励和包容的环境中不断成长。

发挥集体的力量。有31.7%的案例报告使用了集体的力量。教师开发和利用班级资源，创设学生成长的积极、正向环境，让学生在群体生活中获得温暖、支持，发挥积极作用，形成自律意识和合作能力，最终促进学生社会性角色的发展。如面对一位自卑孤僻的女生，教师发现她有绘画天赋，于是就鼓励她参加班级宣传组，绘制板报和橱窗，引导她逐渐融入集体。在大家的肯定中她变得越来越开朗自信。

开展家校协作。在41.7%的案例中教师指导家长改变对学生成长的认知，有22.3%的案例展示了与家长的信息沟通，协同家长共同发力。家庭是学生社会化的第一步，对学生人格的形成起着决定性作用。开展学生发展指导需要协同家长一起开展，提升家庭教育能力，协同家长"共同发力"。如某"饭圈女孩"迷恋明星，不仅仅表邋遢，而且学业不良，教师发现该学生问题的根源在家庭。在父母离异后，母亲几乎不允许她和父亲见面，父亲也不愿意联系女孩，教师经多方努力，通过居委会和父亲所在单位领导的共同努力，女孩父亲终于和她坐到了一起。在这个例子中，教师发挥了权威作用。中国人是权威取向的，他们崇拜和依赖权威，而传统赋予教师的权威与崇高的地位，在家长心目中依然十分牢固。[1] 发挥学校和教师对家庭教育的引领、指导、协同作用，只有家长和教师及时有效沟通，才能在学生遇到问题、出现困惑时对其加以有效引导，协助其健康成长。

心理危机的临近者支持。本文研究发现，案例中面对有自伤行为、被确诊的抑郁症学生，教师积极开展"临近者"支持，调动一切可用资源，给予这些学生帮助、关怀和支持。如在一例具有自伤行为倾向的个案中，班主任老师为了帮助他专门建立了帮助小组，由班长牵线将和他关系不错的几个同学聚集起来，一同商量能做的事情，陪他吃饭，和他聊天，拉着他找老师答疑……经过一个学期的干预与支持，这位学生对老师说："谢谢您把一个极端的我带回到了学习的正路，谢谢您让我知道了生活的美

---

[1] 马忠虎：《对家校合作中几个问题的认识》，《教育理论与实践》1999年第3期。

好，即使前面再有黑暗，只要想到有您在身边，我便看到了光明。"由教师发起的"临近者支持"，能够帮助危机学生获得度过危机的外部力量，恢复自身的认知与发展功能。

三 总结与建议：多种举措并行提升教师学生发展指导能力

教师育人能力的培养和提升是一个系统工程，不仅需要教师自身的积极努力，也需要教育主管部门和全社会的支持与协作。提升教师学生发展指导能力需要多种措施并举，构建全员参与的学生发展指导体系。

（一）形成指导能力标准，引导教师开展学生发展指导

学校要将教师的个别指导能力作为教师综合育人能力评估的重要指标。本文在分析139份优秀辅导个案的基础上，认为教师的学生发展指导能力可以包括三个维度：态度与信念；指导方法；指导实施，在此基础上细化为10个具体细目（如表2所示）。能力指标的研制可以作为教师开展学生发展指导的评价依据、培训目标设计参照，引导教师进行自我评估和指导专业素养的自我提升。

表2　　　　　　　　教师开展学生发展指导的能力指标

一级指标	二级指标	具体描述
态度层面	关心学生成长	关注关心学生个体的成长与自主发展，有意识地开展指导工作
	积极的学生观	认同学生皆有向好向上的意愿，有自我实现的潜能和内在资源
能力层面	建立温暖的关系	能够与学生建立民主平等温暖的师生关系
	学生问题评估	能够科学认知和评估学生出现的成长困惑和问题
	多种方式指导	能够通过谈话、提问、引导等多种方式协助学生解决成长困惑
	情感鼓励与支持	能够给予学生积极的鼓励，发现学生潜能，协助学生建立自信心
	协作与资源支持	与家庭协作，指导家庭改进教育观念，提供必要的资源支持
行动层面	临近者守护	能够觉察到学生成长的危机性问题，采取适当回应措施
	个体指导	在学生需要时提供个别指导，协助学生解决问题，促进其心智成熟
	课程教学融入	课程教学中融入对成长与发展的指导，用多种方式引导学生成长

（二）高位协同、共同发力，学生发展指导全员导师机制建设

把学生发展指导渗透到教育的全过程中，由专职人员与普通教师共同承担，构建全员参与的学生发展指导体系，体现全员育人、全程育人、全方位育人的理念与要求。学校应系统构建学生发展指导机制，学校成立学生发展指导工作领导小组及下设的学生发展指导中心，开展学生发展与心理健康课程、讲座、辅导及宣传的组织、安排工作；年级组作为执行系统组织班主任和学科教师开展活动设计、课程教学融入、班级个体辅导等工作；家庭、学长、社区人员作为支持系统提供指导资源、协助指导等。

全员导师需要不同类型的教师明晰指导职责、形成反馈与交流机制，回应学生的心理与发展需求，协助学生解决成长困惑和成长问题。心理健康教师作为专业教师提供专业辅导、专业指导、协调沟通的作用；班主任作为骨干力量，调动班级力量，开展班级宣传，组织活动，进行个体辅导；学科教师立足本岗位回应学生需求，课程教学育人，指导学生学业改进、自主发展。

着重建设家校协同机制。家庭是孩子成长的精神之所，是孩子从自然人走向社会人的开始，家庭影响着他们一生的发展。家庭是部分学生心理问题的策源地，需要家校协同，促使家长参与其子女的教育，促进家庭教育理念的完善与能力的提升。在家校合作过程中，教师要发挥积极的权威作用，成为协作活动的推行人、指导者、咨询者、资源开发人、家长的朋友。

加强学生心理危机的筛查与干预。青春期心理危机是一种儿童向成人过渡时期的心理适应困难。在筛查基础上，发现存在心理危机的学生，可以采取个体干预、环境干预和整体干预三种干预模式。[1] 个体干预模式要对有心理危机问题的学生进行识别并进行转介，由校外心理治疗师进行干预，或由学校专业心理教师提供个体咨询；环境干预模式，是指遵循"临近者原则"调整、修正学生的学习生活环境，在班级中为学生构建友善的、支持性的成长环境，使学生感受到生活的美好、人情的温暖，协助学生渡过"危机"。整体干预是指"一生一案"的干预方案，针对危机学生制定精准的干预方案，为学生提供全方位的积极关注、春风化雨似的环境

---

[1] 汪玲、谭晖：《青春期心理行为的危机干预》，《中国学校卫生》2010年第8期。

支持、有针对性的心理辅导，增强学生处理危机的内在心理力量和外在资源支持。

（三）分类分主题的培训，有效开展职后培训与校本研训

应把教师个别指导能力的培训作为职后培训和学校校本研训的重要内容。从教师教书育人职责来看，学科课程的专业培训显然是不够的，使教师能够理解和掌握现代教育和心理学理论，认识和了解学生的实际状况，提供适合每一位学生发展的指导势在必行。教师的日常工作与学生的各种成长问题密切交织在一起，每一位教师都有丰富的学生发展指导经历，学校需要挖掘教师开展学生个别指导的典型经验，开展校本研修，促进教师之间的相互学习和相互促进，结合教师指导素养的发展需求开展专题讲座和研讨活动。对教师进行分类分主题的研训，提升心理教师的专业领导力和心理咨询能力，提升班主任班级管理和个别指导能力，提升学科教师学科融入和个体指导能力。

（四）提供规范性的优质资源支持

学生的成长问题既具有个性，也有一定的共性，需要为教师开展学生发展指导提供分主题细化的支持性资源。向广大教师宣传学生心理健康、人际交往、情绪管理、青春期成长、生涯发展、健康生活等方面的知识，提供指导建议，规范指导工作，借助优质资源提升教师指导的专业性，减轻教师工作负担。资源主题应全面，包括覆盖不同学段、不同主题的资源；资源的类型应丰富，包括手册、辅导案例、教育故事、常见问题指导建议、学习与培训资源；资源形式应多样，包括电子版、纸质材料、出版专著、微信文章、小视频等；资源应具有易获得性、易检索等特征，便于教师及时获取和使用。

参考文献

董奇：《育人能力是教师教育教学能力的核心》，《中国教育学刊》2017年第1期。

李斌：《关于教师能力结构的分析研究》，《江苏教育学院学报》（社会科学版）2005年第6期。

马忠虎：《对家校合作中几个问题的认识》，《教育理论与实践》1999年第

3 期。

汪玲、谭晖:《青春期心理行为的危机干预》,《中国学校卫生》2010 年第 8 期。

俞国良、辛自强:《教师信念及其对教师培养的意义》,《教育研究》2000 年第 5 期。

一体化德育视角下促进中小学教师价值观改变
——以教师在叙事探究中双环学习的发生为例

任敬华[*]

一 引言

2021年7月，北京市教育工委、市教委基于前期政策研究和实践探索，印发了《北京市大中小幼一体化德育体系建设指导纲要》（以下简称《指导纲要》）。这是全国省区市级教育主管部门第一份关于大中小幼一体化德育体系建设的文件，涉及一体化德育目标、内容、方法、资源、队伍、评价、协同机制、研究等方面。一切教育政策都要通过教师自觉而高质量的教学，转化到学生的身心健康发展上。教师队伍是一体化德育发展的关键力量，高尚师德是一体化德育体系建设的灵魂。[①]

在国家基础教育课程改革的实施和教师教育各项改革不断推进的大背景下，中国中小学教师的专业发展面临着前所未有的迫切需求，教师和研究者都开始关注教师进行校本研究或行动研究对教师专业发展的作用，并提出"教师作为研究者"的教师角色转变之必要性。[②]

教师[③]的研究应该区别于学者或专业研究人员的理论阐释和改进取向的研究，因教师工作突出的实践性特征，教师所进行的研究，多强调对教

---

[*] 任敬华　北京教育科学研究院德育研究中心研究人员。
[①] 谢春风：《创新一体化德育政策　激活教师育人新动能》，《中国高等教育》2021年第18期。
[②] 陈桂生：《什么是比较适合中小学教师运作的教育研究范式——"教育行动研究"要义》，《当代教育论坛》2002年第9期。
[③] 本文中的教师均指中小学教师。

育教学进行反思,并有意识地进行实践的行动改进,从这一点上说,教师做研究寻求的不仅仅是新的知识、理论、策略、技巧,而且是思维上的变革,围绕问题通过研究进行寻根究底的探寻,从而形成更加缜密、理性的思维,对实践具有更加深层的反思力①,意即教师在探究的过程中形成反思性思维。

20世纪80年代,加拿大几位学者倡导将叙事探究作为一种研究方法引入教育领域,他们认为,叙事探究是最适宜教师进行实践性研究的方法。这一方法被引入中国后,广受学者和一线教师的关注。教育叙事之所以在一线教师群体中蓬勃发展起来,其中非常重要的一个原因是能够让教师发声,它让每一位教师学会表达自己,展示自己,让不同的声音都有表达的机会②,而且叙事探究是以经验为基础的研究,一线教师有着丰富的实践经验。

为促进教师专业发展,北京教育科学研究院德育研究中心先后进行了三期教育行动研究工作坊教师培训学习方式的尝试,笔者作为研究人员参与了第三期教育行动研究工作坊中的教育叙事探究工作坊,以教员、跨界学习者等多重身份观察并思考,在教育叙事探究的过程中教师是如何从执着于获取解决问题的实用"套路"迈向反思自己的反思,进而实现价值观改变的。

二 教师面对教育实践问题的惯常思维

(一) 对确定性的期待

教师在教育实践中大多会面对一些反复发生且苦于无法解决的顽症,或者遭遇无法摆脱的实践困境。此时,他们寄希望于"权威的"专家学者运用非常有效的工具来进行指导,或者向"权威"学习一种模式化的方式来解决实践中的问题,这种模式就仿佛是一种"套路"。套路原本的含义指的是武术当中的一整套拳法,在其他领域也衍生出"模式化"的含义,即为了实现某种目的而采用的比较固定化的流程。换言之,套路行动的方

---

① 张华军:《论教师作为研究者的内涵:教师研究性思维的应用》,《教育学报》2014年第2期。

② 陈向明:《教育叙事对教师发展的适切性探究》,《教育研究与实验》2010年第2期。

式往往是在既往经验的基础上沿袭已有的传统，以期熟练掌握一个基本流程，甚至运用熟知的思维方式或者技巧，最终达到条件反射似的反应程度。运用套路的目标取向一是实用性，二是低风险性。在运用套路的时候，更多的是模式化的流程重复，同时使用套路的人，因为其采用同样的模式，最终形成的一个结果就可能是差别性很小而趋于同质化，突出的特点就是确定性。

然而，套路的确定性对教师而言，因其同一性或同质化会产生某种局限性，这种局限性致使教师成为技术的熟练者，即我们常讲的教书匠，这与教师寻求的形成反思性思维的专业发展背道而驰。唐纳德·舍恩（Donald Schon）认为，反思性实践者不是那种在分工过细领域里的技术熟练者，而是在共同的情境中运用在经验中培育出来的"缄默知识"对问题反复进行建构与再建构的探究者。反思性实践者的反思是在活动过程中的反思，是对活动过程的反思。①

（二）对"结局圆满"的期待

一名教育叙事探究工作坊的教师写道："我关注了学生，启动了各种方法之后，学生的现状还是很难改变，故事没有圆满的结局，所以我写起来就没有动力了。"② 这种心态在教师进行叙事探究之初十分具有代表性，教师对所叙述的故事期待通过不断调整行动策略，而获得一个皆大欢喜的圆满结局。与此相类似的还有"好人好事"型的教育故事，简而言之，此类故事无法真正打动人心。究其根源是，因对"圆满"的执念而生出的某种虚假套路掩盖了教师生命故事的生动与鲜活。另一位教师写道："从第一次写故事开始，我就已经把框架想好了，关注孩子，发现问题→找出成因，分析问题→通过策略，解决问题。"③ 笔者并非否定问题解决导向的实践研究，然而，在这样的撰文框架构想中，不但缺乏教师对于故事的重构，反而新"八股"的意味颇浓。

（三）对单环学习的固守

很多教师在面对教育问题时，经常停留在对现象的认知上，想到的往

---

① 佐藤学：《课程与教师》，钟启泉译，教育科学出版社2003年版，第298页。
② 引自第三期教育行动研究工作坊学员课后反思帖。
③ 引自工作坊学员韩茜老师的《接纳是最好的温柔——教师的反身性成长》。

往是不断在行动策略上加以调整，正如一位教师所形象的描述的："我的武器库里还有好多武器可以用。"先是"循循善诱""苦口婆心"的劝说，再"晓之以理，动之以情"去打动"，如果还未起效，可以用"正向激励"去促进。这个策略如果还是没有效用，就改换作"疾言厉色"的态度去批评，到这一步依然无法解决问题，那么就约谈家长，期待"家校共育"往往是最后一个行动策略调整的环节。正如有的老师在多次调整行动策略，教育实践依然不见起色的时候写道："我用了这么多方法，耗费了这么多时间和精力在他身上，就算是块石头也该被焐热了啊。"然而，这种只改变行动策略，不愿从更高或更深一层的价值观上寻找原因的单环学习，不能说完全不会改进实践，至少对于教育实践中的"顽症"并不能有效地破解其困境。

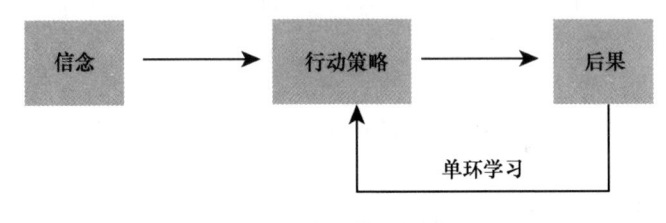

图1 单环学习图示

三 教育实践的特征

在调整行动策略以寻求问题解决的单环学习方法无法改进实践的情况下，在叙事探究过程中，反复对实践性知识的建构与再建构使教师不断进行反思，不单内观自己，还对与教育实践相关的因素加以关注。结合文学叙事中的时间、空间、人物等要素，叙事探究提出了以时间、人和社会、地点作为维度的"三维空间"。"三维空间"在对"经验"的描述上，体现出向内、向外、向前、向后的特点。向内趋向于内在的情况，即情感、希望、审美反应和道德倾向；向外趋向于外在条件，即情境；向前、向后指的是时间性——过去、现在和将来。[1] 本文在此不对"三维空间"的全部特点展开讨论，仅就与前文相关联的内容进行简要交流。

---

[1] ［加］克兰蒂宁、康纳利：《叙事探究质的研究中的经验和故事》，张园译，北京大学出版社2008年版。

(一) 教育实践的复杂性和多样性

随着叙事探究的深入，通过对大量资料的搜集、挖掘和研究，教育实践的复杂性和多样性凸显出来。教育情境不只局限于学校和课堂场域，也不仅限于上学期间。在2019年新冠肺炎疫情席卷全球之时，全国大中小学生全部居家学习，而这时正是陈铁苹老师的故事无法继续书写下去的低谷期，身为区域内知名班主任的陈老师面对班里的"混世魔王"学生，完全无计可施。在疫情暴发后，中小学线上开展教育教学活动，陈老师惊讶地发现"混世魔王""每次线上活动都认真参与，家长拍来的套被罩、洗衣服、做家务的小模样特别可爱"，"线下如'混世魔王'一样的小王，疫情期间怎么会突然有这么大的变化？这个困惑真正地扰乱了我的心。"[①] 令陈老师想不通的是，在学校里，她费心耗神与小王"斗法"都没有成效，怎么才刚刚一个月不见，小王就发生了180度的转变。经过对教育情境的反思，不难看出，小王目前所处的场所是家庭，面对的人员是父母，对比在校期间，有各项纪律的严格要求，有班主任老师鹰一样的眼睛，面对不同学科教师和众多同学的人际压力，居家对于小王来说，真是既放松又愉快。所有的"故事"都是发生在一定的情境之中的，因情境的变化，"故事"发展的脉络或者对于"故事"的解释也会随之改变。

(二) 教育对象的多元性

在教育实践中，作为故事主体的学生尤为关键。学生作为鲜活的个体生命，无论其家庭背景、亲缘关系还是其个体性格特质，都决定了每个个体的独特性，意即学生整体的多元性。对于学生群体中的不同个体，不适宜用模式化的行动策略来对待。同理，对不同的学生群体，也一样不适宜简单照搬模式化套路。

从以上表现来看，教育实践是充满不确定性的，教育实践的复杂性和教育对象的多元化致使确定的流程化"套路"鲜少能够产生效果。

---

① 引自教育叙事探究工作坊学员陈铁苹老师的《完美画作中的一滴墨——一位老班主任的自我松绑》。

四 关注意义探寻的叙事探究

如前面所谈,为摆脱和解决日常实践中反复发生的困境和难题,实现行动改进,在叙事探究的过程中,重在使教师形成反思性思维,而作为一种思维模式,叙事是一种意义性的诠释。① 对于故事不可能用因果关系来做单一解释,而只能用反复变化的诠释来加以理解。布鲁纳有个生动的比喻:"你可以对一个落体做解释,因为有重力的理论可循。但当那颗传奇的苹果掉到牛顿爵士的头上时,你对于他的脑袋里发生了什么事情,就只能做诠释。"② 然而,在现实中,当教师在教育情境中遭遇难题,或者囿于日常教育工作的压力或紧迫性等原因,他们往往趋于寻求"立竿见影""即时产生效用的问题解决办法",期待"一把钥匙开一把锁",这样的期待背后,往往是线性的单一因果假定。加拿大学者康纳利(Connelly)和克兰丁宁(Clandinin)指出,叙事研究不仅仅是讲故事和写故事,而在于"重述和重写那些能够导致觉醒和变迁的教师和学生的故事,以引起教师实践的变革"③。这些"故事"中相关要素的复杂性和多样性更需要教师通过系统的探究,深度反身回到关系上,而不是仅停留在现象和因果的表面。

五 双环学习激发价值观改变

阿吉里斯和舍恩的一个重要发现就是信奉理论(Espoused Theory)与使用理论(Theory in Use)。一个人在被问到怎么做时通常给出的都是信奉理论,也就是当事人宣称他所遵行的理论;而他所使用的理论则指那些由实际行动所推论出来的理论。对信奉理论和使用理论的探讨实质上就是对知与行关系的探讨,在教育研究中,也可以狭义地理解为教育理论与教育实践的关系探讨。工作坊学员朱晨晓老师在她的故事中讲到,在一次和儿

---

① 丁钢:《教育经验的理论方式》,《教育研究》2003年第2期。
② Bruner, Jerome, *The Culture of Education*, Cambridge: Harvard University Press, 1996.
③ Connelly, M. & Clandinin, J., "Telling Teaching Stories," *Teacher Education Quarterly*, 1994.

童玩搭建游戏中,她为了维护儿童搭建作品的完整性,对因自由玩耍而破坏了作品的小朋友脱口而出:"你干吗动我的动物园啊!"在反思中,朱老师想到"专业的'我'在处理这次'动物园'事件时本应更巧妙、更贴近幼儿,但本能的'我'却出现了生气、着急的情绪。"① 接受过多年高等教育的朱老师"一直坚定地认为:幼儿园是'幼儿的乐园',应该是儿童快乐成长发展的地方,应该是属于儿童的"②,这也必然是朱老师在任何专业探讨和交流中一贯信奉的理论,然而,一次面对儿童在教育情境中的突然举动,朱老师的"本能我"就猝不及防地表现了出来,朱老师将其秉持的教育理念和实际的本能反应之间的碰撞解释为"专业我"和"本能我"的差别。

当教师对于故事的探究进行至此的时候,已经能够内审自己的教育信念以及价值观。此时就由期待通过调整行动策略,引发结果的变化的单环学习思维模式向反思自己的价值观和信念并勇于适当改变的双环学习转变。

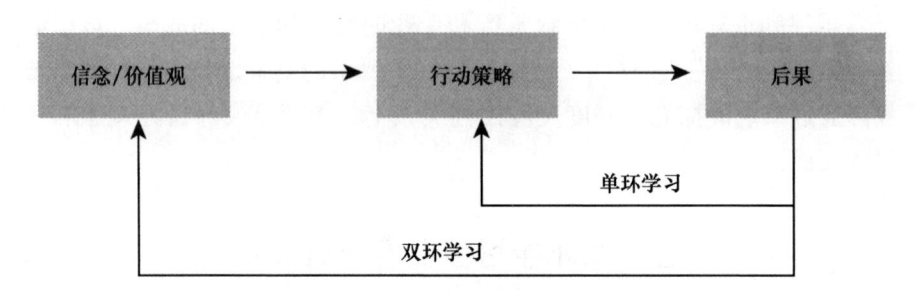

图2 双环学习图示

六 一点思考

尽管套路有它的局限性,但是双环学习并不能完全替代单环学习,在一定的教育情境之下,我们可能还会使用单环学习,或者还会采取一些固

---

① 引自教育叙事探究工作坊学员朱晨晓老师的《"我"的"动物园"?谁的幼儿园?——本能"我"与专业"我"的磨合与共生》。
② 引自教育叙事探究工作坊学员朱晨晓老师的《"我"的"动物园"?谁的幼儿园?——本能"我"与专业"我"的磨合与共生》。

定化或模式化的行动策略，不能非此即彼。另外，我们要利用目前阶段对双环学习价值取向的研究促进心智模式的改变，但是不能因为追求反套路而进入一种新的套路模式，这一点值得研究人员或者一线教师警醒，也许应该对之进行更进一步的研究。

参考文献

［加］克兰蒂宁、康纳利：《叙事探究质的研究中的经验和故事》，张园译，北京大学出版社 2008 年版。

陈桂生：《什么是比较适合中小学教师运作的教育研究范式——"教育行动研究"要义》，《当代教育论坛》2002 年第 9 期。

陈向明：《教育叙事对教师发展的适切性探究》，《教育研究与实验》2010 年第 2 期。

丁钢：《教育经验的理论方式》，《教育研究》2003 年第 2 期。

谢春风：《创新一体化德育政策 激活教师育人新动能》，《中国高等教育》2021 年第 18 期。

张华军：《论教师作为研究者的内涵：教师研究性思维的应用》，《教育学报》2014 年第 2 期。

［日］佐藤学：《课程与教师》，钟启泉译，教育科学出版社 2003 年版，第 298 页。

Bruner, Jerome, *The Culture of Education*, Cambridge: Harvard University Press, 1996.

Connelly, M. & Clandinin, J., "Telling Teaching Stories," *Teacher Education Quarterly*, 1994.

北京市中小学班主任教师"双减"背景下工作的自我认知与挑战
——以石景山中小学班级教师为例

马金鹤[*]

一 调查目的

2021年9月1日,《关于进一步减轻义务教育阶段学生作业负担和校外培训负担的意见》(简称"双减")的政策要求正式落实。为了解中小学班主任教师工作在"双减"政策前后所发生的主要变化,准确把握班主任教师工作中的问题,更好地推进"双减"要求的落实,我们特开发了一套中小学一线班主任教师工作状况调查问卷,在石景山区中小学对班主任进行调研,获得了初步的统计结果。

二 调查的内容与实施

(一)调查问卷设计

在调查问卷的设计过程中,课题组多次对北京市中小学班主任教师进行个人与集体焦点访谈。结合中小学班主任工作实践内容与访谈内容,问卷主要围绕"双减"背景下,班主任教师工作量现状与时间投入情况、班主任教师工作中的自我知觉、班主任在"双减"政策影响下工作上的机遇和挑战等几个维度设计,以期发现班主任教师在"双减"前后工作中的变与不变,并且尝试解释是哪些因素影响了这些"变"与"不变"。

根据研究的主题和具体的研究问题,课题组多次组织相关专家、班主

---

[*] 马金鹤 北京教育科学研究院德育研究中心研究人员。

任教师进行交流讨论。调查问卷最初于 2021 年 11 月设计完成，并做了小范围抽样调查，与问卷的内容与相关研究人员和班主任教师、学生进行了交流，对抽样数据做了分析，对问卷的信度和效度进行了可行性评估。在抽样调查的基础上，课题组对问卷进行了细致修改，于 2021 年 12 月形成了最终调查问卷。

（二）调查取样范围

本次问卷调查覆盖石景山区所有初中、小学，参与调研的班主任老师有 980 名。其中，小学班主任教师为 701 人，占比 71.5%；初中班主任教师为 279 人，占比 28.5%；女班主任教师占 91.9%，男班主任教师占 8.1%。出生年代主要集中于 1970—1979 年和 1980—1989 年两个区间，分别占 31.6% 和 37.4%，1990 年及以后出生的班主任教师占 24.1%，1960—1969 年出生的班主任教师占 6.9%。有 38.3% 的班主任教师任职超过 15 年，任职 5 年以下以及 6—10 年的占比均为 20% 左右，任职 11—15 年的占比为 14.4%。

参与调查的班主任教师主要是本科学历，占 79.7%，硕士学历占 17.7%，大专及以下学历占 2.4%。班主任教师的专业技术职称情况是：一级班主任教师人数最多，占比达到 48.2%；二级及以下班主任教师人数次之，占比达到 38.5%；高级班主任教师占比为 13.3%；正高级班主任教师仅一人，占比为 0.1%。有 82.1% 的班主任教师没有获得过荣誉称号，有 10.2% 的班主任教师获得过"区级学科带头人或骨干班主任教师"称号，有 6% 的班主任教师获得过"区级班主任、骨干班主任教师"荣誉。

（三）问卷回收情况

调查问卷采取问卷星发放，被调研班主任教师匿名填写调查内容。调查时间选在 2022 年 1 月。在调查问卷发放前，对被调查者充分说明本问卷调查的意图，让班主任教师明白调查工作的科研目的，防止班主任教师揣测调查的意图，进而影响调查的有效性。共计收回调查问卷 980 份，有效问卷 980 份。

（四）调查样本信度

调查问卷在设计过程中经过专家、班主任教师讨论以及前期访谈调查，在小范围抽样基础上进行了修改，调查问卷内容效度和结构效度较高。从问卷的分层方式和对象选择、问卷设置的题目数量、题目与研究主题的切合度、问卷回收情况来看，调查问卷的信度较高。同时由于调查问卷为匿名填写，这也保证了问卷的较高信度。

三 调查的主要发现

（一）班主任教师承担的基本工作情况

这次调查的总体发现是："双减"后班主任教师每月承担课后辅导次数集中在8—12次；负责延时服务次数则在0次和10次之间不等；班主任教师平均每天在校工作的时间集中在8—12小时。

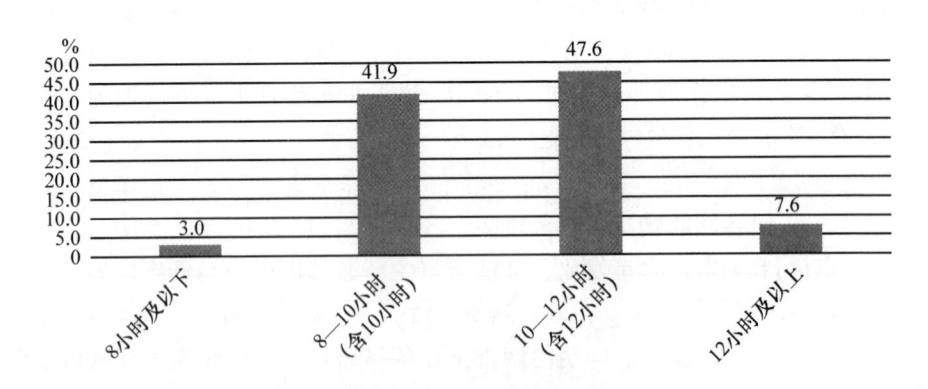

"双减"后班主任教师平均每天在校工作的时间情况：

"双减"后，班主任教师选择平均每天在校工作时间在10—12小时（含12小时）的人数最多，占比为47.6%；选择工作时间在8—10小时（含10小时）的人数接近，占比为41.9%；选择工作时间为12小时及以上的班主任教师占比为7.6%；选择工作时间在8小时及以下的班主任教师占比为3%，人数较少。"双减"后，班主任教师平均每天在校工作时间的具体情况如图1所示。

图1 "双减"后班主任教师平均每天在校工作的时间选择占比

（二）班主任教师对工作量变化的感知情况

这次调查的总体发现是："双减"后，班主任教师认为在课后延时服务、班级管理以及填写表格、数据上花费的精力远远大于"双减"以前；班主任教师感知到的工作量明显增加的是：进班时间、班级常规管理的时间、与学生单独进行教育性谈话的时间、班主任教师与家长沟通的时间、需要填写和上报的表格数量、班级常规管理事务数量、参与和教育教学无关的事务性活动数量；与这些明显增加的工作量相比，班主任教师的备课时间和自主教学研究时间、与同事讨论教育教学问题的机会以及在学校里可自由支配的时间则明显减少。

1. "双减"后，班主任教师认为比"双减"前花费精力更多的工作

"双减"后，班主任教师认为，在课后延时服务上所花费的精力明显增多的人数最多，占比达到79.2%；认为在班级管理、活动组织、教育学生上花费精力明显增加的人数较多，占比达到76.1%；认为在各种表格的填写和数据上花费精力明显增加的班主任教师占比为66%；认为在开会、接收通知与传达信息上花费精力明显增加的班主任教师占比为56.4%；认为在与家长沟通上花费精力明显增加的班主任教师占比为52.1%；认为在备课、上课、批改作业上花费精力增加的班主任教师占比为49.2%；认为在市区校组织的教育教学活动上花费精力增加的班主任教师占比为22.1%。"双减"后，班主任教师认为比"双减"前花费精力更多的工作的具体情况如图2所示。

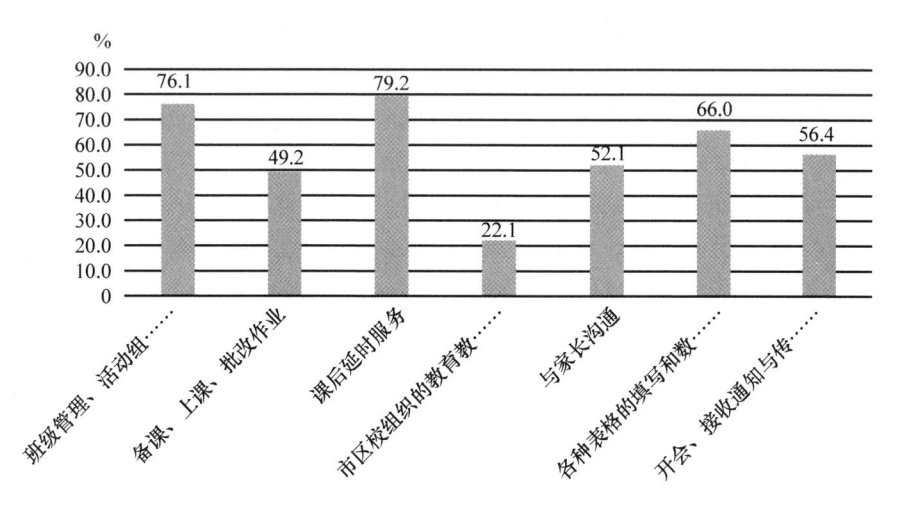

图2 "双减"后，班主任教师认为比"双减"前花费精力更多的工作占比

2. "双减"前后，班主任进班的时间差异情况

"双减"后，有80.5%的班主任教师进班时间增加，其中有56.5%的班主任教师进班时间大幅增加；有17.5%的班主任教师进班时间无显著变化；有18%的班主任教师进班时间减少。——"双减"增加了大部分班主任教师的进班时间，且大幅增加的比例占半数以上。

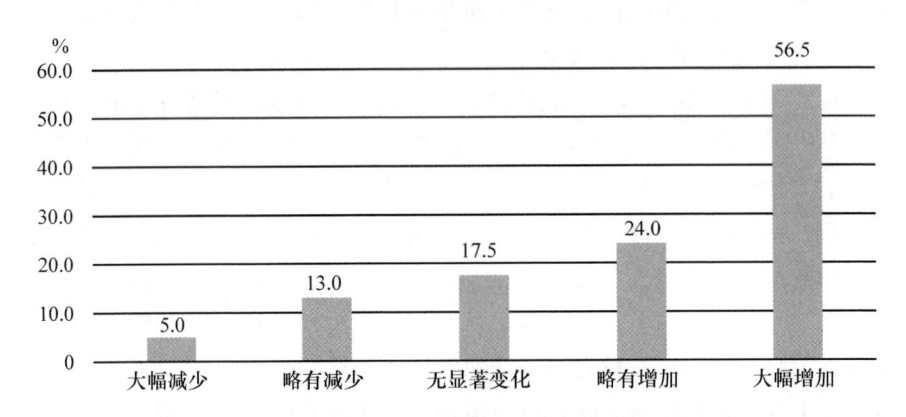

图3 "双减"前后，班主任教师进班的时间差异情况

3. "双减"后，班主任教师在校备课时间情况

"双减"后，有72.5%的班主任教师向学校反馈留给其的备课时间减少，其中有43.8%的班主任教师备课时间大幅减少；有20.6%的班主任教师备课时间无显著变化；仅有6.6%的班主任教师备课时间增加。——"双减"侵占了大部分班主任教师的备课时间，相当一部分班主任教师的备课时间大幅减少。

"双减"后，学校留给我的备课时间 = -0.042出生年代 + 0.228性别 + 0.154任教学段 - 0.024班主任任职年限 - 0.175×最终学历 - 0.067专业技术职称 + 2.382。

即在出生年代、性别、任教学段、班主任任职年限、最终学历和专业技术职称这些影响因素中，学历在"双减"后对班主任教师备课时间的影响是显著的，具体来说，有超过三分之二的教师感知到"双减"后在校备课时间减少，其中学历越低的班主任教师在"双减"以后对备课时间减少的感受越明显。"双减"后，班主任教师在校备课时间情况如图4所示。

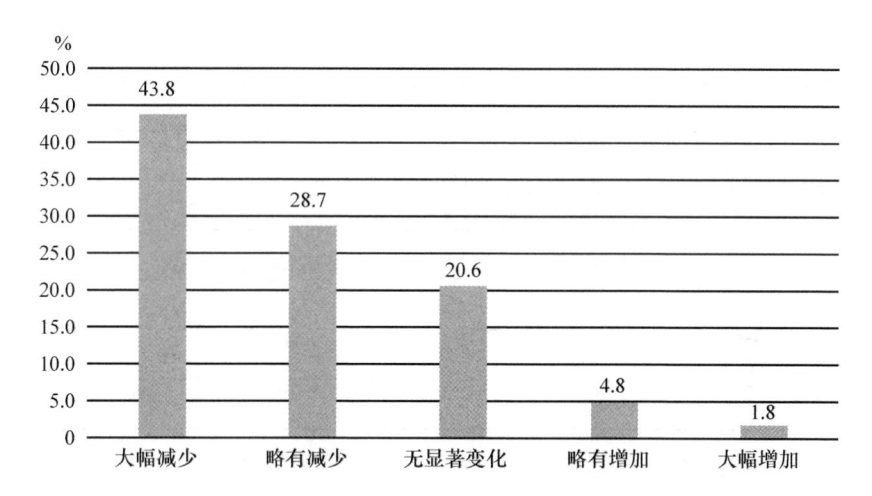

图4 "双减"后，班主任教师在校备课时间变化情况

4. "双减"后，班主任教师用于教学研究的时间情况

"双减"后，有64.7%的班主任教师用于教学研究的时间减少；有18.7%的班主任教师用于教学研究的时间无显著变化；有16%的班主任教师用于教学研究的时间增加。——"双减"后，班主任教师用于教学研究的时间受到影响，有三分之二的班主任教师教学研究的时间减少，无显著变化和增加的比例相似。

"双减"后，个人用于教学研究的时间 = 0.025 出生年代 + 0.036 性别 + 0.12 任教学段 + 0.052 班主任任职年限 − 0.245 × 最终学历 − 0.039 专业技术职称 + 2.419。

即在出生年代、性别、任教学段、班主任任职年限、最终学历和专业技术职称这些影响因素中，学历影响了"双减"后对班主任教师进行教学研究时间改变的感知，具体来说，有三分之二教师认为"双减"后用于教学研究的时间减少了，其中学历越高的教师对教学研究时间减少的感知越强烈。"双减"后，班主任教师用于教学研究的时间情况如表5所示。

5. "双减"后，班主任教师参加学校组织的教研活动时间情况

"双减"后，有26.4%的班主任教师参加学校组织的教研活动的时间增加；有37.1%的班主任教师参加教研活动的时间无显著变化；有36.2%

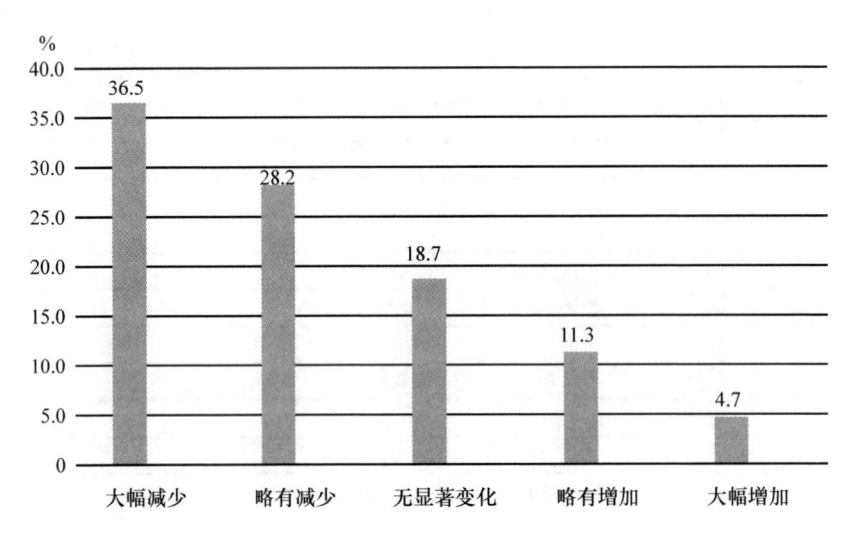

图 5 "双减"后，班主任教师用于教学研究的时间变化情况

的班主任教师参加教研活动的时间减少。——"双减"后，班主任教师参加学校组织的教研活动的时间无明显一致的变化趋势，减少和无显著变化的情况占比相似，增加的情况比其他两种情况略少。

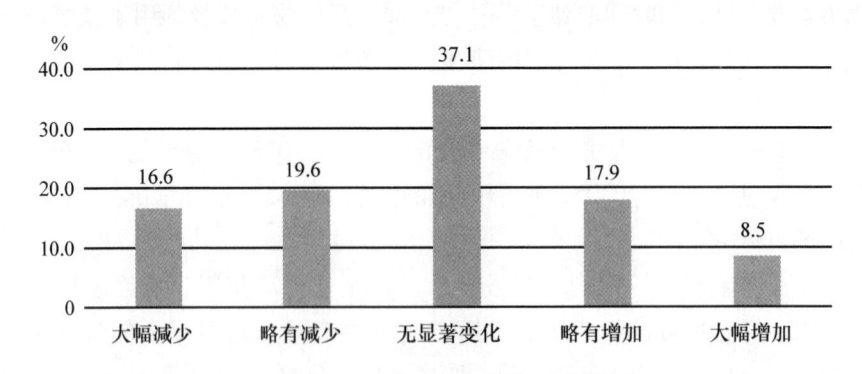

图 6 "双减"后，班主任教师参加学校组织的教研活动时间变化情况

6. "双减"后，班主任教师进行班级常规管理的时间情况

"双减"后，有72.5%的班主任教师进行班级常规管理的时间增加；有27.2%的班主任教师认为"双减"后进班时间无显著变化或减少。

"双减"后，进行班级常规管理的时间 = -0.06 出生年代 -0.22 性别 +0.033 任教学段 +0.08 班主任任职年限 +0.062 最终学历 +0.01 专业

技术职称 +3.804。

在出生年代、性别、任教学段、班主任任职年限、最终学历和专业技术职称这些影响因素中，没有对班级常规管理的时间影响显著的因素。"双减"后，班主任教师进行班级常规管理的时间情况如图7所示。

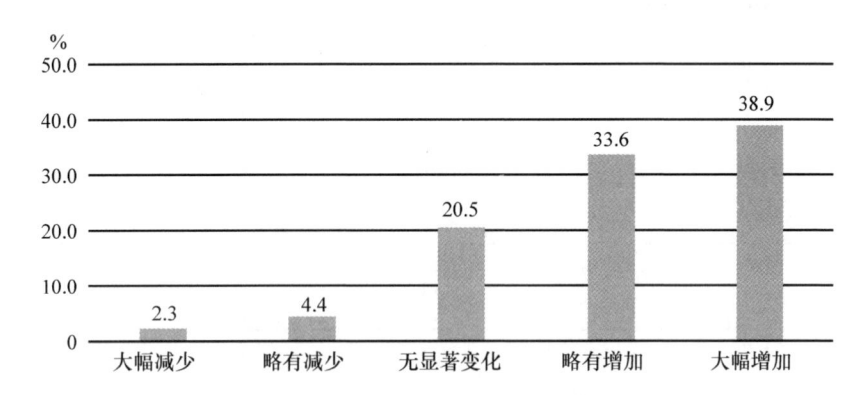

图7 "双减"后，班主任教师进行班级常规管理的时间变化情况

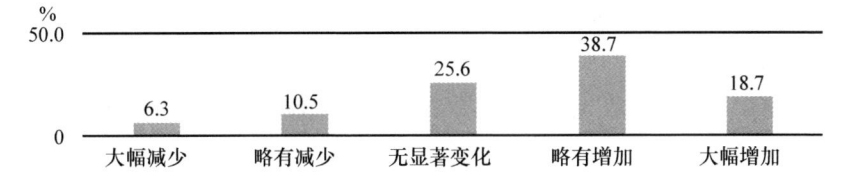

7. "双减"后，班主任教师与学生单独进行教育性谈话的时间

"双减"后，有57.4%的班主任教师与学生单独进行教育性谈话的时间增加，其中有38.7%的班主任教师与学生单独进行教育性谈话的时间略有增加；有25.6%的班主任教师与学生单独进行教育性谈话的时间无显著变化；有16.8%的班主任教师与学生单独进行教育性谈话的时间减少。——"双减"增加了半数以上班主任教师与学生单独进行教育性谈话的时间，略有增加的情况比大幅增加的情况占比更高。

图8 "双减"后，班主任教师与学生单独进行教育性谈话的时间变化占比

8. "双减"后，班主任教师与家长就班级管理事务和学生发展问题的沟通情况

"双减"后，有62.8%的班主任教师与家长就班级管理事务和学生发

展问题的沟通增加,其中有41.1%的班主任教师与家长的沟通时间略有增加;有26.6%的班主任教师与家长的沟通时间无显著变化;有10.4%的班主任教师与家长的沟通时间减少。——"双减"增加了半数以上班主任教师与家长就班级管理事务和学生发展问题的沟通,略有增加的情况比大幅增加的情况占比更高。

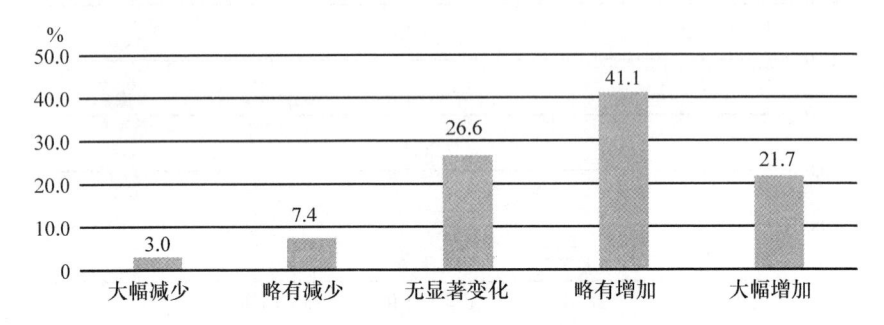

```
%
50.0
40.0                                    41.1
30.0                    26.6
20.0                                              21.7
10.0         7.4
      3.0
 0
  大幅减少  略有减少  无显著变化  略有增加  大幅增加
```

图9 "双减"后,班主任教师与家长就班级管理事务和学生
发展问题的沟通时间变化情况

9. "双减"后,班主任教师需要填写和上报的表格情况

"双减"后,有79.5%的班主任教师需要填写和上报的表格增加,略有增加和大幅增加的比例相似;有17.8%的班主任教师需要填写和上报的表格情况无显著变化;仅有2.5%的班主任教师需要填写和上报的表格情况减少。——"双减"使得极大比例的班主任教师需要填写和上报的表格增加。

"双减"后,需要填写和上报的表格 = -0.009 出生年代 -0.209 × 性别 -0.021 任教学段 +0.059 班主任任职年限 +0.161 × 最终学历 -0.019 专业技术职称 +3.752。

即在出生年代、性别、任教学段、班主任任职年限、最终学历和专业技术职称这些影响因素中,性别和最终学历在"双减"后对班主任教师需要填写和上报表格的影响是显著的。具体来说,有将近80%的班主任教师感知到填写表格的工作增加了,其中,女教师、学历高的班主任教师以及初中班主任教师对在"双减"以后需要填写和上报的表格增加的感受更为强烈。"双减"后,班主任教师需要填写和上报的表格情况如图10所示。

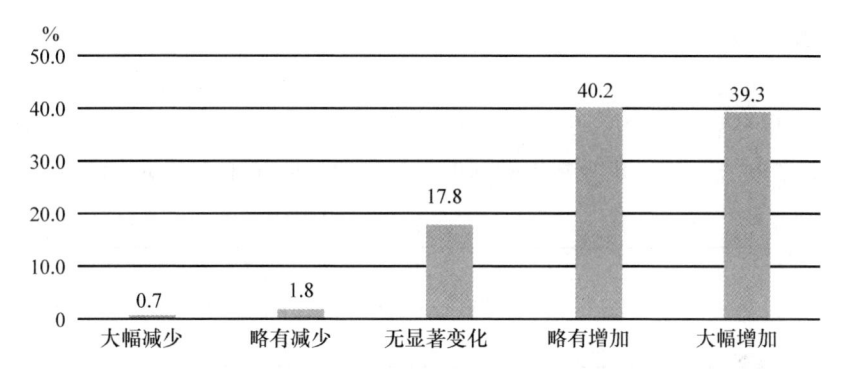

图10 "双减"后，班主任教师需要填写和上报的表格变化情况

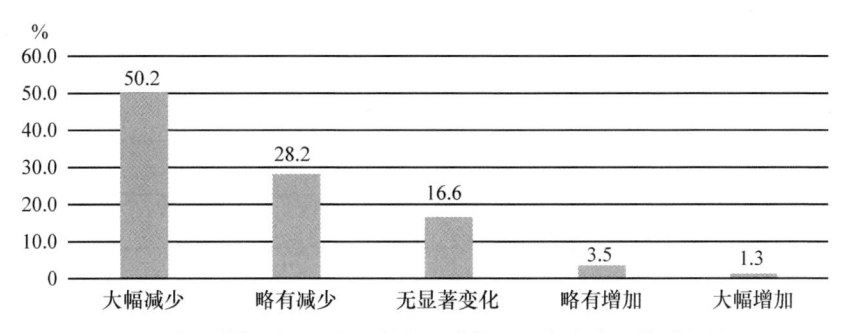

10. "双减"后，班主任教师在学校里可自由支配的时间情况

"双减"后，有78.4%的班主任教师在学校里可自由支配的时间减少，其中有50.2%的班主任教师可以自由支配的时间大幅减少；有16.6%的班主任教师可以自由支配的时间无显著变化；仅有4.8%的班主任教师在学校可自由支配的时间增加。——"双减"使得大部分班主任教师在学校里可自由支配的时间减少，且半数班主任教师自由支配的时间大幅减少。在出生年代、性别、任教学段、班主任任职年限、最终学历和专业技术职称这些影响因素中，没有对"双减"后班主任教师在学校的可自由支配时间影响显著的因素。"双减"后，班主任教师在学校里可自由支配的时间情况如图11所示。

图11 "双减"后，班主任教师在学校里可自由支配的时间情况

11. "双减"后，班级常规管理事务数量

"双减"后，有77.1%的班主任教师反馈班级常规管理的事务数量增

加，略有增加的比例较大幅增加的比例高；有20%的班主任教师反馈班级常规管理的事务数量无显著变化；仅有2.8%的班主任教师反馈班级常规管理的事务数量减少。——"双减"使得大部分班级常规管理的事务数量增加。"双减"后，班级常规管理事务数量增减情况如图12所示。

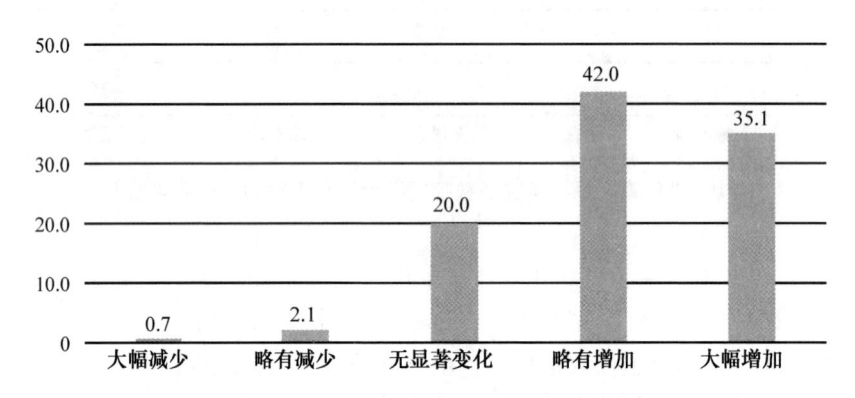

图12 "双减"后，班级常规管理事务数量增减情况（%）

12. "双减"之后，班主任教师用于批改学生作业的时间情况

"双减"后，有31.8%的班主任教师用于批改学生作业的时间增加；有39.4%的班主任教师用于批改学生作业的时间无显著变化；有28.5%的班主任教师用于批改学生作业的时间减少。——"双减"后，班主任教师用于批改学生作业的时间没有一致的变化趋势，增加和减少的情况占比相似，无显著变化的比例比其他两种情况要高。"双减"之后，班主任教师用于批改学生作业的时间情况如图13所示。

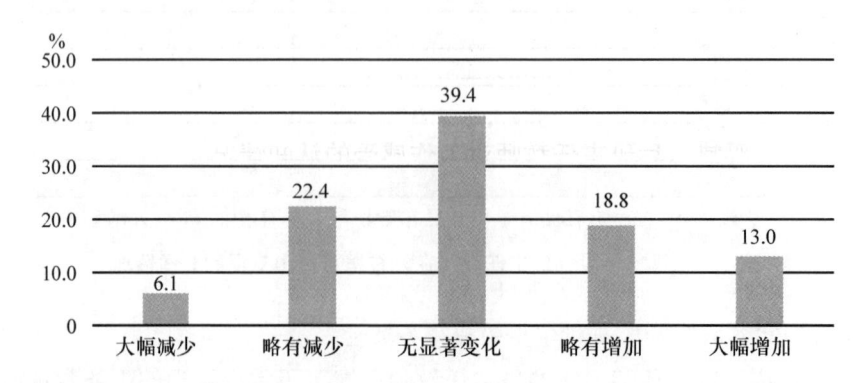

图13 "双减"之后，班主任教师用于批改学生作业时间的增减情况

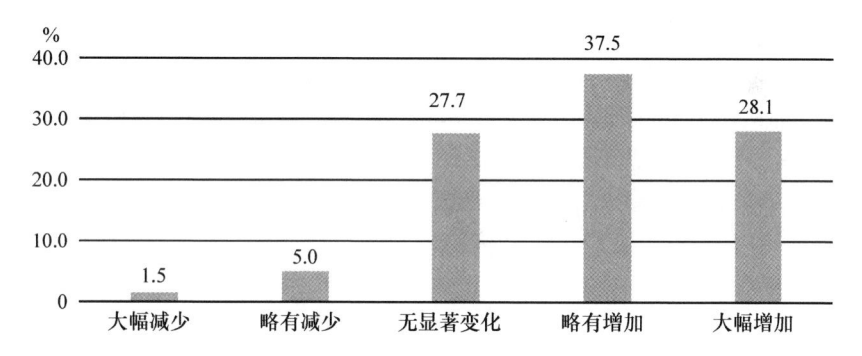

13. "双减"之后，班主任教师参与和教育教学无关的事务性活动数量情况

"双减"后，有65.6%的班主任教师反馈与教育教学无关的事务性活动数量增加，略有增加的比例较大幅增加的比例高；有27.7%的班主任教师反馈与教育教子无关的事务性活动数量无显著变化；仅有6.5%的班主任教师反馈与教学无关的事务性活动数量减少。——"双减"使得大部分教师与教育教学无关的事务性活动数量增加，也有一部分教师未受到事务性活动的影响。

班主任任职年限和学历对"双减"后班主任教师教育教学无关的事务性活动数量的影响是显著的，具体来说，有65.6%的班主任教师认为参与和教育教学无关的事务性活动数量增加了，比起其他人，班主任任职年限长和学历较高的教师所感知到的在"双减"以后班主任教师教育教学无关的事务性活动数量增加更为明显。"双减"之后，班主任教师参与和教育教学无关的事务性活动数量情况如图14所示。

图14 "双减"之后，班主任教师参与和教育教学无关的事务性活动数量增减情况

（三）"双减"后班主任教师对工作感受的认知情况

这次调查总体上发现："双减"后，有一半以上的教师对担任班主任工作的意愿降低了。班主任教师的专业技术职称影响了"双减"后教师对工作的热情和工作满意度以及自我价值感的认知，职称越高的教师越认为在"双减"后对工作热情、工作满意度和自我价值感提升的感知显著；教师性别影响了班主任对工作胜任感、未来工作的愿景和信心，女教师对工

作胜任感以及未来工作的愿景和信心都显著降低了；从总体上看，相较于男教师，女教师在更大程度上感受到了"双减"后工作强度对女性身体健康的挑战。学历影响了班主任教师对某些工作的感知，比如，学历高的教师认为，在"双减"以后学校组织的教学研究活动带给教师的收获增加了；高学历班主任教师的自我评估是，在"双减"后工作专注度和工作满意度显著降低了。绝大多数班主任教师感到工作压力显著增加了；大部分班主任教师都表达对"双减"所带来的工作变化的不适应。

1. "双减"后，班主任教师对担任班主任工作的意愿

"双减"后，班主任教师对担任班主任工作的意愿程度比"双减"前降低的人数最多，占比达到了54%；和"双减"前一样愿意担任班主任的教师占比为25.3%；和"双减"前一样不愿意担任班主任的教师占比为18.4%；比"双减"前更愿意担任班主任的教师人数最少，占比为2.3%。"双减"后，班主任教师对担任班主任工作的意愿如图15所示。

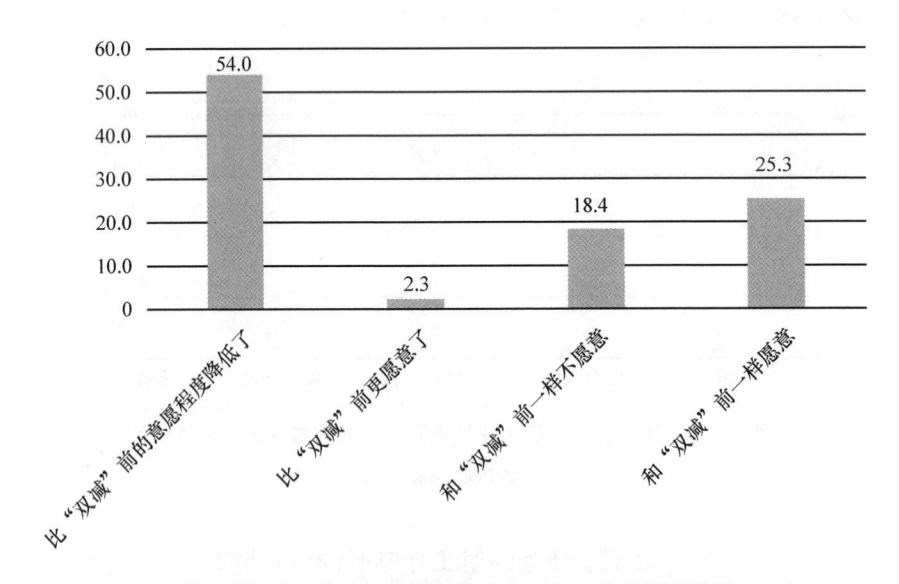

图15 "双减"后，班主任教师对担任班主任工作的意愿情况（%）

2. "双减"之后，班主任教师对学校组织的教学研究活动的感受

"双减"后，有41.2%的班主任教师认为，学校组织的教学研究活动带来的收获增加；有48.7%的班主任教师认为无显著变化；有9.9%的班主任教师认为收获减少。——"双减"后，约半数班主任教师认为，学校

组织的教学研究活动所带来的收获增加,但仍有半数班主任教师认为无显著变化。

"双减"后,学校组织的教学研究活动带给我的收获 = 0.048 出生年代 - 0.074 性别 + 0.136 任教学段 + 0.017 班主任任职年限 - 0.227 最终学历 - 0.047 专业技术职称 + 3.56。

即在出生年代、性别、任教学段、班主任任职年限、最终学历和专业技术职称这些影响因素中,任教学段和学历在"双减"后对学校组织的教学研究活动带给教师的收获的影响是显著的,具体来说,有一半教师认为"双减"以后教研活动的收获没有变化。经过回归分析,我们发现,初中班主任和学历高的教师认为,"双减"以后学校组织的教学研究活动带给教师的收获增加的感受更为明显。"双减"之后,班主任教师对学校组织的教学研究活动的感受如图16所示。

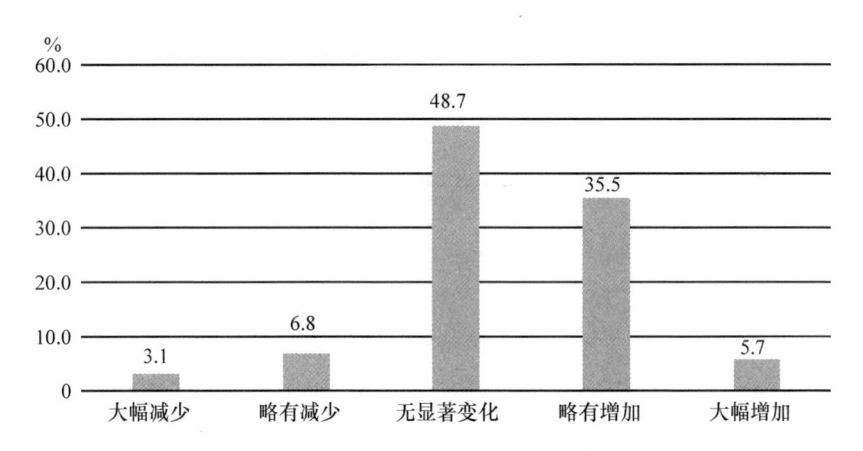

图16 "双减"之后,班主任教师对学校组织的教学研究活动的感受情况

3. "双减"之后,班主任教师对工作效率的感知

"双减"后,有31.8%的班主任教师的工作效率提高了,其中仅有5.1%的班主任教师工作效率大幅提高;有39.6%的班主任教师工作效率无显著变化;有28.3%的班主任教师工作效率降低。——"双减"对班主任教师工作效率的影响不同,无显著变化的班主任教师比例最高,工作效率增加与减少的班主任教师比例接近。

"双减"后,班主任教师工作效率 = 0.018 出生年代 + 0.022 性别

-0.024任教学段+0.082班主任任职年限-0.027最终学历-0.074专业技术职称+2.935。

在出生年代、性别、任教学段、班主任任职年限、最终学历和专业技术职称这些影响因素中，没有对"双减"后班主任教师的工作效率影响显著的因素。"双减"之后，班主任教师对工作效率的感知如图17所示。

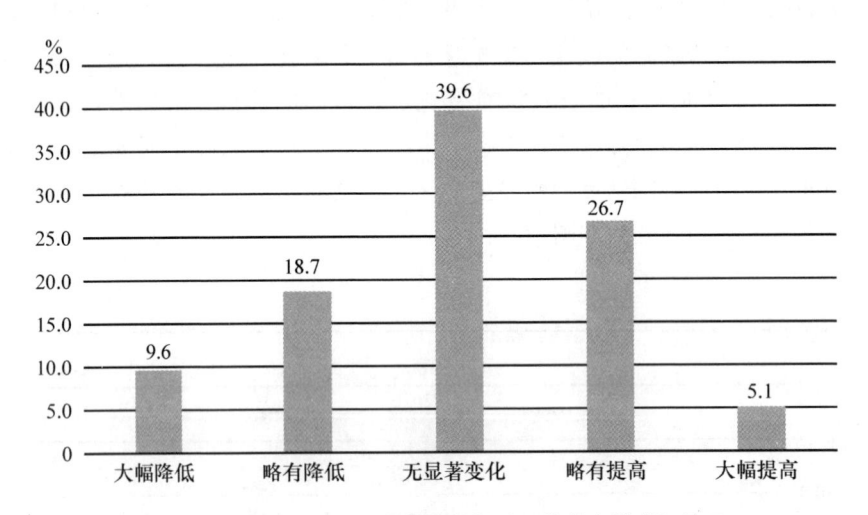

图17 "双减"之后，班主任教师对工作效率的感知情况

4. "双减"之后，班主任教师对处理学生问题的感知

"双减"后，在处理学生问题上，有28.6%的班主任教师比以前多了耐心和理解；有56%的班主任教师无显著变化；有15.3%的班主任教师没以前那么有耐心了。——"双减"改变了约一半班主任教师处理学生问题的态度，其中多了耐心和理解的比例比没有以前那么有耐心的比例要高，仍有半数以上的班主任教师在处理学生问题上的态度无显著变化。

5. "双减"之后，班主任教师对自我工作热情的感知

在本题项上，班主任教师对于工作热情选择"无显著变化"的人数最多，占比达到42.4%，有28.3%的班主任教师选择了"略有降低"，有17.2%的班主任教师选择了"大幅降低"，仅有9.7%和2.3%的班主任教师选择"略有提高"与"大幅提高"。

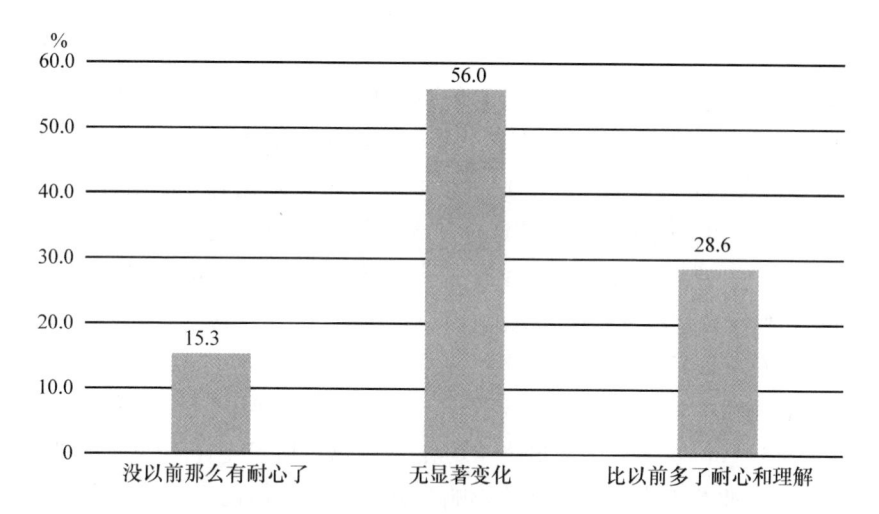

图18 "双减"之后,班主任教师在处理学生问题上的感知情况

工作热情 = -0.007 出生年代 -0.19 性别 +0.064 任教学段 +0.037 班主任任职年限 -0.068 最终学历 +0.139 × 专业技术与职称 +2.413。

即在出生年代、性别、任教学段、班主任任职年限、最终学历和专业技术职称这些影响因素中,专业技术职称对"双减"后班主任教师的工作热情影响显著。具体而言,有42.4%的班主任教师认为工作热情没有显著变化,有45.5%的教师认为热情降低,不过,经过回归分析我们发现,班主任教师专业技术职称越高,对"双减"后工作热情提高的体验越明显。"双减"之后,班主任教师对自我工作热情的感知如图19所示。

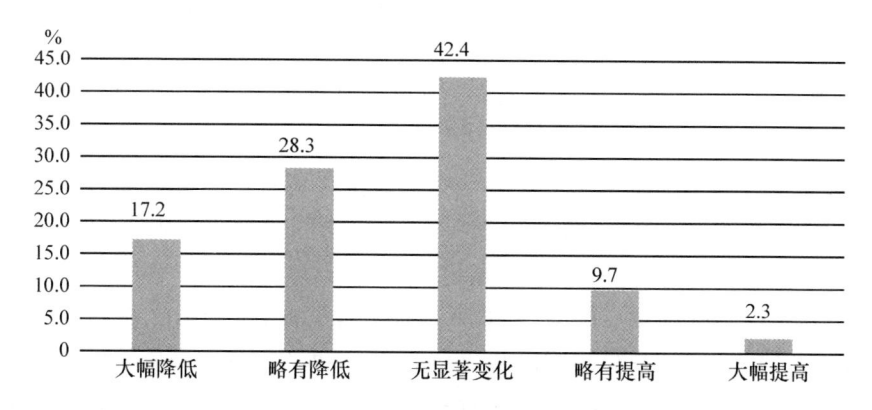

图19 "双减"之后,班主任教师对自我工作热情的感知情况

6. "双减"之后，班主任教师对备课、上课、批改作业等工作专注度的感知

在本题项上，班主任教师对于备课、上课、批改作业等工作的专注度选择"无显著变化"的人数最多，占比达到47.6%，有19.2%的班主任教师选择了"略有降低"，有18.4%的班主任教师选择了"略有提高"。仅有9%和5.9%的班主任教师选择"大幅降低"与"大幅提高"。

备课、上课、批改作业等工作的专注度 = 0.001 出生年代 − 0.098 性别 + 0.026 任教学段 + 0.072 班主任任职年限 − 0.182 最终学历 + 0.125 专业技术职称 + 2.878。

即在出生年代、性别、任教学段、班主任任职年限、最终学历和专业技术职称这些影响因素中，最终学历在"双减"后班主任教师对备课、上课、批改作业等工作的专注度的影响是显著的。具体而言，有一半的班主任教师认为工作专注度没有变化，经过回归分析，我们发现，班主任教师的学历越高，对"双减"后工作专注度降低的感受越明显。"双减"之后，班主任教师对备课、上课、批改作业等工作专注度的感知如图20所示。

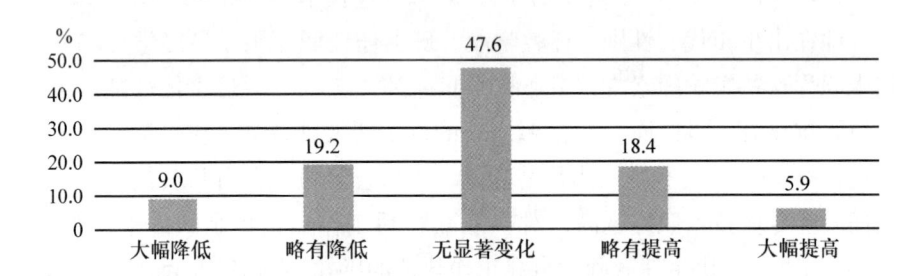

图20 "双减"之后，班主任教师对工作专注度的自我感知情况

7. "双减"之后，班主任教师对工作的胜任感

在本题项上，班主任教师对于工作的胜任感选择"无显著变化"的人数最多，占比达到47.8%，有24.2%的班主任教师选择了"略有降低"。选择"大幅降低"和"略有提高"的人数相近，占比分别为12.9%和12.6%，仅有2.7%的班主任教师选择了"大幅提高"。

对工作的胜任感 = 0.04 出生年代 − 0.24 × 性别 − 0.013 任教学段 + 0.044 班主任任职年限 − 0.096 最终学历 + 0.087 专业技术职称 + 2.853。

即在出生年代、性别、任教学段、班主任任职年限、最终学历和专业

技术职称这些影响因素中，性别对"双减"后班主任教师工作胜任感的影响是显著的。具体而言，有将近一半的班主任教师认为工作胜任感没有变化，经过回归分析，我们发现，比起男教师，女班主任教师对"双减"后工作胜任感降低的感受更明显。"双减"之后，班主任教师对工作的胜任感如图21所示。

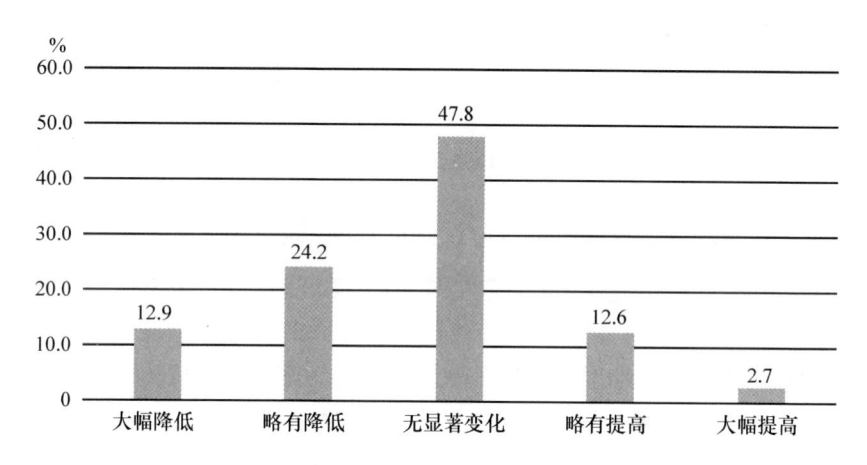

图21 "双减"之后，班主任教师对工作的胜任感情况

8."双减"之后，班主任教师的工作压力

在本题项上，有81.9%的班主任教师认为工作压力增加，其中选择"大幅增加"的人数最多，占比达43.4%，选择"略有增加"的人数次之，占比达38.5%；有16.7%的班主任教师选择了"无显著变化"。仅有0.5%和0.9%的班主任教师选择了"大幅降低"与"略有降低"。

工作压力 = −0.009 出生年代 +0.156 性别 +0.004 任教学段 +0.058 班主任任职年限 −0.01 最终学历 +0.035 专业技术职称 +3.705。

即在出生年代、性别、任教学段、班主任任职年限、最终学历和专业技术职称这些影响因素中，没有因素对于"双减"后班主任教师工作压力产生显著影响。"双减"之后，班主任教师的工作压力如图22所示。

9."双减"之后，班主任对工作变化的适应

在本题项上，班主任教师对于工作变化选择"不太适应"的人数最多，占比达到39%。选择"没什么感觉"的人数次之，占比达到26.6%。选择"适应"的人数占比为22.2%，选择"很不适应"的人数占比为

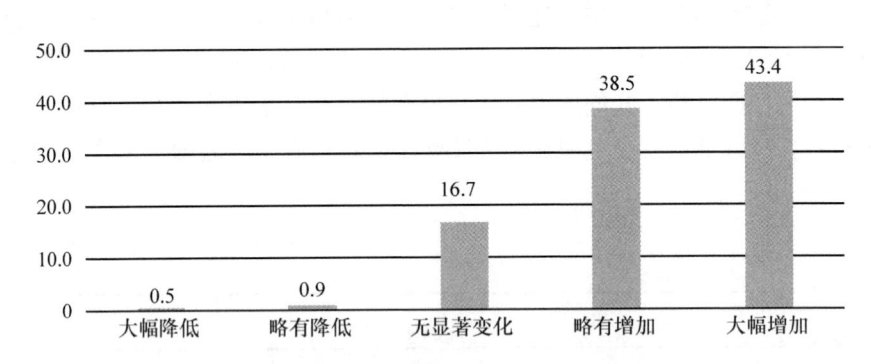

图 22 "双减"之后,班主任教师的工作压力情况(%)

11.3%,选择"特别适应"的班主任教师人数最少,占比仅为0.8%。

对工作变化的适应 = -0.195 性别 +0.037 任教学段 -0.023 班主任任职年限 -0.023 最终学历 +0.09 专业技术职称 +2.766。

即在出生年代、性别、任教学段、班主任任职年限、最终学历和专业技术职称这些影响因素中,没有因素对于"双减"后教师对工作变化的适应感产生显著影响。"双减"之后,班主任对工作变化的适应如图23所示。

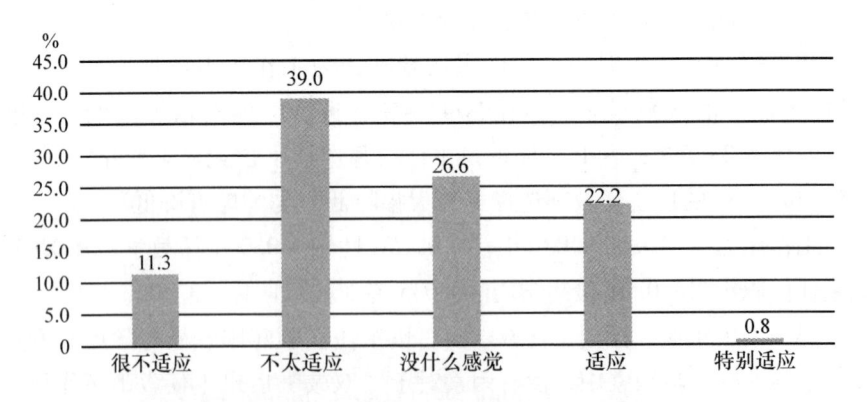

图 23 "双减"之后,班主任对工作变化的适应情况

10. "双减"之后,班主任对自己未来工作的愿景和信心

在本题项上,班主任教师对于工作的愿景和信心选择"无显著变化"的人数最多,占比达到50%。选择"没有更高的愿景和信心了"的人数次

之，占比达到37.1%。选择"有更高的愿景和更大的信心"的人数最少，占比仅为12.9%。

对自己未来工作的愿景和信心 = 0.012 出生年代 − 0.175 性别 + 0.006 任教学段 − 0.039 班主任任职年限 − 0.069 最终学历 + 0.04 专业技术职称 + 2.177。

即在出生年代、性别、任教学段、班主任任职年限、最终学历和专业技术职称这些影响因素中，性别对"双减"后班主任教师工作胜任感的影响是显著的。具体而言，有一半教师认为未来的职业愿景没有发生变化，而相较于男教师，女班主任教师在"双减"后对未来工作的愿景和信心降低得更显著。"双减"之后，班主任教师对自己未来工作的愿景和信心如图24所示。

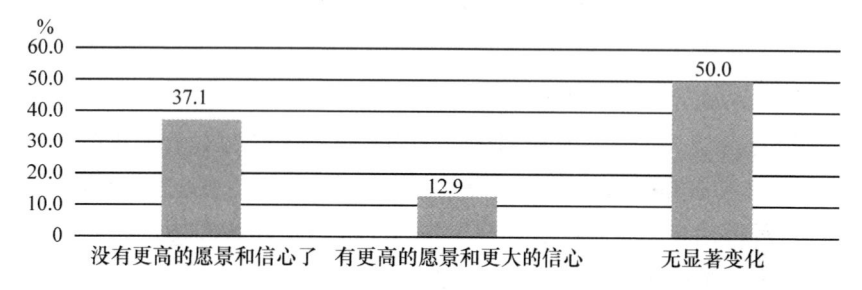

图24 "双减"之后，班主任教师对自己未来工作的愿景和信心情况

11. "双减"之后，班主任教师在工作中体会到的自我价值感

在本题项上，班主任教师对于工作中的自我价值感选择"无显著变化"的人数最多，占比达到42.6%。有40.4%的教师选择了自我价值感降低，其中选择"大幅降低"与"略有降低"的人数接近，占比分别为20.5%与19.9%。有14.6%的班主任教师选择了"略有提高"，仅有2.4%的班主任教师选择了"大幅提高"。

班主任教师在工作中体会到的自我价值感 = 0.026 出生年代 − 0.11 性别 + 0.089 任教学段 + 0.019 班主任任职年限 − 0.149 最终学历 + 0.147 专业技术职称 + 2.403。

即在出生年代、性别、任教学段、班主任任职年限、最终学历和专业技术职称这些影响因素中，专业技术职称对"双减"后班主任教师从工作中体会到的自我价值感的影响是显著的。具体而言，有40.4%的教师感知到工作中的自我价值降低，经过回归分析发现，比起技术职称低的教师，班主任教师专业技术职称越高,在"双减"后从工作中体会到的自我价值提高的感觉越明显。"双减"之后,班主任教师在工作中体会到的自我价值感如图25所示。

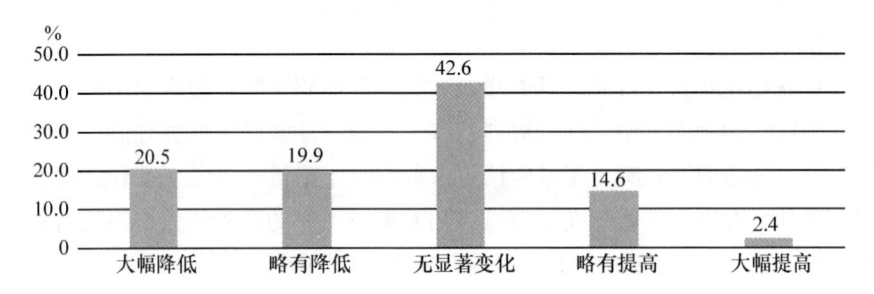

```
%
50.0
40.0                        42.6
30.0
20.0   20.5    19.9
               
10.0                                14.6
                                            2.4
 0.0
      大幅降低  略有降低  无显著变化  略有提高  大幅提高
```

图25 "双减"之后,班主任教师在工作中体会到的自我价值感情况

12. "双减"之后,班主任的工作满意度

在本题项上,班主任教师对于工作满意度选择"无显著变化"的人数最多,占比达到46.9%。选择"大幅降低"与"略有降低"的班主任教师占比分别为15.3%与22.3%。有12.8%的班主任教师选择了"略有提高",仅有2.7%的班主任教师选择了"大幅提高"。

工作满意度 = -0.038 出生年代 -0.038 性别 -0.018 任教学段 +0.04 班主任任职年限 -0.224 最终学历 +0.133 专业技术职称 +2.799。

即在出生年代、性别、任教学段、班主任任职年限、最终学历和专业技术职称这些影响因素中,最终学历和专业技术职称对"双减"后班主任教师工作满意度的影响是显著的。具体而言,有将近一半的班主任教师认为,"双减"后工作满意度没有变化,经过回归分析发现,班主任教师学历和技术职称影响了教师工作满意度的变化,学历越高的教师在"双减"后所感受到的工作满意度降低越明显;而班主任教师专业技术职称越高对"双减"后工作满意度提高的感受则越明显。"双减"之后,班主任的工作满意度如图26所示。

13. "双减"之后,工作强度对班主任身体健康的挑战

在本题项上,有78.5%的班主任教师认为,工作强度对自己身体健康的挑战增加,其中选择"大幅增加"的人数最多,占比达到45.4%;选择"略有增加"的人数次之,占比为33.1%;选择"无显著变化"的班主任

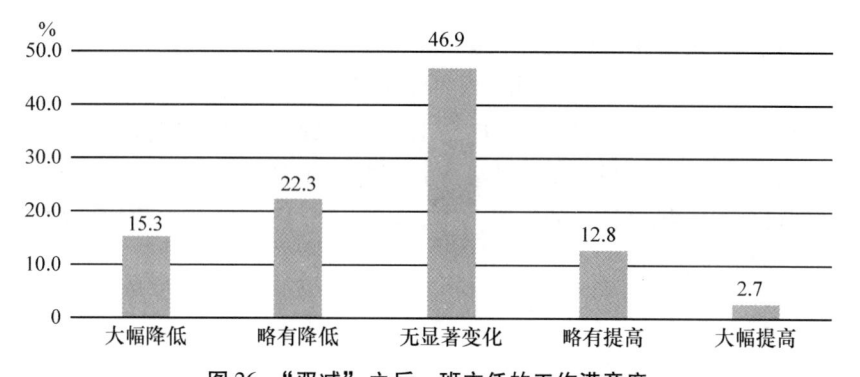

图26 "双减"之后，班主任的工作满意度

教师人数占比为18.4%，仅有0.8%与2.3%的班主任教师选择"大幅减少"与"略有减少"。

工作强度对身体健康的挑战 = -0.096 出生年代 + 0.267 性别 + 0.058 任教学段 + 0.05 班主任任职年限 + 0.089 最终学历 + 0.077 专业技术职称 + 3.302。

即在出生年代、性别、任教学段、班主任任职年限、最终学历和专业技术职称这些影响因素中，性别对"双减"后班主任教师工作满意度的影响是显著的。具体而言，有将近80%的班主任教师认为"双减"之后对身体健康的挑战增加，特别是女教师的感受更为强烈。"双减"之后，工作强度对班主任教师身体健康的挑战如图27所示。

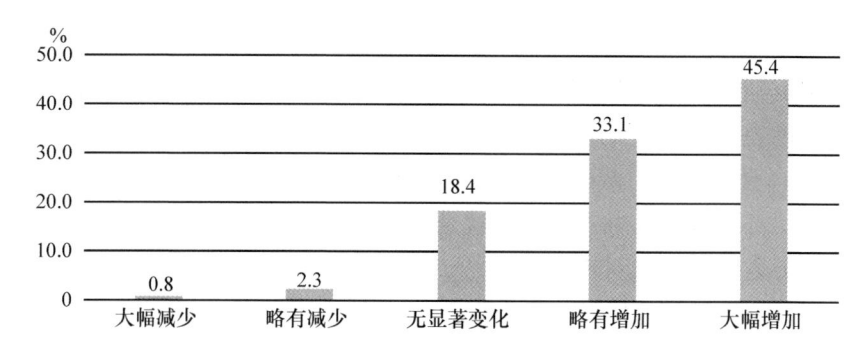

图27 "双减"之后，工作强度对班主任身体健康的挑战

（四）双减带来的机遇和挑战

1. "双减"后，班主任对工作内容挑战大小的排序

班主任认为，"双减"带给自己工作挑战的前三项内容分别是工作时间的延长、学生管理强度变大及事务性工作的增加。课程开发内容的增加与备课难度更大排在较后的位置。"双减"后，班主任对工作内容挑战大小的排序如图28所示。

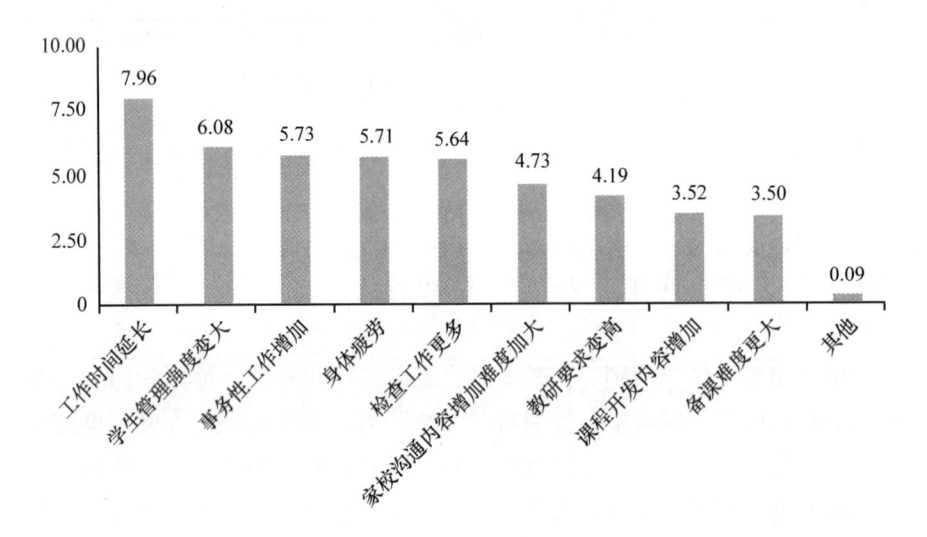

图28 "双减"之后，班主任对工作内容挑战大小的排序情况

数据（从左至右）：工作时间延长 7.96；学生管理强度变大 6.08；事务性工作增加 5.73；身体疲劳 5.71；检查工作更多 5.64；家校沟通内容增加难度加大 4.73；教研要求变高 4.19；课程开发内容增加 3.52；备课难度更大 3.50；其他 0.09。

2. 班主任对"双减"带来的最大变化的主观回答

根据词频出现的次数从高到低排列如图29所示。

典型观点举例：

（1）身心疲惫，无暇顾及家人和孩子。学生家长对学校工作两极分化的理解，部分家长认为"双减"就是不用管孩子，天天开心玩儿就可以，另一部分家长对于"双减"感到十分焦虑，再也不能真实准确地知道孩子的水平，不知道该如何辅导孩子学习。

（2）工作时间长，不留作业，所学知识无法巩固。

（3）减少学生课业负担，但是学生学习的教材、学习内容、难易程度、面临的考试并没有改变，这种情况下减量保质不知道具体的做法，以

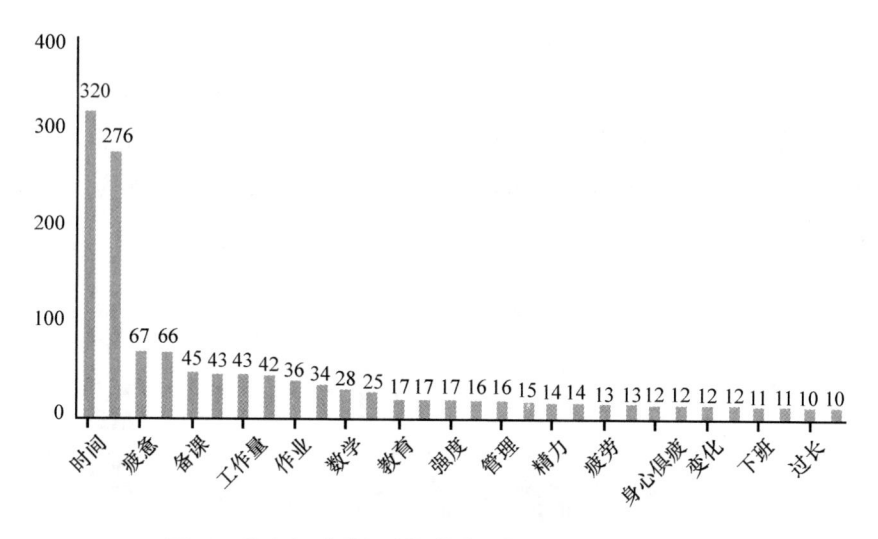

图29 班主任对"双减"带来的最大变化的主观回答

及是否会真正带给学生减少课业负担的感受。

(4) 身心疲惫,不知道该如何把握教学。

3. 班主任认为"双减"给工作带来的最大好处的主观回答

根据词频出现的次数"双减"给工作带来的最大好处从高到低的排列如图30所示。

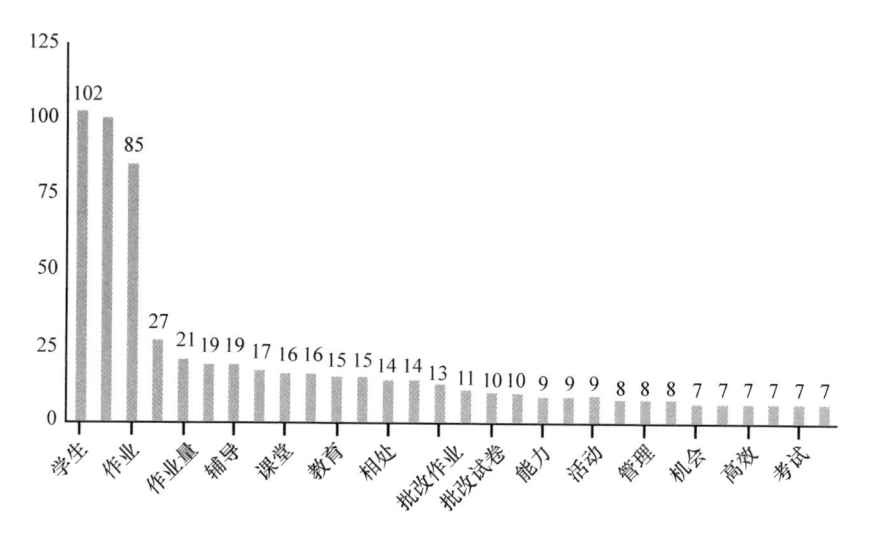

图30 班主任认为"双减"给工作带来的最大好处的主观回答情况

典型观点举例：

和学生相处的时间增加；学生的作业大部分可以在学校解决了；增进了师生感情；作业有了分层；促进了自身的学习；不用单元测验了；有更多的时间开展教研；可以安心备课了；更要思考如何提高课堂效率；对教育教学工作有了更多的探究。

图 31 班主任认为"双减"给工作带来的困难词云图

4. 班主任认为"双减"给工作带来的最大困难的主观回答

典型观点举例：

工作精力不足，学生疲惫不堪学习效率低；工作时间过长，身体过度疲惫不能兼顾到自己的孩子；身体受不了，早晨 6：30 出门，晚上 8：00 回家是常态，没有和自己孩子相处的时间；太累了；学生学习效率极低，需要反复讲解！老师的成就感低；工作时间长；工作量加大，为学生成绩担忧；没有时间休息，体力跟不上，完成教学工作后很疲累；平时的等级，期末得分，不好和家长沟通。

四 结论与建议

(一) 主要结论

第一,"双减"对班主任教师的挑战在于工作时间长,强度高,身体疲劳,教师工作满意度降低,对职业前景的预期降低。

"双减"后,关于班主任教师的工作量与投入时间的调查结果反映出班主任教师工作时间过长,有50%以上的教师管理班级的时间持续增加,负担较重。有97%的班主任教师工作时间超过8小时,有将近一半的班主任教师工作时间在10小时以上。

"工作时间延长"是班主任教师认为"双减"后的第一大挑战。在班主任对"双减"带来的变化的主观回答中,"工作时间长"和"身心疲惫"是排在前列的两个词频。有39%的班主任教师对于工作变化"不太适应",有37.1%的班主任教师对未来的工作没有更大的愿景和信心了。有40.4%的班主任教师在工作中的自我价值感降低。

工作强度、工作难度和身体疲劳程度的增大使得教师心理压力猛增,工作满意度降低,对职业前景的预期降低。

第二,"双减"造成班主任工作中的事务性工作、非教育教学工作猛增,行政指令过多,严重压缩了教师用于教学和教学研究的时间和精力。

"双减"后,班主任教师认为,在班级管理、活动组织、教育学生花费精力上明显增加的人数较多,占比达到76.1%;认为在各种表格的填写和数据上花费精力明显增加的班主任教师占比为66%;认为在开会、接收通知与传达信息上花费精力明显增加的班主任教师占比为56.4%;半数以上的班主任教师教学研究的时间减少

第三,"双减"后,班主任与学生、家长沟通的复杂性和多样性提高,班主任急需更多的社会性沟通技能的支持和提升。

认为在与家长沟通上花费精力明显增加的班主任教师占比为52.1%;有57.6%的班主任教师与学生单独进行教育性谈话的时间增加;有62.8%的班主任教师与家长就班级管理事务和学生发展问题的沟通增加。"学生管理难度变大"是班主任教师认为排在"工作时间延长"后的第二大挑战。

第四,不同群体对"双减"对工作的影响有不同的感知。

比如女教师在身体挑战上的感知显著高于男教师，女教师感知到的进班时间的增加也比男教师要显著；还有一个比较特殊的群体，即高学历班主任群体。与学历相对较低的班主任教师相比，高学历教师感知到"双减"以后与班主任教师教育教学无关的事务性活动数量增加了，需要填写和上报的表格显著增多了，在"双减"后工作专注度和工作满意度的自我评估显著降低了。这些不一样的数据都表明了高学历班主任教师群体有特殊的发展需要尚待满足。

第五，需要特别支持那些学历低、任职年限低、技术职称低的班主任教师群体。

在对工作的很多感知上，技术职称都是一个显著性的影响因素，统计结果显示，技术职称越高的教师，对"双减"政策，特别是"双减"政策对组织氛围影响的体验就越积极。同时，职称越高的教师越认为"双减"后工作热情、工作满意度和自我价值感提升显著；反之，统计结果同样显示出，越是处在学校相对不利处境的低学历、低任职年限和低技术职称的教师对"双减"政策的体验越是不如高职称教师积极，他们在自我价值感和工作满意度上的感知都低于高职称教师。我们可以推论，相比较高职称教师，这些低职称的班主任教师正面临着更为复杂和困难的处境。

（二）对策与建议

第一，加强政策突破，尽快增加学校教师的配备是减轻班主任教师工作负担，使"双减"工作获得可持续与高质量开展的重点。

工作强度、工作难度、身体疲劳程度的增大，使得教师心理压力猛增，事务性工作、非教育教学工作猛增，降低了教师工作满意度和对职业前景的预期。究其原因，主要是教师配备过少。在学校实践中，由于政策改革与对教育的更多诉求，原有的教师配备政策需要改变，教育投入需要更多地聚焦到人力资源的投资上。科学核算学校教师配备比例，突破现有政策与现实的矛盾。

第二，建立社会支持体系，确实减轻班主任教师过重负担，是高质量开展"双减"工作的推进器。

"双减"工作，是全社会的共同责任，应尽快建立立体的社会支持体系，让更多的社会资源、社区资源、家长中的有志之士、有识之士有平台有机会进入学校，为提供优质课后服务助力。同时社会企业为本单位职工子女提供"课后服务",让课后服务可以由多主体通过多途径承担,逐渐形成社会支持体系,是确实减轻学校班主任教师过重负担的推进器。

第三,构建班主任教师重点人群支持机制,助力教师更好地适应"双减"挑战。

学校要关注在"双减"后难以适应工作的教师群体,在这部分重点人群中,对经常出现情绪焦虑与承担较重负担的女教师及难以应对学生管理、家长沟通、备课工作挑战的班主任教师群体,通过构建相关支持机制,例如构建"沟通机制"与"区域、学校教育资源共享机制",定期了解班主任教师工作中的具体问题,发挥学校骨干教师与高学历教师的作用,开展多种方式的交流与重点问题研究,加强区域与学校教育资源共享,为解决具体问题提供多种支持,切实减轻班主任教师负担过重的状况。

第七编

早期教育、高等教育、职业教育、特殊教育研究

增强幼儿园德育实效性的思考与建议

刘丽 苏婧[*]

党的十八大提出："把立德树人作为教育的根本任务，培养德智体美全面发展的社会主义建设者和接班人。"《中共中央关于制定国民经济和社会发展第十四个五年规划和2035年远景目标的建议》提出："全面贯彻党的教育方针，加强师德师风建设，培养德智体美劳全面发展的社会主义建设者和接班人。"这为中国各级各类教育指出了明确方向。目前幼儿园德育实践中最为突出的问题是，缺乏对幼儿年龄特点和德育规律的关注，德育的实效性不强。作为整个教育的起始阶段，幼儿园的德育承载着什么样的任务？幼儿园的社会领域教育能替代德育吗？如何增强幼儿园德育的实效性？本文拟就以上问题谈谈思考与建议。

一 关于幼儿园德育基本问题的思考

（一）幼儿园德育的任务

幼儿园德育的定位和任务是什么？与其他学段的德育定位与任务有什么不同？一般来说，德育是教育者根据一定的社会要求和受教育者思想品德形成的规律，是对受教育者有目的、有计划地施加影响以培养社会所期望的思想品德的活动。德育包括思想教育、政治教育和道德品质教育。由于幼儿年龄特点，其德育的任务与其他学段有所不同。"根据幼儿身心发展的特点和实际情况，幼儿德育是向幼儿进行道德品质的教育，即品德教育，培养他们良好的品德、文明习惯和性格。"[①] "幼儿德育的内容以亲社

---

[*] 刘丽 苏婧 北京教育科学研究院早期教育研究所研究人员。
[①] 黄人颂：《学前教育学》，人民教育出版社1989年版，第170页。

会性行为和道德品质教育为主。"① "幼儿德育是指根据幼儿身心发展的特点和实际情况，按照社会的要求，有目的、有计划地对幼儿施加教育影响，发展社会性，培养幼儿道德品质的教育活动。"② 综合相关观点，可以看出，与其他学段不同，幼儿园德育的主要任务是发展幼儿的社会性，培养幼儿的道德品质。

（二）幼儿园德育和社会领域教育的区别与联系

1981年颁布的《幼儿园教育纲要》规定了"思想品德"的教育任务是：向幼儿进行初步的五爱教育（爱祖国、爱人民、爱劳动、爱科学、爱护公共财物），培养他们团结、友爱、诚实、勇敢、克服困难、有礼貌、守纪律等优良品德、文明行为和活泼开朗的性格，并规定了幼儿园小、中、大班"思想品德"教育的内容与要求。

1996年颁布的《幼儿园工作规程》第五条指出："幼儿园保育和教育的主要目标是：……萌发幼儿爱家乡、爱祖国、爱集体、爱劳动、爱科学的情感，培养诚实、自信、好问、友爱、勇敢、爱护公物、克服困难、讲礼貌、守纪律等良好的品德行为和习惯，以及活泼、开朗的性格。"这向我们明确了幼儿园德育的目标（2016年颁布的新《幼儿园工作规程》对德育目标的陈述没有发生变化）。

2001年颁布的《幼儿园教育指导纲要（试行）》（以下简称《纲要》）首次把"社会"领域作为幼儿学习与发展的一个独立的领域提了出来，但未单独提出"思想品德"或"德育"。《纲要》首次提出五大领域——健康、语言、社会、科学、艺术，将其作为教育内容与要求的基本框架。

2012年颁布的《3—6岁儿童学习与发展指南》（以下简称《指南》）延续《纲要》五大领域的框架，依然未出现"思想品德"或"德育"的提法。

幼儿园德育和社会领域教育是什么关系？幼儿园的社会领域教育是否能替代德育？

我们认为《纲要》和《指南》虽然没有单独提出"思想品德"或"德育"，但已经将德育的任务渗透到了其他领域中。仔细研读这两个文件

---

① 刘焱：《幼儿教育概论》，中国劳动社会保障出版社1999年版，第133页。
② 陈幸军：《幼儿教育学》，人民教育出版社2003年版，第67页。

会发现：第一，幼儿园德育的任务主要体现在"社会"领域中。"愿意与人交往""能与同伴友好交往""关心尊重他人""喜欢并适应群体生活""遵守基本的行为规范""具有初步的归属感"等，都体现出社会对幼儿的道德要求。幼儿园德育的任务在"健康"领域也有所体现："情绪安定愉快""具有一定的适应能力"等。第二，幼儿园德育的途径包括幼儿园里的所有活动。《纲要》指出："社会领域的教育具有潜移默化的特点。幼儿社会态度和社会情感的培养尤应渗透在多种活动和一日生活的各个环节之中……"中国幼儿园德育一直强调渗透原则，强调幼儿园德育的任务需要多种活动协同完成。

在幼儿园阶段，德育的主要任务是道德品质教育。道德是在一定社会条件下形成与发展起来的人们共同生活的行为准则的总和，它被用以调节人与人之间以及人与社会之间的关系。德育强调的是把人们共同生活的各种行为准则通过教育个体化到受教育者身上，以使受教育者形成良好的品德行为和习惯。在社会领域，教育的主要任务是发展幼儿的社会性。可以看出两者的任务高度相似——培养幼儿以亲社会行为为主的社会性，引导幼儿在与他人交往的过程中，学习如何与人友好相处，逐步习得社会规则，养成良好的行为习惯。所以把幼儿园德育的任务交由社会领域教育去完成的想法是可以理解并被认同的。

但是两者之间并不完全相同。从《纲要》和《指南》的教育内容与要求来看，社会领域教育内容更宽泛一些，如它还包含自我意识教育等。"幼儿德育只是社会性发展教育中'社会规则系统'的一部分，不能涵盖社会性发展教育的全部内容。"[①] 在当前立德树人大背景下，鉴于幼儿园德育工作比较薄弱，我们认为应突出、加强幼儿园德育工作。"我们不能不担忧幼儿教育方针政策［主要指《幼儿园教育指导纲要（试行）》］文本中幼儿'德育'概念的缺失是否会消减人们对幼儿德育重要性的认识。"[②]《北京市大中小幼一体化德育体系建设指导纲要》指出，把整体性德育目标要求贯穿大中小幼各学段，落实立德树人根本任务，构建德智体美劳全

---

① 梁志燊、李辉：《关于幼儿德育与社会性发展教育的几个基本问题》，《学前教育研究》1995年第3期。
② 孙春荣：《〈幼儿园工作规程〉颁布前后中国幼儿德育的比较》，硕士学位论文，云南师范大学，2007年，第62页。

面培养的教育体系。同时，尊重不同学段学生思想认知规律，把握各学段目标的差异性；关注相邻学段的德育目标设计，在起始年级和毕业年级加强与相邻学段德育目标的衔接。为此，建议制定"幼儿园德育纲要"，明确幼儿园德育的地位、意义、目标、内容、原则、方法和实施途径等，关注幼儿的年龄特点和认知规律，注意与小学的德育目标相衔接，规范幼儿园德育课程，以切实提高幼儿园德育的科学性和实效性，提高幼儿园德育质量，为儿童一生的"德行"和培养社会主义建设接班人夯实基础。

二 增强幼儿园德育实效性的思考与建议

目前幼儿园德育实践中存在的主要问题有：教育内容选择的随意性比较强；有些教育内容过于拔高，不贴近幼儿的认知和理解水平；说教多，教育方法单一……幼儿园德育问题集中指向不关注幼儿的年龄特点，不遵循德育的规律。如前所述，研究者都强调幼儿园德育要"根据幼儿身心发展的特点和实际情况"，幼儿园德育必须关注幼儿的年龄特点，符合其认知规律。

（一）与幼儿园德育密切相关的幼儿年龄特点：思维的自我中心化、具体形象性、心理活动及行为的无意性

1. 思维的自我中心化

自我中心化是心理学家皮亚杰提出的前运算阶段儿童智力发展的突出特点。这个阶段的儿童认识世界以自我为中心，只知道自己的观点，而不能认识他人的观点。皮亚杰认为，自我中心化是儿童思维的基本特点，是其不自觉的、无意识的内在智慧立场（这与儿童的道德品质无任何关联）。

自我中心化直接导致了幼儿的观点采择能力、心理理论及移情能力发展的缓慢。观点采择能力指的是区分自己与他人的观点，并进而根据当前或先前的有关信息对他人的观点（或视角）作出准确判断的能力。研究发现，儿童采择的发展要经历一个较长的过程。[①] 心理理论指的是个体对他人心理状态以及他人行为与其心理状态的关系的推理或认知。通过心理理论，个体可以对他人的行为作出解释。一般认为，儿童的心理理论在 4 岁

---

① 张文新：《儿童社会性发展》，北京师范大学出版社 1999 年版，第 256 页。

左右开始形成。① 移情被认为是一种特殊的观点采择能力，因此其发展也需要一个较为漫长的过程。幼儿道德认知能力的发展依赖于其观点采择能力、心理理论以及移情能力的发展，后者发展的缓慢直接局限了幼儿的道德认知水平。

自我中心化使幼儿只知道自己的想法、意愿、需求，而德育则要求其在一定的时间、一定的地点克制自己的需求，服从一定的社会规则，以最大限度地满足每个人的需求和利益。可以看出，幼儿的年龄特点和教育的要求之间存在一定的矛盾，这是幼儿园德育工作的最大难点。如何突破这个难点，在尊重幼儿年龄特点的前提下科学有效地实施幼儿园德育，是幼教工作者必须面对和解决的问题。

2. 思维的具体形象性

幼儿主要是通过感知、依靠表象来认识事物的，直观、具体而又生动的形象更容易引起幼儿的注意，在他们的大脑中留下印象。希望幼儿感知、认识的事物必须具体、形象，否则幼儿不易感知，更难以理解和执行。在网上的一个视频里，幼儿园教师结合教育活动需要，要求幼儿从家里带多肉植物，结果一个小朋友带来了一大袋猪肉。这个引人发笑的视频生动地反映了幼儿具体形象性的特点。

3. 心理活动及行为的无意性

幼儿心理发展的特点是以无意性为主，有意性开始发展。幼儿以无意注意、无意记忆、无意想象为主，有意注意、有意记忆、有意想象则刚刚开始发展。这就决定了刺激物的物理特性（如鲜艳的颜色、强烈的声音、物体的移动等）及与幼儿兴趣和需要相关的刺激物更容易成为幼儿感知的对象。幼儿的心理活动及其行为易受外界环境与自身喜好的影响，极易脱离自己原来的活动方向。幼儿园教育教学中要充分重视并利用幼儿这一心理特点，否则教师精心准备的活动和环境都可能被幼儿"置若罔闻"，白白浪费不少教育资源。

（二）基于幼儿年龄特点和德育规律的幼儿园德育实施改进建议

幼儿园德育实施应该关注幼儿的年龄特点，遵循德育规律。

---

① 张文新：《儿童社会性发展》，北京师范大学出版社1999年版，第261页。

1. 注重活动内容的直观性、形象性、经验性

实践中有些活动内容过于抽象、成人化，不符合幼儿具体形象性的思维特点，造成幼儿认知上的困难，从而导致教育的低效甚至是无效。

除了注重活动内容的直观性、形象性外，幼儿园的德育活动内容还必须具备经验性。即活动内容要建立在幼儿的认知水平和既有经验基础之上，活动内容要有利于幼儿经验的连续建构。不少幼儿教师喜欢把环保主题引入幼儿园的教育内容，其出发点是好的，但要想使幼儿认识到环保的重要意义，必须在认知上解决两个问题：第一，破坏环境会给人类造成什么样的危害？第二，怎么做就破坏了环境？这两个问题均比较抽象，不符合幼儿具体形象性的思维特点，幼儿难以理解。更为重要的是，它们也超出了幼儿的经验范围，难以引起幼儿的探究兴趣和行为动机。

2. 注重活动过程的体验性

在幼儿园德育实践中，教师通常通过讲故事或利用身边的幼儿为其他幼儿树立榜样的做法进行德育。由于教师的权威性，幼儿会出现模仿榜样的行为，但由于幼儿思维的自我中心化，加上自身知识经验有限，幼儿常常对这些榜样存在"距离感"，难以把榜样的行为真正转化为自己的行为。传统的教育方法重在说教，忽视幼儿的体验，易造成幼儿的知行脱节，更难以使幼儿形成自觉的道德行为。

如前所述，自我中心化是幼儿十分显著的思维特点之一，他们易站在自己的角度认识问题，很难体会对方的立场、观点、感受和想法。如果不考虑这个年龄特点，只一味给幼儿树立榜样，进行说教、告知等，这样的德育方法往往显得苍白无力，大大降低了德育的实效性。

如何突破幼儿园德育难点，做到既顺应幼儿思维中心化的特点，又帮助他们"去自我中心化"，完成幼儿园德育的目标？现以下面的实例来说明。

积木区规则的诞生[*]

游戏中出现问题：

"搭积木喽！"随着一声欢呼，积木区围拢来十几位小朋友，他们七手八脚地拼起了地板块。

---

[*] 案例提供者：北京市曙光幼儿园王晓红。

"喂，你踩着我的地板块了。"
"干什么呀？我都没地儿了。"
"哎哟，老师，她打我头。"
"……"

我问孩子们："你们这儿怎么这么乱呀？吵得别人都没办法做事了。"

"老师，我们这儿人太多了。您让他们别来了。"丹丹已经脱好鞋踩在地板块上了，她边说边指着还没来得及脱鞋的小朋友。

小洁着急地说："我都铺了半天地板块了，没铺地板块的才不能玩呢！"

大家商量着解决：

我让孩子们先停下手里的事儿，问道："你们觉得人多，玩得好还是玩不好？"孩子们摇摇头。我接着问："你们说怎么办呀？要是老这么吵下去，玩的时间可就少了，你们快想个办法吧。"霖霖说："得互相谦让，我都好几天没玩了，就让我玩会儿吧。""我也老没玩了，让我先玩吧。"蓬蓬着急地说，并且坐在地上就脱鞋。我插嘴问道："互相谦让是请别人让自己，还是自己先让别人？"孩子们想了想，互相看着不吱声。这时，丹丹大声说："好吧，我下午再玩。"说着，她把刚脱下的鞋穿好走了。我马上鼓励道："嘿，丹丹真像个大姐姐，下午先让丹丹玩。"在丹丹的带动和我的鼓励下，又有几位小朋友选了别的游戏。还剩下七八位小朋友，我感觉人还是多，但我并没有发表意见，我想还是让幼儿有了切身感受之后再加以引导，会收到更好的效果。

果然，没一会儿，有的小朋友就感到拥挤了。霖霖想搭一座"大桥"，可是没有更多的地方；蓬蓬搭好的"宝塔"一转身就被碰倒了……游戏结束时没有一个成品可以展示。于是，我请玩积木游戏的孩子们说一说自己玩积木时的感受。孩子们纷纷表示地方太小了，没有地方搭。这时，我请一位小朋友站到地板块上，让孩子们看看地方是小还是大。孩子们一致认为地方很大。接着我不断地往上加小朋友，让孩子们通过观察，直观地感受理解同样大的地板块是随着人数的不断增加而相对变小的道理。孩子们在观察、比较中发现：不是地板块小了，而是人多了地板块就显得小了。"那么多少人合适呢？"我不失时机地继续引导着孩子们。大家商定：一个一个往下减人，直到大家都感到合适为止。最后，大家都认为5—6位小朋友为宜。

让地板块再大些：

此后，我带着孩子们又讨论了还有什么办法可以让地板块变大。幼儿认为：地板块上不要堆放许多积木，没用的就收起来，这样就会有更多的地方搭建自己想搭的"建筑"了。

就这样，积木区游戏规则在师生与环境、材料互动过程中，在孩子需求中产生了，并通过教师及时、恰当的引导不断完善，使之更具有实效性，更利于幼儿操作。这样在游戏中定规则，比教师硬性规定或是师生置身游戏之外而商定的规则，更容易为幼儿所接受，幼儿遵守起来也更自觉。

从这一案例中不难看出，要想使幼儿克服思维的自我中心化，可行的办法是让他在真实的生活情境中通过尝试错误的办法去实践、体验、感悟，从而找出适宜的行为方式。因为当幼儿一味按照本能的自我中心化行事时，其利益可能就会遭遇威胁。如谁都想进积木区玩，结果因为空间太小人数太多，所以谁也玩不好。只有当幼儿的利益遭受威胁时，他才有可能转换看待问题的视角，设身处地站在他人的立场上看待问题，"去自我中心化"发生了，道德认知和道德行为得到发展。皮亚杰认为，儿童与同伴交往中出现的冲突将导致社会观点采择能力的发展并促进社会交流所需技能的获得。他强调了同伴间的讨论和争论是道德判断能力发展所必需的。

研究及实践表明，增强幼儿园德育的实效性需要使用体验领悟策略。体验领悟强调的是幼儿自己的实践—体验—领悟。教师可以为幼儿灌输正确的认识，也可以为幼儿提供良好的榜样，但要幼儿把正确的认识转变为自己的认识进而转变为正确的行为，还要靠他们自己在实践中体验和领悟。自我中心化思维使得幼儿对于通过亲身体验得来的认识是深信不疑的，而对于他人告知的知识则"心存疑惑"。"它使儿童在认识和适应外在世界时总是迷恋和深信自己的言行、观点、思维或理念……"[①] 体验领悟策略正是针对和利用了幼儿思维自我中心化的特点，因为幼儿更相信来自自身经验和体验的知识。亲社会行为——合作、分享、助人、同情等的习得要比普通行为习惯的养成困难得多。这是由幼儿思维的自我中心化的特点所决定的，而亲社会行为的习得恰恰需要"去自我中心化"。我们常常会看到这样一种情景：当教师问幼儿"两人争抢一个玩具时应该怎么办"时，大多数幼儿都会说："互相谦让"。可当实际发生争抢时，幼儿很难做

---

① 梁志燊：《现代学前教育》，教育科学出版社1993年版，第312页。

到谦让，而且常会说"他不谦让我"。这就是典型的自我中心化的表现。皮亚杰认为，随着年龄的增长与社会交往（尤其是同伴间交往）的发展，儿童得以逐渐认清别人观点或看法的存在，完成第二次去自我中心化。因此"去自我中心化"的过程需要伴随着幼儿实践和体验的过程。

如何利用体验领悟策略完成"分享"的教育目标？当一名幼儿想玩另一名幼儿的玩具时，教师往往要求后者进行分享。当这名幼儿不情愿时，教师往往会给幼儿讲解分享的重要性：这次你与他分享，下次他有好东西时才会与你分享。幼儿的思维是只看重当下，加上自我中心化的年龄特点，他很难听进去教师讲的"道理"。与其这样，教师不如换个时机再进行教育，如幼儿特别想玩别人玩具的时候。因为这个时候幼儿产生了想玩别人玩具而得不到的焦灼体验，教师此时适时地介入、点拨就会起到事半功倍的作用。起初，教师要求幼儿分享时，出于本能，他是不愿意分享的。可当他看到并想玩小伙伴的玩具时，在当时的"情境"下，加上"体验"的助力，教师适时地介入和引导，更容易使幼儿明白分享的互惠特点及意义。在实践中通过体验，幼儿明白了分享的意义，才会真正做出分享的行为。这比教师简单说教的效果要好得多。一般来说，社会规则一方面具有约束性和规范性，另一方面兼具互惠性和公益性。只有经过体验，幼儿才能领悟出规则的"两面性"，从而自觉地执行这些社会规则。只有在真实的情境中经过体验和自己领悟得出的认识才是真正的认识，才有可能内化，进而真正支配幼儿的行为。

体验领悟策略是有理论依据的。幼儿的心理过程是知、情、意、行的过程，德育原理强调道德认知、道德情感、道德意志、道德行为的有机结合。"幼儿道德品质的形成过程，就是培养儿童道德情感、道德认识、道德意志和道德行为的统一的教育过程。"[1] 在知、情、意、行四个要素中，道德认知是基础，有了深刻的认识，才有可能表现出相应的行为；道德行为体现了知、情、意的结果。但是，道德情感是最为关键的因素。"社会情感是社会性发展的动力因素，只有社会认知，没有社会情感，社会认知也就不能深化，社会行为技能也就缺乏真正的力量。"[2] 没有情感的融入，幼儿的道德认知是苍白的，是难以产生行为动机的；道德行为则是表面

---

[1]　黄人：《学前教育学》，人民教育出版社1989年版，第185页。
[2]　虞永平：《幼儿园社会领域课程刍议》，《学前教育研究》1997年第5期。

的、难以持久发生的。所以，增强幼儿的情感体验过程，是幼儿园德育的关键环节。只有增强幼儿的情感体验，才能加强幼儿的道德认知（明白道德行为的重要意义），从而真正改善幼儿的道德行为。

近些年来，关于"体验教育""情境教育"的论述日渐增多，为体验领悟策略提供了丰富的理论依据。高慎英在其专著《体验学习论》中提到："有效学习可以显示为多种学习方式，但有效学习的核心精神是体验学习。"① 情境认知与学习理论认为，知识的学习必须具备如下条件：在有意义的、真实与复杂的情境中互动与协商；在有意义的、真实与复杂的情境中主动地学习并获取知识……② 刘惊铎认为，道德体验是道德教育的真谛和本体，是道德教育的新模式，是德育改革的价值取向。③

3. 注重一日生活中的渗透性、随机性、个别性

（1）注重渗透性

《纲要》指出："社会领域的教育具有潜移默化的特点。幼儿社会态度和社会情感的培养尤应渗透在多种活动和一日生活的各个环节之中……"这点明了社会领域教育的渗透性。幼儿园德育同样具有渗透性。比如，对幼儿进行礼貌教育，利用入园、离园的环节，可能要比专门上一节教幼儿如何有礼貌的教育课的效果更好。我们曾经归纳总结出"幼儿园一日生活主要环节的德育任务"（见表1）。

表1　　　　　幼儿园一日生活主要环节的德育任务

环节	主要德育任务	教育方法
入园	①文明行为习惯的培养；②自理能力和独立性的培养	榜样示范、行为练习、谈话、讨论等
盥洗	①自理能力和独立性的培养；②心中有他人意识的培养；③爱惜劳动成果习惯的培养；④遵守规则的意识及自控能力的培养	
进餐	①自理能力和独立性的培养；②爱惜劳动成果的习惯的培养；③意志品质的培养；④文明行为习惯的培养	
如厕	①文明行为习惯的培养；②自理能力和独立性的培养	

---

① 高慎英：《体验学习论》，广西师范大学出版社2008年版，前言。
② 王文静：《情境认知与学习》，西南师范大学出版社2005年版，第4页。
③ 刘惊铎：《体验：道德教育的本体》，《教育研究》2003年第2期。

续表

环节	主要德育任务	教育方法
喝水	①遵守规则的意识及自控能力的培养；②爱惜劳动成果的习惯的培养	榜样示范、行为练习、谈话、讨论等
睡眠	①自理能力和独立性的培养；②遵守规则的意识及自控能力的培养；③心中有他人的意识的培养	
游戏	①遵守规则的意识及自控能力的培养；②心中有他人的意识的培养；③爱惜劳动成果的习惯的培养；④意志品质的培养；⑤文明行为习惯的培养	
作业	①守规则的意识及自控能力的培养；②意志品质的培养	

资料来源：北京市幼儿园品德教育教研组《幼儿园常规教育参考用书》，华夏出版社1995年版，第17页。

渗透是幼儿园德育的主要途径。幼儿园的一日生活为幼儿提供了经常性、反复性的实践和练习的条件，这有助于幼儿道德行为的形成和行为习惯的养成。

（2）注重随机性

幼儿心理发展的无意性决定了随机教育比专门组织的教育活动的效果更显著。前文"积木区规则的诞生"那个案例就是随机教育的一个很好的例子。有些幼儿总是养不成"东西、物品用完以后放回原处"的行为习惯，那么教师不妨利用他在玩具柜里找不到需要的玩具的时机进行启发和引导；有些幼儿拔尖好胜、人缘不好，教师可以利用团体游戏如"吃毛桃"时无人理睬的尴尬情境进行介入和点拨；幼儿之间经常因为争抢玩具、图书甚至小椅子而发生冲突，教师可以趁机"逼"着他们找到公平合理的问题解决办法，如"猜拳"，以丰富幼儿的交往技能，提高幼儿的人际交往能力……教育的随机性、情境性，恰恰符合幼儿心理发展的无意性及思维的具体形象性的特点，其教育效果往往要优于和显著于专门组织的教育活动。

（3）注重个别性

每个幼儿都有着自己的个性特点，他们在品德行为上的表现也各不相同。有的幼儿自我中心性强，不喜欢分享、谦让；有些幼儿不合群，不喜欢或不善于交往……如果不进行有针对性的德育，教育的效果则很难保证。教师应该制订"个别教育计划"（Individual Educational Plan，IEP），以保证因人施教，提高德育的针对性。个别教育计划包括以下几个部分：①幼儿的基本情况及主要发展问题；②问题形成的原因分析；③拟采取的教育措施，包括途径、教育方法等。请看下边的范例。

帮她恢复小孩子的真实自然
——对悦人型幼儿的个别教育计划*

幼儿的基本情况及主要发展问题：

逸萱是2003年9月来到小班的，她乖巧，自立能力强，是一个讨人喜欢的小姑娘，常受到老师的表扬。逐渐地我们发现她比同龄孩子显得成熟，她会提前做些我们想做还没做的事情。比如，当老师说："第一组小朋友去喝水。"逸萱已经放下手里的玩具打开水杯柜的门；当老师说："咱们到外边去玩吧！"逸萱会给小朋友递上帽子和棉背心；当老师说："整托的小朋友来洗脚。"逸萱会抢着搬来小椅子……起初我们都觉得她聪明、懂事，常会表扬她像个大姐姐。

有一次跟家长聊天，逸萱妈妈反映说，她在家里什么都不干，吃饭要人喂，衣服要人穿，稍不如意就发脾气扔东西，很任性。这些与她在幼儿园的表现是截然相反的。我们还有些不信，认为这是偶然的表现。

直到有一天早上，家长拿着一件毛衣进来说："老师，您帮逸萱穿上吧！她在家就是不肯穿，她说老师说她的秋衣好看，怕穿上毛衣就看不见了。"我想起来，昨天午睡时逸萱脱去外衣，她揪着秋衣让我看，我发现她的白秋衣上印着的小姑娘还有两根能摆动的辫子，就说："秋衣上的小姑娘跟你一样漂亮！"她笑着走进卧室。就因为这句话，所以她今天就不穿毛衣，我才意识到问题的严重性。

原因分析：

逸萱经常得到老师的夸奖和表扬，她在获得表扬的过程中知道了怎样做就会得到更多的表扬。而老师是孩子生活中的重要他人，所以她很看重老师对她的评价。因此她就不断猜测老师的心思，老师要做的事她提前做好，逐渐地她把自己的价值感建立在别人对她的评价上，有了悦人的倾向。

---

* 案例提供者：北京市东城区卫生局第三幼儿园刘玉秀。

在家里，一旦没有这种表现的动力，逸萱就不再做自己能做的事情，把每天在幼儿园承受的紧张和压力放松下来，缓解一下自己紧绷的神经。逸萱这种过分在意外界评价的倾向，会给她今后的发展带来不良的影响，我们决定给予适当干预。

具体措施：

● 节制滥用表扬的做法，多以就事论事的态度给予孩子鼓励。比如，当看见逸萱吃完饭后用渴求的神情望着我时，我只鼓励她说："你今天吃得很干净，继续努力。"让逸萱感到自己只是做了应该做的事。

● 做到不以个人的喜好来判断和评价孩子的表现。比如，当孩子不敢大声表达时我们不说："老师喜欢敢大声说话的孩子。"而是说："你如果能大声说话，小朋友就会听得很清楚。"当孩子淘气时我们不说："看谁做得好，我就先请谁。"而是说："如果你不坐好认真听，你就学得慢了。"这样，孩子会懂得他在为自己做事情，应该怎样做才好，而不是为了让老师高兴才做好，减少了为别人努力的成分，不断找到自己存在的价值。

● 老师们有意表现出不再关注或忽略逸萱的有悦人倾向的表现和做法，逐渐减少她这种取悦行为的数量和频率，使她不再有意做一些讨好别人的事情。

● 在幼儿园多给逸萱安排一些有难度、有挑战的活动，使她不能轻易就完成，从而让她感到并学会只有通过自己的努力才能体现出自己的价值。

● 我们做了"小红花展评板"，让逸萱和其他孩子一起当众说说自己的长处，鼓励他们很客观地发现自己和同伴的优点和欠缺，找到努力的方向。通过活动引导孩子不仅停留在关注别人对自己的评价上，还要学着给自己恰当的评价。墙上贴着的小红花是孩子们高水平自我价值感的体现。

干预后的表现：

几个月有意识地调整工作方法和教育策略，收到了明显的效果。逸萱恢复了小孩子的真实、自然，不再为了讨好老师而费尽心思地琢磨事情，也不再把别人的评价看成是唯一的标准。在自评小红花时，她能说出："今天我不是第一个穿完衣服的，可是我把拖鞋摆整齐了。我也给自己贴一个小红花。"看到逸萱能客观地说出自己的优点和不足，我们发现她正从过去那种有悦人倾向的低水平的自我价值感向能恰当认识、评价自己的高水平的自我价值感迈进，我们真为她感到高兴！

个别教育可以克服"一刀切"式教育的弊端，最重要的是，它有助于将《纲要》所提出的"促进每个幼儿富有个性地发展"落到实处，提高幼儿园德育的整体水平。

参考文献

北京市幼儿园品德教育教研组：《幼儿园常规教育参考用书》，华夏出版社 1995 年版，第 17 页。

刘惊铎：《体验：道德教育的本体》，《教育研究》2003 年第 2 期。

王文静：《情境认知与学习》，西南师范大学出版社 2005 年版。

张文新：《儿童社会性发展》，北京师范大学出版社 1999 年版。

北京高校师生关系建设的基本经验与建议

杨振军　王怀宇　刘娟　韩亚菲　杨楠　王铭*

师生关系是教育领域最核心的人际关系，对学校教育工作有着基础性、全局性影响。为全面分析和把握高校师生关系发展的新形势、新要求和新特点，在北京市委教育工委、市教委的大力支持下，北京教育科学研究院于2018年11月至2019年5月就"构建高校新型师生关系"问题进行了专题研究。调研组先后赴首都师范大学、北京外国语大学、北京工业大学、首都医科大学、北京大学、清华大学、北京舞蹈学院、北京联合大学、对外经济贸易大学、北京交通大学10所在京高校（央属高校和市属高校各5所）开展调研。调研组共组织学校座谈会10次、单独访谈教师（包括研究生导师、专业教师、辅导员、班主任等）95人、单独访谈学生（包括本科生、研究生）120人、问卷调查本科生860人。在此基础上，初步形成了以下阶段性研究成果。

一　充分认识新时代加强和改进高校师生关系的重要性

师生关系是教育领域最核心的人际关系，对学校教育工作有着基础性、全局性影响。党的历届领导人都高度重视师生关系，毛泽东同志提出"要做人民的先生，先做人民的学生"，邓小平同志提出要建立"师生之间革命的同志式的关系"，江泽民同志提出"教师对学生要爱与严结合"，胡锦涛同志提出"以学生为主体，以教师为主导"。

---

* 杨振军　王怀宇　刘娟　韩亚菲　杨楠　王铭　王晓燕　张炼　刘晖　孙毅颖　北京教育科学研究院高等教育科学研究所研究人员。

党的十八大以来，习近平总书记围绕立德树人根本任务，针对教师队伍建设和青少年健康成长发表了系列重要讲话，凸显了新形势下进一步加强和改进高校师生关系的重要性、紧迫性。特别是2018年5月，习近平总书记在北京大学师生座谈会上明确指出："随着信息化不断发展，知识获取方式和传授方式、教和学关系都发生了革命性变化"，为全面准确把握高校师生关系发展的时代特征指明了方向。

总体来看，当前中国正处于全面建成小康社会的决胜阶段，教育的内外环境、供求关系、资源条件、评价标准都发生了重要而深刻的变化，中国教育改革发展已进入中国特色社会主义新的历史阶段。特别是从高等教育自身发展来看，随着市场化、普及化、信息化、国际化的深入发展，当前影响高校师生关系的基础和环境有了显著变化。

——从外部来看，社会对教育系统，尤其是高校师生关系日益呈现出"高关注度、低容忍度"的特征。在此背景下，零星出现的高校师生关系舆情事件不仅对涉事高校的社会形象造成严重的负面影响，也使社会公众对高校教师群体的信任度下降，成为制约高校思想政治工作实效性的重要因素。

——从内部来看，高校师生关系的复杂性与日俱增，建立健全师生关系治理体系的要求也很迫切。由于高校规模的扩大、生师比的普遍提高、海归教师和青年教师的快速增加、"90后""00后"学生主体意识和权利意识的日渐增强、信息网络技术的深入普及等，使得教师和学生之间的教学关系、心理关系、伦理关系、法律关系等正在发生深刻变化。

因此，全面准确认识当前中国高校师生关系发展的新趋势新特点、积极构建适应新时代要求的高校新型师生关系具有重大意义。

二 北京高校师生关系的总体状况与经验

党的十八大以来，北京高校全面落实立德树人根本任务，对师德师风建设长抓不懈，积极探索新方法新途径，取得了不少有益经验，师生关系总体呈现出正面、积极的发展态势。

（一）总体状况

从本次调研的情况来看，北京高校师生关系总体良好，广大师生普通用"和谐""融洽""友好""尊重""平等""家人"等正面积极词汇评价当前师生关系。

从问卷调查来看，学生和教师对师生关系的满意度均很高，有85%的本科生和87%的研究生对师生关系感到"非常满意"或者"比较满意"，有近92%的教师对于师生关系感到"比较满意"或者"满意"。

从教师和学生访谈来看，"健康和谐""积极向上""尊重融洽""平等互动"是当前北京高校师生关系的主流。高校教师普遍对职业意义和价值有着深刻认识，具有神圣的使命感和清醒的"雷区""红线"意识。研究生导师、任课教师、班主任、辅导员、心理咨询中心教师等均在不同的工作岗位上积极发挥育人作用，并从学业指导、职业规划、身心健康、经济资助等各方面对学生进行指导和帮助。高校学生与教师工作组织机构健全，师生关系危机干预机制初步建立，师生维权渠道基本畅通。

（二）加强行为规范，明确师生交往规则

北京大学、北京工业大学等高校出台了《教师行为规范》《学生行为守则》《师生交往指南》《导师立德树人职责实施细则》等规范指导类的文件，给师生交往画出底线，明确师生之间的权利与责任，完善权责统一的导师负责制，并通过"新教工入职培训""新研究生导师培训""新生入学培训"等多种形式对教师和学生进行宣传教育。

（三）改革评价制度，强化教师主责主业

为扭转"重科研轻教学"的不良倾向，清华大学等设立"青年教师优秀奖""新百年教学成就奖""年度教学优秀奖"，北京交通大学的本科教学奖励制度，首都师范大学的新教师入职宣誓、"师者如兰：我的导师我的师门"展示交流会等制度，引导教师回归教学本分，增强教书育人责任心，努力做学生的良师益友。

（四）强化能力建设，提升课堂教学质量

许多高校围绕以学生发展为中心的教育理念，对课程的内容、组织形式以及授课形式进行了改革，努力打造"金课"、挤压"水课"，通过"翻转课堂"、项目式、研讨式教学等改革增加师生互动交流。针对教师教育教学能力的不足，组织开展教学能力培训、教学基本功大赛、"青年教

师导师制"、师生沟通能力培训等，切实提升教师的教书育人能力。

（五）创新思政教育，构建全员育人体系

各校普遍重视辅导员队伍建设，不断完善、优化辅导员制度，通过开展辅导员培训、成立辅导员工作室等措施促进辅导员队伍的专业化发展。高校在"思政课程""课程思政""三全育人"三个层次进行了提质建设，不断创新思政工作，充分发挥思想政治工作在师德师风学风建设中的作用，基本形成了辅导员、班主任、研究生导师、任课教师、党政工团管理教师全员育人局面。

（六）坚持问题导向，完善风险防控机制

针对学生评教所带来的师生异化隐患，部分高校通过多元化评价取代量化分数评价等对学生评教系统进行了完善和创新。针对导学关系中导师权力过大、学生缺少选择权、研究津贴不患寡而患不均等问题，北京大学建立了师生互选、研究生轮转制度，清华大学则制定了统一的津贴、资助标准。

（七）搭平台建机制，促进师生沟通交流

部分高校通过建立开放交流时间（Open Officehour）制度、本科生导师制度，举办读书会、专业论坛、文化节、支部共建以及鼓励教师在学生科技竞赛、社会实践、社团活动中担任指导老师等形式，努力搭建师生课外沟通交流平台，拓展师生交流的时间和空间。首都师范大学化学系连续八年推行"五谈双导"全员育人机制，形成了以"五个谈话体系"和"双导师制"为主体的多层次多元辅导工作机制。

（八）关注学生心理健康，加强特殊群体帮扶

各高校均非常重视心理健康教育工作，开设心理健康教育课程、开通心理咨询服务，通过各种举措了解学生的思想动态、心理特征、行为方式、发展需求等。部分高校还针对单亲家庭、经济困难学生、学习困难学生、留守儿童大学生、网瘾学生、生活发生突然变故的学生、少数民族学生、国际学生以及心理问题学生等特殊群体提供额外的指导和帮助。

（九）畅通投诉渠道，保障学生合法权益

各高校成立了"师德建设委员会"和"师德问题处理委员会"等专门机构，建立了畅通的学生投诉反馈机制，并通过学生座谈会制度，邀请学生加入教育教学委员会，设立学生"教学信息员"，成立学生权益部、"学生自立委员会"，开展不定期专题调研活动等，不断拓展投诉反馈渠道，确保学生的合法权益得到及时维护。

三 当前师生关系中存在的问题及原因分析

本次调研也发现了影响师生关系健康和谐发展的一些突出问题，需要引起关注。总体来看，由于育人模式不尽相同，师生关系在本科生和研究生阶段呈现出显著差异。本科教育阶段的师生关系问题主要集中在大班授课等所带来的师生关系淡化上，而研究生教育阶段的师生关系则表现得更加复杂，问题也更加突出，除了教学关系之外，还涉及工作关系和情感关系。

（一）高校师生关系中存在的主要问题

1. 师生交流少、交流内容单一

本科生上课以大班授课为主，任课教师与学生课下一对一交流的时间非常有限，"一学期课上下来，大多数学生教师都不认识"。研究生与导师见面频次少，见面交流时间短。师生交流的内容以学业指导为主，思想和情感等方面交流少。调研发现，不论是本科生还是研究生，除了"知识学习"以外，均希望教师能从"能力培养"和"职业规划"方面给予更多的指导，同时在"品格塑造""理想信念"以及"心理疏导"等方面对于教师也有很高的期待。然而，从实际交流内容来看，学生与教师之间的交流大多限于学业内容，教师对于学生理想信念、生涯规划、心理健康和个人生活等方面缺乏关注和引导。

2. 师生交流的效果不佳，师生之间的心理距离拉大，学生对教师的信任感降低

学生三观在变，教师原地不动就会出现代沟。有些教师认为现在的学生是"巨婴一代"，"眼高手低""自命不凡却有一颗玻璃心"，部分学生则认为"老师不能解决我的问题""双方的交流不在一个频道上"，学生在

遇到学习生活中的困难或者思想情感方面的苦恼时往往倾向于找朋友或家人倾诉，而不是找教师寻求帮助。

3. 教学关系趋于疏离，"小鱼不再追着大鱼从游了"

教育家梅贻琦曾说："学校犹水也，师生犹鱼也，其行动犹游泳也，大鱼前导，小鱼尾随，是从游也。"但现在的情形是"小鱼不再追着大鱼从游了"，尤其是本科教育阶段"情况更加突出"。"学生不学，不认真，自己玩儿，不追大鱼了。""学生的求学动力不足，一些学生没有求知的欲望。""学生从学霸区逃离，教室前排空空如也，学生越坐越往后"，而"老师也不愿意教本科生，觉得没有归属感"。

4. 既有"精致利己"的学生，也有"认认真真培养自己"的教师，师与生的交往出现功利化倾向

部分教师和学生表现出明显的功利主义取向，把教育视为一种工具，片面地追求个人利益和眼前利益。学生只参加对自己有用的学习和活动，追求课程的性价比。有学生为了出国、"保研"等个人利益，处心积虑讨好教师，向教师"要分数"，甚至（用评教分数等）威胁教师，有学生"为了逃避做导师的项目，去开抑郁症证明""这些现象这几年在增长"，逐步成为教师眼中"精致的利己主义者"。同时，在"重科研、轻教学"的评价导向下，不少高校教师为了个人职业发展，把时间和精力更多地用到能够更快取得实际回报的科研以及论文发表上，"认认真真地培养自己，稀里马虎地培养学生"。对于这类教师，学生也表示"不愿去占用他/她的宝贵时间"。

5. 研究生培养学术导向与学生就业导向相背离，成为导学关系的主要冲突点

不少研究生特别是硕士研究生并无学术志向，其关注更多的是更快更好地就业，更倾向于选择实习实践、海外交流、快发论文，导师则希望学生更多地参与课题研究、慢功细活地发表高质量的论文成果。当学生与导师在学业目标上不能达成一致时，导学关系就会紧张，学生会抱怨"导师要求高""矫情""小题大做"，导师则抱怨学生"无心学术""生源质量一届不如一届"。

6. 课堂管理、论文指导、评奖评优、学生资助和成果认定等师生高互动、高利害环节成为导学矛盾多发风险点

部分教师科研管理水平不高，管理简单粗暴，不注意指导的方式方

法，在评奖评优等方面不能做到公开公平公正等，这些都不同程度挫伤了师生感情，易引发师生冲突。如采用课前将手机统一回收、保管的方式保证正常教学秩序；一些工科教师采取了实验室打卡制度，甚至安装摄像头监督学生活动；对学生资助额度缺乏明确规定，造成不同实验室之间，甚至同一实验室之内，学生从教师处获得的经费补贴差别明显；在指导学生论文过程中多指责、少激励，或者当众批评学生，使学生的自尊心严重受挫；在论文发表署名等一些涉及学生切身利益的重要事项上没有做到公开公平公正，都易引发学生的不满情绪。

7. "人身依附""雇佣"等师德失范现象异化扭曲了师生关系

个别导师将师生关系看作旧社会中的师徒关系，在学术研究上搞人身依附、近亲繁殖的"门派"。部分导师利用教师地位和工作便利，将学生作为廉价的劳动力，在学业上对学生提出过分要求，如不征求学生意见而直接命令学生参与科研项目，只支付少量报酬，甚至极个别导师让学生过分参与导师的私生活，如指令学生给自己收发快递以及处理家务等。学生感觉辛辛苦苦地考上研究生，却成为导师的"廉价劳动力"，导师也被唤作了"老板"。

（二）高校师生关系存在问题的归因分析

影响师生关系的因素很多，这些因素彼此交织，错综复杂。从外部来看，在社会转型期，市场化、国际化、信息化对社会关系、经济关系和人际关系等都产生了深刻的影响。从教育内部来看，造成当前高校师生关系不和谐的主要因素有以下五个方面。

1. 评价导向影响了教师"教书育人"的积极性

当前"重科研、轻教学"的评价与激励制度，导致教学育人工作"做好了没有奖励、做坏了没有惩罚"，很多隐性的教学育人工作"劳动付出得不到承认"，从而"改变了教师的价值取向"。

2. 职业尊严感不高导致教师难以安心从教

高校教师特别是青年教师背负着较重的生活负担（住房、交通等），普遍感觉"科研任务多、科研压力大""被各种考核压制"，幸福感、获得感不强。

3. 师生关系建设的基本办学条件支撑不足

受师资、课程资源等的限制，专业转换、完全学分制、学生选导师制等有待深入推进,学生的选择权无法充分保证。同时,高校普遍面临着辅导员和班主任队伍专业性不强、稳定性差等情况,影响了学生工作的水平。此外,许多高校教师办公用房"特别紧张",缺少师生交往互动的空间。

4. 保护师生双方的制度规范有待完善

当前高校与学生的法律关系不清晰,使得高校和教师对学生承担了"无限责任",对于问题学生陷入了"保姆式"管理的困境。同时,由于缺乏明确的规范,部分师生对师生关系的理解发生错位,导致行为"越界"。

5. 高等教育"国际化"带来的观念冲突

随着高校国际化程度大幅提升,欧美国家强调平等合作、公私分明的师生交往模式与中国讲人情、重伦理的传统师生交往模式在大学校园并存,发生着深层次的文化碰撞,潜移默化地改变着师生关系。

四 小结与建议

为全面贯彻习近平总书记关于高校思想政治工作的重要讲话精神,全面加强北京市高校思想政治工作,必须从战略高度重视构建与新时代相适应的"积极向上、教学相长、健康和谐"的高校新型师生关系。"积极向上"主要是指新时代师生关系的发展要符合立德树人的根本要求,更好地服务于新时代中国特色社会主义伟大事业;"教学相长"主要是指新时代师生关系的发展要坚持文化自信,遵循教育发展规律,促进师生共同成长;"健康和谐"主要是指新时代师生关系的发展要体现时代特征,做到规则明晰、"亲""情"有序、交往规范。

为构建高校新型师生关系,落实立德树人根本任务,建议聚焦突出问题,按照"源头管理、分类管理、科学管理、从严管理、综合施策"的思路完善北京市高校师生关系治理体系建设。

(一)全面提高认识,把握新趋势,探索新路径

认真分析当前高校师生关系所面临的新环境、新形势、新挑战,把握师生关系新特点,充分认识构建和谐师生关系的重要性、紧迫性。将师生关系放在"立德树人"、培养社会主义合格建设者和接班人、培养担当民族复兴大任时代新人的高度来认识和重视。

1. 坚持立德树人，全面认识师生关系在高校人才培养中的重要作用

充分认识高校教师职业的特殊性和重要性。教师被誉为人类灵魂工程师，心系千家万户。社会对教师职业呈现出"高关注度、低容忍度"的特征。这就要求我们必须高度重视教师队伍及师德建设，把构建积极和谐的师生关系作为高校人才培养的基础性工作。

深入理解积极和谐师生关系的新标准和新要求。"教学相长""良师益友""爱严相济""尊师爱生"是长期以来我们对师生关系的期待。党中央和国家领导人高度重视师生关系，特别是习近平总书记在关于教育工作的系列讲话中，先后用"大先生""筑梦人""系扣人""引路人"等表达对广大教师的殷切期望，号召广大教师要"以德立身、以德立学、以德施教"，提出"三个牢固树立""四个标准""四个引路人""四个相统一"等师德建设标准和要求，这为高校构建积极和谐的师生关系指明了方向。

2. 积极应对新形势新挑战，着力把握四个基本原则

当前，高校师生关系面临着全球信息化下网络文化的巨大影响、社会转型时期功利化行为倾向的冲击、大学国际化发展中的中外文化冲突、"双独"师生群体（独生子女青年教师和独生子女大学生）时代来临的多方面挑战。因此，高等学校必须以"立德树人"为核心，紧密围绕高等教育培养社会主义可靠接班人和合格建设者这一根本任务，坚持"从严管理、分类管理、科学管理、依法管理"，大力弘扬社会主义核心价值观，发挥和利用好现代信息技术在构建积极和谐师生关系中的有效作用，正确对待社会转型中高校学生多样化需求，积极引导多元文化交融和包容，重视研究当代高校师生群体新特点，探索建立和谐师生关系新模式、新机制。

（二）抓住关键环节，解决突出矛盾，实施从严管理

1. 重点关注师生问题集中易发领域和矛盾易发群体，综合施策

与学生切身利益密切相关的重大事项是师生关系问题易发领域。北京高校师生关系调研显示，学业管理、考试评分、奖励名额分配、评先推优、成果署名等是直接影响学生毕业、就业、保研、出国等的重大事项，与学生切身利益密切相关，是师生矛盾集中易发领域。查找出矛盾易发环节和易发点，做到心中有数，跟踪关注，及时化解，防止矛盾激化和扩大。

特殊学生群体、研究生、青年教师是师生关系矛盾易发群体。单亲家庭、经济困难学生、学习困难学生、留守儿童大学生、网瘾学生、生活突然发生变故学生、少数民族学生、国际学生以及心理问题学生等特殊学生群体是高校师生矛盾容易出现的群体。此外，研究生、青年教师也是师生矛盾易发群体。高校要形成特别关爱学生名单，给予特别关注和关心，将其列为工作重点；对易发矛盾的青年教师群体，也应重点关注，加强教育引导（甚至是心理疏导），让他们成为化解矛盾的重要方面，而不是矛盾发生源。

2. 重点关注学生普遍性问题和成长薄弱环节，着力解决

大学低年级是学生问题高发期。针对大一、大二大学生群体普遍存在的上大学"歇口气"，不愿学习、不会学习，生活未"断奶"，独立生活能力较差，习惯被关心、被照顾，不懂得主动交流、换位思考，在遇到困难时心理脆弱、抗压能力不够等现象，要特别重视加强学生"六会"能力培养，引导学生"学会学习、学会独立、学会沟通、学会珍惜、学会坚强、学会换位思考"。大学生心理健康问题不容忽视。针对学生心理健康问题日益凸显，而专业心理咨询教师严重不足的现状（一些高校学生心理咨询的预约已经排到一年后），高校心理健康咨询中心建设和心理咨询师培养培训亟须加强，可采用兼职和普适性心理知识专题讲座等灵活形式做补充。

3. 重点关注师德失范等严重事件，对其严惩不贷，实施零容忍

严格执行高校师德禁行行为"红7条"和师德"一票否决"，对校园性骚扰等严重师德失范行为加以督查落实，严惩重罚绝不姑息；建立层次分明的投诉处理机制和预警防范机制；明确师德负面清单，建立师德考核档案。

（三）依靠核心力量，建设专业化队伍，实施分类管理

促进各类教师队伍专业化、职业化发展，实施分类管理、精细化管理，是提升高校师生工作有效性、针对性的重点。

1. 加快教师和学生工作队伍职业化、专业化建设

首先加快推进辅导员队伍专业化建设。落实教育部《普通高等学校辅导员队伍建设规定》，搭建辅导员队伍职业发展平台；加强辅导员专业素养和职业资格培训；加强辅导员队伍建设，保证辅导员200∶1数量要求。

其次，完善班主任制度和研究生导师责任制。完善激励机制和考核评价机制，调动专业教师、兼职班主任工作的积极性、主动性；完善研究生导师责任制；建立学生权益救济保障机制；探索本科生校内、校外双导师制。最后，还要重视专任教师的课堂育人和管理后勤的服务育人作用。发挥课堂主渠道作用，积极探索课程思政；大力提高学生事务服务水平，牢固树立"服务育人"意识。

2. 加强师德典范宣传引领和育人能力教育培训

加强师德典范宣传，发挥优秀榜样引领作用。开展多样化的师德主题宣传活动，树立身边典型，讲好身边故事，打造师德教育品牌。重视和提高学生的参与度，鼓励学生评选身边最喜爱的老师。提升专任教师、研究生导师、青年教师育人能力。通过集中培训、专题讲座、教师茶话会、在线培训课程等多途径，加强三类教师专业化培训。特别是加强在教育学、心理学、思想政治教育、交流与沟通方法、心理健康、职业生涯规划等方面知识与技能的系统化学习。

（四）加强基础建设，创新方法机制，实施科学管理

良好师生关系的基础是有效沟通。师生交流沟通不够，是师生关系疏离和矛盾误解产生的重要因素。

1. 加强教学基础能力建设

创设必要的条件保障。统筹考虑年轻教师的住房问题，促进大学教师乐教、安教。进一步改革经费使用制度，在经费使用中将人性化的因素考虑进来。各高校要配备必要的场所，设立教师开放办公和答疑室、咖啡空间、学生自习室等，保障师生交流沟通的空间条件，并对有关活动给予适当、合理的经费补助和支持。营造良好的文化氛围。利用第二课堂，通过社团活动、社会调查、茶话会、咖啡时间，加强非课业性思想交流、交往。

2. 创新沟通方式方法

有效利用信息化时代微信、微博等现代交流手段。调查显示，微信、微博、QQ等已经成为广大师生交流的重要方式，其快速反馈、交流便利等优势得到认可。开展小班教学和小班管理，创设师生交流机制。在有条件的学校积极推行"小班教学"和"小班管理"制度，通过小班教学、小班管理、小班研讨以及项目制，增加师生的互动交流机会。制定师生定期沟通制度，增加师生面对面交流机会。通过开设综合课程、设立教师开放时间、组织读书会、研讨会、学习学术例会、工作例会等不同形式，加强师生了解和交流。同时，对教师答疑时间、组会和例会频率等提出明确要求和规定。

3. 创新教师和教学评价机制

改革教学评价机制，完善评价标准。将教学工作和育人工作纳入考评制度，加大政策、资源、经费倾斜，体现教学工作和育人工作的重要性。从根源上解决高校教师"重科研、轻教学"的问题，促使高校教师回归"立德树人"的根本任务。实施评价多元化，改善评价方式。在进一步完善学生评教基础上，探索毕业生评教机制，毕业生评教摆脱了师生利益关联，更客观公正；利用教学管理信息现代化手段，强化学习过程和学习结果评价；探索引入课程评价；在评教结果使用上，有奖励有惩罚。

（五）建章立制，加强组织制度建设，实施依法管理

1. 深化领会中央政策，重在落地见效

中央高度重视教师队伍和师德建设，密集制定和发布一系列相关文件、政策，形成了政策体系和标准要求。有关部门应深化理解，进一步明确高校与学生在法律上的关系，特别是要进一步明确教师与学生的权利与义务，使高校在处理相关问题时有法可依、有例可寻，尤其是在落细、落小、落实上下功夫。

2. 完善教师管理制度，强化规范约束

强化规矩意识，深化大学教师管理制度体系建设。进一步明确师生关系的边界，规范教师与学生在师生关系中的行为。制定符合各高校实际的《高等学校教师职业道德规范》，编制教师手册、学生守则，细化教师和学生行为规范。设立入学教育、入职宣誓制度提升身份认同和职业约束意识。

3. 完善学校机构建设，强化组织保障

加强师德学风建设领导体制，落实党委书记和校长作为学校师德建设第一责任人；完善教师和学生管理相关工作机构设置，特别是独立设置教师工作部，实现教师和学生工作全覆盖；建立便捷、有效的问题投诉渠道和合理的监管制度；做到逐级紧抓，传导顺畅，责任落实，压力到岗。

中等职业学校思想政治课议题式教学实践研究

刘海霞[*]

思想政治课是中等职业学校德育工作的主渠道，是落实立德树人根本任务的关键课程，发挥着不可替代的育人作用。[①] 一直以来，思想政治课建设都受到党中央的高度重视，也取得了显著成效。但是，随着中国特色社会主义进入新时代，社会发展对中等职业学校学生政治素质与道德素养的培养提出了新要求。思想政治课程必须适应新时代的新要求，改革创新教育教学方法，在落实立德树人根本任务中发挥更大的作用。

一 议题式教学的内涵及特征

2020年教育部颁布了《中等职业学校思想政治课程标准》（以下简称《课程标准》）提出，中等职业学校思想政治课应基于学科核心素养的目标要求，围绕议题设计活动进行教学，促进学生学习方式的转变[②]，明确了中等职业学校思想政治课的教学改革方向。近两年来，国内学者围绕议题式教学的内涵特征及实践应用等开展理论与实践研究，并尝试对议题式教学进行了界定。其中，林华蓉等认为，议题式教学是以议题为引线，以情境为载体，以活动为路径，以学科知识为中心的教学方式。[③] 汤爱霞等认为，议题式教学是通过"议"的形式加深学生对知识点的认知，使其形成

---

[*] 刘海霞　北京教育科学研究院职业教育研究所研究人员。
[①] 教育部：《中等职业学校思想政治课程标准》，高等教育出版社2020年版，第1页。
[②] 教育部：《中等职业学校思想政治课程标准》，第41页。
[③] 林华蓉：《新课标背景下中职思政课程议题式教学探究》，《福建教育学院学报》2021年第22期。

一定的思维品质的教学方式。① 唐晓伟、黄先桂认为，议题式教学是教师根据实际教学需要，选择现实问题或者热点问题作为议题，将议题贯穿教学全过程，让学生积极主动地发表见解，进而实现思想政治德育目标。② 综合以上论述，结合实践探索，本文认为，议题式教学是教师根据《课程标准》，将教学内容与社会实际问题建立联系，设计具有开放性、思辨性的议题。以议题为主线组织体验式、探究性与思辨性学习活动，让学生在活动中构建学科知识体系、培养思维品质、形成价值观念的教学方法。具体而言，议题式教学具有以下特征：

首先，议题式教学注重教学内容与社会实际问题的结合。议题是开展议题式教学的重要基础，是贯穿整个教学过程，引导学生开展有效学习活动，达成学习目标的关键。《课程标准》指出，议题式教学应引导学生正确面对生活、职场中的各种现实问题，提高教学的针对性。③ 因此，议题的设置不能局限于学科知识，应在学科知识与社会现象、真实问题之间建立联系，形成具有争议性和实践性的讨论题目，引导学生在学习学科知识的过程中发现理论与现实之间的关联，在运用学科知识解决实际问题的过程中形成正确的价值观念。

其次，议题的设计应具有开放性和思辨性。议题式教学以议题为线索，围绕议题设计序列化学习活动，将学生对议题的探索贯穿学习始终。议题式教学更强调学生在教师的指导下对学习内容进行深入探索以及让学生在学习过程中通过不同观点的碰撞理解议题背后的深刻道理，形成正确的思想认知与价值观念。因此，议题不能等同于检测学生识记知识点的简单问题。过于简单的问题会使课堂教学形成师生一问一答的封闭式教学模式，不能引导学生对观点、现象或问题进行深入思考和探索。只有兼具开放性与思辨性的议题才能给学生提供更丰富的探索内容及思考的空间。

最后，议题式教学以活动为主要学习方式。以建构主义理论为基础的议题式教学强调让学生通过自主探讨、参与体验、感悟内化、实践应用等方式进行学习。但是议题式教学中的活动不同于传统教学中的活动，学生

---

① 汤爱霞：《学科核心素养下高中思政课议题式教学研究》，《中学政史地（教学指导）》2021年第10期。
② 唐晓伟、黄先桂：《思想政治课议题式教学探究》，《中学政治教学参考》2021年第31期。
③ 教育部：《中等职业学校思想政治课程标准》，高等教育出版社2020年版，第42页。

不是在被告诉、被教导和被演示的情况下被动地参与活动，而是作为活动的主体主动参与、体验、感悟、分享，其主体作用与主观能动性应得到充分发挥。① 此外，议题式教学中的活动更强调帮助学生获取直接体验的问题解决与社会实践活动，而不是以获取间接经验为目的的学习活动。

二 议题式教学实施现状及问题

自《课程标准》颁布以来，关于议题式教学的实践探索不断深入，为深入了解议题式教学在中等职业学校思想政治课中的实施现状，笔者采用课堂教学观察、问卷调查与教师访谈等定量与定性相结合的方式对北京市14个区、31所中等职业学校的112名思想政治课教师关于议题式教学认知及实践情况进行了信息采集。本次调查共发放问卷112份，回收问卷112份，有效问卷103份，有效率为92%。在问卷调查的基础上，笔者使用随机抽样法在每所学校各选取2名教师进行课堂观察和1名教师进行访谈。调查结束后，笔者对课堂观察与访谈数据进行编码分析，使用SPSS 22.0对调查问卷进行分析，为本文撰写提供了数据支撑。

(一) 议题式教学实施的成效

1. 大部分教师了解并认同议题式教学

根据调查问卷，有90.3%的中等职业学校思想政治课教师知道《课程标准》提出了围绕议题开展教学的要求。有52%的教师认为议题式教学能够更好地激发学生的学习兴趣，发挥学生在学习过程中的主体作用，提高思想政治课教学质量。有83%的教师表示已经在教学中尝试开展议题式教学，其中，有66%的教师表示经常尝试议题式教学，有17%的教师表示偶尔尝试议题式教学（见图1）。通过访谈发现，教师偶尔尝试议题式教学的主要原因是教师对议题式教学不太熟悉，还没有掌握开展议题式教学的方法。同时，这些教师都表示正在学习如何实施议题式教学。由此可见，中等职业学校大部分思想政治课教师了解并认同议题式教学理念，对议题式教学对思想政治课教学的推动作用持肯定态度，而且大部分教师正在积极开展议题式教学的实践探索。

---

① 田慧生：《关于活动教学的几个理论问题的认识》，《教育研究》1998年第4期。

图例：
- 经常尝试议题式教学
- 还没有尝试议题式教学
- 偶尔尝试议题式教学
- 其他

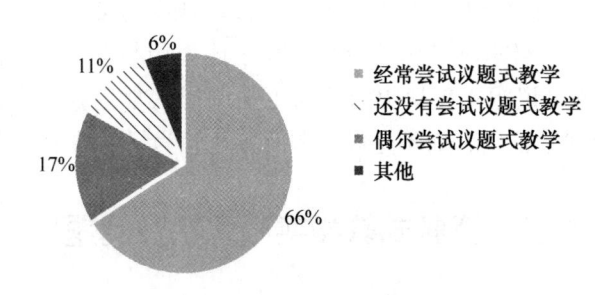

占比：66%、17%、11%、6%

图1　议题式教学实践情况

2. 学生的主体作用得到更加充分的发挥

经课堂教学观察发现，教师在实施议题式教学时，在63%的课堂教学中以学生为主的活动时间超过教学总时长的一半以上，其中，在12%的课堂教学中以学生为主的活动时间达到教学总时长的三分之二。可以看出，在议题式教学理念的影响下，教师更加注重学生主体作用的发挥，在设计与组织教学活动时改变了传统的讲授式教学模式，为学生提供了更多主动学习的机会，让学生通过主动参与学习活动、思考与探究问题、同伴讨论等方式学习学科知识，发展学科核心素养。经访谈发现，有79%的教师认为实施议题式教学后，学生的主体意识得到增强，参与学习活动的愿望更强烈，在课堂上主动分享个人观点和展示学习成果的人次明显增加。

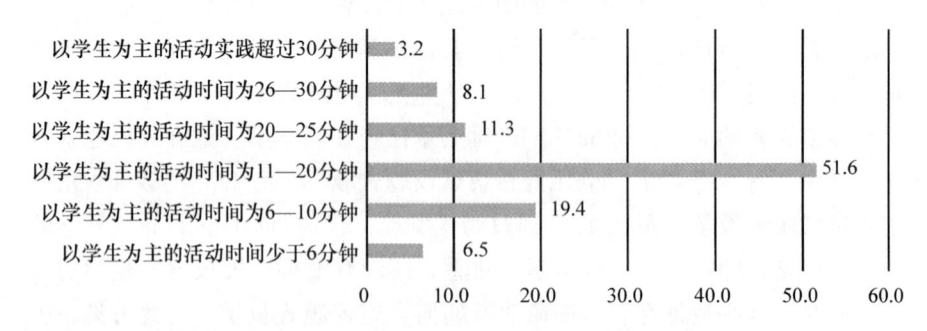

活动时间	占比(%)
以学生为主的活动实践超过30分钟	3.2
以学生为主的活动时间为26—30分钟	8.1
以学生为主的活动时间为20—25分钟	11.3
以学生为主的活动时间为11—20分钟	51.6
以学生为主的活动时间为6—10分钟	19.4
以学生为主的活动时间少于6分钟	6.5

图2　以学生为主的活动时间在课堂教学总时长中的占比情况（%）

总体而言，议题式教学虽然是《课程标准》提出的新的教学方法，但是，大部分中等职业学校思想政治课教师认同议题式教学的理念并在教学中进行了积极的探索，也取得了一些成效，尤其是通过议题式教学的实施激发了学生的学习兴趣，使学生的主体作用得到了更加充分的发挥。

（二）议题式教学在实施中存在的问题

1. 议题的思辨性与探究性不强

根据课堂观察，在62节课的教学中有40节课设计了明确的议题并以议题为线索组织了教学活动，占本次课堂观察总量的64.5%，说明大部分教师基本理解议题式教学的理念并在实践中加以落实。但是对40个议题内容进行进一步分析发现，有23个议题属于由知识点转化而来的事实性问题，缺乏思辨性与探究性，不能够引导学生围绕议题开展探究性学习活动，也没有给学生围绕议题进行讨论的空间（见图3）。例如，教师在以"中国为什么能"为总议题开展教学时，设计了4个子议题。"子议题一：视频中展示了中国改革开放40年社会和国家的哪些变化？""子议题二：对内改革和对外开放有什么关系？""子议题三：改革开放的过程中'走出去'和'引进来'都带来了哪些改变？""子议题四：'一带一路'倡议解决中国发展中遇到的哪些问题？"这些子议题都是对应教学知识点的问题，只能起到检测学生是否了解或掌握知识点的效果，并不能引导学生对所学内容进行深层次思考，不能引导学生运用所学知识分析事实和案例，形成对中国改革开放制度的深度思考和深刻认知。

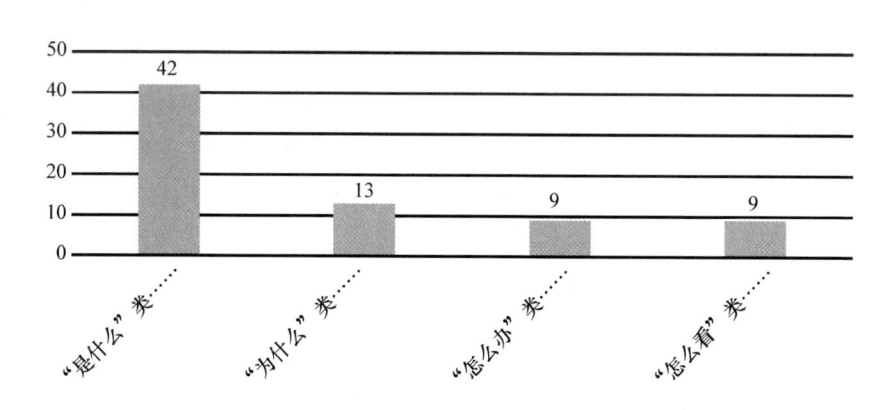

类别	数量
"是什么"类	42
"为什么"类	13
"怎么办"类	9
"怎么看"类	9

图3 "议题"的分类情况

此外，部分课堂教学的议题设计存在过于开放、指向性不强的问题。为鼓励学生积极参与教学活动，教师会在教学中设计让学生分享个人观点的议题，例如，在学习"改革开放是中国人民和中华民族发展史上的一次伟大革命"时，教师设计了"谈一谈改革开放为中国带来了哪些改变"类的子议题，这类议题虽然具有开放性，为学生的自主学习与观点分享提供了空间，但是由于该议题并没有明确指向具体的教学内容，也没有通过辅助信息对学生学习给予有效引导，学生很容易在学习与分享观点时忽略教学内容，使学习活动与教学内容脱节，不利于教学目标的达成。

2. 围绕议题设计的学习活动效度不高

活动是议题式教学实施的重要方式。活动设计是否可操作、可落实直接影响着议题式教学的实施效果。经课堂教学观察发现，有14节课的学习活动可以为学生提供参与、体验的学习机会，让学生在主动参与学习活动的过程中形成对议题的认知，占本次课堂观察总量的22.5%。但是大部分课堂教学中的学习活动设计效度不高，影响议题的探索及教学目标的达成。具体而言，议题式教学的学习活动设计主要存在以下三个问题：首先是学习活动与议题的关联度不高，不能有效引导学生对议题的探索和思考。议题式教学中的活动应根据议题探究逻辑及其对应的教学内容构建的序列化学习活动，引导学生对议题进行探索并在探索中掌握教学内容，形成对问题的认知。如果学习活动没有以议题为主线进行设计或学习内容过于开放，学生也就不能通过参与学习活动而达成预期的学习目标。其次是将议题式教学中的学习活动简单地等同于知识性学习活动。议题式教学中的学习活动是指学生在议题引领下，以学生主动探索、变革、改造活动对象为特征，以实现学生主体能力综合发展为目的的主体实践活动。[①] 单纯知识的获取、识记等并不是议题式教学倡导的活动，例如，部分教师在提出议题或子议题后，设计了学生以小组为单位阅读教材，在教材中找出问题答案并进行分享的活动。在这类活动中学生只是获取了学习内容所提供的知识，并没有对学习内容进行探索，思考及运用所学内容解决实际问题，活动设计缺乏实践性，不属于议题式教学倡导的活动。最后，部分活动的设计超出学生的认知水平，导致活动无法落实。议题式教学活动以学生的主体参与为特征，因此，活动内容须符合学生的实际情况，否则就难以激发学生的学习兴趣与参与愿望。例如，在讨论"新时代新在哪里"这一议题时，教师为学生提供了中国疫情期间战胜疫情的案例与习近平总书

---

① 田慧生：《关于活动教学的几个理论问题的认识》，《教育研究》1998年第4期。

记在第四届中国国际进口博览会开幕式上的主旨演讲等学习资料，设计了让学生找出具有新时代特征的活动。虽然教师提供的学习资料可以为学生理解新时代特征提供一定的信息支撑，但是由于资料并不丰富，学生缺乏足够的材料分析与总结归纳能力，学生并不能借助学习材料形成可分享的观点，活动目标也就难以达成。

三 议题式教学实施中存在问题的归因

（一）教师对议题的理解不够准确

教师如何认识与理解议题决定了议题式教学的实施效果。调查问卷显示，虽然有90.3%的教师知道《课程标准》提出的围绕议题开展教学的建议，但有64.5%的教师表示并不清楚议题的准确内涵及议题式教学的特点。有6%的教师认为，议题式教学与问题教学和案例教学相同。议题在思想政治课教学中是一个新的概念。《课程标准》虽然提出围绕议题开展教学的要求，但并没有对议题进行具体说明。教师对议题的理解主要依赖于自主学习及个人的理解，所以，教学实践中出现了将议题等同于教学主题或问题等现象。对议题理解不准确是当前议题式教学实施中存在问题的主要原因。

（二）教师的议题设计能力不强

议题式教学注重帮助学生通过对真实问题的探究来学习学科知识，形成价值判断，体现了思想政治课程价值性与知识性的统一。这就要求教师必须具有开阔的视野和丰富的知识，能够根据学科知识选择恰当的情境、事件、案例等与学习内容相结合，设计出内容契合，问题巧妙，难度适当的议题。问卷调查发现，大部分教师认为自己的知识储备并不能满足议题式教学的要求，很难在教学中恰当地将学科内容与实际问题结合起来，设计出能有效落实教学目标又能激发学生参与愿望的议题。部分教师认为自己还没有掌握将学科知识转化为议题的方法，例如，如何将《课程标准》中的议题转化为课堂教学中的议题？什么样的议题才能有效引导学生开展探究性学习？什么样的议题才能更好地调动学生参与学习活动？等等。可以看出，由于议题式教学还处在探索阶段，教师设计议题的能力还处于发展和提升的阶段，所以，部分议题设计还不能满足教学要求，这也是影响议题式教学效果的一个主要原因。

（三）教师设计与组织开展学习活动的能力不强

实施议题式教学需要教师具备较强的设计与组织开展活动的能力。但是，长期以来教师在教学中主要采用讲授与案例分析的方法开展教学，部分教师对议题式教学所倡导的活动教学还不是很了解，活动设计能力不强，也就出现了思想政治课教学活动少或多数为知识学习活动的现象。问卷调查显示，有71.4%的教师知道活动是实施议题式教学的主要方式，而且有89.3%的教师认为自己在教学中组织开展了活动，但是通过访谈发现，教师在教学中开展的活动多为知识性问答、小组讨论回答或角色扮演等。由此可以看出，对活动内涵理解不准确是影响教师设计有效活动的主要原因之一。同时，教师组织实施活动的能力也影响了议题式教学中活动的有效性。议题式教学中的活动强调学生的主动参与，并在活动中通过探索议题学习学科知识，因此，议题式教学活动的开放性强、活动内容也相对复杂，教师需要具备指导学生开展探究与讨论的能力及应对活动中生成性问题的能力，这对教师的教学能力是全新的挑战。

（四）学生的学习能力还不能满足议题式教学要求

议题式教学主张学生通过主动参与学习活动，获得主体体验与情感感悟，以掌握教学内容，形成价值观念等。但是学生在以往的学习经历中所获得的多为被动接受的学习经验。被动的学习方式使学生主动参与学习活动的意识比较薄弱，自主学习能力也比较欠缺，在教学中更倾向于听教师讲解内容、被告知结论，而不是主动探索，因此，一旦需要自己主动思考和发表观点，学生就感觉无从入手，甚至会产生逃避的心理。调查问卷显示，有86%的教师认为学生在识记、回答问题的学习活动中表现最好，有72%的教师认为学生能够在教师的指导下开展学习活动，仅有27%的教师认为学生具备根据议题主动搜集材料的能力，有13%的教师认为学生具备自主分析学习资料的能力，有11%的教师认为学生能够根据提示形成观点，有8%的教师认为在出现不同观点时学生能够使用一定的方法技巧与同伴讨论达成共识（见图4）。由此可以看出，学生更习惯于被动学习或在教师指导下进行学习，还不能适应需要发挥更多主观能动性的学习活动。

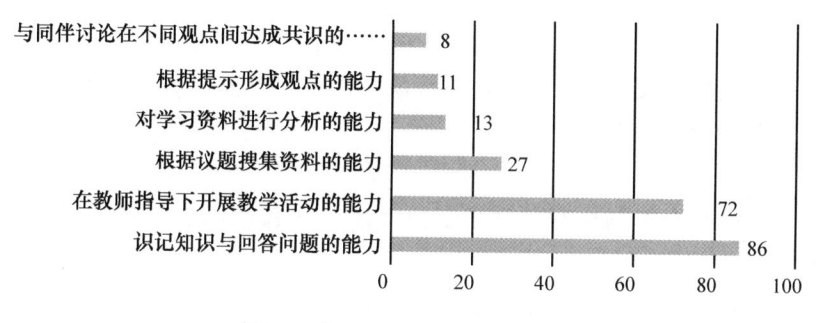

图4 学生学习能力情况（%）

- 识记知识与回答问题的能力 86
- 在教师指导下开展教学活动的能力 72
- 根据议题搜集资料的能力 27
- 对学习资料进行分析的能力 13
- 根据提示形成观点的能力 11
- 与同伴讨论在不同观点间达成共识的…… 8

四 议题式教学实践建议

（一）准确把握新时代思想政治课程要求，改变传统教学观念

《课程标准》依据新时代德才兼备技术技能人才的新需求提出中等职业学校思想政治课程应紧密结合社会实践和学生实际，对学生进行思想政治教育，培育学生政治认同、职业精神、法治意识、健全人格、公共参与等学科核心素养。落实这一要求，教师首先要准确把握《课程标准》规定的思想政治课程任务，即依托真实的学习情境与具有实践性的学习活动促进学生学科核心素养的发展，让学生在学习过程中学习知识、提升能力，同时陶冶学生的情感，引导学生形成正确的价值观念。[1] 因此，教师不能仅仅关注知识点的讲解与学生对知识性内容的识记，将教学活动设计局限于呈现教材内容、讲解学科知识等形式，还要将学科知识内容与社会实践相结合，为学生创设真实的学习情境、设计议题，使传统的知识传授型教学发展为有利于学科核心素养培养的议题式教学。其次，教师要根据学科核心素养培养规律，将以教师为中心的课堂教学转变为学生主体、教师主导的教学。虽然大部分教师认同只有充分发挥学生的主体作用才能够提高教学的有效性，但是，为了让学生在短时间内掌握更多的学科知识，教师在教学实践中更倾向于选择以教师讲授为主的教学方式。这种教学方式虽然可以提高单位时间的教学效率，但剥夺了学生对所学内容进行主动思考与让学生理解所学知识的实践意义的机会，既不符合议题式教学所倡导的

---

[1] 教育部：《中等职业学校思想政治课程标准》，高等教育出版社2020年版，第1页。

以学生为主体的教育理念，也不能促进学生学科核心素养的养成。因此，教师应根据新时代的育人要求，转变传统教学理念，从学生长期发展与全面发展的角度出发，以培养学生学科核心素养为目标，创新教学模式，提高思想政治课的教学质量。

（二）结合学科内容与学生专业特点，设置能够引领学生深度探究的议题

设计高质量的议题是开展议题式教学的重要基础。高质量的议题应既符合学生的实际情况，又要在学科知识与社会实际问题之间建立紧密联系，能够引发学生的探究愿望及学习过程中的观点碰撞，引导学生对学习内容进行深度思考与辨析。议题的设计应遵循以下原则：

首先，议题的设计应符合学生的认知水平。依据最近发展区理论，教学应着眼于学生的最近发展区，为学生提供带有难度的学习内容。[①] 超过学生最近发展区的学习内容会让学生望而生畏，失去学习动力，而只能达到学生现有水平的学习内容也会让学生失去学习兴趣。准确评估学生的认知水平，根据《课程标准》的内容要求确定议题的难易程度与复杂程度，才能使议题更加符合学生的认知水平与学习能力，提高学生参与度与教学效果。

其次，议题的设置应以《课程标准》规定的教学内容为基础。议题式教学是《课程标准》结合新时代要求提出的推动思想政治课程教学改革，提升思想政治课程的教育教学效果的教学方法。学科知识是达成课程目标的基础，因此，议题的设计应以教学内容为基础，在对教学内容进行分析与结构化处理的基础上，结合学生实际把核心内容转化为议题。例如，在学习《哲学与人生》中"世界是普遍联系的"一课时，教师根据课程标准确定本节课的核心内容是唯物辩证法联系的观点，通过学习使学生能够初步使用联系的观点分析社会现象，对事物形成正确的价值判断。由此，教师将"唯物辩证法联系的观点探究"初步设定为本节课的总议题。这个议题对应了本节课的教学内容，也为结合实际问题丰富议题内容留出了空间。

最后，议题设计还应与实际问题紧密结合。习近平总书记指出，要重

[①] 王亚楠：《"最近发展区"理论及其教学启示》，《江苏教育》2021 年第 8 期。

视思政课的实践性，把思政小课堂同社会大课堂结合起来，教育引导学生立鸿鹄志，做奋斗者。① 要设计高质量的议题，教师不仅要准确把握《课程标准》要求，熟悉教材内容，还应关注社会发展，选取具有价值导向性的社会热点问题作为议题设计的素材。学科知识与社会实际问题的结合既可以增强议题的吸引力，也为学生理解议题的实践价值创造了条件。例如，教师为园林专业学生设计"世界是普遍联系的"一课的议题时，选择了社会关注度高的塞罕坝变迁案例为载体。将对塞罕坝变迁过程的分析与唯物辩证法联系的观点的学习融合形成议题："以塞罕坝的变迁为例说明一个地区能否孤立封闭地存在和发展？"学科内容与学生专业领域实际问题的结合不仅使抽象的哲学知识贴近了学生的知识背景，鲜活的案例也更容易激发学生的学习兴趣和深度探究理论知识的愿望。

（三）构建符合学生实际的序列化学习活动，提高学生的有效参与

议题的探索需要依托高度序列化和结构化的学习活动才能达成。活动的设计能否吸引学生参与，能否引导学生对议题开展有效探索是开展议题式教学的关键。围绕议题设计的学习活动不是松散的、随意的，而是要在议题的引领下，覆盖议题对应的教学内容，遵循解决问题的逻辑形成学习活动之间的内在关联，使各个活动按照议题所包含的关键知识点形成具有逻辑顺序的活动串。在这个活动串中，每个活动都要服务于议题的探究，而不能偏离整体要求，同时，各个活动之间也存在着密切的联系。每个活动都承担着议题探究的一部分内容，并为后续开展的学习活动做好铺垫，使各个活动之间的衔接与教学目标的达成水到渠成。例如，在探究"为什么说公有制为主体，多种所有制经济共同发展具有无可比拟的优势"这一议题时，教师结合轨道交通专业学生的认知基础、专业背景等，围绕议题设计了三个学习活动。活动一：查阅资料，分析地铁4号线的建设主体有哪些？这些主体的所有制性质是怎样的？这种多种所有制经济共同建设地铁的方式与单一公有制经济建设地铁的方式相比具有哪些优势？活动二：查阅资料、采访企业专家或专业课教师了解中国地铁、公路、铁路的建设是由哪种所有制经济主体建设的并尝试分析原因。活动三：查阅中华人民

---

① 《理直气壮开好思政课！》，https://www.chinanews.com.cn/m/sh/2019/03-20/8785240.shtml。

共和国成立以来公路、地铁、铁路建设发展情况，结合学习内容说明中国交通建设快速发展的原因。可以看出，这三个学习活动在内容上对应了议题的核心知识点，同时，这三个学习活动之间层层递进，先让学生通过资料分析了解中国经济发展中不仅有公有制，还有其他形式的经济主体参与。之后，让学生通过社会调查的方式进一步了解公有制经济与其他非公有制经济在中国经济发展中所发挥的作用，认识到多种所有制经济的共同参与并没有动摇公有制的主体地位，而是促进了中国经济更加蓬勃的发展。最后，通过一个分析讨论活动引导学生对中国公有制为主体的多种所有制并存的经济制度的优势形成客观认知，坚定学生的制度自信。这一系列活动是按照议题所对应的学科知识结构，结合学生熟悉的专业领域设计形成的序列化、结构化的学习活动，让学生在问题情境中，由具有争议性和思辨性的问题驱动，有序开展议题探究，将学科知识的学习与价值观念的培养有机结合起来，实现对学生学科核心素养的培养。

五 结语

自《课程标准》颁布以来，如何在教学实践中落实议题式教学培养学生思想政治课程学科核心素养就成了中等职业学校思想政治课程教学改革的重要内容。本文以北京市中等职业学校思想政治课议题式教学的课堂观察为基础，结合问卷调查与教师访谈对中等职业学校思想政治课议题式教学的现状、问题及原因进行了分析，提出了对策建议。但是，本次研究主要聚焦在议题与活动的设计上，研究内容具有一定的局限性。随着议题式教学实践探索的不断深入，笔者也将进一步对议题式教学的深层次问题进行研究与探索，以期对中等职业学校思想政治课的教学改革提供参考与借鉴。

参考文献

《理直气壮开好思政课！》，https://www.chinanews.com.cn/m/sh/2019/03-20/8785240.shtml。

教育部：《中等职业学校思想政治课程标准》，高等教育出版社2020年版。

林华蓉：《新课标背景下中职思政课程议题式教学探究》，《福建教育学院学报》2021年第22期。

汤爱霞：《学科核心素养下高中思政课议题式教学研究》，《中学政史地（教学指导）》2021年第10期。

唐晓伟、黄先桂：《思想政治课议题式教学探究》，《中学政治教学参考》2021年第31期。

田慧生：《关于活动教学的几个理论问题的认识》，《教育研究》1998年第4期。

王亚楠：《"最近发展区"理论及其教学启示》，《江苏教育》2021年第8期。

北京市特殊教育学校德育发展现状及改进策略研究

陆莎 孙颖 史亚楠[*]

特殊教育是教育系统的重要组成部分，办好特殊教育，是推进教育高质量发展不可或缺的重要内容。习近平总书记多次指出："残疾人是人类大家庭的平等成员，要实现'一个都不能少'的目标。"[①] 德育教育在残疾人全面发展中起着统帅作用并提供了方向性的保证。目前中国已形成以特殊教育学校为骨干，以随班就读学校为主体，以送教上门为补充的教育安置体系，在不同教育安置中，特殊教育学校学生占一半以上，因此，立足残疾人全面发展，遵循特殊教育规律，促进残疾儿童青少年自尊、自信、自强、自立，实现最大限度的发展，努力使残疾儿童青少年成长为国家有用之才[②]，是新时代党和国家对特殊教育提出的根本要求。

目前，北京市共有特殊教育学校19所，其中，盲校1所，聋校1所，培智学校14所，综合型学校3所，主要招收智力残疾、听力残疾、视力残疾、自闭症、脑瘫、多重残疾等残障儿童。[③] 本文针对北京市特殊教育学校开展德育工作的情况进行调查研究，借助调查工具，了解当前北京市特殊教育学校德育发展现状，分析目前特殊教育学校德育发展过程中存在问题的原因，提出合理性的建议和策略，形成行之有效的德育发展建议。

---

[*] 陆莎 孙颖 史亚楠 北京教育科学研究院特殊教育研究指导中心研究人员。

[①] 方中雄：《建设高质量特殊教育体系，助力教育高质量发展》，http://www.moe.gov.cn/jyb_xwfb/moe_2082/2022/2022_zl01/202201/t20220125_596288.html。

[②] 《国务院办公厅转发〈"十四五"特殊教育发展提升行动计划〉》，http://www.moe.gov.cn/jyb_xxgk/moe_1777/moe_1778/202201/t20220125_596312.html。

[③] 数据来源于《2021年北京市第二期特殊教育提升计划落实情况研究报告》。

一 北京市特殊教育学校德育发展状况

（一）德育组织建设情况

北京市特殊教育学校均设立了专门的德育工作部门，承担此项工作的主要成员包括副校长、德育主任、少先大队辅导员、班主任等，也有些学校将教务主任、总务主任、学科教师、党及团书记纳入德育工作团队中。

从北京市德育干部队伍情况来看，目前特殊教育学校德育干部共有52人，主要以女性为主，其中男性占比为21%，女性占比为79%；在年龄结构方面，30岁及以下占比为13.5%，31—40岁占比为30.8%，41—50岁占比为46.2%，51岁及以上占比为9.5%（见图1）；德育干部的学历以本科为主，占比为94.2%（见图2）。

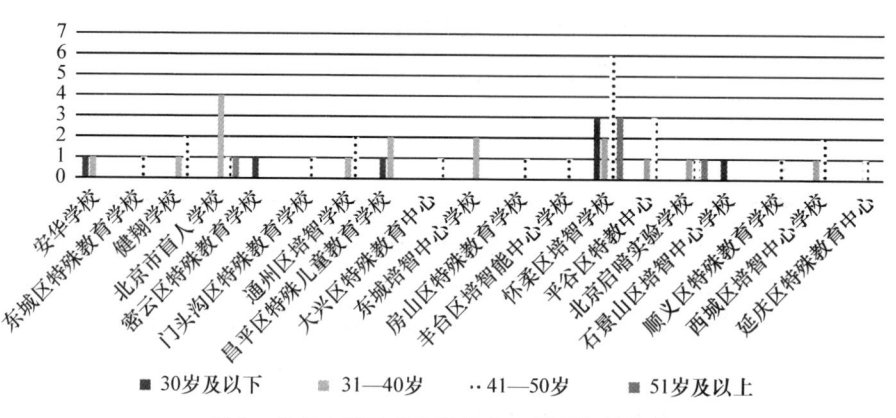

图1 北京市特殊教育学校德育干部年龄结构

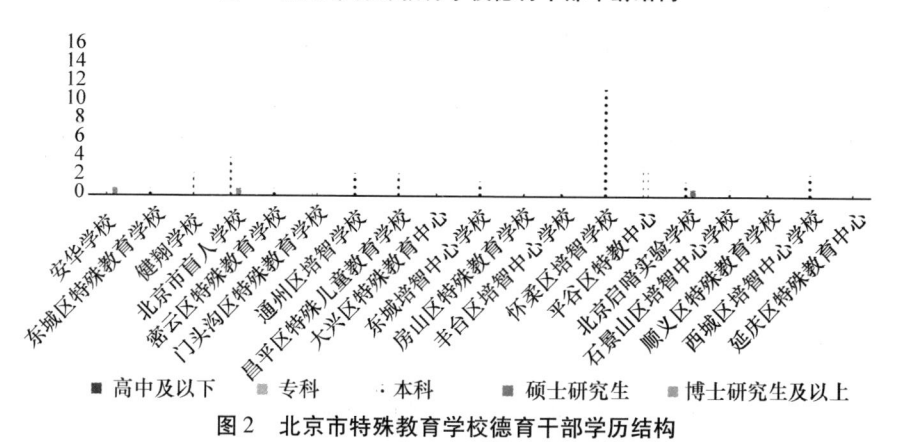

图2 北京市特殊教育学校德育干部学历结构

北京市德育课程教师共有331人，其中男性为40人，女性为291人；在年龄结构方面，30岁及以下占比为25.7%，31—40岁占比为33.5%，41—50岁占比为30.5%，51岁及以上占比为9.7%（见图3）。

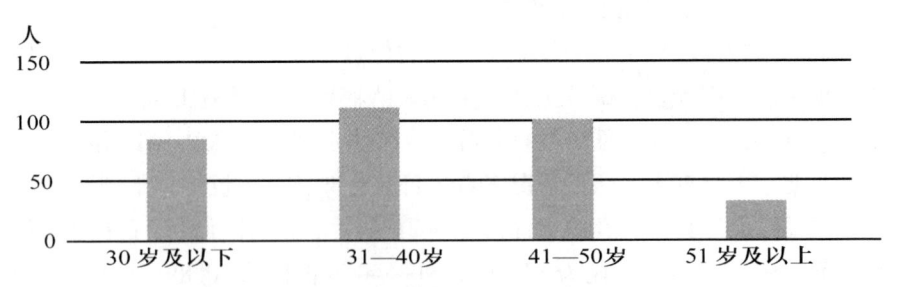

图3 北京市特殊教育学校德育课程教师年龄结构

在教龄结构方面，5年及以下占比为17.2%，6—15年占比为32.9%，16—25年占比为27.5%，26年及以上的占比为22.4%（见图4）。在学历结构方面，以本科学历为主，占比为92.4%（见图5）；在职称结构方面，

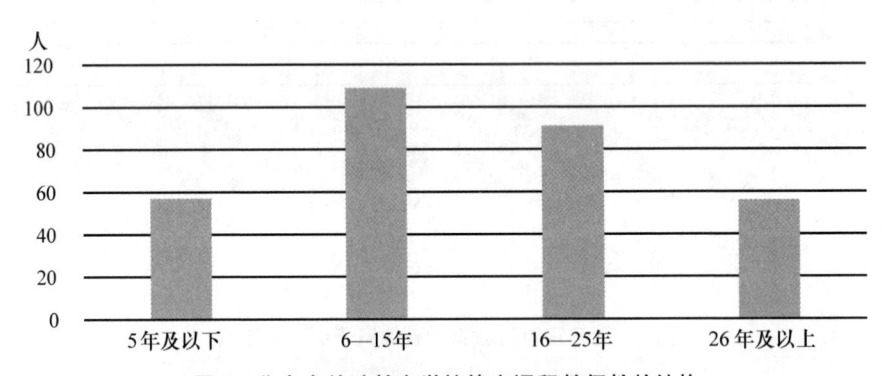

图4 北京市特殊教育学校德育课程教师教龄结构

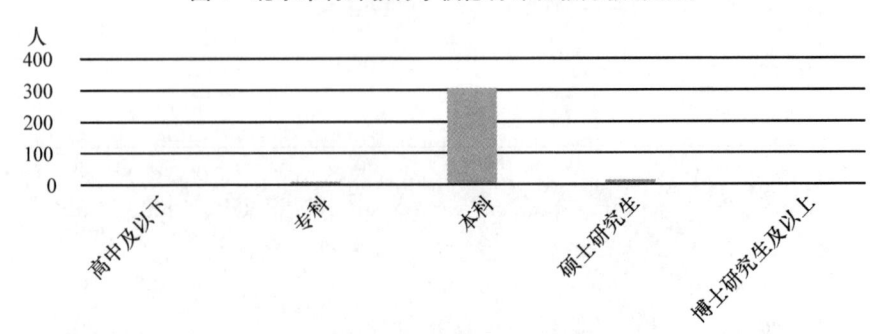

图5 北京市特殊教育学校德育课程教师学历结构

主要是以二级和一级职称为主，占比为84.6%（见图6）。此外，在德育课程教师中有253人同时担任班主任，占比为76.4%。

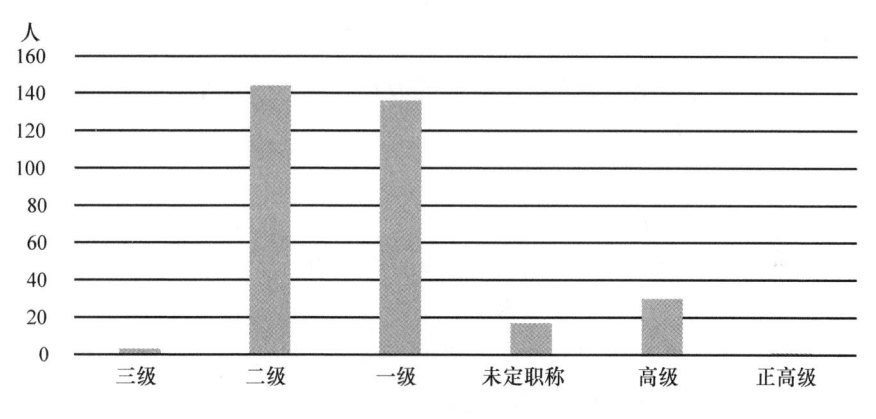

图6 北京市特殊教育学校德育课程教师职称结构

（二）德育制度建设情况

通过对北京市特殊教育学校德育工作制度调查发现，所有学校均有校级德育方面的相关制度，主要有四类：第一类是学校德育工作制度，如《学校德育管理制度》《培智学校开展社会主义核心价值观教育工作方案》；第二类是德育教师队伍工作制度，如《班主任工作职责及考核》《德育主任制度》《值周教师管理制度》《师德评价制度》等；第三类是学生管理制度，如《学生考勤管理办法》《学生上下学接送制度》《学生奖惩制度》《学生文明礼仪规范》等；第四类是家校共育制度，如《家校联系制度》《家访制度》《家委会制度》等。

（三）德育课程与教学情况

德育课程与教学方面呈现出两个特点：一是开齐开足国家课程标准中要求的课程，如培智学校的生活适应课程，盲校和聋校的品德与生活、品德与社会、思想品德课程。二是形成了以区域、学校特色为基础，融合生活语文、艺术与休闲等多个学科的特点，结合不同学科的特点安排相应的文化知识学习，帮助学生形成积极向上的价值观、人生观。比如东城区特殊教育学校的"四心"系列课程：初心课程致力于团队教育、育心课程致力于爱国主义教育、爱心课程致力于服务社会、强心课程致力于奥运体验，以系列课程促进学生成长。西城区培智中心学校结合残障学生年龄、学段、教育基础及现状，分析分解各年级段/学段目标，整合出"社会主义核心价值观教育、传统文化教育、行为习惯养成教育"三大教育内容版块，并进行内容细化，形成了"以养成教育"为重点促学生成长的具有该校特色的德育课程主线。

（四）班主任工作情况

调查发现，有76%的德育课程由班主任承担，且他们的工作呈现出事务多、责任大的特点。事务多体现在班主任在校需要检查学生到校、班级卫生、课间操、课外活动、住校生心理情况、学生思想教育、个别学生的重难点问题以及其他临时任务等。责任主要体现在日常需要接触各类残障学生、家长上，他们集知识和技能的传授者、纪律执行者、家长或学生的心理疏导者、争议事件的协调者、学生的模范等角色于一身。

在学校里，班主任是学校日常管理的支柱，也是学生学业学习、品德修养和日常生活的重要介入者。从对班主任繁杂而琐碎的工作考察中，我们可以知晓各学校也是在发挥班主任示范引领作用上下足了功夫。第一，创新班主任管理制度。比如北京市盲人学校一方面搭建了老中青相结合的班主任梯队，以老带新、骨干辐射，另一方面通过校内德育论坛、班主任基本功等校内赛加强班主任的校级管理。第二，提升班主任工作的专业技能。比如北京健翔学校开展"疫情期间的班主任工作""小程序大作用""快乐减压小课堂""当代中学生爱国情怀"的主题培训，鼓励班主任学习先进经验，改进工作方法，增强育人能力。

（五）德育活动及社会实践活动情况

调查发现，不管是以学校为单位，还是以班级为单位组织开展的德育活动次数均存在极其显著的差异（$p=0.000<0.001$）。进一步将城区与郊区之间进行差异比较发现，以学校为单位组织开展的德育活动次数不存在显著差异（$p=0.821>0.05$），而以班级为单位组织开展的德育活动（班会或团队会）次数仍然存在极其显著的差异（$p=0.000<0.001$），城区的平均次数（$n=1.93$）小于郊区的平均次数（$n=2.13$）。其中，1＝3—5次，2＝6—9次，3＝10—14次，4＝15次及以上。

北京市以班级为单位组织开展的德育社会实践活动次数存在极其显著的差异（p = 0.000 < 0.001）。进一步将城区与郊区之间进行差异比较发现，以班级为单位组织开展的德育社会实践活动次数存在极其显著的差异（p = 0.000 < 0.001），城区的平均次数（n = 2.04）小于郊区的平均次数（n = 2.32）。其中，1 = 2 次及以下，2 = 3—5 次，3 = 6—9 次，4 = 10 次及以上。

盲校、聋校、培智学校、综合学校四类特殊教育学校在以学校为单位组织开展的德育活动和以班级为单位组织开展的德育社会实践活动次数上存在显著差异（见表1）。其中，在校级德育活动次数上盲校显著多于培智学校；在班级实践活动次数上盲校显著多于培智学校和综合学校，培智学校显著多于综合学校。

表1　　　　　　四类特殊教育学校开展德育活动的次数差异

	1. 盲校 M ± SD	2. 聋校 M ± SD	3. 培智学校 M ± SD	4. 综合学校 M ± SD	F	LSD
所在学校组织开展的德育活动次数	3.32 ± 0.88	3.10 ± 1.22	2.90 ± 1.14	2.97 ± 1.12	3.578*	1 > 3
执教班级组织开展的德育活动（班会或团队会）次数	2.18 ± 0.86	1.94 ± 0.94	2.02 ± 0.89	1.93 ± 0.90	1.453	
执教班级组织开展的社会实践活动次数	2.49 ± 0.89	2.18 ± 1.03	2.17 ± 1.00	1.90 ± 0.94	6.082**	1 > 3 1 > 4 3 > 4

说明：* 表示 $p < 0.05$，** 表示 $p < 0.01$。

（六）学生在校文化生活情况

学生在校文化生活体现出区域、校际的特点，四类特殊教育学校均在此上下足功夫。如安华学校构建以牵牛花为核心的学生文化生活体系，一是每年度分别开展劳动节、艺术节、体育节和科技节活动，突出学生坚韧向上、自强不息的"牵牛花精神"和亲子共育的文化特色，帮助学生在不同的文化活动中学习。二是举办中华优秀传统文化进校园活动，开展川剧变脸、魔术、杂技、皮影戏、杖头木偶剧等活动，帮助学生在实践中增强对传统文化的理解。三是以生命教育为核心，通过教育戏剧的形式，提升学生对生命的珍视和热爱。学校开设班级区角、校级舞台、剧院舞台、社区舞台，逐步打造"牵牛花"生命教育系列文化活动，为学生的充分体验创造平台。启喑学校近年来以学生危机事件为核心，开展"同学，我的伙伴""报纸服装设计大赛""多米诺骨牌专场""合作快乐感悟成长""创意环保画大赛"等大型团体心理辅导活动，在团体辅导活动中提升学生人际交往能力、团队协作能力。

（七）德育工作评价情况

1. 城、郊区教师对学校、自身德育工作的评价比较

调研发现，全体教师对于学校德育工作和自身德育工作的评价差异较大，对于学校德育工作评价较低，平均分仅为1.34分；对自身德育工作评价则较高，平均分为4.26分。另外，对城区和郊区学校的教师进行比较发现，在对学校德育评价维度和各子维度上均存在极其显著的差异；在自身德育评价维度和各子维度上也存在显著差异（见表2）。

表2　　　　　　　城、郊区教师对学校、自身德育工作的评价

	维度	城区 M±SD	郊区 M±SD	t
学校德育工作	管理育人	1.41±0.73	1.24±0.50	4.263***
	活动育人	1.39±0.70	1.23±0.50	4.078***
	课程育人	1.41±0.73	1.24±0.50	4.466***
	文化育人	1.39±0.70	1.25±0.45	3.807***
	实践育人	1.42±0.74	1.23±0.51	4.583***
	学校德育满意度	1.42±0.74	1.24±0.52	4.364***
	均值	1.41±0.70	1.24±0.48	4.413***
自身德育工作	班级德育满意度	4.16±1.35	4.41±1.25	-2.934*
	学生德育评价	4.12±1.33	4.37±1.24	-2.950*
	师德师风	4.16±1.38	4.42±1.27	-3.103*
	均值	4.15±1.33	4.40±1.24	-3.036*

说明：*表示 $p<0.05$，*** 表示 $p<0.001$。

2. 不同类型学校教师对学校和自身德育工作的评价比较

四类特殊教育学校教师在"实践育人""班级德育满意度""学生德育评价"三个维度上存在显著差异（见表3）。其中，在"实践育人"维度，培智学校低于综合学校；在"班级德育满意度"和"学生德育评价"维度，培智学校均高于综合学校。

表3　　不同类型学校教师对学校和自身德育工作的评价

	维度	1. 盲校 M±SD	2. 聋校 M±SD	3. 培智学校 M±SD	4. 综合学校 M±SD	F	LSD
学校德育工作	管理育人	1.33±0.62	1.37±0.59	1.33±0.65	1.41±0.66	0.668	
	活动育人	1.30±0.57	1.43±0.70	1.31±0.64	1.43±0.70	1.865	
	课程育人	1.31±0.57	1.40±0.63	1.30±0.62	1.42±0.69	1.790	
	文化育人	1.30±0.56	1.40±0.63	1.31±0.60	1.41±0.66	1.508	
	实践育人	1.40±0.69	1.41±0.64	1.30±0.64	1.48±0.72	3.137*	C<D
	学校德育满意度	1.34±0.66	1.42±0.65	1.31±0.65	1.46±0.70	2.517	
自身德育工作	班级德育满意度	4.38±1.08	4.10±1.40	4.32±1.30	4.01±1.41	2.623*	C>D
	学生德育评价	4.31±1.16	4.06±1.36	4.29±1.28	3.96±1.38	2.877*	C>D
	师德师风	4.33±1.18	4.19±1.43	4.32±1.33	4.03±1.42	1.973	

说明：* 表示 $p<0.05$。

3. 不同教龄的教师对学校和自身德育工作的评价比较

调研发现，不同年龄组的教师在学校德育评价各维度上均存在显著差异，整体上盲校和聋校的评价要低于综合学校，仅"课程育人"子维度低于培智学校（见表4）。

表4　　不同教龄的教师对学校和自身德育工作的评价

	维度	A. 5年及以下 M±SD	B. 6—15年 M±SD	C. 16—25年 M±SD	D. 26年及以上 M±SD	F	LSD
学校德育工作	管理育人	1.30±0.69	1.32±0.56	1.34±0.65	1.46±0.79	1.958*	A<D B<D
	活动育人	1.26±0.65	1.29±0.54	1.34±0.65	1.45±0.74	2.906*	A<D B<D

续表

	维度	A. 5 年及以下 M ± SD	B. 6—15 年 M ± SD	C. 16—25 年 M ± SD	D. 26 年及以上 M ± SD	F	LSD
学校德育工作	课程育人	1.25 ± 0.61	1.31 ± 0.58	1.37 ± 0.68	1.45 ± 0.77	2.968*	A < C A < D B < D
	文化育人	1.26 ± 0.61	1.31 ± 0.51	1.34 ± 0.65	1.46 ± 0.73	3.099*	A < D B < D
	实践育人	1.28 ± 0.69	1.30 ± 0.56	1.37 ± 0.67	1.49 ± 0.81	3.509*	A < D B < D
	学校德育满意度	1.27 ± 0.71	1.31 ± 0.56	1.36 ± 0.68	1.48 ± 0.80	2.880*	A < D B < D
自身德育工作	班级德育满意度	4.36 ± 1.30	4.25 ± 1.33	4.22 ± 1.34	4.27 ± 1.21	0.457	
	学生德育评价	4.35 ± 1.29	4.21 ± 1.32	4.20 ± 1.31	4.19 ± 1.23	0.631	
	师德师风	4.40 ± 1.32	4.22 ± 1.36	4.25 ± 1.36	4.30 ± 1.27	0.749	

说明：*表示 $p < 0.05$。

二 北京市特殊教育学校德育发展的重点难点问题

（一）新时代特殊教育学校德育的新目标与改革发展新任务有待进一步明晰

办学理念是学校之魂。一个恰当的办学理念的提出一方面要基于对国家教育理念的精准把握，另一方面还要基于本校的实际情况。党的十八大提出要把"立德树人作为教育的根本任务"[1]，党的十九大报告强调"全面贯彻党的教育方针，落实立德树人根本任务"[2]，习总书记在全国教育大会上指出"培养什么人是教育的首要问题"[3]。以此为背景，新时代特殊教育

---

[1] 胡锦涛：《坚定不移沿着中国特色社会主义道路前进，为全面建成小康社会而奋斗》，人民出版社2012年版。

[2] 习近平：《决胜全面建成小康社会 夺取新时代中国特色社会主义伟大胜利——在中国共产党第十九次全国代表大会上的报告》，http://cpc.people.com.cn/n1/2017/1028/c64094-29613660.html。

[3] 《习近平出席全国教育大会并发表重要讲话》，新华社，http://www.gov.cn/xinwen/2018-09/10/content_5320835.htm。

学校的德育应该"全面推动习近平新时代中国特色社会主义思想贯穿德育课程（教材）全过程"，并将其转化为学生的知识体系、价值体系。北京市所有特殊教育学校也均在"立德树人"的理念下开展各项教育，而以新时代的目标和任务来看，各特殊教育学校在此方面还有进一步明晰的空间，还可以从特殊教育学校中小学生的身心特点和思想实际出发改进德育方式方法，注重循序渐进、因材施教，开展适合残障学生、入脑入心的德育活动。

（二）学科教学的德育功能还可进一步加强

所有特殊教育学校在开齐开足国家要求的相关德育课程基础之上，也在探索各类残障学生德育知识、学生相关能力的培育，但是学校体育、美育与劳动教育相对来说是短板。特殊教育学校体育的功能目前仅体现在"体"上，"心"育、"情"（情感）育还不足。美育在开设美术、音乐（或艺术与休闲）等必修课程的同时，残障学生"感受美""鉴赏美"的能力还不足。劳动教育在培养学生劳动品德、习得自理能力的同时，"敢于拼搏""吃苦耐劳"的意志品质有待深入。此外，不少培智学校反馈德育课程目前停留在表面知识学习上，对于课程的深入发掘还比较差，离形成培智学校的德育课程体系还有差距。

（三）班主任德育工作外部支持少、专业化程度不强

调查显示，大部分领导和教师认同班主任工作的辛苦，但是对班主任的支持还不充分。这体现在如下方面：一是充分的家校合作有限。残障学生家长参与学校教育的程度有限甚至比较低，大部分家长尚需学校班主任多给予支持，尚需要学校花费较多精力推进家长的观念转变，教师较难从家长处获得家校共育的动力。二是班主任的德育观念、技能等还不强。德育工作被"日常班级管理"占了大部分，班级主题活动、社会性实践活动等开展不足。在专业技能方面，虽偶有班主任工作方面的相关培训，但在关键专业技能（如沟通技能）的具体指导方面还很欠缺。

（四）特殊教育学校德育活动及社会实践活动不足

从上文的数据可知，无论是以班级为单位还是以学校为单位开展的德育活动次数并不多，其平均次数为每年2—3次。在社会实践活动方面，也

因为疫情等原因而开展的次数不多，且城郊区的差异比较大，城区的平均次数小于郊区的平均次数。特教教师对学校德育工作的评价较低，特别是德育活动。从各校提交的德育活动或社会实践活动的清单来看，活动的丰富性比较缺乏。大部分学生很少有机会参加校外活动，数量开展多的活动之间缺乏整体性与系统性，活动与活动之间的连续性比较差。

（五）多数学校德育文化偏管理导向，与教师期待相差较大

从对特教教师的调查来看，当前多数特殊教育学校的德育文化以管理导向为主，而教师所期待的德育文化偏向于情感导向，且管理导向的德育文化类型较少得到教师的认可。管理导向的德育文化主要强调制度、管理，即学校主要依靠各类规章制度把教师组成一个群体。当前的特殊教育学校更多的是一种以工作为导向的工作关系，情感上联系相对较少，而增进人与人之间的情感联系恰恰是特教教师最希望的。

三　政策建议

（一）加强德育一体化设计

特殊教育学校需注重从党政领导、组织机构、课程教材体系、教师队伍体系、评价反馈体系、管理体系等方面构建一体化教育内容，通过科学运行保障机制，统筹好各种力量和资源实现育人目标。各类特殊教育学校在班级各学科教学内容、学校德育活动等方面根据不同类别残障学生的特点，将知识点、德育点融会贯通，分层施教，发挥每一个活动多种效应的作用，全方位落实德育一体化。

（二）充分尊重差异，做到因材施教

树立科学的特殊教育观，尊重残障学生身心发展规律和个体差异，提高德育工作的针对性与实效性。以生活化、综合化、个性化为核心充分发挥综合育人功能，加强基本的文明礼仪，良好的卫生、生活、行为习惯和自我保护能力，将德育与康复相结合，将游戏治疗、戏剧治疗、舞蹈—运动治疗、绘本教育等应用到德育教育教学中，充分结合本土特点形成一校一品。

(三) 增强德育课程与教学的魅力

德育课程教学需要把价值目标的实现放在首位，德育课程并不排除知识性的内容，但是知识构成只是道德素养的必要条件，因此德育课程教学应把知识背后所包含的深层次的价值理念揭示出来。[①] 对于残障学生来说，"情感"是他们的短板，也是德育课程教学的重点。学校、教师要在情感上下功夫，打破残障学生接受特定价值观的情感障碍，基于学生的学习状态、学习特点和身心特点等，对于不同类别的学生采取不同的教学方法，因势利导，促进残障学生在原有基础上获得提升。

(四) 提高班主任工作的专业化水平

一是建立特殊教育学校班主任专业发展的制度与规划，在发展的不同阶段为其提供不同的专业发展方案。二是采取校外与校内相结合的特殊教育学校班主任培训方式。特殊教育学校的班主任工作与普通学校的班主任工作既有差异也有共同点，可以结合专家、普校班主任工作专家进行相关沟通、专业技能方面的培训。三是加强校内班主任之间的经验交流，促进班主任之间的知识和经验共享，尤其是发挥专家型班主任的优势。四是减轻班主任的工作压力。特殊教育学校管理层可以将其他教学课任教师纳入班级管理的队伍之中，扩大教师与学生相互接触的机会。

(五) 发挥学校和学生德育活动的主动性

鉴于特殊学校学生的特点、疫情等多种因素的影响，特殊教育学校开展德育活动有不少限制。但要想德育活动取得实效，应该让特殊教育学校和学生成为德育活动的主人。这就涉及特殊教育学校德育活动的计划性、连续性和系统性方面，对这些方面都需要加以考量。特殊教育学校在宏观上对一学年的德育活动、对不同学段、不同年级的学生要有总体的定位和设想，各种德育活动要围绕特定主题形成系列，在开展过程中要充分发挥残障学生的主体性，而不是绝大多数活动由德育工作部门的有关人员一手包办。此外，在内容方面应增设家校社互动的版块，多发掘校外周边的相关德育活动资源，在时间方面应结合区域、学校情况适当多给予学生社会

---

① 班建武：《学校德育问题诊断的策略》，华东师范大学出版社2018年版，第51页。

实践活动的参与时间。

（六）注重改进特殊教育学校德育文化

每一所学校都有其特定的历史文化积淀以及特殊的文化地理环境，这就决定了各类、各所特殊教育学校的德育文化具有鲜明的个性特征。① 在具体方面有以下建议：一是注重保持各类特殊教育学校文化的一致性。特教教师对学校德育工作评价偏低或者学校反馈德育工作开展较为困难的一个重要原因就是没有形成为大家所共同认可的发展目标或愿景。因此，让教师凝聚在某一共同愿景下有激情和有使命感地工作是首要任务。二是确保特殊教育学校德育文化的教育性。一所特殊教育学校所呈现的德育文化不应只是价值观念符合现代教育理念，更应该是有利于特教教师、残障学生健康生活，营造这样一种氛围才能得到师生员工的广泛认可。

参考文献

《国务院办公厅转发〈"十四五"特殊教育发展提升行动计划〉》，http://www.moe.gov.cn/jyb_xxgk/moe_1777/moe_1778/202201/t20220125_596312.html。

《习近平出席全国教育大会并发表重要讲话》，新华社，http://www.gov.cn/xinwen/2018-09/10/content_5320835.htm。

班建武：《学校德育问题诊断的策略》，华东师范大学出版社2018年版。

方中雄：《建设高质量特殊教育体系，助力教育高质量发展》，http://www.moe.gov.cn/jyb_xwfb/moe_2082/2022/2022_zl01/202201/t20220125_596288.html。

胡锦涛：《坚定不移沿着中国特色社会主义道路前进，为全面建成小康社会而奋斗》，人民出版社2012年版。

檀传宝：《走向德育专业化——学校德育100问》，华东师范大学出版社2012年版。

习近平：《决胜全面建成小康社会 夺取新时代中国特色社会主义伟大胜利——在中国共产党第十九次全国代表大会上的报告》，http://cpc.people.com.cn/n1/2017/1028/c64094-29613660.html。

---

① 檀传宝：《走向德育专业化——学校德育100问》，华东师范大学出版社2012年版，第101页。

附录　一体化德育研究大事记

北京教育科学研究院级重大课题项目"推进大中小幼一体化德育研究"大事记

2018年

【大中小幼一体化德育地方课程教材体系建设研究】2018年，德育研究中心研发《北京市大中小幼一体化德育地方课程教材建设专业标准》和《首都好儿童》（小学低、中、高学段共6册）、《首都好少年》（初中学段上、下册）、《首都好青年》（高中学段上、下册）10本教材书稿。

【第二期教育质性研究工作坊召开成果汇报会】7月10日，举办第二期教育质性研究工作坊学习成果汇报会。8名学员代表汇报工作坊期间所做的研究，专家认为工作坊真正改变教师的思维方式，使他们能够将反思性思维用于工作实际。

【"协同教育视角下儿童学习能力的促进研究"项目深入推进】"协同教育视角下儿童学习能力的促进研究"从学前教育、小学数学教育和家庭教育三个领域开展了实践研究。4月9日、9月7日分别在北京明天幼稚集团总部、朝阳区实验小学举办了专题展示活动。

【"社会、学校、家庭协同教育研究"课题结题】11月，北京市教育科学规划"十二五"重点课题"社会、学校、家庭协同教育研究"完成结题。

【北京市学校德育研究会成立】11月8日，北京市学校德育研究会成立大会在北京会议中心召开。产生57所"北京市大中小幼一体化德育研究首批基地校"。北京教育科学研究院是北京市学校德育研究会的第一发起单位，北京市学校德育研究会秘书处设在德育研究中心。

2019 年

【北京市优秀班主任评选表彰活动】3 月至 11 月，班主任研究中心受北京市教委委托，完成第 32 届北京市"紫禁杯"优秀班主任和第 7 届北京市中小学"学生喜爱的班主任"评选活动。

【中小学家庭教育指导教师培训班】5 月和 11 月，德育研究中心会同北京市教委基础教育一处，分别举办中小学家庭教育指导教师培训班，北京市 323 名学校德育管理干部和一线教师参加培训。

【毒品防治分级教育教材编写及培训计划项目研讨会】6 月 21 日，召开"绿色成长，生命无毒——毒品防治分级教育教材编写及培训计划"项目研讨会。会议展示了从 1—6 年级的禁毒教育课程、实验校分享经验及项目负责人专题培训，并为禁毒志愿者颁发证书。

【首届大中小幼一体化德育专题研修班】7 月 2 日至 4 日，举办北京市大中小幼一体化德育理论与实践研究骨干队伍首届专题研修班。大中小学及幼儿园德育骨干 70 余人参加学习。研修班由德育研究中心与清华大学继续教育学院联合举办。

【第四届京津冀班主任论坛】7 月 5 日，班主任研究中心与天津、河北相关教育部门联合举办第四届京津冀班主任论坛。论坛以"展专业素养，促专业成长"为主题，表彰京津冀三地 150 名优秀班主任，观摩三地 9 名优秀班主任基本功展示。

【"紫禁杯"优秀班主任工作室研修活动】12 月 5 日，北京市"紫禁杯"优秀班主任工作室举办第二届北京市"紫禁杯"优秀班主任工作室成果展示交流活动。区工作站和学校代表介绍班主任队伍建设经验，5 位学员代表展示课题研究成果。

【雏鹰建言行动】2019 年北京市 11 区 247 所学校 1.3 万余名学生提交 1.7 万条建言，新发布"弘扬科学家精神"建言主题。12 月，举办第五届雏鹰爱心论坛，北京市 10 区 21 所学校的 121 名大中小学生的 18 项雏鹰爱心创意方案和实践成果在论坛上做了现场交流。

【青少年"模拟政协"】在北京市政协、市委教工委的支持下，深入推进青少年"模拟政协"。青少年"模拟政协"直接纳入《中共北京市委关于新时代加强和改进政协工作的实施意见》（京发【2019】20 号）中，两度获得市委书记蔡奇同志的讲话肯定。

2020年

【北京市优秀班主任评选总结展示交流活动】1月3日，北京教育科学研究院与北京市教委联合召开"仁爱·智慧·魅力——第32届'紫禁杯'北京市优秀班主任表彰暨第7届北京市中小学'学生喜爱的班主任'评选总结展示交流活动"。

【雏鹰宅家战疫】为助力疫情防控，帮助学生居家学习，自2月7日始在北京青少年科技创新学院微信公众号平台开展"雏鹰宅家战疫"系列。至本年底，共推送264期，来自31个省市自治区（除港澳台外）、450余所学校、2500余名师生参与，200余位专家进行了点评。

【北京市优秀班主任评选表彰活动】3月至11月，班主任研究中心完成第33届北京市"紫禁杯"优秀班主任和第8届北京市中小学"学生喜爱的班主任"评选活动。共评选出"紫禁杯"优秀班主任特等奖20名、一等奖180名、二等奖200名和"学生喜爱的班主任"200名。

【基教研中心主办"新时代　新思想　新实践——《习近平新时代中国特色社会主义思想学生读本》"同课异构教学研讨会】4月1日，由北京教育科学研究院基教研中心主办的"新时代　新思想　新实践——《习近平新时代中国特色社会主义思想学生读本》"同课异构教学研讨会通过同课异构的方式对读本进行深度研讨交流，为读本在北京市的进一步教学实施打下基础。

【北京市首批学校优秀班主任工作坊评选】4月至7月，受北京市教委委托，面向北京市各中小学校开展首批北京市"紫禁杯"班主任工作室学校优秀班主任工作坊评选工作。北京市共有35所学校被评为首批学校优秀班主任工作坊，在班主任研究中心指导下开展班主任队伍建设相关研究和实践。

【班主任主题征文活动】4月至7月，班主任研究中心与天津、河北相关教育部门联合举办"立德树人与班主任工作创新"主题征文活动。7月至10月，班主任杂志社与北京市教育学会班主任工作研究会面向北京市中小学班主任举办"新冠肺炎疫情背景下的家校协作创新"主题征文活动。

【召开"北京高校师生关系专题调研"结题鉴定会】6月12日，2019年两委机关联合调研课题"北京高校师生关系专题调研"结题鉴定会在北京市教委召开。市委副秘书长郑登文、市委教育工委副书记狄涛，北京教育科学研究院院长方中雄、副院长桑锦龙，市高教学会会长缐联平等领导出席会议。

【全国"一校一案"典型案例征集评审】7月至9月，班主任研究中心受教育部基础教育司委托完成"全国'一校一案'落实《中小学德育工作指南》典型案例"征集评审工作。活动共收到全国各省、自治区、直辖市及新疆生产建设兵团提交的典型案例316篇，选出260个中小学德育工作典型经验。

【指导教师参与首届北京市大中小学思政课一体化教学展示活动】9月1日，北京市大中小学思政课一体化教学展示活动在北京航空航天大学举办。北京地区高校四位教师代表展示了高校思政课的案例教学。来自北京市陈经纶中学、北京四中，清华附中的老师作为教师代表进行展示交流。

【第二届讲述我和我们的育人故事活动】9月19日，举行第二届大中小幼教师同台讲述我/我们的育人故事活动。北京市大中小幼专家、校长、园长、一线教师、社会资源单位25名代表，同台讲述以"家校社携手育英才"为主题的育人故事。发布活动主题歌《我们的故事》。

【第四届北京市中小学班主任基本功培训与展示活动】9月至12月，受北京市教委委托，班主任研究中心举办第四届北京市中小学班主任基本功培训与展示活动。经专家评审，共评出市级一等奖51人，二等奖73人，三等奖76人，最佳方略奖、最佳班会奖、最具智慧奖、最具魅力奖各7人。

【北京市一体化德育研究项目发布】10月下旬，经专家评审及北京市委教育工委批准，德育研究中心会同北京市学校德育研究会，发布46项北京市大中小幼一体化德育体系建设研究项目（2020—2021年度）。

【第三期教育行动研究工作坊成果交流分享会】10月25日，德育研究中心举办第三期教育行动研究工作坊成果交流分享会。活动采用线上+线下同步进行的方式，100余人参与现场活动，4000人在线同步观看，并得到《中国教育报》和《现代教育报》等媒体期刊的报道。

【"紫禁杯"优秀班主任大讲堂展示交流活动】10月27日，班主任研究中心与市教委基教一处、北京银行联合举办第三届北京市"紫禁杯"优秀班主任工作室"紫禁杯优秀班主任大讲堂"展示交流活动。北京市"紫禁杯"优秀班主任工作室各区工作站站长、中小学德育干部、班主任代表140人参加活动。

【第二届北京市德育学术年会】12月19日，德育研究中心作为北京市学校德育研究会秘书处，承办第二次德育学术年会暨会员代表大会，有120余人参加。年会主题为"推进一体化德育研究、落实立德树人根本任务"。成立一体化德育学术委员会，发展22所大中小学为新一批市一体化德育研究基地校。

【雏鹰建言行动】11月，北京市及河北176所中小学校的156名教师指导的232名学生的160项作品进入北京市第六届"小创客"创意市集线上交流。12月，第六届雏鹰爱心论坛以线上录播的形式开展，北京市政协杨艺文副主席和相关政协委员也积极关注了论坛。

【青少年"模拟政协"】全年推进青少年"模拟政协"。组织8名师生全程驻会观摩市政协十三届三次全会，近20份模拟提案作为北京市乃至全国两会代表委员提案素材被采用。开展线上"模拟政协"。5月，以"读懂两会"为题，组织师生进行线上学习。12月，举办第六届北京青少年"模拟政协"活动。

2021年

【北京市优秀班主任评选总结展示交流活动】1月21日，北京教育科学研究院与北京市教委联合召开北京市中小学第四届班主任基本功培训与展示活动总结交流暨第33届"紫禁杯"优秀班主任、第8届"学生喜爱的班主任"和首批"紫禁杯"班主任学校优秀工作坊评选表彰会。

【第三届"紫禁杯"优秀班主任工作室成果展示交流活动暨第四届工作室启动仪式】3月31日，班主任研究中心与北京市教委基教一处联合举办第三届"紫禁杯"优秀班主任工作室成果展示交流活动暨第四届工作室启动仪式。优秀班主任工作室各区工作站站长、中小学德育干部、班主任代表共计400余人参加活动。

【生态文明与可持续发展教育成果征集活动】1—3月，终身学习与可持续发展教育研究所完成生态文明与可持续发展教育成果征集活动，共收集生态文明与可持续发展教育案例、论文、课程、实践成果1100余份。

【完成《生态文明教育促进可持续发展目标实现》研究报告】3—5月，受中国教科文全委会委托，终身学习与可持续发展教育研究所完成《生态文明教育促进可持续发展目标实现》研究报告，并提交联合国教科文组织。

【参与教育部"绿色学校质量标准与创建行动"文件研制】3—5月，受教育部学校规划中心邀请，终身学习与可持续发展教育研究所参与教育部"绿色学校质量标准与创建行动"文件研制。同时与生态环保部联合开展无废校园项目。

【开展《青少年家庭梦想计划》学校、教师、学生可持续发展教育方案设计征集活动】3—7月，终身学习与可持续发展教育研究所与儿童基金会、世界遗产中心联手开展《青少年家庭梦想计划》学校、教师、学生可持续发展教育方案设计征集活动。深入学校了解情况、开展两轮案例指导工作，共收集了50余所学校200余份优秀案例。

【组织"做自己的问题解决专家"高中学生发展指导课程研发】3—9月，基础教育课程教材发展研究中心组织"做自己的问题解决专家"高中学生发展指导课程研发。在近万名中学生需求调研基础上形成学生发展指导课程目录，完成39节规范性学生发展指导教学设计及配套PPT、微视频资源包。

【北京市优秀班主任评选表彰活动】3—11月，班主任研究中心完成第34届北京市"紫禁杯"优秀班主任和第9届北京市中小学"学生喜爱的班主任"评选活动。12月28日，以线上直播方式召开评选表彰会。各区教育行政部门负责人、中小学德育干部、优秀班主任代表600多人通过视频直播观看活动。

【与中国福利会上海少年宫生态文明与可持续发展教育团队共同推动可持续教育发展】3—11月，终身学习与可持续发展教育研究所与中国福利会上海少年宫生态文明与可持续发展教育团队，共同组织了7次教师研训活动，推进百所可持续发展教育学校的创建。

【开展北京市大中小思政课一体化建设调研和课例评审】3—12月，受北京市工委和市教工委委托，德育研究中心、北京市学校德育研究会联合开展大中小学思政课一体化建设调研，撰写调研报告；开展大中小学思政课优秀教学课例评审，评审课例88节。

【《学校、家庭、社会"三位一体"共育研究》培训交流会成功召开】4月14日，北京市教育科学"十三五"规划2020年度优先关注课题"学校、家庭、社会'三位一体'共育研究"课题培训交流会召开。来自14个区的课题实验教师和家长共130余人参与了培训交流。

【"大中小学思政课一体化建设实践研究共同体"成立】4月23日，

德育研究中心在北京市第十一中学组织召开全国大中小学思政课一体化实践研讨论坛。会上，以"学党史"为主题共展示8节思政课程、9节课程思政、6节主题班会。会上，大中小学思政课一体化建设实践研究共同体成立。

【职教所党支部围绕党史学习教育开展专题研讨活动】4月28日，职教所党支部专题研讨围绕中等职业学校思想政治课融合党史教育提升育人效果的主题，介绍了《中等职业学校课程标准》的主要理念、要求及在中等职业学校思想政治课程中融入党史教育的重要意义与方法路径。

【第二届北京昌平草莓节"绘制莓（美）好生活，讲述我的小康莓（美）好故事"——"昌平草莓杯"北京市中小学生绘画（配诗）案例征集活动】4—5月，策划举办第二届北京昌平草莓节"绘制莓（美）好生活，讲述我的小康莓（美）好故事"——"昌平草莓杯"北京市中小学生绘画（配诗）案例征集活动，有百所学校近千名学生参加了此项活动。

【京津冀和北京市中小学班主任基本功展示相关活动】4—7月，班主任研究中心与天津、河北相关教育部门联合举办"中小学班主任基本功展示"主题活动。8—11月，班主任研究中心推荐7名优秀班主任参加全国中小学班主任基本功展示交流活动并对其相关展示材料进行指导。

【开展北京市高中教师指导现状问卷调研】4—7月，基础教育课程教材发展研究中心开展北京市高中教师指导现状问卷调研，共有1944名高中教师参与。项目组将调研报告结合文献研究研制形成北京市高中教师学生发展指导素养框架，并面向北京市学生发展指导实验学校项目组发布。

【征集优质学生发展指导资源】4—11月，基础教育课程教材发展研究中心征集优质学生发展指导资源。评选出优秀学生微视频作品12份，优秀教师辅导个案139份。结合139份优秀辅导案例分析，进一步验证和完善北京市学生发展指导教师素养框架，丰富学生发展指导理论。

【职教所党支部组织全体教科研人员开展高等职业学校思想政治理论课中融入党史教育的思考与探索】5月6日，职教所党支部组织全体教科研人员开展高等职业学校思想政治理论课中融入党史教育的思考与探索。通过政策文献梳理，从组织管理、教学管理、队伍管理、学科建设等角度分析了高校思想政治理论课标准体系建设的要求。

【职业教育研究所全体教科研人员辅导中职学校思政团队修改教学设计】5月13日—6月8日，职业教育研究所全体教科研人员辅导中职学校思政团队修改教学设计。组织全所教科研人员分组指导三个学校思政课教师团队撰写、修改完善教学设计，探索课程标准指导下的议题式教学的课堂教学新模式。

【在线参加联合国教科文组织世界可持续发展教育柏林大会】5月17—19日，可持续发展教育研究团队受邀在线参加联合国教科文组织世界可持续发展教育柏林大会（中国主会场设在教育部）。团队向大会提交了题为"面向生态文明与可持续发展的教育创新"国家报告。

【举办冬奥教师专项培训】5—10月，联合国家社会科学基金重大委托项目组"2022冬奥会和冬残奥会遗产助力国家发展战略研究"共同举办了冬奥教师专项培训，并召开市级"走进冬奥，爱上冰雪"展示教育活动。

【举办北京市第三期中、小学家庭教育指导教师培训班】5月14—31日、10月22日—11月10日，德育研究中心组织举办第三期小学和中学家庭教育指导教师培训班。北京市18个区（含燕山、经开区）的705名德育管理干部和一线教师参加了线上培训。

【中职学校思想政治课第一期议题式教学线上线下教研】6月9日，职教所在北京市昌平职业学校组织开展思想政治课第一期线上线下混合式教研活动。本次活动以研究课的形式展示了北京市中职学校对议题式教学的初期探索成果，并通过评课研讨的方式对议题式教学进行深层次研讨。

【线上德育研究活动】6月11日，早期教育研究所举办线上德育研究活动。参会人员以北京教科院早教所社会领域兼职教研员为主。首先播放密云第三幼儿园战晓辉老师执教的《我藏起来的》教育活动，参会教研员、园长、教师进行了充分的讨论和研究。

【大中小学思政一体化建设研讨活动暨思政学科跨年段同课异构教学研讨会】6月23日，基础教育教学研究中心携手中国政法大学、北京市第二中学、北京市东城区史家小学，共同举办大中小学思政一体化建设研讨活动暨思政学科跨年段同课异构教学研讨会。冯洪荣副书记鼓励各学校要更加主动持续地推进一体化教学研究，在实践中提升教育改革质量和水平。

【中职学校思想政治课第二期议题式教学线上线下混合式教研活动】6月23日，职教所在北京铁路电气化学校组织开展思想政治课第二期议题式教学线上线下教研活动，北京市1113名教师线上参加活动。本次教研活动主要结合如何体现思想政治课与专业相结合的问题进行了探索、分享和研讨。

【北京市第二批学校优秀班主任工作坊评选】6—9月，班主任研究中心受委托面向北京市各中小学校开展第二批北京市"紫禁杯"班主任工作室学校优秀班主任工作坊评选工作。经组织专家评审并报北京市教委批准，北京市共有35所学校被评为第二批北京市"紫禁杯"班主任工作室学校优秀班主任工作坊。

【微课录制工作】6月，完成"6.26国际禁毒日"微课录制工作，12月，陆续完成世界地球日（垃圾分类、光盘行动、校园碳管理师等）、文化遗产日（京西永定河文化带、通州大运河微课、北京中轴线）、生物多样性等微课录制工作。

【《北京市大中小幼一体化德育体系建设实施纲要》发布】7月，以北京市学校德育研究会为主研制的《北京市大中小幼一体化德育体系建设实施纲要》文件，由北京市委教育工委、市教委正式发布。这是全国省级教育部门第一份关于大中小幼一体化德育体系建设的文件。

【第二批全国"一校一案"典型案例征集评审】7—9月，班主任研究中心受教育部基教司委托完成"第二批全国'一校一案'落实《中小学德育工作指南》典型案例"征集评审工作。活动共收到全国各省、自治区、直辖市及新疆生产建设兵团提交的典型案例323篇，经专家评审共选出224个典型经验。

【全国中小学班主任基本功展示交流活动】7—12月，班主任研究中心受教育部基础教育司委托完成"全国中小学班主任基本功展示交流活动"组织评选工作。共收到全国各省、自治区、直辖市及新疆生产建设兵团推荐的222名班主任基本功展示材料。经专家评审，共选出班主任典型经验200个。

【开展北京市中小学师德现状调研】9月，为调查北京市中小学教师师德建设情况、北京市中小学教师的师德水平，教师研究中心以中小学专任教师为研究对象开展问卷调研。基于调研，课题组撰写了《北京市中小学教师职业道德水平现状调研报告》《北京市中小学师德建设情况调研报告》。

【下发北京教育科学研究院《关于推进院级重大课题项目的工作通知》】9月18日，下发北京教育科学研究院《关于推进院级重大课题项目的工作通知》该《通知》以附件方式下发《推进大中小幼一体化德育研究工作方案》，标志看院级重大课题项目"大中小幼德育一体化研究"正式启动。

【召开高中育人方式改革背景下北京市学生发展指导体系建设研讨会】9月22日，高中育人方式改革背景下北京市学生发展指导体系建设研讨会在北京十一中召开，各区和实验学校代表30余人现场参会，3000余人线上直播参会。在会议经验分享环节分别展示了北京市学生发展指导整体设计、实践创新、导师制落地等实践创新经验。

【院级重大课题项目"大中小幼德育一体化研究"第一次调度会】9月27日，北京教育科学研究院党委副书记、副院长冯洪荣主持召开院级重大课题项目"大中小幼德育一体化研究"第一次调度会，各相关部门主要负责人参加，德育研究中心全体老师列席会议。

【幼儿园德育沙龙研讨活动】9月29日，来自北京市各幼儿园园长以沙龙的形式在北京市六一幼儿园围绕幼儿德育的概念、特点及实施途径等问题展开讨论，体现出北京市幼儿园在全面落实立德树人教育宗旨，实施大中小幼德育一体化工作思路的有益思考和丰富实践。

【中职学校议题式教学实施现状调研及访谈】10月13—15日，开展中职学校议题式教学实施现状调研及访谈。本次调研覆盖北京市所有中等职业学校的思想政治课教师，为进一步开展议题式教学的探索及推动议题式教学实施的教学改革提供了重要的信息参考。

【在生态文明与教育促进可持续发展第三届论坛暨现场观摩会上发表主旨演讲】10月16日，中国滋根乡村教育与发展促进会与湖北省武昌理工学院联合举办生态文明与教育促进可持续发展第三届论坛暨现场观摩会。北京教育科学研究院生态文明与可持续发展教育创新工作室执行主任王巧玲博士发表主旨演讲。

【"十四五"规划2021年度重点课题"教师家校共育能力的模型建构与提升策略研究"开题】10月28日，北京市教育科学"十四五"规划2021年度重点课题"教师家校共育能力的模型建构与提升策略研究"开题。

【完成《北京市中小学生态文明的实践推进与模式创新》研究报告】10月，完成《北京市中小学生态文明的实践推进与模式创新》研究报告，完成首都中小学生生态文明素养调查报告，形成具有生态文明教育的首都模式。

【组织"北京市普通高中学生发展指导课程教学研讨会"】11月19日

下午，项目组在北师大附属中学组织"北京市普通高中学生发展指导课程教学研讨会"，来自区域和实验学校的主管领导和骨干教师120人参加了线下会议，约2200人次在线上观看了本次会议的直播。

【成立"生态文明与可持续发展教育创新工作室"】11月27日，北京教育科学研究院成立"生态文明与可持续发展教育创新工作室"，推动北京教育科学研究院科研体制布局和"智库"建设的重要创新，进一步提升北京教育科学研究院生态文明与可持续发展教育的品牌影响力。

【组织开展北京市中等职业学校思想政治课议题式教学设计案例征集】11月24日—12月30日，组织开展北京市中等职业学校思想政治课议题式教学设计案例征集。共征集到来自北京市33所中等职业学校的113份思想政治课教学设计案例。本次活动在推动北京市中职学校思想政治课程教学改革方面起到了推动作用。

【院级重大课题项目"大中小幼德育一体化研究"第二次调度会】12月13日，北京教育科学研究院党委副书记、副院长冯洪荣主持召开院级重大课题项目"大中小幼德育一体化研究"第二次工作调度会，各相关部门主要负责人参会，德育研究中心全体老师列席会议。第二次调度会明确了2021年研究成果归集的相关要求及2022年、2023年研究主题和重点，为持续推进课题研究统一了思想，规划了思路。

【《读本》北京市同课异构教学研讨及座谈会召开】12月16日，由北京教育科学研究院基础教育教学研究中心主办，清华大学附属小学、北京市东城区史家胡同小学联合承办的《习近平新时代中国特色社会主义思想学生读本》北京市同课异构教学研讨及座谈会在清华附小举行。6000多位北京市思政课教师、德育工作者等在线共同学习。

【联合组织题为"多样的生命，共同的海洋"联合国生物多样性大会青少年分会】12月29日，受中国动物保护协会邀请，联合组织"多样的生命，共同的海洋"联合国生物多样性大会青少年分会。研发京西永定河文化带、垃圾分类、光盘行动、碳中和与碳达峰、生物多样性、通州大运河等课程及优秀课例，即将在北京数字学校网站推广。

【完成院生态文明教育一体化项目成果】12月，完成北京教育科学研究院生态文明教育一体化项目成果。作为北京教育科学研究院德育一体化重点项目的组成部分，完成《生态文明教育的国际动向与中国经验》报告；完成生态文明素养的质量标准与指标体系研制，研发相关调查问卷。

【开展师德规范政策文本研究】2021年度，教师研究中心课题组以改革开放以来国家层面颁布的师德规范文件为研究对象，以更加直观的方式考察中国师德规范政策文本的变迁。同时结合对两项禁令和一项处理办法的文本分析，撰写《中国中小学师德规范文本的变迁与前瞻研究》的报告。

【青少年"模拟政协"】政协北京市委员会办公厅、北京市教育委员会、北京市人民政协理论与实践研究会共同出台《关于进一步推动中学生"模拟政协"实践 深化新时代学校思政课改革创新的工作实施方案》（京协办发［2021］12号），制度化推进北京青少年"模拟政协"的持续开展。

【模拟政协实验室建设】构建涵盖雏鹰建言、模拟提案、协商议事、现场教学、创新思政课、模拟政协社团实践、思政课教学等内容的北京教育科学研究院"模拟政协"实验室框架。

【完成2021年一体化德育研究成果的梳理归档工作】2021年12月15日至3月9日，德育研究中心在各相关部门的支持和配合下，完成2021年度一体化德育研究成果的梳理和归档工作。2021年各相关部门共提交一体化德育研究成果31篇，初步呈现出年度研究的推进情况。

后　　记

党的十八大以来，北京教育科学研究院立足落实立德树人根本任务，聚焦教育热点问题，着眼教育发展趋势，将一体化思维与理念贯穿于德育研究之中。经2021年第15次院党委会同意，院级重大课题项目——"推进大中小幼一体化德育研究"正式启动，该项目旨在依托课题研究的方式，推动横向与纵向、内部与外部的协同联动，构建高效能的德育研究、管理和决策样态，探索一体化德育研究新格局。

2021年恰逢我党百年华诞，又是《北京市"十四五"时期教育改革和发展规划（2021—2025年）》的开篇之年，北京教育科学研究院在全国率先启动"推进大中小幼一体化德育研究"项目正当其时。"推进大中小幼一体化德育研究"项目以习近平新时代中国特色社会主义思想和党的十九大精神为指导，立足一体化德育研究目标、思路、内容、方法、管理、评价等问题，致力于一体化德育研究可持续发展，切实服务北京教育科学研究院"具有首都特点、中国特色和国际影响的高水平新型教育智库"建设工程，为党育人，为国育才，扎实落实以社会主义核心价值观为引领的立德树人根本任务。

一年来，在北京教育科学研究院党委领导下，在院长方中雄的关心指导下，在院党委副书记、副院长和项目组组长冯洪荣的统筹指挥下，"推进大中小幼一体化德育研究"项目组全体教师同心同德，密切配合，各负其责，深入研究，积极撰写编辑《北京大中小幼一体化德育发展研究蓝皮书（2021年度）》，以项目研究的阶段性成果推动立德树人工作，以实际行动迎接党的二十大胜利召开。

德育研究中心作为"推进大中小幼一体化德育研究"重大课题项目的承接单位和牵头部门，认真履行职责、积极主动作为，整体统筹项目的开展与推进工作。教育发展研究中心、基础教育教学研究中心、教师研究中心、基础教育课程教材发展研究中心、基础教育科学研究所、职业教育研究所、终身学习与可持续发展教育研究所、早期教育研究所、北京市特殊教育研究指导中心、教育创新研究推广中心、班主任研究中心、高等教育科学研究所在结合各自实际和专业任务的基础上，协同推进北京教育科学研究院一体化德育研究。办公室、人事处、科教研管理与合作交流处、财务处、基建行政处（信息中心）、北京市教育科学规划领导小组办公室等部门全力支持与保障项目研究，协同推进北京教育科学研究院立德树人系统化研究机制建设。中国社会科学出版社领导和编辑为本书的出版提供了非常宝贵的专业支持，付出很多心血。在此，我们对所有积极参与和支持本书撰写、编辑、出版的领导、同仁表示衷心的感谢！

需要说明的是，编写组基于政治素养、专业精神和育人职责，对书稿内容进行多次审校和完善，衷心希望本书能够为关心大中小幼一体化德育研究的机构和人士提供有益参考，但囿于时间和能力，本书难免存在问题，敬请专家和广大读者批评指正。

联系地址：北京市海淀区翠微4号院北京教育科学研究院德育研究中心

邮编：100036

电话：010-88171713　联系人：冷雪玲

Email：ythdyyjlps@163.com

编者
2022年6月